Thronfolge

Elizabeth von York

Heinrich VIII.
1509–1547

Ludwig XII. (1 ⚭ Maria ⚭ 2) Charles Brandon
v. Frankreich
Herzog v. Suffolk

Elizabeth I.
*1533
1558–1603

Eduard VI.
*1537
1547–1553

Lady Frances Brandon
†1559
⚭
Henry Grey
Herzog v. Suffolk

…uart

Lady Jane Grey
hingerichtet 1554

Lady Catherine Grey
†1568
⚭
Edward Seymor
Graf v. Hertford

Lady Maria Grey
†1578
⚭
Thomas Keys

…dish
…wicke
…ry

Edward Seymor
*1561

Thomas Seymor
*1563

Antonia Fraser · *Maria, Königin der Schotten*

Antonia Fraser

Maria, Königin der Schotten

Deutsch von
Ulla H. de Herrera

Claassen Verlag

Die Originalausgabe erschien im Verlag
Weidenfeld & Nicolson, London, unter dem Titel
MARY QUEEN OF SCOTS

1. Auflage 1971

Gesetzt aus der 9 auf 11 Punkt Garamond der Linotype GmbH
Gesamtherstellung: Thomas F. Salzer KG, Wien
Printed in Austria
ISBN 3 546 42961 3

Für Hugh, mit Liebe und Dank

»Ein König ist ein Sklave der Geschichte. Die Geschichte, das unbewußte, allgemeine Massendasein der Menschheit, benutzt jeden Augenblick im Leben der Könige als Werkzeug für ihre eigenen Zwecke.«

Tolstoi

Inhalt

Vorwort

Als ich begann, diese Biographie zu schreiben, verfolgte ich im wesentlichen zwei Ziele: Da das Thema Maria Stuart mich seit meiner Kindheit leidenschaftlich interessiert hat, wollte ich in erster Linie einmal selbst die Wahrheit oder Unwahrheit der zahlreichen Legenden ergründen, die um ihre Person gesponnen worden sind. Um diese Phantasiegebilde zu beseitigen – oder sie in gewissen Fällen ehrerbietig wiedereinzusetzen –, habe ich in allen veröffentlichten und nicht veröffentlichten Quellen nachgeforscht, die ich ausfindig machen konnte, wobei ich als Ausgangspunkt Maria Stuarts eigene Briefe und das Register der Staatsakten gewählt habe. (Natürlich mag es einige Quellen geben, von deren Existenz ich leider nichts ahnte.) Zweitens hoffte ich, Maria Stuart für die allgemeine Leserschaft wieder mit der Epoche in Zusammenhang zu bringen, in der sie gelebt hat. Im Verlauf meiner eigenen Nachforschungen habe ich mit Erstaunen festgestellt, daß trotz der zahlreichen historischen Berichte über das 16. Jahrhundert, die in den letzten fünfzig Jahren veröffentlicht worden sind und die unsere Einstellung zu manchen Aspekten dieser Epoche grundlegend geändert haben, bisher noch keine umfassende Lebensgeschichte Maria Stuarts erschienen ist, die all diese Dinge berücksichtigt. Es gibt ausführliche Abhandlungen über gewisse Episoden ihres Lebens – besonders über den Mord von Kirk o'Field, die Kassettenbriefe und das spätere Babington-Komplott – sowie Stefan Zweigs faszinierende psychologische Darstellung, die in den dreißiger Jahren geschrieben wurde. Aber die letzte vollständige Biographie mit dokumentarischen Belegen ist die von T. S. Henderson aus dem Jahre 1905. So strebten letztlich meine beiden Vorhaben genau dem gleichen Ziel zu, und ich machte es mir zur Aufgabe, im Licht der modernen historischen Forschung ein möglichst exaktes Charakterbild der

Königin Maria von Schottland so umfassend wie möglich zu geben.

Um der größeren Klarheit willen habe ich mich durchweg auf die moderne Zeitrechnung gestützt, ohne Rücksicht auf die Tatsache, daß im 16. Jahrhundert das Kalenderjahr am 25. März begann. Ich habe auch den Unterschied von zehn Tagen zwischen den englischen Daten und denen des europäischen Kontinents zur Zeit des Babington-Komplotts außer acht gelassen, der darauf zurückzuführen ist, daß die Anpassung an den Gregorianischen Kalender in England erst im 18. Jahrhundert stattfand; und um jegliche Verwirrung zu vermeiden, habe ich die Daten von Briefen, die aus dem Ausland kamen, so angegeben, als ob sie aus England stammten.

Was schottische Wörter und Schreibweise sowie Dokumente in schottischer und französischer Sprache betrifft – besonders die Briefe von Königin Maria selbst, die fast ausnahmslos auf französisch geschrieben waren –, so habe ich manches übersetzt, Anpassungen an die moderne Schreibweise vorgenommen und in einigen Fällen den Text frei wiedergegeben, soweit es mir zur allgemeinen Verständlichkeit erforderlich schien.

Geldbeträge, die sich auf Schottland beziehen, sind in schottischen Pfunden angegeben, diejenigen, die England betreffen, in Pfund Sterling; zur Zeit Maria Stuarts betrug der Wert des schottischen Pfundes etwa ein Viertel des Pfundes Sterling.

Ein Buch wie dieses zu schreiben – ein Thema zu behandeln, mit dem Geschichtsforscher der heutigen sowie früherer Generationen sich bereits ausgiebig befaßt haben –, wäre nicht möglich gewesen ohne die Hilfe ihrer Werke, die im Literaturverzeichnis aufgeführt sind und deren ich mich mit dankbarer Anerkennung bedient habe. Ich hatte auch das Glück, eine Reihe von Menschen zu Rate ziehen zu können, deren Vorschläge hinsichtlich der bei den Nachforschungen anzuwendenden Methode ein wichtiger Beitrag zu meinem Buch waren (obgleich die Schlußfolgerungen natürlich von mir selbst stammen). Ich danke vor allem Sir James Fergusson of Kilkerran, Archivar der Urkundei von Edinburgh, für seine wertvollen Hinweise bezüglich des Lesestoffs und seinen Rat bei den Nachforschungen im Archiv selbst; Sir Iaín Moncrieffe, dessen umfassende Kenntnisse der schottischen Geschichte mir eine große Hilfe waren; Erzbischof David Mathew für Rat und Ermutigung zu Beginn meiner Arbeit und Pater Francis Edwards S J, Archivar der englischen Gesellschaft Jesu, für seine Unterstützung bei den Nachforschungen in der Farm Street Library einschließlich der Genehmigung, die Aufzeichnungen des verstorbenen Paters J. H. Pollen zu verwenden.

Ferner möchte ich auch noch den folgenden Personen aufrichtig für ihre Hilfe danken: Mr. Andrews, Bauleiter, Westminster Abbey; dem Duke of Argyll; Sir Charles Barratt, Stadtsyndikus von Coventry; Mr. und Mrs. Godfrey Bostock aus Tixall, Stafford; Dr. C. Burns vom Archiv des

Vatikans, Rom; Pater Philip Caraman S J; Miß Margaret Crum, stellvertretender Kustos der abendländischen Manuskripte, Bodleian Library, Oxford; Mr. Stanley Cursiter; Pater Martin D'Arcy S J; Dr. Chalmers Davidson; Professor A. A. M. Duncan von der Glasgow University; dem Herzog und der Herzogin of Hamilton and Brandon; Mr. R. E. Hutcheson, Kustos der Staatlichen Schottischen Porträtgalerie, für seinen Rat bezüglich der Echtheit der schottischen Porträts aus der damaligen Zeit; Mr. und Mrs. W. J. Keswick aus Glenkiln, Dumfriesshire; Mr. A. H. King vom Musiksaal des Britischen Museums und Miß Marion Linton vom Musiksaal der Staatsbibliothek von Schottland für ihre Hilfe hinsichtlich der Kompositionen Riccios; Mr. King, Archivar der Grafschaft Northamptonshire; Mr. Eric Linklater; Dr. Ida Macalpine und Dr. Richard Hunter für ihre Hilfe bei dem Thema Porphyrie; Mr. John MacQueen von der University of Edinburgh für seine Ratschläge bezüglich der Literatur der damaligen Zeit und dafür, daß er mir seine Abhandlung über Alexander Scott noch vor der Veröffentlichung gezeigt hat; Dr. William Marshall aus Peterborough; dem Earl of Mar and Kellie; Miß Elizabeth Millar aus Jedburgh; Mr. J. W. Moor aus Stone; dem Duke of Norfolk und seinem Archivar, Mr. Francis Steer; dem Earl of Oxford and Asquith; Mr. Peter Quennell; Sir Patrick Reilly, damals britischer Gesandter in Paris, und Mr. C. S. de Winton, Vertreter des British Council, für ihre Hilfe bei meinen Nachforschungen in Frankreich; Mr. Jasper Ridley (dessen eigene Biographie von Knox leider erst veröffentlicht wurde, nachdem dieses Buch in Druck gegangen war) für Anregungen und Kritik im Manuskriptstadium; dem Marquess of Salisbury für die Genehmigung, Nachforschungen in Hatfield House anzustellen und gewisse Dokumente in den Illustrationen abzudrucken, sowie seiner Bibliothekarin, Miß Clare Talbot, für ihre Hilfe bei den Kassettenbriefen; Mr. F. B. Stitt, Archivar der Grafschaft Staffordshire; Dr. Roy Strong, Direktor der Staatlichen Porträtgalerie, für seine aufopfernde Hilfe bei der schwierigen Frage der Ikonographie von Königin Maria von Schottland; Monsieur Marcel Thomas, Conservateur en Chef du Cabinet des Manuscrits, Bibliothèque Nationale, Paris; Mr. Hugh Tait vom Department of British and Mediaeval Antiquities, Britisches Museum; Mr. F. A. Warner von der Britischen Gesandtschaft, Brüssel; Mr. Neville Williams, Assistant Keeper beim Public Record Office; dem verstorbenen Mr. F. Wismark vom Kabinett der Madame Tussaud; Mr. T. S. Wragg, Bibliothekar des Duke of Devonshire in Chatsworth; Kanonikus A. de Zulueta.

Ich danke G. Bell & Sons, Ltd., für die Genehmigung, Abschnitte aus *Queen Mary's Book* aufzuführen, das von Mrs. P. Stewart-Mackenzie Arbuthnot herausgegeben worden ist.

Letztlich möchte ich dem Bibliothekar und dem Personal der London Library danken; dem Personal des Lesesaals des Britischen Museums; meiner

Tante, Lady Pansy Lamb, die liebenswürdigerweise die Korrekturfahnen gelesen hat; und meiner Mutter, Elizabeth Longford, die entscheidende kritische Vorschläge im Manuskriptstadium gemacht hat und ohne deren bewundernswertes Beispiel ich überhaupt niemals den Versuch unternommen hätte, dieses Buch zu schreiben.

London, im September 1968 *Antonia Fraser*

Erster Teil

Die junge Königin

I

ALLE MENSCHEN TRAUERTEN

»Alle Menschen trauerten, daß das Königreich ohne einen männlichen Thronfolger zurückgeblieben war.«

John Knox

Der Winter 1542 stand auf den ganzen Britischen Inseln im Zeichen stürmischen Wetters: Im Norden, an der Grenze zwischen Schottland und England, gab es im Dezember schwere Schneefälle und derart grimmigen Frost, daß die Schiffe im Hafen von Newcastle festgefroren waren. Diesem unbarmherzigen Wetter entsprach auch das politische Klima, das zu jener Zeit zwischen den beiden Ländern herrschte. Ganz Schottland ächzte unter der Demütigung der Niederlage, die ihm die Engländer kürzlich in der Schlacht von Solway Moss beigebracht hatten. Infolge dieses Debakels sah der schottische Adel, der sich noch kaum von der verlorenen Schlacht bei Flodden, knapp dreißig Jahre zuvor, erholt hatte, sich abermals seiner besten Führer beraubt; von denjenigen, die nicht im Kampf gefallen waren, befanden sich viele in englischer Gefangenschaft, während die übrigen die Schmach der Niederlage wettzumachen suchten, indem sie untereinander um den Vorrang stritten und nach ihrem eigenen Vorteil strebten, statt ihrem schwergeprüften Königshaus beizustehen. Die schottische Staatskirche, obgleich während der nächsten siebzehn Jahre noch offiziell katholisch, wurde hin und her gerissen zwischen denjenigen, die von innen her ihre mannigfaltigen Mißstände zu beheben wünschten, und den anderen, die Englands Beispiel folgen und sich vollkommen von Rom lösen wollten. Der König dieses unglücklichen Landes, Jakob V., lag nach der verlorenen Schlacht von Solway Moss, das Gesicht der Wand zugekehrt, sterbend in seinem Schloß, ein Opfer seiner eigenen leidenschaftlichen Natur sowie der Umstände, die sich gegen ihn verschworen hatten. Als Jakob V. am 14. Dezember 1542 starb, hätte selbst der unerschrockenste Prinz sich vor der fast übermenschlichen Aufgabe scheuen können, ihm auf dem Thron zu folgen. Aber seine tatsächliche Erbin war ein schwächliches, kleines Mädchen, erst sechs Tage zuvor geboren, seine Tochter Maria, die neue Königin der Schotten.

Jakob V., für nahezu fünfzig Jahre der letzte erwachsene König Schottlands, ist von den zeitgenössischen Historikern, die über die turbulente Regierung seiner Tochter hinweg mit Sehnsucht auf die seine zurückblickten, recht wohlwollend beurteilt worden. Man hat ihm die Eigenschaften König Arthurs beigelegt, obwohl alles in allem genommen sein Charakter mehr demjenigen Sir Lancelots geähnelt zu haben scheint. Da seine äußere Beschreibung – »von mittlerer Statur[1]«, blaugraue Augen, sandfarbenes Haar, bleiche Lippen und ein schwaches Kinn – nicht den Ruf eines gut aussehenden Mannes rechtfertigt, in dem er unter seinen Zeitgenossen stand, besaß er offensichtlich eine starke Anziehungskraft, die ein anderes Jahrhundert anhand von Bildern nicht erkennen kann. Dies und seine Gesundheit scheinen sein einziges physisches Vermächtnis an seine Tochter gewesen zu sein, denn in jeder anderen Hinsicht, angefangen mit ihrem hohen Wuchs und ihrer aufrechten Haltung, ähnelte Maria, Königin der Schotten, äußerlich viel mehr den stattlichen Brüdern ihrer Mutter, die eine geborene Guise war, als ihren väterlichen Vorfahren, den Stewarts. Ronsard schrieb über Jakob V., er habe »le regard vigoureux«: Zweifellos besaß Jakob den zyklischen Enthusiasmus und Frohsinn der Stewarts – Eigenschaften, die er ebenfalls seiner Tochter vererbte – sowie die Fähigkeit, die Phantasie seiner Untertanen anzuregen, eine Gabe, die man bei Monarchen im allgemeinen als Volksverbundenheit bezeichnet. Leider besteht kein Zweifel über die Kehrseite dieser funkelnden Medaille: Die Berichte über das ausschweifende Leben Jakobs V. sind einmütig. »Lasterhaft und verworfen« nennt Knox ihn; er habe, fährt er fort, »kein Eheweib und keine Maid verschont«, weder nach seiner Heirat noch zuvor[2].

Jakob V. erbte ein Königreich, das seine Mutter, Margaret Tudor, und ihr zweiter Mann, der Earl of Angus, völlig verarmt zurückgelassen hatten; unseligerweise brachten seine Bemühungen, neue Einkommensquellen zu erschließen, nur noch weitere Schwierigkeiten mit sich. Selbst seine langwierige Suche nach einer reichen ausländischen Braut führte zu einer Außenpolitik, die sich letztlich als verhängnisvoll erweisen sollte. Angesichts der raubgierigen Haltung seines Onkels, Heinrichs VIII., Schottland gegenüber entschied sich James für die traditionelle schottische Allianz mit dem französischen Königshaus, um sich die Unterstützung der Franzosen gegen jeden möglichen Anspruch auf Oberherrschaft von seiten Englands zu sichern. Als Heinrich VIII. sich erbot, ihm seine Tochter Maria Tudor zur Frau zu geben, betrachtete der junge König das mit Recht oder Unrecht als einen weiteren Versuch seines Onkels, sich Schottland anzueignen. Eine Zeitlang bemühte sich Jakob sogar um die junge Katharina von Medici, die Nichte des Papstes, deren reiche Erbschaft ihn lockte[3]. Die

Auswirkungen einer solchen Verbindung zwischen dem Vater Maria Stuarts und der Frau, die später ihre Schwiegermutter werden sollte, bieten ein interessantes Thema für historische Spekulationen; in Wirklichkeit stellten sich dieser Ehe zwei Hindernisse entgegen: das Widerstreben des Papstes, seine Nichte in das ferne Schottland ziehen zu lassen, und der Zorn Heinrichs VIII. bei dem Gedanken an eine so einflußreiche Partie für seinen Neffen. Jakobs Mutter war die ältere der zwei Töchter Heinrichs VII. gewesen; diese Blutsverwandtschaft mit den Tudors sollte später eine entscheidende Rolle im Leben von Jakobs Tochter Maria spielen; der Tod von zwei der drei noch überlebenden Kindern Heinrichs VIII. bedeutete, daß Maria mit sechzehn Jahren nach ihrer Kusine, Königin Elisabeth, die nächste Anwärterin auf den englischen Königsthron war. Aber in der Zeit um 1535, als sich Jakob V. nach einer passenden Ehefrau umsah, hatten diese kommenden Ereignisse noch nicht ihre Schatten vorausgeworfen. Es war Heinrich VIII., in der Blüte seines Mannestums und bereits Vater von drei Kindern, der mit Erben gesegnet schien, während sein Neffe Jakob noch nicht einen einzigen hatte.

Im 15. und 16. Jahrhundert war die Lage der Stewart-Könige, was ihre Dynastie betraf, aus verschiedenen Gründen besonders kritisch. Erstens hatte das Schicksal der Monarchie hintereinander sieben unmündige Könige beschert – es hatte seit dem 14. Jahrhundert keinen erwachsenen Thronfolger mehr gegeben –, wodurch zwangsweise die Macht der Krone geschwächt und die des Adels gesteigert wurde. Zweitens mußten sich die Stewarts aufgrund ihrer Herkunft vom Adel trennen und geschlossen über ihn erheben, denn sie entstammten keinem Königsgeschlecht, sondern waren in Wirklichkeit nichts weiter als *primus inter pares* unter den großen schottischen Clans. Wie ihr Name besagt, waren sie ursprünglich *stewards* – Oberhofmeister – und später *great stewards* oder Großhofmeister der Könige von Schottland gewesen. Walter, der sechste Großhofmeister, heiratete Marjorie Bruce, eine Tochter Roberts I., und wurde als Vater König Roberts II. von Schottland zum Begründer der Dynastie der Stewarts*.

* Einer der zahlreichen Zweige der Familie – die Lennox Stewarts – eignete sich später die französische Schreibweise Stuart an und gab sie durch die Heirat von Maria mit Henry Stuart, Lord Darnley, offiziell an die königliche Linie weiter. Somit war Königin Maria von Schottland, ebenso wie ihr Vater, als Stewart geboren worden und wurde erst durch ihre Ehe mit ihrem Vetter, Lord Darnley, zu einer Stuart. Da jedoch die englisch-französische Schreibweise ihres Namens – Stuart – bereits während ihrer Jugend in Frankreich von ihr selbst und allen anderen angewandt wurde, wird sie auch in diesem Buch von Anfang an Maria Stuart genannt. Jakob VI. und I. war als Sohn Lord Darnleys schon von Geburt aus ein Stuart. Aber natürlich sollte man in einer Zeit, da viele Menschen ihren eigenen Namen auf vielerlei Art zu schreiben pflegten, dieser Frage keine allzu große Bedeutung beimessen.

Entschlossen, diesen dynastischen Schwierigkeiten ein Ende zu setzen, heiratete Jakob V. am 1. Januar 1537 Madeleine, die Tochter des französischen Königs Franz I. Ihre Mitgift – 100 000 Livre am Hochzeitstag und eine ansehnliche jährliche Rente – kam ihm offensichtlich sehr erwünscht, ebenso wie die Unterstützung ihres Vaters; abgesehen davon scheint jedoch die jugendliche Anmut dieser *princesse lointaine* auch eine romantische Saite im Herzen des schottischen Königs angeschlagen zu haben. Angesichts ihrer zarten Gesundheit hatte Franz I. ihm ursprünglich ihre Hand verweigert, und Jakob hatte sich eigentlich auf den Weg nach Frankreich gemacht, um Maria, die Tochter des Herzogs von Vendôme, zu heiraten. Aber der Anblick von Madeleine bewog ihn, abermals hartnäckig – und letztlich mit Erfolg – um die junge Prinzessin zu werben. Leider waren die Befürchtungen ihres Vaters nur allzu berechtigt gewesen: Die sechzehnjährige Königin, die seit ihrer Kindheit in der weichen Luft des Loire-Tals gelebt hatte, war dem schottischen Klima nicht gewachsen. Im Mai traf sie in Schottland ein, im Juli war sie tot. Die Trauerschleier, die damit zum erstenmal in Schottland eingeführt wurden, waren das einzige bleibende Andenken an eine Ehe, die einen Sommer währte[4].

Die Frau, um deren Hand König Jakob sich jetzt durch Vermittlung seines Gesandten, des Kardinals Beaton, bemühte, war ebenso wie er seit kurzem verwitwet. Marie von Guise war die älteste der großen und blühenden Kinderschar des Herzogs Claude von Guise und seiner Frau, Antoinette de Bourbon. Sie war im Alter von neunzehn Jahren mit Franz von Orléans, Herzog von Longueville, verheiratet worden, dessen frühzeitiger Tod im Juni 1537 sie im Alter von zweiundzwanzig Jahren zur Witwe machte. Im Gegensatz zu Jakob hatte sie einen kleinen Sohn, Franz – jetzt Herzog von Longueville –, und gebar kurz nach dem Tode ihres Mannes einen zweiten Sohn, der jedoch kurz darauf starb. Sie war groß, gut gewachsen, nicht ausgesprochen schön, aber von jenem gesunden Frauentyp, der dazu angetan war, einem Monarchen des 16. Jahrhunderts, der seine Erbfolge sichern wollte, als begehrenswert zu erscheinen. Außerdem besaß Marie von Guise Besonnenheit und Toleranz sowie den Mut und die Intelligenz, die man mit Recht von einer Guise erwarten durfte. Sie war bei Jakobs erster Hochzeit zugegen gewesen, und er hatte sie wahrscheinlich bereits damals in Frankreich kennengelernt. Aber er warb aus streng konventionellen Gründen um ihre Hand: Sie würde von Franz I. eine Mitgift erhalten, war offensichtlich fähig, Kinder zu gebären, und stärkte abermals die so wichtige Allianz mit Frankreich. Tatsächlich war sie für die damalige Zeit eine so wünschenswerte Partie, daß im Herbst desselben Jahres Heinrich VIII. nach dem Tod von Jane Seymour ebenfalls um ihre Hand anhielt. Man sagte, er habe sich anerkennend über ihre stattliche Erscheinung geäußert, worauf Marie von Guise schlagfertig erwidert haben soll, daß ihre Gestalt zwar groß und kräftig, ihr Hals jedoch sehr schmal sei.

Sicherlich wünschte Franz I. nicht, die Guisen noch mächtiger zu machen, indem er eines ihrer Familienmitglieder auf den englischen Thron setzte, und so wurde im Januar 1538 der Ehevertrag mit Jakob aufgesetzt, und am 18. Mai fand in der Kathedrale von Notre-Dame in Paris die Trauung statt, bei der Lord Maxwell den Bräutigam vertrat.

Von einer Kriegsflotte unter Lord Maxwells Kommando und zweitausend Edelleuten begleitet, die ihr neuer Ehemann aus Schottland gesandt hatte, sie zu holen, landete Königin Marie am 10. Juni 1538 – etwas über ein Jahr nach der Ankunft von Königin Madeleine – in Crail, einem Hafen der Grafschaft Fifeshire[5]. Wenige Tage darauf empfing sie der König mit großem Prunk in St. Andrews, und am nächsten Morgen wurde dort in der Kathedrale die Trauung wiederholt. Sofort danach führte man sie in einem feierlichen Aufzug mit Fanfaren und Trommelwirbel in den Palast des Königs, wo ein großes Fest zu ihren Ehren vorbereitet worden war. Am Tag darauf begleiteten der Bürgermeister und die Standespersonen der Stadt das Königspaar auf einem Rundgang durch die Kirchen, Schulen und Universitäten von St. Andrews.

Alle diese Veranstaltungen, die den Schritten eines konventionellen Tanzes gleichen, sagen uns wenig über die Gefühle der Beteiligten: Aber zweifellos gab Königin Marie, eine Frau von angeborenem Feingefühl, sich große Mühe, ihrem Mann zu gefallen, indem sie sein Land pries. Sie zeigte sich sehr angetan von Fife und sagte James, man habe sie zwar in Frankreich warnend darauf hingewiesen, daß Schottland unzivilisiert und bar jeglicher Annehmlichkeiten sei, aber sie habe seit ihrer Ankunft genau das Gegenteil festgestellt, denn noch nie in ihrem Leben sei sie so vielen liebenswürdigen und wohlerzogenen Menschen begegnet wie an diesem Tag. Hocherfreut über diese taktvolle und diplomatische Rede schwor König Jakob, ihr auf ihrer Fahrt durch Schottland noch weit schönere Dinge zu zeigen. Vierzig Tage verbrachten sie in St. Andrews mit Lustbarkeiten, Turnierspielen, Bogenschießen, Falkenjagd, Tanz und Minnegesängen, dann zog der Hof in andere Städte, wo weitere Festlichkeiten veranstaltet wurden, die mit dem triumphalen Einzug der Königin in Edinburgh ihren Höhepunkt erreichten[6].

Trotz dieses prunkvollen Empfangs, trotz der geziemenden Komplimente, die Marie von Guise ihrem neuen Vaterland zollte, scheint die Ehe des Königspaars zu Anfang nicht besonders glücklich gewesen zu sein. Man erzählte sich in England, daß Jakob eine Geliebte in Tantallon habe und »sich nicht viel aus der Königin mache[7]«. Die Briefe Marie von Guises an ihre Mutter, die Herzogin Antoinette, zeugen von heimlicher Sehnsucht, während die Mutter ihrerseits der Königin Ratschläge für ihre Rolle in Schottland erteilt und versucht, sie mit einer Fülle von Familiennachrichten über den Stand der Dinge in Frankreich zu beruhigen[8]. Fast in jedem Brief wird der kleine Franz erwähnt, den die Königin hatte zurücklassen müssen.

Man kann sich leicht den Kummer einer Mutter vorstellen, die wegen einer politischen Heirat in einem fernen Land ein dreijähriges Kind verlassen mußte; es ist traurig zu denken, daß es Marie von Guise, einer zweifellos sehr mütterlichen Frau, nicht beschieden war, ihre beiden überlebenden Kinder, Franz und Maria Stuart, großzuziehen. Franz war offensichtlich ein sehr zartes Kind: Die Briefe der Herzogin Antoinette sind voll von ausführlichen Beschreibungen seiner Krankheiten. Später lernt er, das Vaterunser zu beten, trägt den gleichen Haarschnitt wie seine Oheime, ißt mit seinem Großvater, dem Herzog von Guise, zu Abend, pflückt Erdbeeren und erzählt, wie sein Onkel Aumale sich in seinem Zimmer versteckte, während seine Tante ihn zu Bett brachte. Er sendet seiner Mutter eine Schnur, um ihr zu zeigen, wie groß er ist, und im Jahr 1547, nach der Schlacht von Pinkie Cleugh, schreibt er ihr, daß er sich im Lanzenstechen übe, um ihr zu Hilfe zu kommen[9].

Die Sehnsucht nach ihrem Kind war nicht das einzige Problem der Königin. Es gab Schwierigkeiten mit König Franz wegen der Zahlung ihrer Mitgift an den schottischen König: Franz verwandte hierfür das Geld, das er ihr bereits bei ihrer ersten Eheschließung gegeben hatte, und das erzürnte sowohl die Herzogin Antoinette als auch ihre Tochter, denn sie fürchteten, daß die Rechte des kleinen Herzogs damit geschmälert würden. In einem seiner Briefe läßt Franz von Longueville seinen Papa (Jakob V.) grüßen und ihm ausrichten, er hoffe, daß er der Königin bald einen kleinen Bruder für ihn schenken werde[10]. Damit enthüllt er in kindlicher Ahnungslosigkeit ein weiteres Problem: Bis Ende 1539 war noch kein Thronfolger geboren worden, obwohl Jakob und Marie seit achtzehn Monaten verheiratet waren; der Vorschlag des Herzogs von Guise, im Januar 1540 nach Schottland zu reisen, um zu sehen, wie es seiner Tochter erging, läßt erkennen, daß sich die Eltern ernsthaft um die Lage der Königin sorgten.

Im Mai 1540 setzte die Geburt des ersehnten Thronfolgers, Prinz Jakob von Schottland, diesem Problem für den Augenblick ein Ende. Herzogin Antoinette war entzückt über die Nachricht und bombardierte ihre Tochter abwechselnd mit Fragen und Ratschlägen. Im Dezember desselben Jahres war die Königin abermals schwanger, und damit wurde die Ehe des Königspaars in beiden Ländern als zufriedenstellend betrachtet. Unterdessen traf Marie von Guise eine Reihe von Maßnahmen, um die Annehmlichkeiten des französischen Lebens in Schottland einzuführen. Die Dinge, die sie sich aus Frankreich erbat, erstreckten sich von Birnen- und Pflaumenbäumen bis zu Wildschweinen für die Jagd; sie ließ Steinmetze kommen, Bergarbeiter aus Lothringen, die »die goldene Strähne« von Crawford Muir abbauen sollten, wo im 16. Jahrhundert bedeutende Mengen von Gold entdeckt wurden, ferner Waffenschmiede, Schneider und – typisch für eine Frau, die fern der Heimat lebt – französische Ärzte und Apotheker. Aus Antwerpen schrieb ein gewisser Eustating de Coquiel an die Königin, daß er ihr seinen Diener mit Waren und einigen Luxusartikeln *(gentilesses)* senden werde, damit sie als erste auswählen könne, was ihr gefiel[11]. Offenbar gab es nach Meinung der Franzosen nicht viele *gentilesses* in Schottland, und Marie von Guise machte sich energisch daran, diesen Mangel zu beheben.

Bald darauf wurde das Königspaar von einem zweifachen Unglück betroffen: Im April 1541 gebar die Königin auf Schloß Falkland einen zweiten Sohn, Herzog Robert von Albany, der nur zwei Tage lebte, und wenige Tage darauf starb der kleine Prinz von Schottland in Holyrood. So hatte König Jakob jetzt wieder keinen direkten Erben; man kann sich vorstellen, daß Königin Marie sicherlich ebenso verzweifelt war wie er, aber laut Pitscottie zeigte sie sich bewundernswert gefaßt: »... und sagte dem König, daß sie jung genug seien, noch auf viele Kinder hoffen zu können[12]«. Ihre Mutter schrieb sofort aus Frankreich, äußerte die Hoffnung, daß der König es nicht allzu schwer genommen habe, teilte die Meinung ihrer Tochter, daß sie beide jung seien und noch viele Kinder bekommen könnten, und schrieb schließlich den Tod von Prinz Jakob der Überernährung oder zumindest einem Wechsel der Ammen zu[13]. Die zeitgenössische Meinung in Schottland hatte eine dramatischere Erklärung für den tragischen Tod der beiden Prinzen. Obwohl es natürlich die üblichen Gerüchte von Vergiftung gab, die allen unerwarteten Sterbefällen dieser Zeit gemein waren, glaubten die meisten, daß die Sünden König Jakobs V. an seinen Kindern geahndet wurden.

Obgleich die Erklärung für die zweifache Tragödie wohl weniger in Gift oder göttlicher Rache zu suchen ist als einfach in der Tatsache, daß im 16. Jahrhundert das Leben jedes Säuglings ständig bedroht war, schien dennoch der Tod der kleinen Prinzen den Augenblick zu kennzeichnen, da das Geschick König Jakobs sich endgültig zum Schlechten wandte. Es gab kein Anzeichen für einen weiteren Erben. Während Jakobs Innenpolitik notgedrungen dazu führen mußte, ihm diejenigen seiner Adeligen zu entfremden, die sich durch seine Reformen in ihren Privilegien geschmälert sahen, besonders die mächtige Familie der Douglas, deren Oberhaupt der Earl of Angus war, gewann seine Weigerung, Heinrich VIII. im Kampf gegen die katholische Kirche zu unterstützen, ihm keineswegs die Zuneigung seines bedrohlichen Nachbars jenseits der Grenze. Als Heinrich im September 1541 eine Zusammenkunft in York forderte, gestattete man Jakob nicht, sich dorthin zu begeben, mit der Begründung, daß seit dem Tod der Prinzen seine Person zu kostbar sei. Die schottische Geistlichkeit, die befürchtete, daß Jakob sich von der räuberischen Haltung Heinrichs der Kirche gegenüber beeinflussen lassen könnte, erbot sich, im Notfall einen Krieg zu finanzieren. Erzürnt über das Nichterscheinen des schottischen Königs erklärte Heinrich, daß die Schotten damit ihr Wort gebrochen hätten und »ihren früheren Versprechen nicht nachgekommen« wären.

Im Sommer 1542 wurde das englische Heer im Norden mobilisiert und erhielt den Befehl, die Schotten gefügig zu machen, sollte König Jakob auch weiterhin die Forderung seines Onkels nach einer Begegnung in England außer acht lassen. Königin Marie erwartete abermals ein Kind, aber in der allgemeinen Erklärung, in der König Heinrich die Oberherrschaft über Schottland beanspruchte, betonte er ausdrücklich, daß dieser Umstand ihren Mann nicht davon abhalten dürfe, zu Weihnachten nach London zu kommen – und er wünsche keine »Wenn und Aber« von der Frau des Königs[14]. Der Earl of Home hielt die englischen Truppen nur vorübergehend im August in Haddonrig in Schach. Während Königin Marie der Geburt eines weiteren, sehnlich erwarteten Erben entgegensah und die Herzogin Antoinette ihr ständig aus Frankreich schrieb, um ihr Ratschläge für ihre Gesundheit zu geben, mobilisierte der König von Schottland im Herbst sein eigenes Heer für die endgültige Krise seiner Herrschaft. Die Tatsache, daß Kardinal Beaton zum Befehlshaber ernannt wurde und versuchte, dem Feldzug den Charakter eines heiligen Krieges zu geben, mit der Begründung, daß England mit dem päpstlichen Interdikt belegt sei, machte es ihm nicht leichter, sich die Gefolgschaft seiner Lehnsleute zu sichern. Und die Verbitterung der Adeligen steigerte sich noch, als ein weiteres Kommando Oliver Sinclair, dem Günstling des Königs, übertragen wurde.

Am 24. November trafen die Streitkräfte unter Oliver Sinclair bei Solway Moss auf die Truppen des englischen Deputy Warden der Westmark und wurden in wildem Durcheinander in die Flucht geschlagen; zwölfhundert Schotten gerieten in Gefangenschaft, unter ihnen viele der führenden Adeligen, die man nach London brachte, um sie König Heinrich gegenüberzustellen. Obgleich Knox in dieser Niederlage die Hand Gottes zu erkennen meinte[15], lag der Grund dafür wohl eher in der Abneigung der Schotten, einen langen Feldzug fern ihres eigenen Gebiets durchzuführen, sowie in der Tatsache, daß es ihnen als Kämpfern zwar nicht an Mut, aber an Ausdauer mangelte. Je länger der Kampf währte, um so mehr steigerte sich die Angriffslust der Engländer, während die der Schotten nachließ. Viele von ihnen wurden auf der Flucht von der hereinkommenden Flut überrascht und ertranken, andere verloren ihre Pferde im Sumpf. Manche waren so ängstlich bestrebt, sich durch eine Gefangennahme zu retten, daß sie sich selbst Frauen ergaben. Ein englischer Augenzeuge schrieb in dieser Nacht aus Carlisle, daß jeder, der schottische Soldaten gefangennehmen wollte, ihnen nur auf ihrem Rückzug zu folgen brauchte, denn sie machten keinerlei Versuch, sich zu verteidigen[16].

Der König dieses schwer betroffenen Landes zog sich in einem Zustand erschreckender Niedergeschlagenheit, zermürbt von der Sorge um das Geschick Oliver Sinclairs, nach Edinburgh zurück, wo er ein Bestandsverzeichnis all seiner Schätze und Juwelen machte. Von dort aus begab er sich heimlich nach Hallyards in Fife, dem Wohnsitz des Schatzmeisters,

Sir William Kirkcaldy of Grange. Als Kirkcaldys Frau ihn aufzumuntern suchte und ihm sagte, er solle »das Werk Gottes« geduldig hinnehmen, erklärte der König mit Überzeugung, daß sein Leben auf dieser Welt ohnedies nur noch von kurzer Dauer sei und er in vierzehn Tagen tot sein werde. Und als seine Diener ihn fragten, wo er Weihnachten verbringen wolle, erwiderte er mit einem verächtlichen Lächeln: »Ich weiß es nicht: Wählt ihr den Platz. Aber eines kann ich euch sagen: Am Weihnachtstag werdet ihr herrenlos sein, und das Reich wird keinen König haben.«

Es dauerte nicht lange, ehe diese düsteren Prophezeiungen sich erfüllten. Jakob ging nach Linlithgow, wo er einige Tage mit Königin Marie verbrachte, die jetzt im letzten Stadium ihrer Schwangerschaft war. Von dort aus begab er sich nach Falkland auf sein geliebtes Schloß, das er im Stil der französischen Renaissance erbaut hatte und in das er sich jetzt zurückzog wie ein Tier in sein Lager, um dort zu sterben. Unfähig, die Vernichtung seiner Hoffnungen, seine persönliche Demütigung und die seines Landes zu ertragen, erlitt der König jetzt einen völligen Nervenzusammenbruch. Bald wütete er gegen das grausame Schicksal, das zu seiner Niederlage geführt hatte, bald lag er in tiefer Melancholie regungslos auf seinem Bett. Er hörte von der Gefangennahme Sinclairs und rief aus: »O Oliver, fliehe! Ist Oliver gefangen? O Oliver, fliehe[17]!« Es scheint die letzte wahrhaftige Gemütsbewegung seines irdischen Lebens gewesen zu sein.

In dieses traurige Krankenzimmer kam ein Bote aus Linlithgow, um zu melden, daß die Königin einer Tochter das Leben geschenkt habe. Die Anwesenden hofften, daß die Nachricht von der Geburt einer Thronerbin den König ein wenig trösten würde. Aber Jakob V. bemerkte spöttisch: »Adieu, lebt wohl! Von einer Frau ist die Krone auf uns gekommen, mit einer Frau wird sie dahingehen.« Er spielte dabei auf die Ehe von Marjorie Bruce und Walter Stewart an, mit der die Stewart-Dynastie begründet worden war[18]. Sechs Tage später, am 14. Dezember, starb Jakob V. im Alter von dreißig Jahren. In einem Brief aus dem Jahr 1540 hatte Kardinal Pole den König daran erinnert, daß sein Onkel, Heinrich VIII., einstmals ein vielversprechender und gütiger Mann gewesen sei; und was war er jetzt? König Jakob, bat der Kardinal inständig, möge sich davor hüten, den gleichen Weg zu gehen[19]. Wahrscheinlich hatte der Kardinal recht, Jakob auf das Blut der Tudors hinzuweisen, das in seinen Adern floß; wäre er am Leben geblieben, so hätten vielleicht auch in ihm Grausamkeit und Sadismus die Oberhand gewonnen und hätten damit den guten Eindruck seiner Jugendjahre vollkommen verwischt. Außerdem scheint auch ein stark hysterischer Zug in seinem Wesen gelegen zu haben: Um seinen nervösen Zusammenbruch nach Solway Moss zu erklären, ist es nicht nötig, die zeitgenössischen Anspielungen in Betracht zu ziehen, daß er entweder von erzürnten Geistlichen oder aufrührerischen Häretikern vergiftet worden sei. Offensichtlich neigten die Stuarts dazu, in Zeiten der Bedrängnis jegliche Widerstandskraft zu verlieren, und James gab diese Neigung an seine Tochter weiter, so daß Schottland fünfundzwanzig Jahre später, nach Kirk o'Field, abermals Zeuge der ohnmächtigen Verzweiflung seines Staatsoberhauptes in einem Augenblick der Krise wurde.

Die Tochter – das einzige überlebende Kind Jakobs V. –, die ihm jetzt auf dem Thron von Schottland folgte, war am 8. Dezember 1542, dem Tag der Unbefleckten Empfängnis Mariä, auf Schloß Linlithgow geboren worden. Sie wurde in der Kirche von St. Michael in Linlithgow auf den Namen Maria getauft, obwohl ein Gerücht behauptete, sie habe den Namen Elisabeth erhalten; wäre das wahr gewesen, so hätte es in späteren Jahren zwei rivalisierende Königinnen Elisabeth in England und Schottland gegeben[20]. Infolge der heiklen politischen Lage Schottlands zu jener Zeit besteht eine gewisse Unklarheit bezüglich ihres Geburtsdatums. Auch Jakobs Todestag wurde erst mit Sicherheit festgestellt, als man im 17. Jahrhundert auf seinem Sarg das eingravierte Datum entdeckte. Obgleich zahlreiche Zeitgenossen – unter ihnen auch Knox – den 8. Dezember als das Geburtsdatum Maria Stuarts nennen, erwähnt ihr eigener Gefolgsmann Leslie, der Zugang zu den offiziellen Archiven hatte, wiederholt den 7. Dezember[21]. Es wird daher vermutet, daß Maria in Wirklichkeit an diesem Tag geboren ist und daß das Datum auf den 8. Dezember umgeändert wurde, um es mit dem Fest der Jungfrau zusammenfallen zu lassen. Was immer daran wahr sein mag – man wird es nie beweisen können –, Maria Stuart selbst glaubte stets, daß sie am 8. geboren sei, und überschrieb noch 1584 einen ihrer Briefe: »Am 8. Dezember, dem zweiundvierzigsten Jahrestag meiner Geburt[22].« Auf jeden Fall ist anzunehmen, daß sie auf Grund der Sorge Königin Maries um ihren Mann vorzeitig geboren wurde: Am 12. Dezember berichteten Lisle und Tunstall nach England, daß »die besagte Königin vor ihrer Zeit von einer Tochter, einem sehr schwächlichen und wahrscheinlich nicht lebensfähigen Kind, entbunden« worden sei. Während der ersten zehn Tage ihres Lebens sprach man allgemein von einem ungewöhnlich zarten Baby, das voraussichtlich ebensowenig wie seine Brüder am Leben bleiben werde. Am 17. Dezember erwähnte Sir George Douglas in einem Brief aus Berwick immer noch »ein sehr schwächliches Kind«, und obgleich Lisle König Heinrich VIII. am 19. Dezember berichten konnte, daß »die kürzlich geborene Prinzessin munter und gut entwickelt« sei, hielten die Gerüchte von ihrem schlechten Gesundheitszustand so lange an, daß Chapuys, der kaiserliche Gesandte in London, der Königin von Ungarn am 23. Dezember schrieb, Mutter und Kind seien sehr krank und von ihren Ärzten aufgegeben worden[23].

Vielleicht war bei den Engländern der Wunsch der Vater des Gedankens, denn der Tod der kleinen Königin hätte in Schottland eine noch größere Verwirrung gestiftet und möglicherweise den Sturz der Regierung bewirkt.

Die geheimen Wünsche der Schotten ihrerseits spiegeln sich wahrscheinlich in dem Gerücht der damaligen Zeit wider, daß das Kind in Wirklichkeit ein Junge sei. Die Lage eines Landes, an dessen Spitze eine kindliche Thronfolgerin stand, wurde im 16. Jahrhundert allgemein als verhängnisvoll angesehen. Wie Knox es ausdrückte: »Alle Menschen trauerten, daß das Königreich ohne einen männlichen Thronfolger zurückgeblieben war[24].« Der Grund ist nicht schwer zu erkennen. Im Jahre 1542 lag die erfolgreiche Regierung von Königin Elisabeth I. noch in weiter Ferne. Die Geburt einer Thronfolgerin führte im allgemeinen dazu, daß das betreffende Land einem anderen einverleibt wurde, wie es im Fall von Burgund, Spanien, Böhmen und Ungarn unter den Habsburgern geschah und mit England in der Zeit von Mary Tudor. Zu den ungünstigen Umständen der Situation Maria Stuarts bei ihrer Geburt – ihre eigene zarte Gesundheit, das Land besiegt, verarmt und von inneren Streitigkeiten zerrissen – kam somit noch der Nachteil, dem schwächeren und daher falschen Geschlecht anzugehören.

Das Schloß von Linlithgow, in dem Maria geboren wurde und wo sie die ersten sieben Monate ihres Lebens verbringen sollte, war der traditionelle Ort für die Niederkunft der schottischen Königinnen. Jakob V. selbst war dort geboren worden. Er hatte es später umgebaut und verschönert, und es war für die damalige Zeit ein prunkvoller Palast: Leslie schrieb begeistert über seine schöne Lage über dem *Loch,* und selbst im folgenden Jahrhundert nannte der Naturforscher John Ray es »ein sehr gutes Haus, wie Häuser in Schottland eben so sind[25]«. Im Dezember 1542 hingen jedoch über diesem friedlichen Ort und seiner jugendlichen Bewohnerin politische Gewitterwolken von äußerst bedrohlicher Art.

Jakob V. wurde, wie Leslie sagt, in geziemender Weise mit brennenden Fackeln und klagenden Trompeten bestattet; die Adeligen trugen Trauerkleidung, Kardinal Beaton hielt den Kopf gesenkt, während das Volk weinte und jammerte. Mit einem deutlich zur Schau gestellten Zartgefühl, das wahrscheinlich in Wirklichkeit einer klugen politischen Berechnung entsprang, wurde es jetzt als unziemlich betrachtet, daß der englische Befehlshaber den Kampf gegen das Königreich eines toten Mannes fortsetze. Lisle schrieb in diesem Sinn an König Heinrich: »Ich habe es für ratsam gehalten, dem Streich Eures Schwertes Halt zu gebieten, bis mir bekannt ist, was Eure Majestät in dieser Beziehung zu beschließen geruhen«, und er vergaß nicht, dabei »den kleinen Säugling«, die Tochter des verstorbenen Königs, zu erwähnen[26]. So brachte der frühzeitige Tod Jakobs V., der solch unselige Folgen für Schottland hatte, es seltsamerweise zuwege, vorübergehend die rächende Hand des englischen Heeres zurückzuhalten. Infolgedessen war das erste Lebensjahr seiner Tochter, statt von englischen Heerscharen bedroht zu sein, von zwei Fragen beherrscht, die von ausschlaggebender Wichtigkeit für ihr späteres Leben waren: wer das Königreich während ihrer Kindheit regieren und wen sie heiraten sollte.

Von diesen beiden Problemen war das erste dasjenige, das eine sofortige Lösung erforderte, denn während die Heirat der Königin auf Jahre hinaus lediglich ein Gegenstand von Vermutungen sein würde, mußte das Amt des Regenten sofort besetzt werden, wenn Schottland als unabhängige Nation bestehen bleiben sollte. Um die Schwierigkeiten des Landes noch zu vermehren, entbrannte sofort ein wilder Streit um diese Frage. Er entstand aus dem Konflikt des erblichen Rechts des Earl of Arran, Oberhaupt des Hauses Hamilton, auf alleinige Regentschaft, mit dem rivalisierenden Anspruch von Kardinal Beaton, den dieser auf ein gefälschtes Testament stützte, das der verstorbene König angeblich gemacht haben sollte. Diese letztwillige Verfügung sah vier Regenten vor (Huntly, Moray, Argyll und Arran), während der Kardinal selbst Erzieher der Prinzessin und Vorsitzender des Rats sein sollte. Es war ein Kampf um eine große Beute. Das Prestige und die Bedeutung des Regenten wurden denen des Königs gleichgestellt; und zu der politischen Macht kam der materielle Nutzen, den dieses Amt mit sich brachte. Nach altem Brauch übernahm der Regent während der Minderjährigkeit des Thronfolgers die Schlösser, Juwelen und Schätze des verstorbenen Königs; er war verantwortlich für die Verwaltung der Einkünfte der Krone, für die er am Ende seiner Amtszeit eine Quittung unterschrieben bekam.

Bedauerlicherweise war James, der zweite Earl of Arran, später Herzog von Châtelherault – der Mann, dem in diesem kritischen Augenblick der schottischen Geschichte das Recht auf die Regentschaft zustand –, ganz besonders ungeeignet für dieses wichtige Amt. Marie von Guise beschrieb ihn kurz und bündig als den wankelmütigsten Menschen der Welt. Das nachsichtigste Urteil über ihn stammt von einem Geistlichen, der Lisle gegenüber erklärte, er sei »ein guter und sanftmütiger Diener Gottes«, wobei er sich vermutlich auf die Tatsache bezog, daß der Earl seit fünf Jahren ein Anhänger der reformierten Kirche war[27]. Dennoch war dieser unschlüssige Mann aufgrund der Tatsache, daß er das Oberhaupt des Clans der Hamiltons war, für die hervorragendste Stellung unter den schottischen Adeligen bestimmt.

Arrans Großvater James, der erste Lord Hamilton, war mit der Prinzessin Mary Stewart, einer Schwester Jakobs III., verheiratet gewesen. Wenn die kleine Königin Maria starb, so hatte Arran das nächste Anrecht auf den schottischen Thron. Allerdings gab es eine gewisse Schwierigkeit: Es bestanden Zweifel, ob Arrans Vater jemals rechtmäßig von seiner zweiten Frau geschieden worden war, und so war es denkbar, daß Arran, das Kind der dritten Ehe, illegitim war. Falls das zutraf, waren die Lennox Stewarts, die vollkommen korrekt von Prinzessin Mary und Lord Hamilton abstammten – aber von der Tochter, nicht von einem Sohn –, die wahren Thronerben. Dies wiederum bedeutete, daß der Earl of Lennox, nicht der Earl of Arran, Anspruch darauf hatte, Regent von Schottland und damit die zweite Persönlichkeit des Königreichs zu sein. Trotz dieser Rivalität, die zu ständigen Streitigkeiten zwischen den beiden Familien führte, gelang es den Hamiltons, ihr Anrecht auf den schottischen Thron noch fast hundert Jahre lang zu behaupten. Während eines großen Teils der Regierung von Marias Vater, während ihrer eigenen Regierung und der Jakobs VI. bis zur Geburt seiner Kinder in den neunziger Jahren des 16. Jahrhunderts waren die Hamiltons nur durch eine einzige Person vom Thron getrennt. Leider war ihr Geschlecht der Bedeutsamkeit ihrer Stellung in keiner Weise ebenbürtig. Zu einer Zeit, da die meisten der schottischen Adeligen durch Aufgewecktheit und einen scharfen Blick für die beste Chance wettmachten, was ihnen an Anstand und Bildung fehlte, waren die Hamiltons seltsam untypisch für ihre Art: Der Regent Arran war nur unentschlossen und schwach, aber sein ältester Sohn wurde wahnsinnig und mußte ständig unter Bewachung gehalten werden. In dieser ganzen Epoche galt Hamilton-Blut allgemein als ein willkommener Sündenbock für jeglichen Mangel an seelischem Gleichgewicht[28].

Nichts Weiches oder Wankelmütiges lag im Charakter von David Beaton, Kardinal-Erzbischof von St. Andrews, dem Mann, der sich jetzt mit dem angeblichen Testament des verstorbenen Königs dem Anspruch Arrans widersetzte. Es scheint eindeutig erwiesen zu sein, daß Beaton tatsächlich das Testament gefälscht hat[29], aber angesichts der Schwäche Schottlands zu jener Zeit könnte man zu seiner Entschuldigung anführen, daß er zumindest versuchte, seinem Land eine starke Regierung zu geben, die imstande war, Englands Übergriffen Widerstand zu leisten. Wie dem auch sei, die franzosenfreundliche, katholische Politik des Kardinals, die Schottland bei Solway Moss ins Unglück gestürzt hatte, war zweifellos die einzige Alternative zu einer Unterwerfung unter das Joch Heinrichs VIII.

Trotz Kardinal Beatons Entschlußkraft war der entscheidende Faktor im Kampf um die Regentschaft, wie sich herausstellen sollte, die Rückkehr der schottischen Adeligen, die bei Solway Moss in Gefangenschaft geraten waren: Nachdem sie sich eine Zeitlang in London aufgehalten hatten, schickte Heinrich VIII. sie jetzt wie trojanische Pferde als Abgesandte seiner Politik wieder nach Norden; unter ihnen befanden sich Cassilis, Glencairn, Maxwell und Fleming sowie Angus und sein Bruder George Douglas, die bereits in England in der Verbannung gelebt hatten. Während ihres Aufenthalts in London hatte man sie veranlaßt, eine Reihe von Verträgen zu unterschreiben, in denen sie sich verpflichteten, Heinrich bei seinen Bemühungen um eine Ehe zwischen Maria Stuart und Prinz Eduard zu unterstützen und auch ganz allgemein die Sache Englands in Schottland zu fördern, wofür sie als Gegenleistung eine angemessene Rente in englischem Geld erhielten. Zehn von ihnen waren sogar noch weiter gegangen und hatten versprochen, Heinrich zum Herrn über Schottland zu machen, falls die junge Königin sterben sollte. Die Unterschrift dieser Verträge scheint uns nach modernen Maßstäben unpatriotisch, ja sogar verräterisch; um gerecht zu sein, muß man jedoch bedenken, daß all dies in einem Jahrhundert geschah, in dem Patriotismus im heutigen Sinne noch kaum existierte. Es gab Xenophobie, eine angeborene Abneigung gegen Fremde, zu einer Zeit, da mangelnde Verbindungsmöglichkeiten Menschen zu Fremden machten, die wir heute als unmittelbare Nachbarn betrachten würden; aber obgleich diese Xenophobie anfing, hier und da ein paar grüne Sprößlinge von Patriotismus zu treiben, kann man sie noch nicht mit ihm identifizieren.

Im Januar wurde Arran in seinem Amt als Regent bestätigt, und wenige Tage nach der Rückkehr der englischen Fraktion der Adeligen wurde Kardinal Beaton verhaftet: Damit schien festzustehen, daß Schottland während der Minderjährigkeit Königin Marias von einer protestantischen, englandfreundlichen Clique regiert werden würde. Ebenso schien die künftige Ehe der jungen Königin in Richtung Englands zu liegen. Bereits elf Tage nach Marias Geburt hatte Lisle den Wunsch der Engländer bezüglich ihrer Zukunft zum Ausdruck gebracht: »Ich wollte, sie und ihre Amme wären im Hause meines Gebieters[30].« Heinrichs Sohn, Prinz Eduard, zu jener Zeit fünf Jahre alt, schien wie geschaffen dazu, England und Schottland ein für allemal unter englischer Oberherrschaft zu vereinigen, und Heinrich hatte die feste Absicht, die schottische Königin am englischen Hof großziehen zu lassen, um jedem möglichen Flattern nach Freiheit im schottischen Taubenschlag vorzubeugen. Die Aussicht auf diese Ehe, die, wäre Eduard VI. am Leben geblieben, die friedliche Vereinigung der beiden Länder um ein halbes Jahrhundert vorverlegt hätte, wäre für Schottland gar nicht so erschreckend gewesen, wenn Heinrich VIII. nicht darauf beharrt hätte, seinem Nachbarn gegenüber solch eine grausam tyrannische Haltung einzunehmen. Man darf nicht vergessen, daß Marias künftiger Ehemann, der Dauphin von Frankreich, damals noch nicht geboren war, und seine Mutter, Katharina von Medici, die Frau des französischen Thronfolgers, unfruchtbar zu sein schien, denn sie war seit zehn Jahren verheiratet und hatte immer noch keine Kinder. So gab es keinen französischen Prinzen, dessen Vorzüge gegen diejenigen des Prinzen Eduard abgewogen werden konnten.

Eine andere Möglichkeit war, vollkommen auf eine Ehe mit einem ausländischen Prinzen zu verzichten und die Königin mit dem Sohn eines ihrer eigenen Adeligen zu verheiraten: Arran zum Beispiel war der Ansicht, daß sein Sohn der geeignetste Ehemann für sie wäre, denn damit würde die Krone Schottlands im Machtbereich seines eigenen Volkes bleiben. Im März kam Sir Ralph Sadler als Heinrichs Abgesandter nach Schottland, um mit dem schottischen Parlament über die Heirat von Prinz Eduard und Maria zu verhandeln. Er berichtete seinem Herrn, daß die Königinwitwe dem Plan keineswegs abgeneigt sei. Wahrscheinlich hatte das Verhalten des schottischen Adels Marie von Guise damals tatsächlich zu der Überzeugung gebracht, daß ein Ehevertrag mit einem Königshaus, selbst mit dem englischen, das kleinere von zwei Übeln wäre. Ängstlich bestrebt, die anfänglichen Gerüchte zu widerlegen, daß die Prinzessin schwach und offenbar nicht lebensfähig sei, nahm sie die Gelegenheit wahr, das Baby stolz dem Gesandten vorzuführen. Sie befahl, ihre Tochter hereinzubringen, und ließ sie mit entschlossener Gründlichkeit vollkommen entblößen; so konnte hinterher niemand den Verdacht hegen, daß sich unter den Windeln irgendeine Mißbildung verbarg. Sir Ralph Sadler war von dem Anblick gebührend beeindruckt. Er schrieb an König Heinrich: »Ich versichere Eurer Majestät, es ist ein so schönes Kind, wie ich es nur je in diesem Alter zu sehen bekommen habe, und es wird, so Gott will, am Leben bleiben[31].« Damit Arran nicht enttäuscht sei bei dem Gedanken, daß seinem eigenen Sohn diese kostbare Ehebeute entrissen wurde, versuchte Heinrich, ihn für sich zu gewinnen, indem er ihm eine Ehe zwischen seinem Sohn und Prinzessin Elisabeth von England in Aussicht stellte.

Am 1. Juli wurde der Vertrag von Greenwich für die Heirat von Eduard und Maria aufgesetzt. Er respektierte die Unabhängigkeit Schottlands und sah die Rückkehr Marias als kinderlose Witwe vor, falls Eduard sterben sollte; es gab jedoch einen wichtigen Punkt, über den man sich nicht einigen konnte: Die schottischen Unterhändler bestanden darauf, daß das Kind Schottland bis zu seinem zehnten Lebensjahr nicht verlassen sollte, während Heinrich onkelhaft bestrebt war, persönlich ihre Erziehung am englischen Hof zu überwachen. Diese Frage wurde jedoch nie entschieden, denn schon im Sommer 1543 hatte sich die innenpolitische Lage Schottlands grundlegend geändert. Man war, obwohl Heinrich VIII. vielleicht nichts davon ahnte, der protestantischen und englischfreundlichen Sache nicht mehr sehr günstig gesinnt. Gewiß, die Einsetzung Arrans als Regent hatte zu einer Erweiterung der reformierten Lehren und Praktiken geführt – besonders zum Lesen der Bibel und zu Predigten in der Landessprache. Knox machte spöttische Bemerkungen über die große Zahl derer, die jetzt stolz ihre Bibel zur Schau stellten und – nicht immer ganz wahrheitsgetreu – erklärten: »Sie hat in den letzten zehn Jahren unter dem Fußende meines Bettes gelegen[32].« Sympathien für die protestantische Kirche waren das stärkste Band zwischen denjenigen Schotten und Engländern, die diese Neigung teilten. Aber bis zum Sommer war es Kardinal Beaton gelungen, aus der Gefangenschaft zu entkommen – die Engländer argwöhnten, daß man sich nicht sehr ernsthaft bemüht hatte, ihn zurückzuhalten –, und er fing an, wie Pitscottie es ausdrückte, zu wüten wie ein Löwe, der sich seiner Fesseln entledigt hatte; mit einem Wort, er war jetzt wieder in der Lage, der katholischen, franzosenfreundlichen Partei neues Leben einzuflößen[33]. Der wankelmütige Arran war den Machenschaften des Kardinals nicht gewachsen. Französische Gelder begannen nach Schottland zu fließen, und einen Tag nachdem der Vertrag von Greenwich unterzeichnet worden war, berichtete Sadler König Heinrich VIII., daß man französische Schiffe vor der Küste Schottlands habe liegen sehen.

Wie zu erwarten, reagierte Heinrich auf diese Nachricht mit der Forderung, daß man die Königin aus Linlithgow entfernen solle, das für die Franzosen allzu leicht erreichbar sei, falls sie an Land kämen. Arran erklärte Sadler höflich, das Baby habe »Beschwerden mit dem Zahnen«, und daher sei es nicht ratsam, es gerade jetzt an einen anderen Ort zu bringen. Sadler bemerkte, daß Arran sich um das Wohlergehen der kleinen Königin sorge, als wäre sie sein eigenes Kind. Tatsächlich schien Linlithgow nicht mehr der geeignete Aufenthaltsort für sie zu sein, obgleich es wohl mehr die Angst vor einer Entführung durch die Engländer als durch die Franzosen war, die jetzt die Schotten bewog, sie fortzubringen. Am 21. Juli versammelte Kardinal Beaton etwa siebentausend Gefolgsleute in Stirling und begab sich zusammen mit Huntly, Lennox, Argyll und Bothwell nach Linlithgow, um, wie er offen erklärte, das Kind der Obhut zuverlässiger Hüter in Stirling Castle anzuvertrauen. Da dieses Schloß ein Teil der Mitgift Marie von Guises gewesen war, bestand kein Grund, weshalb sie sich nicht dorthin begeben sollte, sooft ihr der Sinn danach stand; dennoch erklärte man Sadler vorsichtshalber, daß Linlithgow, dieser herrliche Palast, in Wirklichkeit zu klein sei, den beiden Königinnen die nötige Bequemlichkeit zu bieten.

Stirling, das neue Heim Marias, hatte zur Zeit der Invasion Eduards I. als das uneinnehmbarste Schloß Schottlands gegolten. Von starken Mauern umgeben, lag es hoch über der Stadt und höher noch über der Ebene, am Rande des undurchdringlichen schottischen Hochlands, und im Jahre 1543 war es sein festungsähnlicher Charakter, der die Lords veranlaßte, ihre Königin dort in Sicherheit zu bringen.

Heinrich VIII. fühlte sich angesichts des Vertrags, den er gerade unterzeichnet hatte, immer noch sicher genug, um anzunehmen, daß er Sadler zum Hüter der Königin an ihrem neuen Aufenthaltsort machen könne, und er schrieb tatsächlich vor, daß Marie von Guise nicht bei ihrer Tochter im Schloß wohnen dürfe, sondern daß man sie irgendwo in der Stadt unterbringen und ihr nur hin und wieder gestatten solle, sie zu sehen[34]. Das mochte die Beziehung sein, die Heinrich im fernen England als angemessen für eine Mutter und ihr Kind erachtete. Aber die Zeiten, da Heinrich bei den inneren Angelegenheiten Schottlands mitzureden hatte, waren vorüber. Der König bemühte sich verzweifelt, seinen Einfluß auf Arran aufrechtzuerhalten; er versuchte auch, seinen früheren Feind, Kardinal Beaton, für sich zu gewinnen und ihn zu überreden, er solle seinen Kardinalshut und seine Religion ablegen und sich mit den Engländern verbünden. Als er jedoch einige schottische Handelsschiffe, die sich auf dem Weg nach Frankreich befanden, aufbringen und die Waren beschlagnahmen ließ, erregte diese feindselige Handlung allgemeine Empörung. Sadler wies ihn warnend darauf hin, daß die Stimmung des Landes sich gegen ihn wende. Nach einem qualvollen Hin und Her beschloß Arran schließlich, sich mit Beaton und der franzosenfreundlichen Partei zusammenzutun; ausschlaggebend für diese Entscheidung war letztlich wohl das erneute Versprechen, daß man die kleine Königin mit seinem Sohn verheiraten werde. Am 8. September tat »der unglückselige Mann«, wie Knox ihn erzürnt nannte, in der Kirche der Franziskaner in Stirling Reue für seine Abtrünnigkeit und empfing die katholische Kommunion, während Argyll und Patrick, Earl of Bothwell, das Tuch über seine Hände hielten[35].

Einen Tag danach, am 9. September 1543, wurde Maria Stuart im Alter von neun Monaten in der Kapelle des Schlosses von Stirling feierlich zur Königin von Schottland gekrönt. Man hatte kein sehr glückliches Datum gewählt, denn es war der dreißigste Jahrestag der Schlacht von Flodden, und die Krönung dürfte wohl kaum ein Anlaß zu allgemeinem Jubel gewesen sein. Sir Ralph Sadler berichtete nach England, Maria sei »ohne jede Prachtentfaltung mit der in diesem Land üblichen ernsten Feierlichkeit[36]« gekrönt worden. Zweifellos waren die prunkvollen Zeremonien der Tudors, die Königin Elisabeth I. später so gut auszunutzen wußte, um die Phantasie ihrer Untertanen zu fesseln, den Schotten fremd. Elisabeths eigene Krönung, sechzehn Jahre später, war ein prachtvolles Schauspiel, dessen Mittelpunkt die ungekrönte Königin war, die in einem goldenen Kleid, glitzernd von Juwelen, in einer offenen Sänfte durch die von jubelnden Menschen gesäumten Straßen zog. Im Gegensatz dazu bestand die Krönung der Stuart-Königin aus der eiligen Investitur eines kleinen Kindes, das von hohen Lehnsleuten umringt war, die mindestens so mächtig waren wie das Herrscherhaus, dem sie dem Namen nach dienten. Bei der Zeremonie trug der Earl of Arran die Krone, der Earl of Lennox das Zepter, und der Earl of Argyll, als Nachkomme Jakobs I. ebenfalls von königlichem Geblüt, trug das Schwert. Die englandfreundliche Partei, zu der unter anderen Angus, Gray, Glencairn, Cassilis und Maxwell gehörten, blieb der Krönung fern.

II

ENGLANDS UNSANFTE BRAUTWERBUNG

»Das Sprichwort scheint mir wahrhaft wahr zu sein: Glücklos die Zeit, die einen blutjungen König hat.«

Sir David Lindsay of the Mount

Der Übertritt Arrans kennzeichnete den ersten Wendepunkt im Leben der Königin Maria von Schottland. Er war unter anderem ausschlaggebend dafür, daß Heinrich von jetzt ab nicht mehr mit Geschenken um die Schotten werben, sondern versuchen würde, sie mit Gewalt gefügig zu machen. Dies war in der Tat der Kurs, den er bei der Nachricht von Arrans Verrat wutentbrannt seinen Gefolgsleuten unter den schottischen Adeligen einzuschlagen empfahl. George Douglas brachte es jedoch fertig, Heinrich mit einer Reihe von Einwänden hinzuhalten, während er ihn weiterhin seiner Treue versicherte und sich sehr erstaunt über die Wendung der Dinge in Schottland zeigte. Die Welt sei voll von Falschheit, rief er aus, man wisse wahrhaftig nicht mehr, wem man noch trauen könne. Arran und Kardinal Beaton führten nicht sofort einen Bruch mit Heinrich VIII. herbei, aber die Tatsache, daß sie die enge Verbindung mit dem protestantischen England gelöst hatten, ermutigte sowohl den Papst als auch den französischen König, Schottland abermals zu unterstützen. Das Erscheinen französischer Gesandter sowie eines päpstlichen Legaten, Marco Grimani, Patriarch von Aquileia, am schottischen Hof kündigte den endgültigen politischen Umschwung an, der im Dezember 1543 vom schottischen Parlament bekanntgegeben wurde. Mit dem Vertrag vom 15. Dezember wurden, wie Leslie es ausdrückt, die *»auld bands«* zwischen den Schotten und den Franzosen, die seit den Tagen von König Robert Bruce »so lange und sorgsam gepflegt worden waren«, jetzt abermals gefestigt[1].

Eine weitere, geringfügigere Folge von Arrans Gesinnungswandel war, daß Lennox sich von der schottischen Regierungspartei abwandte. Er konnte es nicht ertragen, daß sein Rivale Arran trotz seiner Abtrünnigkeit immer noch sein Amt als Regent von Schottland behielt. Es war die klassische Methode der Lennox Stewarts, sich mit den Feinden der Hamiltons zu verbünden. So wandte Lennox jetzt seine Blicke England zu und warb um die Hand von Lady Margaret Douglas, Tochter von Margaret Tudor aus deren zweiter Ehe mit dem Earl of Angus und Nichte Heinrichs VIII. Später sollte diese von Ehrgeiz besessene Frau, was ihr Talent für Intrigen betraf, sich als eine würdige Kombination der Douglas' und Tudors erweisen. Und sie sollte auch als Mutter von Henry Stuart, Lord Darnley, eine wichtige Rolle im Leben ihrer Schwiegertochter, der Königin von Schottland, spielen. Aber zur Zeit ihrer Heirat im Juni 1544 war ihre Bedeutung lediglich dynastischer Art: Durch sie gelangte Lennox in den Bereich der englischen Thronfolge und schloß einen Ehevertrag mit Heinrich VIII., der ihn fortan fest an das englische Lager band. Unter anderem versprach er, alles zu tun, was in seiner Macht stand, um Maria Stuart an Heinrich auszuliefern, und der König seinerseits schwor, Lennox zum Regenten Schottlands zu machen, sobald er das Land mit Lennox' Hilfe unterjocht haben würde.

So waren, noch ehe Maria Stuart ihr erstes Lebensjahr vollendet hatte, die Figuren auf dem traditionellen Schachbrett zwischen Schottland und England neu aufgestellt worden und ergaben jetzt ein völlig anderes Bild als zu der Zeit, da sie ihrem Vater auf dem Thron folgte. Bei dieser Umgruppierung hatten menschliche Schwächen eine wichtige Rolle gespielt: der unberechenbare Charakter des Regenten Arran, der von Ehrgeiz und Habgier beherrscht wurde, Eigenschaften, denen seine gütige, ja sogar väterliche Erscheinung widersprach; die unmäßige Haltung Heinrichs VIII. Schottland gegenüber; die Geschicklichkeit des Kardinals, dem es nicht schwerfiel, sich Arrans Schwäche zunutze zu machen, und letztlich der bemerkenswerte Charakter der schottischen Adeligen jener Zeit, denen es nicht notwendig schien, aus moralischen Prinzipien eine Politik zu verfolgen, die nicht mehr ihren Zwecken diente, selbst wenn sie dafür bezahlt wurden. In knapp zwölf Monaten hatte sich die Aussicht auf eine friedliche Annektierung Schottlands durch England – aufgrund einer Ehe zwischen Maria und Eduard – und die Leitung der schottischen Angelegenheiten durch König Heinrich mit erstaunlicher Geschwindigkeit verringert. Mit der Erneuerung der französischen Allianz und der Geburt eines Sohnes von Katharina von Medici, dem künftigen König Heinrich II. von Frankreich, im Januar 1544 ergab sich für die Kindkönigin die Möglichkeit einer sehr andersartigen Erziehung und Ehe.

Viereinhalb Jahre sollten vergehen, ehe die junge Königin der Schotten endgültig dem Zugriff Englands entzogen und in das ferne Frankreich geschickt wurde. Es waren Jahre, in denen Heinrich VIII. sich in seiner Politik Schottland gegenüber in steigendem Maße als ein rachsüchtiger Tyrann erwies, der nicht duldete, daß man sich seinem Willen widersetzte. Im Mai 1544 begann Heinrichs Oberbefehlshaber Hertford mit der ersten

Etappe dessen, was man sehr passend als »Englands unsanfte Brautwerbung« bezeichnet hat — ein Feldzug, mit dem der englische König widersinnigerweise durch die systematische Zerstörung von schottischem Gebiet die Treue der Schotten zu gewinnen suchte. Seine Befehle an Hertford sind von einer Unbarmherzigkeit, die einen schaudern läßt[2], und die Aufzeichnungen der Engländer zeigen deutlich, daß ihre Truppen außerordentlich erfolgreich mit dieser »Politik der verbrannten Erde« waren, bis sie zur Festung von Edinburgh kamen, die ihrer Belagerung standhielt. Die Engländer kannten kein Mitleid: Ein Bericht an Russell, den Lordsiegelbewahrer in London, zeugt von einer absolut selbstgerechten Einstellung diesen Verwüstungen gegenüber — die Engländer scheinen der Ansicht gewesen zu sein, daß sie an einer Art heiligem Krieg teilnahmen, den die Schotten selbst durch ihren Vertrauensbruch verschuldet hatten. Zwei Tage lang stand Edinburgh in Flammen, und während dieser Zeit wurden die Abtei und der Palast von Holyrood geplündert[3].

Die Engländer zerstörten die Mole von Leith Haven, kaperten die schottischen Handelsschiffe und machten sich schließlich, mit Beute beladen, auf den Heimweg; doch zuvor brannten sie noch das Schloß von Lord Seton nieder und verwüsteten seine Gärten, die als die schönsten Schottlands galten, denn man gab ihm die Schuld an der Freilassung des Kardinals, des Urhebers dieses ganzen Unheils.

Die nächste unsanfte Umarmung von seiten der Engländer fand im November 1544 statt. Die englischen Truppen brachen über die Grenzen und bahnten sich abermals mordend und plündernd ihren Weg nach Norden; im Verlauf dieses Feldzuges zerstörten sie die alten Gräber der Douglas' in Melrose, einer der reichen Abteien im fruchtbaren Tal des Tweed, deren Schätze ein verlockender Köder für raubgierige englische Soldaten waren. Es war jedoch weniger diese Beleidigung der ehrwürdigen Vorfahren des Clans der Douglas' als vielmehr die Tatsache, daß die schottische Regierung gelernt hatte, den englischen Bestechungen mit eigenen Zuwendungen entgegenzuwirken, die den habgierigen Earl of Angus bewog, die Schotten im Februar bei Ancrum Moor zum Sieg zu führen. Doch der Erfolg von Ancrum Moor war nicht von Dauer: Im September 1545 leitete Hertford selbst einen zweiten, gleichermaßen verheerenden Feldzug nach Südosten, verwüstete die Felder und brannte die gesamte neue Ernte nieder.

In dieser Atmosphäre von Gewaltsamkeit war die Sicherheit der jungen Königin ein ständiger Anlaß zur Sorge, und Hertford berichtete, daß man sie während seiner Raubzüge im Mai 1544 in das entlegene Dunkeld gebracht habe. Etwa um diese Zeit machte sich zum erstenmal der Einfluß ihrer Mutter, Marie von Guise, auf die Politik des Landes bemerkbar. Angesichts der Schwäche Arrans waren viele Adelige der Meinung, daß man sie zur Mitregentin ernennen solle. Das Register der Versammlungen des Kronrats kennzeichnet vom ersten Band an ihre Gegenwart durch den

Vermerk: *Presentibus, Regina et Gubernator.* Es ist mit Sicherheit anzunehmen, daß die geheimen Wünsche der Königinmutter mittlerweile ausschließlich einer französischen Heirat galten – Frankreich war ihre Heimat, das Land ihrer einflußreichen Familie und das Land, das die Mittel besaß, den Schotten nötigenfalls zum Sieg über die Engländer zu verhelfen. Doch die öffentliche Meinung in Schottland war noch nicht reif für eine derartige Verbindung: Es bedurfte weiterer feindlicher Handlungen von seiten Englands, um die Schotten zu lehren, daß ein Bündnis mit Frankreich, sosehr es auch ihre Unabhängigkeit einschränken mochte, doch letztlich der Vernichtung durch ihre Nachbarn vorzuziehen war. Außerdem hatte Marie von Guise noch zwei andere Hindernisse zu überwinden: Arrans Wunsch, Maria mit seinem eigenen Sohn zu verheiraten, und den Widerstand des Kardinals, der sich einer französischen Heirat ebenso beharrlich widersetzte, wie er sich – aus den gleichen nationalistischen Gründen – einer Ehe mit dem englischen Thronfolger widersetzt hatte.

Aber die Tage Kardinal Beatons waren gezählt. Ganz unabhängig von der verworrenen politischen Lage, war auch das religiöse Leben Schottlands in Aufruhr. Ungeachtet der Armut des Landes bot die Kirche immer noch ein Bild von unverhältnismäßig großer Wohlhabenheit. Im Jahre 1556 schrieb Kardinal Sermoneta in einem Bericht an Papst Paul IV., daß »beinahe die Hälfte der Einkünfte des gesamten Königreichs« der Kirche zufloß; es wird geschätzt, daß die Kircheneinnahmen am Vorabend der Reformation mehr als 300 000 Pfund betrugen, während die königlichen Ländereien nur 17 500 Pfund einbrachten[4]. Angesichts dieser Reichtümer hatten allzu viele der schottischen Geistlichen jegliches Gefühl für ihre Mission als Seelsorger verloren. Man war der Meinung, daß die Mönche und Klosterbrüder faulenzten und die Unterstützung der Gemeinschaft genossen, während, wie eine zeitgenössische Beschwerde es ausdrückte, diejenigen, die wirklich der öffentlichen Hilfe bedurften – »die Blinden, die Krüppel, die Bettlägrigen, Witwen, Waisen und alle die anderen, die so von der Hand Gottes heimgesucht sind, daß sie nicht arbeiten können« –, vernachlässigt wurden. Über die Hälfte der Pfarrkirchen des Landes war den Bistümern oder Klöstern abgetreten worden, und andere Kirchen hatten überhaupt keinen Priester. Der Provinzialrat von 1549 erließ eine vielsagende Anzahl von Gesetzesbestimmungen, die das Konkubinat unter der Priesterschaft oder die Begünstigung und Ausstattung von unehelichen Kindern zu einem Delikt erklärten. Die wiederholten Verfügungen der Provinzialräte, in denen die Geistlichkeit dazu angehalten wurde, zum Volke zu predigen, zeigen deutlich, wie dringend das Problem war und daß nichts geschah, es zu beheben[5].

Angesichts dieser Lage ist es nicht schwer, den Erfolg jeglicher antiklerikalen Bewegung zu verstehen: Von 1543 ab wurden die Flammen der Unzufriedenheit durch einen ständigen Strom von Büchern, Broschüren und

Blättern genährt, die für die reformierte Religion eintraten. Viele basierten auf religiösen Erwägungen; die übrigen waren nichts weiter als Schmähschriften. Das gleiche traf auf die Menschen zu, die sich zu der neuen Religion hingezogen fühlten: Viele von ihnen waren überzeugte Asketen, die sich nicht mehr der Bevormundung der korrupten katholischen Kirche Schottlands unterwerfen wollten; andere ließen sich lediglich von ihrer starken Abneigung gegen die katholische Geistlichkeit leiten.

Im März 1546 wurde George Wishart – ein führender protestantischer Prediger von einer Sanftmut, wie sie in diesem grausamen Zeitalter nur selten zu finden war – im Vorhof des Schlosses von St. Andrews verbrannt. Kardinal Beaton und seine Bischöfe saßen auf Polstersesseln an den Mauern des Hofes und sahen dem Schauspiel zu. Drei Monate später drangen einige Gutsherren aus Fife in der Verkleidung der Maurer, die der Kardinal beauftragt hatte, das Schloß neu zu befestigen, in St. Andrews ein und nahmen den Kardinal fest. Nachdem sie ihn mit vorgehaltenem Schwert gezwungen hatten, die Ermordung Wisharts zu bereuen, richteten sie ihn und hängten seinen verstümmelten Leib zur Erbauung des Volkes nackt an den Wartturm der Festung. Später wurde der Leichnam des Kardinals eingesalzen und über ein Jahr lang im Weinkeller von St. Andrews aufbewahrt, während seine Mörder das Kastell in ihrer Gewalt hielten.

Knox berichtet über den Tod des Kardinals mit der ganzen Befriedigung eines alttestamentarischen Propheten, der weiß, daß Gott auf seiner Seite steht. Es war in der Tat ein beinahe biblisches Ende für diesen großen Kirchenfürsten. Aber seine Mörder, was auch immer ihre Beweggründe gewesen sein mögen, erhielten, nachdem sie sich öffentlich für die Ehe mit dem englischen Thronfolger ausgesprochen hatten, nicht sofort die erhoffte Unterstützung Heinrichs VIII. Ganz unerwartet verstärkte sich infolge der Ermordung Beatons die Aussicht auf eine französische Heirat der jungen Königin. Heinrich VIII. zögerte, den »Castilians«, wie man sie jetzt nannte, Hilfe zu senden. Arran wußte nicht, was tun: Angesichts der Tatsache, daß sein Halbbruder, John Hamilton, designierter Bischof von Dunkeld war, konnte er die Ermordung eines Prälaten nicht gutheißen, wollte aber andererseits die Heiratschancen seines Sohnes nicht aufs Spiel setzen, indem er die Franzosen um Hilfe bat – und da überdies dieser selbe Sohn als Geisel in St. Andrews festgehalten wurde, hatte er seine guten Gründe, den »Castilians« nicht allzu hart zuzusetzen. Schließlich entschloß er sich zu einer langen, aber wirkungslosen Belagerung der Festung, die infolge ihrer günstigen Lage – an der Küste von Fife und auf drei Seiten vom Meer umspült – vierzehn Monate lang den Angreifern standhielt. Es gab jedoch im Verlauf der Belagerung eine lange Zeitspanne der Waffenruhe, in der Knox selbst sich Eintritt in die Festung erzwang, um auf der Kanzel der Pfarrkirche von St. Andrews seine Laufbahn als Prediger zu beginnen. Erst die Ankunft einer französischen Kriegsflotte vor der Küste von Fife setzte der

Belagerung ein Ende: Am 30. Juli 1547 fiel die Festung; die Hauptverteidiger wurden als Gefangene nach Frankreich geschickt, während viele andere, unter ihnen auch Knox, zur Galeerenstrafe verurteilt wurden.

Nach dem Tode Franz I. und der Thronbesteigung seines Sohnes, Heinrichs II., im Frühjahr 1547 war man in Frankreich wieder mehr geneigt, Schottland zu Hilfe zu kommen: Heinrich II. war bestrebt, die Unterstützung der einflußreichen Guisen zu gewinnen, deren Schwester und Nichte sich dort offensichtlich in einer sehr gefährdeten Lage befanden, denn auch der Tod Heinrichs VIII. im Januar 1547 änderte nichts an der feindseligen Haltung der Engländer Schottland gegenüber. Noch im August desselben Jahres bereitete der englische Lord Protector Somerset – der frühere Hertford – einen Feldzug gegen Schottland vor, der alles an Grausamkeit übertreffen sollte, was der verstorbene König angeordnet hatte. Das Register des schottischen Kronrats aus dieser Zeit ist voll von Gesetzesverfügungen, die sich auf den kommenden Krieg bezogen. Um dem Volk die Notlage vor Augen zu führen, in der das Land sich befand, wurde das Feuerkreuz in alle Bezirke gesandt, und daraufhin scheint bei den sonst so uneinigen Schotten doch eine Art echtes Nationalgefühl erwacht zu sein: 36 000 Menschen aus dem ganzen Land eilten nach Edinburgh. Unter ihnen befanden sich auch Angehörige der Geistlichkeit, denen besonders daran gelegen war, sich von dem ketzerischen Eindringling zu befreien, und es wurden Vorkehrungen getroffen, daß der nächste Verwandte jedes Geistlichen, der in der Schlacht fiel, dessen Pfründe erhalten sollte. Mit dieser Entschlossenheit von seiten der Schotten, zu siegen oder zu sterben, begann am 10. September die Schlacht von Pinkie Cleugh[6].

Unter dem Befehl von Arran gingen die schottischen Truppen bei Edmonstone Edge, hinter der Ortschaft Musselburgh, in Stellung. Ihre Linien und Speere waren, wie ein englischer Beobachter es ausdrückte, so dicht wie die Stacheln eines Igels. Die Geistlichen waren an ihren Tonsuren zu erkennen, und ihre schwarzen Gewänder hoben sich scharf von dem weißen Banner ab, das sie vor sich hertrugen; unter den Personen von Rang und Adel war Huntly in seiner blitzenden, goldenen Rüstung die prunkvollste Gestalt. Doch leider war die Situation, der Arran sich jetzt gegenübersah, nicht dazu angetan, ihm das Rückgrat zu verleihen, an dem es ihm während seiner ganzen Laufbahn so sichtlich gemangelt hatte: Im Schloß von St. Andrews hatte man auf einer Liste von »sicheren Schotten« – die geringschätzige Bezeichnung der Engländer für diejenigen, die in ihrem Sold standen – die Namen einiger seiner führenden Adeligen entdeckt. So zweifelte Arran einerseits an der Loyalität seiner stellvertretenden Befehlshaber, einschließlich des eleganten Huntly, der erst kürzlich aus England losgekauft worden war, und andererseits mißtraute er – mit Recht, wie sich herausstellen sollte – der Disziplin seiner Truppen. Als die Schotten sich auf ihre traditionellen Feinde stürzten, wobei sie unnötigerweise ihre starke Stellung verließen, war Arran außerstande, sie zurückzuhalten. Das Resultat des Treffens zwischen diesen mutigen, aber undisziplinierten Truppen und Somersets gut gedrilltem Heer war eine weitere vernichtende Niederlage für die Schotten[7].

Pattens ausführlicher Bericht über die englische Verfolgung ist grauenerregend, wenn auch sehr anschaulich: Einige der Schotten versuchten, der Gefangennahme zu entgehen, indem sie im Fluß untertauchten und durch die Wurzeln der Weiden atmeten. Die Toten hatten größtenteils Kopfverletzungen, denn die Reiter konnten mit ihren Schwertern nicht weiter hinunterreichen, obwohl manchmal auch Arme vom Körper abgetrennt und Hälse halb durchgeschnitten waren. Die Leichen, die umherlagen, erweckten den Eindruck einer dicht gedrängten Viehherde, die auf einer frischen Weide grast.

Die ahnungslose Urheberin dieses Gemetzels, Maria, Königin der Schotten, jetzt vier Jahre und neun Monate alt, wurde nach der Niederlage eilig aus dem möglichen Kampfgebiet entfernt. Somerset tobte wie ein Raubtier über das schottische Tiefland, und Stirling Castle bot keine ausreichende Sicherheit mehr. Das Versteck, das man für sie wählte, war eine romantische kleine Insel, Inchmahone, im See von Menteith, wenige Stunden von Stirling entfernt. Hier war zwischen schattigen Bäumen und einer üppigen Vegetation im 13. Jahrhundert eine kleine Inselpriorei für die Mönche des Augustinerordens errichtet worden. Diese Priorei existierte noch, war jedoch mittlerweile praktisch zum Erbbesitz der Familie Erskine geworden, die sie seit 1528 ständig in Verwaltung hatte. Robert Erskine selbst war in der Schlacht von Pinkie Cleugh gefallen, aber die enge Verbindung seiner Familie mit dem Königshaus machte Inchmahone zu einem sicheren Zufluchtsort für die junge Königin.

Diese kleine Insel mit ihren Ordensbauten, ihrem Riedgras und ihrem Blick auf Berge und Wasser, die, vom Ufer aus gesehen, sich flach gegen den Horizont des Sees abhebt, ist ein ideales Objekt für Romantik. Es ist daher nicht zu verwundern, daß sich um Maria Stuarts Aufenthalt dort vielerlei reizende Legenden gesponnen haben. Königin Marias Garten, Königin Marias Laube und Königin Marias Baum – sie alle ehren das Andenken des noch nicht fünfjährigen Kindes, das höchstens drei Wochen auf der Insel verbrachte. Obwohl es Aufzeichnungen über zahlreiche offizielle Briefe gibt, die nach Inchmahone gesandt wurden, nachdem die kleine Königin der Obhut des Verwalters der Kommende anvertraut worden war, geht aus Leslies Berichten deutlich hervor, daß sie erst zu der Zeit, als die Engländer in Leith waren, das heißt zwischen dem 11. und 18. September, in das Kloster kam und nach Stirling zurückkehrte, sobald die feindlichen Truppen Schottland verließen – die Engländer zogen sich am 29. September über den Tweed zurück. Soviel wäre also zu den Legenden zu sagen, die uns berichten, daß Maria Stuart dort unter der Leitung eines strengen Priors die Anfangsgründe von Latein und anderen Sprachen gelernt und auch Zeit und Kraft gefunden habe, einen Garten anzulegen und Bäume zu pflanzen.

Nach ihrer Rückkehr von Inchmahone verbrachte Maria den Winter abermals in Stirling, ehe sie im Februar 1548 nach Dumbarton Castle an der Westküste Schottlands gebracht wurde. Nach dem Sieg der Engländer bei Pinkie Cleugh erkannten die Schotten immer deutlicher, daß nur ein Bündnis mit Frankreich – durch eine französische Heirat ihrer Königin – es ihnen ermöglichen würde, sich aus dem Dilemma von Niederlagen und Uneinigkeit zu befreien, in dem sie sich befanden. Sie konnten nicht einmal mehr das ganze Land ihr eigen nennen: Seit Pinkie hielten englische Truppen Haddington besetzt, das bedrohlich nah bei Edinburgh lag und von wo aus sie den ganzen Südosten Schottlands im Würgegriff hielten. Im November 1547 wurde eine Ratsversammlung abgehalten, bei der man den Gedanken erwog, die Königin nach Frankreich zu senden, und auch zum erstenmal über die Notwendigkeit sprach, die schottischen Festen unter die Kontrolle der Franzosen zu stellen. Bis Ende Dezember waren fünfzig französische Hauptleute in Schottland eingetroffen, und am 27. Januar wurde ein Vertrag zwischen Arran und Heinrich II. unterzeichnet, in dem Arran sich verpflichtete, das schottische Parlament zusammenzurufen, damit es seine Einwilligung zur Ehe der Königin mit Heinrichs Sohn, zu ihrer Aushändigung an Frankreich und zur Übergabe der entscheidenden Festungen gebe. Als Gegenleistung sollte Arran ein französisches Herzogtum erhalten.

Im Juni 1548 landeten die Franzosen unter dem Kommando eines alten, erfahrenen Soldaten, André de Montalembert, Seigneur d'Essé, in Schottland. Wie sich bald herausstellen sollte, zeigte d'Essé als Feldherr eine bewundernswerte Kaltblütigkeit – die Eigenschaft, an der es bisher in der schottischen Führung am meisten gemangelt hatte. Als Meldeläufer zu ihm kamen und ausriefen: »*Monsieur, voici les ennemis qui viennent à vous*«, erwiderte er ohne das geringste Erstaunen: »*Et nous à eux*[8].« Er kam mit einem hervorragend ausgerüsteten Heer von 6 000 Mann, einschließlich deutscher und italienischer Söldner, sowie einer Anzahl leichter Kavalleristen unter dem Befehl von zwei französischen Hauptleuten. D'Essés Freund, Jean de Beaugué, der ihn begleitete und bei dem Feldzug zugegen war, gewann den Eindruck, daß es den Schotten nicht an Mut fehlte und sie auch nicht weniger *belliqueux* waren als die Engländer, sondern daß ihre Schwierigkeiten als Kämpfer lediglich auf ihre eigenen *ligues* und *partialités* zurückzuführen seien. Er schloß daraus, daß Gott sie absichtlich mit Mißerfolgen heimgesucht habe, um ihnen ihre Fehler vor Augen zu führen, und dann bemerkte er mit der aufreizenden Überlegenheit, die damals so typisch für die französische Haltung Schottland gegenüber war, daß ihre Lage sich sofort gebessert habe, als die Franzosen ihnen zu Hilfe kamen[9]. Es ist schwer zu sagen, ob die Schotten selbst diese Ansicht teilten oder nicht, aber auf jeden Fall gab das Parlament schließlich im Juli 1548 seine Einwilligung zur Ehe zwischen Maria und Franz, unter der Bedingung, daß Heinrich II. Schottland wie sein eigenes Land verteidigen, gleichzeitig jedoch seine Unabhängigkeit respektieren sollte. Nachdem man sich darüber geeinigt hatte, wurde die Heirat als »sehr angemessen« bezeichnet.

Im März desselben Jahres wäre der Eckpfeiler des schottisch-französischen Bündnisses beinahe eingestürzt, als Maria plötzlich lebensgefährlich erkrankte. Die Krankheit, was immer sie gewesen sein mag, war so schwer, daß es Gerüchte gab, die behaupteten, die kleine Königin sei gestorben. Huntly berichtete Somerset, sie habe die Pocken, aber da Maria Stuart erwiesenermaßen einige Jahre später an Pocken erkrankte, scheinen es diesmal – wie man La Chapelle in Edinburgh erklärte – eher die Masern gewesen zu sein[10]. Der ganze Zwischenfall zeigt deutlich, wie gefährlich es im 16. Jahrhundert war, außenpolitische Beschlüsse auf das Leben von Kindern zu stützen. Als jedoch der mitteilsame Franzose de Beaugué Maria in Dumbarton sah, wo man Vorbereitungen für ihre Reise nach Frankreich traf, wurde er angesichts ihrer blühenden Gesundheit schwärmerisch vor Begeisterung. Selbst unter Berücksichtigung der französischen Galanterie zeigt die Einstimmigkeit der Berichte über Maria, sowohl aus jener Zeit als auch nach ihrer Ankunft in Frankreich, daß sie ein ungewöhnlich anziehendes und vor allem energisches kleines Mädchen war. De Beaugué nannte sie eines der vollkommensten Geschöpfe, die er je gesehen habe, und war überzeugt, daß man bei solch einem großartigen Anfang nur das Beste von ihr erwarten könne.

Im Juli traf die französische Flotte in Dumbarton an der Westküste Schottlands ein; Heinrich II. hatte Maria seine eigene königliche Galione gesandt, um zu zeigen, welche Ehren er ihr in Frankreich zu erweisen beabsichtigte. Nach einem tränenvollen Abschied von ihrer Mutter schiffte Maria sich am 29. Juli ein, und mit ihr fuhr das Gefolge, das man für ihren neuen Rang in Frankreich als angemessen erachtete. Zwei ihrer Stiefbrüder, Robert und John Stewart, begleiteten sie – ein Beweis für die enge Verbindung des Königshauses mit seinen Blutsverwandten –, und es scheint beinahe sicher, daß auch ihr ältester Stiefbruder, James Stewart, der spätere Earl of Moray, sich auf einen kurzen Besuch nach Frankreich begab, obgleich er im November des folgenden Jahres wieder in Schottland war. Zu Marias Geleit gehörten außerdem ihr Vormund, Lord Erskine, sowie ihre Erzieherin, Janet Stewart, Lady Fleming, eine uneheliche Tochter Jakobs IV. und Witwe des Lord Fleming, der in Pinkie gefallen war. Man hatte sie angesichts ihrer königlichen Abstammung für diesen ehrenvollen Posten gewählt. Doch die weiblichen Reize der leichtfertigen Lady Fleming sollten schon nach kurzer Zeit am Hofe Frankreichs einen Skandal heraufbeschwören. Ihr unbeherrschtes Temperament zeigte sich bereits zu Beginn der Reise, als sie, ungeduldig über die lange Verzögerung der Abfahrt, an Land gebracht zu werden wünschte, »um sich auszuruhen«. Der Kapitän des Schiffes erwiderte barsch, daran sei nicht zu denken, und wenn es Lady Fleming nicht passe, nach Frankreich zu fahren, so stünde es ihr frei, unterwegs ins Wasser zu springen[11].

Mit Marias Reise nach Frankreich taucht auch zum erstenmal in ihrer Lebensgeschichte das romantische Kleeblatt der vier Marys auf. Damit die kleine Königin sich nicht allzu einsam fühle, hatte man ihr zur Begleitung eine Anzahl von etwa gleichaltrigen adeligen Kindern mitgegeben. Die vier Marys – Mary Fleming, Mary Seton, Mary Beaton und Mary Livingstone – wurden, wie Leslie es ausdrückt, als etwas »Besonderes« betrachtet, nicht nur, weil sie alle den Vornamen der Königin trugen, sondern auch, weil sie aus vier der ältesten und angesehensten Familien Schottlands stammten. Es ist nicht das erstemal, daß wir Marys oder »Maiden« im Gefolge einer schottischen Königin begegnen. Das Wort Marie wird von dem isländischen *maer*, der offiziellen Bezeichnung für eine Jungfrau oder *Maid*, abgeleitet; es war mit der Zeit in den schottischen Sprachgebrauch übernommen worden und wurde hauptsächlich auf die *maids-of-honour*, die Ehrendamen der Königin, angewandt.

So schiffte sich Maria Stuart mit ihrem Gefolge von Lords und ihrem Miniaturgefolge von Kindern im Sommer 1548 nach Frankreich ein. In einem Brief an Somerset vom 9. August beschreibt der Engländer Henry Jones den Kummer ihrer Mutter: »Die alte Königin beklagt die Abreise der jungen Königin und wundert sich, daß sie nichts von ihr hört[12].« Es ist nicht schwer, sich vorzustellen, was Marie von Guise empfunden haben mag. Zum zweitenmal in ihrem Leben mußte sie den Schmerz ertragen, sich von einem Kind zu trennen, das in einem fremden Land von anderen Händen als den ihren aufgezogen werden sollte. Außerdem gab es keinerlei Gewißheit, daß ihre Tochter sicher und wohlbehalten in Frankreich eintreffen würde, denn es wurde allgemein vermutet, daß die Engländer beabsichtigten, der Galione den Weg abzuschneiden. Gewiß, diese Befürchtungen erwiesen sich letztlich als unbegründet: Die Engländer, die zweifellos wußten, daß man die schottische Königin nach Frankreich schicken würde, sobald das Parlament seine Einwilligung zur Ehe mit dem französischen Thronfolger gegeben hatte, machten keinen ernsthaften Versuch, das Schiff aufzuhalten. Aber das war bei Maria Stuarts Abfahrt nicht vorauszusehen, und so traf man wohldurchdachte Vorsichtsmaßnahmen und wählte, um den Engländern auszuweichen, statt des direkten Wegs von der Ostküste aus die viel längere westliche Route durch den Firth of Clyde.

Um der Königinmutter den Kummer ein wenig erträglicher zu machen, schrieb der von Heinrich II. entsandte französische Kommandant, Seigneur de Brezé, ihr eine Anzahl von Briefen, denen wir einen Bericht über das Verhalten ihrer Tochter während der Reise verdanken[13]. Am 31. Juli schreibt de Brezé, Maria sei »so munter, wie man sie seit langem nicht gesehen hat«. Er fährt fort – ob aus Diplomatie oder aus einem echten Gefühl heraus –, daß in den zehn Tagen, die Maria und ihr Gefolge sich jetzt auf See befänden, ohne abzusegeln, die junge Königin als einzige nicht seekrank geworden sei. Am 3. August berichtet de Brezé, daß Maria nach wie vor bei bester Gesundheit sei und trotz der starken Stürme immer noch nicht seekrank, was ihn hoffen läßt, daß es ihr auch auf offener See gut ergehen werde. Am 7. August liefen sie endlich aus, obgleich das Wetter sich immer noch nicht gebessert hatte, und de Brezé schrieb der Königinmutter, er habe manchmal sogar geglaubt, daß sie wieder nach Dumbarton zurückkehren müßten. Die Route, die sie einschlugen, führte sie gen Westen, um die Küste der Isle of Man herum, an Wales und dem südlichen Ende von Cornwall vorbei und damit in den Ärmelkanal und zur Küste Frankreichs. Das stürmische Wetter begleitete sie auf ihrer ganzen Reise, und eines Nachts, als sie sich etwa zehn Meilen von der äußersten Spitze Cornwalls entfernt befanden, war die See so wild und die Brandung so hoch, daß das Ruder des Schiffes zerbrach. Es herrschte allgemeine Bestürzung. Laut de Brezé war es allein der göttlichen Fügung zu verdanken, daß sie das Ruder sofort ersetzen und somit trotz des schweren Seegangs ohne Risiko weitersegeln konnten. Bei diesem ganzen aufregenden Zwischenfall scheint Maria Stuart als einzige völlig ruhig geblieben zu sein: Sie ahnte nichts von den Gefahren, die vor ihr lagen, und kümmerte sich nicht um die Gefahren, die sie umgaben. Bei bester Laune, unbehelligt von den Beschwerden, die ihre Gefährten plagten, war sie sogar imstande, sich über deren Seekrankheit lustig zu machen.

Am 13. August landete die Galione endlich an der Küste Frankreichs. Aller Wahrscheinlichkeit nach war Roscoff, ein kleines Fischerdorf unweit von Brest, das wie ein Schiff vor Anker in die See hinausragt, der Ort, an dem Maria zum erstenmal den Fuß auf französischen Boden setzte. Es gibt jedoch keinen zeitgenössischen Beweis für die spätere Behauptung, daß ihr Fußabdruck damals tatsächlich auf dem Felsen festgehalten wurde, und auch nicht für die Überlieferung, daß Maria noch im selben Jahr den Grundstein für die Kapelle von St-Ninian setzte, die jetzt die Stelle kennzeichnet. Da die Königin 1548 nicht in die Bretagne zurückkehrte, scheint der Ursprung der Kapelle zu den zahlreichen liebenswerten Phantasiegebilden zu gehören, die ihre Lebensgeschichte umgeben[14].

Nach Ansicht von John Knox war Maria somit an den Teufel verkauft und nach Frankreich gesandt worden, »auf daß sie in ihrer Jugend von dem Wein trinke, der sie zur Plage dieses Königreichs und ihrem endgültigen Verderben ihr Leben lang berauschen sollte«[15]. In den Augen Marie von Guises, so groß auch ihr eigener Kummer sein mochte, war ihr Kleinod den Gefahren in dem ewig ruhelosen und bedrohten Schottland entkommen und sah jetzt einer glorreichen Zukunft am französischen Hof entgegen. Was Maria selbst betrifft, weiß man, abgesehen von ihrer fröhlichen Stimmung während der Reise, nichts über ihre Gefühle. Da sie bei ihrer Ankunft in Frankreich fünf Jahre und acht Monate alt war, ist anzunehmen, daß sie angesichts der vielen neuen Eindrücke Schottland, das schottische Leben und alles, wofür es stand, sehr rasch vergaß. Sicherlich gab es einiges, dessen sie sich entsann, und der Besuch ihrer Mutter, zwei Jahre später, ließ diese Dinge wieder lebendig werden. Aber im allgemeinen hingen ihre Erinnerungen wohl größtenteils von dem ab, was ihre schottischen Begleiter ihr erzählten, denn bei Kindern nehmen Geschichten, die oft wiederholt werden, bald die Form von Erlebtem an. Wie dem auch sei, Maria verbrachte die nächsten dreizehn Jahre ihres Lebens – von sechs bis neunzehn – in Frankreich, und die Entwicklung ihres Charakters wurde daher in erster Linie von französischen Einflüssen bestimmt. Die vagen Ereignisse ihrer frühen Kindheit – Gewaltsamkeit, politische Intrigen und Flucht – hatten kaum einen Eindruck in ihrem ahnungslosen Gemüt hinterlassen. Mit Maria Stuarts Ankunft in Frankreich beginnt für sie eine neue, positivere Etappe ihres Lebens.

III

DAS VOLLKOMMENSTE KIND

»Die kleine Königin von Schottland ist das vollkommenste Kind, das ich je gesehen habe.«

König Heinrich II. von Frankreich

Von dem Augenblick an, da Maria Stuart den Boden Frankreichs betrat, war sie, wo immer sie sich befand, der Brennpunkt freudigen Interesses. Die Verse und die formellen Epithalamien von Dichtern wie du Bellay und Saint-Gelais, die anläßlich ihrer Hochzeit im Jahre 1558 ihre Schönheit rühmten, konnten kaum schwärmerischer sein als die begeisterten Beschreibungen des gesamten französischen Hofes und ihrer Verwandten, der Guisen, zur Zeit ihrer Ankunft. König Heinrich II. selbst ging allen voran: Als man ihn fragte, welchen Rang man Maria einräumen solle, befahl er, daß *ma fille, la Royne d'Ecosse* den Vortritt vor seinen Töchtern, den Prinzessinnen, haben solle, in erster Linie, weil die Heirat mit dem Dauphin bereits beschlossen sei, und zweitens, weil sie selbst die gekrönte Königin eines unabhängigen Landes sei. »Es ist unser Wunsch«, schrieb er, »daß man sie als eine solche ehre und ihr diene[1].« Im krassen Gegensatz zu der Behandlung, die Maria in Schottland erfahren hatte, wo sie zuerst als ein kränkliches, voraussichtlich nicht lebensfähiges Kind und später als ein Pfand in einem dynastischen Spiel angesehen wurde, war sie für die Franzosen bereits im Alter von fünf Jahren eine romantische Gestalt, eine tapfere kleine Königin, die gezwungen gewesen war, sich vor den barbarischen Schotten und den grausamen Engländern in die schützenden Arme Frankreichs zu flüchten. Die Franzosen waren darauf vorbereitet, die kindliche Heldin willkommen zu heißen, und zu ihrer Befriedigung war Maria Stuart mit ihrer Anmut, ihrem Zauber und der natürlichen Anpassungsfähigkeit der Jugend wie geschaffen dazu, die Rolle zu spielen, für die man sie ausersehen hatte.

Die erste Etappe ihrer zwei Monate währenden Reise nach Saint-Germain brachte Maria nur bis Morlaix, wo sie von dem Chevalier de Rohan in Begleitung des bretonischen Adels empfangen und in einem Dominikanerkloster untergebracht wurde. Am nächsten Morgen führte man sie in eine Kirche, wo ein *Te Deum* zum Dank für ihre glückliche Ankunft gesungen wurde, das jedoch nur eine begrenzte Wirkung gehabt zu haben scheint, denn auf ihrem Rückweg durch das Stadttor brach die Zugbrücke unter dem Gewicht der Reiter zusammen und stürzte in den Fluß. Die schottischen Lords, deren angeborenes Mißtrauen gegen alle Fremden nach einer Woche in Frankreich noch nicht verflogen war, schrien sofort: »Verrat! Verrat!«, worauf der Chevalier de Rohan erzürnt ausrief: »Kein Bretone ist je ein Verräter gewesen!« Um die Schotten zu beruhigen, wurden während der Tage, die Maria in Morlaix blieb, alle Tore der Stadt aus den Angeln gehoben und die Ketten der Brücken zerbrochen[2].

Von Morlaix aus führte Marias Reiseweg über Land zur Loire und dann per Schiff den großen Fluß hinunter zum Schloß von Saint-Germain-en-Laye, wo die Königskinder sich zu dieser Zeit aufhielten. König Heinrich selbst befand sich den ganzen Sommer und Herbst bei seinen Truppen. Da Monsieur de Brezé, Marias Beschützer während ihrer Seereise, den Befehl erhielt, sich ihm anzuschließen, wurde die kleine Königin jetzt der Obhut ihrer Großmutter, der Herzogin Antoinette von Guise, überlassen, die sie nach Saint-Germain begleiten sollte. Obwohl wir aus einem späteren Bericht de Brezés an Marie von Guise ersehen, daß die ganze Reise unter einem unglücklichen Stern stand – die beiden Vormunde der kleinen Königin, Lord Erskine und Lord Livingstone, waren schwer krank, und ein Angehöriger ihres Gefolges, *le petit Ceton* (der junge Seton), starb in Ancenis[3] –, scheint Maria Stuart diese Dezimierung ihrer Suite kaum bemerkt zu haben, denn jetzt trat in ihr Leben die ehrfurchtgebietende Dame, die solch einen entscheidenden Einfluß auf ihre Kindheit ausüben sollte.

Wir sind Antoinette von Guise bereits anläßlich ihrer liebevollen Anteilnahme am Leben ihrer Tochter zur Zeit der Ehe Marie von Guises mit Jakob V. begegnet. Sie war als einzige von allen nahen Verwandten Maria Stuarts mit einem langen Leben gesegnet und starb erst 1583 – vier Jahre vor der Hinrichtung ihrer Enkelin – im Alter von 89 Jahren; doch sie selbst hat vielleicht ihre Langlebigkeit gar nicht als einen Segen empfunden, denn es war ihr bestimmt, im Laufe ihres Lebens mitanzusehen, wie die Sichel der Zeit solch schreckliche Lücken in ihre Familie schlug, daß sie tatsächlich alle ihre zwölf Kinder außer einem überlebte. Als Tochter des Grafen von Vendôme und Maries von Luxemburg heiratete sie im Alter von sechzehn Jahren den Herzog Claude von Guise. Die Geburt von zwölf Kindern zwischen 1515 und 1536 war nach den Maßstäben der damaligen Zeit nichts Ungewöhnliches, nur das kraftvolle Geschlecht der Guisen scheint den Eingriffen der damaligen Säuglingssterblichkeit außerordentlich gut widerstanden zu haben, und von den zwölf überlebten zehn;

die Mutter dieser bemerkenswerten Nachkommenschaft war selbst eine recht bewundernswerte Frau. Sie erwies sich als eine ausgezeichnete Verwalterin – ein Talent, das sie an ihre Tochter Marie von Guise weitergab – und war nicht nur bekannt für ihre kluge Haushaltsführung, sondern bewirtschaftete auch mit großem Erfolg die ausgedehnten und ständig wachsenden Ländereien der Guisen, die ihren Palast in Joinville umgaben. Im Gegensatz zu ihren Söhnen scheint sie einen ausgesprochenen Hang zur Einfachheit gehabt zu haben, und das prunkvolle Leben des Hofes, der herrliche, aber vergängliche Glanz des irdischen Ruhms scheinen keine gleichgestimmte Saite in ihrer Natur berührt zu haben. Andererseits besaß sie einen sehr ausgeprägten Familienstolz: Als Karl IX. ihr in späteren Jahren den Rang einer Prinzessin von königlichem Geblüt anbot, der ihr trotz des Anspruchs der Guisen strenggenommen nicht zustand, erwiderte sie stolz, daß kein Rang ihr zu größerer Ehre gereichen könne als der ihres Mannes. Sie hatte ihren Sarg ständig in dem gedeckten Gang stehen, der zu ihrer Kapelle führte, ging schwarz gekleidet und umgab sich, ähnlich wie Philipp II. von Spanien, mit Dingen, die für ihr eigenes Begräbnis erforderlich waren[4].

Aber Antoinette von Guise besaß auch eine spöttisch humorvolle Ader, die es ihr ermöglichte, die zahlreichen Belastungen zu ertragen, denen ein weibliches Familienoberhaupt ausgesetzt ist, und sich dabei dennoch ihre Gesundheit und ihren Mut zu erhalten. Sie war zum Beispiel berühmt für ihre Mildtätigkeit, aber sie verteilte ihre Almosen mit gesundem Menschenverstand. Als ein Nonnenkloster sie um Gelder für ein neues Gebäude bat, soll sie trocken erwidert haben: *»Edifiez vos mœurs, et j'édifierai vos murs.«*

Die Herzogin Antoinette war entzückt von ihrer Enkelin und schrieb sofort an Marie von Guise, um ihrem Beifall Ausdruck zu geben; sie versicherte ihr auch, daß sie sich um die Garderobe des Kindes kümmern werde; da die Kleidung, die Maria mitgebracht hatte, aus Schottland stammte, fürchtete Marie von Guise offenbar, daß sie den hohen Ansprüchen des französischen Hofes nicht angemessen sei. Sehr viel weniger angetan war die Herzogin jedoch von Marias schottischem Gefolge, das sie als außerordentlich unansehnlich und *farouche* bezeichnete und das ihrer Meinung nach mit Ausnahme der bezaubernden Lady Fleming nicht einmal anständig gewaschen war. Die Herzogin teilte offensichtlich den allgemeinen Wunsch der Franzosen, die Erziehung der kleinen Maria selbst in die Hand zu nehmen und alle Spuren ihrer schottischen Vergangenheit zu tilgen, die, wie man meinte, nicht dazu angetan war, sie auf ihre glorreiche künftige Rolle als Königin von Frankreich vorzubereiten. Die Möglichkeit, daß sie vielleicht eines Tages auch als regierende Königin ihres Geburtslandes würde fungieren müssen, wurde als völlig untergeordnet betrachtet. Man hegte daher keinerlei Bedenken, die kleine Königin sofort von ihren schottischen Begleitern zu trennen. Doch Marie von Guise hatte in kluger Voraussicht Anweisungen gegeben, daß Lady Fleming auch weiterhin als Erzieherin bei ihr bleiben solle. Die Herzogin schrieb zurück, daß man die Wünsche ihrer Tochter respektieren werde. Maria Stuart behielt auch eine Schottin, Jehane St. Clare (oder Jean Sinclair), als Kinderfrau; de la Brosse deutete Marie von Guise gegenüber an, daß Madame St. Clare schwer zufriedenzustellen sei, eine Tatsache, die er ihrer schottischen Herkunft zuschrieb, aber Jean Sinclair murrte vermutlich lediglich nach Art aller Kinderfrauen über das ungewohnte Leben in einem fremden Land[5].

In einem Brief, den die Herzogin Antoinette im Oktober an ihren Sohn sandte, hat sie uns eine Beschreibung von Maria hinterlassen, wie die Franzosen sie bei ihrer Ankunft sahen. Sie wird als »wirklich sehr hübsch« und außerordentlich intelligent geschildert, und ihre Großmutter prophezeit, daß die kleine Königin sich zu einer regelrechten Schönheit entwickeln werde, um so mehr, als sie auch anmutig und selbstbewußt in ihren Bewegungen sei. Mit Hilfe dieses Briefes – der, da er nicht an die Mutter des Kindes gerichtet war, als objektiv betrachtet werden darf – und des ersten Porträts Maria Stuarts, das im Juli 1552 entstand, als sie neuneinhalb Jahre alt war, kann man sich ein klares Bild von ihrer kindlichen Erscheinung machen. Auf dieser Kreidezeichnung, die im Auftrag von Katharina von Medici angefertigt wurde und heute im Musée Condé in Chantilly hängt, ist das anmutige Oval ihres mädchenhaften Gesichts besonders gut getroffen: Ihre später etwas scharfen Züge waren noch jugendlich weich. Ihre Haut war von einem wundervollen, schimmernden Weiß und, wie ihre Großmutter bemerkte, ganz besonders zart. Die Nase, die mit zunehmendem Alter erheblich länger werden sollte, stand jetzt noch in einem harmonischen Verhältnis zu den Konturen ihres Gesichts, und die Herzogin Antoinette lobte auch ihren Mund und ihr Kinn als besonders gut geformt. Die tiefliegenden, mandelförmigen Augen schimmerten sanft unter der hohen, runden Stirn, und ihre goldbraune Farbe bildete einen reizvollen Kontrast zu dem hellen, fast aschblonden Haar. Alles in allem war es nicht zu verwundern, daß der französische Hof und Marias stolze Verwandte gleichermaßen zufrieden waren mit dem, was sie sahen.

Die Herzogin von Guise trat jetzt mit ihrem Schützling den zweiten Teil der Reise an, den sie, wie sie ihrem Sohn am 9. Oktober berichtete, in langsamen Etappen machte. Die Besorgnis der Guisen um die kleine Königin wurde beinahe noch übertroffen von der liebevollen Anteilnahme Heinrichs II. selbst, die aus jedem seiner Briefe sprach[6]. Das Schloß von Saint-Germain wurde auf seinen Befehl hin so gründlich gesäubert, daß die französischen Königskinder sich noch in der mittelalterlichen Festung von Carrières befanden, als Maria dort am 16. Oktober eintraf. Zwei Monate nach ihrer Ankunft in Frankreich wurde sie jetzt in die königliche Kinderstube aufgenommen. Es ist kaum vorstellbar, daß es jemals in der Geschichte

Europas andere Prinzen und Prinzessinnen gegeben hat, die so ängstlich behütet und mit soviel Liebe überhäuft worden sind wie die Kinder von Heinrich II. und Katharina von Medici. Die Briefe Katharinas sind voll von mütterlichen Sorgen jener Art, wie man sie im allgemeinen bei Frauen zu finden erwartet, die niemand zur Pflege ihrer Kinder haben, nicht aber bei einer Königin, von der man annehmen könnte, daß zumindest die Pflichten des Hofes sie ablenken würden. Diese Hingabe, diese ständige Überwachung aller Einzelheiten im Dasein eines Kindes wurde von jetzt ab auch Maria zuteil, die außerdem noch unter der liebevollen Obhut ihrer Verwandten, der Guisen, stand: Sie waren so besorgt um ihr Wohlergehen, daß ihr Onkel, der Kardinal, dieser große Kirchenfürst, sich ebenso über ihre Zahnschmerzen und ihre geschwollene Backe zu beunruhigen schien wie über lebenswichtige Angelegenheiten der Staatspolitik.

Die übergroße Sorge um das Wohlergehen der Königskinder Frankreichs war bis zu einem gewissen Grad auf die besonderen Umstände ihrer Geburt zurückzuführen. Katharina von Medici ist in die Geschichte eingegangen als eine Frau, die in erster Linie Mutter war, und aus diesem Grund wurde ihr manches vergeben; doch zunächst hatte das Schicksal ihr lange Jahre hindurch gerade die Rolle vorenthalten, nach der sie sich am meisten sehnte. Sie war im Alter von vierzehn Jahren mit dem Dauphin, Heinrich von Frankreich, verheiratet worden; da sie im strengen Sinn der Aristokratie nicht von edler Herkunft war und selbst in den Augen ihrer verblendeten Anhänger nicht mit Schönheit gesegnet, hatte nichts für sie gesprochen außer ihrer Verwandtschaft mit dem Papst und ihrer Mitgift, und die zusätzliche Qual der Unfruchtbarkeit machte ihr während der ersten Jahre das Leben am französischen Hof noch unerträglicher, als es ohnedies war. Im Jahre 1538 ging das Gerücht, daß man sie nach Italien zurücksenden werde, um eine Braut für den Dauphin zu suchen, die im Gegensatz zu der unglücklichen Katharina zumindest geschlechtsreif sei. Wir werden nie erfahren, welcher Arzneitränke, welcher Gebete, welcher Zauberkünste Katharina sich im Kampf gegen ihr grausames Schicksal bediente. Bis 1540 hatte sie – wie man sagte, mit Hilfe von Myrrhenpillen, die der berühmte Jean Fernel ihr gab – endlich das Stadium der Geschlechtsreife erreicht; im April 1543 war sie schwanger, und 1544 wurde Franz von Valois geboren. Gewiß, er war von Geburt an kränklich – man schrieb seinen schlechten Gesundheitszustand allgemein den vielen Arzneien zu, die seine Mutter vor und während ihrer Schwangerschaft eingenommen hatte –, aber trotz allem bedeutete er Sicherheit: Er war ein Sohn, und er war ein Thronfolger. Zur allgemeinen Befriedigung wurden jetzt in rascher Folge weitere Königskinder geboren: im April 1545 Elisabeth, später die dritte Frau Philipps II. von Spanien; im Jahre 1547 Claudia, die den Herzog von Lothringen heiratete, 1550 der künftige Karl IX., 1551 der künftige Heinrich III., 1553 Prinzessin Margarete, später die

Frau Heinrichs von Navarra, und 1554 Franz, Herzog von Alençon. Drei weitere Kinder starben bei der Geburt. So machten die Prinzen und Prinzessinnen durch ihre Zahl wett, was ihnen an Gesundheit fehlte: Sie alle waren zart und kränklich und gaben Katharina reichlich Grund zur Besorgnis.

Aber Königin Katharina war nicht die einzige, die sich um die kleinen Prinzen und Prinzessinnen sorgte. Der Konnetabel von Frankreich, Anne de Montmorency, nahm ebenfalls regen Anteil an ihrem Wohlergehen – tatsächlich war er es, dem Katharina vor allen anderen von ihrer ersten Schwangerschaft berichtete, denn sie wußte, wie sie sagte, daß er sich ebenso darüber freuen werde wie sie selbst[7]. Auch die Mätresse Heinrichs II., die sagenhafte Diane de Poitiers, war eine einflußreiche Persönlichkeit in der königlichen Kinderstube. Die späteren Feinde Maria Stuarts haben hin und wieder angedeutet, sie sei in ihrer frühen Kindheit durch den schlechten Einfluß dieser Frau verdorben worden, die, obwohl sie zur Zeit von Marias Ankunft in Frankreich bereits siebenundvierzig Jahre alt war, ihren königlichen Liebhaber bis zu seinem Tod völlig in ihrem Bann hielt. Diane de Poitiers war, wie aus ihren Briefen hervorgeht, eine hochkultivierte Frau, die, abgesehen von ihren schöngeistigen Interessen, regen Anteil an den Angelegenheiten des Königreiches nahm. Das war es wohl vor allem, was sie für Heinrich II. so anziehend machte.

Diane de Poitiers war im Alter von fünfzehn Jahren mit einem viel älteren Mann, Louis de Brezé, verheiratet worden, von dem sie zwei Töchter hatte und mit dem sie, wie die Geschichtsforscher heute einstimmig erklären, ein untadeliges Leben führte. Ihr offenkundiger Ehebruch mit dem König mag nach unseren Begriffen in krassem Widerspruch zu der ausgezeichneten Erziehung stehen, die sie ihren Töchtern angedeihen ließ (die ältere, Françoise, wurde die Frau des Herzogs von Bouillon, und Louise heiratete den Sohn des Herzogs Franz von Guise), aber die Zeit, in der sie lebte, sah darin keinen Widersinn. Ebenso zeigte sie mit absoluter Selbstverständlichkeit starke mütterliche Instinkte für die Kinder des Königs und sogar hin und wieder für seine Frau – man erzählte sich, daß sie tatsächlich Heinrich II. in das königliche Ehebett schickte, so ernst nahm sie die Rolle der Mätresse. Sie empfahl Madame d'Humières eine Kinderfrau für die Prinzen und Prinzessinnen und schulte sie zuerst persönlich in Anet, um sicher zu sein, daß sie ihren Posten zufriedenstellend ausfüllen würde; sie erkundigte sich fortwährend nach Madame Elisabeths Masern und anderen häuslichen Angelegenheiten; das Thema der Amme Karls von Orléans und ihrer Eignung oder Nichteignung für diese Aufgabe zieht sich durch die Briefe eines ganzen Sommers. Als Maria Stuart in Carrières eintrifft, ist es Diane, die den Wunsch des Königs übermittelt, daß Maria und Elisabeth ein Zimmer teilen sollen, »denn der König wünscht, daß sie Freundinnen werden«; und später ist es wiederum Diane, die in Heinrichs Namen fordert, daß man das schottische Gefolge fortschicke, und das alles wird als vollkommen selbstverständlich hingenommen[8].

Kurz nach Marias Ankunft am französischen Hof kam der kritische Augenblick ihrer Begegnung mit ihrem künftigen Ehemann, dem Dauphin. Es ist anzunehmen, daß das schottisch-französische Ehebündnis auch geschlossen worden wäre, wenn diese beiden Kinder, die noch nicht ganz fünf beziehungsweise sechs Jahre alt waren, sich auf Anhieb nicht gemocht hätten. Trotzdem beobachteten die Angehörigen des Hofstaates mit ängstlichen Blicken, sentimentalen Cupidos gleich, dieses erste Zusammentreffen von Franz und Maria: So groß auch der Gegensatz zwischen dem lebhaften, gesunden kleinen Mädchen und dem ein Jahr jüngeren, schüchternen und kränklichen Knaben gewesen sein mag, die Begegnung wurde nichtsdestoweniger als sehr vielversprechend betrachtet. Bei der Hochzeit von Franz von Guise und Anne d'Esté im Dezember 1548 tanzten sie, wie Heinrich II. Marias Mutter berichtete, beglückt zusammen, während der englische Gesandte ihnen spöttisch zusah. Wenige Wochen später schrieb der König an den Herzog von Guise, daß Franz und Maria sich bereits so gut verstünden, als ob sie sich ihr ganzes Leben lang gekannt hätten. Im März des folgenden Jahres bemerkte der Konnetabel de Montmorency, als von der Liebe des Dauphins zu seiner kleinen Braut die Rede war, seine Gefühle für sie seien so stark, als wäre sie seine Geliebte *und* seine Frau – *sa mie et sa femme* – ein aufschlußreicher Kommentar zu den zeitgenössischen Gepflogenheiten der Gefühle[9]. Nach dem Prinzip der Sonnenblume und der Sonne bringt ein schwächliches Kind ganz selbstverständlich einem gesünderen Artgenossen seine Bewunderung entgegen; ein jüngeres Kind verehrt ein älteres als Helden; ein reizloses Kind reagiert auf ein schönes, indem es das schöne Kind liebt. Aus all diesen Gründen war es nur natürlich, daß der Dauphin Maria Stuart liebte, selbst wenn man ihn nicht beharrlich dazu angespornt hätte, und die zahlreichen Berichte über seine fast rührende Leidenschaft für sie lassen keinen Zweifel darüber, daß seine Anbetung wirklich echt und nicht nur eine Projektion der Wunschgedanken des Hofes war.

Da wir von Brantôme wissen, daß Maria Stuart bei ihrer Ankunft in Frankreich nur Schottisch sprach – »barbarisch und mißtönend« nannte er es –, hatte sie offensichtlich in den vergangenen zwei Monaten mit der den Kindern eigenen Leichtigkeit genügend Französisch aufgeschnappt, um sich mit einem anderen Kind verständigen zu können. Später sagte man von ihr, sie beherrsche die französische Sprache mit vollendeter Anmut und Eleganz: Obwohl Maria ihr Schottisch nicht vergaß, schrieb und sprach sie ihr Leben lang französisch[10]. Vielleicht war es die Hoffnung, dies zu erreichen, die Heinrich II. bewogen hatte, sie von ihrem schottischen Gefolge zu trennen; selbst die vier Marys durften nicht ständig bei ihrer Herrin bleiben, sondern wurden in das dominikanische Nonnenkloster nach Poissy geschickt, wo der Prior François de Vieuxpont ihre Erziehung überwachte. So wurde die zwei Jahre jüngere Elisabeth von Frankreich Maria Stuarts vertrauteste Jugendfreundin, und die gemeinsam verlebte glückliche Kindheit machte sie zu dem weiblichen Wesen, an dem Maria jahrelang am meisten hing und dem sie im späteren Leben stets ein sehnsüchtiges Andenken bewahrte.

Das Porträt Elisabeths von François Clouet zeigt uns ein ausdrucksvolles, rundes Gesicht mit schrägstehenden Augen, einem Grübchen im Kinn und großen, faunähnlichen Ohren, das – nicht ausgesprochen schön, aber voll von Lebensfreude – kühl über das steife, juwelenbesetzte Kleid hinwegblickt. Sie war ein liebenswürdiges Kind, aufgeschlossen für alles Schöne und eine eifrige Schülerin Clouets. Ihre jüngere Schwester Claudia war, wie Brantôme berichtet, die intelligenteste der Prinzessinnen. Margarete, die temperamentvolle Heldin zahlreicher späterer Abenteuer am französischen Hof, war über zwölf Jahre jünger als Maria Stuart und kam erst in die königliche Kinderstube, als die schottische Königin sie bereits verlassen hatte und am Hof lebte. Auch die drei Brüder des Dauphins, deren zarte Gesundheit Katharina von Medici solch quälende Sorge bereitete, waren soviel jünger als Maria, daß sie kaum mit ihr in Berührung kamen; so waren diese frühen Jahre fast ausschließlich von Franz und Elisabeth beherrscht.

Erst im November lernte Maria den Vater der Kinderschar kennen, in deren Kreis sie jetzt aufgenommen worden war. Die Begegnung war für beide Teile außerordentlich befriedigend. Maria Stuart sah einen knapp dreißigjährigen Mann mit einem dunkelhäutigen, melancholischen Gesicht, der selten lächelte und völlig in Anspruch genommen war von seinen Regierungssorgen oder von den ritterlichen Spielen, die er leidenschaftlich liebte. Heinrich II. fand, wie der venezianische Gesandte einmal bemerkte, wenig Gefallen am Gespräch mit Frauen; die Tatsache, daß es Diane de Poitiers gelang, ihn so lange Zeit hindurch in ihrem Bann zu halten, war wohl zum Teil darauf zurückzuführen, daß er sich angesichts ihres fast männlich scharfen Verstandes gut mit ihr unterhalten konnte, während andere Frauen ihn langweilten. An Kindern hingegen fand er ein aufrichtiges und zärtliches Vergnügen. Maria Stuart hatte das Glück, ihn als Kind zu bezaubern, und später wandelte sich diese Anziehungskraft des Kindes in die noch reizvollere Anziehungskraft der heranwachsenden Frau. Heinrich II. bezeichnete sie schlicht als das vollkommenste Kind, das er je gesehen habe. Bald schrieb der Kardinal von Lothringen beglückt an Maria Stuarts Mutter, der König habe solchen Geschmack an ihrer Tochter gefunden, daß er oft mehr als eine Stunde sich nur mit ihr befasse, und als Maria elf Jahre alt war, konnte der Kardinal stolz berichten, sie wisse den König so gut mit klugen und vernünftigen Reden zu unterhalten, als wäre sie eine Frau von fünfundzwanzig[11].

Die nächsten zehn Jahre zählten zu den schicksalsschwersten in der Geschichte Frankreichs, denn es waren die Jahre, in denen die Saat des Bürgerkrieges gesät wurde. Während das Königreich sich mit einer Inflation abquälte, die durch eine endlose Reihe von Kriegen und die Einfuhr von Silber aus der Neuen Welt verursacht worden war, wandte der niedere Adel sich von der Krone ab, die ihn nicht mehr mit Geldmitteln unterstützen konnte, und schloß sich dem bedrohlichen Kreis von hohen Adeligen an, die den Thron umringten; und zu allem machte auch die religiöse Spaltung sich jetzt immer deutlicher bemerkbar. Aber obgleich Maria genau zu Beginn dieser verhängnisvollen Epoche in Frankreich eintraf, bedeuteten diese Jahre ihres Lebens für sie nichts anderes als eine Zeit des ungetrübten Glücks, in der alle Tragödien rein häuslicher Natur waren und die Kümmernisse und Freuden ausschließlich diejenigen, die zum normalen Leben eines jeden Kindes gehören.

Man sagt oft, daß eine behütete Kindheit die beste Grundlage für ein glückliches Leben sei. Maria Stuart hatte, im Gegensatz zu ihrer Kusine Elisabeth Tudor, eine ungewöhnlich sorglose Jugend. Es bleibt dem Urteil der Geschichte überlassen, zu entscheiden, ob diese Jugend tatsächlich dazu angetan war, sie ausreichend auf die ungeheuer großen Belastungen vorzubereiten, denen sie sich in ihrem späteren Leben ausgesetzt sah. Eines ist sicher: Die ersten sechs Jahre ihres Lebens in Frankreich wirken wie ein Traum, in dem sie von der rauhen Wirklichkeit durch einen Kokon von Dienern und anderen Trabanten abgeschnitten war, deren einzige Pflicht darin bestand, die königliche Kinderschar in möglichst großem Luxus aufzuziehen. Einen Teil der Zeit verbrachte sie bei ihren mütterlichen Verwandten. Aber die Guisen wußten genau, wie wichtig es war, ihren kleinen, halb königlichen Kuckuck fest und sicher ins königliche Nest zu setzen, und hatten nichts dagegen einzuwenden, das Kind in erster Linie der Obhut des Hofes zu überlassen: Als die Herzogin Antoinette im Januar 1549 hörte, daß Maria ein Zimmer mit Elisabeth teilte, bemerkte sie, nichts könne besser für ihre Zukunft sein[12].

Da die Schlösser, in denen der Hofstaat der Königskinder sich aufhielt, alle paar Monate einer gründlichen Säuberung unterzogen werden mußten, bestand Marias Leben zum großen Teil aus einer Reihe von herrlichen Reisen: So waren zum Beispiel im Jahre 1550 alle Kinder von Januar bis April in Saint-Germain, dann gingen sie nach Fontainebleau. Am 1. Mai kehrten sie nach Saint-Germain zurück, am 4. Oktober waren sie in Mantes-sur-Seine und am 24. November in Bury, Touraine, um einer Epidemie aus dem Wege zu gehen, nachdem sie sich zuvor einige Tage in dem neuen Schloß von Diane de Poitiers in Anet aufgehalten hatten. Das Jahr 1551 begann in Meudon, im April zogen die Kinder in den Palast von Blois, den Monat Juni verbrachte Maria am Königshof, dann kehrte sie nach Blois zurück, während der Dauphin sich nach Chambord begab. Im Januar 1552 brachte der König sie alle wieder nach Saint-Germain[13].

Ohne sich darüber klarzuwerden, gelangte Maria allmählich zu der Überzeugung, daß diese prunkvollen, riesigen Paläste das natürliche Habitat der Angehörigen einer Königsfamilie seien. Im Vergleich zu den sehr viel kleineren Schlössern von Schottland, an die sie sich noch dunkel erinnerte, kamen ihr die französischen Paläste wie die pompösen Behausungen eines anderen Planeten vor. Fontainebleau und das von Jakob V. erbaute Schloß Falkland in Fife hatten zum Beispiel beide ihren Ursprung in der traditionellen Jagdleidenschaft der Könige, und doch, wie verschieden waren sie in ihrem Ausmaß. Obgleich Fontainebleau zu Maria Stuarts Zeit noch längst nicht seine letzte Vollendung erreicht hatte, muß dieses von Franz I. begonnene großartige Bauwerk, in dem italienische Üppigkeit sich so glücklich mit französischem Kunstverstand verband, sie zweifellos tief beeindruckt haben. Der berühmte Ballsaal wurde unter der Regierung Heinrichs II. fertiggestellt, und die verschlungenen Initialen H und C sind für das forschende Auge des modernen Betrachters immer noch eine Erinnerung an den König und seine Frau – Catherine – oder an den König und seine Geliebte, Diana, die Göttin der Jagd, deren Symbol die Mondsichel war. Auch der Palast, den Heinrich über der riesigen Festung Franz I. in Saint-Germain errichtete, befand sich damals noch im Bau. Aber die gigantischen Ausmaße der Gebäude waren bereits zu erkennen. Die Schlösser der Loire waren im wesentlichen schon von Franz I. mit ihrer sagenhaften Schönheit ausgestattet worden. Ihm verdanken wir das Treppenhaus und den herrlichen Renaissanceflügel in Blois – ein weiterer Triumph des italienischen Stils in Frankreich. Chambord, das über vierhundert Räume hat, scheint in seinen gewaltigen Dimensionen ein Vorläufer von Versailles gewesen zu sein; es war das großartigste aller Bauwerke Franz I., und trotz des zunehmenden Bankrotts der Krone wurde immer noch weiter daran gearbeitet. Seine prunkvolle Ausstattung, seine überwältigende Größe, die unvergeßliche Nordwestfassade, die den Fluß überblickt – all dies muß im Geiste eines Kindes den unauslöschlichen Eindruck hinterlassen haben, daß dies der Stil sei, in dem Monarchen lebten.

Dieses fortwährende Umherziehen bedeutete, daß jeder Monat den Kindern neue Vergnügen brachte; und ihr tägliches Leben war nicht weniger abwechslungsreich: Sie waren zum Beispiel ständig von Haustieren umgeben – im Jahre 1551 hatten sie vier große Hunde und zweiundzwanzig Schoßhunde sowie Falken und zahme Vögel. Außerdem gab es zahlreiche Pferde: Fontaine und Enghien waren die Lieblinge des Dauphins – der trotz seiner zarten Gesundheit die glühende Leidenschaft der Valois für die Jagd geerbt hatte –, Bravane und Madame la Réale die Lieblinge Maria Stuarts. Einmal schickte der Marschall de Saint-André den Kindern sogar zwei Bären, aber abgesehen davon, daß die Kosten für ihre

Ernährung unerschwinglich waren, richteten sie soviel Schaden an, daß man sie wieder entfernte. Auch für zweibeinige Unterhaltung wurde ausreichend gesorgt: Der Erzieher der Königskinder ließ fahrende Komödianten und italienische Akrobaten aufs Schloß bringen, damit sie seinen Zöglingen mit *farces et buffoneries* die Zeit vertrieben; der König sandte ihnen vom Hof einen *maître de danse.*

So angenehm diese Umzüge des königlichen Haushalts für die Kinder gewesen sein mögen, so beschwerlich waren sie für ihre Dienerschaft: Sie brachten unterwegs häufig Aufenthalte in armseligen Dörfern mit sich, wo die Bewohner nur widerwillig ihre dürftige Nahrung mit den vornehmen Fremden teilten. Die Straßen waren oft nahezu unbefahrbar, und die Menge des mitgeführten Gepäcks bedeutete ein ständiges Problem. Infolgedessen wurde die Übersiedlung soweit wie möglich auf dem Flußweg vorgenommen. Der Berg von Gepäck, den die Kinder mit sich führten, rührte zum Teil von ihrer umfangreichen Garderobe her. Man hielt es für angemessen, daß Maria Stuart als künftige Frau des Dauphins eleganter gekleidet sei als die Prinzessinnen. Ihre Rechnungen zeugen von der Überfülle und Förmlichkeit der Garderobe eines Königskindes: Ellen von changierendem rotem und gelbem Taft für Kleider, Kleider aus Goldbrokat, Kleider aus schwarzer Seide, mit Silber gesäumt, Kanevas und Buckram, um die Kleider zu versteifen, Strümpfe aus weißer florentinischer Serge, eine *vasquine* – eine Art Reifrock –, Unterröcke aus Changeant und Unterröcke aus orangefarbenem Taft mit roter Serge gefüttert. Das Zubehör war ebenso sorgfältig gewählt: Es werden Hauben aus Silberfäden und schwarzer Seide erwähnt, orangefarbene Wolle, die scharlachrot gefärbt und zu Strümpfen verarbeitet werden soll, Pelze als Besatz für ihre Kleider. In den Belegen für das Jahr 1551 werden zehn Paar gewöhnliche Schuhe angeführt – drei Paar weiße, drei purpurfarbene, zwei schwarze und zwei rote – und außerdem weiße, gelbe, rote und schwarze Samtschuhe. Die *accessoires* stehen in Einklang mit dem Rest: Handschuhe aus Hundsleder und Rehleder; eine schwarze Samttasche für die Kämme der Königin der Schotten, ein Kristallspiegel mit Bändern aus Samt und Seide, Gold- und Silberpailletten für ihre Kleider, zahllose Ketten, Halsschmuck und goldene Gürtel sowie drei Bronzekassetten für ihre Juwelen, unter denen sich eine Kette aus Perlen und grünem Email, ein goldener Ring mit einem Rubin und edelsteinbesetzte Knöpfe verschiedener Farben und Formen befanden[14].

Dieser Prachtentfaltung entsprach auch der Hofstaat, der Maria Stuart und die französischen Prinzessinnen umgab: Tatsächlich war die Unzahl von Bediensteten, die man für ihren hohen Rang als unerläßlich ansah, zum großen Teil der Anlaß für die Schwierigkeiten bei den ständigen Übersiedlungen. Der Haushalt der Königskinder hatte bereits vor Maria Stuarts Ankunft derart erschreckende Ausmaße angenommen, daß Heinrich II.

Ende 1547 dem Seigneur d'Humières verbot, noch weiteres Personal anzustellen; aber mit dem Erscheinen der schottischen Königin wuchs der Hofstaat abermals an. Zwischen 1550 und 1558 stieg die Zahl der Kammerherrn von vier auf zehn, die der *maîtres d'hôtel* von vier auf sieben. In den Ställen wimmelte es von Knechten, die sich ausschließlich mit der Beförderung des Gepäcks zu befassen hatten. Es gab fünf Ärzte, siebenunddreißig Edelknaben, die zusammen mit dem Dauphin aufwachsen sollten (obgleich diese wenigstens kein Gehalt bezogen), vier Garderobenverwalter, zwei Generalkontrolleure und achtundzwanzig *valets de chambre*, deren Aufgabe es war, die kleinen Prinzen zu tragen, sie zu füttern und ihnen zu dienen. Für die Pflege der Säuglinge hatte Madame d'Humières einen Stab von zweiundzwanzig Damen verschiedenen Ranges. Die Zahl der Apotheker stieg von einem auf drei, die der Barbiere auf vier. Dabei gab es unter dieser ganzen Legion von Dienstboten nur zwei Wäscherinnen und einen Wasserträger, was darauf schließen läßt, daß man am Hof der Königskinder mehr auf Luxus als auf Hygiene bedacht war. Die Küche war besonders reichlich mit Röstern, Suppenköchen und dergleichen ausgestattet, und auch hier wuchs die Zahl ständig. Wenn man bedenkt, welch riesige Nahrungsmengen entweder von den Kindern oder, was wahrscheinlicher ist, von ihrer Dienerschaft verzehrt wurden, ist leicht zu erkennen, daß am Hofstaat der Prinzen und Prinzessinnen von Frankreich Gehälter, Personal, Kinder und Kosten einander spiralenförmig in die Höhe trieben. An einem einzigen Tag, dem 8. Juni 1553, verzehrte der Haushalt über zweihundertfünfzig Laib Brot, achtzehn Rinder, acht Schafe, vier Kälber, zwanzig Kapaune, hundertzwanzig Hühner und Tauben, drei Rehe, sechs Gänse und vier Hasen[15].

Trotz all dieser Sorge um das materielle Wohlergehen wurde jedoch auch die geistige Entwicklung nicht vernachlässigt. An diesem Renaissancehof legte man großen Wert auf eine vollendete Erziehung, und Katharina von Medici, selbst in der Atmosphäre des italienischen Humanismus erzogen, war eine große Förderin der Wissenschaften und Künste. Ursprünglich nahm man an, daß Maria Stuart ein Kind mit bemerkenswerten geistigen Fähigkeiten gewesen sein müsse, denn Brantôme berichtet, daß sie vor dem König und dem gesamten Hof eine selbstverfaßte lateinische Rede rezitiert habe, noch ehe sie zwölf Jahre alt war. Doch inzwischen hat sich diese Ansicht ein wenig geändert: Gewiß, sie lernte Latein; aber im vergangenen Jahrhundert hat man ein Heft mit ihren lateinischen Aufsätzen gefunden, aus denen hervorgeht, daß Maria, was das Latein betrifft, mehr eine eifrige Schülerin als ein Wunderkind war[16]. Heute existieren diese Aufsätze in Form eines Buches, in dem auf der linken Seite die von M. de Saint-Estienne oder irgendeinem anderen Lehrer vorgeschriebenen Themen im französischen Originaltext stehen und auf der rechten die lateinische Fassung. Einige der Aufsätze sind als Briefe an Madame Elisabeth abgefaßt. Zwei Briefe sind an den Kardinal von Lothringen gerichtet, und in einem von ihnen wird die passende, wenn auch etwas altkluge Meinung geäußert: »Viele Menschen, *mon oncle,* irren sich heutzutage in der Heiligen Schrift, denn sie lesen sie nicht mit reinem und unschuldigem Herzen.« Seltsamerweise ist eines der Schreiben an John Calvin adressiert; es gibt jedoch keinerlei Beweis, daß dieser Brief mit seiner feierlichen, kindlichen Invokation: *»Christus filius Dei te avocet, Calvine«*, jemals abgesandt wurde, und es ist eher anzunehmen, daß es sich dabei lediglich um eine Übungsarbeit handelte; was Maria veranlaßt haben mag, gerade dieses Thema zu wählen, das weiß niemand. Viele der Aufsätze erwähnen, wie es einer Renaissanceprinzessin geziemt, die Namen berühmter Frauen, und wahrscheinlich wurden sie größtenteils tatsächlich als Vorbereitung auf die bewußte lateinische Rede geschrieben.

Maria Stuart hatte als Kind nicht den scharfen Verstand einer Elisabeth Tudor und wurde auch nicht dazu erzogen, ihn zu haben. Sie war jedoch von Natur aus intelligent und besaß eine leichte Auffassungsgabe, die ihr das Lernen zum Vergnügen machte. Ihre Lehrer, von Katharina selbst gewählt, wurden im echten Stil der Renaissance dazu angehalten, ihr eine möglichst umfassende Bildung zu vermitteln; sie lernte nicht nur Latein, sondern auch Italienisch, Spanisch und anscheinend auch etwas Griechisch; sie lernte zeichnen; sie lernte tanzen – eine Kunst, die sie sowohl in ihrer Kindheit als auch im späteren Leben vollendet beherrschte; sie lernte singen und sich auf der Laute begleiten, wofür, wie Brantôme berichtet, ihre langen, weißen Finger sich wunderbar eigneten[17]. Sie war anmutig und kraftvoll zugleich, und sie war vor allem ein anpassungsfähiges und liebenswertes Kind.

Ihr erster Brief an ihre Mutter, den sie mit sieben Jahren schrieb und der heute noch im Register House in Edinburgh erhalten ist, zeigt, daß sie eine klare, gut leserliche Handschrift hatte, die auffallend dem gleichmäßigen, abgerundeten Federzug glich, den sie ihr Leben lang beibehielt (obgleich er mit zunehmendem Alter sehr viel größer wurde). Dieser frühe, höfliche kleine Brief – dessen Sauberkeit darauf schließen läßt, daß er unter Aufsicht geschrieben wurde – endet mit dem typischen Gruß eines siebenjährigen Kindes an seine Mutter: Monsieur de Brezé wird ihr alle weiteren Neuigkeiten berichten – womit er ihrer Tochter die Mühe eines langen Briefes erspart[18]. Die Briefe Maria Stuarts an ihre Mutter zeugen von der regen Anteilnahme, mit der Marie von Guise trotz der großen Entfernung die Erziehung ihrer Tochter verfolgte, wobei ihre größte Sorge offensichtlich der religiösen Betreuung des Kindes galt: Sie gab Anweisungen, daß sie täglich die Messe hören solle; Maria hatte einen eigenen französischen Kaplan, Guillaume de Laon, und auch der Prior von Inchmahone hatte sie nach Frankreich begleitet und blieb aus Anhänglichkeit bei ihr. Auf allen Reisen des Hofes wurden die heiligen Meßgeräte der jungen Königin mitgenommen, damit sie ohne Gefahr einer Ansteckung die Sakramente empfangen konnte[19].

Die Herzogin Antoinette berichtete Marie von Guise mit sichtlicher Befriedigung über die große Frömmigkeit ihrer Tochter. Als die Herzogin und der Kardinal meinten, daß es an der Zeit sei, das Kind die erste Kommunion nehmen zu lassen, schrieb Maria, die sich über Ostern bei ihren Verwandten in Meudon aufhielt, sofort an ihre Mutter und bat sie um ihre Genehmigung, nicht nur, weil ihre Großmutter und ihr Onkel es für richtig hielten, sondern auch, weil sie selbst inbrünstig wünschte, »Gott zu empfangen«. Sie unterschrieb den Brief: »Ihre sehr ergebene und gehorsame Tochter, Maria[20].«

Im Jahr 1550 kam Marie von Guise selbst nach Frankreich, um sich von den Fortschritten ihrer sehr ergebenen und gehorsamen Tochter zu überzeugen. Ihre Briefe aus dem Jahr 1549 lassen erkennen, daß sie sich in Schottland unglücklich und einsam fühlte, was angesichts der innenpolitischen Lage nicht zu verwundern war; sie sehnte sich danach, sich mit ihren Brüdern zu beraten und vor allem, ihre Tochter und ihren Sohn Franz wiederzusehen; außerdem befand sie sich infolge der hohen Ausgaben für den Unterhalt der französischen Truppen in Schottland in finanziellen Schwierigkeiten und wollte versuchen, endlich die umstrittene Frage ihrer französischen Mitgift zu regeln. Dieser Besuch war für Maria das wichtigste Ereignis ihrer Kindheit; außer sich vor Freude schrieb sie an ihre Großmutter: »Madame, ich bin sehr glücklich, Ihnen die frohe Nachricht zu übermitteln, die ich von meiner Mutter, der Königin, erhalten habe: In ihrem Brief vom 23. April hat sie versprochen, sehr bald zu kommen, um Sie und mich zu sehen. Das bedeutet für mich das größte Glück der Welt, und ich bin so froh darüber, daß ich jetzt nur noch daran denke, gewissenhaft meine Pflicht zu tun und fleißig zu lernen, um all das zu werden, was meine Mutter und Sie für mich erhoffen . . .[21]« Offensichtlich brachte Maria in dieser Zeit ihrer Mutter eine Art Heldenverehrung entgegen und betrachtete sie als ein höheres Wesen, das weibliche Gegenstück zu ihren glorreichen Oheimen, ein Bild der Stärke, der Zuverlässigkeit und des Trostes, auf das sie einen möglichst guten Eindruck machen wollte.

Marie von Guise landete Anfang September in Dieppe und traf am 25. September am Hofe ein, der sich zu dieser Zeit in Rouen befand. Maria Stuart war Anfang des Monats an Ruhr erkrankt, hatte sich jedoch inzwischen offenbar wieder soweit erholt, daß sie bei dem fürstlichen Empfang zugegen sein konnte, den Heinrich II. und Katharina ihrer Mutter in der Normandie bereiteten. Während des ganzen folgenden Winters genoß die Königinwitwe von Schottland die prunkvollen Feierlichkeiten des Hofes und auch vor allem anderen die Gesellschaft ihrer Tochter. Nichts scheint das innige Verhältnis getrübt zu haben, das zwischen ihnen bestand, als

Marie von Guise ein Jahr später nach Schottland zurückkehrte; es war, wie sich herausstellen sollte, die letzte Begegnung von Mutter und Tochter gewesen, und sie hinterließ im Herzen der jungen Maria Stuart ein solch tiefes Gefühl der Verbundenheit, daß sie bei der Nachricht vom Tod Marie von Guises im Jahr 1560 vor Kummer einen regelrechten Nervenzusammenbruch erlitt, obgleich sie ihre Mutter seit neun Jahren nicht gesehen hatte.

In anderer Hinsicht war der Aufenthalt Marie von Guises in Frankreich leider sehr viel weniger erfolgreich. Sie selbst beeinträchtigte ihn bis zu einem gewissen Grad, indem sie dem französischen König unaufhörlich mit finanziellen Forderungen zusetzte: Bestrebt, sich den Weg zur endgültigen Übernahme der schottischen Regentschaft zu ebnen, war sie entschlossen, ihrer schottischen Suite so viele Ehren und soviel französisches Geld wie möglich zu verschaffen, um sich ihrer Treue zu versichern. Auch ihre persönlichen Finanzen bedurften dringend der Unterstützung: Sie war im Rückstand mit den Gehältern ihrer Dienerschaft und sah sich gezwungen, von ihren Freundinnen Geld zu leihen und auf die Hilfe der schottischen Kaufleute zu bauen[22]. In den letzten Jahren hatte die Anarchie in Schottland bedrohliche Ausmaße angenommen, und der Haß gegen die neuen Fremden – die Franzosen, die jetzt versuchten, dieses scheinbar barbarische Land nach eigenem Gutdünken zu verwalten – war noch viel größer als der frühere Haß gegen die Engländer. Im Mai 1551 berichtete Sir John Mason aus Tours, daß die Königinwitwe von Schottland mit ihren aufdringlichen Betteleien für sich und ihre Freunde dem ganzen Hof auf die Nerven falle. »Der König«, schrieb Sir John, »würde sich mit Freuden ihrer entledigen, und sie selbst würde, wie sie vorgibt, gern so bald wie möglich Frankreich verlassen[23].«

Abgesehen davon wurde der Besuch durch zwei unangenehme Zwischenfälle getrübt: Eine Nachricht, die um diese Zeit den Hof erreichte, ließ Marie von Guise um die Sicherheit ihrer Tochter bangen: Ende April 1551 wurde ein mysteriöser Plan, die junge schottische Königin zu vergiften, aufgedeckt[24]; er stammte von einem Bogenschützen der englischen Garde namens Robert Stuart, aber die ganze Angelegenheit ist ziemlich rätselhaft, und man hat nie genau erfahren, warum oder auf wessen Veranlassung dieser Anschlag stattfinden sollte. Der französische Gesandte in London schrieb dem Konnetabel de Montmorency, daß ein Schotte namens Henderson ihn von dem niederträchtigen Vorhaben unterrichtet habe. Stuart habe Lord Warwick und Lord Paget gegenüber angedeutet, daß er mit diesem Verbrechen dem englischen Kronrat sicherlich einen großen Dienst erweisen würde. Warwick hatte nach seiner eigenen Aussage den Vorschlag entsetzt zurückgewiesen, ließ Stuart ins Gefängnis werfen und letztlich an Frankreich ausliefern. Daraufhin wurde Stuart im Schloß von Angers eingekerkert und schließlich gehenkt, aufs Rad geflochten und gevierteilt, ohne daß das Rätsel seines wirklichen Motivs jemals aufgeklärt worden wäre.

Es ist unwahrscheinlich, daß die englische Regierung gerade zu dieser Zeit solch einen Plan gefördert haben sollte: Einerseits hatte man in England offensichtlich noch nicht alle Hoffnung auf eine mögliche Heirat von Maria Stuart und Eduard VI. aufgegeben, und als Lord Northampton im Sommer 1551 in diplomatischer Mission nach Frankreich kam, um Heinrich II. den Hosenbandorden zu überbringen, hielt er abermals um die Hand der schottischen Königin an. Andererseits schienen die Engländer nicht sonderlich erzürnt, als die Franzosen sich weigerten, den Antrag in Erwägung zu ziehen – zweifellos hatten sie diese Weigerung vorausgesehen. Northampton nahm die Absage sehr ruhig auf und hielt daraufhin, gemäß den Anweisungen, die er erhalten hatte, statt dessen in aller Form um die Hand von Prinzessin Elisabeth für den englischen König an[25].

Die zweite unangenehme Episode war die offenkundige Liebesaffäre, die sich zwischen Heinrich II. und Marias Erzieherin, Lady Fleming, anbahnte. Der König hatte offenbar schon von Anfang an ein Auge auf die hübsche Schottin geworfen, denn de Brezé berichtet über ihren Erfolg am französischen Hof, und Heinrich selbst schrieb – vielleicht mit einem gewissen Mangel an gutem Geschmack – höchstpersönlich an Marie von Guise, um ihr zu sagen, wie gut Lady Fleming ihre Aufgabe als Erzieherin Marias erfülle.

Dem Konnetabel de Montmorency boten Lady Flemings Reize und ihre Wirkung auf den König eine ausgezeichnete Gelegenheit, seiner alten Feindin, Diane de Poitiers, ein Schnippchen zu schlagen. Es gelang dieser Liaison nicht, die Favoritin zu entthronen: Dagegen hatte sie zur Folge, daß die unbesonnene Lady Fleming einem Sohn, Henry, das Leben schenkte, der später als der Bastard von Angoulême bekannt wurde und dessen Geschicklichkeit bei den schottischen Tänzen am französischen Hof eine ständige Erinnerung an seine hybride Herkunft war. Wie Brantôme mit scherzhafter Bosheit berichtet, schockierte Lady Fleming den gesamten Hof, indem sie in ihrem recht mangelhaften Französisch lautstark verkündete: »Ich habe alles getan, was ich kann, und Gott sei gedankt, ich bin schwanger vom König, was für mich eine Ehre und ein Glück bedeutet[26].« Doch Lady Flemings Glück über ihren Zustand war von kurzer Dauer: Katharina und Diane, nicht gewillt, einen Eindringling zu dulden, sorgten mit vereinten Kräften dafür, daß man sie als Strafe für diese Taktlosigkeit nach Schottland zurücksandte, und Maria erhielt eine neue Erzieherin, Madame de Parois.

Die Abreise Marie von Guises, die nach Schottland zurückkehrte, um den schweren Kampf um eine stabile Regierung wiederaufzunehmen, bedeutete für Maria Stuart den Bruch eines weiteren Bindeglieds mit ihrer schottischen Heimat. Selbst die letzten Wochen der Königinwitwe in Frankreich standen im Zeichen des Unglücks: Ihr Sohn, Franz von Longueville, der seine Stiefschwester bei ihrer Ankunft in Frankreich mit solch überschwenglicher Begeisterung begrüßt und sie für die bezauberndste Schwester der Welt erklärt hatte, starb völlig unerwartet im September 1551 an einer bösartigen Kinderkrankheit. »Ich glaube, Madame«, schrieb Marie von Guise bekümmert an ihre Mutter, »unser Herrgott hat mir diese zahlreichen schweren Prüfungen auferlegt, um mich zu einer der Seinen zu machen[27].«

Die Ernennung von Madame de Parois anstelle der abenteuerlustigen Lady Fleming trug weiterhin dazu bei, daß Marias Erinnerung an Schottland langsam verblaßte. Sie liebte es immer noch, sich bei besonderen Gelegenheiten in der schottischen Landestracht zu zeigen, und es gelang ihr sogar, den Hof mit diesem Schauspiel zu bezaubern, obgleich ihre Aufmachung den anspruchsvollen Franzosen sehr fremdländisch, ja sogar ausgesprochen bizarr erschien. Aber die natürliche Anmut und Würde, mit der die junge Königin diese Kleidung trug, ließ jede Kritik verstummen. Doch trotz Marias Begeisterung für ihr Geburtsland oder seine Sitten war die schottische Tracht für sie jetzt eindeutig zu einer Art Maskenkostüm geworden. Patriotismus, Eigensinn oder der Wunsch zu gefallen mochten sie dazu veranlassen, sie zu tragen: Aber das änderte nichts an der Tatsache, daß sie sich von Jahr zu Jahr innerlich weiter von dem rauhen Land ihrer Väter entfernte und mehr zu einem Kind des lieblichen Landes der Franzosen wurde.

IV

VERLOBUNG

»Wie glücklich solltest du dich schätzen, o Königreich Schottland, wie ein Säugling an der Brust des großmütigen Königs von Frankreich gehegt, genährt und betreut zu werden...«

Estienne Perlin, 1558

Anfang 1554, noch ehe Maria Stuart ihr zwölftes Lebensjahr vollendet hatte, neigte sich ihre glückliche Kindheit dem Ende zu, und es begann für sie die nicht mehr ganz so unbeschwerte Zeit der Reife. Um die Entwicklung der heranwachsenden Prinzessinnen persönlich überwachen zu können, beschloß Königin Katharina, daß ihre Töchter künftig mehr Zeit am Hofe verbringen sollten. Damit wurde der Haushalt der Königskinder erheblich eingeschränkt, und so erhob sich jetzt die Frage, ob es nicht an der Zeit sei, Maria ihren eigenen Hofstaat zu geben. Das einzige Hindernis war, daß dies eine weitere finanzielle Belastung für den schottischen Staat bedeuten würde, der nicht sehr geneigt schien, abgesehen von den hohen Kosten für die französischen Truppen in Schottland auch noch zusätzlich Gelder für den Unterhalt seiner jungen Königin in Frankreich zur Verfügung zu stellen. Der Kardinal von Lothringen mußte eine Reihe von Briefen an seine Schwester schreiben, ehe der Plan genehmigt wurde. Eines seiner Argumente war, daß Maria selbst dringend nach einer solchen Regelung verlange, da sie sich in ihrer augenblicklichen Lage sehr benachteiligt fühlte – die erste Andeutung von Rebellion im Charakter dieses sonst so fügsamen Mädchens[1]. Schließlich hatten die Bitten des Kardinals Erfolg: Am 1. Januar 1554 trat Maria in ihren neuen Stand, und zur Feier dieses Ereignisses lud sie ihren Onkel zum Abendessen ein.

Diese Entscheidung bedeutete einen Wendepunkt in Marias Erziehung. Bisher hatten die Guisen sich damit zufriedengegeben, ihren Schützling den größten Teil der Zeit am Hof der Königskinder verbringen zu lassen; aber von jetzt an hielten Marias Verwandte, die sich so viel von ihrer künftigen hohen Stellung versprachen, es für ratsam, die Formung ihres Charakters und ihre Einführung in die Geheimnisse der Staatskunst selbst in die Hand zu nehmen. Maria Stuart stammte mütterlicherseits aus einer der interessantesten Familien in der Geschichte Frankreichs, und um die gegensätzlichen Gefühle von Sympathie und Feindseligkeit zu verstehen, die den Guisen in dieser Zeit entgegengebracht wurden, müssen wir einen kurzen Blick auf ihre Vorgeschichte werfen. Die Familie der Guisen kam erst Anfang des 16. Jahrhunderts nach Frankreich, als die Witwe eines jüngeren Sohnes des Herzogs von Lothringen (damals ein unabhängiges Herzogtum) den König ersuchte, ihr und ihren zwölf Kindern die französische Staatsangehörigkeit zu gewähren. Der älteste ihrer Söhne war Claude von Guise, der Großvater Maria Stuarts, ein außerordentlich erfolgreicher General, der in seinem Kampf um die Vormachtstellung der Familie von seinem ehrgeizigen Bruder, dem Kardinal Jean von Lothringen, unterstützt wurde. Aber mit dem Erfolg kam auch der Neid. Die Feinde der Guisen bezeichneten sie als Ausländer – Lothringer, keine wahren Franzosen. Worauf die Guisen erwiderten, daß in ihren Adern das königliche Blut Karls des Großen fließe, was ihnen, wie sie sagten, das Recht gebe, den höchsten Rang am französischen Hof zu beanspruchen. Dies wiederum veranlaßte ihre Gegner zu behaupten, die Guisen hätten es auf den Thron von Frankreich abgesehen[2]. In Wirklichkeit besaßen die Guisen jedoch etwas, das unendlich viel wirksamer war als die letzten schwachen Tropfen des Blutes Karls des Großen: eine ungestüme Lebenskraft und einen bewundernswerten Familiensinn. Die Art und Weise, wie sie einander zur Seite standen, mag Maria Stuart später in Schottland zu der Annahme verleitet haben, daß alle Verwandten sich gegenseitig halfen, wie die Guisen es getan hatten – eine Theorie, die von dem Verhalten der Stewarts bedauerlicherweise eindeutig widerlegt wurde. Auf jeden Fall begannen die zeitgenössischen Historiker, die Guisen mit den Makkabäern zu vergleichen.

Marias Zukunft wurde in politischer Hinsicht vom Einfluß der nächsten Generation von Guisen am Hofe Heinrichs II. bestimmt, hauptsächlich von Franz, dem ältesten Sohn des Herzogs Claude, und dessen Bruder Karl, der seinem Onkel in den Priesterstand folgte, zuerst Kardinal von Guise und später seinerseits Kardinal von Lothringen wurde. Außerdem schloß sich Maria in ihrer frühen Jugend sehr eng an einige ihrer Tanten und deren Kinder an, und da sie keine eigenen Geschwister hatte, betrachtete sie diese jungen Guisen – besonders in späteren Jahren, als sie wieder in Schottland war und nicht mehr in so engem Kontakt mit der französischen Königsfamilie stand – stets als ihre vertrautesten Verwandten.

Die drei Hauptzentren des Familienlebens der Guisen waren der Palast von Joinville im Nordosten Frankreichs, dessen Parks und Gärten die Wonne der Kinder waren, das Schloß Meudon in der Nähe von Paris und das Hôtel de Guise in Paris selbst. Meudon wurde in den fünfziger Jahren unter der Leitung von Primaticcio und seinen Schülern erbaut, und Maria berichtete ihrer Mutter stolz von der bezaubernden Grotte, die auf Wunsch des Kardinals im Park angelegt werden sollte. Das prunkvolle Hôtel de Guise nahm den Platz von vier früheren Palais ein: Auf dem riesigen quadratischen Gelände errichteten der Herzog und die Herzogin von Guise ein herrliches neues Palais, dessen Kapelle mit Kunstschätzen angefüllt war und dessen Treppenhaus, mit ihrem Emblem, dem Lothringischen Kreuz, geschmückt, von ihrem Familienstolz zeugte. Und in jeder dieser drei prachtvollen Behausungen wurde Maria, das junge, vielversprechende Mitglied der Sippe, auf dessen Zukunft man so große Hoffnungen setzte, von ihren Verwandten willkommen geheißen.

Der Einfluß der Guisen machte sich bereits zu Beginn der Regierung Heinrichs II. bemerkbar: Bei seiner Krönung erhielt der neue König seine Krone aus der Hand Karl von Guises, der fünf Tage später zum Kardinal ernannt wurde. Bei dem königlichen Turnier zur Feier des Ereignisses war es Franz von Guise, der sich besonders durch seinen Mut und seine Geschicklichkeit auszeichnete. Tatsächlich war der Zauber des jungen Herzogs so unwiderstehlich, daß selbst Historiker wie de l'Aubespine, die zu den Gegnern der Guisen gehörten, es nicht über sich brachten, ihn völlig zu verdammen: Wenn er etwas tat, womit sie nicht einverstanden waren, schrieben sie es meistens dem Ehrgeiz seines Bruders Karl zu[3]. Der Bann, in dem er seine Zeitgenossen hielt, war jedoch nicht allein auf seine überragende Feldherrnkunst zurückzuführen, sondern auch auf die Tatsache, daß es ihm gelang, seinem Land zweimal in einem kritischen Augenblick zu Hilfe zu kommen. Die Geschichte Europas stand Anfang der fünfziger Jahre im Zeichen der Rivalität zwischen dem Hause Österreich in der Person Kaiser Karls V., zu dessen ausgedehntem Herrschaftsgebiet auch Spanien gehörte, und dem Hause Valois unter Heinrich II. Als Kaiser Karl im Jahre 1556 Spanien und die Niederlande seinem Sohn Philipp überließ, wurde dieser Kampf zu einer Rivalität zwischen Spanien und Frankreich, in die sowohl England als auch Schottland unfreiwillig verwickelt waren: England war durch die Ehe der englischen Königin, Maria Tudor, mit König Philipp an Spanien gefesselt, und Schottland war durch die geplante Vermählung seiner Königin, Maria Stuart, mit Heinrichs Sohn Franz mit Frankreich verbunden. Anfang 1552 hatte König Heinrich dem prekären Frieden zwischen Frankreich und dem Kaiserreich ein Ende bereitet, indem er mit den protestantischen deutschen Fürsten, die ihn um Hilfe gegen den Kaiser baten, ein Bündnis schloß und die wichtigen Grenzfestungen von Metz und Verdun besetzte. Als Antwort darauf zog der Kaiser seine Truppen zusammen, um Metz zurückzuerobern; und es war Franz von Guise, der während der darauffolgenden langwierigen Belagerung tapfer die Festung hielt. Im Februar des nächsten Jahres dankte das französische Parlament dem Herzog feierlich für die Rettung seines Landes; er schien in der Tat das Urteil seines Bruders zu rechtfertigen, der ihn als »den tapfersten Mann der gesamten christlichen Welt« bezeichnet hatte[4].

Die Persönlichkeit des Kardinals ist komplizierter und auch nach außen hin weniger anziehend als die seines Bruders. Er war, wie seine Briefe zeigen, zweifellos intelligent, gebildet und ein ausgezeichneter Politiker, aber es gab auch noch eine andere Seite seines Charakters, die den Feinden der Guisen einen willkommenen Anlaß zur Kritik bot: Man bezeichnete ihn als habsüchtig, wahrscheinlich mit Recht (ungeachtet der Tatsache, daß er tief verschuldet starb und weder seine eigenen noch die Finanzen Marias sehr geschickt zu verwalten wußte), denn er brauchte ständig riesige Summen, um das Heer von Kurieren zu unterhalten, die ihm politische Nachrichten aus allen Teilen Europas brachten. Er war von krankhaftem Ehrgeiz besessen, und seine kirchliche Laufbahn war ein Musterbeispiel für die damals übliche Häufung von Ämtern und Pfründen. Wenn man jedoch bedenkt, daß er bereits in seiner Jugend König Franz I. eine Abhandlung über Sittenlehre und Theologie vorlegte, war vielleicht sein Aufstieg nicht ganz unberechtigt. Seine Predigten erregten die allgemeine Bewunderung des französischen Hofes und zogen, wie der venezianische Gesandte berichtete, regelmäßig eine riesige Zuhörerschaft an. In der Laufbahn des Kardinals zeigte sich am deutlichsten die Dichotomie, die so typisch für den Charakter der Guisen war: Einerseits waren sie, was ihre natürlichen Gaben betraf, hervorragend dazu befähigt, die Rolle im öffentlichen Leben zu spielen, nach der sie verlangten; aber auf der anderen Seite der Waage lag ihr übermäßig stark entwickelter Familienehrgeiz, der unter gewissen Umständen imstande war, alle ihre Leistungen zunichte zu machen. Diese Dichotomie ist deutlich in den beiden zeitgenössischen Auslegungen ihres Familienemblems – des mit zwei Querbalken versehenen Lothringer Kreuzes – zu erkennen: In der Grabrede für den Herzog Claude von Guise wurde verkündet, das Kreuz bedeute, daß die Guisen zweimal für Christus sterben würden: einmal in Frankreich und einmal im Heiligen Land. Aber zur Zeit der Katholischen Liga, deren Haupt Herzog Heinrich war, wurde bissig erklärt, das Doppelkreuz bedeute, daß Christus zweimal gekreuzigt worden sei, einmal von den Juden und einmal von den Ligisten[5].

Es ist schwer, die wahre Natur der Religion des Kardinals von Lothringen zu beurteilen, denn nach unseren heutigen Maßstäben war seine unnachsichtige Verfolgung der französischen Häretiker abscheuerregend, und vom damaligen politischen Standpunkt aus führte sie nicht zum Frieden, sondern zu den verhängnisvollen Bürgerkriegen der nächsten zehn Jahre. Das Wort Toleranz hat für moderne Ohren einen angenehmen Klang. Für uns ist Toleranz dem Glauben eines anderen gegenüber ein Prüfstein für Liberalismus, und Intoleranz wird von vielen als das entscheidende Verbrechen in einer zivilisierten Gesellschaft betrachtet; aber im 16. Jahrhundert gehörte Toleranz ganz gewiß nicht zu den staatspolitischen Tugenden, die man von einem Herrscher erwartete. Wie Pater Pollen bemerkte, was uns als die Verteidigung des Schwächeren erscheinen mag, bedeutete für die

Menschen der damaligen Zeit eher, einem Laster freien Lauf zu lassen; es lohnte sich kaum, über Gewissensfreiheit zu reden, geschweige denn, dafür zu kämpfen. Diejenigen, die bei religiösen Auseinandersetzungen zu Märtyrern wurden, erwarteten nicht, daß ihre Leiden zur Verbreitung religiöser Toleranz beitragen würden; sie standen lediglich für ihren Glauben ein. Die Frage, wieweit Andersgläubigkeit geduldet werden sollte, hing in erster Linie von der Verteilung der Kräfte ab: Die Guisen glaubten, daß der französische Katholizismus stark genug sei, den Calvinismus völlig auszumerzen, während Katharina von Medici im nächsten Jahrzehnt gezwungen war, sich tolerant zu zeigen, weil sie erkannte, daß keine der beiden Religionen stark genug war, die andere zu vertreiben. Aus keinem dieser beiden Fälle kann man zuverlässige Schlüsse auf die persönliche Toleranz oder Intoleranz der Beteiligten ziehen. Es ist interessant, daß Maria Stuart, deren religiöse und politische Ansichten in jungen Jahren mit soviel Sorgfalt vom Kardinal geformt worden waren, während ihres ganzen späteren Lebens ihren andersgläubigen Untertanen gegenüber eine bemerkenswerte Milde und Großzügigkeit zeigte, womit sie sich – vielleicht mit Ausnahme ihrer eigenen Mutter – von fast all ihren Zeitgenossen unterschied. Jeder Brief an Marie von Guise zeugt von der Aufmerksamkeit, mit der ihr Onkel jetzt ihre geistige Entwicklung überwachte: So leicht beeinflußbar, wie sie von Natur aus war, wäre es dem Kardinal, wenn er es gewollt hätte, sicherlich nicht schwergefallen, ihre angeborene Neigung zur Nachsicht zu unterdrücken. Aber er ließ es zu, daß sie sich frei entwickelte und in späteren Jahren auf Gedeih und Verderb ihre Entschlüsse als Herrscherin von Schottland lenkte.

Die Unterweisungen des Kardinals in der Staatskunst spornten die junge Königin an, sich mit den politischen Angelegenheiten Schottlands zu befassen. In den diesbezüglichen Briefen an ihre Mutter zeigt sie mehr Intelligenz und Eifer als eigene Urteilskraft, und sie bezieht sich bei allem, was sie sagt, auf die Meinung eines ihrer Oheime. Auch die Tatsache, daß es Marie von Guise endlich gelungen war, den unfähigen Arran aus seinem Amt als Regent zu verdrängen und vom Parlament im April 1554 ihre eigene Ernennung bestätigt zu bekommen, trug wesentlich dazu bei, Maria Stuarts Interesse an der Politik Schottlands zu wecken. Im Jahre 1555 schickte sie auf Anraten des Kardinals ihrer Mutter zu administrativen Zwecken eine Anzahl von Blankobriefen, die sie mit MARIE* unterschrieb[6].

Trotz der liebevollen Erziehung von seiten des Kardinals und Marias bescheidener Vorstöße in das Gebiet der Staatskunst wurde ihre Mädchenzeit durch ein lästiges häusliches Ärgernis getrübt, das um so enervierender war, als es sich direkt im Mittelpunkt ihres kleinen Hofstaats abspielte.

* Maria Stuart gebrauchte ihr ganzes Leben lang für ihre Unterschrift die französische Form ihres Namens.

Madame de Parois, die Erzieherin, die Lady Flemings Stelle eingenommen hatte, war im Gegensatz zu ihrer Vorgängerin ein wahres Muster an Tugend; aber sie hatte ihre eigenen Charakterschwächen, die sehr viel weniger anziehend waren. Es gab fortwährende Schwierigkeiten wegen Geldfragen, und Madame de Parois schrieb ein ums andre Mal an Marie von Guise und bat sie um mehr Geld für die Kleider ihrer Herrin; Maria müsse unbedingt ein Kleid aus Goldbrokat für die bevorstehende Hochzeit des Comte de Vaudermont haben; die Kleider der Prinzessinnen seien jetzt mit Goldstoff gefüttert und sehr teuer zu kopieren, aber das Prestige der Königin von Schottland lasse es nicht zu, daß sie weniger elegant gekleidet sei. Und so ging es in einem fort, ungeachtet der finanziellen Schwierigkeiten, denen die Königinwitwe sich gegenübersah[7].

Es gab jedoch noch eine andere Version: Zahlreiche Angehörige von Marias Hofstaat waren der Meinung, daß ausreichend Geld vorhanden wäre, wenn Madame de Parois nur sparsamer zu wirtschaften verstünde. Der Streit war manchmal bitter, manchmal kleinlich. In einem Brief erkundigte sich Marie von Guises Rechnungsprüfer ärgerlich, was mit einer Geldsumme geschehen sei, die der französische König Maria für den Besuch des Jahrmarkts von Saint-Germain gegeben hatte. Madame de Parois murrte auch weiterhin über allgemeinen Geldmangel, wobei sie jedoch immer wieder selbstzufrieden versicherte, daß sie natürlich ängstlich bestrebt sei, ihre junge Herrin nichts davon merken zu lassen. Die Tatsache, daß die Rechnungsbelege für das Jahr 1556/57 Ausgaben in Höhe von 58 607 Livre und Einnahmen von nur 58 000 aufweisen, zeigt deutlich, daß die finanzielle Lage nicht zufriedenstellend war, wo auch immer der Fehler gelegen haben mag[8].

Aber dann kam es zu einem Zerwürfnis zwischen der Erzieherin und Maria selbst. Der eigentliche Grund für ihre erbitterten Auseinandersetzungen, die wie ein häuslicher Sturm im Wasserglas anmuten, scheint Madame de Parois' schlechter Gesundheitszustand gewesen zu ein. Als sie schließlich ihren Posten aufgab, stellte sich heraus, daß sie an fortschreitender Wassersucht litt. Zweifellos war es aufgrund ihrer körperlichen Beschwerden nicht leicht, mit ihr auszukommen, und sie selbst nahm die Schwierigkeiten mit ihrem Zögling ernster, als sie in Wirklichkeit waren. Der Streit begann damit, daß Madame de Parois es als ihr persönliches Vorrecht betrachtete, über die abgelegten Kleider der jungen Königin zu verfügen; doch Maria war anderer Meinung: In einem wütenden Brief an Marie von Guise erklärte sie, daß sie, den Anweisungen ihrer Mutter gemäß, einige der Kleider ihren Tanten, den Äbtissinnen von Saint-Pierre und Farmoustier, für Meßgewänder und andere ihren Kammerzofen gegeben habe. Im April 1556 schrieb der Kardinal selbst an seine Schwester, um ihr zu sagen, daß Madame de Parois sich seiner Meinung nach nicht mehr zur Erzieherin ihrer Tochter eigne. Nichtsdestoweniger war Madame de Parois im Mai des folgenden

Jahres immer noch nicht entlassen worden. Kurz darauf schrieb Maria abermals an ihre Mutter und beklagte sich, Madame de Parois mache jetzt so viel böses Blut zwischen ihr, der Herzogin Antoinette und Königin Katharina, daß sie fürchte, diese böswillige Frau werde auch nicht davor zurückschrecken, Unfrieden zwischen Mutter und Tochter zu stiften[9].

In Maria Stuarts Briefen über diese Frage tritt zum erstenmal die Neigung zur Hysterie zutage, die später so bezeichnend für ihren Charakter sein sollte: Sie war leidenschaftlich erregt bei dem Gedanken, daß die Gehässigkeiten der Erzieherin ihre Mutter gegen sie beeinflussen könnten. Sie wehrt sich entrüstet dagegen, daß man sie, die großzügig ist, so ungerechterweise als kleinlich bezeichnet. Der Vorfall zeigt, daß Maria Stuart schon von früher Jugend an überempfindlich gegen jegliche Kritik war, die sie mit gutem Grund als unfair empfand. Aber diese sehr weibliche und durchaus verständliche Empfindsamkeit bedeutete eine große Gefahr für eine Frau, die dazu bestimmt war, einmal als Königin über ihr Land zu herrschen, denn es war keineswegs sicher, daß sie stets Berater zur Seite haben würde, die imstande waren, ihr den nötigen Halt zu geben. Auch die Andeutung, daß die junge Königin infolge dieser häuslichen Schwierigkeiten regelrecht erkrankt sei, ist aufschlußreich für ihre künftige Entwicklung. Sie schrieb ihrer Mutter, Madame de Parois sei beinahe die Ursache ihres Todes gewesen, »weil ich fürchtete, Ihr Mißfallen zu erregen, und weil es mir großen Kummer bereitete, daß aufgrund dieser unwahren Berichte so viel Streit entstand und so viel Böses über mich gesagt wurde[10]«. Diese Neigung, auf eine nervöse Belastung mit körperlichen Symptomen zu reagieren, die fast einem Zusammenbruch gleichkamen, hatte Maria eindeutig von ihrem Vater geerbt, denn die Guisen waren bemerkenswert frei von Schwächen dieser Art. Aber wie dem auch sei, es war ein charakteristisches Merkmal, das eine wichtige Rolle in ihrem späteren Leben spielen sollte.

Obwohl Maria Stuart als Kind recht robust gewesen war, gab ihr Gesundheitszustand im Entwicklungsalter mancherlei Anlaß zur Sorge. Als sie dreizehn Jahre alt war, hielt ihr Onkel es für notwendig, an ihre Mutter zu schreiben, um den Berichten zu widersprechen, daß ihre Tochter leidend sei. Er sagte ihr, die Ärzte hätten prophezeit, daß Maria alle ihre Verwandten überleben werde; gewiß, sie leide manchmal unter Sodbrennen oder Verdauungsstörungen, aber das sei lediglich auf ihren herzhaften Appetit zurückzuführen. »Ich kann mir nicht erklären, weshalb man Ihnen berichtet hat, daß sie kränklich sei«, erklärte der Kardinal, sichtlich erbost über die Schwatzhaftigkeit der Leute. »Nur böswillige Zungen können solche Gerüchte verbreitet haben[11].« In Wirklichkeit litt Maria Stuart trotz des heftigen Widerspruchs des Kardinals ihr Leben lang an Magenbeschwerden, die sich bereits in ihrer frühen Jugend bemerkbar zu machen begannen, und ihr unbändiger, mit Brechreiz gepaarter Appetit war das unheilverkündende Symptom eines Übels, das nichts mit dem normalen Hunger eines gesunden jungen Mädchens zu tun hatte. Unter anderem bekam Maria in diesen Jahren auch die Pocken – zum drittenmal, falls die frühen Berichte aus Schottland der Wahrheit entsprachen, wahrscheinlich aber zum ersten und einzigen Mal in ihrem Leben. Sie schrieb Königin Elisabeth im Jahr 1562, daß sie dank der Kunst des bekannten Arztes Jean Fernel genesen und ihre Schönheit erhalten geblieben sei – und tatsächlich ist angesichts der zahlreichen Loblieder auf die berühmte zarte Haut der Königin der Schotten nicht anzunehmen, daß die Krankheit irgendwelche Spuren hinterlassen hat. Im Sommer und Herbst des Jahres 1556 bekam sie mehrmals hohes Fieber – wahrscheinlich ein Vorläufer des Tertianafiebers, an dem sie den Rest ihres Lebens litt –, und die Briefe des Kardinals an Marie von Guise aus dieser Zeit lassen erkennen, daß er trotz aller gegenteiligen Versicherungen Außenseitern gegenüber sich große Sorgen um die Gesundheit seiner Nichte machte[12].

Im Jahr 1556 wurde durch den Waffenstillstand von Vaucelles vorübergehend der Frieden in Europa wiederhergestellt: Kaiser Karl V., der sich von der Welt zurückziehen und sein ausgedehntes Herrschaftsgebiet seinem Sohn Philipp überlassen wollte, erklärte sich einverstanden, die bisherigen Ergebnisse des Krieges zwischen Frankreich und dem Kaiserreich für fünf Jahre gelten zu lassen. Der Kardinal von Lothringen befand sich seit sechs Monaten in Rom, und Heinrich II. hatte sich in seiner Abwesenheit von den Ratschlägen des Konnetabel Anne de Montmorency, des größten Rivalen der Guisen, leiten lassen. Nachdem es dem Kardinal endlich gelungen war, den alten Papst Paul IV. zu einem Bündnis gegen die Anhänger des Kaisers zu überreden, bedeutete dieser Frieden jetzt praktisch die Annullierung all dessen, was er in Rom erreicht hatte, und so beschloß er bei seiner Heimkehr, ihn rückgängig zu machen. Wie sich herausstellte, war der Konnetabel selbst durchaus nicht abgeneigt, den großen Herzog von Guise mit einer Reihe von fruchtlosen italienischen Feldzügen seinen Ruf vergeuden zu sehen: So wurde der Krieg fortgesetzt, und diesmal hatte der Herzog nicht sogleich den gewünschten Erfolg. Die Königin von England, Maria Tudor, hatte im Jahr 1554 Philipp II. von Spanien geheiratet, und jetzt entschloß sie sich auf das beharrliche Drängen ihres Mannes hin, Frankreich den Krieg zu erklären. Im August 1557 wurde das Heer des Konnetabels, das sich auf den Weg gemacht hatte, das belagerte Saint-Quentin zu entsetzen, von König Philipps Truppen, unter denen sich auch englische Einheiten befanden, in die Flucht geschlagen. Philipp eroberte Saint-Quentin und schien entschlossen, auf Paris zu marschieren. Wieder war es Herzog Franz von Guise, der dem französischen Volk zu Hilfe kam, und bald darauf nahm der Krieg eine andere Wendung: Im Januar 1558 gewann Franz von Guise nach 220 Jahren Calais von den Engländern zurück und stärkte damit – zum Kummer der Gegner der Guisen, die sehr zufrieden über seine Fehlschläge in Italien gewesen waren – abermals das Ansehen seiner Familie.

Der Sieg des Herzogs in Calais und der erneute Aufstieg des hellen Sterns der Guisen übten einen entscheidenden Einfluß auf das Schicksal Maria Stuarts aus. Sie war jetzt, im Frühling 1558, fünfzehneinhalb Jahre alt, und der Dauphin war gerade vierzehn. Nach den Maßstäben der damaligen Zeit war Maria im heiratsfähigen Alter, Franz hingegen erst knapp an der Grenze. Aber zwei wichtige Gründe – beide politischer Natur – bewogen Heinrich II., auf den baldigen Vollzug dieser Ehe zu bestehen, die theoretisch schon vor fast zehn Jahren geplant worden war. Der venezianische Gesandte, Giacomo Sorenzo, schrieb am 9. November 1557: »Es gibt offenbar zwei Gründe, die Eheschließung zu beschleunigen; erstens ermöglicht sie es den Franzosen, sich im kommenden Jahr der schottischen Streitkräfte im Kampf gegen England zu bedienen, und zweitens entspricht dieses Vorgehen den Wünschen der Oheime der besagten Königin, die sich damit gegen ein anderes Ehebündnis sichern wollen, das Seiner Allerchristlichsten Majestät anläßlich künftiger Friedensverhandlungen vorgeschlagen werden könnte, denn Ruhm und Ehre des Herzogs und des Kardinals von Guise hängen von dieser Heirat ab; weshalb der Konnetabel seinerseits sie mit allen Mitteln zu verhindern sucht[13].«

Heinrich schickte Abgesandte nach Schottland, um das schottische Parlament zu mahnen, daß die Zeit gekommen sei, seine Versprechungen zu erfüllen. Trotz Maria Stuarts Verlobung mit dem Dauphin hatte man in den vergangenen Jahren andere Heiratsmöglichkeiten für sie erwogen: Im Juli 1556 drohte der französische Gesandte in Brüssel, falls der König von Spanien den Erzherzog Ferdinand von Österreich mit Elisabeth verheirate, werde Heinrich II. Maria Stuart dem jungen Lord Courtenay, einem englischen Aristokraten und Thronanwärter, zur Frau geben[14]. Mit diesem dynastischen und diplomatischen Ehereigen wollte man das Haus Österreich daran hindern, sich in England festzusetzen und somit Frankreich von zwei Seiten zu bedrohen. Aber letztlich blieb es Maria Stuart erspart, sich dem Reigen anzuschließen. Der Tod Lord Courtenays setzte wenige Monate später dieser interessanten Möglichkeit ein Ende, und Maria wurde auf dem Schachbrett der Politik des französischen Königs wieder zu der Figur, die ihm helfen sollte, England mattzusetzen, indem sie seinen Sohn heiratete.

Neun schottische Unterhändler wurden nach Frankreich entsandt, um den Ehevertrag aufzusetzen. Unter ihnen befanden sich drei Anhänger der Reformation – James Stewart, der Stiefbruder der Königin, der Earl of Cassilis und John Erskine of Dun: Marie von Guise, die fürchtete, daß die Reformanhänger den Plan vereiteln könnten, dem sie so viel Bedeutung beimaß, hatte beschlossen, sich ihnen gegenüber so versöhnlich wie möglich zu zeigen. Die Protestanten ihrerseits machten sich die friedfertige Stimmung der Regentin voll zunutze; mit dem Fortschreiten der Eheverhandlungen schritt auch die reformierte Religion in Schottland voran, und ihre Lehren verbreiteten sich über das ganze Königreich. Noch im selben Monat, in dem die Beauftragten sich auf den Weg nach Frankreich machten, unterzeichneten Argyll, sein Sohn Lord Lorne – später 5. Earl of Argyll –, Morton, Glencairn und andere die *First Band of the Congregation*, in der sie gelobten, sich für die Sache der reformierten Religion in Schottland einzusetzen.

Marie von Guise, die Schottland nicht verlassen konnte, beauftragte ihre Mutter, die Herzogin Antoinette, sie beim Abschluß der Eheverhandlungen zu vertreten. Die offizielle Verlobung des jungen Paares fand am 19. April 1558 im großen Saal des neuen Louvre statt, wo der Kardinal von Lothringen ihnen den Segen gab. Dann wurde der Verlobungsvertrag verlesen, in dem der Dauphin erklärte, daß er »nach seinem eigenen freien Willen und mit dem vollen Einverständnis des Königs und der Königin, seiner Eltern, und von ihnen ermächtigt, die Königin von Schottland zur Ehefrau zu nehmen, sie am folgenden Sonntag, dem 24. April, zu heiraten verspreche«[15].

Trotz dieser förmlichen Ausdrucksweise und der politischen Erwägungen, die seine Eltern veranlaßt hatten, die Eheschließung zu beschleunigen, empfand der junge Bräutigam offenbar eine aufrichtige Zuneigung zu seiner Braut. Tatsächlich scheinen seine Mutter, Katharina von Medici, und Maria Stuart die einzigen beiden Menschen gewesen zu sein, denen dieser bemitleidenswerte, kränkliche Knabe ein echtes Gefühl entgegenbrachte. Von klein auf schwach und gebrechlich, war er im Lauf der Jahre eigensinnig und mürrisch geworden; sein Körper hatte sich kaum entwickelt, er war im Wachstum zurückgeblieben, und es bestehen Zweifel, ob er vor seinem frühzeitigen Tod mit knapp siebzehn Jahren überhaupt die Geschlechtsreife erreichte. Der Dauphin zeigte wenig Begabung oder Neigung zum Lernen, wogegen seine Jagdleidenschaft die Höflinge angesichts seiner schwachen Gesundheit immer wieder in Erstaunen versetzte. Alle venezianischen Gesandten – angefangen von Matteo Dandolo, der ihn im Alter von drei Jahren sah, bis zu Sorenzo, der bei der Hochzeit zugegen war – erwähnten in ihren Berichten, daß er leidend sei. Dandolo beschrieb ihn als bleich und aufgedunsen, aber dennoch recht würdevoll in seiner Haltung (wie ja gebrechliche Kinder oft eine gewisse rührende Würde zur Schau stellen). Offensichtlich wurde er sich schon früh seiner hohen Stellung bewußt: Bereits im Jahr 1552 sagte man von ihm, er habe ein ausgeprägtes Gefühl seiner eigenen Bedeutung, und Capello erwähnte diese Tatsache abermals, als Franz elf Jahre alt war: »Er weiß offensichtlich ganz genau, daß er ein Fürstensohn ist.« Dann fährt er fort, der Dauphin spreche wenig und scheine überhaupt recht *bilieux*[16]. Dieser wortkarge und eigensinnige junge Prinz litt aufgrund seiner schwierigen Geburt an einer chronischen Infektion der Atemwege, die wohl kaum dazu beitrug, ihn seiner Umwelt anziehender zu machen.

Aber dieselben Gesandten, die ihn als einen unliebenswürdigen und selbstgefälligen Schwächling beschrieben, erwähnten gleichzeitig immer wieder die aufrichtige Zuneigung, die er seiner jungen Braut entgegenbrachte. Capello schrieb, er vergöttere »la Reginata di Scozia«, die dazu ausersehen sei, seine Frau zu werden, und die Capello als ein ungewöhnlich hübsches Kind bezeichnete. Als der Dauphin elf Jahre alt war, nannte der Kardinal ihn scherzhaft »l'amoureux«, und bereits im Alter von sechs Jahren erklärte Franz, er hoffe, sich eines Tages mit dem Herzog von Guise im Zweikampf zu messen, um die Gunst einer »dame belle et honnête«, seiner Nichte Maria Stuart, zu gewinnen[17]. Sie tauschten Zärtlichkeiten und Geheimnisse aus und vertrieben sich die Zeit mit kindlichen Glücksspielen.

Wie stand es um Marias eigene Gefühle für ihren Bräutigam? Man muß vor allem bedenken, daß es jungen Menschen nicht schwerfällt, diejenigen gern zu haben, die ihnen Zuneigung entgegenbringen und sie offen zur Schau stellen. Außerdem war Maria von Natur aus ihr ganzes Leben lang außerordentlich empfänglich für Liebe. Sie war seit ihrer Kindheit daran gewöhnt, geliebt zu werden, und sie wollte auch weiterhin geliebt werden, denn es machte sie glücklich. Dort, wo sie Liebe fand oder zu finden meinte, fiel es ihr leicht, sie zu erwidern. Der Dauphin liebte sie, das spürte sie selbst, ganz abgesehen davon, daß sowohl die Guisen als auch der französische Hof es ihr immer wieder versicherten. Ihr verständlicher und sehr weiblicher Wunsch, diejenigen, die sie umgaben, zu erfreuen und zufriedenzustellen, veranlaßte sie, ihrem Bräutigam die konventionelle Zuneigung zu zeigen, die man so offensichtlich von ihr erwartete; und dabei begann sie allmählich unwillkürlich, diese Zuneigung wirklich zu empfinden.

Während somit die beiden Hauptfiguren dieses Ehebündnisses restlos zufrieden mit der Entwicklung der Dinge zu sein schienen, gab es gewisse politische Untertöne, die sehr viel weniger erfreulich waren als die unschuldigen, kindlichen Gefühle von Maria und Franz. Es wurden zwei Eheverträge unterzeichnet, ein offizieller und ein geheimer. Der offizielle Vertrag enthielt Bedingungen, die dazu bestimmt waren, die schottischen Abgesandten zufriedenzustellen: Die junge Königin gelobte, die althergebrachten Freiheiten und Rechte Schottlands zu wahren; solange sie sich außerhalb des Landes befand, sollte die Königinmutter es als Regentin verwalten; der französische König und der Dauphin verpflichteten sich in ihrem eigenen Namen und dem ihrer Nachkommen, den Anspruch des nächsten Blutsverwandten der Stuarts auf den Königsthron von Schottland zu unterstützen, falls Maria kinderlos sterben sollte. Maria bekam eine angemessene Witwenpension ausgesetzt. Ferner wurde vereinbart, daß der Dauphin den Titel *König von Schottland* tragen sollte und daß, sobald er seinem

Vater auf dem Thron folgte, die beiden Königreiche unter einer Krone vereinigt werden sollten. Bis zum Tode Heinrichs II. sollten Franz und Maria *Roi Dauphin* und *Reine Dauphine* genannt werden. Im Falle des vorzeitigen Todes ihres Gemahls sollte es Maria gestattet sein zu wählen, ob sie in Frankreich bleiben oder in ihr Königreich zurückkehren wollte; als verwitwete Königin sollte Maria ein Vermögen von 600 000 Livre erhalten; wenn männliche Nachkommenschaft vorhanden war, sollte der älteste überlebende Sohn beide Kronen erben, wogegen, falls das Paar nur Töchter hinterließ, die älteste Tochter auf Grund des in Frankreich gültigen Salischen Gesetzes lediglich die schottische Krone erben würde.

Alle diese Bestimmungen entsprachen dem, was die Normen der damaligen Zeit vorschrieben, wenn eine weibliche Thronfolgerin den Erben eines mächtigen Königreichs heiratete. Die einzige Bedingung, gegen die die schottischen Unterhändler Einwendungen machten, war Heinrichs Vorschlag, daß man die Krone von Schottland für die Krönung des Dauphins nach Frankreich senden solle. Da das schottische Parlament sich noch vor Jahresende einverstanden erklärte, dem Dauphin die *crown matrimonial,* die Mitkönigskrone Schottlands, zu gewähren, scheint dieser Einwand sich weniger auf die Verleihung der Würde selbst als vielmehr auf die Tatsache bezogen zu haben, daß man nicht gewillt war, ein so wertvolles Objekt in in ein fremdes Land zu schicken. Die amtlichen Schriftstücke Schottlands wurden von jetzt ab von Franz und Maria gemeinsam unterzeichnet: Die Unterschrift des Dauphins stand jedoch immer auf der linken Seite und die Marias auf der rechten – wobei die linke in diesem Fall, wie die rechte in der Heraldik, die wichtigere war, weil sie zuerst gelesen wurde.

Gleichzeitig wurde ein zweiter, geheimer Vertrag aufgesetzt, von dem die schottischen Abgesandten keine offizielle Kenntnis erhielten. Noch bevor der Ehevertrag unterzeichnet wurde, unterschrieb Maria drei getrennte Urkunden, mit denen sie sich in erster Linie verpflichtete, Schottland und ihren Erbanspruch auf den englischen Thron der französischen Krone zu vermachen, falls sie kinderlos sterben sollte; zweitens wurden Schottland und all seine Staatseinkünfte dem König von Frankreich und seinen Nachfolgern übereignet, bis das Geld zurückgezahlt war, das Frankreich für die Verteidigung Schottlands ausgegeben hatte; und drittens widerrief Maria bereits im voraus jegliches Abkommen, das sie möglicherweise auf Geheiß der schottischen Regierung unterzeichnen würde und das die Erfüllung dieser Vereinbarungen durchkreuzen könnte. Wären diese heimlichen Verträge eingehalten worden, so hätten sie Schottland zweifellos in ein französisches Herrschaftsgebiet verwandelt, das auf Gedeih und Verderb dem König ausgeliefert war. Für manche ist die Unterzeichnung dieser Urkunden der erste Schandfleck auf Maria Stuarts Namen. Aber man sollte in dieser Frage nicht zu hart über Maria urteilen, die zur Zeit ihrer Heirat fünfzehn Jahre und vier Monate alt war, sondern sollte vielmehr die Schuld beim französischen

König und seinen Staatsmännern suchen, die diese Verträge aufgesetzt haben. Sie wurden ihr zur Unterschrift von einem Mann vorgelegt, den zu lieben und zu verehren man sie von Kindheit an gelehrt hatte, und von den Oheimen, die wie Väter zu ihr gewesen waren und ihr während der vergangenen zehn Jahre nichts wie Liebe und zärtliche Fürsorge gezeigt hatten. Außerdem war sie in dem Glauben aufgewachsen, daß sie, obgleich praktisch als regierende Königin von Schottland geboren, im Grunde dazu bestimmt war, die Gemahlin des Königs von Frankreich zu sein. Frankreich war ihr zweites Vaterland, und von seiten ihrer Mutter floß französisches Blut in ihren Adern.

Marias gefühlsmäßige Neigungen veranlaßten sie zu der Annahme, daß es das beste für Schottland wäre, mit Frankreich vereinigt zu sein – schließlich war das ja der Zweck ihrer Eheschließung. Und sie war damals keineswegs die einzige, die diese Meinung vertrat: Die französischen Lobgedichte auf ihre Heirat zeigen genau die gleiche halb gönnerhafte Einstellung Schottland gegenüber[18]. Sie zollen den Reizen der Königin den üblichen Tribut – sie ist schön wie Helena, tugendhaft wie Lukrezia, weise wie Pallas, reich wie Ceres, mächtig wie Juno. Aber die Dichter sind sich einig, daß die Braut zwar bezaubernd, ihr Land jedoch recht unbedeutend sei und daß es daher froh sein müsse, in Zukunft von Frankreich regiert zu werden. Gewiß, das Hochzeitsgedicht von Michel l'Hôpital erwähnt, daß das neue Hoheitsgebiet und die zusätzlichen Einkünfte einen politischen Gewinn für Frankreich bedeuten, äußert aber gleichzeitig die Ansicht, daß die Schotten zweifellos beglückt sein werden, einen neuen Herrscher in der Person des französischen Königs zu bekommen.

Um sich angesichts dieses allgemein verbreiteten Standpunkts der Unterzeichnung der Geheimverträge zu widersetzen, hätte es einer reifen Frau mit standhaft unabhängigen politischen Ansichten bedurft, nicht aber eines jungen Mädchens, dem man beigebracht hatte, ihren mächtigen Oheimen gegenüber weiblichen Gehorsam zu zeigen. So kann man es Maria Stuart kaum verübeln, daß sie im April 1558 mehr an die überwältigende Pracht ihrer Hochzeitsfeier dachte als an die eigentliche Bedeutung der drei Urkunden, die zu unterschreiben man sie kurz zuvor veranlaßt hatte.

V

REINE DAUPHINE

»Wie man blaßweiß und leuchtendrot
Aurora aufgehn sieht und Vesper in der Nacht,
So strahlt an Schönheit unvergleichlich
Weit über allen die Prinzessin Schottlands.«

Ronsard an Maria, Königin der Schotten

Nach echter Art der Renaissance wünschte der französische Hof die Hochzeit des Thronfolgers Franz mit Maria, der jungen Königin der Schotten, zu einem prunkvollen Schauspiel zu machen. Die Vermählung selbst fand am Sonntag, dem 24. April, in der Kathedrale von Notre-Dame statt. Der zeitgenössische *Discours du Grand et Magnifique Triomphe faict du Mariage* gibt eine ausführliche Schilderung der Festlichkeiten, deren Pracht den Schreiber selbst mit Ehrfurcht zu erfüllen scheint[1]. Bereits im März hatte König Heinrich das französische Parlament ersucht, in das Kloster der Augustiner zu übersiedeln, damit der Justizpalast für die Feierlichkeiten vorbereitet werden könne.

Als erstes erschienen vor den Blicken der gespannt wartenden Menge die Schweizergarden, die in ihren leuchtenden Uniformen zum Klang von Tamburinen und Pfeifen das Spalier vor einem Pavillon bildeten. Dann kam Herzog Franz von Guise, der Held von Frankreich und Onkel der Braut, der in Abwesenheit des seit der Niederlage von Saint-Quentin in Brüssel gefangenen Konnetabel de Montmorency die Feierlichkeiten leitete. Ihm folgte Eustace du Bellay, der Bischof von Paris, der sorgsam darauf bedacht war, daß man dem Volk nicht den Blick versperrte, damit alle das Schauspiel genießen könnten. Musikanten, rot und gelb gekleidet, führten mit Trompeten, Hackbrettern, Flageoletten, Geigen und anderen Musikinstrumenten den königlichen Zug an. Hinter ihnen kamen hundert Kammerherren des Königs; dann, mit staunendem Murmeln begrüßt, die prächtig geschmückten Prinzen von königlichem Geblüt, die *abbés* und Bischöfe mit reich verzierten Kreuzen und juwelenbestickten Mitren und danach, noch prunkvoller gekleidet, die Kirchenfürsten, einschließlich der Kardinäle von Bourbon, Lothringen und Guise, sowie der päpstliche Gesandte, der dem Brautpaar den erforderlichen päpstlichen Ehedispens gegeben hatte, da sie Vetter und Kusine waren*.

Dann kam der *Roi Dauphin* Franz in Begleitung des Königs Antoine von Navarra und seiner beiden jüngeren Brüder, Karl, Herzog von Orléans, und Heinrich, Herzog von Angoulême. Schließlich betrat die wichtigste Persönlichkeit des Tages, die *Reine Dauphine* Maria, von Heinrich II. und ihrem Vetter, dem Herzog von Lothringen, geleitet, den Pavillon. Maria Stuart war an diesem ersten ihrer drei Hochzeitstage in ein lilienweißes Gewand gekleidet, das so üppig und kostbar war, daß dem zeitgenössischen Beobachter die Worte fehlten, es zu beschreiben. Obgleich Weiß die traditionelle Trauerfarbe der Königinnen von Frankreich war, hatte Maria darauf bestanden, es an ihrem Hochzeitstag zu tragen; es war in ihrer Jugend stets ihre Lieblingsfarbe, und selbst in späteren Jahren trug sie gern etwas Weißes um Gesicht und Hals; vielleicht fand sie, daß es ihre eigenen strahlenden Farben am besten hervorhob. Ihre lange Schleppe wurde von zwei kleinen Mädchen getragen; hochgewachsen und schlank, mit blitzenden Diamanten um den Hals und einer goldenen Krone mit Perlen, Rubinen, Saphiren und einem riesigen Karfunkel auf dem Haupt, war sie, wie Brantôme begeistert schrieb, »hundertmal schöner als eine himmlische Göttin«.

Der jungen Königin folgte Katharina von Medici am Arm des Prinzen von Condé, dann Madame Marguerite, die Schwester des Königs, die Duchesse de Berry sowie andere Prinzessinnen und Edelfrauen. Die Königin von Navarra hatte ihren sechsjährigen Sohn, den künftigen König Heinrich IV., mitgebracht, der bei dieser Hochzeit zum erstenmal Paris zu sehen bekam, das eines Tages seine eigene Hauptstadt sein sollte. Als alle versammelt waren, zog der König einen Ring vom Finger und gab ihn dem Kardinal von Bourbon, Erzbischof von Rouen, der jetzt in Gegenwart des Bischofs von Paris das junge Paar traute.

Nachdem der Bischof seine Hochzeitsrede beendet hatte, riefen zwei Herolde mit lauter Stimme: »Largesse! Largesse!« und warfen Gold- und Silbermünzen unter die Menge, worauf ein derartiger Tumult ausbrach, daß einige der Leute ohnmächtig wurden und andere vor lauter Habgier ihren Umhang verloren. Unterdessen begaben sich die Angehörigen des Hofes in die Kirche selbst, die mit einem weiteren *ciel-royal* und golddurchwirkten Teppichen ausgestattet war. Der Bischof von Paris las die Messe, bei der König Heinrich und Königin Katharina auf einer Seite des Altars knieten, der *Roi Dauphin* Franz und die *Reine Dauphine* Maria auf der anderen.

Nach beendeter Messe zog der gesamte Hofstaat – die Damen in Sänf-

* Marias Großvater, der Herzog Claude von Guise, und Franz' Großvater, König Franz I., waren Vettern zweiten Grades gewesen; somit waren Maria und Franz Vettern vierten Grades.

ten, die Herren zu Pferd – durch die von jubelnden Menschen gesäumten Straßen zum Justizpalast; dort erwartete sie ein üppiges Festmahl, an dem auch die Mitglieder des Parlaments teilnahmen, deren scharlachrote Roben sich mit den glitzernden Gewändern des Hofstaats mischten. Nur ein einziger Schatten trübte den allgemeinen Jubel: Während der langwierigen Mahlzeit begann der anmutig geneigte Kopf der jungen schottischen Königin unter dem Gewicht der schweren Krone zu schmerzen, die ihn schmückte. König Heinrich befahl einem seiner Kammerherren, dem Chevalier de Saint-Crispin, ihr die Krone abzunehmen und sie zu halten. Niemand maß damals diesem Zwischenfall irgendeinen tieferen Sinn bei, obwohl man ihn nachträglich vielleicht als einen Fingerzeig des Schicksals deuten könnte, der warnend auf die Gefahr hinwies, eine zu schwere Krone auf ein zu junges Haupt zu setzen.

Zum Abschluß des Tages gab es einen prunkvollen Ball mit einer endlosen Reihe von Maskeraden und Mummenschanz, an denen auch die königliche Familie teilnahm. Sechs mit Gold geschmückte Schiffe wurden in den Saal gezogen; ihre Segel aus Silberstoff schienen sich in einem imaginären Wind zu blähen, und die Schiffe selbst vermittelten den Eindruck, als ob sie wahrhaftig von Wellen getragen würden. Jeder dieser magischen Segler hatte Platz für zwei Personen, und nach einer feierlichen Runde durch den Ballsaal suchten sich die Herren am Ruder die Damen ihrer Wahl und halfen ihnen in die Boote. Doch trotz der phantasievollen Romantik der Szene wurde die Wahl wiederum mehr vom Hofzeremoniell als von der Eingebung der Gefühle bestimmt. Der Herzog von Lothringen wählte Madame Claudia, der König von Navarra seine Frau, der Herzog von Nemours wählte Madame Marguerite, König Heinrich seine Schwiegertochter und Franz seine Mutter. Auch hier spottete die Pracht des Schauspiels jeglicher Beschreibung, denn, wie der Autor des *Discours* bemerkte, niemand konnte sagen, was den Ballsaal strahlender erhellte – der Glanz der riesigen Leuchter oder das Funkeln der königlichen Juwelen.

Doch während die zeitgenössischen Beobachter, überwältigt von dem Prunk, der sich ihren Augen bot, mit Betrachtungen dieser Art beschäftigt waren, können wir heute rückblickend hinter diese sorgfältig vorbereiteten Festlichkeiten sehen und den Übelstand erkennen, der sich unter all dem Blendwerk verbarg. Frankreich war durch seinen langjährigen Kampf gegen das Kaiserreich, besonders durch die italienischen Feldzüge, die das Land so viel Zeit, Geld und Menschenleben gekostet hatten, praktisch am Rande des Bankrotts. Dennoch hielt König Heinrich diese Prachtentfaltung für unerläßlich, um das Ansehen der Monarchie in den Augen des Volkes und des Adels aufrechtzuerhalten.

Nichts läßt darauf schließen, daß Maria selbst etwas von dem nagenden Wurm im Inneren des goldenen Glücksapfels ahnte, den sie jetzt in ihren Händen hielt. Sie hatte während der Hochzeitsfeierlichkeiten die Rolle, auf die sie seit frühester Kindheit vorbereitet worden war, vollendet gespielt und hatte in vollen Zügen die Bewunderung genossen, die ihr zuteil geworden war. Der Dauphin liebte sie und würde sie gewiß nicht so behandeln, wie Heinrich II. seine Frau behandelt hatte, denn bei einem so unreifen Ehemann lag die Gefahr einer Diane de Poitiers in weiter Ferne. Aber ob unreif oder nicht, er war nichtsdestoweniger der künftige König von Frankreich, und Maria war glücklich über ihren hohen Rang als *Reine Dauphine*, zu dem sie sich hervorragend befähigt fühlte, denn sie konnte sich an keine Zeit erinnern, da man ihr nicht mit Ehrerbietung als Königin aus eigenem Recht begegnet war. Wenn sie Rat brauchte, waren ihre Oheime zur Stelle, nur allzu gern bereit, ihn ihr zu geben. Sie genoß die Freundschaft ihrer Schwägerin Elisabeth und ihrer Tante Anne von Guise. Sie war jung. Sie war schön. Sie wurde bewundert. Ein begeisterter Brief an ihre Mutter in Schottland, an ihrem Hochzeitstag geschrieben, ist überschwenglich von Glück über ihren neuen Stand und berichtet über den Respekt, den nicht nur Franz, sondern auch der König und die Königin ihr entgegenbringen[2]. Schottland selbst schien in weiter Ferne. Obgleich an ihrem Hochzeitstag das große Geschütz von Edinburgh, Mons Meg, zu ihren Ehren abgefeuert wurde und die Detonation bis Wardie Moor zu hören war, ist kaum anzunehmen, daß der Widerhall dieses oder irgendeines anderen Schusses in Schottland bis zum französischen Hof drang, dessen schönste Zierde Maria war.

Es ist viel über die sagenhafte Schönheit Maria Stuarts geschrieben worden. Sie wurde zu Lebzeiten von den zeitgenössischen Dichtern besungen, und in den vier Jahrhunderten seit ihrem Tod ist ihr Zauber häufig in Prosa und Poesie gepriesen worden. So wäre es vielleicht ganz interessant, einmal zu erwägen, ob sie tatsächlich eine Schönheit im klassischen Sinn des Wortes war oder ob dieser Ruf lediglich zu ihrer Zeit auf höfischen Schmeicheleien und später auf ihrem romantischen Schicksal basierte. Allerdings ist es schwer, sich eine wahre Meinung über ihr Aussehen zu bilden, denn aus den Jahren ihrer Regierungszeit in Schottland gibt es keine authentischen Porträts von ihr. So haben wir von ihrem zwanzigsten bis zu ihrem fünfundzwanzigsten Lebensjahr – das Alter, das im allgemeinen als das beste gilt, was das Aussehen einer Frau betrifft – keinerlei bildliche Darstellung, die für oder gegen ihre Schönheit zeugt. Auch die Porträts von ihr als Dauphine und Königin von Frankreich, die alle aus der Zeit stammen, ehe sie zwanzig Jahre alt war, sind nicht sehr zahlreich; dennoch sind es diese Porträts, auf die wir uns verlassen müssen, wenn wir einen zuverlässigen Eindruck von ihrem Aussehen in der Blüte ihres Lebens gewinnen wollen, denn die nächsten Bilder entstanden fast zwanzig Jahre später und stammen aus den Jahren ihrer Gefangenschaft. Aufgrund dieser späteren Porträts wurde ihre Schönheit manchmal abfällig beurteilt – ein wenig ungerechterweise, denn mittlerweile hatten natürlich Krankheit, Sorgen und die Bürde der Jahre bereits ihre Spuren hinterlassen. Die Schönheit Maria Stuarts sollte in erster Linie nach den französischen Porträts aus ihrer Jugendzeit beurteilt werden; und überdies, da Schönheit eine Eigenschaft ist, die ausschließlich im Auge des Beschauers existiert, sollte man sich wohl vor allem auf das Urteil ihrer Zeitgenossen stützen, die, wenn sie auch vielleicht nicht alle ganz ehrlich waren, zumindest Gelegenheit hatten, sich persönlich eine Meinung über ihr Aussehen zu bilden.

Ob Maria nach unseren heutigen Maßstäben schön war oder nicht, sie entsprach zweifellos dem Schönheitsideal ihrer Zeit: Selbst der gehässige Knox, der nicht dazu neigte, denjenigen Komplimente zu machen, mit deren Überzeugung er nicht einverstanden war, bezeichnete ihr Aussehen als »gefällig« und schrieb in seinen Memoiren, daß die Leute von Edinburgh ausriefen: »Gott segne dieses bezaubernde Gesicht«, wenn sie an ihnen vorüberkam. Sir James Melville, ein erfahrener Weltmann, der sich seiner Objektivität rühmte, nannte ihre Erscheinung »sehr liebenswert«. Ronsard huldigte ihr mit schwärmerischen Worten: Er schrieb über ihre Hände, deren lange, unberingte Finger er mit fünf ungleichen Zweigen verglich; er schrieb über die Schönheit ihres Halses, der keines Schmuckes bedürfe, ihre alabasterweiße Stirn, die zarte, schneehelle Haut ihres Busens. Er beschrieb sie als junge Witwe, wie sie traurig, aber anmutig durch die Alleen des Parks von Fontainebleau schritt, wobei ihr Rock sich um ihren Körper bauschte, »ainsi qu'un voile quand le vent soufle la barque et la cingle en avant[3]«. Brantôme schien das Wort Göttin ganz selbstverständlich in den Sinn zu kommen, wenn er über sie schrieb: Sie war »une vraie Déesse« von Schönheit und Anmut; er pries ihre zarte Haut, die, wie er sagte, das Weiß ihres Schleiers in den Schatten stellte, als sie in Trauer war. Außerdem hatte Maria eine besonders sanfte und melodische Stimme: Nicht nur Ronsard und Brantôme schwärmten in Frankreich von ihrer »voix très douce et très bonne«, sondern selbst der kritische Knox gab zu, daß die Schotten von ihrer schönen Stimme bezaubert gewesen seien, als sie im Tolbooth bei der Eröffnung des Parlaments ihre feierliche Rede hielt: »Sie riefen begeistert ›Vox Dianae!‹ Die Stimme einer Göttin ... noch nie hat ein Redner so geziemend und so wohltönend gesprochen!« Selbst die feindseligsten englischen Beobachter, einschließlich Knollys' und Cecils eigenem Abgesandten White, äußerten sich bei Maria Stuarts Ankunft in England anerkennend über ihre Stimme[4].

Ihre Wirkung auf die Männer, die sie umgaben, war zweifellos die einer schönen Frau: Der Dichter Chastelard verliebte sich stürmisch, wenn auch ein wenig allzu hemmungslos in sie; er nannte sie nicht nur am Vorabend seiner Hinrichtung »die schönste und grausamste Fürstin der Welt«, sondern erklärte auch auf ihrer Rückreise nach Schottland, daß die Galionen keine Laternen brauchten, die ihnen den Weg leuchteten, »denn die Augen dieser Königin genügen, das ganze Meer mit ihrem strahlenden Glanz zu erhellen«. Auch vom Seigneur de Damville sagte man, er sei so fasziniert von Maria Stuart gewesen, daß er seine junge Frau in Frankreich zurückließ und der Königin nach Schottland folgte; und wenn man den Worten Brantômes Glauben schenken kann, war ihr kleiner Schwager Karl so vernarrt in sie, daß er oft lange Zeit schmachtend ihr Bild ansah und sie nach dem vorzeitigen Tod seines Bruders Franz selbst heiraten wollte[5]. In Schottland fesselten Marias Schönheit und ihr hoher Rang, wie uns berichtet wird, nicht nur den ehrgeizigen Arran, sondern auch den schneidigen Sir John Gordon und den jungen, gutaussehenden George Douglas. Ihr erster englischer Wächter, Sir Francis Knollys, obgleich im allgemeinen nicht besonders empfänglich für weibliche Reize, war sehr angetan von der bezaubernden Persönlichkeit seiner Gefangenen; und obwohl ihre spätere sogenannte *affaire* mit Lord Shrewsbury zweifellos nichts weiter als eine böswillige Erfindung seiner Frau war, ist dennoch die Tatsache, daß die Beschuldigung am englischen Hof so ernst genommen wurde, ein klarer Beweis dafür, daß Maria ihr Leben lang als eine schöne und begehrenswerte Frau galt, deren physische Anziehungskraft man niemals völlig außer Betracht lassen konnte. Zur Zeit ihrer Krankheit in Jedburgh, als sie dreiundzwanzig Jahre alt war, nannte der venezianische Gesandte sie »die schönste Fürstin Europas[6]«.

Trotz all dieser Huldigungen kommt man bei näherer Betrachtung ihrer Gesichtszüge zu dem Schluß, daß Maria Stuart keine Schönheit im klassischen Sinn des Wortes war; um die Ausdrucksweise der heutigen Zeit zu gebrauchen, war sie weniger eine ungewöhnlich schöne als vielmehr eine ungewöhnlich reizvolle Frau. Ihr auffälligstes physisches Merkmal war offenbar ihr hoher Wuchs, und es wird erzählt, als sie nach ihrer Niederlage in der Schlacht bei Langside aus Schottland nach England floh, hätten Fremde sie daran erkannt. In einem Zeitalter, da die Menschen im Durchschnitt erheblich kleiner waren als heute, war Maria Stuart offenbar annähernd ein Meter achtzig groß, das heißt größer als die meisten Frauen heutzutage. Bei ihrer Hochzeit in Frankreich soll sie Schulter an Schulter mit ihren Oheimen, den Guisen, gestanden haben: Offenbar hatte sie diesen hohen Wuchs von ihrer Mutter, Marie von Guise, geerbt, die in ganz Europa ihrer stattlichen Größe wegen gepriesen wurde. Selbst zur Zeit von Maria Stuarts Hinrichtung, als ihr Körper von Rheumatismus und Alter gebeugt war, bemerkte ein englischer Augenzeuge immer noch, sie sei »von hoher Statur[7]«; und das in Stein gemeißelte Bildnis auf ihrem Grab in der Westminsterabtei, nach Maßen gefertigt, die man sofort nach ihrem Tod genommen hatte, ist ein Meter achtzig lang. Doch offensichtlich wurde dieser hohe Wuchs nie als ein Nachteil betrachtet, sondern im Gegenteil stets mit Bewunderung erwähnt*. Dies mag teilweise daher rühren, daß Maria, obwohl sie groß war, im Gegensatz zu ihrer viel robusteren Mutter außerordentlich zarte Knochen hatte. Ihr hoher Wuchs und die Schlankheit ihrer Jugend, die anhielt, bis Kränklichkeit und der Kummer der Gefangenschaft sie mit zunehmendem Alter voller werden ließen, verliehen ihrer Erscheinung eine majestätische Anmut; sie machten sie auch zu einer ausgezeichneten Tänzerin und einer gewandten Reiterin, die leidenschaftlich gern jagte und stundenlang in wildem Galopp über die Felder stürmen konnte.

Die Porträts von Maria Stuart zeigen, daß sie einen kleinen, wohlgeformten Kopf und schöne, lange Hände hatte, und die Münzen im besonderen offenbaren ihren zarten, schwanengleichen Hals. Aber ihre größte Schönheit waren ihre Farben; das blonde Haar ihrer Kindheit hatte sich bis zur Zeit ihrer Vermählung in einen Ton gewandelt, der ein wenig heller als Kastanienbraun war – ein leuchtendes Rotgold. Das *Deuil-Blanc*-Porträt läßt erkennen, daß ihre Augen fast von der gleichen Farbe waren wie ihr Haar – ein bernsteinähnlicher Ton, den man heute wohl als Haselnußbraun bezeichnen würde –, und diese Färbung wurde natürlich durch ihre unvergleichlich schöne Haut noch vorteilhafter hervorgehoben. Seltsamerweise scheint Maria ähnliche Farben gehabt zu haben wie ihre Kusine Elisabeth, aber während die eine ohne jedes Zutun allgemein von ihren Zeitgenossen als eine Schönheit angesehen wurde, kämpfte die andere ständig darum, ihren Höflingen die ermutigenden Komplimente zu entlocken, an denen es ihr in ihrer Jugend so sehr gemangelt hatte. Wahrscheinlich war es die Beschaffenheit der Haut, die den großen Unterschied zwischen den beiden Kusinen ausmachte: Elisabeth hatte als junges Mädchen laut Aussage des venezianischen Gesandten am englischen Hof eine gute, aber leicht bläßliche Haut – und in der damaligen Zeit galt ein rosiger, schimmernder Teint als eine unerläßliche Voraussetzung für Schönheit[8].

Die schweren, leicht gesenkten Augenlider unter den sanft geschwungenen Brauen verliehen Marias Gesicht einen grübelnden, fast sinnlichen Ausdruck – ein physisches Merkmal, das sich mit zunehmendem Alter noch verstärken sollte. Abgesehen davon waren ihre Züge außerordentlich klar und regelmäßig. Die Zeichnungen von Maria Stuart als Dauphine lassen erkennen, daß bis zu ihrem fünfzehnten Lebensjahr die sanfte Rundung ihres kindlichen Gesichts sich in ein vollendetes Oval gewandelt hatte. Ihre Nase war zwar ein wenig lang, aber noch nicht so lang, daß sie störend wirkte. Ihr Kinn war gut geformt, ihr Mund klein und herzförmig, wie

* Als Melville Königin Elisabeth berichtete, daß Maria »größer« als sie sei, bemerkte Elisabeth spitz, dann müsse die Rivalin »übergroß« sein. Aber Elisabeth ist, obgleich besessen von dem Thema der Schönheit Maria Stuarts, ihr niemals persönlich begegnet. Niemand, der die Königin der Schotten sah, hat jemals angedeutet, daß sie »übergroß« sei.

es dem Geschmack der Zeit entsprach; sie hatte eine hohe, gewölbte Stirn, deren Schönheit von den Hauben und Schleiern der damaligen Zeit noch betont wurde; und ihre Ohren, obgleich ein wenig groß, schienen wie geschaffen für die funkelnden Ohrgehänge, die damals Mode waren.

Vor allem ist anzunehmen, daß Maria Stuart mit ihrem hohen Wuchs, ihrem kleinen, schmalen Kopf und ihrer Anmut dem zeitgenössischen manieristischen Ideal glich. Eine kleine Bronzebüste von ihr im Louvre, wahrscheinlich von Germain Pilon, zeigt ihren graziös geneigten Kopf, die großen, mandelförmigen Augen, den schmalen Hals und die vollendet geformten Schultern. Wie sehr ähnelte sie den manieristischen Figuren der damaligen Zeit, den gestreckten, fast schwebenden Gestalten der Zeichnungen Primaticcios, den langen und zarten Formen, den sich verjüngenden Gliedern, den schmalen Händen und kleinen Köpfen der Figuren in der *Galerie d'Etampes* in Fontainebleau oder den Skulpturen von Jean Goujon. Maria Stuarts Zeitgenossen bewunderten an ihr die gleiche Anmut und Eleganz, die gleiche Art von Schönheit, die sie bereits in der Kunst zu bewundern lernten. Man darf auch nicht vergessen, daß zu diesen physischen Eigenschaften bei Maria Stuart noch das so wichtige Element des persönlichen Charmes hinzukam, eines Charmes, der so unwiderstehlich war, daß selbst Knox seine Wirkung auf ihre schottischen Untertanen fürchtete – und vielleicht insgeheim auch auf sich selbst. Zweifellos war es dieser Charme – die gefährlichste und zugleich wünschenswerteste aller menschlichen Eigenschaften –, der der Schönheit Maria Stuarts in den Augen ihrer Zeitgenossen die letzte Vollendung verlieh.

Nicht nur ihrer äußeren Erscheinung wegen, sondern auch aufgrund ihres Charakters eignete sich Maria Stuart in der Zeit, in der sie lebte, wunderbar dazu, eine Prinzessin von Frankreich zu sein. Die Jahre, die sie in diesem Land verbrachte, stellten die Blütezeit der französischen Kunst und Architektur dar; es war eine Zeit, zu der die Dichter und Künstler sich vom Einfluß Italiens zu lösen und ihren eigenen Stil zu entfalten begannen. Nicht allein, daß Primaticcio und Serlio auf dem Höhepunkt ihres künstlerischen Schaffens standen, es kamen auch neue Künstler wie Philibert Delorme hinzu, dessen Kunst nicht nur klassisch, sondern unverfälscht französisch war. Delorme und Goujon einerseits und Ronsard und die Pléiade andererseits schufen die ersten neuartigen und unabhängigen Richtungen, seit die Renaissance in Frankreich Fuß gefaßt hatte. Der Mittelpunkt dieser Kultur war der französische Hof, jener Hof, an dem Maria Stuart glänzte, und die Huldigungen, die ihr von den Dichtern der damaligen Zeit dargebracht wurden, lassen deutlich erkennen, daß sie voll und ganz dem Idealbild der Epoche entsprach. Sie liebte es, von Künstlern umgeben zu sein, und sie war – nicht übermäßig begabt, aber gebildet, charmant und schön – wie geschaffen dazu, die Dichter durch ihre Gegenwart zu unsterblichen Meisterwerken der Huldigung anzuregen. Es war die wundervolle Kombination von Künstler und Sujet, wie sie im Lauf der Geschichte immer wieder zu finden ist; und Maria Stuarts eigene Verse, obgleich schlicht und anspruchslos, zeugen zumindest von ihrer Liebe zur Dichtkunst*.

Die Oden von Maisonfleur, die Maria Stuarts Schönheit rühmen, sind nicht erhalten geblieben; aber du Bellay pries ihren persönlichen Charme in mehreren Gedichten, einschließlich eines Sonetts aus dem Jahre 1557 und eines lateinischen Gedichts zur Feier ihrer bevorstehenden Vermählung. Mit Ronsard verband die junge Königin lange Jahre hindurch eine aufrichtige Freundschaft: Die Tatsache, daß Ronsard in Schottland am Hofe Jakobs V. gewesen war, ermöglichte es ihm, Maria Stuart besser zu verstehen als jeder andere, denn er kannte die andersartigen Verhältnisse des Landes, aus dem sie stammte und in das sie möglicherweise eines Tages zurückkehren würde. In den ersten Versen, die er ihr widmete und die im Jahre 1556 erschienen, erwähnt er dieses Band, das sie verknüpft, erinnert sie daran, daß er seit ihrer Ankunft in Frankreich sie in der Dichtkunst unterricht habe, und nennt sie überschwenglich »o belle et plus que belle et agréable Aurore«. Es wird angenommen, daß Ronsard einer Bitte Maria Stuarts folgte, als er 1560 die erste gesammelte Ausgabe seiner Werke veröffentlichte[10]; als sie Frankreich verließ, beklagte er das grausame Schicksal, das sie auf immer seinen Blicken entzog. Laut Brantôme wies Chastelard in der Stunde seines Todes jeden priesterlichen Beistand zurück und verlangte als einzigen Trost die Gedichte Ronsards, die er der schottischen Königin in Ronsards Namen überreicht hatte. Vier Jahre nach Marias Abreise schickte Ronsard ihr durch den französischen Gesandten seinen neuen Gedichtband, und er versicherte ihr, daß er ihr Bild ständig in seiner Bibliothek vor Augen habe.

Es ist traurig, feststellen zu müssen, daß selbst Ronsard, trotz seiner schwärmerischen Verehrung für Maria Stuart, hin und wieder seine Blicke einem anderen Stern zuwandte. Im Juli 1565 veröffentlichte er eine Verssammlung, *Elegies, Mascarades et Bergeries*; obgleich er die *Bergeries* der Königin von Schottland widmete, sind die beiden ersten Teile der Königin von England gewidmet und enthalten einen Vierzeiler, der andeutet, daß Königin Elisabeth der schottischen Königin an Schönheit gleichkomme und daß sie zwei strahlende Sonnen am Himmel derselben Insel seien. Für diesen Erguß erhielt er von Elisabeth einen kostbaren Diamanten. Angesichts

* Das Gedicht, das ihr am häufigsten zugeschrieben wird, »Adieu, plaisant pays de France«, stammt, wie sich herausgestellt hat, von einem Journalisten des 18. Jahrhunderts. Die authentischen Dichtungen Maria Stuarts können am besten nach den ergreifenden Versen beurteilt werden, die sie anläßlich des Todes Franz II. schrieb, nach ihrem Sonett für Königin Elisabeth aus dem Jahr 1568 und den während ihrer Gefangenschaft verfaßten Gedichten, die von John Leslie veröffentlicht wurden[9].

der ergreifenden Worte seines Sonetts an Maria in ihrer Gefangenschaft sollte man ihm vielleicht diese vorübergehende Treulosigkeit verzeihen: Er schrieb, daß ihm nichts mehr geblieben sei außer dem Kummer, der in seinem Herzen die Erinnerung an seine schöne Prinzessin wachhalte, und er richtete sich erzürnt an die Königin, die sie gefangenhielt – »Royne, qui enfermez une Royne si rare«. Wahrscheinlich war es dieser romantische Beweis der alten Liebe und Treue, der Maria bewog, Ronsard durch ihren Sekretär zweitausend Kronen senden zu lassen, und sie selbst erwiderte:

»Ronsard, si ton bon cueur de gentille nature
Tement pour le respect dun peu de nouriture
Quen tes plus jeunes ans tu as resceu d'un Roy
De ton Rooy alie et de sa mesme loy ...«

Diese Freundschaft mit Ronsard zeigt deutlich, wie sehr Maria das ritterliche, kultivierte Leben des französischen Hofes genoß, das so ganz und gar ihrer Natur entsprach. Wie Castelnau de Mauvissière, ein erfahrener Diplomat und Weltmann, in seinen Memoiren bemerkte, hatte sie sich den Sitten und Gebräuchen ihrer neuen Heimat so vollkommen angepaßt, daß sie nicht nur die schönste aller Frauen, sondern auch die anmutigste sowohl in ihrer Ausdrucksweise wie in ihrem Auftreten zu sein schien[11].

Im September 1558 trübte das erste tragische Ereignis die politische Existenz der jungen Dauphine. Die neun schottischen Abgesandten, die nach Frankreich gekommen waren, um den Ehekontrakt abzuschließen, wurden auf ihrem Heimweg nach Schottland plötzlich von einer unerklärlichen Krankheit befallen; vier von ihnen starben in einer einzigen Nacht, und James Stewart selbst erkrankte schwer, blieb jedoch am Leben. In einem Brief vom 16. September an Marie von Guise bezeichnete Maria diese Dezimierung als göttlichen Ratschluß[12]; aber damals glaubte man, eine andere, weniger harmlose Erklärung dafür zu haben: Knox murmelte etwas von Gift, entweder von italienischer oder von französischer Seite; Herries und Buchanan waren der gleichen Meinung, und selbst Leslie bemerkte: »Viele Menschen fragten sich, ob nicht Gift dabei im Spiel gewesen sei[13].« Es wurde angedeutet, daß die Brüder der schottischen Regentin beschlossen hätten, die Unterhändler zu vergiften, weil ihnen etwas über die Geheimverträge zugetragen worden sei, durch die das Erbrecht von Schottland an Frankreich abgetreten wurde. Gewiß, es war von größter Wichtigkeit für die Guisen, das Geheimnis dieser Verträge zu wahren; andererseits wurde im 16. Jahrhundert fast jeder plötzliche Sterbefall prinzipiell auf Gift zurückgeführt, und auch die Tatsache, daß die übrigen Abgesandten bei ihrer Rückkehr im November dem Parlament gegenüber nichts von dieser Angelegenheit erwähnten und keinen Einwand erhoben, als man beschloß, dem Dauphin die Mitkönigskrone zu verleihen, spricht gegen diesen Verdacht.

Ein anderer Absatz in diesem selben Brief Maria Stuarts an ihre Mutter läßt erkennen, daß sie sich allmählich über die internationale Lage Frankreichs klarzuwerden begann: Sie schrieb, daß der gesamte französische Hof »auf einen Frieden hofft, aber das ist alles noch so ungewiß, daß ich Ihnen nichts darüber sagen möchte; man ist jedoch allgemein der Ansicht, daß der Frieden nicht von Gefangenen wie dem Konnetabel und dem Marschall Saint-André geschlossen werden sollte«. Tatsächlich hatte sich ganz Europa während der Sommermonate des Jahres 1558 für eine Beendigung des Krieges eingesetzt. Heinrich II. selbst schien das größte Interesse an einem baldigen Friedensschluß zu haben, nicht nur, weil seine Finanzen nahezu erschöpft waren, sondern auch, weil er seinen Günstling, den Konnetabel, so schnell wie möglich aus der Gefangenschaft befreien wollte. Die Guisen hingegen waren keineswegs erpicht auf einen Frieden mit England und Spanien, denn sie fürchteten, daß Frankreich dadurch viele der eroberten Gebiete verlieren und ihr Rivale Montmorency in Frankreich die Oberhand gewinnen würde; außerdem hielten sie es für unwürdig, wie Maria ihrer Mutter gegenüber betonte, daß ein Gefangener wie der Konnetabel so viel bei einem Friedensvertrag mitzureden haben sollte, dessen wichtigste Bedingung seine Rückkehr nach Frankreich zu sein schien. Selbst als in Cercamp die Friedensverhandlungen eingeleitet wurden, machte sich die unverhohlene Rivalität zwischen den Guisen und den Montmorencys noch im Gefolge des Königs bemerkbar, denn Diane de Poitiers hatte sich mittlerweile eindeutig auf die Seite der Montmorencys gestellt. Erst im April des nächsten Jahres führten die Verhandlungen von Cercamp mit der Unterzeichnung des Vertrages von Cateau-Cambrésis endlich zum Frieden.

In der Zwischenzeit ereignete sich etwas, das von einschneidender Bedeutung für das fernere Leben Maria Stuarts sein sollte: Am 17. November 1558 starb Maria Tudor, die Königin von England, ohne Erben zu hinterlassen. Ihre Stiefschwester Elisabeth, fünfundzwanzig Jahre alt und unverheiratet, folgte ihr auf dem Thron. Bis zu der Zeit, da Elisabeth heiraten und eigene Kinder haben würde, war Maria als Urenkelin Heinrichs VII. somit die nächste Anwärterin auf den englischen Thron. Aber die Lage war in Wirklichkeit weitaus komplizierter, als aus dieser einfachen Erklärung zu ersehen ist. Elisabeth war die Tochter Heinrichs VIII. und seiner zweiten Frau, Anne Boleyn; da Heinrichs Scheidung von seiner ersten Frau, Katharina von Aragon, von der katholischen Kirche nicht anerkannt worden war, wurde seine Ehe mit Anne von den Katholiken als ungültig betrachtet, und so galt Elisabeth nach strengen katholischen Maßstäben als unehelich und daher nicht thronberechtigt. Von diesem Standpunkt aus gesehen, wäre Maria Stuart nach dem Tode Maria Tudors die rechtmäßige Thronerbin gewesen. Die Maßnahmen Heinrichs VIII. selbst waren nicht dazu angetan, die Verwirrung zu mindern: Im Jahre 1536 hatte das englische Parlament Elisabeth als unehelich von der Erbfolge ausgeschlossen, und die Verfügung, die sie im Jahre 1544 wieder als Thronfolgerin anerkannte, befreite sie nicht von dem Makel der unehelichen Geburt. Doch gemäß dem Testament Heinrichs VIII. durfte die Krone auch nicht an den Angehörigen eines fremden Landes fallen, und das schloß nach den englischen Richtlinien auch Maria Stuart von der Thronfolge aus. Aber der Streit um dieses Testament und Marias Forderung, als Nachfolgerin Elisabeths anerkannt zu werden, lagen noch in weiter Ferne. Zur Zeit des Todes von Maria Tudor war die Lage genau umgekehrt, und es mußte in erster Linie entschieden werden, ob Elisabeth überhaupt einen Anspruch darauf hatte, Königin von England zu sein.

Sofort nach dem Ableben Maria Tudors ließ Heinrich II. von Frankreich seine Schwiegertochter Maria Stuart offiziell zur Königin von England, Irland und Schottland erklären und veranlaßte das Kronprinzenpaar, die Krone Englands in sein Wappen aufzunehmen. Bisher war England durch Maria Tudors Ehe mit Philipp II. fest mit Spanien verbündet gewesen; jetzt hoffte Heinrich, das Gleichgewicht wiederherzustellen, indem er einen Anspruch Frankreichs auf die Oberherrschaft über England geltend machte. Diese außerordentlich staatskluge Handlungsweise von seiten des französischen Königs sollte Maria Stuart bis zu dem Augenblick ihres Prozesses, fast dreißig Jahre später, immer wieder vorgehalten werden. Dabei ist mit Sicherheit anzunehmen, daß sie diesmal ebensowenig die Möglichkeit hatte, sich ein Urteil über das Vorgehen ihres Schwiegervaters zu bilden wie bei der Frage der Geheimverträge.

Marias Anspruch wurde damals in Frankreich offensichtlich als vollkommen gerechtfertigt betrachtet: Die französischen Dichter priesen die dreifache Krone der Dauphine in begeisterten Versen, und ein Angehöriger der Pléiade, Jean de Baïf, schrieb in einem Hochzeitsgedicht: »Ohne Mord und Krieg werden Frankreich und Schottland mit England vereinigt sein.« Ronsard äußerte die Vermutung, Jupiter habe bestimmt, daß Maria alljährlich drei Monate lang England, drei Monate Schottland und sechs Monate Frankreich regieren solle. In einem anderen Hochzeitsgedicht beschrieb René Guilion die Heirat als die Verbindung der weißen Lilie von Frankreich mit der weißen Rose der Anhänger des Hauses York – offensichtlich eine Anspielung auf Marias Abstammung von den Tudors[14].

Die Briefe des englischen Gesandten waren angefüllt mit Berichten über die Art und Weise, wie diese ärgerlichen Forderungen vom französischen König aufrechterhalten wurden: Bei der Hochzeit von Prinzessin Claudia, Anfang des nächsten Jahres, trugen der Dauphin und die Dauphine ein Wappenschild mit dem englischen und dem französischen Hoheitsabzeichen zur Schau. Beim feierlichen Einzug in Châtelherault im November 1559 wurde über Marias Kopf ein Baldachin aus scharlachrotem Damast getragen, der mit den Wappen von England, Frankreich und Schottland geschmückt war. Der purpurfarbene Baldachin, unter dem Franz in die Stadt einzog (er war mittlerweile König von Frankreich geworden), trug nur das französische Wappen, und in gleicher Weise waren die Wappen auf die Tore der Stadt gemalt[15]. Die englischen Staatsakten lassen erkennen, daß diese Angelegenheit den Engländern große Sorgen bereitete, was angesichts der schwierigen politischen Lage Englands zu Beginn der neuen Herrschaft nicht zu verwundern ist. Melville berichtete in seinen Memoiren, der Kardinal habe auf den silbernen Tellern der Königin das englische Wappen eingravieren lassen[16]; ein großes Siegel mit den Figuren des Königspaares wurde geprägt; es trug die Jahreszahl 1559, und die Inschrift auf dem Rand nannte Franz und Maria König und Königin der Franzosen, Schotten, Engländer und Iren. Selbst bei den Friedensverhandlungen von Cateau-Cambrésis ließen der Kardinal und andere es sich angelegen sein zu sagen, sie wüßten nicht, ob sie mit irgendwelchen Vertretern Englands außer dem Dauphin und seiner Frau verhandeln sollten.

Nach der Thronbesteigung Franz II. wurde weiter über diese Frage debattiert. Im Februar 1560 beschloß die Regierung in London, den französischen Gesandten darauf aufmerksam zu machen, daß Maria, obgleich sie das englische Wappen zum erstenmal unter Heinrich II. getragen habe, es auch nach seinem Tod immer noch trage. Throckmorton hatte eine lange Besprechung mit dem Kardinal und erklärte, daß Maria trotz ihrer anerkanntermaßen englischen Abstammung das Wappen nicht tragen sollte, ohne es von den anderen zu unterscheiden. Im März ersuchte der englische Kronrat Throckmorton, er möge Maria darauf hinweisen, daß »ihr Vater, der König der Schotten, der von höherem Stand war als sie, dasselbe niemals trug; auch ist sie nach den Gesetzen des Landes nicht die nächste Thronerbin«. Worauf der Bischof von Valence im Namen des französischen Königspaares ein wenig unaufrichtig erwiderte, daß »die französische Königin nach Ansicht der Franzosen das englische Wappen zu Ehren Elisabeths trage und um zu zeigen, daß sie (Maria) ihre Kusine sei[17]«.

Als jedoch im Jahre 1560 der Frieden zwischen England, Frankreich und Schottland verkündet wurde, erklärte Elisabeth selbst sich bereit zu glauben, daß Marias »ungerechtfertigter Anspruch« auf den englischen Thron mehr dem »ehrgeizigen Streben der Häupter des Hauses Guise« entspringe als den Wünschen von Franz, »dem aufgrund seiner Jugend solch eine Handlungsweise nicht zuzutrauen ist«, oder der Königin der Schotten, »die ebenfalls sehr jung ist[18]«. Die Erklärung, mit der die englische Königin sich zwei Jahre später zufriedengab, dürfte wohl der Wahrheit entsprochen haben. Doch sobald die politische Notwendigkeit einen anderen Kurs gebot, befriedigte sie leider Königin Elisabeth und ihre Ratgeber nicht mehr, und das Thema von Marias Anspruch auf den englischen Thron, der in ihrem Namen von ihrem Schwiegervater erhoben wurde, noch ehe sie sechzehn Jahre alt war, sollte sie den Rest ihres Lebens verfolgen.

Das Jahr 1559, das ein Jahr des Todes am französischen Hof wurde, schien anfangs dazu bestimmt, ein Jahr der Hochzeiten zu werden. Im Februar fand die Vermählung von Prinzessin Claudia mit dem jungen und gutaussehenden Herzog von Lothringen statt. Der Friedensvertrag von Cateau-Cambrésis, der endlich im April zwischen England und Frankreich einerseits und Frankreich und Spanien andererseits unterzeichnet wurde, sah unter anderem zwei weitere königliche Eheschließungen vor: Madame Marguerite, die Schwester Heinrichs II., sollte den Herzog von Savoyen heiraten; Prinzessin Elisabeth sah sich im Alter von vierzehn Jahren der Aussicht auf eine Ehe mit Philipp von Spanien gegenüber, der sich jetzt, nach dem Tod Maria Tudors, wieder auf Brautschau befand. Maria Stuart verbrachte ihren letzten Sommer als Dauphine damit, die Doppelhochzeit dieser beiden geliebten Gefährtinnen ihrer Kindheit zu planen, die mit der ganzen Prachtentfaltung gefeiert werden sollte, auf die der französische Hof sich so gut verstand. Wie der venezianische Gesandte bemerkte, wurde in diesen Wochen am Hof über nichts anderes als über schöne und kostbare Kleidung gesprochen[19].

Aber unter diesem unschuldigen Wettstreit um die Eleganz gab es feindselige Strömungen ernsterer Art. Heinrich II. stand jetzt vollkommen unter dem Einfluß von Montmorency und Diane de Poitiers, deren Bündnis durch die Heirat der Enkelin Dianes mit dem Sohn des Konnetabels symbolisiert wurde. Außerdem war Admiral Coligny, ein Neffe Montmorencys, Hugenotte geworden, und so wandte sich die Partei des Konnetabels im Gegensatz zu dem strengen Katholizismus der Guisen allmählich immer mehr dem Protestantismus zu. Auch die Bourbonen, die dritte mächtige Familie Frankreichs, hatte sich durch ihr Oberhaupt, König Antoine von Navarra, und seine Frau Jeanne d'Albret den Hugenotten angeschlossen. So mag der Kardinal, der sich jetzt eifrig mit den Vorbereitungen für die Doppelhochzeit beschäftigte, angenommen haben, daß der Stern der Guisen endgültig im Verblassen sei. Aber dann wandte sich das wankelmütige Schicksal, wie schon so oft zuvor, ganz unvermutet wieder zu ihren Gunsten.

Am 15. Juni traf der Herzog von Alba am französischen Hof ein, um seinen Herrn, Philipp II., bei der Trauung mit Elisabeth zu vertreten, und am 21. Juni fand die Hochzeit statt, obgleich vereinbart worden war, daß die junge Braut, die noch nicht die Geschlechtsreife erreicht hatte, sich erst im Herbst nach Spanien begeben sollte. Am 27. Juni wurde der Ehevertrag zwischen Madame Marguerite und dem Herzog von Savoyen unterzeichnet. Es gab eine endlose Reihe von Turnieren und Festen, und binnen weniger Tage sollte die Hochzeit von Prinzessin Marguerite stattfinden, die den Höhepunkt des doppelten Ereignisses bildete. Am 30. Juni bestieg Heinrich II. sein Pferd *Le Malheureux* und eröffnete zusammen mit dem Herzog von Guise, dem Herzog von Ferrara und dem Herzog von Nemours den Kampf. Die Vorliebe des Königs für Turnierspiele grenzte beinahe an Besessenheit. Er brach drei Lanzen mit dem Herzog von Savoyen, dem Herzog von Guise und Lord Montgomery, einem Normannen schottischer Herkunft, der Kapitän der Leibwache Maria Stuarts war.

Es ging alles gut, bis der König, einer plötzlichen Laune folgend, Montgomery herausforderte, eine letzte Lanze mit ihm zu brechen. Der Kapitän, der offenbar eine böse Vorahnung hatte, versuchte, dem Zweikampf auszuweichen, bis Heinrich ihm schließlich den Befehl erteilte, seinen Wünschen zu gehorchen. Jetzt bemühte sich auch Katharina von Medici, die zwei unheilverkündende Visionen bezüglich des Turniers gehabt hatte, ihren Mann von seinem Vorhaben abzubringen. Ihre Tochter Margarete berichtet in ihren Memoiren, daß Katharina tatsächlich vom Tod Heinrichs geträumt habe, dessen Auge – so wie es wirklich geschah – von einer Lanze durchbohrt wurde. Der König erwiderte lediglich, daß er noch eine Lanze zu Ehren der Königin brechen werde. Katharinas Ahnung erwies sich als gerechtfertigt: Beim Zusammenstoß der beiden Kämpfer zersplitterte Montgomerys Lanze; ein Splitter drang durch das Visier ins rechte Auge des Königs, ein anderer in seinen Hals. Der englische Gesandte Throckmorton beschrieb den Vorfall: Man trug Heinrich fort, »nur sein Gesicht war bedeckt, er bewegte weder Hand noch Fuß, sondern lag wie benommen da[20]«.

Der König wurde in das nahe gelegene Hôtel des Tournelles gebracht, wo er neun Tage lang bewußtlos lag. Am 8. Juli befahl er Königin Katharina in einem lichten Augenblick, die Trauung Madame Marguerites mit dem Herzog von Savoyen vollziehen zu lassen. Eine tiefe Schwermut lag über der Feier: Die Kirche von St-Paul, unweit des Hôtel des Tournelles, wurde eilig ausgeschmückt, und um Mitternacht kniete das junge Paar vor dem Altar. Katharina saß allein, in Tränen gebadet, auf dem königlichen Podium, während Franz und Maria nicht einmal zugegen waren, sondern in Hörweite des Königs blieben. Der Bischof von Toulon, Jérôme de la Rovère, las eine stille Messe, und die Anwesenden fürchteten, jeden Augenblick an der Tür des Gotteshauses den Wappenherold erscheinen zu sehen, der den Tod des Königs verkündete. Als Heinrich fühlte, daß seine Stunde gekommen war, rief er nach seinem ältesten Sohn und begann: »Mein Sohn, ich empfehle dir die Kirche und mein Volk ...«, aber er konnte nicht fortfahren. Er gab dem Dauphin seinen Segen und küßte ihn. An diesem Abend trat eine Lähmung ein, er konnte nur mühsam atmen, und am 10. Juli um ein Uhr stand sein Herz still.

So wurde Maria Stuart als Frau König Franz II. im Alter von sechzehn Jahren Königin von Frankreich. Mit einem einzigen Lanzenhieb hatte das Schicksal der Guisen sich gewandelt. Jetzt hatte ihre Nichte die höchste Stufe der Macht erreicht, und sie konnten ihren Triumph auskosten, so kurzlebig er auch sein mochte. Ein Witzbold bezeichnete hinterher Heinrichs Todestag als den »Vorabend des Festes der drei Könige«, und man erklärte allgemein, daß es jetzt drei Könige in Frankreich gebe, Franz von Valois, Franz von Guise und den Kardinal Karl von Lothringen – »einen König, der nur den Namen eines solchen trägt, und zwei Könige von Lothringen, die das Land regieren[21]«. Sofort nach Heinrichs Tod vertraute Franz den Leichnam seines Vaters dem Konnetabel, dem Kardinal von Chastillon, Admiral Coligny und dem Marschall von Saint-André an und bestieg die Staatskarosse, die auf Befehl der Guisen vom Hof gekommen war, die königliche Familie abzuholen. König Franz stieg als erster ein, und als Königin Maria sich bescheiden zurückhielt, bestand die Königinwitwe Katharina darauf, ihr den Vortritt zu lassen. Der junge König wurde zum Louvre gebracht, und bis die Abordnung vom Parlament dort eintraf, war die Regierung bereits in den Händen der Guisen.

Als die spanischen Gesandten Königin Katharina ihren Kondolenzbesuch machten, fanden sie den ganzen Raum schwarz ausgeschlagen vor[22]. Die Fenster waren geschlossen, und es gab kein Licht außer zwei Kerzen, die auf einem schwarz verhängten Altar brannten. Katharina selbst trug ein schlichtes schwarzes Kleid, dessen einziger Schmuck ein Hermelinkragen war. Die neue Königin von Frankreich ihrerseits war in Weiß gekleidet, dem Weiß, das sie auf ihren Wunsch hin knapp ein Jahr zuvor bei ihrer Hochzeit getragen hatte und das sie jetzt bei diesem Anlaß als Farbe der Trauer trug. Katharina erwiderte kaum etwas auf die Beileidsbezeigungen des Gesandten, aber die junge Königin, von ihren Oheimen angespornt, hielt eine huldvolle kurze Ansprache, forderte sie auf, oft an den Hof zu kommen, und bat sie, dem König von Spanien ihre Empfehlungen zu übermitteln. Sie vergaß auch nicht, im Laufe ihrer Rede das Loblied auf ihre Oheime zu singen.

Beim Begräbnis Heinrichs II., das am 11. August in Notre-Dame begann und am 13. August in Saint-Denis endete, spielten die Guisen eine noch bedeutsamere Rolle als zu Beginn der Herrschaft König Heinrichs. Der Kardinal führte als Abt von Saint-Denis die Aufsicht über die Beisetzung. Ein anderer Bruder der Guisen, René de Elbœuf, hielt die Gerechtigkeitshand, Heinrich von Guise hielt die Krone, der Grand Prior Franz von Guise das Zepter und der Herzog von Guise das Königsbanner von Frankreich. Damit, daß Maria Stuart, wie ein Geschichtsschreiber es ausdrückte, den jungen König »durch ihre Eheschließung zum Neffen der Guisen und somit zwangsläufig zu deren Schüler machte[23]«, hatte sie die höchsten Erwartungen ihrer Familie erfüllt.

VI

DIE WEISSE LILIE VON FRANKREICH

»Alba rosis albis nunc insere lilia ...«
Hochzeitsgedicht zur Vermählung von Franz und Maria, das sich auf die Verbindung der weißen Lilien Frankreichs mit den weißen Rosen der Anhänger des Hauses York bezieht.

Am 18. September 1559 wurde der junge Franz in Reims feierlich zum König von Frankreich gekrönt: Seine Gemahlin Maria war bereits in frühester Kindheit zur Königin von Schottland gekrönt worden und brauchte daher, im Gegensatz zu den früheren Königinnen von Frankreich, keine weitere Krönung, die ihren königlichen Rang bestätigte. Das Wetter war kalt und windig, und im Hinblick auf den kürzlichen erschütternden Tod Heinrichs II. hatte man auch auf jeglichen Prunk und Glanz verzichtet: Throckmorton bemerkte grimmig, die Stadt sei kaum geschmückt gewesen, »abgesehen davon, daß über dem Stadttor ein großes viergeteiltes Schild mit den Wappen von England, Frankreich und Schottland zur Schau gestellt wurde[1]«. Franz selbst trug einen Umhang aus schwarzem Samt, und Maria war als einzige der Damen, die der Krönung beiwohnten, nicht in dunkle Farben gekleidet. Am Tag nach der Feier wurde die ein Jahr währende Hoftrauer um den verstorbenen König wiederaufgenommen. Obgleich man Franz II. in Reims die ehrwürdige Krone von Saint-Denis aufs Haupt gesetzt hatte, lag die wirkliche Macht in Frankreich nicht in seinen schwachen Händen. Der englische Gesandte Throckmorton beschrieb die Situation folgendermaßen: Die alte französische Königin (Katharina) hatte die Herrschergewalt einer Regentin, obwohl sie es dem Namen nach nicht war; inzwischen wurde das Land gemeinsam vom Kardinal von Lothringen und dem Herzog von Guise regiert: Dem Herzog unterstand die Kriegsmacht, und der Kardinal leitete alle anderen Angelegenheiten, einschließlich der Finanzen und der Außenpolitik. Diesem politischen Übergewicht der Guisen entsprach auch der Hofstaat des jungen Königspaares: Anhänger der Guisen wurden zu Kammerherren des Königs ernannt, und unter Marias persönlichem Gefolge befanden sich an erster Stelle Antoinette von Guise,

Anne d'Esté, die Herzogin von Aumale und die Marquise von Elbœuf – ihre Großmutter und ihre drei Tanten.

Nicht lange nach dem Tode Heinrichs II. begann der französische Hof, mit Franz, Maria und Katharina an der Spitze, wieder von einem Schloß zum anderen zu ziehen, wie es seit jeher seine Gewohnheit war. Zunächst begab sich die königliche Familie nach Blois, um dort den Zeitpunkt für die Abreise der jungen Elisabeth nach Spanien abzuwarten; von Blois aus zog der Hofstaat nach Varteuil und wenig später in das verschneite Châtelherault, wo er Ende November eintraf. Am 25. November willigte Königin Katharina schließlich in die Abreise ihrer Tochter ein; ihr Trennungsschmerz war so groß, daß selbst der spanische Gesandte seine Rührung nicht verbergen konnte. Auch Maria selbst war verzweifelt bei der Aussicht, ihre geliebte Freundin zu verlieren: Sie vertraute Elisabeth mit einem rührenden Brief der Obhut König Philipps an und sagte ihm, allein der Gedanke, daß Elisabeth glücklich und zufrieden in ihrem neuen Leben sein werde, mache ihr, Maria, die Trennung erträglich. Nichtsdestoweniger bedeute es für sie selbst einen unersetzlichen Verlust. Sie beendete den Brief mit der Bitte, der spanische König möge ihn als von einer Frau geschrieben betrachten, »die sie (Elisabeth) mehr liebt als jeden anderen Menschen auf der Welt. Stets – *Votre bien bonne sœur Marie*[2].«

Während Maria und die königliche Familie mit ihrem persönlichen Kummer beschäftigt waren, blieb es den Brüdern Guise überlassen, sich mit den inneren Angelegenheiten Frankreichs auseinanderzusetzen, die zu dieser Zeit ein Problem darstellten, vor dem andere, weniger mutige Geister mit Recht zurückgeschreckt wären. Der Friede von Cateau-Cambrésis war zu spät gekommen, um Frankreich vor der Inflation zu retten, die eine Folge der langwierigen italienischen Feldzüge war. Es wird geschätzt, daß die Staatskasse beim Tode Heinrichs II. Kriegsschulden in Höhe von vierzig Millionen Livre hatte: Theoretisch verfügte die Krone über zehn Millionen Livre, aber das tatsächliche Einkommen betrug nur etwa die Hälfte davon, und dieser Betrag wurde von Zinszahlungen aufgezehrt. Gleichzeitig untergrub das Vorhandensein zweier Religionen zusehends den inneren Frieden des Königreichs, denn die regierende Partei gab natürlich dem französischen Calvinismus die Schuld an allen Übelständen[3]. Selbst wenn das Land sich nicht in solch ernsten finanziellen Schwierigkeiten befunden hätte, wäre irgendeine Art von Regentschaft – *de facto,* wenn schon nicht *de jure* – für den jungen Franz notwendig gewesen. Als er im Alter von fünfzehneinhalb Jahren den Thron bestieg, war sein Geist kaum mehr entwickelt als sein Körper. Wie vielen anderen Jungen seines Alters war ihm in seiner frühen Jugend die Jagd wichtiger gewesen als das Lernen, und man hatte, selbst als er bereits Dauphin von Frankreich war, nicht genügend Druck ausgeübt, um das notwendige Gleichgewicht herzustellen. Infolgedessen hatte sein Geist, ohne so schwach zu sein wie sein Körper, sich niemals so weit entwickelt, daß die Aussicht auf Macht und Herrschaft ihn hätte reizen können. Da seine Erzieher von Anfang an mehr Gewicht auf seine zukünftige Rolle an sich als auf die damit verbundenen Pflichten gelegt hatten, besaß er nicht die nötige Selbstdisziplin, den Regierungsgeschäften nachzugehen, wenn sich ein Vergnügen bot. Die Guisen wurden von ihren Feinden beschuldigt, ihren Neffen bewußt in seiner Leichtfertigkeit zu unterstützen, um das Königreich nach eigenem Belieben regieren zu können. Aber sie hatten es gar nicht nötig, solch hinterhältige Methoden anzuwenden, denn Katharina von Medici hatte durch ihre überängstliche Erziehung bereits diese Arbeit für sie getan: Mit ihrer zärtlichen, mütterlichen Fürsorge hatte sie nur Selbstüberheblichkeit, aber keine Selbstzucht in ihrem Sohn geweckt.

Die wachsamen Gesandten am französischen Hof waren sich vollkommen klar über den Charakter des Königs. Im 16. Jahrhundert erwartete man noch von einem Monarchen, daß er, um die Bewunderung seiner Untertanen zu gewinnen, in seiner eigenen Person all die Eigenschaften vereinte, die seiner erhabenen Stellung entsprachen. Der Herzog von Guise verdankte seinem persönlichen Mut einen großen Teil des Ansehens, das er genoß; Maria Stuart war trotz ihrer zarten Gesundheit berühmt dafür, daß sie keine Furcht kannte. König Franz hingegen war von Natur aus ängstlich. Er hatte eine gewisse rührende Geckenhaftigkeit, liebte es, sich zur Schau zu stellen, und besaß zum Beispiel eine Anzahl von Schwertern, deren Griffe farblich genau zu seiner jeweiligen Kleidung paßten; aber das war kein Ersatz für den unbekümmerten Mut, der in der damaligen Zeit zu den vornehmsten Tugenden eines Fürsten zählte[4]. Er lebte in ständiger Angst um seine persönliche Sicherheit und überließ daher nur allzu gern die Regierung des Königreichs denjenigen, von denen er annahm, daß sie am besten dazu befähigt waren, ihn zu beschützen.

Franz II. konnte nicht allein regieren, das stand fest. Aber die übrigen großen Adeligen waren nicht bereit, den Oheimen seiner Frau kampflos die Regentschaft zu überlassen. Die mächtige Familie der Bourbonen erklärte nachdrücklich, daß der König dem Gesetz nach mit fünfzehn Jahren überhaupt noch nicht mündig sei und daher nicht nur kein Recht habe, selbst seine Ratgeber zu wählen, sondern als Minderjähriger automatisch den ältesten Prinzen von königlichem Geblüt als Regenten anerkennen müsse; und das war natürlich kein anderer als König Antoine von Navarra, das Oberhaupt des Hauses der Bourbonen. Aber hinter diesem schwachen, wankelmütigen Mann stand der Schatten seines ehrgeizigen und hitzköpfigen jüngeren Bruders, des Prinzen Louis de Condé, der Führer der Hugenotten und ein Todfeind der Guisen war. In einer anonymen Denkschrift, die im Oktober 1559 erschien und all diese Fragen ausführlich behandelte, wurde den Guisen vorgeworfen, daß sie nicht nur versuchten, Franz von seinen Freunden zu trennen, sondern es sich auch zum Ziel gesetzt hätten, unter Berufung auf ihre angebliche Abstammung von Karl dem Großen die Krone an sich zu reißen. Die Antwort der Guisen, »Pour la majorité du Roy très chrestien François deuxième«, von Jean du Tillet, dem Bischof von Saint-Brieul, verfaßt, beschränkte sich darauf, anhand von Texten, Gesetzen und Gewohnheitsrecht zu beweisen, daß erstens die Könige von Frankreich seit alters her mit fünfzehn Jahren mündig wurden und damit das Recht hatten, ihren eigenen Kronrat zu wählen, und zweitens, daß die Regentschaft in vergangenen Zeiten keineswegs immer einem Prinzen von königlichem Geblüt übertragen worden war, sondern hin und wieder auch den Königinnen von Frankreich oder den Äbten von Saint-Denis[5].

Nachdem es König Antoine nicht gelungen war, seinen Anspruch durchzusetzen, zog er sich vom Hof zurück; der Prinz von Condé hingegen suchte einen Ausweg in den Gegenanschlägen der Hugenotten, die schließlich zur Verschwörung von Amboise führten. Franz und Maria hatten vor, sich im Frühling nach Blois und von dort aus auf die alte Festung von Amboise zu begeben, wo der Hof die Fastenzeit verbringen wollte. Obwohl der spanische Gesandte bereits zu Weihnachten von diesem Plan unterrichtet war, scheinen die Hugenotten nichts davon gewußt zu haben, denn sie rechneten damit, den König in Blois anzutreffen – ein ungleich günstigerer Angriffspunkt als Amboise, wo Franz II. von seinen Truppen umgeben war. Condé war lediglich das »schweigsame Oberhaupt« des Unternehmens und trat nicht öffentlich als sein Anführer in Erscheinung. Der angebliche Rädelsführer dieser Verschwörung war ein Mann namens La Renaudie; die Hugenotten beabsichtigten, sich der Person des Königs zu bemächtigen, um ihn als erstes dem Einfluß der Guisen zu entziehen und letztlich der Regentschaft eines Bourbonen zu unterstellen.

Amboise widersetzte sich der Belagerung durch die Verschwörer, und auf Betreiben des Kardinals von Lothringen wurden die Ketzer in Scharen in den Straßen der Stadt niedergemetzelt, während man die Anführer, nachdem man sie grausam gefoltert hatte, öffentlich vor den Fenstern des Schlosses henkte, damit der gesamte Hof Gelegenheit habe, den erbaulichen Anblick zu genießen. La Renaudie starb tapfer und beteuerte bis zum letzten Augenblick, daß er dem König nie die Treue gebrochen, sondern daß sein Groll allein den Guisen gegolten habe. Nicht alle Angehörigen des Hofes zeigten sich erfreut über das blutige Schauspiel vor den Fenstern des Schlosses. Die sanfte und gütige Anne von Guise war so entsetzt über das, was sie sah, daß sie laut weinte und verzweifelt ausrief, ihr schaudere bei dem Gedanken an die grimmige Vergeltung, die man dafür an ihren unschuldigen Söhnen üben werde. (Wie sich herausstellen sollte, waren ihre Befürchtungen nur allzu gerechtfertigt.) Auch gibt es keinerlei Beweis dafür, daß Maria Stuart, die ihr Leben lang jegliche Gewaltsamkeit verabscheute, bei diesen Hinrichtungen zugegen war. Tatsächlich ist kaum anzunehmen, daß man dieses zarte, junge Geschöpf, dessen Gesundheit für den ganzen Hofstaat ein ständiger Grund zur Sorge war, veranlaßt haben sollte, Zeuge dieses grausigen Schauspiels zu sein*.

Nicht allein verwandtschaftliche Zuneigung bewog die Guisen, sich um die Gesundheit ihrer Nichte zu sorgen: Obgleich man sie beschuldigte, eine eigene Dynastie begründen zu wollen, war es im Grunde viel einfacher für sie, die bestehende Dynastie in der Person von Franz und Maria aufrechtzuerhalten, die ohnedies gegenwärtig dem Einfluß der Guisen unterstanden und deren Kinder – mit Blut der Guisen in den Adern – eines Tages Frankreich regieren würden. Das einzig Störende an diesem Plan war, daß es vorläufig noch keine Erben dieser Dynastie gab, keine Kinderschar vom Stamme der Valois und Guisen, die eine Sicherheit für die Zukunft bot – nur einen halbwüchsigen Knaben und ein junges Mädchen, beide von zarter Gesundheit und möglicherweise gar nicht imstande, überhaupt Kinder in die Welt zu setzen.

Niemand kann mit Bestimmtheit sagen, ob die Ehe von Franz und Maria jemals vollzogen wurde. Dennoch ist diese Frage von größter Wichtigkeit, wenn man Marias seelische Entwicklung, nicht nur in Frankreich, sondern auch später in Schottland verfolgen und besonders ihr Verhalten bei ihrer Begegnung mit Darnley verstehen will. Die zeitgenössischen Beobachter waren verständlicherweise vor allem daran interessiert herauszufinden, ob Aussicht bestand, daß Maria ein Kind von Franz empfangen würde oder nicht; aber für jemanden, der sich mit der Lebensgeschichte Maria Stuarts befaßt, ist es ebenso interessant, zu erwägen, ob sie irgendeine Art von körperlicher Beziehung mit ihrem ersten Mann gehabt hat oder ob sie bei ihrer Rückkehr nach Schottland tatsächlich noch Jungfrau war. Alle diejenigen am französischen Hof, die den König hatten aufwachsen sehen, waren überzeugt, daß die Königin von Frankreich kein Kind gebären würde oder daß, wenn sie es tat, wie der spanische Gesandte es unverblümt ausdrückte, »es ganz gewiß nicht vom König sein wird«.

Laut Aussage der Ärzte war Franz aufgrund einer körperlichen Mißbildung außerstande, Kinder zu zeugen; aber das schließt nicht aus, daß die Ehe trotzdem irgendwie vollzogen wurde. Zur Zeit der Vermählung berichtete der venezianische Gesandte nach einer ausführlichen Beschreibung der Feierlichkeiten, die Ehe sei tatsächlich in jener ersten Nacht vollzogen worden, und nannte das Alter der Braut und des Bräutigams. Obwohl die Ärzte vorausgesagt hatten, daß Franz die frühe Kindheit nicht überleben

* Der spanische Gesandte, der berichtete, daß Königin Katharina und die führenden Adeligen des Hofstaates fast ständig bei dem erbarmungslosen Verhör der Gefangenen zugegen waren, hat Marias Namen nicht erwähnt (obwohl er von volkstümlichen Historikern manchmal fälschlicherweise der Liste hinzugefügt worden ist)[6]. Als Sir John Gordon im Jahre 1562 in Schottland hingerichtet wurde und Maria aus politischen Gründen gezwungen war, seiner Hinrichtung beizuwohnen, wurde sie ohnmächtig und war hinterher tagelang krank.

Maria, Königin der Schotten. Gemälde von Jean Clouet

Franz I., König von Frankreich. Gemälde von Jean Clouet

Henry Stuart, Lord Darnley.

Maria, Königin der Schotten, mit ihrem Sohn, dem späteren König Jakob VI.

werde, hatte er mittlerweile das sechzehnte Lebensjahr erreicht; vermutlich hofften die Guisen, daß die Zeit ein weiteres Wunder bezüglich seiner körperlichen Entwicklung zuwege bringen und er eines Tages imstande sein würde, den ersehnten Erben der Valois und Guisen zu zeugen. Trotz der zynischen Bemerkungen der Höflinge schien Maria selbst zu glauben, daß ihre Ehe vollkommen sei. Als die spanischen Gesandten sie einen Monat nach dem Tode Heinrichs II. aufsuchten, um sich von ihr zu verabschieden, war sie auffallend blaß und kaum imstande, sich auf den Füßen zu halten[7]. Halb ohnmächtig nahm sie das Beglaubigungsschreiben des Herzogs von Alba entgegen, dann wurde sie, vom Kardinal gestützt, auf das Bett des Königs gehoben. Chantonay berichtete Philipp II., es werde allgemein gemunkelt, daß die französische Königin schwanger sei. Maria selbst begann, die losen Gewänder zu tragen, die damals für schwangere Frauen üblich waren, und der Hof begab sich nach Saint-Germain, wo das Klima ihrer Gesundheit zuträglicher war. Als jedoch bis Ende September keine weiteren Anzeichen zu bemerken waren, verstummten die Gerüchte. Maria legte ihre losen Gewänder ab, und die Schwangerschaft der Königin wurde nicht mehr erwähnt.

Wie sind diese sommerlichen Wahnvorstellungen der jungen Königin zu erklären? Logisch betrachtet, hätte es keinerlei Vermutungen bezüglich einer Schwangerschaft geben können, wenn die Ehe nicht vollzogen worden wäre. Doch leider kann man sich bei dieser Frage nicht unbedingt auf Logik verlassen. Es war die allgemeine Hoffnung des Hofes und der leidenschaftliche Wunsch der Guisen, daß Maria ein Kind empfangen solle. Dieser Wunsch, der auch der ihre war, muß sich ihr sehr stark mitgeteilt haben. Demnach ist anzunehmen, daß Maria in ihrer Vorstellung die schwache Leidenschaft des Königs in einen wirklichen Vollzug ihrer Ehe verwandelte – was angesichts ihrer jugendlichen Unwissenheit nicht schwer gewesen sein mag. In gleicher Weise wurden die Symptome der Unpäßlichkeit für sie zu Symptomen der Schwangerschaft: Im November des vorhergehenden Jahres hatte der englische Gesandte nach London berichtet, Maria sei »sehr krank und sah sehr blaß aus, und am 12. blieb sie den ganzen Tag in ihren Gemächern[8]«. Im folgenden Herbst, als Maria bereits Königin von Frankreich war und das Bedürfnis nach einem Erben immer dringender wurde, fiel es ihr gewiß nicht schwer, sich einzureden, daß diese Symptome, unter denen sie in Wirklichkeit ihre ganze Jugend hindurch gelitten hatte, auf eine Schwangerschaft zurückzuführen seien. Im Hinblick auf die unentwickelte und wahrscheinlich anormale Körperbeschaffenheit des Königs ist jedoch nicht anzunehmen, daß irgendeine echte körperliche Beziehung zwischen ihnen bestanden hat; ob Maria, strenggenommen, bei ihrer Ankunft in Schottland noch Jungfrau war oder nicht, geistig war sie es ganz bestimmt, denn ihre Ehe mit Franz kann ihr schwerlich einen wirklichen Begriff von der Bedeutung der körperlichen Liebe vermittelt haben.

So schwierig die innere Lage in Frankreich auch sein mochte, die Zustände in Schottland waren nicht viel besser – und auch hier mischten sich die religiösen Zwistigkeiten mit denen der Staatspolitik. Immer mehr französische Truppen wurden entsandt, der Regentin beizustehen. Die schottischen Aufständischen ihrerseits, die *»Lords of the Congregation«* – Schutzherren der protestantischen Kirche –, baten das protestantische England um Hilfe. Als im Oktober 1559 der Herzog von Châtelherault (der frühere Arran) sich den Reformierten anschloß, lieferte er ihnen damit einen Anführer, der nominell ein Anrecht auf den schottischen Thron hatte. Im Herbst dieses Jahres besetzten die Aufständischen sogar vorübergehend Edinburgh und erklärten, da Marie von Guise französische Truppen angefordert habe, die Schottland erobern sollten, sei es jetzt rechtmäßig, sie ihres Amtes zu entheben. Aber die schottischen Rebellen – oder Reformierten – erreichten nicht viel, bis es ihnen im folgenden Frühjahr gelang, ein festeres Bündnis mit England zu schließen. Am 27. Februar 1560 wurde der Vertrag von Berwick zwischen England und den schottischen *Lords of the Congregation* unterzeichnet, in dem vereinbart wurde, daß die Engländer eingreifen sollten, um den Schotten »ihre alten Rechte und Freiheiten« zu erhalten. Mit dieser Begründung kamen jetzt englische Truppen nach Schottland und belagerten Leith, das von der Regentin und ihren französischen Truppen besetzt war. Bezeichnenderweise wurde der Feldzug aufgrund der Tatsache, daß Maria das englische Königswappen trug, in England »der Krieg der Insignien« genannt.

Der Vertrag von Berwick fiel zeitlich fast genau mit der Verschwörung von Amboise in Frankreich zusammen: So konnte Franz vorläufig dem Herrschaftsgebiet seiner Frau keine weitere militärische Hilfe zukommen lassen, und man beschloß, den vernünftigeren Weg der Verhandlungen einzuschlagen. Im April 1560 entsandten Franz und Maria Monsieur de Montluc, M. de Pelvé und M. de la Brosse nach Schottland: Sie sollten versuchen, die schottischen Untertanen des Königspaars durch friedliche Mittel wieder zum Gehorsam zu bringen, und waren auch bevollmächtigt, wenn nötig mit der englischen Königin zu verhandeln. Diese Unterhandlungen führten schließlich zum Vertrag von Edinburgh, der am 6. Juli 1560 abgeschlossen und in dem vereinbart wurde, daß sowohl die englischen als auch die französischen Truppen sich aus Schottland zurückziehen sollten; ferner wurde Franz und Maria die Bedingung auferlegt, nicht mehr das englische Wappen zu führen und damit Elisabeth als Königin von England anzuerkennen. Am 15. Juli zog das englische Heer ab, und auch die französischen Truppen begannen sich einzuschiffen; Lord St. John wurde nach Frankreich entsandt mit dem Auftrag, das Königspaar um die Ratifikation des Vertrages zu ersuchen. Doch es sollte nie dazu kommen, denn am 11. August verkündete das schottische Parlament die *Confesio Scotica,* und fünf Tage später hob es die Zuständigkeit des Papstes auf und verbot die Zelebrierung der Messe unter Androhung der Todesstrafe beim dritten Verstoß. So wurde mit einer historischen Geste offiziell das vollzogen, was wir heute als die schottische Reformation bezeichnen. Das Parlament, nicht die Königin, hatte den Beschluß gefaßt: Obgleich, verfassungsmäßig gesehen, der Erlaß, der die Reformation ins Leben rief, der Genehmigung der Königin bedurfte, erhielt er sie faktisch niemals. Die schottische Reformation war eine rein parlamentarische Angelegenheit; und diese eine Willensäußerung des Parlaments genügte, das Bild der Monarchie in den Augen des Volkes grundlegend zu wandeln.

Diese Wirkung auf lange Sicht konnte Maria jedoch damals bestimmt nicht erkennen. Vom fernen Frankreich aus war es schwer, zu erfassen, daß Königin Elisabeth, ob sie wollte oder nicht, zur Schirmherrin des Protestantismus in Schottland geworden war und daß daher logischerweise die protestantischen Schotten in Zukunft sich eher an England um Hilfe wenden würden als an Frankreich. Noch schwerer war es, sich vorzustellen, daß Marias französisch-katholische Beziehungen unweigerlich ein Nachteil für sie sein würden, falls sie jemals in ihre Heimat zurückkehrte; daß ein Land, das durch Parlamentsbeschluß und ohne Genehmigung der Monarchin erst kürzlich seine Religion reformiert hatte, die Verbindung ihrer königlichen Autorität, ihrer französischen Erziehung und ihres Glaubens als eine Gefahr für seinen *status quo* betrachten würde.

Im Frühjahr und Sommer 1560 sah Maria den schottischen Aufruhr jedoch in erster Linie als eine Quelle neuer Schwierigkeiten für ihre Mutter, der sie aus der Ferne eine fast rührende Verehrung entgegenbrachte. Sie identifizierte die religiösen Rebellen Schottlands mit denen von Frankreich, ohne sich darüber klar zu sein, daß das gesamte schottische Volk sich allmählich der neuen Religion zuwandte, während in Frankreich die religiösen Anschauungen – man könnte fast sagen tragischerweise – soweit im Gleichgewicht waren, daß sie schließlich zu langen und blutigen Kriegen führten. In einem Brief an Marie von Guise, der wahrscheinlich Ende März 1560 geschrieben wurde und über die geplante Mission von M. de la Brosse und M. d'Amiens berichtet, schwört Maria, daß sie ihre Mutter nicht im Stich lassen werde: Sie wisse, daß es der größte Wunsch des Königs sei, ihr zu helfen, und er habe ihr, Maria, sein Wort gegeben, daß er es tun werde. Maria bittet ihre Mutter, auf ihre Gesundheit zu achten und darauf zu vertrauen, daß Gott ihr in ihrer Not beistehen werde – denn Gott habe ihr bereits so oft in all ihren Schwierigkeiten geholfen, daß Er sie jetzt, da sie Ihn mehr denn je brauche, bestimmt nicht verlassen werde[9].

Leider war Marias Besorgnis um die Gesundheit ihrer Mutter nur allzu gerechtfertigt: Diese tapfere Frau, die ein fremdes Volk regieren mußte und nach besten Kräften versuchte, Frieden in dem Land zu stiften, das ihrer Obhut anvertraut worden war, litt seit Jahren an Wassersucht. Sie war schon vor November 1559 schwer krank, und bis April des folgenden Jahres war das Leiden so weit fortgeschritten, daß die Ärzte jede Hoffnung aufgegeben hatten. Am 11. Juni, nur wenige Wochen vor dem endgültigen Abschluß des Vertrages von Edinburgh, starb sie unter fürchterlichen Qualen. Knox frohlockte über ihren Tod; er sah darin die Strafe Gottes für ihr Verhalten bei der Belagerung von Leith, wo sie, wie gemunkelt wurde, sich sehr erfreut über den Anblick der protestantischen Toten gezeigt haben sollte (obgleich solch eine Verhaltensweise eher Knox selbst als der barmherzigen Marie von Guise zuzutrauen wäre). »Und wenige Tage darauf, manche sagen sogar, noch an diesem selben Tag«, schrieb Knox, »begannen ihr Leib und ihre Beine anzuschwellen und schwollen weiter, bis Gott Sein Urteil an ihr vollzog.«

Mit der gleichen Verachtung hatte Knox schon früher Marie von Guises Übernahme der Regentschaft beschrieben: »Eine Krone wurde auf ihr Haupt gesetzt ... ein so passender Anblick ... als lege man einen Sattel auf den Rücken einer widerspenstigen Kuh[10].« Aber Knox, dieser selbstgerechte, unnachsichtige Fanatiker, tat Marie von Guise unrecht: In einer äußerst schwierigen Lage hatte sie versucht, ihr möglichstes zu tun und dem Rat ihres Bruders, des Herzogs von Guise, zu folgen, der ihr ans Herz gelegt hatte, in Schottland vermittelnd zu wirken, indem sie viel Milde und Mäßigkeit in der Rechtsprechung walten ließ. Sie war sogar manchmal bereit gewesen, diesen Rat gegen den Wunsch ihrer Brüder, die ihn ihr gegeben hatten, zu befolgen: Wie Regnier de la Planche selbst zugab, hatte Marie von Guise sich stets bemüht, Schottland nachsichtig und behutsam mit Hilfe des Parlaments zu regieren, und es waren die männlichen Guisen, die diesen Kurs verwarfen und erklärten, daß ihre Schwester wohl eine gute Frau sein möge, daß sie jedoch mit ihren sanften Methoden alles verderben werde[11]. Auch als Marie von Guise französische Regierungsbeamte nach Schottland kommen ließ, glaubte sie aufrichtig, den Schotten damit einen Dienst zu erweisen, denn sie war ehrlich entsetzt über die schottischen Regierungsmethoden. Sie bezeichnete die schottischen Gesetze als die ungerechtesten der Welt, und zwar weniger in ihren Bestimmungen als vielmehr in der Art, wie sie durchgeführt wurden. Und wenn man in Betracht zieht, wie es zur Zeit ihrer Ankunft in Schottland aussah, besonders in den Grenzgebieten, wo es entweder überhaupt keine Verwaltung oder bestenfalls eine völlig veraltete gab, ist es nicht schwer zu verstehen, woher sie diesen Eindruck gewonnen hatte.

Obgleich Marie von Guise selbst überzeugte Katholikin war, besaß sie doch genügend Nüchternheit und politischen Scharfsinn, um die reformierte Religion nicht unmittelbar und vollkommen mit den Mächten der Finsternis zu identifizieren. Im Jahre 1555 wurden D'Oysels Hoffnungen auf einen guten Empfang von seiten der Schotten durch das zunichte gemacht, was er als die engstirnige und egoistische Haltung der Adeligen bezeichnete, von denen jeder sich als kleiner König fühlte. Aber erst als Ende 1557 der schottische Adel sich weigerte, unter dem Banner Marie von Guises gegen England zu kämpfen, erwachte in ihr selbst ein zorniges Mißtrauen gegen diese verräterischen Lords, ganz gleich, ob sie Katholiken oder Protestanten waren. Sogar noch im Jahr 1559 erhob Marie von Guise, laut Melville, Einwendungen gegen den Befehl Heinrichs II., die Häresie in Schottland auszurotten: Obgleich sie sich um Marias willen auf eine Politik der französischen Oberherrschaft festgelegt hatte, weil sie hoffte, dadurch Schottland für ihre Tochter zu bewahren, versuchte sie nichtsdestoweniger die ganzen Jahre hindurch, diese Politik auf möglichst humane Art und Weise durchzuführen. Die Engländer fürchteten und bewunderten ihren scharfen Verstand: Thomas Randolph schrieb beunruhigt über »die List und Schlauheit der Königinwitwe«. Throckmorton bewunderte ihren »königlichen Geist« und schrieb bei den Friedensverhandlungen an Cecil, er möge um Gottes willen »dafür sorgen, daß man sie von hinnen schaffe, denn sie hat den Mut eines Kriegers[12]«. Als Marie von Guise auf dem Sterbebett lag, ließ sie die *Lords of the Congregation* zu sich kommen und bat sie, ihr zu glauben, daß sie sich stets ebenso aufrichtig für das Wohl Schottlands wie für das von Frankreich eingesetzt habe. Ob die Lords ihr glaubten oder nicht, wir können zumindest auf ihr Wort vertrauen, daß sie versucht hat, es zu tun, so gut sie es verstand.

Die Nachricht vom Tode Marie von Guises erreichte den französischen Hof am 18. Juni, wurde aber bis zum 28. Juni vor ihrer Tochter geheimgehalten: mit gutem Grund, wie sich herausstellte, denn als Maria Stuart schließlich die Nachricht erhielt, war ihr Kummer herzzerreißend, und sie erlitt einen jener körperlichen Zusammenbrüche, die großes Leid so leicht bei ihr bewirkten.

Nicht einmal der Tod brachte der armen Marie von Guise die wohlverdiente Ruhe, denn selbst um ihren unglückseligen, von der Wassersucht gezeichneten Leichnam entbrannte noch ein heftiger Streit. Am 12. August, sechs Wochen nach ihrem Tod, wurde eine Totenmesse für sie in Notre-Dame gelesen, aber erst im Oktober genehmigte man die Überführung ihres Sarges nach Frankreich, weil die schottischen Prediger die »abergläubischen Riten« anläßlich der Trauerfeier mißbilligten. Im März 1561 wurden ihre irdischen Überreste nach Fécamp in der Normandie gebracht und im Juli nach Reims, wo Marie von Guise in der Kirche des Klosters von Saint-Pierre beigesetzt wurde, dessen Äbtissin ihre Schwester Renée war.

Die Liebe zu ihrer Mutter spornte Maria Stuart dazu an, sich jetzt eingehender mit der schottischen Politik zu befassen; und dadurch, daß sie sich in steigendem Maße ihrer Stellung als Königin von Frankreich und Erbin – oder rechtmäßige Besitzerin – des englischen Thrones bewußt wurde, wuchs auch ihr Interesse für die französische und englische Politik. Wenige Tage nach dem Tode Heinrichs II. bemerkte Throckmorton, die Königin von Schottland nehme großen Anteil an allem, was um sie herum vorging. Maria hatte auch die Geistesgegenwart, sich sofort nach dem Tode ihres Schwiegervaters eine Liste der Kronjuwelen bringen zu lassen, die zu einem großen Teil in den Besitz von Diane de Poitiers übergegangen waren, jetzt aber ihr als Königin von Frankreich gehörten. Throckmortons Meinung über Maria Stuart ist besonders interessant, denn als englischer Gesandter hatte er seine guten Gründe, die Entwicklung ihres Charakters aufmerksam zu verfolgen: Ganz abgesehen von ihrem umstrittenen Anspruch auf die englische Krone, war sie zweifellos die rechtmäßige Thronerbin. Niemand konnte voraussehen, was geschehen würde, und Elisabeth war kinderlos und unverheiratet; wenn Maria sich nicht tatsächlich mit Gewalt des englischen Throns bemächtigte, bestand dennoch durchaus die Möglichkeit, daß er ihr durch Erbschaft zufallen würde. Daher schien es Throckmorton ratsam, ein wachsames Auge auf den Charakter und die Fähigkeiten dieses jungen Mädchens zu haben, das die Laune des Schicksals vielleicht eines Tages zu seiner eigenen Herrin machen würde.

Es ist bezeichnend, daß die Maria Stuart der Berichte Throckmortons viel intelligenter und reifer ist als das schöne, eigenwillige und zarte Geschöpf, das zum Beispiel der venezianische Gesandte in seinen Briefen an den italienischen Hof beschreibt. Ein Anflug von Herrschsucht lag in den Worten, mit denen Maria dem englischen Gesandten auseinandersetzte, weshalb sie und der König nicht bereit waren, den Vertrag von Edinburgh zu unterzeichnen. »Meine Untertanen in Schottland erfüllen in keiner Hinsicht ihre Pflicht«, erklärte sie ihm, »und sie haben auch in nichts, was sie selbst angeht, ihre Schuldigkeit getan. Ich bin ihre Königin, und so nennen sie mich, aber sie behandeln mich nicht so ... Man muß sie lehren, sich über ihre Pflichten klar zu sein[13].« Als die Königinmutter Katharina bei einer anderen Gelegenheit Throckmorton gegenüber bemerkte, daß es der Wunsch der französischen Königsfamilie sei, mit Königin Elisabeth auf gutem Fuß zu stehen, mischte Maria sich ein: »Ja«, sagte sie, »meine gute Schwester, die Königin, mag sicher sein, daß sie in mir, die ich ihre Kusine bin, einen besseren Nachbarn hat als in den Rebellen, und ich bitte Sie, ihr das zu verstehen zu geben[14].« Im Sinne der Machtpolitik mag das Argument nicht sehr überzeugend gewesen sein – denn sicherlich zog Elisabeth Rebellen jenseits der Grenze einer tatendurstigen jungen Königin vor, so wohlwollend und verwandtschaftlich gesinnt sie auch sein mochte –, aber von Marias Standpunkt aus gesehen war es ein gutes Argument, und es zeigt, daß die Erziehung des Kardinals Früchte zu tragen begann.

Der Kardinal hatte sie in ihrer Jugend in der Staatskunst unterwiesen; aber als Königin von Frankreich fand Maria eine neue Ratgeberin in der

Person ihrer Schwiegermutter, Katharina von Medici. Es war kein Zufall, daß Throckmorton im Februar 1560 die beiden Königinnen zusammen angetroffen hatte. Aus den offiziellen Berichten geht hervor, daß während der zehn Monate der Regierung Franz II. Königin Katharina und Königin Maria fast ständig zusammen waren, und Katharina, weit davon entfernt, durch den Tod ihres Mannes an Ansehen zu verlieren, übte als Mutter des jungen, unselbständigen Königs und als die Königinwitwe, die den Guisen zur Macht verholfen hatte, jetzt einen viel größeren Einfluß auf die Beschlüsse der Regierung aus als zu Zeiten Heinrichs II. Die Beziehungen zwischen Katharina von Medici und Maria Stuart haben Anlaß zu vielerlei Vermutungen gegeben. Man erzählte sich, Katharina habe ihre Schwiegertochter so tödlich gehaßt, daß sie letztlich sogar imstande gewesen sei, ihren Sohn Franz zu vergiften, um Marias Herrschaft als Königin von Frankreich ein Ende zu setzen. In fast allen Lebensbeschreibungen Marias wird berichtet, sie habe sich einmal in aller Öffentlichkeit verächtlich über die geringe Herkunft Katharinas geäußert und sie geringschätzig als »Krämerstochter« bezeichnet; diese Geschichte stützt sich jedoch lediglich auf die Aussage des päpstlichen Nuntius in Frankreich, Kardinal de Santa Croce[15]. Aber ob Maria mit der Unbedachtsamkeit der Jugend diese höchst unkluge Bemerkung gemacht hat oder nicht, es ist gewiß nicht schwer, sich vorzustellen, daß eine reizlose, ältere Frau auf eine außergewöhnlich anziehende jüngere eifersüchtig war; hinzu kam, ganz abgesehen von den üblicherweise gespannten Beziehungen zwischen Schwiegermutter und Schwiegertochter, der brennende Ehrgeiz Katharinas, der es ihr unerträglich machte, einer anderen den ersten Platz am Hofe Frankreichs einräumen zu müssen. Doch was auch immer ihre persönlichen Gefühle gewesen sein mögen, nach außen hin stellte sie Maria gegenüber eine mütterliche Güte zur Schau und gab ihr keinerlei Anlaß, an ihrer aufrichtigen Zuneigung zu zweifeln.

Tatsächlich hatte Katharina von Medici während der Regierung Heinrichs II. so gründlich gelernt, freundliche Beziehungen zu denjenigen zu unterhalten, die eine Machtstellung innehatten, daß es ihr unvorstellbar erschienen wäre, öffentlich irgendeine Art von Eifersucht auf Maria zu zeigen, solange Franz König von Frankreich war. Aber um ihre wahren Gefühle für Maria zu verstehen, muß man sich vor Augen halten, daß Königin Katharina trotz all ihres Ehrgeizes und ihrer Skrupellosigkeit im Grunde viel mehr Mutter als Politikerin war. Der Mutterinstinkt, nach einer langen, qualvollen Zeit der Unfruchtbarkeit endlich befriedigt, war bei ihr das am stärksten ausgeprägte Gefühl. So beurteilte sie jede Situation von dem Gesichtspunkt aus, wie sie sich auf das Wohl ihrer Kinder auswirken mochte; ihr Streben nach politischer Macht entsprang der Überzeugung, ihnen um so besser helfen zu können, je mehr Einfluß sie besaß. Maria, ganz gleich, ob Verbündete oder Rivalin, war für sie in erster

Linie die Frau ihres Sohnes. Solange Franz lebte, solange Maria seine Gattin und damit ein unerläßlicher Bestandteil seines Daseins und seines Glückes war, würde Katharina ihr mit all der Herzlichkeit und Hochachtung begegnen, die ihr zustand; aber sobald Franz tot war, sobald Maria nicht mehr die Gefährtin eines Sohnes, sondern eine mögliche Gefahr für das Glück eines anderen war, sah die Sache sehr viel anders aus. Wie Regnier de la Planche ganz richtig bemerkte: Ehe Katharina von Medici nach dem Tode ihres Sohnes Franz endlich die offizielle Regentin von Frankreich wurde, hatte sie zweiundzwanzig Jahre lang Zeit gehabt, Mentalität und Manier des gesamten französischen Hofes eingehend zu beobachten, so daß sie sehr gut wußte, wie sie vorzugehen hatte, um letztlich das Spiel zu gewinnen[16].

Maria ihrerseits wurde stark von der Persönlichkeit ihrer Schwiegermutter beeinflußt. Sie machte sich nicht nur die Einstellung zu eigen, daß die Aufrechterhaltung der Dynastie die erste Pflicht einer Königin sei, sondern sie lernte auch von Katharina, daß Intrigen ein notwendiger und sogar amüsanter Bestandteil des politischen Lebens sind. Diese beiden sehr weiblichen Lektionen – daß der Gedanke an das Kind oder ungeborene Kind, die Fortsetzung der Dynastie, über allen anderen stehen sollte und daß die wirksamste Waffe in den Händen einer Königin die der diplomatischen Intrigen ist – wurden Maria bewußt oder unbewußt während der siebzehn Monate eingeprägt, in denen sie praktisch den Thron mit Katharina von Medici teilte. Die zweite Lektion fiel nicht auf sehr fruchtbaren Boden: Im Gegensatz zu Katharina hatte Maria von Natur aus kein Talent zu Intrigen, obwohl sie eine große Vorliebe dafür entwickeln sollte. Die Wirkung dieser frühen Lehren Katharinas ist deutlich in Marias späterem Leben in Schottland und England zu erkennen.

Trotz des vorübergehenden Sieges der katholischen Partei in Amboise wurde Frankreich nach wie vor von religiösem Zwist und Aufruhr zerrissen. Angesichts der hoffnungslosen finanziellen Lage waren sich bis Mitte des Jahres Hugenotten wie Coligny und Katholiken wie die Guisen darin einig, daß man unbedingt versuchen müsse, irgendeine staatliche Einheit zu schaffen. Aber es war leichter, eine Einheit zu fordern, als sie zu erzielen. Jede der beiden Parteien hatte ihre eigenen Vorstellungen bezüglich dessen, was notwendig war. Bei einer Versammlung des Staatsrates sprach Coligny sich offen für die Rückkehr der *États Généraux* und die Einschränkung der königlichen Leibwache aus, die, wie er behauptete, Franz von seinem Volk trennte. Am 26. August wurden die Generalstaaten für Dezember einberufen, und man beschloß, im Januar eine Nationalsynode der französischen Kirche abzuhalten, vorausgesetzt, daß der Papst nicht mittlerweile ein ökumenisches Konzil angekündigt habe. Aber es war nicht so leicht, den inneren Frieden in Frankreich wiederherzustellen. Franz, der immer noch um sein Leben bangte, verließ Fontainebleau und begab sich sicherheitshalber zunächst nach Saint-Germain-en-Laye und von dort aus nach Orléans, wo er mit seiner Frau und seiner Mutter am 18. Oktober eintraf. Hier glaubte er sich, von seinem Heer umgeben, in größerer Sicherheit, ohne sich darüber klar zu sein, daß er die verheerenden Auswirkungen der Krankheit weit mehr zu fürchten hatte als den Dolch eines Meuchelmörders. Während der spanische Gesandte seinem Herrn berichtete, daß die religiöse Lage in Frankreich immer unhaltbarer werde[17], beschloß der Prinz von Condé, alles auf eine Karte zu setzen und persönlich an König Franz zu appellieren, den er durch die Anziehungskraft seiner Gegenwart dem Einfluß der Guisen zu entziehen hoffte. Doch sein Selbstvertrauen war fehl am Platz: Bei Condés Ankunft in Orléans machte Franz ihm auf Anweisung der Guisen hin bittere Vorwürfe wegen seiner feindlichen Haltung der Regierung gegenüber. Der Prinz wurde verhaftet und am 26. November zum Tode verurteilt.

Aber ebenso wie das Geschick der Guisen selbst sich durch den plötzlichen Tod Heinrichs II. gewandelt hatte, sollte auch Condé seinerseits von einer günstigen Vorsehung gerettet werden. Gerade um diese Zeit erwies sich abermals, wie riskant es ist, ehrgeizige Hoffnungen auf das vergängliche Leben eines einzelnen Menschen zu stützen. Am Sonnabend, dem 16. November, kehrte König Franz von einem Jagdausflug zurück und klagte über heftige Ohrenschmerzen. Am Sonntag sank er während der Abendandacht in der Kapelle der Jakobiner ohnmächtig zu Boden. Es herrschte in diesem November eisige Kälte, und der spanische Gesandte machte den Guisen schwere Vorwürfe, daß sie es dem König gestattet hatten, bei solch rauhem Wetter auf die Jagd zu gehen. Nichtsdestoweniger ahnten zunächst weder die wachsamen Gesandten – die Aasgeier der Höfe des 16. Jahrhunderts – noch die besorgten Anhänger von Condé, wie ernst die Lage war.

Die schwache Gesundheit des jungen Franz war schon von jeher die Achillesferse der Pläne der Guisen gewesen: Er hatte einen übelriechenden Atem; seine fahlen Wangen waren mit scharlachroten Flecken übersät, die ihm ein so erschreckendes Aussehen verliehen, daß im Volke das Gerücht umging, er habe Lepra und müsse im Blut frisch geschlachteter Kinder baden, um zu genesen. So versteckten die Bauern ihre Kinder vor dem König, wenn er vorüberkam, denn sie waren überzeugt, daß dieser junge Herodes sie andernfalls rauben und töten lassen würde. Nachträglich beschuldigten Katholiken und Protestanten einander, diese schändliche Verleumdung erfunden zu haben. In Wirklichkeit litt Franz wahrscheinlich an einem Ekzem, das von dem fortwährenden Eiterausfluß aus seinem chronisch entzündeten Mittelohr verursacht wurde. Als der König am Sonntag in der Kapelle in Ohnmacht fiel, entdeckte man eine große Geschwulst hinter seinem linken Ohr: Offenbar hatte die Entzündung sich auf die umliegenden Gewebe ausgebreitet[18].

Was immer die persönlichen Befürchtungen der Guisen gewesen sein mögen, sie bemühten sich verzweifelt, niemanden wissen zu lassen, wie bedenklich der Zustand des Königs war, und erklärten dem Hofstaat lediglich, er habe sich auf der Jagd eine starke Erkältung zugezogen. Der venezianische Gesandte ließ sich von diesem Märchen täuschen und berichtete seiner Regierung, daß die beiden Königinnen, Maria und Katharina, viel Aufhebens um den König machten, der in Wirklichkeit gar nicht krank sei. Am 19. November wurde dem spanischen Gesandten eine Audienz beim König gewährt, aber an der Tür trat der Kardinal ihm entgegen und erklärte ihm, das Befinden des Königs habe sich plötzlich verschlechtert. Chantonay wurde sofort mißtrauisch und bemerkte jetzt auch die besorgten Blicke, die zwischen den Guisen gewechselt wurden. Am Hof verbreiteten sich die unsinnigsten Gerüchte: Einige glaubten zu wissen, daß ein Kammerdiener auf Geheiß der Hugenotten ein tödlich wirkendes Pulver in den Nachttrunk des Königs gemischt habe, andere behaupteten, ein Barbier von Orléans habe ihm Gift ins Ohr geschüttet, während er ihm die Haare kämmte. Jetzt erinnerte man sich auch, daß sowohl die Ärzte als auch die Astrologen prophezeit hatten, Franz werde nicht lange leben – die ersteren aufgrund seiner schwachen Gesundheit, die letzteren aufgrund seines Horoskops.

Das lebhafte Interesse des Hofstaats an der Krankheit des jungen Königs wurde noch gesteigert durch die Tatsache, daß von seinem Leben oder Tod das Geschick Condés abhing. Wenn Franz starb, würde sein Bruder Karl ihm auf dem Thron folgen. Da Karl erst elf Jahre alt war, gab es diesmal keinen plausiblen Grund, König Antoine von Navarra, dem älteren Bruder Condés, die Regentschaft zu verweigern. Und König Antoines erste Maßnahme als Regent würde natürlich die Begnadigung und Freilassung Condés sein. Wenn Franz am Leben blieb, würde Condé sterben. Wenn Franz starb, würde Condé am Leben bleiben. Angesichts dieser gespannten Anteilnahme war es den Guisen nicht möglich, den Hof noch länger über die Krankheit des Königs im unklaren zu lassen. Am 27. November schrieb Throckmorton an Elisabeth, der Zustand des Königs sei so ernst, daß die Ärzte an seiner Genesung zweifelten; auf jeden Fall nehme man an, daß er nicht mehr sehr lange leben werde, da er, selbst vor diesem »schlimmen Unglücksfall«, durch übermäßige körperliche Anstrengung seine Gesundheit untergraben habe. Der venezianische Gesandte erfuhr von einem Angehörigen des Hofstaats, der im Gemach des Königs gewesen war, daß er fast ständig an Fieberphantasien litt. Aber trotz allem gab es immer noch Menschen, die glaubten, die Krankheit des Königs sei lediglich eine Erfindung der Guisen, die damit verhindern wollten, daß man Franz die Bittgesuche um die Begnadigung Condés vorlege[19].

Doch der unglückliche junge König, weit davon entfernt, das Opfer einer Verschwörung der Guisen zu sein, war leider das sehr viel tragischere

Opfer seiner eigenen Konstitution. Er hatte abwechselnd hohes Fieber und heftige Krämpfe, denen Anfälle von Aphasie folgten. Und zudem mußte er noch zahllose Purgationen und Aderlässe über sich ergehen lassen. Maria und Katharina wachten ständig bei ihm, pflegten ihn gemeinsam und versuchten, seine Qualen zu lindern. Am 3. Dezember schrieb der venezianische Gesandte an seine Regierung, daß Königin Maria, Königin Katharina und die Brüder des Königs an Prozessionen in den Straßen von Orléans teilnähmen, um göttliche Hilfe für die Genesung des Königs zu erflehen[20]. Abgesehen davon verbrachte Maria die letzten Wochen des Lebens ihres Mannes mit stiller, geduldiger Pflege in seinem verdunkelten Gemach. Die Guisen hingegen zeigten sich der Krankheit des Königs gegenüber viel weniger duldsam, denn sie waren sich vollkommen klar darüber, was sein Tod für sie bedeuten würde. In ihrer Verzweiflung warfen sie den Ärzten vor, daß sie nicht mehr für den König täten, als sie für einen gewöhnlichen Bettler tun würden; und auf ihrer Jagd nach weiteren Heilmitteln griffen sie sogar zum Stein der Weisen.

Aber weder Marias und Katharinas geduldige Pflege noch die Raserei der Guisen oder ihre vielfältigen Mittel konnten den unabwendbaren Verlauf der Krankheit beeinflussen. Die Entzündung griff jetzt auf den Gehirnlappen oberhalb des Mittelohrs über: Am Montag, dem 2. Dezember, trat eine scheinbare Besserung im Befinden des Königs ein, als man den Tumor aufschnitt und der Druck vorübergehend nachließ. Aber bald darauf bildete sich durch die Entzündung ein Abszeß im Gehirn, und damit war der französische König rettungslos verloren. Am Abend des 3. Dezember war er *in extremis,* und am 5. Dezember hatte er ausgelitten. Einen Monat vor seinem siebzehnten Geburtstag war König Franz II. tot.

Mit dem Tod des unglücklichen Franz und der voraussichtlichen Regentschaft von Navarra schien sich den Hugenotten jetzt eine neue Chance zu bieten. Auch in Marias Leben war durch den Tod ihres Mannes eine grundlegende Wandlung eingetreten: Im Alter von knapp achtzehn Jahren war sie nicht mehr Königin, sondern Königinwitwe von Frankreich. Ihre Stellung in Schottland hatte sich in erster Linie auf die Protektion gestützt, die die französische Krone denjenigen gewährte, denen sie günstig gesinnt war. Jetzt, da Franz nicht mehr auf dem Thron von Frankreich saß und ihre Oheime nicht mehr die französische Politik leiteten, drohte diese Stellung ins Wanken zu geraten. Es würde sich im Lauf der Zeit erweisen, ob es Maria Stuart gelang, die Lage ihres Landes zu verbessern oder nicht, aber auf jeden Fall mußte sie nach dem Tode des Königs die schottische Politik in neue Bahnen lenken.

Es ist kaum anzunehmen, daß die junge Königin während der Krankheit ihres Mannes und in den darauffolgenden Wochen der Trauer viel über diese politischen Fragen nachgedacht hat. Im Gegenteil, sie war, wie uns berichtet wird, fast als einzige unter den Angehörigen des französischen Hofes zutiefst bekümmert über den Tod des Königs, und dieser Kummer beruhte weniger auf der möglichen Vereitelung ihrer politischen Pläne als vielmehr auf der zärtlichen Zuneigung, die sie zu ihm empfunden hatte. Sie hatte den Gefährten ihrer Jugend verloren, den kindlichen Ehemann, der sie geliebt und mit ihr die beglückenden Vertraulichkeiten ihrer verzauberten Kindheit am französischen Hof geteilt hatte. Elisabeth war in Spanien, Claudia in Lothringen. So war ihr von den vertrauten Freunden der vergangenen Jahre nur Franz geblieben, und zu der Vertrautheit ihrer Kinderzeit kam später die der Ehe hinzu. Seit ihrer ersten Begegnung in Saint-Germain im Oktober 1548, als die fünfjährige schottische Königin feierlich dem vierjährigen Dauphin von Frankreich vorgestellt worden war und der ganze Hof sich so befriedigt über die sofortige gegenseitige Zuneigung der beiden Kinder gezeigt hatte, waren sie nie länger als jeweils einige Monate getrennt gewesen. So hatten zwölf Jahre hindurch Freundschaft und ständiges Beisammensein Franz und Maria verbunden, ganz abgesehen von den Gefühlen, die glückliche Kindheitserinnerungen im Herzen eines romantischen und liebebedürftigen jungen Mädchens zu wecken vermögen. Erst sechs Monate waren seit dem Tod Marie von Guises vergangen, der ihr solch tiefen Kummer bereitet hatte: Jetzt sah sie sich des Ehemanns beraubt, mit dem sie ein viel längeres und zufriedeneres Dasein geführt hatte als mit ihrer Mutter, mit der sie seit ihrer frühen Kindheit nur wenige kurze Monate zusammen gewesen war. So war es nicht zu verwundern, daß Maria einen tiefen Schmerz über den Verlust ihres Freundes und Gefährten empfand.

Niemand zweifelte damals an der Aufrichtigkeit ihrer Gefühle. Throckmorton bemerkte, Franz habe eine »zutiefst bekümmerte und trauernde Frau« zurückgelassen, die ihn während seiner Krankheit so hingebungsvoll gepflegt und sich so um ihn gesorgt habe, daß sie jetzt selbst völlig zermürbt und krank sei.

Was der Tod Franz II. in politischer Hinsicht für sie bedeutete, sollte Maria erst später erkennen – obwohl sie einen Vorgeschmack davon bekommen haben mag, als Katharina sie um die Rückgabe der Kronjuwelen ersuchte; wie aus dem Datum der Übertragungsurkunde und dem kurzen, eilig zusammengestellten Bestandsverzeichnis hervorgeht, geschah dies bereits einen Tag nach dem Tode von König Franz – eine grausame Parodie der Ereignisse nach dem Tode König Heinrichs, als Maria selbst die Rückgabe der Juwelen von Diane de Poitiers gefordert hatte. Unterdessen trug Maria den *Deuil blanc*, die weiße Witwentracht der Königinnen von Frankreich, und lebte völlig abgeschlossen in einem verdunkelten, nur von Kerzen erhellten Raum, um sich ganz und gar ihrem Kummer hinzugeben. Wie der venezianische Gesandte bemerkte: »Der Tod des Königs wird bald von allen vergessen sein, außer von seiner jungen Frau, die als Witwe zurückgeblieben ist, Frankreich verloren und von Schottland wenig zu erhoffen hat . . .[21]«

VII

MARIA ALS WITWE

»Seit dem Tode ihres Mannes hatte die schottische Königin gezeigt ... daß sie für ihr Alter sehr verständig und einsichtig ist und auch ein scharfes Urteilsvermögen besitzt ... was zweifellos im Laufe der Jahre ihr selbst und ihrem Land zu Ruhm, Ehre und großem Nutzen gereichen wird.«

Throckmorton an Königin Elisabeth, Januar 1561

Vierzig Tage dauerte, der Überlieferung gemäß, die Trauerzeit einer französischen Königinwitwe. Maria lebte einsam und zurückgezogen in ihren Gemächern, und während der ersten zwei Wochen durfte niemand außer ihren nächsten Verwandten sie besuchen. Sobald jedoch die strengste Zeit der Trauer vorüber war und Marias Kummer sich ein wenig gelegt hatte, mußte sie anfangen, über ihre Zukunft nachzudenken: Nach den ersten vierzehn Tagen war es den Gesandten gestattet, der jungen Königin ihre Aufwartung zu machen, und sie kümmerten sich wenig um die Gefühle einer achtzehnjährigen Frau, die ihren Mann verloren hatte, sondern waren, ebenso wie Marias Oheime, die Guisen, in erster Linie daran interessiert, die brennende Frage ihrer Zukunft zu erörtern.

Es gab im wesentlichen zwei Möglichkeiten, auf die sie ihre Erwägungen stützen konnte: eine zweite Ehe oder ihre Rückkehr nach Schottland. Es war jedoch schwer vorauszusehen, wie die Schotten sich zu ihrer jungen Königin stellen würden: Seit dem Tode Marie von Guises unterstand das Land einer protestantischen Regierung, der sowohl John Knox als auch der Stiefbruder der Königin, Lord James Stewart, angehörten. Zur Zeit des Todes von König Franz war Maria in Schottland praktisch eine unbekannte Größe, und das wenige, was man von ihr wußte, sprach nicht zu ihren Gunsten: Sie wurde nicht nur aufgrund ihres katholischen Glaubens von dem Land, das sich erst kürzlich zum Protestantismus bekannt hatte, als Außenseiterin betrachtet, sondern galt angesichts ihrer französischen Erziehung und Ehe auch als eine Fremde. So schien es sehr fraglich, ob es Maria gelingen würde, ohne die Unterstützung eines fremden Heeres ihr Königtum zu behaupten, und man war allgemein der Ansicht, daß nur eine zweite Ehe ihr die Rückkehr nach Schottland ermöglichen konnte. Dementsprechend richtete sich während des Frühlings 1561 die ganze Aufmerksamkeit der Diplomaten und des Hofes auf diese neue Heirat.

Der Historiker Froude hat Maria selbst mit scharfen Worten beschuldigt, sie habe, noch ehe der Leichnam ihres ersten Mannes erkaltet sei, bereits Betrachtungen über ihre nächste Wahl angestellt[1]. Man darf jedoch nicht vergessen, daß im 16. Jahrhundert die Heirat einer Königin eine rein politische Angelegenheit war; ebenso wie Marias erste Ehe vom Augenblick ihrer Geburt an erörtert wurde, als sie selbst noch viel zu jung war, sich für dieses Thema zu interessieren, war es jetzt eine Selbstverständlichkeit, daß – ungeachtet ihrer persönlichen Gefühle – die Frage ihrer Wiederheirat das Hauptthema der Gespräche und Briefe aller Gesandten und Höflinge war. Drei Wochen nach dem Tode Franz II. schrieb der englische Gesandte Throckmorton an den Kronrat: »Jetzt, da der französische König das Zeitliche gesegnet hat, wodurch die schottische Königin zur Witwe geworden ist, sollten Eure Lordships ihr besonderes Augenmerk auf die Ehe der besagten Königin richten[2].« Seine Briefe sind angefüllt mit Gerüchten über dieses kritische Thema. Eine volle Woche vor dem Tode des jungen Königs, als Maria Tag und Nacht im Krankenzimmer ihres Mannes verbrachte, berichtete Throckmorton aus Orléans, daß bereits zahlreiche Vermutungen über die zweite Heirat der französischen Königin geäußert würden, und er erwähnte Don Carlos von Spanien, den Erben Philipps II., den Erzherzog Karl von Österreich und den Earl of Arran, Sohn des Herzogs von Châtelherault. Bald kamen zu den drei von Throckmorton erwähnten Spitzenkandidaten, die den Gerüchten nach auch weiterhin an erster Stelle standen, noch zahlreiche andere hinzu, unter ihnen die Könige von Dänemark und Schweden, der junge Lord Darnley, in dessen Adern englisches Königsblut floß, und sogar der erst kürzlich verwitwete Herzog von Ferrara, von dem man glaubte, daß er eine besondere Zuneigung zur schottischen Königin hegte. Am spanischen Hof sprach man davon, daß Maria vielleicht eines Tages mit päpstlichem Dispens ihren eigenen Schwager, Karl IX., heiraten werde; und selbst der Name ihres Onkels, des Grand Prior Franz von Guise, wurde genannt. Mit einem Wort, als Marias vierzigtägige Trauerzeit beendet war, schloß der Kreis ihrer Ehekandidaten praktisch jeden unverheirateten Mann von einigermaßen passendem Alter ein, dessen Stellung dazu angetan schien, die der schottischen Königin zu fördern, indem er entweder ihren eigenen Thron in Schottland festigte, ihren Anspruch auf den Thron von England unterstützte oder sie sogar wieder zur Königin von Frankreich machte.

Angesichts dieser Flut von Gerüchten und Vermutungen mußte Maria selbst nach Beendigung ihrer Trauerzeit sich irgendwie zum Thema ihrer Wiederheirat und Rückkehr nach Schottland äußern, wenn sie sich nicht damit zufriedengeben wollte, die Entscheidung über ihre Zukunft wie in früheren Zeiten ihren Oheimen zu überlassen. Sie schien jedoch nicht geneigt, sich weiterhin so bevormunden zu lassen, wie sie es als Dauphine und Königin von Frankreich getan hatte. Es ist oft behauptet worden, die Guisen hätten nach dem Tod Franz II. das Interesse an ihrer Nichte verloren: Aber aus den Aufzeichnungen über Marias Witwenzeit in Frankreich geht hervor, daß im Gegenteil sie selbst es war, die jetzt versuchte, ihre politischen Flügel auszubreiten und sich aus dem Kokon zu befreien, in den die Guisen sie so liebevoll eingeschlossen hatten. Wie sie kurz vor ihrer Abreise nach Schottland Throckmorton gegenüber betonte, berieten ihre Onkel sie nicht in schottischen Fragen, »denn ihr Interesse gilt der Sache Frankreichs[3]«. Aber in den Verhandlungen bezüglich einer zweiten Heirat war der Kardinal nach wie vor bestrebt, seiner Nichte zur Seite zu stehen. Es war Maria die Witwe, die sich jetzt zum erstenmal bemühte, selbst ihre Entscheidungen zu treffen, und die Art, wie sie es tat, beeindruckte ihre gesamte Umgebung.

Nachdem der erste Kummer über den Tod ihres Mannes einer etwas gelasseneren Resignation gewichen war, benutzte sie die Zeit ihrer Trauer dazu, ernsthaft über das Problem ihrer Zukunft nachzudenken. Throckmorton besuchte sie am 31. Dezember, und sein Bericht über diesen Besuch zeigt uns eine neue Maria Stuart. Offensichtlich machte die junge Königinwitwe einen ausgezeichneten Eindruck auf den englischen Gesandten[4]. Er berichtete nach England, daß man der Königin zu Lebzeiten ihres Mannes keine große Bedeutung beigemessen habe, da sie »in den Banden der Ehe und ihrem Manne untertan war [der die Verantwortung für alle ihre Angelegenheiten trug]«, und es daher nicht viel Gelegenheit gegeben habe, sie kennenzulernen. Aber, fuhr er fort, seit dem Tode ihres Mannes habe sie gezeigt, daß sie »für ihr Alter sehr verständig und einsichtig ist und auch ein scharfes Urteilsvermögen besitzt, was zweifellos im Lauf der Jahre ihr selbst und ihrem Land zu Ruhm, Ehre und großem Nutzen gereichen wird«. Throckmorton war außerdem sichtlich beeindruckt von Marias Bereitschaft, sich in Fragen der Regierung von erfahrenen Staatsmännern beraten zu lassen: »Ihre Bescheidenheit ist so groß, daß sie klar die Grenzen ihrer Fähigkeiten erkennt und willens ist, sich von gutem Rat und klugen Männern leiten zu lassen [was eine der vornehmsten Tugenden eines Fürsten oder einer Fürstin ist und von großer Einsicht zeugt].«

Diese letzte Bemerkung Throckmortons war natürlich nicht nur dazu bestimmt, die Mitglieder des englischen Kronrats über die wahre Natur der schottischen Königin zu unterrichten: Sie war auch eine beißende Anspielung auf das weniger einsichtige und bescheidene Verhalten seiner eigenen Monarchin. Die späteren Ereignisse im Leben der beiden Königinnen lassen einen oft vergessen, daß in ihrer Jugend Elisabeth diejenige war, die als eigenwillig, unbeherrscht und widerspenstig angesehen wurde, während Maria allgemein als verständig und einsichtsvoll galt, bestrebt, eine gute Herrscherin zu sein, indem sie sich mit klugen Ratgebern umgab.

Erst wenige Monate zuvor, im September 1560, war Amy Robsart, die Frau Robert Dudleys, des Günstlings der englischen Königin, unter geheimnisvollen Umständen tot aufgefunden worden. Der Skandal, der an die spätere schottische Tragödie von Kirk o'Field erinnert, wenn er auch einen anderen Ausgang nahm, hinderte Elisabeth nicht daran, sich auch weiterhin ständig in Begleitung Dudleys zu zeigen, und es wurde allgemein gemunkelt, daß sie ihn jetzt, da er frei sei, zu heiraten beabsichtige. Throckmorton selbst war so entsetzt bei dem Gedanken, daß er erklärte, er wolle lieber sterben, als diesen Tag erleben zu müssen. Wie anders war das Verhalten der jungen Königin von Schottland, wie unendlich viel geziemender!

Nach Beendigung ihrer vierzigtägigen Trauerzeit übersiedelte Maria in Begleitung ihrer Großmutter in ein Schloß unweit von Orléans. Inzwischen hatte sie bereits einen Brief nach Schottland gesandt, in dem sie die schottischen Stände offiziell vom Tode König Franz II. unterrichtete und ihnen versicherte, daß sie bereit sei, alle vergangenen Mißhelligkeiten zu vergessen, und nur den einen Wunsch habe, so bald wie möglich nach Schottland zurückzukehren[5].

Gleichzeitig nahm Maria jedoch bereitwillig die Heiratsverhandlungen mit Don Carlos von Spanien auf. Don Carlos, den Erben des großen spanischen Kaiserreichs, zu heiraten, war eine ungleich verlockendere Aussicht als die sehr riskante Heimkehr in ihr fernes Königreich. Maria Stuart wußte sich von jeher zur Herrscherin geboren, und die Guisen hatten sie noch in diesem Glauben bestärkt. Don Carlos war Katholik, und seine spanischen Truppen würden ihr helfen, ihre protestantischen Gegner in Schach zu halten. So stand die spanische Heirat nach dem Tode Franz II. an erster Stelle in Marias Zukunftsplänen, und die Rückkehr nach Schottland gewann erst an Bedeutung, als die Verhandlungen mit Spanien im Sande verliefen.

Don Carlos selbst hatte allerdings wenig zu bieten, was seine Person betraf; tatsächlich war er in vieler Hinsicht lediglich eine noch schwächere Version des unglückseligen Franz, ohne den Vorzug, seit frühester Jugend Marias Freund und Spielgefährte gewesen zu sein. Er war klein und schmächtig, eine seiner Schultern war höher als die andere, er hatte einen deutlich wahrnehmbaren Sprachfehler und war überdies Epileptiker. Zur Zeit der Heiratsverhandlungen war er sechzehn Jahre alt, wenige Monate älter als seine junge Stiefmutter, Elisabeth von Valois. Mit siebzehn Jahren fiel er kopfüber eine Treppe hinunter, und die Gehirnerschütterung, die er sich dabei zuzog, war nicht dazu angetan, seinen Geisteszustand zu verbessern. Später faßte er eine leidenschaftliche Zuneigung zu seiner jungen Stiefmutter und einen entsprechenden Haß auf seinen Vater, den König. Ganz gewiß gab es nichts an Don Carlos, was die Phantasie einer jungen, kürzlich verwitweten Königin hätte anregen können, aber zu dieser Zeit war die Frau in Maria Stuart noch nicht erwacht, und ihr war jeder Ehemann recht, sofern er ihre politischen und dynastischen Ziele fördern konnte.

Zu ihrem Glück oder Unglück war es Maria Stuart jedoch nicht bestimmt, die Frau des spanischen Thronfolgers zu werden. Diesen frühen Verhandlungen stand ein unerbittliches, wenn auch nicht wahrnehmbares Hindernis in der Person Katharinas von Medici im Wege. Der Tod ihres Sohnes Franz hatte einen großen politischen Sieg der Königinmutter zur Folge gehabt: Obwohl die Regentschaft des Königreichs von Rechts wegen dem König von Navarra zustand, hatte Katharina ihn teils durch Zwang, teils durch gutes Zureden dazu bewogen, sie ihr zu überlassen. Als Gegenleistung ließ sie seinen Bruder Condé begnadigen, verzieh den Bourbonen alle früheren Vergehen und machte den König selbst zum *lieutenant général du royaume*. Es war sowohl politisch als auch persönlich ein außerordentlich kluger Schachzug, denn durch ihre eigene Regentschaft hinderte Katharina einerseits die sich bekämpfenden Adeligen des Hofes daran, das Königreich zu zersplittern, und andererseits förderte sie damit die Interessen ihrer Familie. Die Guisen, die noch achtzehn Tage vor dem Tode Franz II. so zuversichtlich mit der Unterstützung Katharinas gerechnet hatten, sahen ihren Einfluß schwinden, obwohl Katharina auch hier wiederum zu klug war, sie zu offener Feindschaft herauszufordern. Schließlich lag ihr weniger daran, persönliche Rache zu üben, als vielmehr ihrem Sohn die Herrschaft über alle Adeligen des Königreichs zu sichern.

Katharinas Haltung Maria gegenüber zeigte die gleiche wohlüberlegte Mischung von äußerer Versöhnlichkeit und innerer Unnachgiebigkeit in jedem Punkt, in dem ihre Interessen sich kreuzten. Im Januar 1561 erwähnte Maria in ihrem Brief an die schottischen Stände die liebevolle Anteilnahme, die Katharina ihr entgegenbrachte, und erklärte, daß sie von ihrer eigenen Mutter keinen größeren Trost in ihrem Kummer hätte erwarten können. Gleichzeitig äußerte sie die Ansicht, daß jetzt, da Frankreich von der Königinmutter regiert wurde, das schottisch-französische Bündnis fester denn je sein werde. Katharinas persönliche Briefe an ihre Tochter Elisabeth von Spanien lassen die Dinge jedoch in einem völlig anderen Licht erscheinen[6]. Sie spricht von Maria unter dem Decknamen *le gentilhomme* und mahnt ihre Tochter, sich vor ihr in acht zu nehmen. Katharina wurde nicht offiziell von Marias spanischen Heiratsgesprächen unterrichtet, und das ermöglichte es ihr, ihrer Schwiegertochter gegenüber den Schein der Freundlichkeit zu wahren, während sie sich insgeheim mit allen Mitteln dieser Ehe widersetzte, die sie als eine zweifache Bedrohung für das Haus der Valois ansah: Abgesehen davon, daß Marias Verbindung mit dem mächtigen spanischen Königshaus den Guisen abermals Gelegenheit geben würde, ihren Einfluß in Frankreich geltend zu machen, fürchtete Katharina um die Stellung ihrer eigenen Tochter Elisabeth, falls Philipp sterben sollte und Don Carlos König von Spanien wurde. Während sie

Elisabeth genaue Anweisungen gab, was sie in Spanien unternehmen sollte, um diese Ehe zu vereiteln, versuchte sie ihrerseits, Philipp von seinem Plan abzubringen, indem sie ihm eine Heirat seines Sohnes mit ihrer Tochter Margarete in Aussicht stellte.

Frankreich war nicht das einzige Land, das Marias spanische Eheverhandlungen mit Besorgnis verfolgte. In England wurde die Aussicht auf eine Verbindung Maria Stuarts mit einem ausländischen Fürsten – besonders einem spanischen – als kaum weniger bedrohlich für die Aufrechterhaltung der englischen Vormachtstellung betrachtet, und der dritte Punkt des Memorandums, das Cecil im März an Thomas Randolph, Elisabeths Gesandten in Schottland, schrieb, trug die Überschrift: »Die drohende Gefahr einer ausländischen Heirat der schottischen Königin[7].« Angesichts des beharrlichen Widerstands von Katharina und Königin Elisabeth von England sowie der Aussicht auf eine Ehe seines Sohnes mit Prinzessin Margarete verlor König Philipp allmählich das Interesse an Maria. Wenn er sie zu seiner Schwiegertochter machte, so würde er ihr aller Wahrscheinlichkeit nach mit Waffengewalt zu ihrem Thron verhelfen müssen, und überdies würde diese Verbindung ihn seine gegenwärtigen guten Beziehungen zur Königin von England kosten. Bisher hatte er Elisabeth geholfen, ihre katholischen Untertanen zu beschwichtigen, um einen Ausgleich zu dem gegnerischen schottisch-französischen Nexus zu schaffen. Solange Elisabeth nicht Dudley heiratete – und davon schien, zumindest im Augenblick, nicht die Rede zu sein –, war nicht zu befürchten, daß die englischen Katholiken sich erheben würden, um Maria Stuart zur Königin von England zu machen. In Anbetracht dieser Erwägungen zog Philipp verständlicherweise die Substanz Elisabeths dem Schatten Marias vor; vielleicht schreckte er auch ein wenig vor der Aussicht zurück, einen Guise-Kuckuck ins spanische Nest zu bringen. Ende April konnte Elisabeth von Spanien ihrer Mutter berichten, daß die spanischen Eheverhandlungen mit Maria aus Mangel an Interesse von seiten Philipps gescheitert waren.

Im Februar traf der Earl of Bedford in offizieller Mission in Frankreich ein, um Maria das Beileid Elisabeths von England auszusprechen. Maria dankte ihm mit liebenswürdigen Worten für den Trost der Königin, »dessen sie in ihrem Kummer dringend bedürfe«, und setzte hinzu, sie werde sich nach besten Kräften bemühen, es ihrer »lieben Schwester« an gutem Willen gleichzutun. Die nächsten beiden Unterredungen Bedfords mit Königin Maria wurden jedoch in einem weniger herzlichen und sehr viel sachlicheren Ton geführt, denn er hatte Anweisungen erhalten, sie abermals um die Ratifikation des Vertrages von Edinburgh zu ersuchen. Maria weigerte sich höflich, aber bestimmt, mit der Begründung, angesichts des Todes ihres Mannes könne sie den Vertrag nicht bestätigen, ohne sich zuvor mit dem schottischen Parlament beraten zu haben. Dennoch war sie bemüht, sich freundlich zu zeigen, und erklärte, es sei ihr größter Wunsch, mit Elisabeth persönlich zusammenzutreffen, denn sie sei sicher, daß sie bei solch einer Begegnung »ihre Meinungsverschiedenheiten viel besser beilegen könnten, als dies durch Briefe und Gesandte möglich sei[8]«. Dieser Wunsch Marias, Elisabeth von Angesicht zu Angesicht zu begegnen, ist sehr verständlich, ganz gleich, ob er auf Freundschaft, politischer Klugheit oder bloßer weiblicher Neugier beruhte; es ist auch nicht schwer, ihr nachzufühlen, daß sie zögerte, den Vertrag von Edinburgh zu unterschreiben, solange Elisabeth ihrerseits nicht bereit war, ihre Kusine als Thronfolgerin anzuerkennen. Mit der Ratifikation des Vertrags hätte Maria einen möglicherweise sehr wertvollen Trumpf aus der Hand gegeben, denn sie hoffte, daß Elisabeth als Gegenleistung die Verfügung Heinrichs VIII. bezüglich der englischen Thronfolge für ungültig erklären werde.

Kurz darauf erhielt sie einen weiteren Beweis für die Bedeutung ihres Anspruchs auf den englischen Thron. Henry Stuart, Lord Darnley, ein junger Nachkomme sowohl des englischen als auch des schottischen Königshauses, erschien am Hof, um seiner verwitweten Kusine einen Kondolenzbesuch abzustatten. Darnley, zu dieser Zeit ein Jüngling von fünfzehn oder sechzehn Jahren, war nicht aus eigenem Antrieb gekommen. Er war Maria Stuart schon einmal zur Zeit der Krönung Franz II. kurz begegnet, als seine Mutter, Lady Lennox, ihn mit einem Gesuch um die Rückerstattung ihrer Güter in Schottland an den französischen Hof gesandt hatte. Jetzt schickte diese ehrgeizige Frau ihren Sohn abermals nach Frankreich, mit der unverkennbaren Absicht, den gutaussehenden Jungen mitsamt seinem königlichen Blut der wieder heiratsfähigen jungen Königin vorzuführen. Darnley war Katholik, und da er in England geboren war, schloß das Testament Heinrichs VIII. ihn nicht von der Thronfolge aus. De Quadra, der spanische Gesandte in England, berichtete seinem Herrn, man nehme an, daß im Falle des vorzeitigen Todes von Königin Elisabeth die englischen Katholiken Darnley auf den Thron von England erheben würden. Aber in der verworrenen Welt der königlichen Erbansprüche und Gegenansprüche war man der Ansicht, daß wankende Rechte im allgemeinen an Nachdruck gewannen, wenn man sie durch eine Heirat mit einem anderen fraglichen Thronanwärter unterstützte. So wollte man Maria zu einer Ehe mit Darnley überreden, indem man ihr vor Augen hielt, daß damit ihr Anspruch auf den englischen Thron gefestigt würde; Margaret Lennox verhandelte gleichzeitig in diesem Sinn mit den schottischen Adeligen. Aber der königliche Fisch biß, zumindest bei dieser Gelegenheit, nicht auf den Köder an. Maria selbst träumte vorläufig noch von einer glorreichen spanischen Verbindung: Wenn Darnleys Erscheinen überhaupt irgendeinen Eindruck auf sie machte, so wurde dieser Eindruck für die Zukunft beiseite gelegt, denn zu dieser Zeit waren ihre Gefühle noch vollkommen ihrem politischen Ehrgeiz untergeordnet.

Mitte März beschloß Maria, den französischen Hof zu verlassen, um ihren diversen mütterlichen Verwandten einen Besuch abzustatten. Sie ging als erstes in das *château* der Guisen von Nanteuil und dann nach Reims, wo sie sich drei Wochen im Kloster ihrer Tante Renée, der Äbtissin von St-Pierre, aufhielt. Von dort aus ging sie nach Nancy an den Hof ihres Vetters, des Herzogs von Lothringen, und ihrer Schwägerin, der Herzogin Claudia, und letztlich nach Joinville, dem abgelegensten der Schlösser der Guisen.

Auf dem Weg von Reims nach Nancy empfing die junge Königin den offiziellen Besuch zweier schottischer Abgesandter aus verschiedenen Lagern, die ihr in dem Augenblick, da die spanischen Eheverhandlungen zu scheitern drohten, neue Möglichkeiten für ihr künftiges Leben in Schottland erschlossen. Als erster kam John Leslie, Bischof von Ross, Marias späterer Gesandter und Historiker, der die Partei der schottischen Katholiken vertrat, und kurz darauf, im Namen der selbsternannten protestantischen Regierung, ihr Stiefbruder, James Stewart. Leslie hatte einen kühnen Plan: Er riet Maria, Lord James in Frankreich festzuhalten und sich nach Aberdeen einzuschiffen, wo sie, wie er ihr versprach, ein von ihren Freunden im Norden Schottlands ausgehobenes Heer von zwanzigtausend Mann vorfinden werde. Damit sei sie in der Lage, Schottland im Sturm zu nehmen. Es spricht für Maria, daß sie diese radikale Lösung energisch zurückwies. Der Ratschlag war ohnedies recht zweifelhaft, da man zu diesem Zeitpunkt sich nicht einmal auf die unbedingte Treue Huntlys, des einflußreichsten katholischen Lords, verlassen konnte. Aber die Unterredung mit Leslie bestärkte Maria in der Überzeugung – die sie erst kurz zuvor Throckmorton gegenüber geäußert hatte –, daß zumindest das Volk sie freudig empfangen würde.

Der zweite Abgesandte war ihr Stiefbruder, Lord James. James Stewart war jetzt ein Mann von dreißig, etwa zwölf Jahre älter als sie selbst. Seine Mutter, Margaret Erskine, die langjährige Geliebte König Jakobs V., stammte aus einer der edelsten Familien Schottlands; von seinem Vater hatte Lord James das königliche Blut der Stewarts geerbt, das ihn dem schottischen Thron so nahe brachte, ohne daß er ihn jemals für sich beanspruchen konnte. Die Bedeutung, die man im 16. Jahrhundert in Schottland der Blutsverwandtschaft beimaß, erhob die unehelichen Kinder des Herrschers über alle anderen Adeligen des Landes, und von den neun Bastarden Jakobs V. bekleideten drei Söhne – Lord James, Lord Robert und Lord John Stewart – hohe Ämter am Hofe Marias, und eine Tochter, Jean Stewart, die den Earl of Argyll heiratete, wurde eine ihrer vertrautesten Freundinnen. Lady Margaret Erskine hatte 1527, vier Jahre vor der Geburt von Lord James, Robert Douglas geheiratet, und obgleich Jakob V. im Jahre 1536 einige sporadische Versuche machte, den päpstlichen Dispens zu erhalten, der es ihm ermöglicht hätte, die Mutter des Kindes zu heiraten, hätte auch diese nachträgliche Ehe seiner Eltern Lord James nicht von dem Makel der unehelichen Geburt befreit.

James Stewart besaß nicht den liebenswürdigen Charme seines Vaters; er war ein kluger, kühl berechnender Mann von würdevollem Aussehen und Gebaren, und diese *gravitas,* die sich so sehr von den Eigenschaften der zeitgenössischen französischen Adeligen unterschied, verhalf ihm dazu, das Vertrauen der Engländer zu gewinnen. Sie glaubten, in ihm den Typ eines neuen Schotten zu erkennen, rechtschaffen, ernsthaft und aufrichtig, vollkommen anders als die selbstsüchtigen schottischen Lords der vorigen Generation. Obgleich politisch begabter als die Söhne seiner Standesgenossen, war Lord James jedoch in Wirklichkeit keineswegs frei von jener Habgier, die so typisch für den schottischen Adel dieses Zeitalters war, und es mangelte ihm auch nicht an einem guten Maß von Scheinheiligkeit. Aber seine staatsmännische Klugheit und vor allem seine religiöse Einstellung, die so völlig mit derjenigen der englischen Politiker übereinstimmte, befähigten ihn, stets mühelos, wenn auch nicht immer ehrlich, mit den Engländern zu verhandeln, und das sollte in einer späteren Etappe des Lebens seiner Stiefschwester von großem Vorteil für ihn sein.

Lord James hatte auf dem Weg nach Frankreich in England haltgemacht und sich mit Cecil beraten, mit dem ihn eine alte Freundschaft verband. Seine Unterredung mit Maria, die in St-Dizier stattfand, verlief trotz ihrer sehr verschiedenen Ansichten recht befriedigend für beide Teile. Lord James hatte Anweisungen erhalten, die Königin zu ersuchen, sie möge im Interesse ihres Volkes zum protestantischen Glauben übertreten; dies lehnte sie standhaft ab. Nichtsdestoweniger erklärte sie tapfer, daß sie bereit sei, ohne irgendwelche weiteren Einschränkungen und ohne Waffengeleit heimzukehren, vorausgesetzt, daß sie in ihrer eigenen Hauskapelle ungehindert ihre Religion ausüben könne. Lord James hatte dies bereits vor seiner Abreise dem schottischen Parlament gegenüber als eine annehmbare Forderung bezeichnet. Als man ihn darauf hinwies, daß die Zelebrierung der Messe – ob öffentlich oder privat – innerhalb des Königreichs ein Verrat an der Sache Gottes sei, erwiderte er kühl, das möge wohl auf eine öffentliche Messe zutreffen, »aber wer kann sie [Maria] daran hindern, sie heimlich in ihren eigenen Gemächern lesen zu lassen?[9]«. Maria ließ sich auch von Lord James überzeugen, daß es, politisch gesehen, das klügste sei, der protestantischen Partei in Schottland freie Hand zu lassen, obwohl James später Throckmorton erzählte, sie habe die Unterhaltung damit begonnen, daß sie ihm den Kardinalshut und mehrere einträgliche Pfründen in Frankreich anbot, falls er seinerseits bereit wäre, dem Protestantismus abzuschwören. Die Tatsache, daß Lord James diesen verlockenden Vorschlag zurückwies, will nicht heißen, daß seine Gedanken bei dieser Unterredung ausschließlich Schottland galten und er nicht auf seinen persönlichen Vorteil bedacht war, denn er nahm offenbar die Gelegenheit wahr, seine Stiefschwester um das reiche Herzogtum von Moray zu bitten. Das gute Einvernehmen, das bei dieser Begegnung zwischen ihnen herrschte, muß Maria den Eindruck vermittelt haben, daß Lord James aufgrund ihrer Blutsverwandtschaft ihr in Schottland ebenso selbstverständlich mit Rat und Tat zur Seite stehen würde, wie die Guisen es in Frankreich getan hatten. Sie hatte Throckmorton gegenüber betont, daß sie bereit sei, sich beraten zu lassen, und wenn ihr auch nicht alle Ratschläge ihres Stiefbruders zugesagt hatten, so war es ihnen doch zumindest gelungen, die Grundlage für einen annehmbaren *modus vivendi* im Falle ihrer Rückkehr zu schaffen.

James' Ratschlag bezüglich der schottischen Protestanten stimmte mit den Berichten über die Situation in Schottland überein, die Maria bereits von anderer Seite erhalten hatte. Throckmorton erfuhr, daß selbst der König von Spanien ihr geraten hatte, sich anfangs in Fragen der Religion nachsichtig zu zeigen. Diese Ratschläge standen im Einklang mit Marias eigenem Temperament und ihrer religiösen Überzeugung. Sie neigte in Fragen der Religion mehr zu der toleranten Haltung ihrer Mutter als zu dem Fanatismus eines Kardinals von Guise. Als geborene Katholikin, die nie eine andere Religion gekannt hatte, war ihr Glaube für sie wie das tägliche Brot.

Man hat Marias angeborene Nachsicht in Fragen der Religion manchmal fälschlicherweise für Gleichgültigkeit gehalten. In Wirklichkeit hatte jedoch ihr persönlicher Glaube nichts mit Politik zu tun. Sie selbst legte am Vorabend ihrer Abreise nach Schottland Throckmorton gegenüber ein klares Bekenntnis ihrer religiösen Überzeugung ab[10]: »Ich will offen mit Ihnen sein«, erklärte sie ihm. »Die Religion, zu der ich mich bekenne, ist in meinen Augen die gottgefälligste; ich kenne keine andere und habe auch nicht den Wunsch, sie zu kennen. Beständigkeit, besonders in Fragen der Religion, steht jedem wohl an und niemandem besser als einem Fürsten, der über ein Königreich herrscht. Ich bin in dieser Religion erzogen worden, und wer könnte mich wohl achten, wenn ich von meiner Überzeugung wiche?« Ungeachtet ihrer persönlichen Einstellung war sie jedoch bereit, sich ihren Untertanen gegenüber tolerant zu zeigen, und kurz nach ihrer Ankunft in Schottland schrieb Randolph: »Sie wünscht, daß jeder Mensch leben solle, wie es ihm gefällt[11].« Doch diese Toleranz bedeutete nicht, daß die Königin selbst, wie viele Menschen im Herbst 1561 annahmen, jemals zum reformierten Glauben übertreten würde. Marias persönlicher Katholizismus war absolut und unantastbar, ihre Haltung der Staatsreligion gegenüber pragmatisch.

Als Maria nach dreimonatiger Abwesenheit am 10. Juni wieder am Hof eintraf, war sie entschlossen, nach Schottland zurückzukehren. Obwohl eine Anzahl von Überlegungen sie zu dieser Entscheidung bewogen hatten, war es keineswegs die einzige Alternative, die ihr offenstand. Trotz der heimlichen Feindseligkeit Katharinas berechtigte Marias Rang in Frankreich sie zu einer ehrenhaften Stellung am französischen Hof, aus der niemand sie gegen ihren Willen hätte verdrängen können. Ihr Ehekontrakt mit Franz erwähnte ausdrücklich, daß es ihr im Falle seines Todes gestattet sein sollte, zu wählen, ob sie in Frankreich bleiben oder nach Schottland zurückkehren wollte. Ihre Heirat hatte sie unter anderem zur Herzogin von Touraine gemacht, und ihre Besitzungen dort und in Poitou waren ausgedehnt und einträglich genug, ihr ein standesgemäßes Leben zu ermöglichen; die Familie der Guisen hatte zwar an Einfluß verloren, war aber trotzdem nicht völlig machtlos; wenn Maria in Frankreich blieb, würde es gewiß nicht lange dauern, bis ein entschlossener Bewerber als Don Carlos auf dem Plan erschien. Doch Maria war im Grunde ihrer Seele eine Spielernatur, die das Abenteuer liebte: Der vertraute Weg war für sie niemals der verlockendste, solange es einen anderen, gewagteren zu erkunden gab. Das Leben in Frankreich, wie sie es gekannt und geliebt hatte, schien zu Ende zu sein; aber am Horizont winkte Schottland, das ihr mit der Zeit – wer weiß, doch Maria war eine Optimistin – ebenso viele gute Gelegenheiten bieten konnte.

Mittlerweile sahen auch die Schotten selbst der Heimkehr ihrer jungen Königin mit mehr Sympathie entgegen. Unter den Politikern war es in erster Linie der scharfsichtige Maitland mit seinem feinen Gefühl für das internationale Spiel der Mächte, der das Parlament darauf hinwies, daß Marias Anspruch auf den englischen Thron jetzt Schottland statt Frankreich zum Nutzen gereichen würde, wenn sie in ihr eigenes Königreich zurückkehrte. Plötzlich erkannte man, daß eine gefügige junge Herrscherin mit einem wohlbegründeten persönlichen Erbanspruch auf den Thron des Nachbarlandes und offensichtlich bereit, sich in Fragen der Religion einsichtig zu zeigen, nicht so ohne weiteres zu verwerfen war. Aufgrund dieser Überlegungen sandte Lord James der Königin am 10. Juni einen Brief, in dem er sie im Namen der protestantischen Lords förmlich ersuchte, nach Schottland zurückzukehren. Auch Maitland selbst schrieb an Maria und versprach, ihr mit Rat und Tat zur Seite zu stehen. So war die Heimkehr nach Schottland für Maria keine Notlösung, sondern ein vielversprechendes Unternehmen, dem sie zuversichtlich entgegensah.

Weder Moray noch Maitland waren besonders ungehalten über die Tatsache, daß Maria sich immer noch weigerte, den Vertrag von Edinburgh zu bestätigen: Sie teilten verständlicherweise Marias Ansicht, daß sie in dieser Frage nichts unternehmen sollte, ehe sie sich mit dem schottischen Parlament beraten hatte. Throckmorton hingegen versuchte immer noch verzweifelt, die Ratifikation zu erlangen. Er sandte Somer im April nach Nancy und im Mai nach Reims: Beide Missionen verliefen ergebnislos. Als Maria an den französischen Hof zurückkehrte, bat er sie abermals inständig, den Vertrag zu unterzeichnen. Maria, die auf ihrer Reise einen schweren Anfall von Tertianafieber erlitten hatte, erklärte ihm, daß sie noch zu schwach sei, um sich mit Angelegenheiten dieser Art zu befassen, versprach jedoch, die Frage sofort nach ihrer Ankunft in Schottland mit den Ständen und den

Lords ihres eigenen Königreichs zu erörtern. Sie sagte Throckmorton, daß sie die Absicht habe, sich in Kürze in Calais einzuschiffen, und d'Oysel wurde nach England gesandt mit dem Auftrag, Elisabeth im Namen der schottischen Königin um freies Geleit für ihre Reise nach Schottland zu ersuchen[12].

Aber als d'Oysel am 13. Juli bei Elisabeth vorsprach und sie um einen Paß für Maria bat, fragte die englische Königin sofort, ob er die Bestätigung des Vertrages von Edinburgh mitgebracht habe. D'Oysel erwiderte, er habe keine diesbezüglichen Anweisungen erhalten, woraufhin Elisabeth sich wütend weigerte, Maria freies Geleit zu gewähren. Dieses Verhalten Elisabeths, das mehr von kindischem Trotz als von politischer Klugheit zeugt, wurde damals allgemein mißbilligt, selbst von ihrem eigenen Gesandten.

Elisabeths abschlägige Antwort gab Maria Stuart zum erstenmal Gelegenheit, jenen kühlen Mut zur Schau zu stellen, der ein so wesentlicher Grundzug ihres späteren Lebens sein sollte. Als sie nach Erhalt der Nachricht Throckmorton am 20. Juli in Saint-Germain empfing, zeigte sie sich äußerst beherrscht: Als erstes drückte sie ihm mit höflichen Worten ihr Bedauern aus, daß sie ihn mit der Bitte um einen Paß belästigt habe, den sie ja eigentlich gar nicht brauche. »Ich benötige ebensowenig die Bewilligung Ihrer Gebieterin, der Königin, für meine Reise, wie sie die meine für ihre Reisen benötigt, und kann auch ohne ihren Paß und ihre Erlaubnis in mein Königreich zurückkehren«, erklärte sie stolz. »Trotz der Bemühungen des verstorbenen Königs, mich abzufangen, als ich nach Frankreich kam, bin ich heil herübergekommen, und ebenso werde ich gute Mittel und Wege finden, mit Hilfe meiner Freunde heimzugelangen.« Dann fuhr sie fort, sie beabsichtige nicht, den Vertrag zu unterschreiben, ehe sie sich mit dem schottischen Parlament beraten habe, denn sie sei nicht moralisch verpflichtet, etwas zu erfüllen, was ihr verstorbener Mann angeordnet habe. Aber als Beweis, daß sie in gutem Einvernehmen mit der englischen Königin zu leben wünschte, wies sie Throckmorton darauf hin, daß sie seit dem Tode ihres Schwiegervaters und ihres Gemahls weder das englische Wappen noch den Titel einer Königin von England geführt habe.

Als Throckmorton am nächsten Tag abermals bei Maria vorsprach, erklärte sie ihm: »Monsieur l'Ambassadeur, wären meine Vorbereitungen nicht so weit gediehen, so hätte vielleicht die Unfreundlichkeit der Königin, Ihrer Gebieterin, meine Reise verhindern können. Jetzt aber bin ich entschlossen, die Sache zu wagen, was immer daraus entsteht. Ich hoffe, der Wind wird so günstig sein, daß ich nicht genötigt bin, die englische Küste zu berühren. Sollte dies aber geschehen, Monsieur l'Ambassadeur, dann bekommt mich die Königin, Ihre Herrin, in die Hände. Sie kann in diesem Falle mit mir tun, was sie will, und wenn sie so harten Herzens ist, meinen Tod zu verlangen, möge sie nach ihrem Gutdünken handeln und mich opfern. Vielleicht wäre diese Lösung für mich besser, als zu leben«, setzte sie dramatisch hinzu, obgleich anzunehmen ist, daß ihre tatsächlichen Erwartungen nicht ganz so pessimistisch waren. »Möge in dieser Sache Gottes Wille sich erfüllen«, schloß sie und umarmte in einer letzten majestätischen Geste den verblüfften Throckmorton[13].

Dieser Unterredung ließ Maria einen freundschaftlichen Brief an Elisabeth folgen, in dem sie ihre Kusine abermals um freies Geleit bat. Aber unmittelbar darauf begann sie, ohne auf die Antwort zu warten, mit den Vorbereitungen für ihre Reise. Nach einer vier Tage währenden Abschiedsfeier zu ihren Ehren verließ sie am 25. Juli den Hof von Saint-Germain und machte sich, von ihren sechs Oheimen und anderen Angehörigen des französischen Adels begleitet, auf den Weg nach Calais. Am 7. August hatte die junge Königin in Abbeville noch eine letzte Unterredung mit Throckmorton, der sie abermals dringend ersuchte, dem Wunsch der englischen Königin zu folgen und den Vertrag zu unterzeichnen. Aber Maria blieb standhaft: Da sie ohne den Rat ihrer Oheime handle, erklärte sie dem Gesandten, müsse sie die Frage unbedingt mit ihren schottischen Ratgebern erörtern, ehe sie einen Entschluß fassen könne.

Am Abend des 8. August traf Maria in der Abtei von Forêt Monstrier ein, wo sie beschloß, Lord St. Colme Inch und Alexander Erskine mit einer letzten Bitte um den Paß nach England zu senden. Aber die Vorbereitungen für ihre Reise waren nahezu beendet, und Elisabeths Antwort auf diesen Brief – dessen Ton auch dieses Mal sehr freundschaftlich war – traf Maria nicht mehr in Frankreich an.

Im Hafen von Calais warteten zwei Galionen und zwei Begleitschiffe auf die schottische Königin und ihr Gefolge. Auf ihrer eigenen Galione reisten drei ihrer Onkel – René de Elbœuf, der Herzog von Aumale und der Grand Prior Franz – sowie die vier Marys, die sie vor dreizehn Jahren nach Frankreich begleitet hatten und jetzt mit ihr nach Schottland zurückkehrten; und unter der Schar von jungen Männern, die dazu auserwählt worden waren, die Königin auf ihrer Reise zu unterhalten, befanden sich der junge Dichter Chastelard und der ihr zeitlebens treu ergebene Chronist Brantôme[14].

Trübe und neblig zog der Tag der Abfahrt herauf. Marias bedrückte Stimmung wurde nicht gebessert durch die Tatsache, daß ein Fischerboot vor ihren Augen im Hafen zerschellte und alle seine Insassen ertranken. »Welch trauriges Vorzeichen für eine Reise!« rief sie mit tränenerstickter Stimme. Am 14. August gegen Mittag sah der Diener Throckmortons, der an Calais vorüberkam, ein erregendes Schauspiel: zwei prachtvolle weiße Galionen und zwei andere Schiffe, die sich langsam von der Küste entfernten. Er beeilte sich, seinem Herrn die Neuigkeit mitzuteilen. Throckmorton hatte diese Nachricht bereits erwartet, und sicherlich war sie ihm nicht ganz unwillkommen. Er wußte, es war die Königin von Schottland, die jetzt mutig die Reise durch die Nordsee in ihr sechshundert Meilen entferntes Königreich antrat, ohne einen Paß oder Geleitbrief von der englischen Königin erhalten zu haben, deren Schiffe in diesen Gewässern kreuzten. Während der Gesandte pflichtgetreu die Depesche zu schreiben begann, die seiner Herrin diese Botschaft bringen sollte, dachte er nur an die trotzige Kühnheit dieser Geste, die er insgeheim gebilligt haben mag; und selbst wenn seine wachsamen Augen imstande gewesen wären, in die große weiße Galione zu blicken und die tragische, weinende Gestalt am Heck wahrzunehmen, so hätte er wohl schwerlich in diesem gequälten Wesen seine stolze, beherrschte junge Königin erkannt.

Bis zu diesem Augenblick hatte Maria sich bewundernswert tapfer und standhaft gezeigt, sowohl in ihren Verhandlungen mit Throckmorton als auch, was bedeutsamer war, in ihrem Entschluß, alles auf eine Karte zu setzen, indem sie nach Schottland zurückkehrte. Aber jetzt, da die Würfel gefallen waren, jetzt, da die Schiffe tatsächlich im Hafen von Calais lagen, bereit, sie fortzuführen von allem, was sie so lange Jahre hindurch gekannt und geliebt hatte, verlor sie vorübergehend ihre unerschütterliche Entschlossenheit. Jetzt galt es nicht mehr, eine Entscheidung zu treffen, die Kraft und Mut erforderte, es galt nur noch, Abschied zu nehmen, vielleicht auf Nimmerwiedersehen, von ihrer Familie, ihren Freunden und vor allem von Frankreich, dem Land, das ihr zur zweiten Heimat geworden war.

Während die Galionen vorwärtsstrebten, den unbekannten Gestaden Schottlands entgegen, blickte Maria unverwandt auf die schnell versinkende Küste Frankreichs; beide Arme auf dem Heck neben dem Steuerruder, murmelte sie immer wieder mit tränenerstickter Stimme: »Adieu France! Adieu France!« Ein ums andre Mal wiederholte sie die Worte, und als das Ufer langsam ihren Blicken entschwand, nahm ihre Klage zu. Bis in die Nacht hinein war ihre traurige junge Stimme zu hören, die über das Pfeifen des Windes und das Brausen des Meeres hinweg unaufhörlich dem geliebten Lande ihr melancholisches und prophetisches Lebewohl zurief: »Adieu France! Adieu France! Adieu donc, ma chère France ... Je pense ne vous revoir jamais plus.«

Zweiter Teil

Die persönliche Herrschaft

VIII

DAS KÖNIGREICH

»Assez fins, astutes et inconstans d'affection«
Ein Urteil über die Schotten aus einer anonymen französischen Abhandlung von 1558.

Obgleich Ronsard in einem Abschiedsgedicht an die Königin den romantischen Wunsch äußerte, daß Schottland vor ihrem Schiff dahinziehen möge wie die schwimmende Insel Delos, damit sie es nie erreiche, tauchte die in Nebel gehüllte schottische Küste in prosaisch kurzer Zeit vor den Galionen auf. Königin Katharina erwähnte ihrer Tochter Elisabeth von Spanien gegenüber die Abreise ihrer Schwiegertochter mit wenigen kühlen Worten: »Sie ist abgefahren . . . und wenn die Winde günstig sind, müßte sie binnen einer Woche in Schottland sein[1].« Wie sich herausstellte, verlief die Reise, die so dramatisch begonnen hatte, ziemlich ereignislos und dauerte nur fünf Tage. Maria verbrachte den größten Teil der Zeit in tiefer Niedergeschlagenheit; ihr weiches Herz veranlaßte sie, das übliche Auspeitschen der Ruderer zu verbieten; vielleicht konnte sie es in ihrem eigenen Kummer nicht ertragen, andere Menschen unnötig leiden zu sehen[2].

Die Begegnung mit den englischen Schiffen auf hoher See war das aufregendste Ereignis der Reise. Als Antwort auf das von Lord St. Colme Inch überbrachte Schreiben hatte die englische Königin endlich eine versöhnliche Botschaft gesandt, aber sie traf erst ein, als Maria bereits Frankreich verlassen hatte. Elisabeth erklärte jetzt, daß sie nicht beabsichtige, die schottische Königin unterwegs aufzuhalten; zudem habe sie gar keine Flotte in der Nordsee, nur ein paar kleine Barken, die dort kreuzten, um die Piraten in Schach zu halten.

Dichter Nebel lag über dem Gestade, als die Galionen sich dem Hafen von Leith näherten. An der Küste Schottlands ist selbst im Hochsommer dichter Nebel nichts Ungewöhnliches; dennoch betrachtete laut Brantôme das Gefolge Marias dies als ein weiteres unheilverkündendes Omen für die Ankunft der Königin, während John Knox in dem Nebel ein Zeichen dafür sah, daß die Königin »Kummer, Leid, Finsternis und Gottlosigkeit« nach Schottland brachte[3]. Nur Maria selbst kümmerte sich nicht um diese düsteren Vorzeichen und schien entschlossen, ein lächelndes Gesicht zu zeigen, was immer geschehen mochte. Ihr angeborener Optimismus hatte ihr geholfen, gegen Ende der Reise ihren Gleichmut wiederzugewinnen; jetzt stellte die Aussicht, ihren Untertanen praktisch zum erstenmal auf schottischem Boden zu begegnen, für sie die Art von Herausforderung dar, die sie besonders liebte – denn trotz ihrer Jugend war sie sich bewußt, daß sie die Menschen stets am besten für sich gewinnen konnte, wenn sie ihnen persönlich gegenüberstand. Am Dienstag, dem 19. August, betrat Maria, die Königin der Schotten, nach einer Abwesenheit von genau dreizehn Jahren im Hafen von Leith wieder den Boden ihrer Heimat: Ungeachtet aller trüben Vorzeichen ging sie mit hocherhobenem Haupt ihrem neuen Leben entgegen.

Infolge des günstigen Windes, der sie auf ihrer ganzen Reise begleitet hatte, traf sie früher als erwartet ein. Nichtsdestoweniger wurde sie, wie allgemein berichtet wird, freudig und jubelnd empfangen, wenn auch Neugier dabei eine mindestens ebenso große Rolle gespielt haben mag wie Königstreue. Da das Schloß von Holyrood noch nicht für ihre Ankunft vorbereitet war, wurde die Königin zunächst in das Haus eines Kaufmanns in Leith geführt, wo sie die erste Nacht in ihrem Land verbrachte. Am nächsten Morgen traf ihr Stiefbruder, Lord James, mit einigen anderen Edelleuten ein, um sie in das dicht bei Edinburgh gelegene Holyrood zu begleiten. Lord Herries berichtet in seinen Memoiren über den Jubel, mit dem die Bewohner Edinburghs ihre Königin begrüßten, und selbst Knox gibt zu, daß am Abend »Freudenfeuer« angezündet wurden[4]. Die Adeligen mögen sich verpflichtet gefühlt haben, ihrer Herrscherin einen freundlichen Empfang zu bereiten; sie mögen von der Absicht angespornt worden sein, einen günstigen Eindruck zu erwecken, der ihnen später zu persönlichem Nutzen gereichen würde; aber das gewöhnliche Volk war begeistert von dem Schauspiel, das sich seinen Augen bot – von der »Schönheit, Jugend und majestätischen Haltung« seiner Königin, wie Herries es ausdrückte –, ungeachtet der Tatsache, daß Maria und ihre Hofdamen noch dunkle Trauerkleidung trugen, denn seit dem Tode von König Franz war noch nicht ein Jahr vergangen. Maria selbst, hochgewachsen, anmutig und würdevoll, entsprach in ihrer äußeren Erscheinung genau dem, was das Volk sich für die Rolle seiner jungen Königin erträumt haben würde, wenn es hätte wählen können.

Brantôme äußerte sich bissig über das Geleit, das man der Königin bereitete. Er blickte verächtlich auf die plumpen schottischen Ackergäule, die man in Leith für sie und ihr Gefolge eilig aus den umliegenden Ställen zusammengetrieben hatte, und erklärte, diese Schindmähren seien ein trauriger Abstieg für eine Köngin, die an die edelsten Reitpferde Frankreichs gewöhnt war. Aber zweifellos entschädigten die begeisterten Zurufe ihrer Untertanen Maria überreichlich für diese Mängel: Auf jeden Fall zeigte sie sich hocherfreut über alles, was sie sah. Und, besser noch als das, Maria war imstande, dieser Freude ihren Untertanen gegenüber in der Landessprache Ausdruck zu geben, denn sie hatte trotz der dreizehn Jahre am französischen Hof ihr Schottisch nicht vergessen. Tatsächlich konnte sie bei ihrer Ankunft in Frankreich nichts anderes sprechen; nach kurzer Zeit sprach sie jedoch bereits fließend Französisch, und es war die Sprache, die sie für gewöhnlich schrieb und in der sie vermutlich auch dachte. Aber die Anwesenheit von schottischen Begleiterinnen wie Lady Fleming, ihrer Erzieherin Jean Sinclair und den vier Marys ermöglichte es Maria offenbar, ihr Schottisch zu üben: Im August 1560 berichtete Throckmorton, daß Maria bei ihrer letzten Unterredung schottisch mit ihm gesprochen habe, und später erzählte der päpstliche Gesandte, die Königin habe »angefangen, ihm auf schottisch zu antworten«, denn sie ziehe, wie sie ihm erklärte, diese Sprache dem Latein vor*. Obwohl Marias schottische Briefe zeigen, daß sie die geschriebene Sprache niemals fließend beherrschte, konnte sie sich – wie aus Knox' Memoiren hervorgeht – vom Augenblick ihrer Ankunft an leicht und ungezwungen auf schottisch unterhalten[6].

Der Palast von Holyrood, ursprünglich eine Feste, war unter der Regierung Jakobs V. im Stil der schottischen Renaissance ausgebaut worden. Dicht außerhalb der Stadtmauern von Edinburgh und dennoch inmitten der freien Natur gelegen, bot er der jungen Königin die ideale Möglichkeit, sich den Regierungsgeschäften zu widmen, ohne auf die Annehmlichkeiten von Jagd und Reitsport verzichten zu müssen. Der Palast wurde damals wie heute von dem steil aufragenden »Arthurstuhl« beherrscht: Wie Fynes Morison es Ende des Jahrhunderts beschrieb: »Over Holyrood, in a park of Hares, Conies and Deare, an high mountain hangs, called the chaire of Arthur[7].« Neben dem Palast und durch eine Mauer mit ihm verbunden lag die Abtei von Holyrood; sowohl sie als auch der Palast selbst waren vor siebzehn Jahren, zur Zeit der Invasion Hertfords, von den Engländern teilweise niedergebrannt, inzwischen aber wieder instand gesetzt worden.

Maria bezog jetzt die königlichen Gemächer an der nordwestlichen Ecke des Schlosses, die eine so bedeutsame Rolle in ihrer Geschichte spielen sollten. Nach den schottischen Maßstäben der damaligen Zeit waren sie außerordentlich luxuriös: Es gab eine Hauskapelle, und das Vorzimmer war

* Der Unterschied zwischen Englisch und Schottisch war im 16. Jahrhundert ungefähr so wie zwischen zwei Dialekten derselben Sprache; wie ein Fachmann es einmal ausdrückte: »Jeder abgefangene Brief (auf schottisch) ... konnte von einem gebildeten Engländer gelesen werden[5]« (obwohl natürlich heutzutage die Übertragung von Dokumenten aus dieser Sprache ins Englische erhebliche Schwierigkeiten bereitet). Maria sprach vor der Zeit ihrer Gefangenschaft ein recht mangelhaftes Englisch, lernte es dann aber sehr schnell.

mit einem heraldischen Deckengemälde geschmückt[8]. Aber auch für Sicherheit war ausreichend gesorgt: Zur Zeit von Königin Maria konnte man Holyrood nur über eine eiserne Zugbrücke erreichen, und die Fenster der Prunksäle hatten eiserne Gitter.

Marias erste Nacht in Holyrood war nicht sehr geruhsam: Kaum war sie eingeschlafen, da wurde sie von einem nächtlichen Chor von fünf- oder sechshundert »Musikanten« geweckt, die ihr mit Dudelsäcken und Pfeifen ein Ständchen brachten und dazu mit rauher Stimme Psalmen und fromme Lieder sangen. Das Resultat war eine Reihe von grauenvollen Mißtönen, die das Ohr der musikliebenden Königin ebenso verletzt haben müssen wie das des empörten Brantôme, der die Darbietung als einen »Höllenspektakel« bezeichnete. Dennoch versicherte Maria am nächsten Morgen den nächtlichen Musikanten mit der ihr eigenen Liebenswürdigkeit, es sei ein reizendes Erlebnis gewesen, und ging – laut Knox – sogar soweit, sie zu bitten, »dasselbe einige Nächte später fortzusetzen[9]«.

Aber trotz Marias Takt, trotz ihres offensichtlichen Entschlusses, jeglichen Ausdruck des seltsamen Volkscharakters ihrer Untertanen mit heroischer Begeisterung aufzunehmen, muß Schottland, wie sie es jetzt sah, ihr im Vergleich zu Frankreich wie eine andere Welt erschienen sein, ungeachtet der Tatsache, daß die beiden Ehen Jakobs V. und die spätere Ehe seiner Tochter mit dem französischen Thronfolger ein festes Band zwischen den beiden Ländern geknüpft hatten. Zahlreiche Hofdamen von Königin Madeleine und Königin Marie von Guise hatten schottische Adelige geheiratet, und auch französische Regierungsbeamte aus der Zeit der Regentschaft der Königinwitwe lebten immer noch in Schottland. Marias eigene Ehe, die im Jahre 1559 die wechselseitige Naturalisierung von Schotten und Franzosen zur Folge hatte, bedeutete außerdem, daß die Titularherrscherin Schottlands in Frankreich lebte und daß damit ein ständig wachsender Strom von Schotten in Regierungsangelegenheiten oder mit persönlichen Anliegen an den französischen Hof gekommen war.

Aber auch vor diesen französisch-schottischen Eheschließungen bestand bereits eine enge Verbindung zwischen den Universitäten der beiden Länder, und hohe katholische Würdenträger wie Kardinal Beaton hatten in ihrer Jugend in Frankreich studiert. Durch die schottische Reformation wurden diese Verbindungen keineswegs abgebrochen, sondern sogar eher noch gefestigt, und es entwickelte sich eine »ernste und brüderliche« Beziehung zwischen den Professoren der französischen Universitäten und den protestantischen Gelehrten Schottlands. Viele der schottischen Adeligen sandten ihre Söhne zur Erziehung ins Ausland: James Melville ging im Alter von vierzehn Jahren mit Maria Stuart nach Frankreich, um am französischen Hof als Page zu dienen; Maitland of Lethington setzte nach dem Besuch der Universität von St. Andrews im Ausland seine Studien fort; es wird angenommen, daß Alexander Scott, der Hofdichter Königin

Marias, in Paris Musik studierte[10]. Das St.-Jakobs-Kloster in Regensburg, auch Schottenkloster genannt, das von Prinz William von Schottland, dem Bruder von König Achaeus, gegründet worden war, machte in dieser Zeit John Leslie, den Bischof von Ross, zu seinem Schirmherrn. Geistige Zentren dieser Art förderten den Gedankenaustausch zwischen Schottland und den übrigen Ländern Europas.

Auch was den Handel betraf, bestand ein reger Verkehr zwischen den östlichen Seehäfen Schottlands und dem Kontinent, denn die Kaufleute der schottischen Burgflecken exportierten Leinen, Wollstoffe und Häute sowie geräucherten und gepökelten Fisch nach Frankreich, um im Austausch dafür solch unentbehrliche Produkte wie Wein und Salz ins Land zu bringen. Die Tapferkeit der Schotten machte sie zu allgemein begehrten Söldnern, und schon vor der ersten Heirat Jakobs V. dienten schottische Bogenschützen und Gardisten am französischen Hof. Wie Leslie in seiner *History* bemerkte, veranlaßte das Erstgeburtsrecht häufig die jüngeren Söhne, ihr Glück im Ausland zu suchen: »Daher kommt es, daß so viele unserer Landsleute solch großen Erfolg in fremden Ländern haben, einige im Kriegshandwerk, einige in der Ausübung der Wissenschaften und andere im Handel[11].«

Doch ungeachtet ihres bemerkenswerten Erfolgs im Ausland wurden die Schotten in Schottland selbst von ihren europäischen Zeitgenossen leider als ein außerordentlich primitives, um nicht zu sagen ungehobeltes Volk betrachtet. Eine anonyme französische Abhandlung aus dem Jahre 1558 – dem Jahr von Marias Heirat – beschreibt Schottland als ein armes, unfruchtbares Land, feindselig Fremden gegenüber und besessen von Familienehre und Familienzwistigkeiten. Die schottische Lebensweise, fährt der Autor fort, sei einfach, die Leute selbst »assez fins, astutes et inconstans d'affection[12]«. Henri Estienne beschrieb die Schotten als schlichte Menschen, »die sich alle als Vettern des Königs betrachten«. André Thevet, Almosenier von Königin Katharina, malte ein schwärzeres Bild: Er bezeichnete sie als ein träges, selbstherrliches, prahlerisches Volk, das trotz seiner Armut einen völlig ungerechtfertigten Stolz auf seine Abstammung zur Schau stelle[13]. Als Riccio von über fünfzig Dolchstößen durchbohrt wurde, bemerkte Castelnau de Mauvissière, der die Schotten kannte, daß ein derart unmenschliches Verhalten nur von solch einem Volk zu erwarten sei – er nannte es »wahrhaftig ein außergewöhnliches Schauspiel, aber eines, das man oft genug bei den Schotten beobachten kann, wenn sie unter einen unheilvollen Einfluß geraten[14]«. Die damals allgemein übliche französische Redensart *poignarder a l'Écossais* (ganz und gar durchbohren) war gleichbedeutend mit brutaler Gewalttätigkeit. Wie bereits erwähnt, hatten die Franzosen eine gönnerhafte Einstellung zur Politik Schottlands und waren der Meinung, daß eine kluge französische Verwaltung den Schotten nur zum Nutzen gereichen könne. So gut Maria Stuarts Absichten auch sein mochten, sie konnte nicht umhin, von der herablassenden, leicht geringschätzigen Haltung des Landes ihrer Jugend gegenüber dem Lande ihrer Geburt beeinflußt zu werden.

Wie weit war dieses Bild eines unzivilisierten, primitiven Volkes gerechtfertigt, und bis zu welchem Grad verdiente Schottland in der Mitte des 16. Jahrhunderts die Bezeichnung *lourde Écosse*? Einem Menschen, der im Tal der Loire in Frankreich aufgewachsen war, mag die Landschaft sicherlich recht trostlos vorgekommen sein, denn wir neigen nun einmal dazu, Schönheit mit den Maßstäben dessen zu messen, was wir in unserer Kindheit kennengelernt haben. So seltsam es uns heute scheinen mag, Schottland war im 16. Jahrhundert beinahe völlig kahl: Abgesehen vom Hochland waren die großen Wälder der früheren Zeiten verschwunden, und die zahlreichen diesbezüglichen Erlasse zeigen, daß die Notwendigkeit der Aufforstung die Regierung ständig beschäftigte. Obwohl es um Loch Ness und Loch Maree herum noch ausgedehnte Wälder gab, fand man im Tiefland nur einzelne Baumgruppen inmitten des weiten, offenen Geländes; inzwischen gab es ein Gesetz, das die Kleinbauern zwingen sollte, in einem Umkreis von drei Morgen um ihr Gehöft herum Wälder oder Obstgärten anzulegen; trotzdem schrieb Sir Anthony Weldon, als er im Jahre 1617 mit Jakob VI. Schottland besuchte, daß Judas selbst wohl kaum einen Baum hätte finden können, um sich daran zu erhängen. Außerdem war Schottland damals von zahllosen riesigen Binnenseen, den sogenannten Lochs, durchsetzt, die heute zum großen Teil verschwunden sind.

Dieser Eindruck der Trostlosigkeit wurde noch verstärkt durch die Tatsache, daß das Klima nicht nur von Natur aus fühlbar kälter, windiger und feuchter als das Frankreichs war, sondern daß die Zeitspanne von Maria Stuarts persönlicher Herrschaft zufällig auch genau mit einer deutlichen Veränderung der ganzen Wetterkurve Europas zusammenfiel, was sich in Schottland in einer Reihe von ungewöhnlich kalten Wintern und stürmischen, nassen Sommern auswirkte. Selbst John Leslie schrieb in seinem Bericht über das Klima Schottlands: »Die Winde, die aus dem Norden kommen, wehen oft sehr heftig und mit einem unheimlichen Ton[15].«

Natürlich gab es auch in Schottland Gegenden mit reichem Pflanzenwuchs, aber selbst sie mögen einen einheimischen Schotten mehr beeindruckt haben als jemanden, der an die Fruchtbarkeit Frankreichs gewöhnt war, und die augenfälligen Symbole der Zivilisation wie Früchte und Blumen waren zweifellos in Schottland viel seltener als auf dem Kontinent. Die schottischen Dörfer und Häuser waren schmucklos und arm; es gab keine Einfriedungen, keine Zäune, Gräben oder Hecken, aus dem einfachen Grund, weil die Bauern keinen ständigen Besitz hatten, sondern das Land nur für vier oder fünf Jahre pachteten und es daher nicht für nötig hielten, es einzuzäunen[16]. Nicht einmal die kleineren Städte und Burgflecken, deren politische Macht jetzt merklich zunahm, waren von einer Steinmauer umgeben, und ihre Bewohner lebten praktisch noch im Mittelalter. Abgesehen von Edinburgh, das selbst von Menschen, die den ganzen Kontinent bereist hatten, allgemein bewundert wurde, konnten sich wenige schottische Städte mit denen Frankreichs messen, die Maria in ihrer Jugend kennengelernt hatte. Zur Zeit ihrer Rückkehr stand Schottland am Beginn einer Bevölkerungsexplosion – bis Ende des 16. Jahrhunderts hatte sich die Zahl seiner Einwohner verdoppelt. Aber im Jahr 1550 zählte die Bevölkerung nur fünf- bis sechshunderttausend, nicht viel mehr als in der Zeit vor Robert the Bruce, denn die dazwischenliegenden Kriege hatten das Volk immer von neuem dezimiert. Frankreich hingegen hatte um 1570 zwischen dreizehn und fünfzehn Millionen Einwohner[17].

Der schlechte Zustand der Straßen machte jede Reise in Schottland zu einem gewagten Unternehmen, das kaum je ohne Zwischenfall verlief. Bis 1561 kannte man keine Kutschen; erst nach Ankunft der Königin wurden sie für den Gebrauch des Hofstaats aus Frankreich eingeführt. Auf den Straßen sahen sich die Reisenden von Vagabunden bedroht – mit denen die Regierung vergebens aufzuräumen suchte –, auf dem Meer von Piraten. Es gab zahlreiche Wirtshäuser, aber nur wenige Herbergen mit Unterkunft für die Nacht, denn die Adeligen brauchten sie nicht, weil sie überall Verwandte hatten. Fremden begegnete man mit Neugier, wenn nicht sogar mit unverhohlener Feindseligkeit.

Diesem primitiven Zustand des Landes selbst entsprach die schottische Gesellschaftsordnung, in der das Sippentum immer noch die größte Rolle spielte. Es waren die großen Lords, denen als Clanoberhäuptern oder Hauptlehensbesitzern die wahre Treue all derer gehörte, die ihre Clansmitglieder und Lehensmänner waren – ein Band, das sich entweder auf Verwandtschaft stützte oder auf eine Art freiwillige Leibeigenschaft, die Dienst als Gegenleistung für Schutz versprach. Die schottischen Lords betrachteten sich als völlig autonom auf ihren Ländereien, denn das herrschende Lehenssystem gab der Krone praktisch nicht das Recht, zwischen den Hauptlehensbesitzer und seine Vasallen zu treten. Die Zunahme der Gutsherren, die ihr Land direkt vom Herrscher erhielten, war ein politisches Phänomen, dessen Bedeutung zur Zeit von Marias Ankunft in Schottland noch nicht in Erscheinung trat. Gewiß, diese Gutsherren hatten aufgrund ihrer aktiven Teilnahme an der Revolution von 1559 eine Vertretung im reformierten Parlament von 1560 gefordert: Aber für die Königin schienen die Adeligen nach wie vor jedem wirklichen Kontakt zwischen Herrscher und Volk im Wege zu stehen.

So war es jenes unbezähmbare, aber faszinierende Geschlecht, der schottische Adel, mit dem Maria sich zu befassen hatte, wenn sie sich überhaupt mit Schottland befassen wollte. Und im Jahre 1561 waren die meisten seiner Angehörigen kaum fortschrittlicher als die Gebiete, über die sie herrschten: Ihre Bildung war so mangelhaft, daß man es 1559 für notwendig hielt, dem Parlament einen Antrag vorzulegen, daß der Adel besser geschult werden solle, damit die Krone nicht gezwungen sei, ihn durch neue Leute in der Regierung zu ersetzen. Lennox entschuldigte sich wegen seiner »schlechten Handschrift«; Huntly und Douglas konnten überhaupt kaum schreiben; Lady Huntly und Lady Erroll schrieben offenbar besser als ihre Männer. Die Frauen der Adeligen waren, wie Ayala ein halbes Jahrhundert früher bemerkt hatte, in der Tat ein recht beachtlicher Schlag und sehr oft schätzenswerter als ihre Ehemänner, oder vielleicht ist eine ungezügelte Natur beim weiblichen Geschlecht einfach anziehender als beim männlichen. Ayala hat sie als »wirklich ehrlich, wenngleich sehr verwegen« bezeichnet[18]. Die beiden Ladies Huntly dieser Zeit – die alte und die junge – legten eine Entschlossenheit an den Tag, die diejenige ihrer Männer weit übertraf. Obwohl man den Frauen fast keinerlei Bildungsmöglichkeiten gewährte – es ist bezeichnend, daß zur Zeit der Reformation die Nonnen in viel größerem Ausmaß als die Mönche und Laienbrüder analphabetisch waren –, gab es unter den Frauen der Adeligen hin und wieder geistig hervorragende Persönlichkeiten, wie zum Beispiel Jean, Countess of Argyll, Jean Gordon, Countess of Bothwell, oder Agnes, Countess of Moray, die viele ihrer männlichen Zeitgenossen in den Schatten stellten.

Die Festungen, in denen diese Lords lebten, waren in den meisten Fällen ebenso unkultiviert wie ihre Bewohner. Jedenfalls hatten sie gewiß sehr wenig mit den Festungen Frankreichs gemein, an die Maria Stuart gewöhnt gewesen war. Dort hatte sie die prunkvollen, erst kürzlich erbauten Paläste der französischen Renaissance kennengelernt, deren Größe allein schon überwältigend war. In Schottland fand sie ein paar Königspaläste von verhältnismäßig bescheidenem Ausmaß vor, einige wenige regelrechte Schlösser und eine Unzahl von Festen, die in Wirklichkeit nur mehr oder minder wohnlich eingerichtete Belagerungstürme waren. Lethington Tower, das Heim von Maitland (das in späteren Jahrhunderten in das romantische Lennoxlove umgewandelt wurde), bietet mit seiner schweren Eisentür im Erdgeschoß und den schmalen Fensterritzen so hoch, wie Angreifer reichen konnten, ein gutes Beispiel für diese Art von befestigten Türmen. Im Falle eines Angriffs konnten Frauen, Kinder und Vieh in dem sicheren Raum zu ebener Erde untergebracht werden. Normalerweise begann die eigentliche Wohnung erst in den oberen Stockwerken.

Der schottische Adel hatte in der Schlacht bei Flodden im Jahre 1513 und abermals eine Generation später in Solway Moss und Pinkie Cleugh Verluste erlitten, die an die Dezimierung der Generationen Europas in den beiden Weltkriegen der ersten Hälfte des 20. Jahrhunderts erinnern. Die Adeligen, denen Maria Stuart sich jetzt gegenübersah, hatten in vielen Fällen durch den Tod ihrer Väter frühzeitig ihr Erbe angetreten und waren ohne die Zügel der elterlichen Disziplin aufgewachsen. Trotz ihrer ausgedehnten Besitztümer fehlte es den meisten von ihnen an barem Geld, und so waren sie eine leichte Beute für jegliche Art von Bestechung. Wie de Silva seinem Herrn, Philipp II., berichtete, erkaufte sich Königin Elisabeth mit achttausend Kronen nicht nur den guten Willen, sondern auch heimliche Informationen von den wichtigsten Leuten Schottlands, ganz gleich, ob sie Protestanten oder Katholiken waren[19].

Viele unter den schottischen Adeligen waren gesetzlos, manche gewalttätig. Wenn diese Gesetzlosigkeit auch vielleicht in erster Linie nur die allgemeine Unsicherheit einer Übergangszeit widerspiegelte, so machte diese Tatsache es der jungen Königin, die bisher in Frankreich von solchen Problemen verschont geblieben war, nicht leichter, sich mit ihr auseinanderzusetzen. Verbrechen waren an der Tagesordnung. In den Reihen der Adeligen gab es Männer wie Patrick, Lord Lindsay of the Byres, die jederzeit bereit waren, physische Gewalt als Waffe zu gebrauchen, sei es, um die Kapelle der Königin während der Messe zu stürmen oder ihr die Unterschrift für ihre Abdankung abzunötigen, indem sie drohten, ihr die Kehle durchzuschneiden. Noch gefährlicher waren die beiden Lords Ruthven, von denen einer angeblich ein Zauberer war – ein totenähnliches, aber blutdürstiges Gespenst bei der Ermordung Riccios – und der andere sich mit ähnlicher Roheit in Lochleven gegen Maria benahm. Der Regent Morton war ein Mann von gröbstem Kaliber: Hinter seinen kleinen, listigen Augen in dem geröteten Gesicht verbarg sich ein grausamer Geist; seine plumpen Hände griffen sein Leben lang gierig nach jedem Gewinn, der sich ihm bot; seine langsame Redeweise täuschte über die unliebsame Fähigkeit hinweg, sich sehr rasch an denjenigen zu rächen, die ihn beleidigt hatten. In der Zeit seiner Regentschaft ließ er Frauen hängen, die noch ihre Babys im Arm hielten, ließ Gefangene wie Schafe zum Galgen treiben und sie beim Laufen von Speeren durchbohren. Angesichts solcher Greueltaten sind die Ermordung Riccios und das Drama von Kirk o'Field leicht zu erklären, wenn auch nicht zu entschuldigen.

Aber das typischste Merkmal der Adeligen – der großen Magnaten wie auch der geringeren – war ihr völliger Mangel an Interesse für irgendwelche höheren Ziele. Gewiß, sie waren Zeugen einer religiösen Umwälzung gewesen, und viele von ihnen hatten aktiv daran teilgenommen, aber die Menschen, die aus innerer Überzeugung und theologischer Einsicht diese Umwälzung herbeiführten, gehörten nicht dem Adel an. Und selbst die gemeinsame Sache der Reformation konnte die schottischen Adeligen nicht verbinden: Ein Clan bekämpfte den anderen, und jeder versuchte, die Interessen seiner eigenen Familie zu fördern.

Reichtum und Macht waren das einzige, was die schottischen Lords unwiderstehlich anzog. Es war nicht leicht, sich mit dieser halsstarrigen und vor allem außerordentlich wankelmütigen Sippe zu verständigen, denn man konnte nie im voraus mit Sicherheit sagen, in welche Richtung die Wetterfahne ihrer Ziele sich im nächsten Augenblick wenden würde. Wäre Maria in Schottland aufgewachsen, so hätte sie wahrscheinlich ganz von selber gelernt, mit ihnen umzugehen, aber in Frankreich war sie nie mit Menschen dieser Art in Berührung gekommen. Argyll, Glencairn und Cassilis bekleideten in Schottland annähernd dieselbe Stellung wie Montmorency, Condé und der König von Navarra in Frankreich, und dennoch, wie sehr unterschieden sie sich voneinander. Aber loben wir die Aristokraten anderer Länder nicht allzusehr auf Kosten des schottischen Adels. Ehrgeiz und Intrigen waren im Europa des 16. Jahrhunderts ganz gewiß nicht das Monopol der schottischen Lords und Barone. England hatte seine Seymours und Frankreich, wie wir gesehen haben, seine Guisen. Soweit man Ehrgeiz als ein Laster bezeichnen kann, würden wohl der Kardinal von Lothringen und der Earl of Morton vor dem Jüngsten Gericht gleichermaßen deswegen verdammt werden. Aber davon wußte Maria Stuart nichts. Für sie, die an den Kardinal mit seiner Redegewandtheit, seiner Vorliebe für Literatur und Zeichnungen von Primaticcio gewöhnt war, stellten Männer wie Morton – »ungebildet und linkisch« nannte Maitland sie – einen sehr andersartigen Typ dar. Sie konnte nicht umhin, sie insgeheim abstoßend zu finden und auch ein wenig verwirrend, weil sie ihr so fremd waren. Objektiv gesehen, waren die schottischen Adeligen im Rahmen ihrer Zeit und ihrer Umgebung vielleicht gar nicht so schlimm: Aber zweifellos waren sie ein völlig anderer Schlag als die Edelleute, unter denen Maria aufgewachsen war.

IX

BEFRIEDUNG UND VERSÖHNUNG

»Laßt euer Reich nun all den Schmuck antun,
Kostbare Kleider, euren Hof zu kränzen.«

Alexander Scott: *Eine Neujahrsgabe für Königin Maria nach ihrer Heimkehr*, 1562

Wie sehr ihr neues Königreich sich von ihrem alten unterschied, sollte die junge Königin bereits am ersten Sonntag in Schottland erfahren. Bis zu diesem Morgen war alles ruhig und friedlich gewesen, aber am Sonntag hatte Maria, der von Lord James die Ausübung ihrer Religion zugesagt worden war, die Lesung der Messe in ihrer Hauskapelle von Holyrood angeordnet. Die Vorbereitungen für den Gottesdienst waren einem Land, das erst seit einem Jahr protestantisch war, nur allzu vertraut. Wütend riefen die Zuschauer aus: »Soll in unserem Königreich abermals Abgötterei getrieben werden?« und beschlossen sogleich: »Nein, das lassen wir nicht zu!« Patrick Lindsay, der künftige Lord Lindsay of the Byres, forderte mit lauten Rufen den Tod des »götzendienerischen« Priesters. Dem erschrockenen Mesner wurden die geweihten Kerzen entrissen und zusammen mit einem Teil des Kirchengeräts entweder zerbrochen oder in den Staub getreten. Doch es gelang den Reformierten nicht, in die Kapelle selbst einzudringen, denn an der Schwelle stand Lord James, der ihnen den Zugang verwehrte: Er hatte nicht nur Maria sein Wort gegeben, daß man die private Messe respektieren werde, sondern er verabscheute auch zutiefst diese Art von Fanatismus. Innerhalb der Kapelle wohnten die Königin, ihre Oheime und ihre französischen Diener einer mit Spannung geladenen Messe bei — der englische Gesandte berichtete, der Priester sei so verängstigt gewesen, daß er nur mit Mühe die Hostie hochhalten konnte[1].

Obgleich dieser Zwischenfall der Königin einen heftigen Schock versetzt haben muß, ließ sie sich nicht in ihrer entschlossen nachsichtigen Haltung beirren. Am nächsten Tag gab sie öffentlich bekannt, daß sie beabsichtige, mit Hilfe ihres Ständerats einen Erlaß zur Beilegung der religiösen Zwistigkeiten auszuarbeiten, der, wie sie hoffe, alle Teile befriedigen werde. Unterdessen sei es jedem bei Todesstrafe untersagt, irgendeine Veränderung oder Neuerung im *status quo* der Religion einzuführen oder etwas gegen die zur Zeit ihrer Ankunft gültige Form des öffentlichen Kults zu unternehmen. Außerdem befahl sie – ebenfalls unter Androhung der Todesstrafe –, daß niemand ihre Dienerschaft oder diejenigen, die mit ihr aus Frankreich herübergekommen waren, in der Ausübung ihrer Religion behindern dürfe.

Diese Bekanntmachung mag uns, vom heutigen Standpunkt aus gesehen, recht vernünftig und bemerkenswert frei von katholischer Bigotterie erscheinen. Damals erregte sie jedoch den bitteren Zorn vieler extremistischer Protestanten und ganz besonders den ihres fanatischen Anführers, John Knox. Am folgenden Sonntag nahm Knox die Gelegenheit wahr, die Messe öffentlich von der Kanzel herab zu verdammen: Es wäre ihm lieber, erklärte er, zehntausend Feinde in Schottland landen zu sehen als eine einzige Messe gelesen zu wissen. Maria hatte sich bereits in Frankreich ein Urteil über Knox gebildet und Throckmorton gegenüber geäußert, sie halte ihn für den gefährlichsten Mann ihres Königreichs. Jetzt beschloß sie, ihn sich gründlich vorzunehmen. Sie ließ ihn nach Holyrood kommen, und dort fand die erste jener dramatischen Unterredungen statt, die, nach Knox' eigener Wiedergabe in seiner *History* zu urteilen, einen fast alttestamentarischen Beigeschmack gehabt haben müssen.

Knox war zu dieser Zeit ein Mann von siebenundvierzig; nachdem er in den vierziger Jahren von George Wishart, wie er selbst es ausdrückte, »aus dem Sumpf des Papismus« gerettet worden war[2], schloß er sich den Mördern Kardinal Beatons an und wurde nach dem Fall der Festung von St. Andrews zur Galeerenstrafe verurteilt. Nach seiner Freilassung ging er nach England und von dort aus bei der Thronbesteigung Maria Tudors zu Calvin nach Genf. Im Jahre 1555 kehrte er nach Schottland zurück, wo er durch die Kraft seiner Überzeugung und seiner Redegewandtheit viele der großen Lords für den Protestantismus gewann, zu dem ein Teil des Bürgertums sich schon vor längerer Zeit bekehrt hatte. So hatte Knox seinen wesentlichen Beitrag zur Reformation bereits vor Maria Stuarts Heimkehr, ja sogar schon vor dem Tode Marie von Guises geleistet; er blieb auch weiterhin der unbestrittene Herr der schottischen »Kirk«, und es war ein Unglück für die junge Königin, daß dieser unbarmherzige Fanatiker während des ersten Jahres ihrer Regierung in Edinburgh lebte, um von der Kanzel herab das Volk gegen sie und ihren Glauben aufzuhetzen.

Knox' Charakter setzte sich aus zahlreichen Widersprüchen zusammen: Er selbst sah sich als ein Gesandter des Himmels, während er in Wirklichkeit ein fanatischer irdischer Revolutionär war, der unverhohlen Gewalttätigkeit predigte und den Tod eines andersgläubigen Herrschers als die gerechte Strafe Gottes ansah. Er war ein ausgezeichneter Prediger; aber er war von einem finsteren Haß besessen, hielt starr an der einmal gefaßten Meinung fest und kannte keine Kompromisse. Knox war ein Egoist, aber sein Egoismus machte ihn zu einem geschickten Politiker und einem hervorragenden Vertreter seiner Sache, mit dem schwer zu rechten war. Er gehörte nicht zum Adel, zeigte sich aber trotzdem ungeheuer mutig in seinen Auseinandersetzungen mit den Lords und der Königin; wie Morton an seinem Grabe sagte: »Hier liegt ein Mann, der niemals das Antlitz des Menschen fürchtete.« Zu seinen Tugenden zählte, wie aus seinen Schriften zu ersehen ist, ein grimmiger, etwas derber Humor, der sich zwar wesentlich von dem leicht spöttischen Humor Marias unterschied, es ihnen aber trotzdem vielleicht ermöglicht hätte, ein besseres Einvernehmen zu erzielen, wäre die Lage eine andere gewesen; außerdem war er zweifellos ein aufrichtiger Patriot zu einer Zeit, da die meisten Menschen nicht einmal die Bedeutung dieses Wortes kannten. Aber wie so viele Egoisten wollte er vor allem herrschen, und diese Herrschsucht war es, die von Anfang an eine Verständigung zwischen ihm und Maria unmöglich machte. Schottland, besonders Edinburgh, war der Schauplatz seines Wirkens: Er, der große Prediger, der Sieger der schottischen Reformation, würde sich nicht von dieser jungen Königin, die eben erst aus Frankreich gekommen war, in den Hintergrund drängen lassen. In seiner Vorstellung war selbst sein erstes Zusammentreffen mit ihr eine Schlacht, aus der er siegreich hervorgehen mußte, wenn nicht die ganze schottische Reformation gefährdet werden sollte. So bereitete Knox sich auf diese Begegnung vor wie ein katholischer Heiliger aus alten Zeiten, der im Begriff war, mit dem Teufel zu kämpfen, und nicht wie ein kluger protestantischer Politiker, der einer jungen Frau gegenübertreten sollte, die sich bis jetzt in Wort und Tat als bemerkenswert tolerant und einsichtsvoll erwiesen hatte.

Schon allein die Tatsache, daß Maria eine Frau war, sprach in Knox' Augen gegen sie: Während man es im 16. Jahrhundert zwar theoretisch für einen Verstoß gegen das Naturgesetz hielt, daß Frauen über Männer herrschten, waren nichtsdestoweniger die meisten Menschen bereit, ein weibliches Staatsoberhaupt als ein notwendiges Übel zu betrachten, das man von Zeit zu Zeit über sich ergehen lassen mußte. Knox ging jedoch viel weiter als seine Zeitgenossen: In seinem *First Blast of the Trumpet against the Monstrous Regiment of Women,* das er im Jahre 1558 gegen Maria Tudor veröffentlichte, erklärte er rundweg, Frauen – jene »haltlosen, sündhaften, unduldsamen, schwächlichen und törichten Geschöpfe« – zu Herrscherinnen zu machen, bedeute die »Vernichtung von Ordnung, Billigkeit und Recht« und sei überdies gegen den Willen Gottes und die Gesetze der Natur[3]. Jetzt, am 4. September, sah er sich von Angesicht zu Angesicht einem jener schwächlichen und törichten Geschöpfe gegenüber, das auf dem Thron seines eigenen Landes saß.

Lord James war bei der Unterredung zugegen, hielt sich jedoch taktvoll im Hintergrund. Erbittert über den Zwischenfall in der Kapelle, beschuldigte Maria den Prediger, ihre Untertanen gegen sie aufgehetzt zu haben, und machte ihm bittere Vorwürfe wegen seines Buches *The Monstrous Regiment*. Knox beharrte zwar auf seiner Meinung bezüglich des Königtums der Frauen, versicherte ihr jedoch, wenn sie sich geziemend verhalte und das Königreich durch ihre Weiblichkeit nicht ins Unglück stürze, so werde er ihr aus diesem Grund allein nicht das Herrscherrecht aberkennen. Doch als sie auf die Frage der Religion zu sprechen kamen, zeigte er sich weniger nachgiebig. Maria, die um jeden Preis Frieden in ihrem Lande wünschte, versuchte, zu einer Verständigung mit ihm zu gelangen, und schließlich erklärte Knox sich bereit, sie vorläufig zu dulden, vorausgesetzt, daß sie ihre Hände nicht mit dem Blut der Rechtgläubigen besudele. Nichtsdestoweniger verteidigte er beharrlich das Recht der Untertanen, sich gegen einen Herrscher zu erheben, der sich Gottes Gebot widersetzte. Maria war nicht scharfsinnig genug, die Gefahr zu erkennen, die in diesen Worten lag. »Wollen Sie damit sagen, daß meine Untertanen Ihnen gehorchen sollen und nicht mir?« fragte sie. »Daß sie tun sollen, was ihnen beliebt und nicht, was ich befehle? So muß also ich ihnen untertan sein und nicht sie mir?« Als Knox darauf erwiderte, daß beide, der Fürst und die Untertanen, Gott gehorchen und Seine Kirche pflegen sollten, erklärte Maria: »Ja ... aber Eure Kirche ist nicht die meine. Ich will die römisch-katholische Kirche pflegen, die ich für die wahre Kirche Gottes halte.« Aber Knox sprach Maria die Fähigkeit ab, über solche Dinge zu urteilen: »Gewissen erfordert Kenntnis«, sagte er, »und ich fürchte, Ihr entbehrt der rechten Kenntnis[4].«

So kam es bei dieser Unterredung nicht zu der von Maria gewünschten Verständigung. Man hat Knox beschuldigt, unhöflich mit der Königin gesprochen zu haben: Sicherlich sprach er zu ihr in einem Ton, an den sie von ihrem Leben in Frankreich her wohl schwerlich gewöhnt war; andererseits scheint diese Schroffheit sie jedoch eher angespornt als abgeschreckt zu haben. Zwar brach sie, nachdem Knox sie verlassen hatte, in bittere Tränen aus, aber nach Randolphs Meinung entsprangen diese Tränen weniger ihrem Kummer als ihrem ohnmächtigen Zorn. Maria Stuart besaß ihr Leben lang die sehr weibliche Fähigkeit, mit einem plötzlichen Tränenerguß zu reagieren, wenn sie sich gekränkt fühlte; offenbar war es für sie die beste Methode, ihren Gefühlen Luft zu machen; aber das hinderte sie nicht daran, außerordentlich nüchtern zu handeln, sobald sie ihre Beherrschung wiedergewonnen hatte.

Wo immer Maria sich zeigte, wurde sie nach wie vor von ihren Untertanen mit solcher Begeisterung begrüßt, daß der Zwischenfall in der Kapelle, die haßerfüllten Predigten von Knox und die erbitterte Auseinandersetzung mit ihm nicht ausreichten, ihre gehobene Stimmung zu dämpfen. Nach drei Wochen in Holyrood trat sie eine kurze Rundreise durch ihr Königreich an: Sie fuhr zuerst nach Linlithgow, dem Ort ihrer Geburt, und zwei Tage später weiter nach Stirling, wo sie eines Nachts in Gefahr geriet, zwar nicht dem göttlichen Feuer zu erliegen, mit dem Knox ihr gedroht hatte, wohl aber einem irdischen: Eine Kerze setzte, während sie schlief, die Vorhänge ihres Bettes in Brand. Obgleich das Feuer schnell gelöscht werden konnte, nahm Randolph die Gelegenheit wahr, von einer alten Prophezeiung zu berichten, nach der eine Königin in Stirling bei lebendigem Leibe verbrennen sollte; allerdings, setzte er – offenbar mit einem gewissen Bedauern – hinzu, habe diese Prophezeiung sich als ebenso unwahr erwiesen wie die von Lady Huntly, daß Maria niemals in Schottland eintreffen werde[5].

Trotz Marias entschlossenem Optimismus und ihrem huldvollen Verhalten ihren Untertanen gegenüber, ganz gleich, welcher Religion sie angehörten, hatten die Ereignisse ihrer Reise, ihre Ankunft und die ersten Wochen in ihrem Land offensichtlich eine große nervliche Belastung für sie bedeutet, die sich jetzt in ihrer Gesundheit bemerkbar machte. In Perth wurde sie auf der Straße ohnmächtig, und man brachte sie in das nahe gelegene Haus des Bürgermeisters, wo sie, wie das *Diurnal of Occurrents* berichtet, einen jener Nervenzusammenbrüche erlitt, »die eine große Enttäuschung oder seelischer Kummer oft bei ihr bewirkten[6]«. Sie erholte sich jedoch wie immer sehr rasch, und in Dundee wurde ihr abermals ein fürstlicher Empfang zuteil. In St. Andrews scheint es am Sonntag, dem 21. September, wieder einen religiösen Aufruhr gegeben zu haben, denn laut Randolph ging in Edinburgh das Gerücht, daß ein Priester erschlagen worden sei. Aber mit Gewißheit weiß man nur, daß irgendwann auf der Reise ein heftiger Streit zwischen Lord James und Huntly entbrannte, als der Katholik Huntly erklärte, wenn die Königin es befehle, so werde er in drei Grafschaften die Messe einführen. Aber die Königin befahl nichts dergleichen: Sie setzte einfach ihre Reise fort, stattete dem Palast von Falkland einen kurzen Besuch ab und kehrte am 29. September nach Holyrood zurück.

Knox berichtete erzürnt, daß Maria nach wie vor beharrlich an ihrem »Satansglauben« festhielt, obgleich sie auf ihrer Reise immer wieder erfahren hatte, daß die meisten ihrer Untertanen diesen Glauben mißbilligten; aber in seiner Voreingenommenheit der Königin gegenüber war ihm das Wesentliche an ihrer Einstellung zur reformierten Religion entgangen: Es handelte sich für Maria nicht um ihren persönlichen Glauben, der, wie sie Throckmorton erst wenige Monate zuvor erklärt hatte, unerschütterlich katholisch war, sondern lediglich darum, daß sie den ehrlichen Wunsch hatte, ihr Land klug und einsichtig zu regieren. Dabei kann das, was sie während ihrer kurzen Rundreise zu sehen bekam, sie nur in der Überzeugung bestärkt haben, die sie bereits in ihrer Proklamation vom 25. August geäußert hatte: daß es das beste für Schottland sei, den protestantischen *status quo* zu wahren, solange wie sie selbst ungehindert ihre eigene Religion ausüben konnte.

Maria befand sich, administrativ gesehen, in einer seltsamen Lage hinsichtlich der inneren Gliederung der protestantischen Kirche. In den Jahren vor der Reformation war die Macht der schottischen Krone über ihre Staatskirche mit jedem Jahrzehnt gewachsen, und die Herrschaft des Königs im eigenen Land hatte allmählich die des weit entfernten Papsttums ersetzt. Im Jahre 1535 hatte Papst Paul III. König Jakob das Recht zuerkannt, die hohen Kirchenämter selbst zu besetzen. Da die Einnahmen aus den Pfründen somit nach Belieben des Königs auch anderen als den geistlichen Amtsinhabern zugesprochen werden konnten, wurde dieses Verfahren sehr bald zu einem nützlichen System der königlichen Gönnerschaft, das sich so schnell ausbreitete, daß bis 1560, wie Professor Donaldson es ausdrückt, »für die schottische Krone keine finanzielle Versuchung bestand, einen formellen Bruch mit Rom herbeizuführen, denn sie beutete den Reichtum der Kirche bereits ohnedies recht erfolgreich aus[7]«.

Der Parlamentserlaß von 1560, der den Protestantismus offiziell zur Staatsreligion Schottlands machte, änderte nichts an diesen Dingen. Bis 1561 hatte man noch keine finanziellen Regelungen für die neuen Geistlichen getroffen, und Königin Maria konnte ebenso frei über die Pfründen verfügen wie ihre Vorgänger. Sie war keineswegs verpflichtet, sie den Geistlichen der reformierten Kirche zu geben. So verfügte die schottische Krone, die durch die Reformation von den letzten Spuren der päpstlichen Kontrolle befreit worden war, über ungeheure Protektionsmöglichkeiten, und einem klugen, gut beratenen Monarchen bot sich damit eine ausgezeichnete Gelegenheit, seine eigene Macht zu stärken.

Zur Zeit von Marias Ankunft in Schottland hatte der Katholizismus als geistige Kraft vorübergehend völlig an Einfluß verloren. Einer der Gründe dafür war der absolute Mangel an fähigen Männern, die imstande gewesen wären, die Katholiken in Augenblicken der Krise um sich zu scharen. Erzbischof James Beaton zum Beispiel, der ihnen ein Führer hätte sein können, ging im Jahre 1560 nach Frankreich und kehrte nie mehr zurück. Huntly war, wie sich herausstellen sollte, ausgesprochen unzuverlässig. Die Protestanten hingegen waren von kämpferischem Geist beseelt, was ihre erst kürzlich vollendete Reformation betraf. Alexander Scott überreichte Maria Anfang 1562 als »Neujahrsgabe« ein langes Gedicht, in dem er sie mit schmeichlerischen Worten willkommen hieß; das hinderte ihn jedoch nicht daran, sie gleichzeitig warnend darauf hinzuweisen, daß anläßlich ihrer Heimkehr im Herzen gewisser Leute wieder die Neigung zum päpstlichen Götzentum erwacht sei – eine außerordentlich bedauernswerte Entwicklung! Dennoch läßt alles darauf schließen, daß Maria selbst den Wunsch verspürte, in irgendeinem Herzen wieder die Neigung zum Götzentum zu wecken, solange dieses Herz treu für seine Herrscherin schlug. Weit entfernt davon, die katholische Religion wiedereinführen zu wollen, scheint sie sich eher als eine mächtige katholische Monarchin betrachtet zu haben, die friedlich ihr protestantisches Volk regierte.

Der englische Gesandte Randolph lobte nicht nur Marias kluges Verhalten während der ersten Monate ihres Aufenthalts in Schottland, sondern erklärte auch, daß diejenigen, die Maria für unverständig gehalten hatten, wahrscheinlich sehr überrascht sein würden, denn er selbst habe bei ihr die Früchte der »meistgeübten« Diplomatie Frankreichs verbunden mit dem scharfen Verstand Schottlands wahrgenommen[8]. Diese Klugheit der jungen Königin zeigte sich unter anderem darin, daß sie sich sofort daranmachte, die finanzielle Lage der protestantischen Prediger zu verbessern: Im Februar 1562 wurde beschlossen, daß zwei Drittel der Einkünfte aus den Pfründen weiterhin den gegenwärtigen Besitzern zufließen sollten, während ein Drittel von der Regierung eingezogen und zwischen ihr und der reformierten Kirche geteilt werden sollte. Es war ein absolut annehmbarer Kompromiß, der wieder einmal bewies, daß Maria einen strengen Unterschied zwischen der privaten Messe in ihrer Hauskapelle und dem öffentlichen Wohl Schottlands machte; und gleichzeitig förderte er die Interessen der Krone.

Im Register des Kronrats aus dieser Zeit ist nichts zu finden, was darauf schließen läßt, daß Maria eine fanatische Katholikin war, bestrebt, ihre eigene Religion in Schottland einzuführen und den Protestantismus zu unterdrücken[9]. Sowohl Melville als auch Castelnau bestätigen Randolphs Ansicht, daß Marias Verhalten bei ihrer Ankunft in Schottland bewußt entgegenkommend und taktvoll war, besonders was die Frage der Religion betraf. Melville schrieb, sie habe sich »so hoheitsvoll, ehrenwert und besonnen« gezeigt, »daß ihr guter Ruf sich über alle Länder verbreitete«; Castelnau berichtete, daß die Schotten sehr angetan von ihrer schönen jungen Königin seien und sich glücklich schätzten, von einer der vollkommensten Fürstinnen der Zeit regiert zu werden[10]. Der Papst schrieb im Dezember besorgt an Maria und bat, sie möge, was den schottischen Katholizismus betreffe, sich Königin Maria Tudor zum Vorbild nehmen, die »furchtlos die Sache Gottes verteidigte[11]«; aber Maria Stuart war weit davon entfernt, sich die Methoden zu eigen zu machen, die ihre katholische Kusine in England angewandt hatte. Ihre Gedanken galten zu dieser Zeit einem sehr viel weltlicheren Plan: Sie wollte von Königin Elisabeth als deren rechtmäßige Nachfolgerin auf dem Thron Englands anerkannt werden – und bei diesem Vorhaben konnte ihr ein eindringlich zur Schau gestellter Katholizismus nur zum Nachteil gereichen.

Die Befriedung ihrer schottischen Untertanen war nur die Hälfte von Marias Plan; die andere war ihre Versöhnung mit Elisabeth. Sobald sie sicher war, daß Elisabeth tatsächlich den Geleitbrief abgesandt hatte – er wurde ihr nachgeschickt und traf vier Tage nach ihrer Landung in Schottland ein –, nahm sie ihrer Kusine gegenüber wieder eine betont freundschaftliche Haltung ein. Bereits dreizehn Tage nach ihrer Ankunft beauftragte sie Maitland, nach England zu gehen und mit der englischen

Königin über die Frage der Thronfolge zu verhandeln. William Maitland eignete sich hervorragend für diese Mission. Er war im Auftrag Marie von Guises im Februar 1558 in London und im März 1559 in Paris gewesen und dann abermals im Jahre 1560 als Vertreter der Protestanten in London: Somit war er bei weitem der erfahrenste Diplomat unter der recht geringen Auswahl, die der schottische Adel zu bieten hatte. Maitland, eine der interessantesten Persönlichkeiten Schottlands zur Zeit Maria Stuarts, verkörperte den Typ eines neuen Mannes: Er war damals dreiunddreißig Jahre alt – annähernd gleichaltrig mit Lord James und fünfzehn Jahre älter als die Königin selbst – und gehörte seit dem Jahre 1555 der protestantischen Kirche an. Doch sein Interesse galt mehr der Politik als der Religion. Seine Großmutter war eine gebürtige Seton gewesen, und sein Großvater war in der Schlacht bei Flodden gefallen, aber er selbst, eines der sieben Kinder von Sir Richard Maitland, gehörte der neuen, politisch gut geschulten Klasse von Gutsherren an, deren Besitztümer im Umkreis der Hauptstadt lagen und die am meisten von der englischen Besetzung von Haddington betroffen worden waren. Maitland war Marie von Guises Staatssekretär gewesen, was ihn jedoch nicht daran gehindert hatte, sich im Herbst 1559 den protestantischen Aufständischen unter Châtelherault anzuschließen.

Sein Vater, der selbst über sechzig Jahre lang im Staatsdienst gewesen war, gab Maitland zu Beginn seiner Laufbahn einige Polonius-ähnliche Ratschläge mit auf den Weg: Er ermahnte ihn, weder ein Schmeichler noch ein Spötter zu sein, die Unbeständigkeit des Glücks, selbst auf dem höchsten Regierungsposten, ständig vor Augen zu haben, kurzum, sich nicht sicher zu fühlen in einer Welt, die so veränderlich sei wie der Mond oder das Meer. Aber wie sich herausstellen sollte, war Maitland ein Mensch, der sich der Veränderung von Mond und Meer sehr gut anzupassen verstand. Seine politischen Fähigkeiten selbst machten ihn zu einem Pragmatiker – Buchanan nannte ihn nicht zu Unrecht ein Chamäleon –, und seine Beziehungen zu Marie von Guise hatten bereits gezeigt, daß er, genau wie ein moderner Staatsbeamter, sich nicht verpflichtet fühlte, mit dem Minister abzutreten. Gleichzeitig war er jedoch den meisten seiner Zeitgenossen an Scharfsinn weit überlegen und besaß, wie Buchanan es ausdrückte, die Fähigkeit, »jedem Menschen geschickt seine innersten Geheimnisse zu entlocken[12]«. Er hatte eine ausgezeichnete Erziehung genossen, und seine Briefe sind mit klassischen Zitaten und geistreichen Bemerkungen durchsetzt. In manchen Dingen, zum Beispiel in seinem Mangel an religiösem Fanatismus und seinem Nachdruck auf das Praktische in der Politik, ähnelte Maitlands geistige Haltung derjenigen Maria Stuarts. Zumindest theoretisch war er der ideale Ratgeber für die junge Königin, und zweifellos war er genau der richtige Mann für die Verhandlungen in London.

Maitlands Unterredung mit Elisabeth fand in Gegenwart ihres Beraters

Cecil und ihres Günstlings Robert Dudley statt. Bereits vor Marias Ankunft in Schottland hatte Lord James der englischen Königin in einem demütigen Brief den schottischen Standpunkt bezüglich der Frage der Thronfolge dargelegt: Man werde den Vertrag von Edinburgh ratifizieren, vorausgesetzt, daß Elisabeth bereit sei, Maria Stuart als rechtmäßige Thronanwärterin nach ihr selbst und ihrer legitimen Nachkommenschaft anzuerkennen. Maitland erklärte jetzt im Namen Marias, dies bedeute, daß sie den Vertrag von Edinburgh in seinem ursprünglichen Wortlaut nicht bestätigen könne, denn damit würde sie nicht nur ihren gegenwärtigen Anspruch auf den englischen Thron aufgeben, sondern auch auf alle weiteren Ansprüche nach dem Tode Elisabeths und ihrer Leibeserben verzichten. Elisabeth zeigte sich zugänglich und verständnisvoll: Obgleich sie zunächst geneigt schien, das Gespräch auf das vielumstrittene Thema des Vertrags zu beschränken, ging sie bereitwillig auf eine offene Erörterung der ganzen Angelegenheit ein, sobald sie erkannte, daß es sowohl den schottischen Lords als auch Maria selbst sehr ernst mit der Frage der Erbfolge war.

Im Verlauf dieser Unterredung ging Elisabeth sogar soweit, daß sie erklärte, sie persönlich ziehe ihre Kusine allen anderen Anwärtern vor: Sie kenne niemanden, der einen berechtigteren Anspruch habe als Maria, und auch niemanden, der stark genug wäre, sie vom Thron fernzuhalten. Dennoch könne sie ihr auf keinen Fall die gewünschte Anerkennung gewähren, denn dies würde eine unerträgliche Belastung ihrer eigenen Beziehungen zu Maria bedeuten. »Wie kann man von mir verlangen«, sagte sie, »daß ich mir zu Lebzeiten mein Leichentuch vor Augen halte? Glauben Sie, ich könnte mein eigenes Leichentuch lieben? Fürsten können selbst ihren eigenen Kindern keine Liebe entgegenbringen – nicht denjenigen, die ihre Krone erben sollen ... Wie sollte ich daher meine Kusine lieben, wenn ich sie zu meiner Thronfolgerin erkläre?« Sie machte auch noch einen praktischeren, weniger persönlichen Grund geltend: »Ich kenne die Unbeständigkeit des englischen Volkes und weiß, daß es stets die bestehende Regierung mißbilligt und seine Blicke auf denjenigen richtet, der als nächster den Thron besteigen wird.« Und sie zitierte auf lateinisch: »Sie neigen mehr dazu, die aufgehende Sonne zu verehren als die untergehende.« Dann sprach Elisabeth über ihre eigenen Erfahrungen als Brennpunkt der Opposition während der Regierung von Maria Tudor. Mit diesen persönlichen Enthüllungen und einer nicht entschiedenen Lage mußte Maitland sich zufriedengeben. Elisabeth machte jedoch ein Zugeständnis: Sie willigte ein, den Vertrag so abzuändern, daß Maria nicht über Elisabeths Lebenszeit und die ihrer legitimen Nachkommen hinaus auf ihren Anspruch zu verzichten brauchte. Schließlich schlug sie vor, Maitland und Cecil sollten privat, wenn auch unter der Aufsicht der beiden Königinnen, über diese Frage korrespondieren. Mit dieser Antwort kehrte Maitland Ende September nach Schottland zurück.

In Wirklichkeit war Elisabeth, was die Thronfolge betraf, in einer viel schwierigeren Lage, als man nach einem ersten flüchtigen Blick auf den Stammbaum der Tudors annehmen möchte. Maria Stuart, die offensichtliche Thronerbin, war, wie wir gesehen haben, durch das Testament Heinrichs VIII. theoretisch von der Erbfolge ausgeschlossen. Maitland ließ sich bei der Unterredung nicht auf eine Debatte über dieses Testament ein, sondern betonte lediglich, daß Heinrich VII., als er seine Tochter, Margaret Tudor, König Jakob IV. zur Frau gab, bestimmt nicht die Absicht gehabt habe, sie von der Thronfolge auszuschließen. Elisabeth selbst hatte erklärt, sie kenne niemanden, der einen berechtigteren Anspruch habe als Maria: Das bewies, daß sie sich bei ihren Überlegungen nicht vom Testament ihres Vaters beeinflussen ließ. Aber im Jahre 1561 war Maria Stuart in England außerordentlich unpopulär; sie wurde praktisch als Französin und als eine Guise angesehen, und das englische Parlament, das stark puritanisch eingestellt war, lehnte sie vor allem ihres Glaubens wegen ab; zu dieser Zeit befand sich Elisabeth mit ihrem persönlichen Wohlwollen Maria gegenüber zweifellos im Widerspruch zur Mehrzahl ihrer Untertanen. Es gab andere Prätendenten, von denen anzunehmen war, daß die Engländer in ihrer Gesamtheit sie vorziehen würden: Margaret, Countess of Lennox, die Mutter Darnleys, war eine Enkelin Heinrichs VII.; da sie aus der zweiten Ehe Margaret Tudors stammte, war ihr Thronanspruch zwar demjenigen Marias untergeordnet, aber sie war englische Staatsbürgerin, und das sprach in den Augen vieler Engländer zu ihren Gunsten. Andererseits bestanden gewisse Zweifel hinsichtlich ihrer Legitimität, denn ihr Vater, Archibald Angus, hatte sich auf Grund eines früheren Ehevertrages von ihrer Mutter scheiden lassen. Ein weiterer Thronanwärter war der fünfundzwanzigjährige Henry Hastings, Earl of Huntingdon, der von der Countess of Salisbury, einer Nichte Eduards IV. und der letzten der Plantagenets, abstammte. Zu seinen Gunsten sprach die Tatsache, daß er ein Mann war – im Jahre 1560 schrieb der spanische Gesandte de Quadra: »Es wird allgemein erklärt, daß man keine Herrscherinnen mehr wünscht[13].« Außerdem war Huntingdon ein Schwager Dudleys, er war Protestant und Statthalter von Leicestershire, wo er einflußreiche Beziehungen hatte.

Aber bei weitem die gefährlichste Rivalin Marias im Kampf um die Thronfolge war Lady Catherine Grey, die dreiundzwanzigjährige Schwester der unglücklichen Lady Jane Grey. Catherine Grey war, ebenso wie Maria Stuart eine Urenkelin Heinrichs VII., aber sie stammte von seiner jüngeren Tochter, Mary Tudor, ab, die den Duke of Suffolk geheiratet hatte. Trotz ihrer jungen Jahre hatte Lady Catherine bereits eine recht abenteuerliche Ehelaufbahn hinter sich, was ihr die persönliche Feindseligkeit Königin Elisabeths eingetragen hatte. Ihre erste Ehe mit dem Sohn Lord Pembrokes war aufgelöst worden. Danach hatte sie Ende 1560 heimlich und ohne die gesetzlich erforderliche Genehmigung der Königin Lord

Hertford geheiratet. Im Sommer 1561 zwang ihre fortgeschrittene Schwangerschaft sie, die Ehe einzugestehen, woraufhin man sie und Hertford in den Tower sperrte. Am 24. September, fast genau zu dem Zeitpunkt, da Maitland sich im Auftrag Marias in London befand, gebar Lady Catherine einen Sohn, Edward Seymour. Als man Elisabeth die Nachricht überbrachte, geriet sie außer sich vor Zorn. Sie ließ die beiden Eltern ins Kreuzverhör nehmen, und da sie keine Zeugen für ihre Eheschließung beibringen konnten und auch der Priester, der sie getraut hatte, nicht aufzufinden war, wurde die Ehe schließlich im Mai 1562 für ungültig erklärt. Trotz dieser strengen moralischen Lektion gelang es der unglücklichen Lady Catherine, innerhalb des Towers genügend Kontakt mit ihrem Ehemann zu haben, um im Februar 1563 einem zweiten Sohn, Thomas, das Leben zu schenken. Infolge der Entscheidung des von Elisabeth eingesetzten Untersuchungsausschusses galten diese beiden Kinder als unehelich, und das machte Lady Catherine in den Augen der Königin zu einer nicht sehr wünschenswerten Thronanwärterin.

Nichtsdestoweniger betrachtete das englische Parlament Catherine Grey, die Protestantin und Engländerin war, als die geeignetste Nachfolgerin Elisabeths, während Maria Stuart zu dieser Zeit der Gegenstand zahlreicher Angriffe war. Im Januar 1563 sprach Sadler sich vor dem versammelten Parlament gegen Marias Thronfolge aus. Als Elisabeth im Oktober 1562 an den Pocken erkrankte und in höchster Lebensgefahr schwebte, berichtete de Quadra dem spanischen König, es gebe keinerlei Gewißheit bezüglich der Thronfolge: Die Protestanten schwankten zwischen Catherine Grey und Huntingdon, die Katholiken zwischen Maria Stuart und Margaret Lennox. Angesichts dieser Lage ist es nicht schwer zu verstehen, weshalb Maria glaubte, die persönliche Gunst Elisabeths könne ihr am ehesten zu der ersehnten Anerkennung verhelfen. Elisabeth konnte, wenn sie wollte, die Verfügung Heinrichs VIII. für ungültig erklären. Catherine Grey hatte sich den Unwillen der englischen Königin zugezogen und sich damit selbst ihre Chancen verdorben. Wenn es ihr, Maria, gelang, Elisabeths Zuneigung zu gewinnen, so konnte das ihr Glück bedeuten. Während der folgenden Monate setzte Maria alles daran, die persönliche Begegnung herbeizuführen, die ihr die Freundschaft der englischen Königin sichern sollte.

Marias Hoffnungen waren durchaus gerechtfertigt: Sir John Neale schrieb in seiner Biographie Elisabeths: »Es besteht kaum ein Zweifel, daß Elisabeth tatsächlich bereit war, Maria Stuart die Thronfolge zu sichern, und zwar unter Bedingungen, die unschwer zu erraten sind: kein Bündnis mit Frankreich, Freundschaft mit England, eine annehmbare Heirat und letztlich wohl Bekehrung zum Protestantismus[14].« Die ersten drei Bedingungen wären für Maria, die sich so sehnlich wünschte, als Thronfolgerin anerkannt zu werden, sicherlich nicht schwer zu erfüllen gewesen; die vierte lag lediglich im Bereich der Möglichkeiten. Aber zunächst ging es in erster

Linie darum, Elisabeth Vertrauen einzuflößen, um mit ihrer Gunst gegen die Feindseligkeiten des englischen Parlaments und vermutlich auch die vieler englischer Protestanten gewappnet zu sein. Maria wußte, daß sie die Menschen stets am besten für sich gewinnen konnte, wenn sie ihnen von Angesicht zu Angesicht gegenüberstand, und so sollte man ihre beharrlichen Bemühungen, eine persönliche Begegnung mit der englischen Königin herbeizuführen, nicht als die Laune einer neugierigen Frau, sondern vielmehr als das Resultat einer scharfsichtigen politischen Überlegung betrachten.

Nach Maitlands Rückkehr aus London entspann sich, dem Wunsch Königin Elisabeths gemäß, ein reger Briefwechsel zwischen ihm und Cecil. Gleichzeitig wurde Sir Peter Mewtas nach Schottland entsandt – offiziell, um Maria zu ihrer Heimkehr zu beglückwünschen, in Wirklichkeit aber, um die Bestätigung des Vertrages von Edinburgh zu fordern. Maria erwiderte diplomatisch, da so viele Punkte des Vertrags sich auf ihren verstorbenen Ehemann bezogen hätten, solle man die ganze Angelegenheit doch lieber noch einmal erörtern; im November schrieb sie an Elisabeth und schlug vor, neue Unterhändler zu ernennen. Aber Elisabeth lehnte diesen Vorschlag ab und bestand darauf, die Verhandlungen streng geheim oder allenfalls über Randolph zu führen. Daraufhin versuchte Maitland, im Vertrauen von Cecil zu erfahren, was die schottische Königin als nächstes unternehmen sollte. Da Cecil jedoch nicht auf diese Frage einging, mußte Marias Antwort ohne irgendwelche geheimen Ratschläge aus England abgefaßt werden. Der Brief vom 5. Januar zeugt von großer diplomatischer Geschicklichkeit: Sie kann sich nicht vorstellen, was Elisabeth an ihrem Brief und ihren Äußerungen Mewtas gegenüber auszusetzen hat, sie ist vollkommen einverstanden mit dem Vorschlag ihrer lieben Kusine, sich »vertraulich« mit Elisabeths Gesandtem Randolph zu verständigen, statt sich auf neue Unterhändler zu verlassen, »oder, besser noch« – und damit kommt sie wieder auf ihr Lieblingsthema des persönlichen Kontakts zurück –, »mittels meiner eigenen Briefe an Sie«. »Ich werde freimütig mit Ihnen verhandeln«, versicherte sie Elisabeth, »und ich möchte, daß Sie freundschaftlich mit mir verhandeln; niemand außer Ihnen selbst soll über die Billigkeit meiner Forderung urteilen[15].« Maria wußte genau, wieviel man mit Schmeichelei erreichen kann. Wenn sie mit irgendeinem anderen Fürsten über diese Frage zu verhandeln hätte, erklärte sie, gäbe es niemanden, dessen Rat ihr lieber wäre als der Elisabeths – »solch eine hohe Meinung habe ich von der Rechtschaffenheit Ihres Urteils«. Dann fährt sie flehentlich fort: »Ich werde nichts von Ihnen fordern, was ich nicht auch Ihnen gewähren würde, lägen die Dinge umgekehrt.« Maria versicherte abermals, sie würde den Vertrag sofort ratifizieren, wenn ihre »liebe Schwester« sich nur bereit finden wollte, ihr Erbrecht anzuerkennen; zum Schluß kam sie wieder auf die ersehnte persönliche Unterredung zurück: »Wenn Gott uns Gelegenheit gibt, einander zu begegnen, was bald sein möge, so werden Sie meinen guten Willen deutlicher erkennen, als ich ihn schriftlich zum Ausdruck bringen kann.« Es war ein meisterhafter Brief, ein Kompliment für den politischen Scharfsinn Maitlands und das versöhnliche Naturell Marias.

Aber Maria verließ sich nicht nur auf die Überredungskraft ihrer Worte: Sie warb auch mit Geschenken und sogar mit Gedichten um die Gunst ihrer Kusine. Randolph schrieb im Februar, Maria beabsichtige, Elisabeth einen kostbaren Ring mit einem herzförmigen Diamanten zu senden, und dieser Ring scheint der englischen Königin im Lauf des Sommers von du Croc überbracht worden zu sein[16]. Als Dank für dieses Geschenk sandte Elisabeth im Jahr darauf Maria einen noch kostbareren Ring, der, wie Randolph berichtete, »sehr geschätzt, häufig betrachtet und wiederholt geküßt« wurde.

Diese Freundschaftsbezeigungen von seiten Marias verfehlten nicht ihre Wirkung. Elisabeth biß auf den Köder an. Ende Dezember schrieb Cecil an Throckmorton, beide Königinnen hätten den Wunsch geäußert, einander persönlich kennenzulernen; er selbst, setzte er düster hinzu, sehe allerdings der Begegnung zweier so verschiedener Frauen mit größter Besorgnis entgegen[17]. Als Elisabeth schließlich Marias Brief vom 5. Januar beantwortete, erhob sie keine Einwände gegen die geplante Zusammenkunft. Maria und Maitland betrachteten dies als eine stillschweigende Einwilligung von seiten der englischen Königin, und es wurde beschlossen, daß Maitland nach London zurückkehren sollte, um mit Cecil die Einzelheiten zu besprechen.

Obgleich der schottische Rat sich verständlicherweise Sorgen um die persönliche Sicherheit der Königin machte – es war noch nicht ein Jahr her, daß Elisabeth gedroht hatte, sie gefangennehmen zu lassen, falls sie auf englischem Boden landete –, erklärte er sich auf Marias Drängen hin schließlich grundsätzlich mit der Begegnung einverstanden. Auch andere Überlegungen dämpften ein wenig die Begeisterung der schottischen Protestanten: Zusammenkünfte dieser Art waren außerordentlich kostspielig, und die Schotten hatten keine große Lust, so viel Geld an England zu zahlen. Außerdem fürchteten sie, daß Elisabeth, von Marias Charme gefesselt, ihnen ihren Schutz entziehen könnte. Die schottischen Katholiken ihrerseits widersetzten sich dem Plan, weil sie sich Sorgen machten, daß ihre Königin, die ohnehin einen so bedauerlichen Mangel an Interesse für ihre Sache gezeigt hatte, sich nach einer Begegnung mit der protestantischen Elisabeth vollends von ihnen abwenden würde. Aber Maria setzte ihren Willen durch. Maitland machte sich am 25. Mai auf den Weg nach London, und seine Mission brachte den gewünschten Erfolg: Elisabeth zeigte sich jetzt dem Plan ausgesprochen gewogen, und es gelang Maitland, Cecil davon zu überzeugen, daß diese Aussprache der beiden Königinnen ihren Ländern nur zum Vorteil gereichen konnte. Der englische Rat war weniger begeistert und äußerte, ebenso wie die schottische Regierung, Bedenken wegen der

Kosten – man rechnete, daß das gesamte Unternehmen sich auf mindestens 40 000 Pfund belaufen würde. Aber nicht nur die beiden Räte, sondern auch der Himmel selbst schien sich der Zusammenkunft zu widersetzen: Es regnete in diesem Sommer fast unaufhörlich, und viele der Straßen zwischen den beiden Ländern waren praktisch unbefahrbar.

Trotz dieser Hindernisse einigte man sich in London über die Bedingungen für die geplante Begegnung, die zwischen dem 20. August und dem 20. September in Nottingham stattfinden sollte. Elisabeth war, wie Maitland es optimistisch ausdrückte, »ernsthaft entschlossen«, den Plan durchzuführen; am 10. Juni schrieb sie in diesem Sinn an Maria, die so beglückt über den Brief war, daß sie ihn tagelang mit sich herumtrug. Als Maitland mit der guten Nachricht nach Schottland zurückkehrte, brachte er ihr ein Porträt Elisabeths mit. Maria fragte Randolph mit typisch weiblicher Neugier, ob das Bild gut sei, worauf Randolph erwiderte, das werde sie selbst bald beurteilen können.

Doch es sollte anders kommen: Durch eine jener unglückseligen Fügungen des Schicksals, die das Leben Maria Stuarts so oft entscheidend beeinflußten, mußte die Begegnung infolge der gärenden Unruhen in den übrigen Ländern Europas in letzter Minute verschoben werden. Es war vor allem Frankreich, das Land, für das Maria eine derartig sehnsüchtige Liebe empfand, das Land, das sie insgeheim immer noch als ihre Heimat betrachtete, dessen chaotische Zustände sich plötzlich als ein Hindernis für das lang ersehnte Zusammentreffen mit Elisabeth erwiesen. Am 1. März 1562 befahl der Herzog von Guise seinen Anhängern, auf eine gottesdienstliche Versammlung der Protestanten in Vassy zu schießen; wenige Wochen darauf entbrannte in Frankreich ein blutiger Kampf zwischen Katholiken und Hugenotten. Man hätte annehmen sollen, daß die Sympathien Marias ihren Oheimen, den Guisen, sowie den Katholiken galten und die Elisabeths den Hugenotten. Auch Throckmorton ging offensichtlich von dieser Annahme aus, als er Elisabeth dringend riet, die Hugenotten zu unterstützen, da Spanien voraussichtlich zugunsten der Katholiken eingreifen werde. Aber obgleich Maria sich zweifellos in einem schweren inneren Konflikt befand, ließ sie es nicht zu, daß ihre Sympathien für Frankreich ihre politischen Pläne durchkreuzten. Der englische Rat bemühte sich vergebens, Elisabeth zu überzeugen, daß es angesichts der Lage in Frankreich besser wäre, von der Begegnung mit der halb französischen, katholischen Königin von Schottland abzusehen. Cecil hoffte auch weiterhin sehr nüchtern, daß die Unterredung sich als nützlich erweisen und England die Bestätigung des Vertrags von Edinburgh, den Bruch des schottisch-französischen Bündnisses und möglicherweise sogar Marias Abkehr von der »römischen Religion« einbringen werde[18]. Am 25. Juni wurde in Frankreich Frieden geschlossen, und am 6. Juli entschied Elisabeth endgültig, daß die Begegnung wie geplant stattfinden solle. Cecil bereitete sofort einen Geleitbrief für Maria vor. Aber der französische Frieden war nicht von langer Dauer, und am 12. Juli brach abermals im ganzen Land der Bürgerkrieg aus. Angesichts dieser blutigen Kämpfe jenseits des Kanals, in die England möglicherweise von einem Augenblick zum anderen würde eingreifen müssen, falls Spanien das gleiche tat, sah Elisabeth sich gezwungen, vorläufig auf die Reise in den hohen Norden Englands zu verzichten.

Als Maitland Maria die Botschaft überbrachte, brach sie in Tränen aus und blieb, niedergeschmettert von der unerwarteten Enttäuschung, den Rest des Tages im Bett. Am nächsten Morgen empfing sie Elisabeths Bevollmächtigten, Sir Henry Sidney, der am 15. Juli nach Schottland entsandt worden war, um sie vom Lauf der Ereignisse zu unterrichten. Sir Henry brachte ihr eine beruhigendere Nachricht: Elisabeth erbot sich, ihre Kusine im nächsten Jahr, 1563, zwischen dem 20. Mai und dem 31. August in York, Pomfret, Nottingham oder an irgendeinem anderen, von Maria zu nennenden Ort zu treffen. Maria ließ sich von dem Gedanken trösten, daß die Begegnung zwar aufgeschoben, aber nicht aufgehoben war, und faßte wieder Mut. Schließlich war sie dank ihrer persönlichen Entschlußkraft und Maitlands Geschicklichkeit nahe daran gewesen, diesen großartigen diplomatischen Erfolg zu erzielen, und nur die Umstände, nicht Elisabeths Weigerung, hatten es verhindert. Mit dem ihr eigenen Optimismus sah sie sich bereits in Gedanken im kommenden Sommer am Ziel ihrer Wünsche. Sie konnte nicht ahnen, daß ihre Hoffnungen sie trogen, daß die Begegnung zwischen Königin Elisabeth und Maria Stuart – die so oft die Phantasie von Dichtern und Dramatikern beschäftigt hat und deren mögliche Folgen nicht abzuschätzen sind, aber zweifellos entscheidend für den Lebensweg Marias gewesen wären –, daß diese Begegnung niemals stattfinden sollte.

X

DIE JUNGE HERRSCHERIN

»Seid, Herrin, gut zu jedermann und gnädig,
Euren Vasallen allsamt lieb und treu.«

Lord Darnley an Maria, Königin der Schotten

Kurz nach ihrer Ankunft hatte Maria ihren Geheimen Rat gewählt; er setzte sich aus den führenden Adeligen des Landes zusammen, von denen jeweils sechs ständig zu ihren Diensten standen, um ihr bei der Erledigung der laufenden Angelegenheiten behilflich zu sein. Der Rat hatte unbeschränkte Vollzugsgewalt, tagte im Königspalast, und seine Mitglieder wurden nach altem Brauch vom Herrscher selbst gewählt. In Wirklichkeit lag die Regierung jedoch fest in den Händen von Lord James und Maitland, die, wie Randolph berichtete, das volle Vertrauen der Königin genossen. Schon nach kurzer Zeit verzichtete Maria auf die Dienste der sechs Ratsmitglieder. Da die Verfügungen des Geheimen Rates die gleiche Gesetzeskraft hatten wie die Parlamentsbeschlüsse, wurden sämtliche Regierungsangelegenheiten dem Rat und seinen Leitern übertragen. Zwischen dem Parlament und dem Herrscher stand ein Ausschuß – *Lords of the Articles* genannt –, der mit den Aufgaben des Parlaments betraut war. So spielte das Parlament selbst zu dieser Zeit eine relativ geringe Rolle und trat nur zusammen, um über die Annahme oder Ablehnung der Erlasse abzustimmen, die ihm von diesem Ausschuß zur Gutheißung vorgelegt wurden[1].

Da die *Lords of the Articles* ihrerseits dazu neigten, sich dem jeweiligen Monarchen oder Regenten gegenüber willfährig zu zeigen, verfügte die schottische Krone, wie wir sehen werden, damals innerhalb der Verfassung über eine große potentielle Macht. Das Problem war weniger die Natur dieser Macht als ihre Ausübung in einem so rückständigen Königreich wie Schottland. Trotzdem deutete vieles darauf hin, daß die Monarchie in der Lage sein würde, in steigendem Maße ihren Einfluß geltend zu machen. Obgleich die wichtigsten Regierungsämter in den Händen der großen

Lords lagen und durch eine Art Erbrecht jeweils vom Vater auf den Sohn übergingen, gab es andere, geringere Ämter, wie Advokat, Vizepräsident des Obersten Gerichts, Schatzmeister und Staatssekretär, die mit den Angehörigen des niederen Adels besetzt werden konnten – so bekleidete zum Beispiel Maitland das Amt des Staatssekretärs; über all diese Ämter konnte der Herrscher nach eigenem Ermessen verfügen. Der Einfluß der von den Adeligen örtlich ausgeübten Rechtsprechung wurde jetzt durch die zahllosen Beamten der zentralen Zivil- und Konsistorialgerichte ausgeglichen, die dem Obersten Gerichtshof unterstanden. Die Abgeordneten und Gutsherren von geringerem Rang, die zur Zeit des Reformationsparlaments zum erstenmal öffentlich in Erscheinung getreten waren, wurden allmählich stark genug, um sich den großen Lords entgegenzustellen, und es war anzunehmen, daß ihre Opposition der Krone letztlich zum Nutzen gereichen würde.

Aber abgesehen von der Macht der Adeligen, gegen die der Herrscher sich stets von neuem behaupten mußte, hatte die Krone auch noch zwei weitere große Schwächen. Sie besaß kein stehendes Heer – die schottischen Adeligen hatten es Marie von Guise sehr verübelt, als sie versuchte, eines aufzustellen – und war daher im Kriegsfall auf die örtlich ausgehobenen Truppen der Clanherren angewiesen. Außerdem litt das schottische Königshaus unter ständigem Geldmangel. Maria Stuart erhielt als Königinwitwe von Frankreich eine Pension von 40 000 Livre pro Jahr, aber es gab, besonders während der Jahre ihrer Gefangenschaft, immer wieder Streitigkeiten um die Bezahlung und Verwaltung dieser Beträge. Viele Besitztümer ihres Vaters waren den kostspieligen englischen Kriegen zum Opfer gefallen. Andere königliche Ländereien waren während Marias Minderjährigkeit den Adeligen überlassen worden, sollten aber nach einem alten Gesetz zum Schutz der Minderjährigen an ihrem fünfundzwanzigsten Geburtstag wieder an sie zurückfallen. So bestand das Einkommen der Krone, abgesehen von der Pacht für ihre eigenen Ländereien, vor allem aus Kircheneinkünften und den Ausfuhrzöllen, die auf den Handel der Burgflecken erhoben wurden.

Im Jahre 1560 beliefen sich die gesamten Einnahmen der Krone auf etwa 40 000 schottische Pfund oder 10 000 Pfund Sterling[2]. Wenn man in Betracht zieht, daß Königin Elisabeth jährlich über 200 000 Pfund verfügen konnte, die in späteren Jahren auf 300 000 anwuchsen[3], und sich dennoch stets als arm betrachtete, ist es kaum zu verwundern, daß in Schottland das Defizit der Staatskasse im Jahre 1564 annähernd 33 000 Pfund betrug und bis 1569 auf 61 000 angestiegen war[4]. Tatsächlich wäre es Königin Maria schwergefallen, ein stehendes Heer zu bezahlen, wenn sie eines besessen hätte. Mit einem Wort, die Armut der Krone war eines der größten Probleme, denen Maria, die Königin der Schotten, sich während ihrer ganzen Regierungszeit gegenübersah. Kein Wunder, daß die französische Abhandlung aus dem Jahr 1558 über den Zustand des Landes immer wieder die Armut der schottischen Monarchie hervorhob, die sie dem Mangel an angemessenen königlichen Besitztümern und der unzulänglichen Besteuerung zuschrieb. Man konnte von Maria das gleiche sagen wie von ihrem Großvater Jakob IV.: »Sie entbehrte nichts ... war aber außerstande, Geld in ihre Kassetten zu tun[5].«

Gleichzeitig stiegen in der zweiten Hälfte des 16. Jahrhunderts infolge der Einfuhr von Silber aus der Neuen Welt in ganz Europa die Preise. Aus diesem verzweifelten Bedarf an Geld ergab sich die seltsame »Schatzgräber«-Ökonomie der damaligen Zeit – die beharrliche Suche nach Gold- und Silbernestern, die leider in Schottland nur in kleinen, weit verstreuten Erzlagern vorkamen und hohe Arbeits- und Transportkosten verursachten. Maria war während eines großen Teils ihrer Regierungszeit zu arm, um neue Münzen prägen zu lassen, obwohl dies von 1529 bis 1542 alljährlich geschehen war. Aus den Protokollen des Geheimen Rats geht hervor, daß man damals versuchte, die französische Währung zum gesetzlichen Zahlungsmittel zu machen und die Einfuhr von Geld aus England zu unterbinden, obgleich die englische Währung durch den aufblühenden Handel mit den Hansestädten und den Niederlanden als sehr stabil galt. Als die Regierung erkannte, daß man einen ansehnlichen Nutzen erzielen konnte, wenn man Silbermünzen herausgab, deren Nominalwert erheblich größer war als ihr tatsächlicher Wert in Silber, wurden neue Geldstücke in Umlauf gebracht, die einen Nennwert von zehn, zwanzig und dreißig Shilling hatten, aber viel weniger zu prägen kosteten. Weit davon entfernt, die finanzielle Lage zu verbessern, trug diese Wertminderung des Geldes natürlich lediglich dazu bei, Hamsterei und Spekulation zu fördern. So litt zur Zeit von Maria Stuarts persönlicher Herrschaft nicht nur die Krone unter einem ständigen Geldmangel, den sie nicht beheben konnte, sondern auch das Land befand sich in finanziellen Schwierigkeiten, denen die Regierung nicht abzuhelfen wußte.

Trotz dieser schwierigen Lage versuchte Maria Stuart während der ersten Jahre ihres Lebens in Schottland, sich an ihrem Hof ein kleines Frankreich zu schaffen und sich gleichzeitig an all dem zu erfreuen, was das Land selbst zu bieten hatte. Zum Glück fand sie Gefallen an Vergnügungen vielerlei Art, und ihre Lebenslust und jugendliche Begeisterungsfähigkeit ermöglichten es ihr, selbst in diesem armen und düsteren Land ihr Leben zu genießen; insbesondere hatte sie eine absolute Manie für jegliche Art von Sport und Spiel im Freien – sie brauchte ihr ganzes Leben lang eine tägliche Ration von frischer Luft und körperlicher Bewegung, um sich wohl zu fühlen. Obwohl das in späteren Jahren bedeuten sollte, daß sie bitterlich unter den Bedingungen ihrer Gefangenschaft litt, bedeutete es jetzt, daß sie sich sehr gut für das Leben in Schottland eignete, wo sie nahezu die Hälfte ihrer Zeit im Sattel verbrachte, während sie ihr Herrschaftsgebiet bereiste. Von ihrem Vater, Jakob V., hatte Maria die Leidenschaft für die Jagd geerbt, und Schloß Falkland in Fife, das von König Jakob im Jahre 1531 zu diesem Zweck ausgebaut und mit neuen Ställen versehen worden war, wurde, ebenso wie später Balmoral Castle für Königin Victoria, ihr Lieblingsaufenthalt. Das Schloß war von Grasland umgeben, und im Norden lag der ausgedehnte Wald von Falkland. Um dem königlichen Hofstaat eine gute Jagd zu sichern, wurden Rehböcke und Hirsche in Käfigen mitgebracht und vorübergehend auf dem Gelände freigelassen. Wenn der Hof nach Edinburgh zurückkehrte, trieb man die Tiere zusammen, um sie wieder nach Holyrood zu schaffen. Wildschweine wurden eigens für die Jagd aus Frankreich eingeführt.

Maria Stuart war ein Bild von strahlender Jugend und Lebenskraft, wenn sie vor ihren Untertanen als Diana, die Göttin der Jagd, erschien; aber im krassen Gegensatz zu dieser blendenden öffentlichen Persönlichkeit hatte sie auch noch eine andere bezaubernde und rührend häusliche Seite. In vielen ihrer Maßnahmen kommt dieser Widerspruch deutlich zum Ausdruck: Sie schwanken zwischen den herrischen Befehlen der zur Königin geborenen Frau, die es liebte, in den Augen ihres Volkes zu glänzen, und den nachgiebigeren Reaktionen einer Frau, die in fast jeder Hinsicht betont weiblich war. Auch schon vor der räumlichen Beschränkung ihrer Gefangenschaft liebte sie kleine Hunde ebenso wie die großen Jagdhunde, die sie auf ihren Ausritten begleiteten. Maria Stuart zeigte ihr Leben lang – sowohl in ihrer Jugend als auch in späteren Jahren – eine bemerkenswerte Zuneigung zu ihrer Dienerschaft, besonders zu den Angehörigen ihres persönlichen Gefolges, mit denen sie ohne Angst vor Anmaßung oder Verrat ihre Freuden und Leiden teilen konnte. So herrschte am Hofe Marias eine angenehm vertrauliche Atmosphäre, die von dem weiblichen Naturell der Königin selbst ausging. In dem runden Turm von Holyrood, den sie ganz nach französischem Geschmack eingerichtet hatte, wurde abends bei Kerzenlicht musiziert, es wurden Gesellschaftsspiele veranstaltet, Verse gelesen und Madrigale gesungen. Maria war, ebenso wie ihre Mutter, eine Spielernatur und hatte eine Vorliebe für Glücksspiele jeglicher Art; außerdem spielte man Billard, Backgammon und Schach, tanzte bis spät in die Nacht oder unterhielt sich mit Puppenspielen, einer neuen Mode, die kürzlich aus Italien gekommen war[7].

In Marias Bibliothek waren alle Sprachen vertreten, die sie als Kind in Frankreich gelernt hatte: Neben französischen, lateinischen, schottischen und einigen englischen Bänden gab es Bücher in italienisch und spanisch sowie eine Anzahl von griechischen Werken im Originaltext, die vermuten lassen, daß die Königin entweder selbst etwas Griechisch verstand oder sich zumindest für die griechische Kultur interessierte. Auf jeden Fall war ihre Bibliothek recht umfangreich, und die beiden unvollständigen Listen, die auf Wunsch des Regenten Moray nach Marias Flucht nach England in Holyrood und Edinburgh Castle angefertigt wurden, geben uns ein annäherndes Bild von ihrem literarischen Geschmack[8]. In Holyrood befand sich ihre Bibliothek in einem großen, mit grünen Teppichen ausgelegten Raum, und bis zum Jahr 1566 war ihre Sammlung von griechischen und lateinischen Bänden so umfangreich geworden, daß Maria sie in ihrem Testament der Universität von St. Andrews vermachte. Es gab eine Reihe von lateinischen Büchern im Originaltext, unter ihnen Livius, den die junge Königin, wie Randolph berichtet, täglich nach dem Essen mit George Buchanan las, sowie Horaz und einige mittelalterliche und zeitgenössische Prosawerke, einschließlich der berühmten Kopie von Buchanans Übersetzung der Psalmen, die er Königin Maria mit einem lateinischen Gedicht gewidmet hatte. Die griechischen Autoren schlossen Homer, Herodot, Sophokles, Euripides und Plato ein, und es gab französische Übersetzungen von Sueton, Plutarch, Ovid und Cicero. Die italienischen Bücher umfaßten das Dekameron, *Orlando Furioso* von Ariosto, Petrarca und Marcus Aurelius.

Bei weitem der größte Teil der Bibliothek bestand natürlich aus französischen Büchern, hauptsächlich Geschichtswerken und französischer Poesie, die Maria Stuart besonders liebte. Unter den Lyrikbänden befanden sich die Werke von Clément Marot, du Bellay und Ronsard, alles Dichter, die sie in Frankreich gekannt und geschätzt hatte. Außerdem scheint sie eine Vorliebe für mittelalterliche Ritterromane wie die Artuslegende und die Rolandsage gehabt zu haben.

Marias tiefes Gefühl für die Musik entsprach, ebenso wie ihre Liebe zur Poesie, mehr der romantischen als der intellektuellen Seite ihrer Natur. Sie selbst spielte sowohl Laute als auch Virginal, und während sie die Lautensaiten zupfte, stellte sie mit weiblicher Eitelkeit die langen, weißen Finger zur Schau, die Brantôme und Ronsard so bewundert hatten. Obgleich Melville in seiner berühmten Unterredung mit Königin Elisabeth Marias Spiel nur als »leidlich« für eine Königin bezeichnete, urteilten andere, die dieses Thema nicht mit Marias eifersüchtiger Rivalin zu erörtern brauchten, sehr viel wohlwollender[9]. Maria hatte eine weiche, reine Singstimme, die ihre Zuhörer bezauberte. Musikalische Begabung spielte eine gewisse Rolle in der Wahl ihrer Kammerdiener – und war später wohl auch ausschlaggebend für die Ernennung Riccios. Im Jahr 1561 hatte sie fünf Violen- und drei Lautenspieler, und einige der Kammerdiener spielten und sangen ebenfalls, so daß sie die langen und düsteren schottischen Winterabende mit der Art von kleinen musikalischen Tischgesellschaften verkürzen konnte, die sie in Frankreich so sehr genossen hatte.

Die Vergnügungen, über die Knox sich am meisten entrüstete und in denen er den ganzen verderblichen Einfluß der französischen Erziehung Marias zu erkennen meinte, waren die Tanzabende, die der Hofstaat in

Holyrood veranstaltete. Hier standen sich unversöhnlich zwei grundverschiedene Einstellungen gegenüber: Für Knox war Tanzen eine Erfindung des Teufels. Wenn wir Knox Glauben schenken dürfen, tanzte Maria im Dezember 1562 ausgelassen »bis spät nach Mitternacht« aus Freude über die Nachricht, daß in Frankreich abermals die Verfolgung der Hugenotten begonnen habe[10]. Er griff sofort zu seiner Lieblingswaffe der grimmigen Anklage von der Kanzel herab, woraufhin Maria ihn — achtzehn Monate nach ihrer ersten Begegnung — zu einer zweiten Unterredung zu sich kommen ließ.

Sie empfing ihn in Gegenwart von Lord James, Maitland und Morton. Knox ging unter gewissen Vorbehalten ein wenig von seiner unnachgiebigen Haltung ab: Er sei bereit, das Tanzen zu dulden, erklärte er, vorausgesetzt, daß die Tänzer ihre Pflicht Gott gegenüber nicht vernachlässigten und sich sorgsam davor hüteten, wie die Philister um des Vergnügens willen zu tanzen, das ihnen das Mißvergnügen gottesfürchtiger Menschen bereitete. Wenn sie in einen dieser beiden verdammenswerten Fehler verfielen, so würden sie »den gerechten Lohn der Tänzer erhalten und die Qualen der Hölle erleiden, es sei denn, sie zeigten sich sogleich sühnebereit«. Maria Stuart andererseits war in Frankreich zum Tanzen erzogen worden und war eine ausgezeichnete Tänzerin; Melville erklärte zwar, als er wieder einmal eifersüchtig von der englischen Königin ins Kreuzverhör genommen wurde, sie tanze »nicht so aufrecht und elegant« wie Elisabeth, aber nach der weniger gehemmten Aussage von Conaeus tanzte sie sehr »anmutig und geziemend«. Für Maria war das Tanzen ein natürlicher Ausdruck ihrer Lebensfreude und gleichzeitig eine Kunst. Es ist daher kaum zu verwundern, daß die junge Königin, die, knapp neunzehnjährig, im Kreise ihrer Freunde sich auf sorglose, aber keineswegs unschickliche Art und Weise amüsierte, zweifellos der Meinung war, daß von ihnen beiden Knox und nicht sie der Philister sei.

In der Kleidung zumindest brauchte Maria Stuart ihren weiblichen Neigungen keinerlei Schranken aufzuerlegen, denn von einer Königin des 16. Jahrhunderts erwartete jeder außer den fanatischen Eiferern und Puritanern, daß sie prunkvoll gekleidet sei. Schon in ihrer Kindheit hatte sie großes Interesse für ihre Kleidung gezeigt, als sie ihre Erzieherinnen bestürmte, ihr ebenso kostbare Toiletten zu beschaffen, wie die Prinzessinnen von Frankreich sie trugen. Als sie erwachsen war und sozusagen die Verpflichtung hatte, sich elegant zu kleiden, tat sie dies mit einem angeborenen guten Geschmack; sie hatte nie die Neigung ihrer Kusine Elisabeth, sich auffällig herauszuputzen, wahrscheinlich, weil sie sich bewußt war, daß im Gegensatz zu Elisabeth ihre Schönheit am besten durch schlichte Eleganz zur Geltung kam. Freilich verbrachte sie als junge Frau einen großen Teil der Zeit in Trauer — um ihre Mutter, ihren Schwiegervater und schließlich um ihren Mann. Man maß damals dem äußeren Ausdruck des Kummers große Wichtigkeit bei, und während der Rest des Hofstaats im Dezember 1561, ein Jahr nach dem Tod von König Franz, zur Halbtrauer überging, legte Maria ihre Trauerkleidung erst endgültig ab, als sie vier Jahre später Darnley heiratete. Vielleicht verstand sie es, die schwarzen Gewänder, Hauben und Schleier zu einem wirkungsvollen Rahmen für ihr rotgoldenes Haar, ihre weiße Haut und ihre goldfarbenen Augen zu machen; aus demselben Grund erscheint auch Weiß immer wieder in ihrer Garderobenliste, denn nichts bringt eine rosig schimmernde Haut besser zur Geltung als ein weißes Kleid. Nicht ohne Grund wurde Maria Stuart in Frankreich »la reine blanche« genannt.

Die ausführlichen Verzeichnisse ihrer Toiletten zeugen von dem großen Interesse, das Maria jeder Einzelheit ihrer Kleidung widmete. Im allgemeinen trug sie Kleider aus Camelot, Damast oder Serge, am Hals mit Buckram versteift und mit Spitzen und Bändern besetzt; ihr Reitkostüm war aus Florentiner Serge, oft mit schwarzem Samt oder Pelz gesäumt. Unter den Kleidern trug sie *vasquines*, glockenförmige Petticoats, die mit Reifen aus Fischbein versteift waren, um den Röcken eine krinolinenähnliche Form zu geben. Ihre »gewebten« Strümpfe waren aus Seide, häufig mit Gold- und Silberfäden durchwirkt. Ihre Hüte und Hauben waren aus schwarzem Samt und Taft – ihre Schleier weiß.

Das Bestandsverzeichnis der Garderobe der Königin vom Februar 1562[11] erwähnt unter anderem sechzig Staatsgewänder aus Brokat, Samt, Satin und Seide, vierzehn Umhänge und zwei Purpurmäntel aus Samt, mit Hermelin gefüttert. Die Gold- und Silberstickerei auf den meist weißen, schwarzen oder purpurfarbenen Toiletten war so kostbar, daß sie häufig mehrmals verwendet und getrennt unter den Juwelen aufgeführt wurde.

Die Königin der Schotten hatte ihr ganzes Leben lang eine kindliche Vorliebe für Maskenkostüme und Verkleidungen jeder Art. Wir wissen, daß sie bereits in Frankreich gern die schottische Nationaltracht anlegte, und laut Brantôme ließ sie sich sogar darin malen; leider ist das Porträt nicht erhalten geblieben. Angesichts ihrer romantischen Liebe zum schottischen Hochland, wie sie auch später ihre Verehrerin, die Königin Victoria, empfand, machte Maria es sich zur Gewohnheit, die sogenannten »Highland mantles« zu tragen, lose Umhänge, die bis zum Boden reichten und meist mit Stickerei verziert waren. Maria liebte es, als Mann verkleidet unerkannt durch die Straßen zu wandern. Hochgewachsen und langbeinig, wie sie war, muß sie in den enganliegenden schwarzen Hosen reizend ausgesehen haben; und zweifellos hätte sie die Bewunderung Brantômes geerntet, der einmal schrieb, daß nur eine Frau von vollkommener Schönheit und mit gutgeformten Beinen solch eine Verkleidung tragen sollte, auf daß niemand mit Sicherheit sagen könne, »welchem Geschlecht sie angehörte, ob sie ein gutaussehender Junge war oder eine schöne Frau[12]«. Bei einem Bankett für den französischen Gesandten erschienen die Königin und ihre

Marys als Männer verkleidet; im Jahre 1565 ritt sie in Männerkleidung an der Spitze ihrer Truppen den Aufständischen entgegen, ein strahlender Leitstern für die Augen ihrer Getreuen. Am Ostermontag desselben Jahres verkleideten sich Maria und ihre Hofdamen in Stirling als Bürgersfrauen, liefen, wie Randolph berichtete, die Straßen auf und nieder und sammelten Geld für das öffentliche Festmahl; später aßen sie alle zum Staunen der übrigen Anwesenden in der Herberge, in der Randolph selbst logierte[13]. Drei Wochen ehe sie Darnley heiratete, schlenderte sie mit ihm bis Einbruch der Dunkelheit verkleidet durch die Straßen von Edinburgh, was Anlaß zu vielerlei Gerüchten gab.

All diese Eskapaden und Possen, mit denen die Angehörigen der Königshäuser sich schon von jeher die Zeit vertrieben haben, um dem goldenen Käfig ihrer Existenz zu entrinnen, zeugen einzig und allein von natürlicher Lebensfreude und jugendlichem Übermut. Ganz gewiß gab es um die junge Königin keinerlei sexuelle Skandale, wie es sie zur Zeit ihres Vaters und bei so vielen anderen Monarchen vor ihr und nach ihr gegeben hat. Maria Stuart, eine schöne und während der ersten Jahre ihrer Regierung völlig ungebundene junge Frau, die sich ungehindert den wildesten Ausschweifungen hätte hingeben können, wenn ihr der Sinn danach gestanden hätte, war eindeutig ebenso *sans reproche* in ihrem höfischen Leben, wie sie *sans peur* als Jägerin und Reiterin war. Der einzige wahrnehmbare Skandal war – zumindest in den Augen von Knox – der des unverhohlen zur Schau gestellten jugendlichen Frohsinns. Maria genoß ihr Leben auf eine völlig harmlose, ein wenig übermütige und ausgelassene Art, etwa so wie die shakespearischen Heldinnen, denen sie so sehr ähnelt – wie Rosalind, die sich im Wald von Arden über ihre Knabenkleidung freut, jedoch beim Anblick von Orlandos Blut auf einem Taschentuch in Ohnmacht fällt. Ganz gewiß hatte sie ebenso wie Rosalind, obwohl als Mann verkleidet, nichts Männliches an sich, sondern war eine liebenswerte und sehr weibliche Frau.

Zu den wichtigsten Ereignissen des damaligen Gesellschaftslebens gehörten die Hochzeiten der Adeligen, die fast immer mit üppigen Banketts und Maskenspielen gefeiert wurden. Maria scheint eine wehmütige Vorliebe für Hochzeiten gehabt zu haben, und wenn die Braut eine Angehörige ihres Hofstaats war, gab sie ein großes Festessen und schenkte ihr auch das Hochzeitskleid. Während des ersten Jahres ihres Aufenthalts in Schottland fanden zwei große Hochzeiten statt: Im Januar 1562 heiratete Lady Janet Hepburn, Bothwells Schwester, auf Schloß Crichton Marias Stiefbruder Lord John; sowohl Königin Maria als auch Lord James nahmen an den Feierlichkeiten teil, bei denen Bothwell als Gastgeber fungierte. Vier Wochen später wurde in Edinburgh mit großem Prunk die Vermählung von Lord James selbst mit Lady Agnes Keith gefeiert, nachdem James Moray am Tag zuvor von der Königin zum Earl of Mar erhoben worden war.

Nach der Trauung, die von Knox in der Kathedrale von St. Gil vollzogen wurde, begab sich der lange Zug der Adeligen nach Holyrood zu der drei Tage währenden Hochzeitsfeier, deren Prachtentfaltung, wie Knox bissig bemerkte, »die Augen aller gottesfürchtigen Menschen beleidigte[14]«.

Durch dieses ganze bunte Gewebe des Hoflebens lief wie ein heller Faden das Bild der vier Marys. Knox, der nur allzu gern Skandalgeschichten über den Hof erzählte, soweit er sie erfahren konnte, richtete seine Aufmerksamkeit besonders auf dieses Viergestirn und die Hofdamen Marias im allgemeinen, vermutlich, weil man annehmen konnte, daß skandalöse Gerüchte über sie den Ruf der Königin schädigen würden. Zum Beispiel erwähnte er einen Vorfall, der sich tatsächlich zugetragen hatte und zu Beginn von Marias Herrschaft an die Öffentlichkeit gedrungen war; einen »abscheulichen Mord«, der am Hofe – »ja, in der Tat nicht weit entfernt von der Königin selbst« – begangen worden war. Eine französische Kammerdienerin hatte, wie man sagte, »Unzucht mit dem Apotheker der Königin getrieben« und im Verlauf dieses Liebesverhältnisses unklugerweise ein Kind empfangen. Vater und Mutter beschlossen daraufhin, das Baby zu ermorden. »Trotzdem«, um mit Knox' Bericht über die Angelegenheit fortzufahren, »waren die Schreie des Neugeborenen zu hören; man machte sich auf die Suche, entdeckte sowohl die Mutter als auch das Kind, und so wurden der Mann und die Frau dazu verurteilt, öffentlich auf der Straße von Edinburgh gehängt zu werden.« Aber Knox erwähnte nicht, was Randolph berichtete: daß es die Königin selbst war, die aufgrund ihres Abscheus vor Unmoral in sexuellen Dingen auf der Vollstreckung des Todesurteils bestand. Statt dessen fuhr er fort, jeder Mensch wisse, daß »Schande« die Eheschließung zwischen John Sempill und Mary Livingstone beschleunigt habe. Nachdem er diesen Partherpfeil abgeschossen hatte, konnte er es sich nicht versagen hinzuzusetzen, es sei allgemein bekannt, welch haarsträubenden Ruf die Marys und die übrigen Tänzer am Hof genossen hätten: »Die Balladen aus dieser Zeit, die ich um des Anstands willen nicht zitieren möchte, legen Zeugnis davon ab[15].«

Doch ohne Knox nahetreten zu wollen, die vier Marys waren in Wirklichkeit sehr harmlose Geschöpfe: Ebenso wie ihre Herrin liebten sie die Festlichkeiten und Vergnügungen des Hofes, aber sie verdienten es gewiß nicht, von Knox verleumdet zu werden. Sie genossen ihr Leben mit dem natürlichen Frohsinn und der Leichtfertigkeit der Jugend, aber wer will ihnen daraus einen Vorwurf machen? Mary Livingstone verdankte ihren Spitznamen *the Lusty* mehr ihrer unermüdlichen Freude am Tanzen als irgendwelchen hemmungslosen sexuellen Gelüsten: Abgesehen von Knox' gehässigen Andeutungen gibt es nichts, was darauf schließen läßt, daß ihre Heirat durch eine Schwangerschaft beschleunigt wurde, und tatsächlich kam ihr ältestes Kind ein Jahr nach ihrer Eheschließung zur Welt. Mary Livingstone wurde als so zuverlässig betrachtet, daß man die Juwelen der

Königin ihrer besonderen Obhut anvertraute, und die große, sorgsam vorbereitete Hochzeit in ihrem Elternhaus in Falkirk paßt nicht zu der Vorstellung einer von Schande gezeichneten Verbindung. In Wirklichkeit war Mary Livingstone ein fröhliches, ungewöhnlich lebhaftes junges Mädchen, dessen übersprudelnde Lebensfreude Knox zweifellos ein Dorn im Auge war.

Obgleich Mary Livingstone als erste heiratete, war sie nicht die schönste der vier: Diese Ehre wurde allgemein Mary Fleming zuerkannt. Ursprünglich war es ihr königliches Geblüt, das sie über die anderen Marys erhob; später machten ihre Schönheit und ihr Charme sie nach Ansicht von Leslie zur »Zierde der Schar«. Als Mary Fleming 1564 am Dreikönigsabend in einem silbernen Gewand, mit Juwelen geschmückt, als *Queen of the Bean* erschien, war Thomas Randolph so hingerissen, daß er mit lyrischen Worten erklärte, sie gliche Venus in Schönheit, Minerva in Klugheit und Juno in irdischem Reichtum: Die ersten beiden Eigenschaften habe die Natur ihr beschert, den Reichtum werde man ihr zu Füßen legen. Auch Buchanan pries diese Königin für eine Nacht überschwenglich in lateinischen Versen und nannte sie Königin »Flaminia«, der die Tugend selbst bereits das Zepter verliehen habe[16].

Mary Beaton scheint die klassischste Schönheit der vier gewesen zu sein*, aber ihr fehlte der strahlende Zauber Mary Flemings, den die »schöne Fleming« vielleicht dem Stuart-Blut verdankte, das in ihren Adern floß. Ebenso wie die Schönheit Mary Flemings wurde auch die Mary Beatons von Buchanan in Versen gepriesen, aber für ihren Charakter fand er weniger lobende Worte. Mary Seton, die aus einer der vornehmsten Adelsfamilien Schottlands stammte, war die unscheinbarste und bescheidenste der vier, aber, wie ihre spätere Lebensgeschichte zeigt, auch zugleich die treueste.

Knox mochte über die Marys denken, was er wollte, und er mochte noch soviel an den Maskenspielen und ähnlichen Vergnügungen auszusetzen haben, es besteht wohl kaum ein Zweifel, daß Marias Untertanen selbst das Schauspiel genossen, denn es hatte seit zwanzig Jahren praktisch keinen Hofstaat in Schottland gegeben. Randolph beschrieb, wie reizend die vier Marys anzusehen waren, als sie mit ihrer Herrin im Jahre 1563 zum Parlament fuhren – »Jungfrauen, Maiden, Maries, Ehrendamen oder die *mignons* der Königin, man mag sie nennen, wie man will«, schrieb der englische Gesandte[17]; die Wirkung war die gleiche: Sie boten einen bezaubernden Anblick. Die Bürgersfrauen, von denen berichtet wurde, daß sie die Kleider der Königin zu prunkvoll fänden, waren sicherlich nichtsdestoweniger beglückt, sie mit ihren Hofdamen vorüberziehen zu sehen. Auf den Vorwurf,

* Es sind keine zeitgenössischen Bilder von den vier Marys erhalten geblieben. Von einem Bild, das man ursprünglich für ein Porträt Mary Beatons mit ihrem blonden Haar und ihren dunklen Augen hielt, wird heute angenommen, daß es Ende des 17. oder Anfang des 18. Jahrhunderts entstanden ist.

daß Maria verschwenderisch gewesen sei, könnte man erwidern, daß sie, obgleich an den viel größeren Luxus des französischen Hofes gewöhnt, sowohl in ihrer Kleidung als auch bei ihren Reisen weit weniger verschwenderisch war als ihre Kusine Elisabeth; zweifellos lag ihr Zauber zum großen Teil in ihrem persönlichen Charme. Aber wie dem auch sei, diese Art von Prachtentfaltung gehörte damals unzertrennlich zur persönlichen Herrschaft eines Monarchen und stellte, wie ein Zeitgenosse Elisabeths es ausdrückte, »einen wesentlichen Bestandteil der Regierungskunst« dar[18]. Der Erfolg war – selbst Buchanan, der später Marias schärfster Kritiker sein sollte, gab es offen zu –, daß diese schöne und lebensfrohe junge Frau mit ihrer Leidenschaft für die Jagd, ihren Maskenspielen, ihren Kleidern und Juwelen jeden Angehörigen der schottischen Nation bezaubern konnte, der bereit war, sich bezaubern zu lassen. Man kann tatsächlich von ihr sagen, sie »versauste sorglos die Zeit wie im goldenen Zeitalter« in ihrem eigenen Wald von Arden. Buchanan selbst schrieb über diese Zeitspanne ihres Lebens: »Abgesehen vom Reiz ihres abwechslungsreichen und gefahrvollen Lebens besaß sie eine unvergleichliche Anmut, die Vitalität der reifenden Jugend und hervorragende geistige Fähigkeiten, die ihre höfische Erziehung noch gesteigert oder zumindest zur vollen Entfaltung gebracht hatte[19].«

XI

DER STURZ HUNTLYS

»Weit über den berstenden Wald hin
Liegen die Riesenwaffen im Staub,
Und die Auguren, bleich im Gesicht,
Starren aufs zerschmetterte Haupt.«

Lord Macaulay

Am 11. August 1562 machte die Königin der Schotten sich auf den Weg ins Hochland. Sie hatte schon seit längerer Zeit vorgehabt, diese wilden, entlegenen Gebiete des Nordens zu besuchen, hatte es aber angesichts der Verhandlungen mit England immer wieder aufgeschoben. Jetzt, da sie wußte, daß die Unterredung mit Elisabeth frühestens im nächsten Jahr stattfinden würde, stand der Ausführung ihres Plans nichts mehr im Wege. Außerdem gab es mittlerweile, abgesehen von ihrem Wunsch, einen weiteren Teil ihres Königreichs kennenzulernen, auch noch einen anderen, weniger friedfertigen Grund für diese Reise: Die Macht der Gordons unter ihrem respektgebietenden, aber unberechenbaren Familienoberhaupt, dem 4. Earl of Huntly, schwebte bereits seit langem drohend über dem Nordosten Schottlands. Diese Tatsache an sich, so beunruhigend sie sein mochte, wäre jedoch kein Anlaß zu einer kriegerischen Expedition gewesen, denn ganz abgesehen davon, daß Huntlys Stellung beinahe der eines unabhängigen Monarchen glich, war er zugleich auch der führende katholische Magnat des Landes; so konnte es erstens gefährlich und zweitens unklug sein, ihn anzugreifen. Aber im Laufe des Sommers wurde Huntlys dritter Sohn, Sir John Gordon, in einen unangenehmen Skandal verwickelt und lieferte damit der Königin zumindest gegen einen der Gordons einen *casus belli,* falls sie ihn brauchte.

Sir John brachte Lord Ogilvie im Juni bei einer Straßenschlacht in Edinburgh eine schwere Verletzung bei und wurde ins Gefängnis geworfen. Die Fehde mit den Ogilvies war dadurch entstanden, daß Lord Ogilvie of Findlater seinen eigenen Sohn, James Ogilvie of Cardell, auf Veranlassung seiner zweiten Frau enterbt und seine gesamten Güter einschließlich des Schlosses von Findlater statt dessen Sir John vermacht hatte. Die Stiefmutter selbst war daraufhin die Geliebte oder »vorgebliche Ehefrau« John

Gordons geworden, der nicht nur ein verwegener Draufgänger war, sondern auch gut aussah und, wie Buchanan es ausdrückte, »in der Blüte seiner Jugend« stand. Dieses skandalöse Liebesverhältnis erregte allgemeine Empörung und brachte Lady Ogilvie letztlich auch wenig Nutzen, denn als Sir John sah, daß er nicht all den Landbesitz von ihr bekam, den er haben wollte, sperrte er sie ein, erkannte sie nicht als Ehefrau an und sagte sich von ihr los[1]. Aber der Gedanke an eine Heirat lag dem ehrgeizigen Sir John keineswegs fern: Als Nachkomme der katholischen Gordons hatte man ihn als möglichen Ehemann für Königin Maria vorgeschlagen, und er selbst scheint (mit wenig Grund) überzeugt gewesen zu sein, daß seine schneidige Erscheinung bereits ihre Aufmerksamkeit auf ihn gelenkt hatte. Jetzt konnte dieser temperamentvolle junge Mann es nicht lange ertragen, in einem Gefängnis eingesperrt zu sein: Er entkam und floh nach Norden, um sich auf den Besitztümern seines Vaters in Sicherheit zu bringen.

Die Königin hatte nicht die Absicht, ihn ungestraft entkommen zu lassen. Er hatte sich der Gerechtigkeit entzogen und sich außerdem der Ländereien ihres eigenen Haushofmeisters bemächtigt – es war kein anderer als jener James Ogilvie of Cardell, der durch die Intrigen seiner Stiefmutter so grausam um seinen Besitz gebracht worden war. So beschloß Maria jetzt, Sir John auf seinem Weg nach Norden zu verfolgen, und James Ogilvie befand sich unter den Höflingen, die sie auf ihrer Reise begleiteten. Abgesehen von dem Skandal wollte sie bei dieser Gelegenheit auch den Gordons zeigen, daß sie nicht einfach tun und lassen konnten, was ihnen beliebte. Huntly war bei der Königin in Ungnade gefallen, seit er im Januar öffentlich ihre Haltung den schottischen Katholiken gegenüber kritisiert hatte. Maria hatte nicht nur bereits von Frankreich aus seinen Plan eines katholischen Aufstands in Aberdeen verworfen, sondern hatte auch später sein herausforderndes Angebot, »die Messe in drei Grafschaften einzuführen«, und ähnliche Vorschläge beharrlich zurückgewiesen. Das unberechenbare Temperament des 4. Earl of Huntly machte ihn zu einem unzuverlässigen Freund und einem gefährlichen Feind; wie Randolph mürrisch bemerkte: Hätte nicht jeder Mensch sowohl seinen Worten als auch seinen Taten mißtraut, so wäre er imstande gewesen, viel Unheil anzurichten[2].

Der Earl of Huntly war ein typischer Vertreter jener unabhängigen Lords des Hochlands, die schon von jeher der Zentralregierung so viel Kopfzerbrechen bereitet hatten, denn ihre Politik, die, vom Gesichtspunkt der Regierung aus gesehen, so seltsam inkonsequent schien, war in Wirklichkeit konsequent auf die Förderung der Interessen ihrer eigenen Clans ausgerichtet. Huntly hatte einflußreiche Beziehungen unter den Angehörigen der königlichen Familie: Als Sohn von Margaret Stewart, der unehelichen Tochter Jakobs IV., war er, obgleich dreißig Jahre älter, ein leiblicher Vetter Maria Stuarts, und da er bereits in jungen Jahren seinen Vater verloren hatte, war er zusammen mit Jakob V. aufgezogen worden. Zwei seiner neun Söhne waren mit Töchtern des Herzogs von Châtelherault verheiratet. Seine Macht erstreckte sich in einer stattlichen Reihe von greifbaren Schlössern und nicht greifbaren, aber wirkungsvollen verwandtschaftlichen Beziehungen über den ganzen Nordosten Schottlands. Der Prunk seiner Lebenshaltung beeindruckte sogar den französischen Hofstaat Marie von Guises, als sie mit ihrem Gefolge in den Norden des Landes kam. Jetzt, mit fünfzig, groß und schwer wie ein nordischer Bär, schien er der Prototyp des Hochlandpatriarchen.

Der bisherige Lebenslauf dieser patriarchalischen Erscheinung war jedoch recht wechselvoll gewesen. Als einer der Führer der schottischen Streitkräfte in Pinkie Cleugh (wo sein vergoldeter Harnisch das Auge blendete) war er in englische Gefangenschaft geraten; obgleich Leslie von seiner romantischen Flucht aus Morpeth berichtet – er habe, heißt es, sich heimlich aus dem Staub gemacht und auf ein bereitstehendes Pferd geschwungen, während seine Wärter Karten spielten –, erreichte er seine Freilassung in Wirklichkeit auf sehr viel unromantischere Art, indem er sich Somerset gegenüber schriftlich verpflichtete, die Sache König Eduards VI. in Schottland zu fördern. Marie von Guise ließ ihn im Jahr 1555 ins Gefängnis werfen, aber zwei Jahre später wurde er wieder in Gnaden aufgenommen und zum *lieutenant général* des Königreichs ernannt. Dennoch hinderten ihn die Gunst der Regentin und sein Katholizismus nicht daran, sich im April 1560 vorübergehend den Reformierten anzuschließen; aber offensichtlich bewog ihn lediglich seine berüchtigte Habgier zu diesem Schritt, denn gleichzeitig betonte er ausdrücklich, daß er auch weiterhin die oberste Regierungsgewalt im Norden ausüben werde. Als Schloß Strathbogie, eines der Besitztümer des Earls, geplündert wurde, fand man dort einen großen Teil der Kirchengeräte aus der Kathedrale von Aberdeen, die Huntly angeblich bis zur Wiedereinsetzung des Katholizismus in Verwahrung genommen hatte[3]. Aber sein Abfall zu diesem kritischen Zeitpunkt war ein vernichtender Schlag für die Sache der Katholiken. Jetzt bekannte Huntly sich wieder offen zum Glauben seiner Väter, doch Maria traute ihm nicht, und das mit gutem Recht, denn er galt unter seinen Zeitgenossen als völlig unzuverlässig in allem, was nicht unmittelbar seinen eigenen Clan betraf.

Es gab auch noch ein weiteres Problem zwischen Huntly und der Zentralregierung: Obwohl die Einkünfte aus den Ländereien der Grafschaft von Moray seit 1549 Huntly zugeflossen waren, hatte die Königin den Grafentitel selbst Ende Januar 1562 heimlich James verliehen. Anläßlich seiner Hochzeit im Februar wurde Lord James außerdem offiziell zum Earl of Mar ernannt, aber als Lord Erskine Einspruch dagegen erhob und erklärte, diese Grafschaft stünde den Erskines zu, hatte Lord James einige Monate später darauf verzichtet und nur den heimlichen Titel des Earl of Moray beibehalten. Obgleich jedoch die Königin persönlich ihrem Stiefbruder die Grafschaft von Moray zugesichert hatte, war Huntly bisher nicht davon unterrichtet worden. Es wurde damals oft behauptet, der Wunsch, den übermächtigen Huntly zu Fall zu bringen und sich förmlich die einträgliche Grafschaft von Moray anzueignen, habe Lord James bewogen, seine Schwester zu dieser Reise nach dem Norden zu überreden. Gewiß, Lord James war ebenso habgierig wie die meisten seiner Zeitgenossen, und die sicherste Methode, sich öffentlich zum Eigentümer der Grafschaft zu erklären, die er heimlich bereits besaß, war zweifellos, mit einer angemessenen Kriegsmacht nach Norden zu ziehen und sich ihrer zu bemächtigen. Hierfür brauchte er eindeutig die Hilfe der Königin. Aber es steht ebenso außer Zweifel, daß Maria und James sich in ihren Zielen vollkommen einig waren, als sie sich im August 1562 auf den Weg nach Norden machten. Lord James war während der letzten Jahre Marias wichtigster Ratgeber gewesen, und sie hatte sich willig von ihm belehren lassen. Er brauchte Maria nicht zu dieser Reise zu überreden: Sie wollte sie von sich aus unternehmen und bei dieser Gelegenheit den flüchtigen Sir John wieder dem Arm des Gesetzes ausliefern. Was die Übertragung der Grafschaft von Moray an Lord James betraf, so bezweckte die Königin unter anderem damit, die ständig wachsende Macht Huntlys einzuschränken. Offensichtlich hatte sie im August noch keinen endgültigen Entschluß bezüglich ihres Verhaltens Huntly gegenüber gefaßt, sondern wollte abwarten, wie der Earl auf ihre Reise reagieren würde, ehe sie sich ein Urteil bildete, ob er tatsächlich ein allzu mächtiger Untertan oder lediglich ein nützlicher katholischer Vizekönig war. So hing zunächst alles von der Haltung Huntlys ab.

Königin Maria traf am 27. August in Aberdeen ein, wo sie von Lady Huntly begrüßt wurde, die eine geborene Keith und Tante jener Lady Agnes Keith war, die Lord James kürzlich geheiratet hatte. Lady Elisabeth Huntly, eine kluge und energische Frau, die all die Entschlußkraft besaß, an der es ihrem Mann so offensichtlich mangelte, bat die Königin inständig, über die Unbesonnenheit ihres Sohnes, Sir John Gordons, hinwegzusehen und ihm zu verzeihen. Maria war jedoch nicht bereit, das ungebührliche Verhalten des jungen Mannes so ohne weiteres hinzunehmen, und bestand darauf, daß er ins Gefängnis von Stirling zurückkehren müsse, ehe er begnadigt werden könne. So wurde der unbotmäßige Sir John veranlaßt, sich zu ergeben – aber bereits kurz darauf gewann sein stürmisches Temperament wieder die Oberhand: Er flüchtete abermals und kehrte mit einer Reiterschar von tausend Mann ins Hochland zurück.

Die Gordons waren schon von jeher geübte Reiter. Jetzt machte Sir John sich entschlossen daran, mit diesem Streittrupp den Zug der Königin auf ihrem Weg nach Norden zu verfolgen. Er gab später zu, daß er es mit der Absicht getan habe, sie zu entführen, und er scheint keine Zweifel gehegt zu haben, daß die Königin damit einverstanden sein würde. Doch leider war sein Vertrauen auf seine persönliche Anziehungskraft diesmal fehl am Platze. Maria war empört über diese schamlose Mißachtung ihrer königlichen

lichen Autorität und weigerte sich daraufhin, auf ihrem Weg nach Inverness Schloß Strathbogie, den Wohnsitz der Huntlys, zu besuchen. Abgesehen von ihrem gerechten Zorn mag auch Vorsicht sie zu diesem Entschluß bewogen haben: Niemand konnte sagen, was ihr widerfahren würde, wenn sie sich erst einmal innerhalb der Mauern dieser Festung, in der Gewalt des wankelmütigen Huntly und seines Sohnes befand. Später wurde behauptet, der Earl hätte, wenn Maria nach Strathbogie gekommen wäre, Lord James, Maitland und Morton töten lassen und einen katholischen Aufstand angezettelt. Höchstwahrscheinlich hätte er letztlich Maria mit seinem Sohn verheiratet, um sie »dem Vorhaben des besagten Earl of Huntly willfährig zu machen[4]«.

Aber man gab Huntly keine Gelegenheit, diesen heimtückischen Plan auszuführen, falls er ihn tatsächlich gehegt hatte. Maria umging Strathbogie, schlug eine westlichere Route nach Inverness ein und machte statt dessen in Darnaway Castle halt. Auf dieser Festung, die wenige Meilen vom Meer entfernt auf einer waldigen Anhöhe inmitten der Grafschaft von Moray lag (»sehr verfallen«, klagte Randolph, abgesehen von der Festhalle, die »groß und recht gut erhalten« war), nahm sie die Gelegenheit wahr, öffentlich zu verkünden, daß sie Lord James die Grafschaft anstelle derer von Mar überlassen habe. Gleichzeitig erließ sie einen Haftbefehl gegen John Gordon wegen aufrührerischer Tätigkeit und offenen Ungehorsams[5]. Als Maria schließlich am 11. September in Inverness eintraf, erhielt sie einen unliebsamen Beweis für die Einstellung Huntlys ihr gegenüber: Der Verwalter des Schlosses, Alexander Gordon, ebenfalls einer der zahlreichen Nachkommen Huntlys (er hatte neun Söhne und drei Töchter), verweigerte ihr den Zutritt, obwohl das Schloß nicht den Gordons, sondern der Krone gehörte und Huntly in seiner Eigenschaft als Sheriff von Inverness es lediglich verwaltete. So war dieses Verhalten von seiten Alexander Gordons — ganz gleich, ob von Huntly befohlen oder nicht — weniger eine Anmaßung als vielmehr regelrechter Verrat, und es mag der Königin vor Augen geführt haben, was Huntly getan hätte, wenn sie nach Strathbogie gekommen wäre. Als Huntly hörte, daß die übrigen Lords und Barone des Hochlands sich geschlossen hinter die Königin gestellt hatten, bekam er es mit der Angst zu tun und befahl seinem Sohn, sie hereinzulassen. Maria Stuart zog in Inverness Castle ein, und Alexander Gordon wurde noch am selben Tag wegen seines Widerstandes gehängt[6].

Obgleich Randolph sich über die mühselige Reise von Stirling nach Inverness beklagte und obgleich die allgegenwärtige Macht der Gordons in diesem Gebiet, gelinde gesagt, bedrohlich war, scheint Maria diese Tage in Inverness restlos genossen zu haben. Offensichtlich betrachtete sie die Lords des Hochlands als adelige Barbaren, einen Menschenschlag, den sie sympathischer fand als sein Gegenstück, die barbarischen Adeligen des Südens. Randolph war erstaunt über ihre unbeschwerte Heiterkeit: »Trotz all dieser

Aufregungen«, schrieb er, »habe ich sie noch nie so unbekümmert und fröhlich gesehen, und ich hätte auch nicht gedacht, daß sie so viel Mut besitzt, wie ich jetzt an ihr entdecke! Wenn die jungen Gutsherren und andere des Morgens von der Wache zurückkehren, bedauert sie es, kein Mann zu sein, um zu wissen, wie es ist, die ganze Nacht im Feld zu verbringen oder mit einem Koller und Helm, einem Schild und einem breiten Schwert durch die Gegend zu streifen[7].« Mit einem Wort, Rosalinde war in ihrem Element: Sir John folgte auch weiterhin beharrlich ihren Spuren; aber dieses Bewußtsein der Gefahr, weit davon entfernt, die Königin zu beunruhigen, regte sie lediglich an.

Von Inverness aus begab sich Maria, immer noch von Sir John verfolgt, zum Sitz des katholischen Bischofs von Moray in Spynie. Es wurde befürchtet, daß John Gordon vorhabe, den königlichen Zug beim Überqueren des Speys anzugreifen, und Marias Späher berichteten, daß bis zu tausend Kavalleristen der Gordons sich in den umliegenden Wäldern versteckt hielten. Aber sie griffen nicht an. Als die Königin an Schloß Findlater, dem früheren Sitz der Ogilvies, vorüberkam, forderte sie seine Übergabe; sie erhielt jedoch keine Antwort, und da das Schloß, das an drei Seiten vom Meer umgeben war, ohne Geschütze nicht erorbert werden konnte, gab sie ihre Bemühungen auf und zog weiter. Am 20. September traf sie wieder in Aberdeen ein, wo man ihr, ungeachtet aller Intrigen, die Huntly im nahe gelegenen Strathbogie spinnen mochte, einen begeisterten Empfang bereitete. Jetzt sahen die Königin und der neue Earl of Moray* sich vor die Frage gestellt, was man als nächstes gegen Huntly unternehmen solle: Sollte es ihm gestattet sein, auch weiterhin eine so unumschränkte Herrschaft über den Norden Schottlands auszuüben, daß sein Sohn sich erdreisten durfte, der Königin den Zutritt zu ihrem eigenen Schloß zu verwehren, und ein anderer Sohn, ein flüchtiger Übeltäter, ungestraft ihre Truppen verfolgen konnte, während er selbst offenbar einen Status von fast völliger Unabhängigkeit plante? Von Moray angespornt, ließ Maria jetzt 120 Arkebusen und erfahrene Kämpfer, wie Lord Lindsay, Kirkcaldy of the Grange und Cockburn of Ormiston sowie einige Kanonen kommen. Gleichzeitig sandte sie eine Botschaft an Huntly und befahl ihm, seine eigene große Kanone auszuliefern, die drohend im Hof von Strathbogie stand, um die Hochländer dem Willen des Earls gefügig zu machen.

Nun folgte ein langwieriges Katz-und-Maus-Spiel mit Huntly; der Earl schien in einem Zwiespalt zu sein und selbst nicht recht zu wissen, ob er sich im Aufstand befand oder nicht: Er suchte Zeit zu gewinnen, indem er seinen ältesten Sohn, Lord George Gordon, nach Süden sandte, sich mit seinem (Gordons) Schwiegervater Châtelherault zu beraten. Knox schrieb später, daß Gordon tatsächlich versuchte, auch den Süden aufzuwiegeln,

* Wie Lord James in Zukunft genannt wird.

und sich zu diesem Zweck sogar mit Bothwell in Verbindung setzte, der erst kürzlich seiner eigenen Gefangenschaft im Kastell von Edinburgh entronnen war. Aber in der Zwischenzeit erbot sich Huntly, gemeinsam mit der Königin seinen flüchtigen Sohn John Gordon zu verfolgen, vorausgesetzt, daß er eine bewaffnete Streitmacht zu seiner Unterstützung mitbringen könne. Die Königin hatte verständlicherweise Bedenken, Huntly in Begleitung seines Clans kommen zu lassen, und Huntly seinerseits weigerte sich, allein zu erscheinen. Aus Angst, gefangengenommen zu werden, nahm der große Earl jetzt die demütigende Gewohnheit an, jede Nacht unter einem anderen Dach zu schlafen (was ihm im Gebiet der Gordons nicht weiter schwerfiel), verbrachte jedoch die Tage in Strathbogie. Als die Getreuen der Königin das erfuhr, machte sich Kirkcaldy mit einer kleinen Schar von zwölf Reitern auf den Weg, um Huntly beim Mittagessen zu überraschen und den Zugang zu Strathbogie zu halten, bis die Truppen eintrafen. Leider rückten diese jedoch zu schnell und zu geräuschvoll vor, und Kirkcaldy verhandelte noch mit dem Pförtner um den Zugang zum Schloß, als das Geklirr ihrer Waffen die Wachen alarmierte. Huntly hatte Zeit, sein halb verzehrtes Mahl im Stich zu lassen und über eine Mauer an der Rückseite des Schlosses auf ein wartendes Pferd zu springen – ohne Reitstiefel und ohne Schwert, aber wenigstens noch frei. Und auf diesem ausgeruhten Pferd ließ er bald seine Verfolger weit hinter sich.

Da jetzt sowohl Huntly als auch John Gordon verschwunden waren und der letztere kürzlich von einer Kompanie in der Nähe von Findlater sechsundfünfzig Arkebusen erbeutet hatte, was ihn noch gefährlicher machte, kam die Regierung zu dem Schluß, daß das letzte Stadium der Rebellion erreicht sei. Am 16. Oktober wurden Huntly und John Gordon auf Befehl des Geheimen Rats in Acht erklärt; obgleich die Schlüssel von Findlater und Auchendown übersandt wurden, ließ die Königin sich nicht besänftigen. Sie bemerkte grimmig, daß sie andere Mittel und Wege habe, die Türen der Gordons zu öffnen; gleichzeitig fordert sie die Übergabe von Strathbogie selbst, die ihr verweigert wurde. Der Earl zog sich ins Hügelland auf seine Feste in der Wildnis von Badenoch zurück und hätte wohl auf ewige Zeiten die Freuden des Guerillakrieges auskosten können, wenn er dort geblieben wäre.

Lady Huntly war jedoch nicht bereit, sich mit dieser unbefriedigenden Lage der Dinge abzufinden. Zunächst ersuchte sie um eine weitere Unterredung mit der Königin außerhalb von Aberdeen; als diese ihr verweigert wurde, kehrte sie zu Huntly zurück und überzeugte ihn, daß in seiner augenblicklichen kritischen Lage der Angriff die beste Verteidigung sei. Von seiner streitbaren und optimistischen Frau angefeuert, verließ der Earl jetzt seine Festung und marschierte kriegerisch in Richtung Aberdeen. Randolph zumindest hegte keinerlei Zweifel bezüglich seiner Absichten: Er glaubte, daß Huntly vorhabe, »die Königin gefangenzunehmen und mit dem Rest nach Belieben zu verfahren«. Nach Knox' Berechnung zählte Huntlys Streitmacht sieben- bis achthundert Mann, während andere sie auf über tausend schätzten[8]. Wie deutlich aus der Rede hervorgeht, die Huntly am Vorabend der Schlacht vor seinen Männern hielt, war er überzeugt, daß die Truppen der Königin bei Beginn des Kampfes in Scharen zu ihm überlaufen würden. Auf jeden Fall gelang es ihm, eine beherrschende Stellung auf dem Hill of Fare über dem Feld von Corrichie zu beziehen.

Aber Huntlys verhängnisvolle Unschlüssigkeit sollte ihm diesmal zum Verderben werden: Als er sah, daß die Reihen seiner Getreuen sich zusehends lichteten, beschloß er, sich vom Schauplatz zurückzuziehen, ehe am nächsten Morgen der Kampf beginnen konnte. Sein schlechter Gesundheitszustand und seine Fettleibigkeit hinderten ihn jedoch daran, vor zehn Uhr aufzustehen, und bis dahin war es zu spät. Inzwischen hatte Maitland »eine leidenschaftliche Ansprache« an die Truppen der Königin gehalten und sie dringend gebeten, sich an ihre Pflicht zu erinnern und die feindlichen Reiterscharen nicht zu fürchten. Huntly hingegen hielt es für sicherer, sich an Gott zu wenden: Er fiel auf die Knie und sandte ein Gebet gen Himmel, das ihm für diese Gelegenheit angemessen erschien: »O Herr, ich bin sündhaft und rachsüchtig gewesen, und viel unschuldiges Blut ist durch mich vergossen worden; aber willst Du mir heute den Sieg bescheren, so werde ich Dir den Rest meines Lebens dienen ...[9]« Doch das Gebet wurde nicht erhört. Den ganzen Tag lang bestrich das Feuer der königlichen Arkebusen die Truppen Huntlys, bis sie sich schließlich gezwungen sahen, von ihrer Anhöhe herunterzukommen, und da am Fuß des Hügels ein Sumpf lag, befanden sie sich praktisch in einer Falle. Moray und seine Leute mähten die Gordons nieder; Huntly und seine zwei Söhne, Sir John und der siebzehnjährige Adam Gordon, wurden gefangengenommen und zu ihm gebracht. Dieser dramatischen Wende seines Schicksals war der große Gebieter des Nordens nicht gewachsen: vom Schlag getroffen, fiel er vor den Augen der Sieger tot vom Pferd.

Im Mai 1563, sieben Monate nach Huntlys Tod auf dem Feld von Corrichie, wurde sein balsamierter Leichnam vor das versammelte Parlament gebracht, denn einem alten Gesetz zufolge mußte in Fällen von Verrat gegen die Königin der Übeltäter »tot oder lebendig« bei seinem Prozeß zugegen sein. Nach einer kurzen Verhandlung wurden die sterblichen Überreste feierlich des Verrats schuldig befunden; der Urteilsspruch lautete auf Verlust aller früheren Rechte und Besitztümer, und der Titel des Earl of Huntly wurde für geschändet erklärt. Dann wurde der Leichnam, immer noch unbestattet, im Keller des Dominikanerklosters in Edinburgh aufbewahrt, und erst im April 1566 gestattete man es den Angehörigen, ihn wieder ins Hochland zu bringen, um ihn in der Familiengruft der Gordons in der Kathedrale von Elgin beizusetzen. Mit dem übermütigen jungen

John Gordon verfuhr man kürzer und energischer: Er wurde am 2. November hingerichtet; die Königin mußte trotz ihres Abscheus vor Blutvergießen bei seiner Hinrichtung zugegen sein, um die Gerüchte Lügen zu strafen, daß sie seine Zuneigung erwidert und ihn in seinen abenteuerlichen Heiratsplänen unterstützt habe. Nur widerwillig gab sie dem Drängen ihrer Ratgeber nach, und wie sich herausstellen sollte, war die Wirklichkeit noch schlimmer, als sie es erwartet hatte. Sir John rief aus, daß die Gegenwart der Königin ihn tröste, denn einzig aus Liebe zu ihr sei er im Begriff, in den Tod zu gehen. Aber der Scharfrichter stellte sich ungeschickt an, und die Königin war so entsetzt über das Schauspiel, das sich ihren Augen bot, daß sie schluchzend zusammenbrach und in ihre Gemächer getragen werden mußte.

Da zwei von Huntlys Söhnen, Alexander und John, bereits den tragischen Folgen seines Treubruchs zum Opfer gefallen waren, beschloß Maria, das Leben des ältesten Sohnes, Lord George Gordon, zu schonen; er hatte nicht an der entscheidenden Schlacht teilgenommen, denn er war zu jener Zeit im Süden bei Châtelherault gewesen, und nachdem er offiziell zusammen mit seinem Vater verurteilt worden war, wurde er begnadigt und lediglich in Dunbar unter Bewachung gestellt. Huntlys jüngster Sohn, Adam Gordon, wurde ebenfalls verschont. Die reichverzierten Meßgewänder aus der Kathedrale von Aberdeen, die seit 1559 in Strathbogie aufbewahrt worden waren, wurden nach Holyrood gebracht, aber die Königin scheint sie nicht als das kirchliche Erbgut betrachtet zu haben, das sie in Wirklichkeit waren, sondern vielmehr als Beutestücke der Gordons, denn sie befanden sich offenbar unter den goldbestickten Kirchengewändern, die im Frühjahr 1567 ihres kirchlichen Charakters beraubt wurden und ein kostbares Bett für Darnley sowie ein Wams für Bothwell abgaben. Die Beutestücke aus Schloß Strathbogie gingen zum Teil in den Besitz der Königin über, und der Rest wurde Moray für sein neues Schloß Darnaway überlassen. Außerdem erhielt Lord James, abgesehen von der Grafschaft von Moray, auch noch die Sheriffämter von Elgin, Forres und Inverness. So kam der Sturz Huntlys letztlich mehr Moray als der Krone selbst zugute; gleichzeitig bedeutete der Tod des führenden katholischen Magnaten einen schweren Verlust für die Sache des Katholizismus in Schottland und demzufolge einen Gewinn für die reformierte Religion.

Vielleicht war es, wie viele damals glaubten, ein grundlegender Fehler von Maria Stuart, derart das Gleichgewicht der Kräfte zu stören. Der Norden Schottlands, den man mit Hilfe Huntlys wahrscheinlich als geschlossenen katholischen Block gegen den protestantischen Süden hätte ausspielen können, war jetzt zersplittert; und als drei Jahre später das Urteil gegen Huntlys ältesten Sohn aufgehoben wurde, waren seine Besitztümer zu weit verstreut, als daß er so viel Einfluß hätte gewinnen können, wie sein Vater besessen hatte. Aber auch schon vor 1562 war Maria offensichtlich nicht bereit gewesen, Huntly persönlich oder in seiner Eigenschaft als Katholik zu unterstützen, und sie hatte seine Vorschläge wiederholt zugunsten der Protestanten zurückgewiesen. Seit ihrer Ankunft in Schottland hatte sie es sich zur Regel gemacht, auf den Rat Morays und Maitlands zu vertrauen, und das beeinflußte ihre Haltung Huntly gegenüber; wenn sie den allgemeinen Frieden wahren und die königliche Autorität sowie den *status quo* aufrechterhalten wollte, so mußte sie vor allem jedem möglichen katholischen Aufstand vorbeugen. Gewiß, wenn man bedenkt, daß Maria sich mit diesem Vorgehen praktisch auf Gedeih und Verderb Moray ausgeliefert hatte, könnte man sagen, daß es vielleicht klüger gewesen wäre, Huntly zu stärken, statt ihn und seinen Clan blutig niederzumachen. Aber dem stand, ganz abgesehen von Marias Unerfahrenheit, was die Angelegenheiten Schottlands betraf, ein unüberwindliches Hindernis im Wege: Huntlys eigene Unzuverlässigkeit.

Maria selbst hegte später niemals den geringsten Zweifel, daß Huntly ein Verräter gewesen war, der tatsächlich vorgehabt hatte, sich ihrer Person zu bemächtigen und das protestantische Regime zugunsten eines katholischen zu stürzen; und als sie im Januar 1563 an ihren Onkel in Frankreich und an den Papst schrieb, um ihnen zu versichern, daß sie auch weiterhin treu dem Glauben ihrer Väter ergeben sei, fühlte sie offensichtlich kein Bedauern, daß die Umstände sie gezwungen hatten, ihren größten katholischen Untertanen zu vernichten – es war eine unangenehme Aufgabe gewesen, die sie um ihrer eigenen Sicherheit und der ihres Volkes willen hatte erfüllen müssen[10].

Niedergeschlagen von ihren Erlebnissen und dem grausamen Geschick Sir John Gordons trat Maria die Rückreise an und traf Ende November wieder in Edinburgh ein. Während der nächsten Monate war es ruhig um die Königin, aber bereits im Frühjahr 1563 wurde sie abermals zur unfreiwilligen Urheberin eines erschütternden Ereignisses. Unter den französischen Höflingen, die Maria 1561 nach Schottland begleiteten, befand sich der Dichter Pierre de Chastelard, ein junger Mann von edler Geburt, gut aussehend und galant. Er gehörte zum Gefolge des Sohnes von Montmorency, Monsieur Damville, der solch eine stürmische Neigung zu Maria gefaßt hatte, daß allgemein behauptet wurde, er wolle um ihretwillen seine Frau verlassen, die in Frankreich zurückgeblieben war. Chastelard selbst folgte seinem Beispiel, indem er die junge Königin in schwärmerischen Versen besang. Es war die Art von Huldigung – leicht, elegant und ohne tiefere Bedeutung –, die Maria Stuart besonders genoß, denn sie verpflichtete sie (im Gegensatz zu den sehr viel nachdrücklicheren Anträgen eines John Gordon) zu nichts, und sie war vom französischen Hof her seit frühester Jugend daran gewöhnt. Nichts läßt darauf schließen, daß ihr Verhalten Chastelard gegenüber auch nur den geringsten Grund zum Anstoß gab, und Knox' Andeutungen, daß sie ihm ungebührliche Freiheiten gestattet habe, sind zweifellos lediglich auf seinen Wunsch zurückzuführen, alles, was die Königin tat, in ein möglichst übles Licht zu stellen; außerdem wußte er vermutlich nichts von der galanten Freiheit, die man den Dichtern am französischen Hof gestattete, und wenn er es gewußt hätte, so hätte er es wohl nur als einen weiteren Beweis für die Sündhaftigkeit der Franzosen angesehen.

Chastelard kehrte mit seinem Freund Damville nach Frankreich zurück, beschloß jedoch im Herbst 1562, dem schottischen Hof nochmals einen Besuch abzustatten. Als er auf der Durchreise in London haltmachte, teilte er einem Freund vertraulich mit, daß er im Begriff sei, »seine Angebetete« zu besuchen, und kurz darauf traf er mit einem Brief von Damville und einem Band seiner eigenen Gedichte am Hof Marias in Aberdeen ein. Die Königin empfing ihn freundschaftlich und schenkte ihm mit der ihr eigenen Großzügigkeit einen rotbraunen Wallach, den sie von ihrem Stiefbruder, Lord Robert, bekommen hatte, sowie etwas Geld, damit er sich kleide, wie es einem jungen Kavalier geziemte. Diese Gunstbezeigungen waren bei ihr nichts Ungewöhnliches, denn sie liebte es, Menschen, die sie schätzte, Geschenke zu machen, und es lag auch jetzt nicht die geringste Spur von unziemlicher Vertraulichkeit in dieser herkömmlichen Beziehung zwischen einer schönen Königin und ihrem Troubadour. Um so unverständlicher war Chastelards nächster Schritt: Maitland war im Begriff, sich abermals im Auftrag der Königin nach England zu begeben, und am Vorabend seiner Abreise beriet Maria sich bis Mitternacht mit ihm und Moray. Chastelard nahm die Gelegenheit wahr, sich unbemerkt in ihr Schlafgemach zu schleichen und unter ihrem Bett zu verstecken. Zum Glück wurde er noch rechtzeitig von zwei Kammerdienern entdeckt und hinausgeworfen. Die Königin erfuhr erst am nächsten Morgen von dem Zwischenfall und befahl Chastelard sofort, sich vom Hof zu entfernen.

Aber übergroßes Selbstvertrauen oder blinde Leidenschaft veranlaßten Chastelard, der Königin nach St. Andrews zu folgen. Am nächsten Abend drang er bei ihr ein, als sie, bereits halb entkleidet, im Begriff war, zu Bett zu gehen, und gebärdete sich, wie man Randolph berichtete, so ungestüm, daß die unglückliche Königin entsetzt um Hilfe schrie. Ihr Stiefbruder Moray stürzte herein, und Maria, halb von Sinnen vor Schreck, bat ihn, Chastelard mit seinem Dolch niederzustoßen, um sie zu retten. Aber Moray, der gelassener und klüger war als seine Schwester, beruhigte sie und erklärte ihr, daß es besser sei, Chastelards Leben vorläufig zu schonen, um ihn öffentlich vor Gericht zu stellen. Randolph hörte später, Chastelard habe bei seinem zweiten Überfall auf die Gemächer der Königin lediglich die Absicht gehabt, sein erstes Eindringen mit der Erklärung zu rechtfertigen, daß er von Müdigkeit überwältigt worden sei und sich den ersten geeigneten Ruheplatz gesucht habe[11]. Ob er diese unglaubhafte Entschuldigung hatte vorbringen wollen oder nicht, Marias Reaktion auf den Zwischenfall war ausgesprochen hysterisch, und eine eingefleischte alte Jungfer hätte nicht mit größerer Entrüstung auf die Anwesenheit eines Mannes in ihrem Schlafzimmer reagieren können als die Königin der Schotten, die ja schließlich schon einmal verheiratet gewesen war.

Chastelard wurde in den Kerker von St. Andrews geworfen und am 22. Februar nach einem öffentlichen Prozeß zum Tode verurteilt. Romantisch bis zum letzten Atemzug, las er wenige Augenblicke vor seiner Hinrichtung laut auf dem Marktplatz von St. Andrews Ronsards berühmte *Epitre a la mort*. Die schönen letzten Zeilen des Gedichts mögen denjenigen der Anwesenden, die genügend Französisch verstanden, um sie zu würdigen, seltsam ironisch erschienen sein:

»Je te salue, heureuse et profitable mort ...
... puisqu'il faut mourir
Donne-moi que soudain je te puisse encourir
Ou pour l'honneur de Dieu, ou pour servir mon Prince ...«

Leider werden wir wohl niemals erfahren, zu wessen Ehren oder in wessen Dienst Chastelard in den Tod ging. Bevor er sein Haupt auf den Block legte, ertönten seine letzten Worte: »Adieu, du schönste und grausamste Fürstin der Welt« – Worte, die Knox ein wenig anders wiedergibt: »Am Ende richtete er seine Blicke gen Himmel und seufzte: ›*O cruelle Dame*‹.« Der Sinn ist jedoch in beiden Fällen der gleiche, obwohl Knox versuchte, dem üblichen französischen Wort *dame* eine andere Bedeutung zu geben: »Das heißt«, schrieb er, »grausame Geliebte. Was diese Klage besagen sollte, dürfte wohl nicht schwer zu erraten sein[12].«

Chastelards ganzes Verhalten und diese letzten schwülstigen Worte lassen vermuten, daß der junge Dichter das Opfer einer jener blinden Leidenschaften war, denen wir im Leben von Königinnen und Prinzessinnen immer wieder begegnen, denn die Königswürde übt bekanntlich einen starken erotischen Reiz auf labile Gemüter aus. Chastelard hatte Marias huldvollen Empfang offenbar für ein Zeichen von heimlicher Liebe gehalten, und dieser Irrtum kostete ihn das Leben. Die Empörung, mit der die Königin auf seine Annäherungsversuche reagierte, beweist eindeutig, daß sie seine Gefühle nicht erwiderte – ebenso wie übrigens auch die Methode, mit der Chastelard zu seinem Ziel zu gelangen suchte, denn wenn sie bereits ein Liebespaar gewesen wären oder die Absicht gehabt hätten, es zu werden, so hätte Maria zweifellos einen günstigeren Ort und Zeitpunkt für ihr Stelldichein gewählt.

Aber möglicherweise gab es eine völlig andere, sehr viel weniger romantische Erklärung für die ganze Affäre. Chastelard scheint es bei seinem Anschlag auf die Tugend der Königin geradezu darauf angelegt zu haben, Aufsehen zu erregen: Wenn er nicht tatsächlich vollkommen von Sinnen war, so muß ihm klargewesen sein, daß die Kammerfrauen ihn mit aller Wahrscheinlichkeit in Marias Schlafgemach entdecken würden. Angesichts dieser Überlegung drängt sich einem unwillkürlich der häßliche Verdacht auf, daß dies tatsächlich Chastelards Absicht gewesen sein könnte, daß er vielleicht gar nicht Marias Liebe gewinnen, sondern lediglich ihren Ruf schädigen wollte. Laut Maitland soll Chastelard der Königin gestanden haben, daß er von hochstehenden Persönlichkeiten in Frankreich eigens dazu entsandt worden sei, sie bloßzustellen, und die Herzogin von Guise deutete dem venezianischen Gesandten gegenüber das gleiche an. Maria erwähnte den Namen der ersten Frau Colignys und schrieb an Maitland, es seien auch noch andere Personen in die Angelegenheit verwickelt, deren Namen sie nicht dem Papier anzuvertrauen wage. Auch der päpstliche Nuntius am französischen Hof erfuhr, daß man den Zwischenfall geplant hatte, um Maria in Verruf zu bringen[13]. Selbst Chastelards beiläufige Bemerkung in London bezüglich seiner »Angebeteten« mag dazu bestimmt gewesen zu sein, die Aufmerksamkeit auf seine Beziehung zur Königin zu lenken. Ob Chastelard ein Abgesandter der französischen Hugenotten war (er selbst war, wie sich herausstellte, Protestant) oder ein liebeskranker Narr, eines ist sicher: Maria reagierte mit unnachsichtiger Strenge auf diesen Zwischenfall, und der junge Dichter mußte seinen verwegenen Streich teuer bezahlen.

Es war ein trauriger Frühling für die junge Königin. Wenige Tage nach der Hinrichtung Chastelards wurde ihr Onkel, Herzog Franz von Guise, von einem Hugenotten ermordet, der ihn an der weißen Feder an seinem Hut erkannte und von hinten niederschoß; damit erfüllte sich die Prophezeiung von Luc Gauric, dem Astrologen Katharinas von Medici, daß er einer Wunde im Rücken erliegen werde, eine Prophezeiung, auf die der Herzog seinerzeit zornig erwidert hatte, nur ein Feigling wende seinem Feind den Rücken zu. Wenige Wochen darauf starb auch der Grand Prior Franz von Guise. Tief bekümmert über den Tod dieser beiden Männer, die ihr seit frühester Jugend mit väterlicher Liebe zur Seite gestanden hatten, bedrückt über die Episode mit Chastelard, die ihrer Natur so zuwider war, und körperlich geschwächt von dem langen schottischen Winter und wiederholten Fieberanfällen, äußerte Maria dem englischen Gesandten gegenüber, daß sie sich einsam und verlassen fühle; sie entsann sich ihrer zahlreichen Erlebnisse und Schicksalsschläge seit dem Tode ihres Mannes und gestand ihm, daß die Bürde ihr manchmal unerträglich schwer erscheine. Maria Stuart war jetzt seit über zwei Jahren Witwe. Nach dem Zwischenfall mit Chastelard hatte man beschlossen, daß Mary Fleming künftig zu ihrem Schutz und ihrer Gesellschaft bei ihr schlafen solle. Aber es war höchste Zeit, daß sie ernsthaft daran dachte, einen geeigneten Ehemann zu wählen, der ihr helfen würde, die Last der Verantwortung zu tragen, um so mehr, als sie sich, von Natur aus weich und anschmiegsam, so selbstverständlich dem männlichen Ratgeber zuwandte, wie die Sonnenblume sich der Sonne zuwendet. Weder James Stewart, Earl of Moray, der ihr in der Regierung zur Seite stand, noch Mary Fleming, die des Nachts das Schlafgemach mit ihr teilte, waren ein angemessener Ersatz für den klugen, starken, treuen Gemahl, den sie jetzt mehr denn je zu ihrer Unterstützung brauchte.

XII

EIN EHEMANN FÜR EINE KÖNIGIN

»... The case was different for an heiress to a kingdom, who by the same act took a husband to herself and a King to the people. Many were of the opinion that it was more equitable that the people should choose a husband for a girl, than that a girl should choose a King for a whole people.«

Buchanan über die Heirat der Königin

Maria Stuart war jung, schön und reizvoll; außerdem war sie eine Königin und konnte ihrem künftigen Gemahl ein unabhängiges Königreich als Mitgift bieten. Oberflächlich betrachtet mag es scheinen, daß es nicht allzu schwer für sie hätte sein sollen, einen geeigneten Ehekandidaten zu finden, denn sie war nicht mit den psychischen Problemen einer Elisabeth Tudor belastet und war auch im herkömmlichen Sinn weiblich genug, sich nach einem Gefährten zu sehnen, auf den sie sich verlassen konnte. Aber obwohl es ihr nicht an Bewerbern mangelte, mußte sie bei ihrer Wahl so viele Dinge in Betracht ziehen, daß es praktisch keinen Kandidaten gab, der allen Voraussetzungen gerecht wurde, und sei es auch nur, weil viele der Bedingungen sich tatsächlich widersprachen. Nur in einem Punkt waren alle Beteiligten sich einig: Die Wahl war von größter Bedeutung – nicht etwa, weil es dabei um das Glück Maria Stuarts ging, sondern weil der Mann, den sie heiratete, unweigerlich erwarten würde, König von Schottland zu werden. Franz II. hatte diesen Titel getragen, und man hatte ihm auch die *crown matrimonial* – die Mitkönigskrone – gewährt. Jeder künftige Ehemann würde zweifellos das gleiche Recht geltend machen. Diese Überlegungen mögen auch Buchanan beschäftigt haben, als er später schrieb: »... Der Fall lag anders bei der Erbin eines Königreichs, die durch ihre Heirat gleichzeitig dem Volk einen König gab. Viele hielten es für gerechter, daß das Volk einen Ehemann für eine Frau wähle und nicht eine Frau einen König für ein ganzes Volk[1].« Maria hatte jedoch nicht die Absicht, ihr Volk zu befragen: Das Thema ihrer Heirat wurde jetzt zum Gegenstand sorgenvoller Beratungen zwischen ihr, Moray und Maitland, während ihre Verwandten, die Guisen, in Frankreich ihre eigenen Ziele verfolgten.

In erster Linie mußte die Frage der Religion in Erwägung gezogen werden: Sollte Maria – wie es nach Meinung vieler ihre Absicht war – einen Katholiken heiraten, zum Beispiel den Erzherzog Karl von Österreich oder sogar ihren Vetter, Heinrich von Guise? Oder würde sie vielleicht den riskanteren Weg einschlagen und versuchen, die religiösen Zwistigkeiten in ihrem Lande ein für allemal beizulegen, indem sie einen Protestanten heiratete? Sogar der Name des Prinzen von Condé wurde in diesem Zusammenhang genannt. Das eine wie das andere hatte offensichtliche Nachteile: Eine katholische Heirat würde das von Maria so sorgsam gewahrte Gleichgewicht zwischen ihrer persönlichen Religion und der ihres Landes stören, denn damit betonte sie, daß sie trotz ihrer äußerlichen Toleranz den Protestanten gegenüber im Grunde eine überzeugte Katholikin war; und durch eine protestantische Heirat würde sie ihre katholischen Verwandten und Verbündeten auf dem Kontinent verärgern, von denen sie immer noch abhängig war.

Ein weiteres Problem war die Frage des Ranges: Sollte Maria einen unabhängigen Fürsten mit einem eigenen Königreich heiraten, den König von Dänemark oder Schweden, oder sogar ihren ehemaligen Schwager, den zwölfjährigen König Karl von Frankreich, dessen Name ungeachtet seiner Jugend und ihres früheren Verwandtschaftsverhältnisses oft in diesem Zusammenhang genannt wurde? Auch Don Carlos, der Alleinerbe der ausgedehnten spanischen Hoheitsgebiete Philipps II., gehörte zu dieser Kategorie. Oder sollte sie einen Mann von geringerem Rang heiraten, einen Engländer wie ihren Vetter Lord Darnley oder den Herzog von Norfolk? Einen Hamilton, einen Gordon oder den Nachkommen irgendeines anderen schottischen Clans? Oder einen Franzosen wie den Herzog von Nemours? Auch hier hatten beide Alternativen ihre offensichtlichen Nachteile: Ein unabhängiger Herrscher mit einem eigenen Königreich würde Schottland zweifellos als einen Satellitenstaat betrachten, und man konnte schwerlich von ihm erwarten, daß er die schottischen Interessen über die seines eigenen Landes stellte; andererseits würde die Erhebung eines Adeligen in den Königsstand Eifersucht und Neid unter den schottischen Lords und Baronen hervorrufen, die schon ihrem tatsächlichen Monarchen kaum das Hoheitsrecht zubilligten und schwerlich bereit sein würden, einen Mann ihres eigenen Ranges als Herrscher anzuerkennen.

Nicht zuletzt mußten auch die Wünsche und Pläne Königin Elisabeths in Betracht gezogen werden. Während Maria sich in ihrer Innenpolitik bisher vor allem darum bemüht hatte, ihre Untertanen zu befrieden und den religiösen *status quo* in ihrem Lande aufrechtzuerhalten, hatten ihre außenpolitischen Bestrebungen in erster Linie dem Ziel gegolten, als Nachfolgerin Elisabeths anerkannt zu werden. Bei den diesbezüglichen Verhandlungen, die bisher zu keinem positiven Erfolg geführt hatten, war ihre künftige Heirat ein offensichtlicher Trumpf: Aber wie sollte sie diese Karte ausspielen? Sollte man Elisabeth ersuchen, einen Gatten für ihre Kusine vorzuschlagen, mit dem Maria sich demütig einverstanden erklären würde, um sich Elisabeths Wünschen gefügig und damit der ersehnten Anerkennung würdig zu zeigen? Oder sollte man Elisabeth mit einem katholischen, England feindlich gesinnten Ehemann drohen, so daß sie sich gezwungen sah, ihrer Kusine die Anerkennung zu gewähren, um nicht in noch größeren Konflikt mit ihren eigenen katholischen Untertanen zu geraten? Aber auch diese Alternativen hatten ihre Schattenseiten: Wenn Elisabeth einen von ihr gewählten Ehemann vorschlug, sich aber weigerte, die offizielle Anerkennung vor der Eheschließung zu gewähren, so hätte Maria ihren stärksten Trumpf ausgespielt, ohne des Sieges sicher zu sein; und wenn sie ihre Drohung wahr machte und einen einflußreichen Katholiken heiratete, so könnte Elisabeth verständlicherweise erklären, daß Maria sich damit selbst ein für allemal von der Thronfolge ausgeschlossen hatte. Wäre es nicht vielleicht klüger, ihren Anspruch zu unterstützen, indem sie jemand heiratete, in dessen Adern ebenfalls englisches Königsblut floß – einen Darnley zum Beispiel oder selbst einen der Söhne von Geoffrey Pole? Aber wenn solch eine Ehe auch das englische Parlament beeindrucken mochte, so würde Elisabeth selbst möglicherweise glauben, daß Maria es nicht nur auf die Erbfolge, sondern tatsächlich auf ihren eigenen Thron abgesehen hatte.

Angesichts so vieler unbekannter Faktoren könnte man sich mit Recht fragen, ob es für Maria, die Königin der Schotten, überhaupt *irgendeine* zufriedenstellende Lösung gab, was ihre Heirat betraf. Tatsächlich bedeutete in diesem Jahrhundert die Wahl eines Ehemanns für jede weibliche Herrscherin ein fast unlösbares Problem: Es ist bezeichnend, daß Elisabeth von England die einzige Königin war, die in den Augen ihrer Zeitgenossen niemals eine falsche Ehe einging – denn sie ging, trotz aller Verhandlungen, die sich über dreißig Jahre ihrer Regierungszeit erstreckten, überhaupt keine Ehe ein.

Die ersten Schritte, die Maitland im Frühjahr 1563 auf Wunsch der Königin in dieser Frage unternahm, zeigten deutlich, daß Marias Einstellung hinsichtlich ihrer Heirat sich seit ihrer frühen Witwenzeit nicht geändert hatte: Don Carlos von Spanien war nach wie vor der Gegenstand ihrer Wünsche, und die Tatsache, daß ausschließlich das Prestige und der Reichtum Spaniens ihn so anziehend machten, ist ein klarer Beweis, daß für Maria zu diesem Zeitpunkt ihre Eheschließung vor allem eine Frage der Machtpolitik war. Kurz nach dem Zwischenfall mit Chastelard wurde Maitland abermals nach London entsandt – offiziell, um der englischen Königin die Vermittlung Marias zwischen ihr und den sich blutig bekämpfenden Franzosen anzubieten und auch die Gespräche über Marias Nachfolgerecht fortzusetzen; aber inoffiziell hatte er den Auftrag, mit de Quadra, dem Gesandten Philipps II. in London, abermals über die spanische Heirat zu verhandeln. Es ist schwer zu sagen, was Moray und Maitland bewogen haben mag, Maria in diesem Vorhaben zu unterstützen: Wollten sie die junge Königin tatsächlich mit einem Katholiken verheiraten und in das ferne Spanien ziehen lassen, um selbst wieder ungehindert ein unabhängiges, protestantisches Schottland regieren zu können? Oder war das ganze lediglich ein Bluff, der Königin Elisabeth veranlassen sollte, endlich ihre Karten aufzudecken, was Marias Ehe betraf? Auf jeden Fall kamen die spanischen Verhandlungen jetzt wieder in Gang.

Obgleich Philipp von Spanien auf strengste Geheimhaltung gedrungen hatte, begann die Nachricht über diese Gespräche sehr bald in Frankreich durchzusickern. Katharina von Medici hatte, wie bereits erwähnt, ihre eigenen Gründe, sich dieser Heirat zu widersetzen. Aber auch die Guisen, die eine Verbindung zwischen Schottland und Spanien als eine Gefahr für Frankreich ansahen, hätten eine Ehe mit Erzherzog Karl, dem Bruder des Kaisers, bei weitem vorgezogen, und Marias Onkel, der Kardinal von Guise, nahm jetzt eigenmächtig Verhandlungen in dieser Richtung auf. Es ist jedoch nicht anzunehmen, daß Maria selbst den Erzherzog jemals ernsthaft als künftigen Ehemann in Erwägung zog, denn abgesehen von allem anderen war er fast völlig mittellos und hatte auch nicht das Heer hinter sich, über das sein Vetter Don Carlos als spanischer Thronerbe jederzeit verfügen konnte.

Natürlich blieben diese Verhandlungen Königin Elisabeth nicht lange verborgen – schließlich führte Maitland sie direkt vor ihrer Nase in London, und Throckmorton ließ es sich angelegen sein, sie von all dem Klatsch zu unterrichten, der in Frankreich kursierte. Ehe Maitland nach Schottland zurückkehrte, erklärte Elisabeth ihm, falls Maria den spanischen Thronfolger, den Erzherzog Karl oder irgendeinen anderen Angehörigen des Kaiserhauses wählte, würde sie dies als einen feindseligen Akt betrachten; wenn sie jedoch zu ihrer, Elisabeths, Zufriedenheit heiratete, setzte sie huldvoll hinzu, so werde sie ihr stets eine gute Freundin und Schwester sein und sie zur gegebenen Zeit zu ihrer Erbin machen. Dies war der kritische Punkt des Problems: Wie sollte Maria zu Elisabeths Zufriedenheit heiraten, wenn ihre Kusine ihr keine Namen nannte? Vom Herbst 1563 an begann Elisabeth, wiederholt versteckte Andeutungen zu machen, wen sie für Maria Stuart in Aussicht genommen hatte; nur war ihre Wahl so absurd, daß man sich wahrhaftig fragen mußte, ob ihr Vorschlag ernstgemeint war oder ob sie Maria einfach daran hindern wollte, überhaupt eine Ehe einzugehen.

Der Ehemann, den Elisabeth ihrer Kusine offenbar zugedacht hatte, war ihr eigener Günstling, Lord Robert Dudley. Bei Maitlands Ankunft in London im Frühling 1563 hatte sie ihm gegenüber zum erstenmal Dudleys Namen erwähnt: Halb scherzhaft, wie ihm schien, bemerkte sie, daß Lord Robert ein guter Gemahl für die Königin der Schotten wäre. Maitland konnte tatsächlich kaum umhin, den Vorschlag als einen Witz zu betrachten, denn er war auf den ersten Blick eine derartige Zumutung, daß man ihn unmöglich ernst nehmen konnte: Dudley hatte keinen Tropfen königlichen Blutes und stammte überdies aus einer Familie, deren Name mit einem Makel behaftet war, denn sowohl sein Vater, der Herzog von Northumberland, als auch sein Großvater waren des Verrats überführt und enthauptet worden; er selbst wurde allgemein als der Geliebte Königin Elisabeths angesehen, und was immer daran wahr sein mochte, ihre vertraute Beziehung zu ihm hatte in ganz Europa Anstoß erregt und tat es immer noch. Außerdem war Dudleys erste Frau, Amy Robsart, unter höchst verdächtigen Umständen gestorben, und es wurde vielfach behauptet, er habe sich ihrer entledigt, um Königin Elisabeth heiraten zu können. Jetzt verlangte man von Maitland, daß er diese umstrittene Persönlichkeit als Ehemann für seine eigene Herrin, eine geborene Königin und Witwe eines Königs von Frankreich, in Erwägung ziehe – für eine Frau, die sich ihrer eigenen hohen Stellung voll bewußt und selbst die Trägerin eines makellosen Namens war. Maitland erwiderte diplomatisch, es sei ein großer Beweis für die Liebe, die Königin Elisabeth seiner Herrin entgegenbringe, »daß sie bereit sei, ihr etwas zu geben, was sie selber so hoch schätze«, aber die schottische Königin werde es wohl schwerlich übers Herz bringen, Königin Elisabeth der Freude und des Trostes von Lord Roberts Gesellschaft zu berauben. Dann setzte er scherzhaft hinzu, Elisabeth solle doch selbst Robert Dudley heiraten und dann sowohl ihren Ehemann als auch ihr Königreich bei ihrem Tod Maria hinterlassen[2].

Im September 1563 mußten die Schotten, ob sie wollten oder nicht, sich ernsthafter mit dem Vorschlag befassen: Randolph wurde angewiesen, die schottische Königin über die Wünsche Elisabeths bezüglich Marias Heirat zu unterrichten. Er sollte andeuten, sie wolle ihr jemanden zum Ehemann geben, von dem – wie sie eigenhändig den Instruktionen hinzufügte – »niemand glauben würde, daß ich mich dazu entschließen könnte[3]«. Randolph erwähnte natürlich keinen Namen, aber er betonte abermals, daß Königin Elisabeth ihrer Kusine die Freundschaft entziehen müsse, falls Maria einen Angehörigen der kaiserlichen Familie heiratete. Im November erhielt Randolph weitere Anweisungen – aber er nannte immer noch nicht offiziell den Namen Robert Dudleys, sondern begnügte sich damit, Marias Begeisterung für »die Fürstensöhne von Frankreich, Spanien oder Österreich« zu dämpfen und ihr zu sagen, daß ihre Ehe mit dem verstorbenen König von Frankreich das beste Beispiel für die Art von Verbindung gewesen sei, die sie *nicht* eingehen solle[4]. Maria erwiderte, auf solche vagen Vorschläge könne sie nur eine vage Antwort geben: Um zu einem Entschluß zu gelangen, brauche sie die Namen von *geeigneten* Heiratskandidaten, nicht von ungeeigneten. Erst Ende März 1564 – ein Jahr nach Elisabeths erster Anspielung Maitland gegenüber – wurde Randolph offiziell ermächtigt, Lord Robert Dudley als den geeignetsten Kandidaten unter den englischen Adeligen vorzuschlagen. Maria reagierte nach außen hin sehr sanftmütig: Sie hörte Randolph mit einem liebenswürdigen Lächeln zu und schlug vor, wie sie es schon im vergangenen Herbst getan hatte, daß die Engländer und die Schotten in Berwick zu einer Besprechung zusammenkommen sollten. Aber in Wirklichkeit kann sie, die immer noch mit dem Gedanken spielte, den Erben des spanischen Kaiserreiches zu heiraten, den berüchtigten Lord Robert schwerlich als einen wünschenswerten Ehemann angesehen haben – es sei denn, er brächte als Mitgift die endgültige Anerkennung ihres Nachfolgerechts mit.

Während Maria im Ausland wegen einer katholischen Heirat verhandelte, unterstützte sie in ihrem eigenen Land nach wie vor die reformierte Religion. Zweifellos war ihr klar, daß sie in dieser Frage gar keine andere Wahl hatte. Als der päpstliche Nuntius Gouda ihr im Sommer 1562 einen Besuch abstattete, sagte sie ihm, daß sie ihm während seines Aufenthalts in Schottland nicht einmal ein sicheres Geleit versprechen könne; er solle sich am besten so wenig wie möglich auf der Straße blicken lassen und keinesfalls versuchen, das Breve des Papstes zu verlesen – es sei denn, er wolle eines gewaltsamen Todes sterben. Sie selbst, erklärte Maria geduldig, würde außerstande sein, ihm zu helfen, falls ihm irgend etwas Unangenehmes widerführe. Gouda zweifelte nicht an ihren Worten: Sie machte einen ausgezeichneten Eindruck auf ihn, und er glaubte ihr, als sie ihm versicherte, daß sie persönlich, möge kommen, was wolle, als Katholikin leben und sterben werde. Maria weigerte sich auch rundweg, schottische Priester zum Tridentinischen Konzil zu senden: Sie beteuerte abermals, daß sie selbst treu dem Glauben ihrer Väter ergeben sei, erklärte jedoch, unter den gegenwärtigen Umständen könne nicht davon die Rede sein, eine schottische Abordnung zu entsenden; und als man ihr vorschlug, ein katholisches Priesterseminar zu gründen, lehnte sie diese Idee ebenfalls kategorisch als »undurchführbar« ab[5]. Tatsächlich konnte Maria, die sich an Ort und Stelle befand, die religiöse Situation des Landes sehr viel besser beurteilen als der Papst im fernen Rom oder auch ihr Onkel in Frankreich. In ihren Briefen versuchte sie immer wieder, ihren Freunden und Verwandten im Ausland den scheinbaren Widerspruch zwischen ihrer persönlichen Treue zum katholischen Glauben und der Toleranz dem Protestantismus ihrer Untertanen gegenüber zu erklären, an der sie festhalten mußte, um den Frieden zu wahren.

Im Jahre 1563 verfügte das Parlament mit Genehmigung der Königin, daß die protestantischen Geistlichen das Benutzungsrecht des Pfarrlandes und der Pfarrhäuser haben sollten, und bewilligte Gelder für die Instandsetzung der Kirchen. Maria, die in religiösen Fragen um jeden Preis Frieden und Eintracht in ihrem Land wünschte, versuchte jetzt abermals, die Freundschaft oder zumindest die stillschweigende Billigung von Knox zu gewinnen. Als sie im April 1563 bei Morays Mutter, Lady Margaret Douglas, und seinem

Stiefbruder, Sir William Douglas, zu Besuch auf Schloß Lochleven weilte, ließ sie Knox zu sich kommen. Sie bat ihn, sich den Katholiken gegenüber ein wenig nachsichtiger zu zeigen, vor allem in den westlichen Gebieten Schottlands, wo die Verfolgung besonders grausam war, und er seinerseits ersuchte sie, die Gesetze ihres Königreiches auszuführen, die den Katholizismus für illegal erklärt hatten. Im Laufe der Unterhaltung erwähnte sie auch die fortwährenden Streitigkeiten zwischen dem Earl of Argyll und seiner Frau, ihrer geliebten, aber ein wenig eigensinnigen Stiefschwester Jean Stewart, die, wie Maria selbst zugab, »nicht in allen Dingen so einsichtig war, wie es wünschenswert wäre« und das bunte Leben und Treiben von Holyrood der weniger unterhaltsamen Existenz auf den Besitzungen ihres Mannes im Westen Schottlands vorzog. Mit der eindeutigen Absicht, Knox für sich zu gewinnen, bat Maria ihn, in diesem häuslichen Streit zu vermitteln, der sich allmählich zu einem Hofskandal auswuchs: Und obgleich Knox später bemerkte, diese ganze Unterhaltung habe gezeigt, wie großartig Maria Stuart sich zu verstellen wußte, schrieb er damals tatsächlich einen mahnenden Brief an den Earl of Argyll[6].

Als Knox von Marias spanischen Eheverhandlungen erfuhr, reagierte er jedoch sehr viel weniger nachgiebig. Eine katholische Heirat war das letzte, was er zu dulden bereit war, und trotz der nicht sehr aufrichtigen Beteuerung Maitlands, die Königin habe »nie an so etwas gedacht«, tadelte er sie öffentlich von der Kanzel herab vor einer großen Versammlung von Adeligen, die zur Parlamentssitzung nach Edinburgh gekommen waren. Maria war nicht bereit, diese Anmaßung zu dulden: Sie ließ Knox nach Holyrood kommen und erklärte ihm »in leidenschaftlichem Zorn«, noch nie sei ein Fürst so schmählich von einem Untertanen behandelt worden – hatte sie sich ihm gegenüber nicht nachsichtiger gezeigt, als jeder andere Herrscher es getan hätte? »Mit allen Mitteln habe ich versucht, Ihre Freundschaft zu gewinnen«, fuhr sie zornig fort. »Ich habe Ihnen Audienz gewährt, Ihnen Rede und Antwort gestanden, sooft es Ihnen beliebte, mich zu ermahnen; und dennoch kann ich keine Ruhe vor Ihnen haben[7].«

Knox versuchte sich zu rechtfertigen, indem er erwiderte, es sei seine Pflicht, offen zu reden, aber Maria stieß ein ums andere Mal hervor: »Was haben Sie mit meiner Ehe zu schaffen?« Und schließlich in einem Ausbruch von Zorn: »Wer sind Sie in diesem Königreich?«, was Knox Gelegenheit zu der vernichtenden Erwiderung gab: »Ein Untertan, der in ihm geboren ist, Madame.« Er sprach abermals ausführlich über die verhängnisvollen Auswirkungen einer katholischen Heirat, was bei der Königin lediglich einen weiteren Strom von zornigen Tränen hervorrief.

Obgleich Elisabeth im Frühjahr 1564 endlich ihre Karten aufgedeckt und Lord Robert als Ehemann für ihre Kusine vorgeschlagen hatte, hoffte Maria bis August immer noch auf den Erfolg ihrer spanischen Heiratsgespräche: Dann änderte Philipp II., nachdem er wieder fast achtzehn

Monate gezögert hatte, abermals seine Meinung und erklärte seinem Gesandten, daß die Verhandlungen endgültig abgeschlossen seien (ein Entschluß, bei dem der zunehmende Wahnsinn seines Sohnes eine gewisse Rolle gespielt haben mag). Aber Maria gab die Hoffnung nicht auf, daß die spanische Verbindung letztlich doch noch zustande kommen würde, und sandte im Herbst 1564 James Melville zu diesem Zweck nach London. In Wirklichkeit bestand Melvilles Hauptbeschäftigung jedoch darin, die englische Königin mit seiner Liebenswürdigkeit zu bezaubern, und Elisabeth ihrerseits setzte alles daran, ihm ihre Reize vor Augen zu führen und ihm die Versicherung abzunötigen, daß er sie mehr schätzte als ihre Rivalin, die Königin der Schotten. Außerdem wurde Melville aufgefordert, der feierlichen Erhebung Dudleys zum Earl of Leicester und Baron von Denbigh beizuwohnen, mit der Elisabeth ihren Günstling zu einem würdigen Ehemann für Königin Maria machen wollte; als jedoch die Königin Lord Robert die Grafenkronen aufs Haupt drückte, konnte sie es sich nicht versagen, ihm zärtlich den Nacken zu streicheln, und es ist anzunehmen, daß diese verräterische Geste Melville eher vom Gegenteil überzeugte[8].

Nichtsdestoweniger wurden die Verhandlungen um Dudley fortgesetzt, und im November 1564 trafen Moray und Maitland in Berwick mit Randolph und Bedford zusammen, um dieses Thema zu erörtern; aber die Engländer machten keinerlei Versprechungen hinsichtlich der Anerkennung von Marias Erbanspruch im Falle ihrer Ehe mit Leicester. Da die Schotten natürlich diese Anerkennung als entscheidende Voraussetzung für eine Verbindung betrachteten, die ihnen aus keinem anderen Grund wünschenswert schien, forderten sie, wie Randolph im Dezember Cecil berichtete, eine offene Stellungnahme der Engländer zu dieser Frage. Cecils Antwort war jedoch alles andere als offen; er flüchtete sich in unklare Redensarten, die eher zu einem Orakel als zu einem Staatsmann paßten: Sie sollten ihre Verhandlungen, die so vielversprechend seien, nicht zum Gegenstand des Schachers machen, schrieb er, »since the English crown, if it be sort for, may sooner be lost than got, and not being craved, may be as soon offered as reason can require[9]«.

Aber mit Rätseln dieser Art war Maria wenig gedient: Es war jetzt über zwei Jahre her, seit sie begonnen hatte, sich ernsthaft mit dem Gedanken an eine neue Ehe zu beschäftigen, und die Engländer verschanzten sich immer noch hinter leeren Redensarten, ohne sich zu irgend etwas zu verpflichten. Mit einem Wort, Maria war ihrem Ziel immer noch nicht näher gekommen, obgleich sie seit über vier Jahren Witwe war und wußte, daß die Dynastie der Stuarts mit ihr zu Ende gehen würde, wenn sie keinen leiblichen Erben gebar. Unter diesen Umständen ist es nicht zu verwundern, daß die schottischen Unterhändler allmählich ungeduldig wurden: Moray und Maitland schrieben an Cecil und erklärten ihm klipp und klar, wenn Königin Elisabeth nicht bereit sei, die »Frage der Thronfolge« zu klären, könnten sie Maria nicht veranlassen, einen Engländer zu heiraten, sondern müßten es ihr anheimstellen, ihre eigene Wahl zu treffen[10]. Trotzdem kam immer noch keine Zusage, und als im Februar 1564 ein anderer Ehekandidat, der junge Lord Darnley, am schottischen Hof erschien, begann man sich zu fragen, ob es den Engländern überhaupt ernst mit ihren Vorschlägen sei.

Es wird ewig ein Rätsel bleiben, weshalb der junge, gutaussehende Darnley, in dessen Adern englisches und schottisches Königsblut floß, gerade zu diesem Zeitpunkt von Königin Elisabeth die Genehmigung erhielt, nach Schottland zurückzukehren. Henry Darnley hatte als Urenkel Heinrichs VII. von Anfang an zu den möglichen Kandidaten Marias gezählt, und nicht umsonst hatte seine ehrgeizige Mutter, Lady Margaret Lennox, ihn beim Tode Franz II. eilig nach Frankreich gesandt, der jungen Königin ihre Kondolenz zu überbringen. Der Earl of Lennox, der lange Zeit aus Schottland verbannt gewesen war, weil er im Jahre 1544 versucht hatte, mit Hilfe englischer Truppen Dumbarton Castle zu erobern, erhielt im September 1564 die Erlaubnis, in seine Heimat zurückzukehren, und Königin Elisabeth selbst bat ihre Kusine, ihn zu empfangen. Laut Melville wollte Elisabeth damit, daß sie Lennox den Weg ebnete, eindeutig die Ehe mit Darnley fördern: Sie hatte bereits bei einer früheren Gelegenheit Melville gegenüber geäußert, Darnley sei einer der beiden Kandidaten, die sie der schottischen Königin vorzuschlagen beabsichtige[11]; und bei der Zeremonie der Erhebung Dudleys zum Earl of Leicester deutete sie auf den daneben stehenden Darnley und sagte halb scherzhaft zu Melville, sie wisse ganz genau, daß er diesen jungen Mann als Gatten für seine Königin vorziehen würde. Als Maria im Dezember 1564 an Elisabeth schrieb und sie bat, sie möge Darnley gestatten, zu seinem Vater nach Schottland zu kommen, können weder Elisabeth noch ihre Ratgeber daran gezweifelt haben, daß die schottische Königin jetzt ernsthaft eine Verbindung mit Darnley in Erwägung zog. Die spanischen Eheverhandlungen waren endgültig gescheitert, und angesichts von Elisabeths Verhalten wurde die Aussicht auf eine Heirat mit Dudley immer geringer: So war Darnley, von königlichem Geblüt, katholisch und scheinbar von Elisabeth gebilligt, jetzt der aussichtsreichste Kandidat.

Es wurde damals allgemein vermutet, Elisabeth selbst habe Darnley nach Schottland gesandt, um Maria zu einer nicht standesgemäßen Ehe zu verleiten, obgleich, wie Randolph in seinem Brief vom 12. Februar andeutete, es offenbar in Wirklichkeit Leicester und Cecil waren, die sich gemeinsam dafür einsetzten, dem jungen Mann die Genehmigung zu dieser Reise zu verschaffen[12]. Elisabeth scheint dabei eine eher passive Rolle gespielt zu haben: Von Natur aus unfähig, in Fragen des Gefühls zu einem Entschluß zu gelangen, wußte sie wahrscheinlich selbst nicht, ob sie die Ehe zwischen dem geliebten Leicester und Maria wirklich wünschte. Dieser

Mangel an Entschlußkraft erwies sich meistens als sehr vorteilhaft für sie, denn er gestattete es anderen, für sie zu handeln, und so konnte im Falle eines Mißerfolges ihr niemand einen Vorwurf machen. In diesem besonderen Fall ist anzunehmen, daß Leicester und Cecil, von der Unschlüssigkeit Elisabeths ermutigt, Darnley als eine Art trojanisches Pferd ins Land der schottischen Königin sandten. Sie schienen fest damit zu rechnen, daß Königin Maria sich für diesen scheinbar so vielversprechenden Ehekandidaten interessieren würde: Wie Melville es ausdrückte, wahrscheinlich würde sie den »anwesenden« Darnley dem »abwesenden« Leicester vorziehen. Leicester hatte natürlich seine guten Gründe, die Verhandlungen noch weiter zu verwickeln – sicherlich lag ihm sehr viel daran, sie nicht zum Abschluß kommen zu lassen, solange Elisabeth selbst noch unverheiratet war. (Elisabeth erwähnte später de Silva gegenüber, Leicester habe sich der Ehe mit Maria widersetzt und damit den Plan vereitelt[13].) Die Schotten, die mittlerweile ungestüm auf eine Entscheidung drängten, würden nicht wissen, wer vorzuziehen war, Leicester oder Darnley. Maria selbst würde zwischen den beiden Kandidaten schwanken und auch weiterhin unverheiratet bleiben. So konnten die Engländer ihrerseits mit jener Politik der meisterhaften Untätigkeit fortfahren, die ihren eigenen Interessen hinsichtlich der Heirat der schottischen Königin am meisten entsprach; und was Elisabeth betraf, sie konnte die ungeklärte Lage Marias als Vorwand benutzen, ihr die Anerkennung ihres Erbanspruches zu verweigern. Dies scheinen die geheimen Überlegungen der Engländer gewesen zu sein, als Henry Stuart, Lord Darnley, Anfang Februar mit ausdrücklicher Genehmigung der englischen Königin London verließ.

Darnley traf am 13. Februar in Edinburgh ein, wo er sehr herzlich von Elisabeths Gesandtem Randolph empfangen wurde. Maria war auf der Jagd in Fife, und dort fand am Sonnabend, dem 17. Februar, auf dem Schloß des Lairds von Wemyss die schicksalsschwere Begegnung zwischen ihr und Darnley statt. Der junge Mann, den Maria vor sich sah, war außerordentlich gut aussehend. Obgleich Melville Königin Elisabeth versichert hatte, daß er ihn zu weibisch finde – »bartlos und mehr einer Frau als einem Manne gleichend«, waren seine Worte –, zeugt dies mehr von Melvilles Wunsch, Elisabeth zufriedenzustellen, als von Darnleys Mangel an Anziehungskraft[14]. Auf den zeitgenössischen Porträts von Eworth wirkt er mit seinen langen, schlanken Beinen, seinem goldblonden Haar, seinem vollendet geformten Gesicht mit der kurzen, geraden Nase und dem ovalen Kinn, auf den ersten Blick tatsächlich wie ein junger Gott. Aber bei näherer Betrachtung scheint der Gott eher Pan als Apollo zu sein: Es liegt etwas Faunähnliches in seinen spitzen Ohren, den großen, schräggestellten braunen Augen mit ihrem unergründlichen Ausdruck und sogar ein Anflug von Grausamkeit in dem schön geformten Mund mit seinen vollen, rosigen Lippen. Maria war sichtlich beeindruckt von seiner eleganten Erscheinung: Abgesehen davon, daß er, im Gegensatz zu den meisten seiner Zeitgenossen, trotz ihres eigenen hohen Wuchses fast einen halben Kopf größer war als sie, sagte seine weibische Schönheit ihrem ästhetischen Gefühl mehr zu als die männliche Kraft ihrer schottischen Adeligen.

Außerdem war dieser hübsche Junge gut geschult in all den Künsten, die für einen Kavalier – oder jungen Prinzen – der damaligen Zeit als unerläßlich galten: Er konnte reiten, jagen, geschmeidig tanzen und sehr gut die Laute spielen. In dieser Hinsicht schlug er seinem Vater, dem Earl of Lennox, nach, der vor seiner englischen Heirat eine der ritterlichsten Gestalten des schottischen Hofes gewesen war. Darnleys ehrgeizige Mutter hatte dafür gesorgt, daß sein Auftreten ebenso gewinnend war wie seine äußere Erscheinung. Leider hatte sie seinen charakterlichen Eigenschaften weniger Beachtung geschenkt. Es ist jedoch nicht zu leugnen, daß er, was seine Bildung betraf, sich mit jedem jungen Fürsten seiner Zeit messen konnte: Bereits im Alter von acht Jahren schrieb er einen Brief an Königin Maria Tudor, in dem er sie bat, »eine kleine Geschichte aus meiner eigenen Feder« entgegenzunehmen, die er *Utopia Nova* nannte. Es wird vermutet, daß er die Werke von Valerius Maximus ins Englische übersetzt hat. Besser nachgewiesen ist die Tatsache, daß er einige recht hübsche Gedichte geschrieben hat.

Aber so glanzvoll diese äußere Tünche von Bildung auch gewesen sein mag, Darnley zeigte sein kurzes Leben lang bemerkenswert wenig Interesse für geistige Dinge und eine außerordentliche Vorliebe für Vergnügungen jeder Art. In Wirklichkeit war er maßlos verwöhnt, das Produkt einer ehrgeizigen Mutter und eines vernarrten Vaters, und selbst die sorgsamste Erziehung kann wenig bei einem Menschen ausrichten, der seit frühester Jugend dazu angehalten worden ist, sich selbst als den Mittelpunkt zu betrachten, um den die ganze Welt sich dreht.

Charakterlich gab es wenig, das für ihn sprach, ungeachtet der großen mütterlichen Fürsorge, die ihm zuteil geworden war – als er in Schottland eintraf, wollte Randolph nicht, daß »eine kleine Erkältung«, an der er litt, Lady Lennox zu Ohren komme, damit sie nicht erschrecke[15]. Er war nicht nur verwöhnt, sondern auch eigenwillig und ehrgeizig, besaß jedoch nicht genügend Ausdauer, um beharrlich ein Ziel zu verfolgen, denn ihn interessierte in erster Linie die Siegespalme, nicht der Kampf. Es waren die äußerlichen Zeichen der Macht – die Krone, das Zepter, der Reichsapfel –, die ihn reizten; ihre tatsächliche Ausübung sagte seinem trägen, vergnügungssüchtigen Temperament nicht zu. Eitelkeit war bei weitem die stärkste treibende Kraft, die ihn bewegte, und diese Eitelkeit machte es ihm unmöglich, Menschen oder Geschehnisse in ihrem wahren Wert zu sehen, denn für ihn zählte nur das, was seiner Eigenliebe schmeichelte. Das mildeste Urteil über ihn war das des Kardinals von Lothringen – »un gentil huteaudeau[16]« (ein netter Dummkopf) –, aber solche schwachen Charaktere können in kritischen Situationen gefährlich werden.

Doch Maria, die Königin der Schotten, bemerkte nichts von alledem, als sie ihrem Vetter in Wemyss Castle begegnete. Sie sah und bewunderte lediglich sein anziehendes Äußeres, das wie ein blanker roter Apfel nichts von den Maden in seinem Inneren erkennen ließ. Sie war auf den ersten Blick von ihm angetan und erklärte Melville, er sei »the properest and best proportioned long man that ever she had seen« – der netteste und best gewachsene lange Junge, den sie je gesehen habe[17]. Obgleich der lange Junge noch am selben Tag weiterzog, um seinen Vater zu besuchen, der sich bei seinem Verwandten, Lord Atholl, in Dunkeld aufhielt, war er am folgenden Sonnabend wieder bei der Königin, um sie auf ihrer Reise nach dem Süden zu begleiten. Von jetzt ab ließ sie ihn kaum mehr fort. Am Montag ging er in die »Kirk«, um der Predigt von Knox zu lauschen, aß mit Moray und Randolph zu Mittag und tanzte abends auf Morays Drängen hin eine Gaillarde mit Maria, wobei das anmutige junge Paar einen so bezaubernden Anblick bot, daß Randolph einige Tage später nach London berichtete: »Viele wünschen ihm guten Erfolg – andere zweifeln an ihm und machen sich Sorgen um das Wohl des Landes, denn man nennt ihn allgemein ›einen netten, unbedeutenden Jüngling‹[18].« Aber das Schicksal schien dem netten, unbedeutenden Jüngling günstig zu sein – um so mehr, als Randolph Mitte März Anweisungen erhielt, Maria mitzuteilen, daß eine Ehe mit Leicester ihr nicht die Anerkennung ihres Erbanspruchs einbringen werde. Maria war tief deprimiert über diese Nachricht und vergoß bittere Tränen: Aber gleichzeitig wandte sie jetzt mehr denn je ihre Aufmerksamkeit Darnley zu, und das dürfte wohl die Absicht Elisabeths und ihrer Ratgeber gewesen sein, als sie ihr gerade zu diesem kritischen Zeitpunkt die niederschmetternde Botschaft zukommen ließen.

Unterdessen wurden am Hofe Marias auch andere Ehen geplant: Im Herbst 1564 begann der vierzigjährige, kürzlich verwitwete Maitland um die bezaubernde Mary Fleming zu werben, die damals zweiundzwanzig war; obgleich Kirkcaldy sie spöttisch als etwa ebenso geeignet für ihn bezeichnete, »wie ich mich dazu eigne, Papst zu sein[19]«, war Maitland sichtlich fasziniert von ihrer strahlenden Jugend und Vitalität. Maitlands Leidenschaft wurde zum Hauptgesprächsthema des Hofes, und Randolph äußerte sich mit vernichtenden Worten über seine Verliebtheit; aber Randolph selbst, ein Junggeselle von fünfundvierzig, der schon seit Jahren das muntere Treiben der Marys mit galantem Wohlgefallen beobachtete, hatte sich vergebens um die Gunst Mary Beatons bemüht, und sein Bericht war zweifellos von Neid gefärbt. Letztlich war es jedoch nicht die schöne Mary Fleming, sondern ihre energische und lebhafte Gefährtin Mary Livingstone, die als erste der Marys heiratete. Die Trauung fand am Fastnachtsdienstag, dem 6. März 1565, statt. Maria unterschrieb nicht nur persönlich den Ehevertrag und gab der Braut eine Mitgift von fünfhundert Pfund pro Jahr in Landbesitz, sondern sie zahlte auch, wie es in solchen Fällen ihre Gewohnheit war, das Brautkleid und das Hochzeitsmahl. Diese erste Hochzeit einer der vier Marys erregte natürlich allgemeines Aufsehen, und die ausländischen Gesandten berichteten bereits zwei Monate zuvor über die geplanten Festlichkeiten. Randolph schrieb, der junge Sempill dürfe sich glücklich schätzen, die liebenswerte Mary Livingstone zur Frau gewonnen zu haben. Maria Stuarts persönliche Einstellung zu diesem Ereignis ist am besten aus dem Bericht des französischen Gesandten an Katharina von Medici zu ersehen: »Sie hat angefangen, ihre Marys zu verheiraten, und sagt, sie wünschte, daß sie selbst zu dieser Schar gehörte[20].«

Bisher ließ jedoch nichts darauf schließen, daß Maria, sosehr sie Darnleys Gesellschaft genoß, irgendwelche tieferen Gefühle für ihn hegte: Randolph schrieb die Gunst, die sie ihm bezeigte, mehr »ihrer angeborenen Liebenswürdigkeit« als irgendeiner ernsteren Neigung zu. Noch im März scheint Maria den jungen Darnley lediglich seiner königlichen Herkunft und seiner Religion wegen als einen möglichen Kandidaten betrachtet zu haben. Aber im April trat eine dramatische Wendung ein: Darnley erkrankte, und diese Krankheit – es waren die Masern – sollte sein Schicksal und das der Königin der Schotten entscheidend beeinflussen. Immer häufiger fand Maria jetzt den Weg zum Krankenbett ihres schönen jungen Vetters. Sie besuchte ihn zu jeder Tageszeit, blieb oft bis spät nach Mitternacht bei ihm und pflegte ihn mit rührender Beflissenheit. Als den Masern ein Wechselfieber folgte, war sie verzweifelt und weigerte sich, Stirling zu verlassen, ehe Darnley genesen sei. Unter dem Einfluß des ständigen Beisammenseins im Krankenzimmer und ihrer zärtlichen Fürsorge für den schwachen, leidenden – und so gutaussehenden – jungen Mann hatte Maria sich blind, besinnungslos und leidenschaftlich verliebt.

Ob Maria selbst sich klar darüber war oder nicht, es besteht kein Zweifel, daß ihre Liebe zu Darnley mehr als alles andere eine körperliche Liebe war. Die ungestüme Leidenschaft, die jetzt aus ihr hervorbrach, ist leicht mit dem aufgestauten Verlangen zu erklären, das die natürliche Folge ihrer unzulänglichen ersten Ehe war, die zwar erotische Gefühle in ihr geweckt, aber nicht befriedigt hatte. In den Jahren seit dem Tode Franz II. hatte sie trotz aller Huldigungen, die ihr entgegengebracht wurden, ein keusches Leben geführt. Ihre Gedanken an eine Heirat hatten sich auf die Macht beschränkt, die sie ihr bringen würde, denn Don Carlos hätte ihr als Ehemann nicht viel anderes zu bieten gehabt, und die Aussicht auf eine Ehe mit dem galanten Robert Dudley hatte sie offensichtlich wenig gereizt. Jetzt brauchte Darnley nur ihre Hand zu berühren, und all die sorgfältigen Erwägungen, die Angst, durch eine unüberlegte Heirat das Mißfallen Elisabeths zu erregen, die Zurückhaltung und Besonnenheit, die jeder Mensch während der vier Jahre ihrer persönlichen Herrschaft an ihr gepriesen hatte – all dies versank in einem Sturm von Gefühlen, von deren Ungestüm Maria Stuart selbst bis dahin kaum etwas geahnt haben mag.

XIII

MARIA UND DARNLEY

Nuptiae carnales a laetitia incipiunt et in luctu terminantur (Ehen, die aus sinnlichem Verlangen geschlossen werden, beginnen mit Glück und enden im Streit).

Cecils Kommentar zur Heirat von Amy Robsart und Leicester

Noch im März war Darnley lediglich einer von vielen Kandidaten gewesen, unter denen die Königin der Schotten ihren Ehemann wählen konnte. Im April wurde er der einzige Mann, den sie als Gatten an ihrer Seite zu sehen wünschte. Von Stirling aus verfolgte sie mit gespanntem Interesse die Maßnahmen, die diesbezüglich in Edinburgh getroffen wurden. Der getreue Maitland wurde sofort nach London entsandt, um Elisabeth die Nachricht zu überbringen und, wie man hoffte, ihre Einwilligung zu erlangen, die in diesem Fall doppelt notwendig war, weil Darnley nicht nur durch seine Abstammung von den Tudors ein Mitglied der königlichen Familie war, sondern auch als englischer Untertan galt. Maria war zu dieser Zeit ehrlich überzeugt, daß die englische Königin ihren Entschluß billigen würde. Ihr Vertrauen war verständlich: Darnley war mit dem offiziellen Segen Englands nach Norden gekommen, und er war ein englischer Adeliger jenes Typs, den Elisabeth oft als wünschenswert für eine Ehe mit Maria bezeichnet hatte. Nach allem, was Maria berichtet worden war, hatte sie guten Grund anzunehmen, daß Darnley einer der von Elisabeth selbst gewählten Kandidaten sei, für den Fall, daß der Plan einer Ehe mit Leicester fehlschlug. Maitland traf am 15. April in London ein. Aber anstelle der erwarteten Billigung empfing ihn ein Sturm der Entrüstung: Maria wollte Darnley heiraten? Darnley, den Urenkel Heinrichs VII., der einen eigenen Erbanspruch auf den englischen Thron besaß? Nein, auf keinen Fall! Elisabeth, die sehr gut wußte, daß die schottischen Protestanten sich nie mit einem katholischen Ehemann einverstanden erklären würden, versuchte jetzt, von dem Plan abzurücken, und erklärte, daß der Gedanke an diese Heirat völlig absurd sei und einen erneuten Versuch von seiten Marias darstelle, sich des englischen Thrones zu bemächtigen.

Lady Lennox, die noch in London weilte, erhielt zunächst den Befehl, sich nicht aus ihren Räumen zu entfernen, und wurde später in den Tower geworfen. Ungeachtet der Tatsache, daß Lennox und Darnley mit ausdrücklicher Genehmigung Elisabeths nach Schottland gezogen waren, forderte die Königin jetzt ihre sofortige Rückkehr. Als keiner von beiden ihren zornigen Depeschen irgendwelche Beachtung schenkte, wurde Throckmorton nach Norden entsandt mit dem Auftrag, Maria von ihrem verhängnisvollen, ja sogar bedrohlichen Vorhaben abzubringen.

Aber Maria war blind und taub für jeden Ratschlag. Sie liebte zum erstenmal in ihrem Leben, und sie konnte keine andere Stimme als die ihrer eigenen leidenschaftlichen Gefühle vernehmen. Am Hofe Schottlands herrschte, wie ein zeitgenössisches Gedicht es nannte, »strahlender Liebesfrühling[1]«. Randolph schrieb zutiefst besorgt an Leicester, die arme Königin, »die sich bisher in allem, was sie tat, so achtenswert, so weise und so ehrbar gezeigt hat«, sei durch die Liebe derart verändert, daß er sie kaum wiedererkennen könne. Cecil gegenüber sprach er von einer Königin, die so von Leidenschaft besessen sei, daß »zur äußersten Verachtung ihrer besten Untertanen das Wohl ihres Volkes ihr jetzt völlig gleichgültig ist[2]«. Randolph war besonders verzweifelt über die ganze Situation, weil in Schottland allgemein behauptete wurde, Elisabeth habe Darnley ganz bewußt an den schottischen Hof gesandt, um Maria zu einer unstandesgemäßen Ehe zu verleiten: Und für diese Beschuldigung gab es mehr konkrete Beweise, als ihm lieb war.

Darnley selbst reagierte, wie vorauszusehen war. In demselben Brief, in dem Randolph die blinde Leidenschaft der einstmals von ihm so verehrten Königin beklagte, berichtete er, Darnley sei jetzt so anmaßend geworden, daß er allen achtbaren Menschen unerträglich sei und auch Maria – die so viel für ihn aufs Spiel gesetzt – schon kaum mehr den schuldigen Respekt entgegenbringe. Darnley hatte unverhältnismäßig lange gebraucht, von seiner Krankheit zu genesen; bis zum 21. Mai hatte man ihn nur einmal außerhalb der vier Wände seines Zimmers gesehen, und er war immer noch mehr oder minder ans Bett gefesselt. Lange ehe er wieder endgültig zum Vorschein kam, suchte Throckmorton Maria in Stirling auf, um sie von Elisabeths Einwänden gegen die Ehe mit Lord Darnley zu unterrichten und sie zu bitten, keine voreiligen Entschlüsse zu fassen.

Sicherlich hätte Maria zu diesem Zeitpunkt klug daran getan, sich die Sache noch einmal ernsthaft zu überlegen. Gewiß, Philipp II. von Spanien hatte sich mit dieser Ehe einverstanden erklärt; man hatte Charles IX. von Frankreich durch Castelnau um seine Einwilligung ersucht und sie erhalten; Marias Verwandten, die Guisen, waren unterrichtet (obwohl ihre geliebte Anne von Guise einigermaßen überrascht von dieser Entwicklung gewesen sein muß, denn sie hatte erst im vergangenen September die Meinung geäußert, daß Maria von Natur aus viel zu stolz sei, einen bloßen

Untertanen zu heiraten)[3]. Aber all diese Zustimmungen waren nichts im Vergleich zum Einverständnis Elisabeths, denn schließlich konnte Elisabeth ihrer Kusine etwas bieten, was keiner dieser anderen Herrscher zu vergeben hatte: die Anwartschaft auf ihren eigenen Thron. So unaufrichtig Elisabeth sich auch verhalten, so aufreizend lange sie auch gezögert haben mochte, sie war, was die Frage von Marias Heirat betraf, trotz allem diejenige, auf deren Wort es letztlich ankam. Nur eine völlig kopflose und unbesonnene Frau hätte jetzt den eingeschlagenen Weg weiterverfolgt, ohne sich um Elisabeths erklärte Mißbilligung zu kümmern – aber genau das war es, was die Liebe offenbar aus Maria Stuart gemacht hatte. Die Unterredung mit Throckmorton, bei der Maria versuchte, dem Gesandten ihren eigenen Standpunkt darzulegen, verlief völlig ergebnislos, und Throckmorton berichtete nach England, allem Anschein nach sei der Entschluß der Königin bezüglich Lord Darnleys unwiderruflich, und es habe »keinen Sinn, noch weitere Überredungskünste anzuwenden oder sie mit irgendwelchen Argumenten überzeugen zu wollen«. Er, der Maria während ihrer Witwenzeit in Frankreich so sehr bewundert und den Wunsch geäußert hatte, daß Elisabeths Verhalten mehr dem ihren gleichen möge, schloß mit den düsteren Worten, sie sei durch Liebe oder List bezaubert worden – oder besser, »um die Wahrheit zu sagen, durch Prahlerei und Torheit[4]«.

Darnleys Genesung änderte nichts an der Liebe der Königin. Sie war jetzt so vernarrt in ihn, daß viele behaupteten, Darnley habe sie tatsächlich behext, und nach einer übernatürlichen Erklärung für ihre Leidenschaft suchten, obwohl die natürliche nur allzu offensichtlich war. Darnleys Anmaßung wuchs mit der Zuneigung Marias. Um seine Männlichkeit zu zeigen, fiel er in der für ihn charakteristischen, feigen Weise beim geringsten Anlaß mit Schlägen über diejenigen her, von denen er wußte, daß sie es nicht wagen würden, sich zu rächen. Als er im Mai zum Earl of Ross erhoben wurde, zog er den Dolch gegen den unglückseligen Gerichtsschreiber, der ihm die Nachricht überbrachte, weil man ihn nicht, wie erwartet, gleichzeitig zum Herzog von Albany gemacht hatte. Es war die typische Geste eines verwöhnten und rachsüchtigen Kindes. Bereits nach kurzer Zeit wurde Darnley allgemein so tief verachtet, daß selbst diejenigen, die anfangs seine besten Freunde gewesen waren, ihn nicht mehr zu rechtfertigen wußten. Randolph berichtete nach England: » . . . es ist zu befürchten, daß ihm kein langes Leben unter diesem Volk beschieden sein wird« – eine Prophezeiung, die sich als ungemein zutreffend erweisen sollte.

Für die Schotten war Darnleys Arroganz lediglich das letzte Glied in einer langen Kette von Argumenten, die gegen ihn sprachen. Dazu gehörte an erster Stelle die ablehnende Haltung Englands: Am 4. Juni trat der englische Kronrat zusammen und erklärte, die geplante Heirat der schottischen Königin bedeute eine Gefahr für England, und zwar erstens wegen der offensichtlichen Absicht Marias, sich durch diese Verbindung des englischen Thrones zu bemächtigen, und zweitens wegen »des zunehmenden Einflusses der römischen Religion in England«. Die erklärte Feindseligkeit Englands schürte natürlich das schwelende Feuer der schottischen Feindseligkeit: Moray zum Beispiel hatte dieser Verbindung von Anfang an ablehnend gegenübergestanden, denn er wußte, daß sie den katholischen Lennox' zu neuem Ansehen verhelfen und seinen eigenen Einfluß auf die Königin schwächen würde. Und zudem hatte Darnley deutlich durchblicken lassen, daß Moray nach seiner Ansicht mehr Besitztümer in Schottland habe, als wünschenswert sei, und hatte sogar zu Morays Bruder, Lord Robert Stewart, einige gereizte Bemerkungen darüber gemacht.

Mit der fadenscheinigen Entschuldigung, daß er nicht bei den papistischen Osterzeremonien zugegen sein wolle, zog Moray sich Anfang April vom Hof zurück. Damit verlor Maria von einem Augenblick zum anderen die Unterstützung dieses politisch so geschickten Mannes, der ihr seit Beginn ihrer persönlichen Regierung mit Rat und Tat zur Seite gestanden hatte, denn Moray ließ sich jetzt auf eine Reihe von verworrenen, aber feindseligen Manövern ein, mit denen er seinen Widerstand gegen Darnley zur Schau stellen wollte, ohne sich offen aufzulehnen, ehe er der englischen Unterstützung für seine Sache gewiß sein konnte. Aber es gab außer Moray auch noch andere schottische Adelige, die aus dem einen oder anderen Grund den Lennox' feindlich gegenüberstanden und ihren Einfluß fürchteten.

Selbst von den vier Marys wurde behauptet, sie seien gegen diese Ehe – und seien demzufolge bei der Königin in Ungnade gefallen. Der einzige Mensch, der die Verbindung offenbar eifrig förderte, war David Riccio, der neue Sekretär der Königin für ihre französische Korrespondenz und Darnleys Zechbruder.

Aber Maria verfing sich immer mehr im Netz ihrer Leidenschaft. So ungestüm war ihre Liebe, so übermäßig ihr Stolz auf Darnley, daß man sich sogar zuflüsterte, sie hätten sich bereits im Juli heimlich trauen lassen. Es ist sehr wahrscheinlich, daß die Königin Anfang Mai im ersten Überschwang der Gefühle irgendeine Verlobungszeremonie mit Darnley absolviert hatte, und Verlobungen ähnelten damals bis zu einem gewissen Grad der Heirat selbst, denn dem verlobten Paar waren viel größere Freiheiten gestattet. Aber die Tatsache, daß Maria so ungestüm darauf bestand, Darnley zu heiraten, noch ehe sie den päpstlichen Dispens aus Rom erhalten hatte, spricht gegen eine heimliche Trauung. Der Dispens war erforderlich, weil sie und Darnley Stiefvetter und -kusine ersten Grades waren, und Maria ging von der Vermutung aus, daß er bereits in Rom erteilt worden sei, wenn er auch noch nicht in Schottland eingetroffen war*. Am 22. Juli erhielt Darn-

* Aber Maria irrte sich, wenn sie annahm, daß der Dispens bereits gewährt worden war. Er wurde in Rom zwischen dem 1. und 25. September vom Papst unterzeichnet und traf wenige Wochen danach in Schottland ein. Da die Heirat

ley endlich den ersehnten Titel des Herzogs von Albany. Am 29. Juli verkündeten die Herolde, daß Darnley (oder Prinz Heinrich, wie er jetzt hieß) künftig »König dieses unseres Königreiches« genannt und angesprochen werden solle. Von Rechts wegen hätte Maria das Parlament ersuchen müssen, Darnley den Königstitel zu gewähren. Damit, daß sie ihn selbst verlieh, unterstrich sie ihre uneingeschränkte Machtbefugnis in der Frage ihres künftigen Ehemanns. Am Sonntag, dem 29. Juli, zwischen fünf und sechs Uhr morgens wurde Maria, Königin der Schotten, schließlich am Arm ihres künftigen Schwiegervaters, des Earl of Lennox, und des Earl of Argyll in die königliche Kapelle von Holyrood geführt, um dort den von ihr auserkorenen Gemahl, Lord Darnley, jetzt König Heinrich von Schottland, zu erwarten.

Aber so leidenschaftlich auch die Liebe sein mochte, die sie beseelte, Maria hatte für diese Feier kein strahlendes weißes Hochzeitsgewand gewählt: Sie trug im Gegenteil die gleiche schwarze Trauerkleidung, die sie beim Begräbnis von König Franz getragen hatte. Damit sollte angedeutet werden, daß sie nicht als jungfräuliches Mädchen vor ihren neuen Ehemann trat, sondern als Königinwitwe von Frankreich. Nachdem sie in die Kapelle geführt worden war, blieb sie dort, bis ihr künftiger Gemahl von denselben Lords hereingebracht wurde. Sie tauschten das Ehegelöbnis gemäß dem katholischen Ritus, und drei Ringe wurden Maria an den Finger gesteckt, der mittlere ein blitzender Diamant. Dann blieb sie allein zurück, um die Messe zu hören, während Darnley sich in ihre Gemächer begab und dort auf sie wartete. Erst nachdem die Trauung vollzogen war, legte Maria, wie die Sitte es verlangte, ihre Trauerkleidung ab, um damit zu zeigen, daß sie im Begriff sei, »ein freudigeres Leben« zu beginnen.

Dann folgten die üblichen Festlichkeiten; wenn sie vielleicht auch nicht mit der Prachtentfaltung bei Marias Vermählung mit Franz zu vergleichen waren, so wurden sie doch zumindest nach schottischen Maßstäben als großartig angesehen, und vielleicht war nach sieben langen und ereignisreichen Jahren auch Marias eigene Erinnerung an den damaligen Pomp schon ein wenig verblaßt. Es gab ein Bankett für die Angehörigen des Hofes, während unten die jubelnde Menge das Schloß umdrängte und Silbermünzen hinabgeworfen wurden. Nach dem Essen wurde getanzt, dann gab es eine kurze Erholungspause, ehe man sich abermals zu einem Festmahl niederließ, das ebenso großartig war wie das erste.

Knox schrieb über den Reigen der Feste, die der Trauung folgten: »Drei oder vier Tage lang gab es nichts als Bälle, Maskenspiele und Banketts[6].«

bereits stattgefunden hatte, wurde das Datum seiner Ausstellung natürlich streng geheimgehalten, um die Königin nicht bloßzustellen[5]. Wenn Maria und Darnley nach der tatsächlichen Erteilung des Dispenses sich nicht noch einmal trauen ließen (worüber es keinerlei Aufzeichnungen gibt), war ihre Ehe genaugenommen ungültig.

Elizabeth I. von England. Nach einem Gemälde von Marcus Greehaerts.

Maria, Königin der Schotten, flieht aus Loch Leven. Stich von Beaudran.

Gegenüberliegende Seite: Maria, Königin der Schotten. Gemälde aus der Schule von Jean Clouet.

James Hepburn Bothwell, Herzog von Orkney und Shetland.

Aber für viele war die Zeremonie, die am nächsten Tag stattfand, die bedeutungsvollste von allen: Am Montag, dem 30. Juli, ließ Maria abermals von den Herolden verkünden, daß Darnley fortan den Titel König Heinrich* trage, und gab gleichzeitig bekannt, daß in Zukunft alle Urkunden und Edikte von ihnen gemeinsam mit den beiden Namen MARIA und HEINRICH unterzeichnet würden. Bei dieser Nachricht herrschte düsteres, unheilvolles Schweigen unter den Adeligen Schottlands. Nicht einer sagte auch nur »amen«. Nur der glückliche, vernarrte Vater rief angesichts der Ehre, die seinem Sohn zuteil wurde, mit lauter Stimme: »Gott schütze Euer Gnaden!«

Cecil hatte anläßlich der unseligen Ehe von Leicester und Amy Robsart bemerkt: »Nuptiae carnales a laetitia incipiunt et in luctu terminantur« – Ehen, die aus sinnlichem Verlangen geschlossen werden, beginnen mit Glück und enden im Streit[7]. Maria war wenig Zeit gegönnt, das Glück ihrer eigenen »Nuptiae carnales« zu genießen, bis die ersten Anzeichen von Streit sich bemerkbar machten. Schon vor ihrer Hochzeit hatte Moray ein Verhalten an den Tag gelegt, das eindeutig bedrohlich, wenn nicht sogar aufrührerisch war; mit der Begründung, krank zu sein, lehnte er es ab, der Versammlung des Adels beizuwohnen, die Ende Juni in Perth einberufen wurde, und hielt sich in Lochleven versteckt; von dort aus verbreitete er das Gerücht, daß die Clique der Lennox' ihn zu ermorden plane. Es war eine Zeit, in der Gerüchte aller Art die Runde machten – die Lennox' ihrerseits ließen durchblicken, daß Moray die Absicht habe, Lennox und Darnley gewaltsam zu entführen und per Schiff nach England zurückzuschicken, aber es gibt keinerlei konkreten Beweis für eine Verschwörung dieser Art. Moray gab sich jedoch nicht damit zufrieden, untätig auf seinem Schloß zu sitzen: Am 1. Juli bat er Elisabeth durch Randolph um eine Beihilfe von dreitausend Pfund, um die protestantische Religion in Schottland und das englische Bündnis zu fördern. Zutiefst erbittert, daß Maria entgegen seinem Rat Darnley zum Ehemann gewählt hatte, wollte er beweisen, daß sie damit die protestantische Religion gefährdete. Aber Maria, die sich Unterstützung für die Ehe mit Darnley sichern wollte, hatte im Gegenteil bewußt versucht, die Gunst der Reformierten zu gewinnen. Und auch Darnley selbst, obgleich jetzt ein erklärter Katholik, war kein glänzendes Vorbild

* Der Titel Lord Darnley war ein ehrenhalber verliehener Titel, den er, der englischen Sitte gemäß, als der älteste lebende Sohn des Earl of Lennox trug (in Schottland hätte man Darnley zu dieser Zeit »Master of Lennox« genannt). Darnley wurde zum Earl of Ross und zum Duke of Albany erhoben, ehe die Königin ihm den Titel »König Heinrich« verlieh. In dem vorliegenden Werk, in dem bereits drei Könige dieses Namens vorkommen — Heinrich VIII. von England sowie Heinrich II. und Heinrich III. von Frankreich —, wird er um der Klarheit willen auch weiterhin Darnley genannt. Aber es ist wichtig, sich darüber klar zu sein, daß Darnley zur damaligen Zeit in Schottland allgemein »der König« genannt wurde.

für die übrigen Angehörigen seines Glaubens: In England war er als Protestant aufgetreten, und bei seiner Rückkehr nach Schottland hatte er andächtig der Predigt von John Knox in der St.-Gilles-Kirche gelauscht und war sogar bei seiner eigenen Hochzeit der Messe ferngeblieben, der Maria beigewohnt hatte: Darnleys Glauben schien so beschaffen zu sein, daß er es ihm ermöglichte, sich den jeweiligen Umständen anzupassen. Marias versöhnliche Haltung, was die Religion betraf, enthüllte Morays Rebellion als das, was sie in Wirklichkeit war: weniger eine echte Empörung des Gewissens als vielmehr eine eifersüchtige Unzufriedenheit, die dem eingefleischten Haß auf die Lennox' entsprang und der er um der englischen Gelder willen einen religiösen Anstrich verlieh.

Am 6. August wurde Moray öffentlich in die Acht erklärt, nachdem er sich geweigert hatte, vor seiner Schwester zu erscheinen, um sich zu rechtfertigen, obwohl man ihm für seine Person und achtzig seiner Gefolgsleute sicheres Geleit versprochen hatte. Seinen zwei mächtigsten Verbündeten, Châtelherault und Argyll, wurde mitgeteilt, daß man auch sie ächten werde, falls sie ihm noch weitere Unterstützung zukommen ließen. Maria handelte jetzt mit bewundernswerter Schnelligkeit. Am 14. August wurden die Besitztümer von Moray, Rothes und Kirkcaldy beschlagnahmt; am 22. August kündigte Maria an, daß sie gegen die Aufständischen ziehen werde, und ließ ein Heer aufbieten, für dessen Bezahlung sie ihre Juwelen verpfändete. Um dem gesamten Volk zu zeigen, daß es sich bei Morays Aufstand nicht um einen religiösen Kreuzzug, sondern lediglich um den räuberischen Überfall eines rebellischen Adeligen handelte, verkündete Maria noch einmal, daß sie keinerlei religiöse Veränderungen plane. Am 26. August verließ die Königin Edinburgh und ritt, den von Stolz geblähten Darnley im vergoldeten Harnisch zur Seite, an der Spitze ihrer Truppen gen Westen.

In ihrer Abwesenheit rückten Moray, Châtelherault, Glencairn und Rothes in die Stadt ein; aber sie erkannten bald, daß sie dort weder bei den Protestanten noch bei den Katholiken viel Unterstützung finden würden, denn Maria hatte sich mittlerweile beim Volk außerordentlich beliebt gemacht: Während der vier Jahre ihres Aufenthalts in Schottland waren die Leute zu der Überzeugung gelangt, daß sie nicht die Absicht hatte, sie an der Ausübung ihrer neuen Religion zu hindern, und nachdem sie sich über diesen Punkt beruhigt hatten, freuten sie sich an ihrer jungen und schönen Königin, die sich die Herzen ihrer niederen Untertanen besser zu erobern verstand als die ihres Adels. Von den Kanonen des Kastells von Edinburgh bedroht, die von den Truppen Lord Erskines, jetzt Earl of Mar, besetzt waren, zog Moray sich zurück. Maria, die sich in Glasgow befand, beschloß zu warten, bis das Truppenaufgebot aus dem Norden sie Ende September in Stirling erreichte, ehe sie Moray angriff. In der Zwischenzeit erließ sie eine weitere öffentliche Bekanntmachung, in der sie eine endgültige Regelung der religiösen Frage versprach.

Moray und seine Bundesgenossen hofften unterdessen vergebens auf die Hilfe aus England, die ihnen, wie sie glaubten, fest zugesagt worden war. Elisabeth konnte sich jedoch offensichtlich nicht entschließen, ein Heer zu entsenden, und bis Ende September hatte Moray nichts weiter von ihr erreicht als das Versprechen, ihm in England Asyl zu gewähren, falls er es brauchen sollte. Schließlich erkannte Moray, daß seine Sache aussichtslos war, und während Maria sich darauf vorbereitete, ihn anzugreifen, floh er am 6. Oktober vom Südwesten Schottlands aus über die Grenze. In London mußte er sich von Elisabeth im Beisein des französischen Gesandten sagen lassen, es sei sehr unrecht von ihm gewesen, sich gegen Maria zu erheben. Nachdem sie sich somit von dem Verdacht reingewaschen hatte, die schottischen Rebellen unterstützt zu haben, erklärte sie mit großartiger Doppelzüngigkeit, sie werde sich bei Maria für Morays Rückkehr einsetzen. Moray ließ sich jetzt in Newcastle nieder, um über die Möglichkeit einer günstigeren Entwicklung in Schottland nachzugrübeln.

Politisch gesehen kann man sich Morays Vorgehen kaum erklären: Nicht nur, daß Marias Verhalten Ende Juli keinerlei Bedrohung für die protestantische Religion darstellte, sondern es war tatsächlich seine Rebellion, die es ihr ermöglichte, im September einen Abgesandten nach Rom zu schicken und um päpstliche Gelder zur Beilegung des Konflikts zu bitten. Verständlicherweise war es Maria während der letzten zwei Jahre oft schwergefallen, den Papst zu überzeugen, daß die Sache des schottischen Katholizismus ihr wirklich am Herzen lag. Jetzt gab Morays Aufstand, mit dem er, wie er selbst öffentlich erklärt hatte, die Sache des Protestantismus verteidigen wollte, der schottischen Königin eine herrliche Gelegenheit, sich Rom gegenüber als Verfechterin des katholischen Glaubens zu zeigen. Aber in Wirklichkeit verfocht Moray mit seinem Aufstand ebensowenig den Protestantismus, wie Maria den Katholizismus verfocht, indem sie Moray angriff. Die Zusammensetzung ihrer Parteien zeigt deutlich, wie stark die Fehden und Bündnisse der Clans immer noch die schottische Politik beeinflußten.

Moray hatte Châtelherault auf seiner Seite, weil die Hamiltons beständig im Streit mit den Lennox Stewarts lagen, die ihnen ihren Erbanspruch auf den schottischen Thron streitig machten; Maria ihrerseits sah sich durch Morays Rebellion veranlaßt, den jungen Lord Gordon, Huntlys Sohn, zu begnadigen, da die Huntlys jetzt Todfeinde Morays waren. Gordon wurde am 3. August aus der Haft entlassen und erhielt den Titel seines Vaters zurück. Selbst Bothwell wurde wieder in Gnaden aufgenommen, denn man konnte sich darauf verlassen, daß er aufgrund seiner Feindschaft mit den Hamiltons treu zur Königin stehen würde: Die beleidigenden Äußerungen, die er nach seiner Flucht nach Frankreich über Maria gemacht haben sollte (sie sei die »Hure des Kardinals«, und sie und Elisabeth zusammen ergäben noch keine anständige Frau[8], diese Beleidigungen wurden angesichts der

Notwendigkeit, Moray niederzuwerfen, zweckdienlicherweise vergessen. Da Argyll, ein fanatischer Protestant und Verbündeter der Hamiltons, auf der feindlichen Seite stand, konnte die Königin damit rechnen, daß Atholl gegen ihn auf ihrer Seite kämpfen würde, um das Gleichgewicht der Kräfte im Norden Schottlands zu wahren. Und der »langsame und habgierige« Earl of Morton, Familienoberhaupt der Douglas', unterstützte Maria, weil Lennox' Frau, Lady Margaret, eine geborene Douglas war und Darnley somit mütterlicherseits dem Clan der Douglas' angehörte.

Der »Chaseabout Raid«, wie Morays mißlungener Aufstand genannt wurde, kennzeichnete einen bedeutsamen Wandel in Marias Haltung ihren Adeligen gegenüber – einen Wandel, der vielleicht politisch nicht sehr klug, aber dennoch durchaus verständlich war. Sie zweifelte nicht an der Treue des schottischen Volkes – tatsächlich bestätigten ihre Erfahrungen während des Konflikts ihr nur, was sie damals in Frankreich Throckmorton gegenüber geäußert hatte: daß es ihr gelingen werde, die Sympathien des »gemeinen Volkes« zu gewinnen. Aber in einer Zeitspanne von vier Jahren hatten ihre beiden bedeutendsten Untertanen im Interesse ihrer eigenen Macht, wie ihr schien, sich gegen sie erhoben. Sie hatte beide besiegt, hatte den Mann ihrer Wahl geheiratet und es fertiggebracht, vor dem Ausland als Verfechterin der Sache des schottischen Katholizismus zu erscheinen, ohne in Wirklichkeit bisher den Katholiken in Schottland irgendwelche wesentlichen Zugeständnisse gemacht zu haben – mit einem Wort, es war ihr alles nach ihrem Willen gelungen. Keine dieser Erfahrungen hatte sie gelehrt, ihrem eigenen Adel in irgendwelchen Fragen zu vertrauen, bei denen ihre gegenseitigen Interessen sich widersprechen könnten: So ging sie jetzt allmählich dazu über, sich mehr und mehr auf diejenigen zu verlassen, die keine großen schottischen Besitztümer und mächtigen Clans hatten, die ihnen den Rücken stärkten, keine Familienfehden, die sie beeinflußten und die nicht in das Spinngewebe des schottischen Sippentums verstrickt waren. In ihren Beziehungen zum Papst, ihrer ausgedehnten Korrespondenz mit ihren französischen Verwandten und sogar mit Spanien begann Maria, ihr Sekretariat mit bürgerlichem Personal zu besetzen. Diese aufgehenden Sterne waren nicht einmal Gutsherren, wie Maitland es gewesen war, sondern, wie Randolph es ausdrückte, »crafty vile strangers[9]« – listige, gemeine Fremde –, obwohl Maria selbst sie als treue und diskrete Diener ansah. Es war ein Schritt, den die Adeligen ihr leidenschaftlich verübelten, denn sie sahen sich im Begriff, vom Mittelpunkt einer Bühne verdrängt zu werden, die sie so lange und heftig beherrscht hatten.

Unter diesen neuen Männern war David Riccio die interessanteste Persönlichkeit. Er war im Jahre 1561 im Gefolge des Gesandten von Savoyen nach Schottland gekommen und stammte aus einer guten, aber verarmten piemontesischen Familie; natürlich war er Katholik, aber dennoch haben sich niemals im Vatikan irgendwelche Beweise dafür gefunden, daß er, wie seine Feinde behaupteten, jemals ein Agent des Papstes war. Er war jetzt etwa fünfunddreißig Jahre alt; aber abgesehen davon gab es nur eine einzige Tatsache, in der alle, Freunde wie Feinde, hinsichtlich seiner Person übereinstimmten – und die in allen zeitgenössischen Aufzeichnungen erwähnt wird –, und zwar, daß Riccio nach den Maßstäben der damaligen Zeit außerordentlich häßlich war; sein Gesicht wurde als »unschön« bezeichnet, seine Figur als klein und buckelig. Obgleich er nach Art seiner Landsleute eine Vorliebe für schöne Kleidung besaß, bemerkte Buchanan gehässig: »... aber seine Erscheinung entstellte seine Eleganz[10].«

Als Marias französischer Sekretär Raullet Ende 1564 starb, ernannte sie Riccio an seiner Stelle, und schon nach kurzer Zeit wurde aus dem kleinen Schreiber ihr persönlicher Berater. Melville schildert sehr anschaulich, wie Riccio an der Tür zum Gemach der Königin stand und die Adeligen, die an ihm vorbeigingen, mit liebenswürdigem Lächeln begrüßte, von ihnen aber nur wütend angestarrt wurde[11]. Besonders Maitland hatte, vom Standpunkt der Machtpolitik aus gesehen, guten Grund, über die Beförderung Riccios verärgert zu sein, denn er selbst hatte dadurch erheblich an Einfluß verloren. Aber Maria wußte, daß sie der Treue Riccios gewiß sein konnte, und sie hatte von Natur aus einen Abscheu gegen Treulosigkeit, besonders wenn sie von Undankbarkeit begleitet wurde. Wie die Königin im November 1565 an de Foix, den französischen Gesandten in London, schrieb, als sie ihn bat, die Freilassung ihrer Schwiegermutter, Lady Lennox, aus dem Tower zu erwirken, die Undankbarkeit Morays schien ihr nahezu unglaubhaft: Ein bloßer Untertan, den sie mit Ehren und Gütern überschüttet hatte, wollte sie daran hindern, nach freiem Belieben zu heiraten. Ein ums andre Mal kam sie auf dieses Thema zu sprechen, während sie sich energisch weigerte zu gestatten, daß die Freilassung von Lady Lennox von ihrer Begnadigung Morays und seiner Mitrebellen abhängig gemacht werde[12]. In einem Memorandum über die Gründe für ihre zweite Heirat berichtete sie erbittert, daß Moray sich zu Anfang mit Darnley einverstanden erklärt habe, um den Ansprüchen der Hamiltons ein Schnippchen zu schlagen, und offensichtlich der Meinung gewesen sei, er könne die Heirat vereiteln, wann immer es ihm beliebte[13]. Maria, die Treue und Verläßlichkeit zu den wichtigsten Tugenden zählte, behielt stets ihren grimmigsten Haß denjenigen vor, die sie erhoben hatte und die sie hinterher enttäuschten – Moray gehörte jetzt zu dieser Kategorie, und Darnley sollte ihr sehr bald ebenfalls angehören.

Diese Juli-Ehe, die im Hochsommer der Liebe begonnen hatte, bewahrte leider ihre Wärme nicht über die kühleren Temperaturen des Herbstes und Winters hinweg. Zuerst war Maria, wie Melville berichtete, so beglückt über ihren neuen Ehemann, daß sie selbst ihm alle erdenklichen Ehren erwies und jedem, der in ihrer Gunst stehen wollte, gebot, das gleiche zu tun. Aber nachdem die Flitterwochen vorüber waren – Flitterwochen, die sie ihrer Ehe mit Darnley wegen praktisch auf dem Schlachtfeld verbrachte –, war Maria bereit, sich wieder den ernsteren Aufgaben der Regierung Schottlands zuzuwenden. Offenbar machte es sie glücklich, Darnley bei ihrer Arbeit neben sich zu haben – denn seine Unterschrift »König Heinrich« erschien zusammen mit der ihrigen auf allen Staatsdokumenten, und selbst die Einberufung zum Kriegsdienst zur Zeit des Aufstandes wurde in beider Namen ausgesandt. Gewiß, Maria unterschrieb auf der linken Seite (der wichtigeren, weil sie zuerst gelesen wurde) und Darnley auf der rechten (im Gegensatz zu König Franz, der links unterschrieben hatte). Aber seine Unterschrift war nichtsdestoweniger stets gegenwärtig – mit der einzigen Ausnahme eines Geleitbriefs nach England; Elisabeth weigerte sich, sie gelten zu lassen, mit der Begründung, daß sie Darnley nicht als König anerkenne, sondern daß er im Gegenteil für sie »ein Untertan und ein Missetäter« sei, und nach einer Debatte im Rat setzte Randolph es durch, daß Darnleys Unterschrift (»ungeachtet aller ihm ursprünglich gemachten Versprechungen«) fortgelassen wurde[14]. Abgesehen von diesem einzigen Sieg der Zweckdienlichkeit über ihre Prinzipien, bestand Maria den ganzen Herbst über beharrlich darauf, die Macht »König Heinrichs« aufrechtzuerhalten.

Doch Darnley war offensichtlich nicht sehr daran interessiert, sich mit Regierungsgeschäften zu befassen. Er forderte (von seinem Vater Lennox angetrieben) mürrisch und ungeduldig die *crown matrimonial* – die Mitkönigskrone — und wollte mehr Geld ausgeben, als Maria — die, wie wir gesehen haben, in dieser Hinsicht ständig in Verlegenheit war – ihm gewähren konnte: Die Mitkönigskrone, die Franz besessen hatte, konnte nur auf Veranlassung Marias vom Parlament gewährt werden, aber das hätte bedeutet, daß Darnleys Macht derjenigen Marias gleichkam, solange sie lebte, und nach ihrem Tode fortbestand, falls Darnley sie überlebte. Darnley hatte eine sonderbare Art, sich dieser hohen Ehre würdig zu zeigen: Knox' Fortsetzer hat es sehr treffend zusammengefaßt: »Was den König betrifft, er verbrachte seine Zeit mit Reiten und Jagen und anderen Vergnügungen, die seinem Geschmack entsprachen, und umgab sich dabei mit Gefährten, die bereit waren, seine Wünsche und Neigungen zu befriedigen[15].« Darnleys Vorliebe für die Jagd und andere Sportarten bedeutete, daß wichtige Regierungsmaßnahmen oft durch seine Abwesenheit aufgehalten wurden, weil sie die gemeinsame Unterschrift des Königspaars erforderten. Als die Königin Ende November schwerkrank mit den periodisch auftretenden Schmerzen in der Seite daniederlag, verbrachte Darnley etwa neun Tage auf der Falkenjagd in Fife: Bei dieser Gelegenheit beschloß man, einen eisernen Stempel mit seiner Unterschrift anzufertigen, um Verzögerungen zu vermeiden. Selbst Darnleys Anhänger, Buchanan, gab zu, daß Darnley nichts gegen dieses Verfahren einzuwenden hatte: Die Königin sagte ihm, daß dringende Angelegenheiten unnötig verzögert würden, während er sich mit der Jagd und ähnlichem vergnüge – und »er erklärte sich mit diesem Vorschlag einverstanden, da er sie nicht verärgern wollte ...[16]«; der Stempel wurde David Riccio zur Aufbewahrung übergeben.

Anfang Dezember übersiedelte Maria in den Palast von Linlithgow, um sich von ihrer kürzlichen Krankheit zu erholen. Vielleicht war ihre Unpäßlichkeit durch andere, fruchtbarere Symptome verschlimmert worden: Sie muß zu dieser Zeit etwa zweieinhalb Monate mit dem zukünftigen Jakob VI. schwanger gewesen sein. Die Geburt eines Erben – vorzugsweise männlichen Geschlechts – war von ausschlaggebender Bedeutung für Marias Pläne; wenn sie einen Sohn gebar, so würde sie sich automatisch in einer viel besseren Lage hinsichtlich der englischen Thronfolge befinden als eine kinderlose Königin. Randolph lauerte nach Art der Höflinge gespannt auf Anzeichen einer Schwangerschaft Marias und schnappte begierig den Hofklatsch über dieses Thema auf. Am 31. Oktober berichtete er nach London: »Einige ihr nahestehende Personen sagen, sie sei schwanger; man schließt das aus irgendwelchen Anzeichen von der Art, wie sie in einem solchen Fall zu bemerken sind.« Am 12. November schrieb er, es werde jetzt »allgemein behauptet, sie sei schwanger und die Amme bereits gewählt. Es besteht kaum noch ein Zweifel, und sie selbst ist überzeugt davon.« Am 19. Dezember erhielt Lady Lennox im Tower die beglückende Nachricht von der bevorstehenden Geburt eines Enkels, und bis zum folgenden Frühjahr war die Schwangerschaft der Königin eine unleugbare Tatsache.

Die Aussicht, Mutter zu werden – sosehr Maria es aus dynastischen Gründen gewünscht haben muß –, steigerte nicht ihre Zuneigung zu Darnley. In Anbetracht des zwischen ihnen bestehenden Altersunterschiedes von vier Jahren ist es durchaus denkbar, daß ursprünglich bei Marias Liebe zu dem schönen jungen Darnley mütterliche Gefühle mitsprachen, die sie jetzt angesichts ihrer bevorstehenden Mutterschaft auf natürlichere Art abreagieren konnte. Es ist bezeichnend, daß ihr Vertrauter Leslie später in seiner *Defence of Her Honour* nachdrücklich ihre »sehr mütterliche Sorge« um ihren Mann erwähnte – »denn abgesehen von allem anderen war sie ihm, obwohl nicht viel älter als er, nicht nur eine treue Fürstin und eine liebende Ehefrau, sondern obendrein auch eine höchst besorgte und zärtliche Mutter[17]«. Außerdem litt sie infolge ihres schlechten Gesundheitszustandes offenbar unter gewissen Beschwerden, die ihr einen Widerwillen gegen das körperliche Zusammensein mit ihrem Ehemann eingeflößt haben mögen. Wie dem auch sei, es steht fest, daß ihre blinde Leidenschaft für Darnley nicht den Beginn ihrer Schwangerschaft überlebte. Natürlich konnte sie jetzt auch nicht mehr an den Ausritten und Jagdausflügen teilnehmen, die sie beide vorher so genossen hatten. Am 20. Dezember schrieb Bedford aus Berwick: »Lord Darnley geht mehr seinen Vergnügungen nach, als es der Königin genehm ist; wohin das führen wird, kann ich nicht sagen, aber es gibt jetzt häufig Unstimmigkeiten zwischen ihnen.« Am 25. Dezember bemerkte Randolph: »Vor kurzem hieß es noch immer der König und die Königin, jetzt wird allgemein vom Gatten der Königin gesprochen. Er war daran gewöhnt, in allen Schriftstücken als erster genannt zu werden: jetzt kommt er an zweiter Stelle.« In diesem gleichen Schreiben berichtet Randolph, daß man eine kürzlich geprägte Silbermünze mit dem Doppelbildnis von Maria und Darnley wegen der Inschrift »HENRICUS & MARIA D. GRA. R & R. SCOTORUM« in Schottland aus dem Verkehr gezogen habe. Die Königin wünsche jetzt nicht mehr, den Namen Darnleys an erster Stelle genannt zu sehen[18].

Die beste Zusammenfassung der strittigen Punkte zwischen Maria und ihrem Mann ist in den Memoiren von Lord Herries zu finden: Maria glaubte, »all die Ehren und Würden, die er besaß, kämen von ihr: daß sie ihn nur aus eigener Neigung und gegen den Willen vieler ihrer Adeligen zu ihrem Ehemann erwählt habe«. Darnley seinerseits war selbstzufrieden überzeugt, daß »die Ehe mit Einwilligung des Adels geschlossen worden sei, der ihn dieser Stellung für würdig hielt; daß die Blicke des ganzen Königreichs auf ihm ruhten; die Leute würden ihm folgen und für ihn kämpfen, denn sie wollten, daß ein Mann, nicht eine Frau die Herrschaft ausübe«. Und wie Herries hinzusetzte: »Diese eitlen Vorstellungen wurden dem jungen Mann beständig ins Ohr geflüstert[19].«

Die Tatsache, daß Maria sich schlecht mit ihrem Mann verstand und daß Darnley sich selbstgefälligen Illusionen über seine Stellung hingab, wäre an sich nicht weiter schlimm gewesen, hätten nicht Marias Feinde sich diese Unstimmigkeiten zwischen dem Königspaar gewissenlos zunutze gemacht. Darnley allein war machtlos, was immer er sich auch einbilden mochte. Darnley als Werkzeug von Marias Widersachern konnte einen unheilvollen Einfluß ausüben. Denn bedauerlicherweise hatte bis Anfang 1566 die Zahl der Adeligen, die der Königin feindlich gegenüberstanden, erheblich zugenommen. Ihre Meinungsverschiedenheiten mit der Königin hatten einen anderen Ursprung als diejenigen Darnleys und ergaben ein anderes Bild. Aber die Verbindung von zwei unzufriedenen Kräften konnte sich als sehr gefährlich für Maria erweisen – und als verhängnisvoll für ihren Diener David Riccio.

XIV

UNSER TREUESTER DIENER

»Einige unserer Untertanen und Ratsmitglieder haben durch ihr Vorgehen deutlich bewiesen, was für Menschen sie sind ... sie haben unseren treuesten Diener in unserer Gegenwart niedergemacht und danach unsere eigene Person verräterisch gefangengehalten.«

Maria, Königin der Schotten, an Königin Elisabeth von England, 15. März 1566

Im Januar 1566 standen für Maria nach ihrer eigenen Ansicht alle Sterne günstig: Die kürzliche Feuerprobe, die sie so erfolgreich bestand, hatte ihren Mut nicht geschmälert und ihre Entschlußkraft nur noch gefestigt, und sie sah voller Optimismus der Zukunft entgegen, die noch dazu die Aussicht auf einen Erben mit sich brachte. Aber es war nicht zu leugnen, daß der wachsende Widerstand gegen sie, sowohl innerhalb als auch außerhalb Schottlands, etwas Bedrohliches an sich hatte: Hätte Maria sein wahres Ausmaß erkannt, so hätte wohl selbst sie in ihrer zuversichtlichen Stimmung sich beunruhigt gefragt, wann und wie der wütende Sturm losbrechen würde, den diese Gewitterwolken ankündigten. Zu ihren beharrlichsten Gegnern gehörten die protestantischen Lords – wie zum Beispiel Moray –, die sich vorübergehend im Exil befanden; ihr Hauptverlangen war, nach Schottland zurückzukehren, aber ihre Feindseligkeit gegen Maria wurde noch verschärft, als sie drohte, sie bei der kommenden Parlamentssitzung im Frühling zusätzlich zu ihrer Verbannung als Verräter zu erklären und ihre Besitztümer einzuziehen.

Eine weitere gegnerische Fraktion bildeten die Kirk und Knox, die befürchteten, Maria werde jetzt nach der Niederlage Morays ihre neue Machtstellung dazu benutzen, die Ansprüche der katholischen Kirche geltend zu machen; man vermutete, daß sie wahrscheinlich bereits bei der bevorstehenden Parlamentssitzung versuchen werde, dies zu erreichen. Das damals kursierende Gerücht, daß Maria im Begriff sei, sich zusammen mit anderen ausländischen Mächten einer katholischen Union anzuschließen, hat sich übrigens als völlig gegenstandslos erwiesen – es haben sich keinerlei Aufzeichnungen über eine solche Union gefunden, ganz zu schweigen von Marias beabsichtigter Teilnahme daran. In welcher Weise, wenn überhaupt, Maria den Katholiken bei der bevorstehenden Parlamentssitzung zu helfen beabsichtigte, das werden wir wohl nie erfahren. Wahrscheinlich hätte sie höchstens gefordert, daß man es den schottischen Katholiken gestatten solle, ungehindert ihre Religion auszuüben, statt die Priester wütend anzugreifen, wenn man sie bei der Zelebrierung der Messen ertappte; Maria war zweifellos in ihrem Denken fortschrittlich genug, sich zu fragen, warum die Katholiken nicht die gleiche religiöse Freiheit genießen sollten, die sie vom Augenblick ihrer Ankunft in Schottland an so bedingungslos den Protestanten zugebilligt hatte. Aber natürlich hatte Knox, wie alle Menschen, die eine grundlegende Umgestaltung zuwege gebracht haben, eine hysterische Angst, ihre Auswirkungen rückgängig gemacht zu sehen, und jeglicher Vorschlag einer gegenseitigen Toleranz hätte sicherlich sehr taube Ohren gefunden.

Zu diesen beiden Gruppen kamen die übrigen protestantischen Adeligen wie Morton und Maitland in Schottland selbst, die sich durch den zunehmenden Einfluß der anderen Berater Marias »von niederer Geburt« in den Hintergrund gedrängt fühlten. Wie wir sehen werden, war Riccio als Hauptvertreter dieser verachteten und verhaßten Gruppe der selbstverständliche Sündenbock für alle diejenigen, die der Königin feindlich gegenüberstanden. Und natürlich war er auch derjenige, an dem Darnley seine ganze Wut und Eifersucht gegen seine Frau auslassen konnte – soweit es überhaupt möglich war, die mißförmige Gestalt des kleinen Italieners zum Gegenstand solch einer Eifersucht zu machen. Jetzt war es die Aufgabe der Widersacher Marias am Hofe, den törichten, aufgeblasenen Darnley in eine derartige Raserei zu versetzen, daß man ihn überreden konnte, sich ihren eigenen schwerwiegenderen Unternehmungen anzuschließen. Um das zu erreichen, war es notwendig, Darnley vor Augen zu führen, daß nach Ansicht vieler schottischer Adeliger er, nicht Maria, sich am besten dazu eignen würde, Schottland zu regieren.

Man stelle sich den ungeheuerlichen Zynismus dieses Verhaltens vor: Die schottischen Adeligen, einschließlich Moray, schmiedeten jetzt ein Komplott, das unter anderem die Krönung Darnleys vorsah – desselben Mannes, gegen dessen Erhebung sie sich wenige Monate zuvor empört hatten. Darnley war immer noch offiziell Katholik, und seit er Weihnachten 1565 ostentativ zur Messe gegangen war, um seine Frau auszustechen, hatte er aus irgendeinem geheimen Grund seinen Glauben bei jeder Gelegenheit stolz zur Schau getragen. Trotzdem war sein Katholizismus für die protestantischen Lords Moray, Ochiltree, Boyd und Rothes jetzt, da sie selbst und ihre Besitztümer durch die bevorstehende Parlamentssitzung bedroht waren, offensichtlich ohne Bedeutung: Darnleys Eigenschaften und Religion, im Juli noch so unannehmbar, daß man ihn nicht als Prinzgemahl dulden wollte, machten ihn im Februar in den Augen der protestantischen Lords zu einem würdigen Kandidaten für das höchste Amt des Königreiches.

Man gab jetzt Darnley deutlich zu verstehen, daß seine Frau Riccios Geliebte sei und daß er das Schwinden seiner eigenen Macht ausschließlich den Intrigen des Italieners zuzuschreiben habe. Es war nicht schwer, die Eifersucht eines eitlen Schwächlings wie Darnley zu wecken, und schon nach kurzer Zeit war er fest davon überzeugt, »daß ihm die größte Unehre zugefügt wurde, die einem Manne widerfahren könne«. Maria goß im Bewußtsein ihrer Unschuld noch Öl ins Feuer, indem sie kein Hehl daraus machte, wie sehr sie Riccios Rat und Gesellschaft schätzte. Könnte etwas Wahres an dieser Geschichte gewesen sein? Weder Riccios Alter noch seine schmächtige Statur oder Häßlichkeit hätten für eine Frau, die ihn begehrenswert fand, ein Hindernis bedeutet, denn die Anziehungskraft zwischen einem Mann und einer Frau unterliegt ihren eigenen Regeln. Allerdings schien Maria Stuart selbst nicht viel für Männer dieser Art übrig zu haben – Darnley, jung, hochgewachsen und schön, war der Typ, der ihr offenbar gefiel; alles, was wir über ihre Beziehungen zu Riccio wissen, einschließlich ihres Verhaltens bei seinem Tode, scheint eher zu dem Bild von Herrscherin und Vertrautem als zu dem einer Ehebrecherin und ihres Geliebten zu passen. Aber was wirklich gegen die Möglichkeit eines Liebesverhältnisses zwischen Maria und David Riccio spricht, ist der Zeitpunkt, zu dem all dies geschah. In späteren Jahren sollte König Heinrich IV. von Frankreich (Heinrich von Navarra) spöttisch bemerken, Jakob VI. dürfe sich wahrhaftig als ein moderner Salomon betrachten, denn er sei »der Sohn Davids«. Im Januar schrieb Randolph betrübt an Leicester: »Woe is me for you, when Davy's son shall be a King of England[1]«, aber da dies wenige Wochen vor seiner Ausweisung war, und da schon seit Marias Vermählung mit Darnley all seine Berichte über ihr Verhalten mit gehässigen Bemerkungen durchsetzt gewesen waren, sollte man dieser verleumderischen Prophezeiung nicht allzuviel Bedeutung beimessen. Wenn diese Beschuldigung wahr gewesen wäre, hätte Maria während jenes selben Sommers, in dem sie so offensichtlich vernarrt in Darnley war, ein heimliches Liebesverhältnis mit Riccio gehabt; sie hätte weniger als zwei Monate nach ihrer Hochzeit, als sie laut Aussage aller zeitgenössischen Beobachter ihren Mann noch innig liebte, ein Kind von Riccio empfangen haben müssen. Nein, das einzige, was man Maria im Falle Riccio – ebenso wie im Falle Chastelard – vorwerfen kann, ist eine gewisse Unbekümmertheit, die ein wesentlicher Bestandteil ihres Charakters war.

Ungeachtet des Drängens ihrer Ratgeber wollte Maria nichts davon hören, die protestantischen Lords, die sich gegen sie aufgelehnt hatten, zu begnadigen, sondern beharrte auch weiterhin auf ihrem Plan, im März das Parlament einzuberufen, um sie als Verräter zu erklären und ihre Güter beschlagnahmen zu lassen. So wurde die zweizinkige Verschwörung, die Lords zurückzuholen und Darnley die Königsgewalt zu übertragen, energisch vorangetrieben. Maitland, der jetzt alle Hoffnung auf eine Begnadigung Morays aufgegeben hatte und um seine ganze anglo-schottische Politik bangte, schrieb am 9. Februar an Cecil, da man den Rebellen nicht freiwillig die Rückkehr gestatten wolle, gebe es keinen anderen Ausweg, als »das Messer an der Wurzel anzusetzen[2]«. Diese drohenden Worte schienen zumindest auf die Möglichkeit der Absetzung Marias anzuspielen – aber natürlich konnte auch ein Anschlag auf ihr Leben damit gemeint sein. Am 13. Februar sandte Randolph seinerseits Cecil einen ausführlichen Bericht, der ein noch unheimlicheres Licht auf die geheimen Absichten der Verschwörer wirft: »Ich weiß mit Sicherheit, daß die Königin ihre Heirat bereut und daß sie Darnley und seine ganze Sippe haßt«, schrieb er. »Ich weiß auch, daß gewisse Machenschaften zwischen Vater und Sohn im Gange sind, gegen ihren Willen zur Krone zu kommen. Wenn das, was geplant ist, zur Ausführung gelangt, so wird man David mit Zustimmung des Königs in den nächsten Tagen die Kehle durchschneiden. Noch ärgere Dinge als diese sind mir zu Ohren gekommen, sogar von Anschlägen gegen ihre eigene Person[3].« Man darf nicht vergessen, daß Lennox und Darnley sich zweifellos über eines im klaren waren: Wenn Maria aus dem Wege geschafft wurde und ihr ungeborenes Kind niemals das Licht der Welt erblickte, so hatte Darnley eine ausgezeichnete Chance, aus eigenem Recht König von Schottland zu werden. Es war ein günstiger Augenblick für die Lennox Stewarts, da das Familienoberhaupt der Hamiltons sich im Exil befand; dies konnte die letzte Gelegenheit für sie sein, den Thronanspruch der Hamiltons ein für allemal als illegal zu brandmarken.

Jetzt setzten diejenigen der Verschwörer, die sich in Schottland aktiv mit der Durchführung des Plans befaßten, einen Bond – eine Art gegenseitige Verpflichtung – auf; zu ihnen zählten Morton, sein unehelicher Stiefbruder George Douglas the Postulate, sowie Ruthven und Lindsay, deren Frauen dem Clan der Douglas' angehörten. Unter den Aufständischen, die sich der Verschwörung anschlossen, befanden sich Ochiltree, Boyd, Glencairn, Argyll, Rothes sowie Moray, der am 2. März in Newcastle unterschrieb. Maitland, der stets überall die Hand im Spiel hatte, ohne sich jemals zu kompromittieren, unterzeichnete den Bond nicht, obgleich Randolph seinen Namen auf der Liste der Verschwörer erwähnte. Die in diesem Bond genannten Ziele waren die Erlangung der Mitkönigskrone für Darnley, die Aufrechterhaltung der protestantischen Religion und die Rückkehr der Verbannten. Die Lords waren sorgsam darauf bedacht, Darnleys Unterschrift zu erhalten, auf daß er ebenso in die Verschwörung verwickelt sei wie sie selbst; aber in keiner der Klauseln des Bonds wurde irgendwelche Gewaltsamkeit oder der Name David Riccios erwähnt – nur Punkt fünf hatte einen leicht drohenden Unterton: »So shall they not spare life or limb in setting forward all that may bend to the advancement of his [Darnleys] honour[4].«

Die Tatsache, daß man in London schon lange zuvor von der geplanten

Verschwörung unterrichtet war, nahm den Beteiligten jede Möglichkeit, idealistische Motive geltend zu machen. Im Februar hatte man den Agenten Randolphs *in flagranti* ertappt, als er den Rebellen Geld überbrachte; daraufhin hatte Maria Randolph zu sich gerufen, ihm heftige Vorwürfe gemacht und ihm befohlen, Schottland zu verlassen; er verfolgte jedoch von Berwick aus aufmerksam den Lauf der Dinge in Edinburgh und sandte am 25. Februar einen ausführlichen Bericht über die Verschwörung und ihre Anhänger nach London; Elisabeth reagierte in der für sie typischen Weise auf eine Situation, die, wie sie erkannte, Maria abermals in eine prekäre Lage versetzen würde: Am 3. März schrieb sie einen drohenden Brief, in dem sie Marias unnachsichtige Haltung Moray und Randolph gegenüber tadelte, obwohl einer ein ausländischer Gesandter war, von dem man wußte, daß er Rebellen bestach, und der andere ein schottischer Untertan, der sich gegen seine Königin empört hatte[5]. Außerdem sandte Elisabeth tausend Pfund an Moray in Newcastle.

Nur Maria selbst schien völlig ahnungslos – oder vielleicht hatte sie im Lauf des letzten Jahres so viel Selbstvertrauen gewonnen, daß sie glaubte, dem Sturm gewachsen zu sein. Das Hofleben nahm seinen üblichen Lauf. Am 24. Februar wurde mit großem Prunk die Hochzeit von Bothwell und Lady Jean Gordon, der Schwester Huntlys, gefeiert, deren Bedeutung in der dynastischen Verbindung von zwei der treuesten Anhänger Marias lag. Als Beweis ihrer Billigung lieferte Maria selbst Lady Jean die elf Ellen Silberbrokat für ihr Hochzeitskleid, obwohl Bothwell auf einer protestantischen Trauung bestand. Liebe scheint keine große Rolle bei dieser Eheschließung gespielt zu haben: Lady Jean war eine kühle, zurückhaltende Frau mit einer männlichen Intelligenz – »einem scharfen Verstand, der das Fassungsvermögen ihres Geschlechts übersteigt«, wie ihr Sohn es später ausdrückte[6]. Aber obwohl eher unschön und reizlos, besaß sie etwas, das sie Bothwell sehr begehrenswert machte, und zwar eine ansehnliche Mitgift in Form von ausgedehnten Ländereien, die sie sich übrigens auch in späteren Jahren trotz der Beschlagnahme von Bothwells Besitz durch dick und dünn zu erhalten wußte. Die wirkliche Liebe ihres Lebens, der Mann, für den sie Gefühle hegte, an die Bothwell niemals rühren konnte, scheint Alexander Ogilvy of Boyne gewesen zu sein: Zwei Monate nach Lady Jeans eigener Hochzeit heiratete er die schöne Mary Beaton. (Diese Beziehung fand erfreulicherweise ein für die damalige Zeit selten glückliches Ende: Lady Jean und ihr Geliebter heirateten schließlich über dreißig Jahre später, nachdem sowohl Mary Beaton als auch Lady Jeans zweiter Mann, der Earl of Sutherland, gestorben waren.)

Unterdessen spielte das Verhalten Riccios, ebenso wie das von Darnley, den Verschwörern in die Hände. Froude hat uns die wohlwollendste Auslegung von Darnleys verhängnisvollem Eingriff in die Politik gegeben: Er war »wie ein Kind, das in einem winzigen Vergnügungsboot vom Ufer abgetrieben ist, die Segel von Eitelkeit geschwellt ...[7]«. Aber wenn Darnley ein Kind war, so war Riccio wie der Ochsenfrosch in Äsops Fabel, aufgebläht von seiner eigenen Arroganz. Der Astrologe Damiot versuchte, ihn vor den Gefahren seiner Situation zu warnen, und sagte ihm, er solle sich »vor dem Bastard hüten«; Riccio vermutete, daß dies sich auf Moray bezog, und erwiderte zuversichtlich: »Ich werde dafür sorgen, daß er nie wieder den Fuß auf schottischen Boden setzt« – wobei er vergaß, daß die Beschreibung im Schottland des 16. Jahrhunderts auch für zahlreiche andere Leute gelten konnte. Damiot sprach über seine Unbeliebtheit. Riccio sagte erhaben: »Worte, Worte, nichts als Worte. Die Schotten drohen, aber sie führen ihre Drohungen selten aus.« Maria reagierte ähnlich. Melville versuchte, sie ebenfalls zu warnen, und sagte ihr, er habe »finstere Reden« gehört, und es ginge das Gerücht, daß man, noch ehe die Parlamentsversammlung beendet sei, einige unerfreuliche Neuigkeiten erfahren werde. Maria erwiderte, etwas Ähnliches sei auch ihr zu Ohren gekommen, aber sie habe dem keine Beachtung geschenkt, denn »unsere Landsleute reden viel[8]«.

Am Donnerstag, dem 7. März, trat das Parlament zusammen. Maria begab sich persönlich zum Tolbooth – der Stadthalle von Edinburgh –, um der Wahl der *Lords of the Articles* beizuwohnen. Bothwell trug das Zepter, Huntly die Krone und Crawford das Schwert. Darnley hatte sich ostentativ geweigert, sie zu begleiten, als Zeichen seines Unwillens darüber, daß man ihm nicht die *crown matrimonial* übertrug. Maria drängte das Parlament, einen Strafbeschluß gegen Moray auszufertigen, und es wurde entschieden, daß der Beschluß am Dienstag, dem 12. März, rechtskräftig gemacht werden sollte. Diesem Datum mußten die Verschwörer zuvorkommen.

Am Sonnabend, dem 9. März, veranstaltete die Königin ein kleines Abendessen in ihren privaten Gemächern im Palast von Holyrood. Angesichts ihrer fortgeschrittenen Schwangerschaft und ihrer zarten Gesundheit ging sie jetzt nicht gerne aus, sondern zog es vor, ihre Vertrauten bei sich zu empfangen. So war auch an diesem Abend nur ein kleiner Kreis von Freunden und Verwandten anwesend: ihr Stiefbruder Lord Robert Stewart, ihre Stiefschwester Jean, Countess of Argyll, ihr Oberstallmeister Arthur Erskine, ihr Page Anthony Standen und natürlich ihr Sekretär und Sänger David Riccio selbst. Vielleicht würde man später etwas musizieren, oder vielleicht würde dies einer jener Abende sein, an denen die Königin – zur Erbitterung ihres Mannes, wie er sagte – bis ein oder zwei Uhr nachts mit Riccio Karten spielte. Auf jeden Fall war die Atmosphäre keineswegs erregend, sondern eher ruhig und häuslich. Randolph berichtete, daß der stutzerhafte Riccio zur Zeit seines Todes »ein mit Pelz verbrämtes Nachtkleid aus Damast mit einem Seidenwams und einer Kniehose aus rostbraunem Samt« trug[9]. Böswillige Zungen haben des öfteren bemerkt, die Tatsache, daß Riccio sein »Nachtkleid« angehabt habe, sei ein Beweis für seine Intimität mit der Königin: Aber im 16. Jahrhundert wurde das Wort

»Nachtkleid« im wörtlichen Sinn gebraucht, das heißt, es handelte sich um zwanglose Abendkleidung von der Art, wie sie bei einer derartigen Gelegenheit üblich ist.

Es gibt viele verschiedene Versionen über die dramatischen Ereignisse, die dieses familiäre Abendessen unterbrachen. Zwei der Anwesenden schrieben wenige Wochen nach dem Mord ihren eigenen Augenzeugenbericht: Königin Maria schrieb am 2. April einen Brief an Erzbischof James Beaton, ihren Gesandten in Paris, in dem sie den Vorfall in allen Einzelheiten schilderte, und Ruthven, einer der Mörder, sandte zusammen mit Bedford Ende März einen Bericht nach London[10]. Obwohl natürlich diese beiden Briefe subjektiv gefärbt sind – der Marias ist eine Anklage, der Ruthvens eine Rechtfertigung –, stellen sie doch zumindest ziemlich unmittelbare Reaktionen dar. Bei allen anderen Berichten muß man bedenken, daß die Schreiber selbst nicht anwesend waren (obwohl Melville sich innerhalb der Mauern Holyroods befand) und sich daher auf Informationen aus zweiter Hand verlassen mußten.

Einer der wichtigsten Aspekte ist der Schauplatz des Geschehens. Marias Gemächer in Holyrood lagen an der nordwestlichen Ecke des Palastes, im zweiten Stock; es waren vier Räume – ein Audienzsaal am oberen Ende der Haupttreppe, ein großes Schlafzimmer unmittelbar dahinter und rechts und links daneben zwei kleine Turmgemächer, nicht mehr als vier Meter im Quadrat, eines eine Art Boudoir, das andere ein intimes Speisezimmer, mit scharlachroter und grüner Seide ausgeschlagen. Unter diesen Räumen lagen im ersten Stock des Palastes Darnleys Gemächer, die in der Aufteilung denjenigen der Königin sehr ähnlich waren. Diese beiden Zimmerfluchten waren durch eine schmale Geheimtreppe verbunden, die ins Schlafgemach der Königin führte. Wie bereits erwähnt, hatte sich an diesem Abend nur ein kleiner Kreis dort oben versammelt. Aber obgleich das Speisezimmer, abgesehen von der Geheimtreppe, praktisch völlig von der Außenwelt abgeschnitten war, war es trotzdem kein sehr sicherer Platz für einen Mord an einem der Diener der Königin, denn Maria war natürlich ständig von einer Leibwache umgeben. Wieviel einfacher wäre es gewesen, einen bloßen Bedienten an irgendeinem anderen, weniger exponierten Ort zu töten. Schließlich ging Riccio in Holyrood ganz normal und unbewacht seiner Arbeit nach. Es wurde damals behauptet, George Douglas habe Darnley angeboten, den Italiener beim Angeln im Park von Schloß Douglas ins Wasser zu werfen[11], aber Darnley habe diesen Vorschlag abgelehnt; solch ein Verfahren – schnell, geheim und unbeweisbar – wäre zweifellos viel sinnvoller gewesen, was die Beseitigung eines Riccio betrifft. So kann man nicht umhin, sich zu fragen, aus welchem Grund die Verschwörer statt dessen vorsätzlich die eigenen Gemächer der Königin wählten. Ruthven schrieb in seinem Bericht die Wahl des Tatorts Darnley zu, der, wie er sagte, die öffentliche Beleidigung seiner Ehre durch einen öffentlichen Handstreich rächen wollte. Aber Ruthven war zu dieser Zeit bemüht, soviel Schuld wie möglich auf Darnley zu laden. Schließlich war der König bekannt für seinen schwachen, nur allzu leicht beeinflußbaren Charakter. Die Tatsache, daß man vorsätzlich beschloß, den Mord in Gegenwart der Königin zu vollziehen, die damals fast sechs Monate schwanger war, läßt darauf schließen, daß die Verschwörer, abgesehen von der Beseitigung eines anmaßenden Dieners, auch (wie Randolph im Februar prophezeit hatte) einen Anschlag auf ihre eigene Person planten.

Als das Abendessen serviert wurde, kam zur großen Überraschung der Anwesenden plötzlich Darnley die Treppe herauf; obgleich er jetzt selten bei diesen häuslichen Zusammenkünften erschien, weil er es im allgemeinen vorzog, in den Straßen von Edinburgh seinen eigenen Vergnügungen nachzugehen, wurde er trotzdem höflich als König willkommen geheißen. Aber wenige Minuten später tauchte eine sehr viel erstaunlichere Gestalt auf dem Treppenabsatz auf: Lord Patrick Ruthven, in voller Rüstung, den Helm auf dem Kopf, mit brennenden Augen und totenbleich; es war allgemein behauptet worden, er läge sterbend auf dem Krankenlager in seinem Haus unweit von Holyrood, und sein Erscheinen in den Gemächern der Königin war so überraschend, daß die Anwesenden zuerst glaubten, er litte an einem Delirium und fühle sich vom Geist eines seiner Opfer verfolgt. Ruthven – der tatsächlich drei Monate nach diesen Ereignissen starb – galt als einer der grausamsten Männer seiner Zeit und war allgemein als Zauberer oder Hexenmeister verschrien. Seine ersten Worte ließen die Königin jedoch nicht im Zweifel darüber, welches Vorhaben diese totenähnliche Gestalt zu ihr geführt hatte. »Let is please your Majesty«, sagte Ruthven, »that yonder man David come forth of your privy-chamber where he hath been overlong.« Maria entgegnete erstaunt, daß Riccio auf ihren eigenen königlichen Befehl anwesend sei, und fragte Ruthven, ob er den Verstand verloren habe. Hierauf erwiderte Ruthven lediglich, daß Riccio sich gegen die Ehre der Königin vergangen habe. Bei diesen Worten wandte Maria sich zornig an ihren Mann. Ob dies auf seine Veranlassung geschehe, fragte sie ihn. Darnley gab eine verlegene Antwort. Riccio war bis zu dem hohen Fenster am Ende des kleinen Zimmers zurückgewichen, und als Ruthven sich auf ihn stürzen wollte, versuchten Marias Diener, die wie betäubt dabeigestanden hatten, ihn daran zu hindern. »Rührt mich nicht an«, schrie Ruthven, die Hand am Griff seines Schwertes. Dies war das Signal für seine Mitverschworenen Andrew Ker of Fawdonside, Patrick Bellenden, George Douglas, Thomas Scott und Henry Yair: Einer nach dem anderen kamen sie jetzt die Treppe herauf und drängten sich in den kleinen Raum. In dem darauffolgenden Tumult wurde der Tisch umgeworfen, die Kerzen verlöschten, und nur die flackernden Flammen des großen Kamins erhellten das Gemach. Zitternd klammerte sich Riccio an den Rock der Königin, die ihn zu schützen suchte. Aber einer der Männer legte die Pistole auf sie an, während die anderen den schreienden und sich verzweifelt wehrenden kleinen Italiener aus dem Speisezimmer, durch das Schlafgemach und den Audienzsaal schleiften.

Draußen auf dem Treppenabsatz fielen die Lords wie Rasende über ihn her und machten ihn mit mehr als fünfzig Dolchstößen nieder: eine grausame Metzelei für einen so kleinen Körper. Maria war später überzeugt, daß der erste Schlag über ihre Schulter geführt worden war; auf jeden Fall steht fest, daß ihm die erste Wunde von George Douglas the Postulate, dem unehelichen Bruder Mortons, beigebracht wurde, der damit die Prophezeiung Damiots erfüllte; er benutzte wohlweislich Darnleys Dolch für diese Bluttat, um ihn noch weiter in das Verbrechen zu verwickeln. Schließlich wurde der zerfetzte und blutende Leichnam Riccios die Treppe hinuntergeworfen.

Maria äußerte später immer wieder die Überzeugung, daß ihr Leben bei dem Tumult im Speisezimmer ebenfalls bedroht gewesen sei und daß Darnley, ihr eigener Ehemann, beabsichtigt habe, ihren Tod und den ihres ungeborenen Kindes herbeizuführen. Nur unter Berücksichtigung dieser Tatsache ist ihre spätere Haltung Darnley gegenüber zu verstehen. Nach der Geburt Jakobs ließ sie ihrer Erbitterung freien Lauf: »Ich habe verziehen«, sagte sie ihm, »aber ich werde nie vergessen! Wenn damals Fawdonside die Pistole abgedrückt hätte, was wäre aus meinem Sohn und mir geworden? Oder in was für einer Lage hättest du dich befunden? Gott allein weiß es, aber wir können es vermuten[12].« In ihrem Bericht über die Ereignisse legte sie großen Nachdruck auf die gewalttätige Behandlung, die ihr persönlich zuteil geworden war. Sie gab einzig und allein Darnley die Schuld daran, denn sie war überzeugt, daß er sie und ihr Kind hatte beseitigen wollen, um selbst König von Schottland zu werden. Und sie glaubte offensichtlich, daß nur ihre eigene Entschlußkraft sie vor diesem Geschick bewahrt hatte – eine Überzeugung, die noch durch die Tatsache bekräftigt wurde, daß es ihr jetzt ausschließlich durch ihren persönlichen Mut gelingen sollte, sich aus ihrer kritischen Lage zu befreien. Es ist nicht schwer zu verstehen, daß eine Frau, der man im sechsten Monat ihrer Schwangerschaft eine Pistole auf den Leib gedrückt hatte, von diesen Gefühlen durchdrungen war.

Aber Maria Stuarts Lebenskraft war unbezwingbar: Weit davon entfernt, vor der Gefahr zurückzuweichen, wandte sie sich rasend vor Wut an Darnley, der mit ihr im Speisezimmer zurückgeblieben war, und schleuderte ihm ihre ganze Verachtung ins Gesicht. Dann kehrte Ruthven zurück, ließ sich auf einen Stuhl sinken, obwohl die Königin selbst noch stand, und befahl einem Diener, ihm Wein zu bringen. Doch auch diese Anmaßung von seiten eines ihrer Untertanen brachte Maria nicht aus der Fassung. Mit einem Blick auf den Wein fragte sie eisig: »Ist das Ihre Krankheit, Lord Ruthven?«

Der Tumult in den Gemächern der Königin hatte die Dienerschaft aufgeschreckt, irgend jemand hatte die Sturmglocke geläutet, und die Bewohner von Edinburgh strömten in den Hof des Schlosses. Um sie zu beruhigen, trat Darnley ans Fenster und erklärte ihnen, es sei nichts geschehen, man habe nur einen ausländischen Spion beseitigt. Als Maria sich selbst Gehör verschaffen wollte, drohte Ruthven ihr brutal, er werde »sie in Stücke schneiden«, wenn sie auch nur einen einzigen Schritt aufs Fenster zu mache. Schließlich gingen die Männer fort. Maria bat eine ihrer Hofdamen, sich nach Riccios Geschick zu erkundigen. Als sie hörte, daß er tot war, weinte sie; aber einen Augenblick später trocknete sie ihre Tränen und bemerkte ruhig: »Schluß mit den Tränen; ich werde auf Rache sinnen[13].« Sie war auch geistesgegenwärtig genug, eine Hofdame in Riccios Zimmer zu schicken, um eine schwarze Kassette mit den Schlüsseln ihrer Geheimschriften und anderen Papieren in Sicherheit bringen zu lassen.

Bis jetzt waren die Verschworenen völlig Herr der Situation. Das Schloß war von ihren Gefolgsleuten umstellt und jeder Zugang gesperrt, so daß es kein Entkommen gab und auch keine Hilfe von außen zur Königin gelangen konnte. Bothwell und Huntly, die zusammen mit anderen Anhängern Marias ebenfalls niedergemacht werden sollten, entkamen gerade noch rechtzeitig durch ein Fenster auf der Rückseite des Palastes. Maria durfte ihre Gemächer nicht verlassen, und nur Lady Huntly, der Witwe des 4. Earls, wurde es gestattet, bei ihr zu bleiben. Wir werden nie erfahren, welche Pläne die Verschworenen bezüglich der Person Marias hatten. Sie selbst schrieb in ihrem Brief – vermutlich aufgrund dessen, was Darnley ihr berichtete –, daß sie vorgehabt hatten, sie in Stirling gefangenzuhalten, bis ihr Kind geboren war, und hinterher auf unbegrenzte Zeit, »während der König zusammen mit den Adeligen die Regierung übernehmen würde«.

Diese Nacht, in der alles verloren schien, bedeutete einen Wendepunkt im Leben Maria Stuarts. Nachdem sie ihre Fassung wiedergewonnen hatte, faßte sie den kühnen Entschluß, ihren Widerwillen gegen Darnley zu unterdrücken und ihn für sich zu gewinnen – diesen charakterschwachen Mann, der so leicht zu beeinflussen war, zum Verräter an den Verrätern zu machen. Als daher Darnley am nächsten Morgen wieder zu ihr ins Zimmer kam, fand er sie ruhig und gelassen vor. Darnley selbst scheint zutiefst erschreckt über den Tod Riccios gewesen zu sein, und Maria erzählte später, er habe sie angefleht, ihm zu verzeihen. Inzwischen zeigte sich Lady Huntly, die zweifellos als Frau des 4. Earl eine gute Schule durchgemacht hatte, als eine einfallsreiche Verbündete. Sie erbot sich, eine Strickleiter zwischen zwei Tellern einzuschmuggeln, und erfand fortwährend neue Fluchtpläne, bis Lord Lindsay, der plötzlich ins Zimmer drang, ihr befahl, das Schloß zu verlassen. Dennoch gelang es Lady Huntly, unter ihrer Chemise einen Brief an ihren Sohn mitzunehmen (ihre äußere Kleidung wurde durchsucht), in dem die Königin ihn bat, sich am nächsten

Abend in Seton bereitzuhalten. Eine Flucht über eine Strickleiter kam nicht in Frage, weil Maria oben bewacht wurde, aber sie ersann einen viel einfacheren und intelligenteren Plan. Im Laufe des Tages zog sie den leichtgläubigen Darnley auf ihre Seite, indem sie ihn überzeugte, daß seine Aussichten unter dem Regime der Lords auch nicht besser waren als die ihren und daß, wenn er sich nicht vorsah, man sie letztlich beide zeitlebens im Schloß von Stirling einsperren würde. Es war der Sieg eines starken Charakters über einen schwächeren.

Jetzt, da Maria wußte, daß sie Darnley für ihre Sache gewonnen hatte, konnte sie den Verschworenen am nächsten Tag gefaßt und sogar mit einer gewissen Liebenswürdigkeit gegenübertreten. Sie erklärte ihnen, daß sie nichts weiter als Frieden in ihrem Lande wünsche, und versprach, alles Geschehene zu vergessen und ihnen zu verzeihen. Sie trank sogar auf die Versöhnung, brachte es aber trotz allem nicht über sich, Ruthven zuzutrinken. Moray, der von den bevorstehenden Ereignissen unterrichtet worden war, hatte sich von Newcastle aus auf den Weg gemacht. Er traf am Montag, dem 11. März, einen Tag vor seiner geplanten Verurteilung durch das Parlament, in Edinburgh ein. Maria wußte zu dieser Zeit noch nichts von Morays Mitschuld an dem Komplott. Als er jetzt vor sie hintrat, schien all ihr Zorn verflogen, und die Erinnerung an ihre frühere Vertrautheit, an jene erste Zeit in Schottland, da er ihr scheinbar so selbstlos mit Rat und Tat zur Seite gestanden hatte, kehrte zurück. So warf sie sich ihm in die Arme und rief: »O mein Bruder, wenn du hiergewesen wärst, hätte man es nicht gewagt, mich so zu behandeln.« Aber als Moray ihr daraufhin eine sentenziöse Predigt über die Tugend der Nachsicht hielt, wurde Maria ärgerlich und wies ihn nicht zu Unrecht gereizt darauf hin, daß »schon seit frühester Jugend Adel und andere ihrer Untertanen ihr häufig Gelegenheit gegeben hätten, diese Tugend zu üben und sich mit ihr vertraut zu machen[14]«. Um ihre Erregung zu verbergen und sich nichts von ihren wahren Gefühlen anmerken zu lassen, gab sie vor, von heftigen Wehen befallen zu sein, und bat, man möge ihre Dienerinnen zu ihr lassen und ihr die Hebamme schicken, die von den Lords selbst am Tage zuvor ins Schloß gerufen worden war. Diese Hebamme half Maria, ohne es zu wissen, bei der Ausführung ihres Fluchtplans: Trotz Marias Versprechen, ihnen zu verzeihen, argwöhnten einige der Lords, daß sie irgendwelche geheimen Rachepläne hegen könnte, und zeigten sich unwillig, die strenge Bewachung aufzuheben; aber die Hebamme, die von ihnen selbst gewählt worden war, versicherte ihnen aus eigenem Antrieb, daß die Königin infolge dessen, was sie durchgemacht habe, schwerkrank sei und in Lebensgefahr schwebe. So wurden die Wachtposten von ihrer Tür zurückgezogen, und man überließ Maria der Obhut ihrer treuen Dienerinnen.

Um acht Uhr am Montag abend führte Maria den zweiten Teil ihres Planes aus: Sie ließ den Hauptmann der Leibgarde, Stewart of Traquair, ihren Oberstallmeister Erskine und Standen, einen ihrer Pagen, zu sich kommen, und bat sie im Namen der Ritterlichkeit, ihr als wehrloser Frau und Mutter des künftigen Königs von Schottland beizustehen. Dann umriß sie ihnen ihren Plan, und die Männer versprachen, ihr bei ihrer Flucht behilflich zu sein.

Um Mitternacht schlichen die Königin und Darnley sich leise die Privattreppe hinunter, über die erst zweiundfünfzig Stunden zuvor die Mörder heraufgekommen waren. Dank der Tatsache, daß Darnley sich zum Verrat an seinen Mitverschworenen bereit erklärt hatte, konnte Maria jetzt diese Treppe als Fluchtweg benutzen; sie tasteten sich behutsam durch die hinteren Gänge und den Dienstbotenflügel des Schlosses, in dem Marias französische Diener schliefen, die ihre Herrin nicht verraten würden, dann gelangten sie durch eine Hintertür ins Freie und überquerten den Friedhof unweit der Abtei von Holyrood. Plötzlich stockte Darnley beim Anblick eines frisch aufgeworfenen Hügels und erklärte seiner Frau, daß dies das Grab des unglücklichen Riccio sei. »Ich habe an ihm einen guten und treuen Diener verloren«, sagte er seufzend. »Man hat mich schmählich hintergangen.« Vor der Abtei warteten Erskine, Traquair, Standen und zwei oder drei königstreue Soldaten mit Pferden auf sie. Maria ritt auf einem Sattelkissen hinter Erskine. Darnley nahm ein Pferd für sich allein. Nach kurzer Zeit hatten sie im Schutz der Dunkelheit die Stadt hinter sich gelassen.

So ritten sie in scharfem Galopp, von dem verängstigten Darnley immer wieder mit groben Worten zur Eile angetrieben, zum Schloß von Lord Seton, wo sich zu ihnen die Adeligen gesellten, die durch Lady Huntly von ihrem Plan benachrichtigt worden waren. Bis sie schließlich Schloß Dunbar erreichten, das an der Küste, fünfundzwanzig Meilen von Edinburgh entfernt, liegt, war die lange Nacht beinahe vorüber. Für eine Frau im fortgeschrittenen Stadium der Schwangerschaft muß dieser fünfstündige Dauerritt eine Qual gewesen sein. Aber die Königin ließ es sich nicht anmerken: Man sagt, sie habe sofort nach ihrer Ankunft Eier bringen lassen, um eigenhändig ein Frühstück zu bereiten.

Hier in Dunbar machte sich Maria an die Aufgabe, den Vorteil auszunutzen, den ihre Freiheit ihr bot. Am 15. März diktierte sie einen langen und leidenschaftlichen Bericht über ihre Erlebnisse an Königin Elisabeth in London, in dem sie ausführlich die grausame Ermordung ihres Sekretärs vor ihren eigenen Augen beschrieb. »Einige unserer Untertanen und Ratsmitglieder haben durch ihr Vorgehen deutlich bewiesen, was für Menschen sie sind ... sie haben unseren treuesten Diener in unserer Gegenwart niedergemacht und danach unsere eigene Person verräterisch gefangengehalten ...[15]« Sie endete mit der Bemerkung, daß sie vorgehabt habe, diesen Brief eigenhändig zu schreiben, daß sie sich jedoch infolge des langen Rittes durch die Nacht und der durch ihre Schwangerschaft verursachten Beschwerden augenblicklich dieser Aufgabe nicht gewachsen fühle. Aber was auch immer die physische Reaktion der Königin auf die Ereignisse sein mochte, sie hatte nichtsdestoweniger ihre Feinde auch diesmal ebenso entscheidend geschlagen wie im August des vergangenen Jahres – und abermals dank ihrer eigenen Tapferkeit und schnellen Entschlußkraft. Sie hatte Bothwell und Huntly zur Seite. Auch Atholl, Fleming und Seton gesellten sich in Dunbar zu ihr und brachten ihre Leute mit. Bald hatte die Königin viertausend Mann unter ihrem Befehl. Am 17. März erließ sie eine öffentliche Ankündigung, in der sie die Bewohner der umliegenden Distrikte aufrief, sie am nächsten Tag mit Verpflegung für eine Woche in Haddington zu treffen. Am 18. März, nur neun Tage nach dem Mord, der sie veranlaßt hatte, so überstürzt aus Edinburgh zu fliehen, kehrte sie an der Spitze von achttausend Mann siegreich in die Stadt zurück.

Darnley ritt wie ein schmollender Page an ihrer Seite. Bei der Nachricht von seinem Verrat waren seine Mitverschworenen am Morgen des 17. März aus Edinburgh geflüchtet. Morton, Lindsay, Ker of Fawdonside und Ruthven flohen nach England; Maitland, der zweifellos von der Verschwörung gewußt, aber keinen Dolch geführt hatte, ging nach Dunkeld; Knox, der vielleicht nicht im voraus wußte, was geplant war, aber den Mord an Riccio öffentlich als eine wohlgefällige Tat gebilligt hatte, begab sich nach Ayrshire. Nur Moray blieb in Edinburgh, denn er war klugerweise erst nach den blutigen Ereignissen des 9. März in der Stadt eingetroffen und daher nachweisbar nicht aktiv daran beteiligt gewesen, und daß er den Bond der Verschwörer unterzeichnet hatte, war der Königin natürlich nicht bekannt. Maria versöhnte sich auch mit Glencairn und Argyll. In ihrer grimmigen Entschlossenheit, den grausamen Tod Riccios zu rächen und seine Mörder erbarmungslos zu verfolgen, war Maria jetzt tatsächlich bereit, den Aufständischen des Chaseabout Raid zu vergeben. Der Gang der Zeit und Darnleys Verrat hatten gemeinsam die Begnadigung Morays bewirkt, die zu gewähren Maria sich trotz der Bitten ihrer eigenen Adeligen und der Ermahnungen der Königin von England so beharrlich geweigert hatte.

XV

ZUSAMMENBRUCH

»Er benimmt sich ihr gegenüber so niederträchtig, daß es herzzerreißend für sie sein muß, zu denken, daß er ihr Ehemann ist.«

Maitland: Über die Beziehungen zwischen Maria und Darnley, Oktober 1566

Sobald Maria wieder in Edinburgh war, gab sie den Befehl, den Leichnam Riccios von dem kleinen allgemeinen Friedhof neben der Abtei in ihre Hauskapelle zu überführen, und ließ ihn dort nach katholischem Ritus, wie es seinem Glauben entsprach, abermals bestatten. Zehn Tage später wurde Riccios Bruder Joseph, ein Junge von achtzehn Jahren, an seiner Stelle zum französischen Sekretär der Königin ernannt. Maria, die am Vorabend der Geburt ihres Kindes um jeden Preis Frieden in ihrem Lande wünschte, machte sich jetzt daran, Moray, Glencairn und Argyll, die kürzlich wieder in Gnaden aufgenommen worden waren, mit Huntly, Bothwell und Atholl zu versöhnen; diese beiden Gruppen sollten in Zukunft gemeinsam ihren Geheimen Staatsrat bilden. So blieb Marias Rache offiziell Morton, Ruthven, Lindsay und ihren Gefolgsleuten vorbehalten, das heißt all denen, die sie in ihren Gemächern überfallen und eigenhändig ihren Diener getötet hatten. Da jedoch die meisten von ihnen nach England entkommen waren, büßten letztlich nur zwei von Ruthvens Männern für dieses Verbrechen ihr Leben ein, während zwei weitere Handlanger, die man bereits zum Schafott geführt hatte, im letzten Augenblick von der Königin begnadigt wurden[1]. Aber die Ermordung Riccios stellte einen Wendepunkt im Leben Maria Stuarts dar, und die Erinnerung an diese Nacht wurde nicht so leicht begraben und vergessen wie sein armer, zerfetzter Leichnam.

Die offensichtlichste Folge der ganzen Angelegenheit war Marias unversöhnlicher Haß gegen Darnley. Entweder hatte sie diesen Haß anfangs verborgen, um aus Holyrood zu entkommen, oder sie war sich zu diesem Zeitpunkt noch nicht im klaren über das volle Ausmaß der Mitschuld ihres Mannes. Obwohl sie später ihrem Sekretär Nau erzählte, Darnley habe ihr am Tag nach dem Mord gestanden, einen Bond unterschrieben zu haben, um sich die Mitkönigskrone zu sichern, ist in ihrem Brief vom 2. April an Beaton nichts davon erwähnt[2]. Aber ob Maria es vorher wußte oder nicht, die Verschworenen sorgten dafür, daß sie es erfuhr: Um sich an Darnley zu rächen, sandten sie der Königin den Bond, damit sie sich selbst vom Verrat ihres Mannes überzeuge. Doch Maria hielt es für klüger, vorläufig nichts davon verlauten zu lassen, sondern im Gegenteil öffentlich auf dem Marktplatz von Edinburgh zu verkünden, daß Darnley nie an dieser Verschwörung beteiligt gewesen sei. Sie hatte nicht die Absicht, vor der Geburt des Thronfolgers etwas gegen ihn zu unternehmen, denn Darnley, das wußte sie, war durchaus imstande, die rechtmäßige Abkunft des Kindes anzuzweifeln, wenn es seinen Zwecken diente.

So herrschte bis zu Marias Niederkunft ein heikler Waffenstillstand zwischen ihr und ihrem Mann. Darnleys Verhalten hatte sich nicht geändert: Während sie im Wochenbett lag, »schweifte er jede Nacht umher[3]«. Unter diesen Umständen ist es nicht schwer zu verstehen, daß Maria, was die Fragen der Regierung betraf, sich jetzt immer mehr auf den Rat jener Adeligen verließ, die sich während der beiden Krisen des vergangenen Jahres als königstreu erwiesen hatten. Zu dieser Kategorie gehörte vor allem James Hepburn, Earl of Bothwell, der, als er in Holyrood aus dem Fenster sprang und davongaloppierte, um Marias Untertanen zu ihrer Befreiung zusammenzurufen, jene Verbindung von Entschlossenheit, Treue und Willensstärke zu offenbaren schien, die Maria bisher vergebens bei ihren schottischen Adeligen gesucht hatte. Jetzt, da er mit Moray versöhnt und durch seine Heirat fest mit Huntly verbündet war, betrachtete Maria ihn als ein nützliches und zuverlässiges Mitglied des schottischen Staatswesens. Aber Bothwell vereinigte in seinem Charakter die sehr paradoxen Gegensätze, die es jedem, der nicht unter den schottischen Adeligen aufgewachsen war, so schwer machten, ihr Wesen und Verhalten zu verstehen. Während Darnley aufgrund seiner halb englischen Abstammung und seiner englischen Erziehung atypisch für den schottischen Adel war, besaß Bothwell alle charakteristischen Merkmale seiner Kaste — und es war diese Kaste, deren Motive und Handlungen Maria niemals im voraus beurteilen konnte. Das Verhalten des 4. Earls of Huntly hatte sie verwirrt und erzürnt, das von Moray enttäuscht und verletzt, Morton hatte sie erschreckt und abgestoßen. Jetzt sollte sie aufgrund ihrer französischen Erziehung sich abermals ein falsches Urteil bilden und in Bothwell das Trugbild — es war nicht mehr als das — eines starken, weisen Beschützers sehen, der imstande war, ihre Probleme zu lösen, indem er die anderen Adeligen mit eiserner Hand in Schach hielt.

Bothwell war zweifellos eine interessante Persönlichkeit; er hatte, wie seine Briefe und Schriften zeigen, eine gute Erziehung genossen, liebte Bücher (seine Bibliothek enthielt zahlreiche Bände über Kriegskunst und Mathematik), war viel gereist und sprach ausgezeichnet Französisch. Er war ein geborener Abenteurer und hatte trotz seiner Jugend (er war damals knapp dreißig) bereits ein bewegtes Leben hinter sich; abgesehen von seiner Gefangenschaft im Kastell von Edinburgh hatte er 1564 einige Monate im Tower von London verbracht, bis es ihm gelang, nach Frankreich zu entkommen. Als Maria ihn zur Zeit des Chaseabout Raid rufen ließ, kam er – ungeachtet der Tatsache, daß die Engländer ihn zu fassen suchten – mit einem Fischerboot aus Flushing herüber. Er stammte aus dem uralten Geschlecht der Hepburns, und sein Einfluß erstreckte sich, feudalistisch gesehen, über den ganzen Südosten Schottlands. Nichtsdestoweniger litt seine Familie – und auch er selber – unter der damals fast sprichwörtlichen Geldknappheit des Adels, und sein Ehekontrakt mit Jean Gordon zeigt, daß er zu dieser Zeit tief in Schulden steckte.

Bothwell, der in seiner Jugend unter Marie von Guise gedient und, obwohl selbst Protestant, für ihre Sache gegen die *Lords of the Congregation* gekämpft hatte, bis die Übermacht der Reformierten ihn aus Schottland vertrieb, war von einem grenzenlosen Ehrgeiz besessen. Wie Lord Herries es in seinen Memoiren ausdrückt, war er »sehr von sich eingenommen, stolz, gewalttätig und aufgeblasen – ein Mann, der vor nichts zurückschrecken würde, um seinen Ehrgeiz zu befriedigen[4]«. Aber sein Verstand und seine Methoden waren alles andere als machiavellistisch, und wenn man seinen politischen Scharfsinn auf die gleiche Stufe mit dem Cecils stellen will, das heißt, wenn man sich überlegt, daß er jetzt der Ratgeber wurde, auf den Maria sich ebenso verließ wie Elisabeth auf Cecil, so erkennt man, wie rückständig, politisch gesehen, Schottland damals im Vergleich zu England war.

Es war bezeichnend für Bothwell, daß er in zwei kritischen Momenten seiner Laufbahn – im November 1560, als er Marie von Guise gegen die Aufständischen unter Châtelherault diente, und im Juni 1567 vor Carberry Hill – seine Feinde zum Zweikampf herausforderte: Als Feudalherr und geborener Kämpfer neigte er dazu, stets die schnelle, wenn auch blutige Lösung für jegliches Problem zu wählen. Gewiß, während der kurzen Zeitspanne als Gemahl der Königin zeigte er ein gewisses Geschick in der Regierung – so wie ein Soldat in Zeiten der Krise manchmal zu einem erfolgreichen Politiker werden kann; ebenso erwies sich auch der ungehobelte Morton vom Standpunkt der Regierung aus als ein recht fähiger Regent. Aber Bothwells persönliche Eigenschaften machten ihn unbrauchbar für jede heikle Situation, und er war der letzte, der imstande gewesen wäre, den so außerordentlich uneinigen und mißtrauischen schottischen Adel erfolgreich zu vereinigen. Bothwells Jähzorn und seine Überheblichkeit waren vor allem schwerlich dazu angetan, ihn beliebt zu machen. Ganz gewiß gehörte er nicht zu den Menschen, die mit Charme und Liebenswürdigkeit ihr Ziel zu erreichen suchen. Wie Maria später Nau erzählte: »Er war ein Mann, dessen natürliche Veranlagung ihn alles andere als liebenswert machte oder geneigt, sich um das Wohlwollen seiner Mitmenschen zu bemühen[5].«

Bothwells Beziehungen zu Frauen waren von der gleichen abenteuerlichen, aber unkomplizierten Art wie seine Laufbahn. Er liebte Frauen, aber er machte einen großen Unterschied zwischen Sex und Ehe. Sinnliche Begierde war für ihn offenbar einfach ein Gefühl, das man rasch und ohne viel Aufhebens befriedigte. Die Aussage von Thomas Craigwallis anläßlich seiner Scheidung gibt ein anschauliches Bild von seinen Beziehungen zu seiner Mätresse, der niedlichen, schwarzäugigen Bessie Crawford, Tochter des Hufschmieds: ein Stelldichein von fünfzehn Minuten im Glockenturm der Abtei von Haddington und ein weiteres Rendezvous in einem Vorratsraum des Küchenturms in Crichton (wobei Thomas an der Tür Wache hielt); eine spätere Begegnung fand laut Pareis Sempills Zeugenaussage »in einem kleinen Gemach im Kloster« statt, »und als mein Gebieter herauskam, war seine Kleidung lose, und Patrick Wilson half ihm, sie in Ordnung zu bringen[6]«. Die Ehe hingegen war eine ernstere Angelegenheit, bei der es vor allem darum ging, seinen Besitz zu vermehren. So heiratete Bothwell schließlich Jean Gordon, die verhältnismäßig reiche Schwester des mächtigen Huntly, und aus dem Ehevertrag geht hervor, daß es die Braut war, die dem Bräutigam des Vermächtnis aussetzte, statt umgekehrt.

Das Äußere Bothwells war nicht von der weibischen Schönheit eines Darnley; im Gegensatz zu dem hohen, schlanken Wuchs Darnleys war er nur von mittlerer Größe – sein mumifizierter Leichnam in Dragsholm mißt ein Meter fünfundsechzig. Obgleich Männer wie Brantôme und Buchanan, die Grund hatten, seinen verhängnisvollen Einfluß auf Maria Stuart zu beklagen, ihn recht kindisch als abstoßend häßlich beschrieben – »wie ein Affe in Purpur«, erklärte Buchanan – sagte ein anderer von Marias Verteidigern – Leslie –, er sei von großer Körperkraft und gut aussehend gewesen, wenn auch lasterhaft und haltlos in seinen Gewohnheiten[7]. Das einzige bekannte Bild von ihm – eine Miniatur, die heute in der *Scottish National Portrait Gallery* zu sehen ist – zeigt uns ein Gesicht, das man gewiß nicht im üblichen Sinne als schön bezeichnen kann; es hat sogar einen etwas affenartigen Ausdruck, der Buchanans beleidigende Äußerung bestätigt; die Haut ist dunkel, die Nase sieht aus, als sei sie gebrochen, die Ohren sind groß und leicht abstehend, die Lippen unter dem sorgsam gestutzten Schnurrbart mit den gezwirbelten Enden voll und sinnlich, die Augen blicken mißtrauisch wie die eines wachsamen Tieres. Es ist das Gesicht eines Mannes, der für einen gewissen Frauentyp sicherlich sehr anziehend sein kann, aber gleichzeitig vermittelt es den Eindruck eines Menschen, der es als eine absolute Zeitvergeudung ansehen würde, die Rechte des Schwächeren zu verteidigen.

Anfang Juni begann Maria mit den Vorbereitungen für die Geburt ihres Kindes: Auf Wunsch ihres Rats war sie bereits im April ins Kastell von

Edinburgh übersiedelt, das, düster und uneinnehmbar auf einem Felsen über der Stadt, größeren Schutz für das wichtige Ereignis bot als Holyrood, dessen Verteidigungsanlagen sich erst kürzlich als so völlig unzureichend erwiesen hatten; außerdem könnte man es verstehen, wenn Maria selbst davor zurückgeschreckt wäre, ihr Kind in denselben Gemächern zur Welt zu bringen, in denen ihr Diener niedergemetzelt worden war. Angesichts der Gefahren, denen damals jede Mutter im Kindbett ausgesetzt war, ganz zu schweigen von einer Frau, die solche Schrecken durchgemacht hatte wie die schottische Königin im März, war es für Maria besonders wichtig, ein Testament zu machen. Dieses Testament, das sie in dreifacher Ausfertigung schrieb – ein Exemplar für sie selber, eines für diejenigen, die es in Schottland vollstrecken würden, und eines, das nach Frankreich gesandt werden sollte –, vermittelt uns ein interessantes Bild ihres Geisteszustandes am Vorabend dieses kritischen Ereignisses[8]. Angesichts der Tatsache, daß die Königin durch die bevorstehende Geburt in Lebensgefahr war, unterzeichneten die Lords ebenfalls ein Schriftstück, in dem sie sich verpflichteten, über die Vollstreckung des Testaments zu wachen: Es ist bezeichnend, daß bei dieser halboffiziellen Maßnahme, die sich vermutlich gegen Darnley richtete, Bothwells Unterschrift jetzt hoch oben und deutlich hervortretend unter denen der anderen königstreuen Lords stand[9].

Marias erster Gedanke gilt ihrem Kind, das, wenn es ihren eigenen Tod überlebt, alles erben soll. Aber für den Fall ihres gemeinsamen Todes legt sie genau fest, was mit ihren Juwelen zu geschehen hat, wobei sie vor allem ein reiches Erbe für die schottische Krone selbst einsetzt: Ihre kostbarsten Edelsteine, einschließlich des »Great Harry«, sollen als Erinnerung an sie und die schottische Verbindung mit dem Hause Lothringen durch Parlamentsbeschluß für alle Zeiten der schottischen Krone einverleibt werden. Darnley ist in dem Testament bedacht, wie es sich für den Ehemann der Königin geziemt, und unter den Dingen, die Maria ihm vermacht, befindet sich auch der mit rotem Email überzogene Diamantring, von dem die Königin mit eigener Hand bemerkte: »Es war dieser Ring, mit dem ich getraut wurde; ich hinterlasse ihn dem König, der ihn mir gab.« Obgleich Buchanan später fälschlich behauptete, daß Darnley in diesem Testament völlig außer acht gelassen worden sei, respektiert Maria nicht nur das herkömmliche Recht ihres Mannes, bedacht zu werden, sondern sie setzt sogar auch Lord und Lady Lennox als ihren Schwiegereltern einige kleinere Legate aus.

Aber am liebevollsten werden Marias französische Verwandten bedacht, denen offenbar ihre wahre Liebe gehörte: Sie betrachtet sich immer noch so weit als Mitglied des Hauses der Guisen, daß sie ihm ein Geschenk von Perlen und Rubinen macht, das von Generation zu Generation dem Erstgeborenen vererbt werden soll. Die Söhne und Töchter von Herzog Franz und Herzogin Anne, die sie als kleine Kinder so gut gekannt hatte und die inzwischen herangewachsen waren, werden reichlich bedacht, vor allem der jüngste Sohn Franz, Namensvetter und Patenkind von Marias erstem Mann. Niemanden der großen, weitverzweigten Familie hat Maria in ihrem Testament vergessen.

In Schottland sind es Marias uneheliche Verwandten, die Stewarts, die sie offenbar als ihre nächste Familie betrachtet; nicht nur ihre Halbschwester und Vertraute Jean Argyll, sondern auch Moray, seine Frau Agnes und ihre Tochter sind erwähnt; Marias Patenkind Franz – Sohn ihres Stiefbruders, Lord John Stewart, und Bothwells Schwester – wird besonders berücksichtigt. Einer der sympathischsten Züge Marias war, wie dieses Testament zeigt, ihre Liebe zu Kindern. Die Zuneigung, die sie diesem Jungen entgegenbringt, erinnert an ihre spätere Liebe zu Arabella Stuart; auf Grund des frühen Todes seines Vaters wurde er, abgesehen davon, daß er ihr Patenkind und Neffe war, auch noch ihr Mündel; sie überhäufte ihn mit Ehren und Besitztümern, bis sie in ihrer Gefangenschaft nichts mehr für ihn tun konnte.

Gemäß der Sitte der damaligen Zeit zog sich Maria am 3. Juni feierlich in ihre Wochenstube zurück, um die Niederkunft zu erwarten. Bereits im Mai hatte die Hebamme, Margaret Asteane, ein elegantes schwarzes Samtkleid für das bevorstehende Ereignis erhalten; ein riesiges, prunkvolles Bett mit Vorhängen aus blauem Taft und Samt war für Maria vorbereitet worden, und für die Wiege des Kindes hatte man nicht weniger als fünfzehn Meter Leinwand weben lassen[10]. Die Gemächer, die Maria jetzt im Kastell von Edinburgh bewohnte, lagen an der südöstlichen Ecke des alten Palastes und überblickten somit die Stadt; die Wochenstube selbst war auffallend klein – wie so viele der wichtigen Räume der damaligen Zeit – und lag neben dem Gemach, das heute *Queen Mary's room* genannt wird. Am 15. Juni löste eine falsche Nachricht über die Geburt des Kindes verfrühten Jubel aus; aber in Wirklichkeit begannen die Wehen erst vier Tage später. Die Entbindung war langwierig, schmerzhaft und schwer, und die Königin wurde »so gequält, daß sie zu wünschen begann, sie hätte nie geheiratet«. Am Mittwoch, dem 19. Juni, zwischen zehn und elf Uhr morgens wurde endlich der kleine Prinz geboren; eine dünne, zarte Glückshaube lag über seinem Gesicht. Trotz der langen Dauer der Wehen war er, wie der englische Gesandte Killigrew fünf Tage später bemerkte, »ein eindrucksvoll gesundes Kind«. Killigrew sah das Baby zuerst an der Brust seiner Amme, Lady Reres, und später wurde es ihm nackt zur Besichtigung vorgeführt, ähnlich wie Maria selbst im Alter von wenigen Tagen Sir Ralph Sadler vorgeführt worden war. Killigrew schloß seinen Bericht mit der Bemerkung, daß der Sohn der schottischen Königin sich voraussichtlich als ein *»goodly prince«* erweisen werde[11].

Die Geburt eines männlichen Thronerben wurde in Edinburgh mit großem Jubel gefeiert; fünfhundert Freudenfeuer hüllten die Stadt und die umliegenden Hügel in festliches Licht, sämtliche Kanonen des Kastells wurden abgeschossen, und die Adeligen und das Volk versammelten sich zu einem Dankgottesdienst in der Kathedrale von St. Giles. Sir James Melville, von Mary Beaton über das freudige Ereignis unterrichtet, schwang sich sofort in den Sattel, um Königin Elisabeth die Nachricht zu überbringen. Die englische Königin reagierte mit ihrem berühmten Ausruf, der primitiven Klage einer kinderlosen Frau gegenüber der vom Schicksal mehr begünstigten Schwester: »Die Königin der Schotten hat einen gesunden Sohn zur Welt gebracht, und ich bin nichts als ein abgestorbener Strunk[12]!«

Während die Geburt eines Sohnes Marias Erbanspruch auf den englischen Thron festigte, verlor der Vater des Kindes, Darnley, damit seinen eigenen Platz sowohl in der schottischen als auch in der englischen Erbfolge. Königin Maria, die wußte, mit was für einem Menschen sie es zu tun hatte, sorgte dafür, daß es ihm nicht möglich sein würde, die rechtmäßige Abkunft des Kindes zu bestreiten: Sie ließ Darnley zu sich kommen, zeigte ihm vor allen Anwesenden das Kind und erklärte: »Gott der Herr hat dir und mir einen Sohn geschenkt, der von niemandem andern als von dir gezeugt ist.« Dann hielt sie ihm das Kind entgegen und fuhr fort: »Ich erkläre vor Gott, als stünde ich hier vor dem Jüngsten Gericht, daß dies dein Sohn ist und keines anderen Sohn, und ich wünsche, daß alle hier anwesenden Frauen und Männer dies bezeugen.« Schließlich konnte sie die Verachtung, die sie für ihren Mann hegte, nicht länger verbergen, und sie setzte geringschätzig hinzu: »Denn er ist so sehr dein eigener Sohn, daß ich beinahe fürchte, es wird ihm später einmal zum Schaden gereichen[13].« Nachdem Maria damit, wie sie hoffte, ihr Kind vor dem Stigma der Unehelichkeit bewahrt hatte, widmete sie den Rest ihres Aufenthalts im Kastell von Edinburgh seiner Pflege, ließ das Kind in ihrem eigenen Zimmer schlafen und wachte oft des Nachts an seiner Wiege. Einige Tage nach der Geburt rief sie Anthony Standen, den treuen Freund, der ihr bei der Flucht geholfen hatte, zu sich und ließ ihn von Darnley zum Ritter schlagen. Sie deutete auf das Kind in der Wiege, und die Worte, die sie sprach, ließen deutlich erkennen, wie weit Maria davon entfernt war, das Geschehene zu vergessen: »Hierfür haben Sie unser Leben gerettet . . .[14]«

Die Geburt Jakobs brachte für Maria zwei unmittelbare Folgen mit sich: Erstens hatte sie keinen zwingenden Grund mehr, der Öffentlichkeit gegenüber eine Versöhnung mit Darnley vorzutäuschen, und zweitens geriet ihr äußerst prekärer Gesundheitszustand jetzt völlig aus dem Gleichgewicht. Bis zu ihrer sehr schweren Krankheit, vier Monate später in Jedburgh, scheint sie sich nie richtig erholt zu haben, und diese Krankheit führte ihrerseits zu einer Periode nervöser, fast hysterischer Unpäßlichkeit, die anhielt, bis sie im Juni des folgenden Jahres nach Lochleven kam. Aber was ihr Verhalten und ihre Handlungsweise während der nächsten acht Monate — der kritischen Zeitspanne zwischen der Geburt ihres Sohnes im Juni 1566 und dem Tode Darnleys im Februar 1567 — betrifft, darf man die Berichte, die in dieser Zeit — das heißt vor Kirk o'Field — geschrieben wurden und nicht durch *arrière pensée* geändert werden konnten (wie zum Beispiel die relativ objektiven Kommentare der Gesandten zur Lage in Schottland und Marias eigene Briefe nach Frankreich), keinesfalls mit denen verwechseln, die aus späteren Jahren stammen und in erster Linie dazu bestimmt waren, Marias Ehebruch mit Bothwell zu beweisen. Zu diesen späteren Darstellungen gehört das *Book of Articles,* das Buchanan als Klageschrift anläßlich ihres Prozesses in England zwei Jahre später verfaßte, Buchanans *History* und seine *Detection of Mary Queen of Scots.* Buchanan — der durch Lehnspflicht an Lennox und damit an Darnley gebunden war — wollte so eindeutig wie möglich beweisen, daß Maria von der Geburt ihres Kindes an oder vielleicht sogar schon vorher eine ehebrecherische Beziehung zu Bothwell unterhalten hatte. Aber Buchanan hat sich bei seiner Anklage den Luxus so vieler augenfälliger Irrtümer gestattet, daß es schwerfällt, seinen Aussagen irgendwelche Bedeutung beizumessen.

Es ist bemerkenswert, daß es unter den Briefen und Berichten, ob englisch, französisch oder schottisch, die *vor* Darnleys Tod geschrieben wurden, nicht einen einzigen unbestrittenen Beweis dafür gibt, daß Maria ein Liebesverhältnis mit Bothwell hatte, solange ihr Mann noch am Leben war. Hingegen spricht vieles dafür, daß sie es nicht hatte. Die Königin machte offensichtlich im Herbst und Winter 1566 ihrem Hofstaat gegenüber keinen Hehl aus ihrer Abneigung gegen Darnley. Trotzdem kam niemand auf den Gedanken, die wachsende Verachtung Marias für ihren Mann mit ihrer wachsenden Zuneigung zu Bothwell in Verbindung zu bringen, obwohl die stets wachsamen Gesandten mit Freuden solch einen Verdacht aufgegriffen hätten, wenn nach ihrer Meinung etwas Wahres daran gewesen wäre. Was die beiden — Maria und Bothwell — selbst betrifft, Maria fühlte sich schwach und krank — ein Zustand, der schon an sich kaum dazu angetan ist, romantische Gefühle in einer Frau zu wecken — und war verzweifelt bemüht, ihre ehelichen Probleme zu lösen; außerdem war sie sich mittlerweile vollkommen klar darüber, daß sie durch ihre blinde Leidenschaft für Darnley sich diese Probleme ursprünglich selbst geschaffen hatte; so wäre es ihr wohl schwerlich in den Sinn gekommen, sich nach so kurzer Zeit abermals von ihren Gefühlen hinreißen zu lassen. Und Bothwell seinerseits war nur darauf bedacht, seine Stellung in der schottischen Regierung zu festigen. So ist es fraglich, ob angesichts so vieler anderer Interessen und Sorgen der eine Teil die Energie und der andere die Neigung für eine zeit- und nervenraubende Liebesaffäre hatte.

Noch vor Ende Juli verließ Maria Edinburgh und begab sich per Schiff nach Alloa, dem Landsitz des Earl of Mar. Darnley, der nicht von ihrer Abreise unterrichtet worden war, folgt ihr später nach Alloa, hielt sich jedoch, wie Bedford pflichtschuldig nach England berichtete, nur wenige Stunden dort auf. In demselben Brief bemerkte Bedford ferner, Bothwells Arroganz mache ihn so unbeliebt bei den übrigen Adeligen, daß er glaube, es könne irgendeine Verschwörung gegen ihn im Gange sein. Einige Tage später berichtete der Gesandte abermals, Bothwell sei jetzt so verhaßt, wie Riccio es nur je gewesen, und auch, daß die Königin sich nicht gut mit ihrem Mann verstünde[15]. Es ist bezeichnend, daß Bedford nicht den Versuch machte, diese beiden Tatsachen miteinander in Verbindung zu bringen: Im Gegenteil, Mitte August wurde behauptet, daß es Morays Einfluß auf seine Stiefschwester sei, die Darnley so verstimmte. Bedford schrieb, seine Eifersucht sei so groß, daß »er es nicht ertragen kann, die Königin in vertrautem Umgang mit Männern oder Frauen zu sehen, und besonders mit den Damen Argyll, Moray und Mar, die fast ständig um sie sind[16].«

Angesichts der Tatsache, daß Maria offensichtlich überzeugt war, Darnley habe ihren Tod und den ihres Kindes herbeiführen wollen, ist ihre Weigerung, ihm die ehelichen Rechte zu gewähren, nur allzu verständlich. Aber natürlich trug das nicht dazu bei, ihr Verhältnis zueinander zu bessern. Aus allen diesbezüglichen Berichten geht hervor, daß Darnley, sooft er seiner Verbitterung Ausdruck verlieh, sich stets in erster Linie über seine Demütigung als Ehemann beklagte. Aber Maria Stuart war zu stolz, sich einem Mann hinzugeben, den sie nicht lieben und achten konnte. Sie hatte Darnley nicht verziehen, und sie würde ihm auch nie verzeihen, obwohl sie es ihm versichert hatte, und nach der Geburt des Kindes ließ sie klar erkennen, daß sie nichts mehr mit ihm als Ehemann zu tun haben wollte.

Nach ihrer Rückkehr aus Alloa traf die Königin Vorkehrungen für die Übersiedlung ihres Sohnes nach Stirling Castle, dem traditionellen Aufenthalt der Königskinder. Mit einem Schutzgeleit von fünfhundert Arkebusieren machte der königliche Zug sich auf den Weg nach Stirling, wo der kleine Prinz der Obhut der Familie Erskine anvertraut wurde. Es war nichts Ungewöhnliches und ganz gewiß kein Zeichen von mangelnder Mutterliebe, daß Maria Stuart es anderen überließ, ihren Sohn aufzuziehen. Die Kinder Pflegeeltern zu übergeben, war damals allgemeiner Brauch bei den schottischen Adelsfamilien, und da dieser Brauch als ein Zeichen von Aristokratie betrachtet wurde, machten allmählich auch die gesellschaftlich Tieferstehenden ihn sich zu eigen. Maria zeigte mit ihrem ängstlichen Wachen über der Wiege Jakobs und der unendlichen Mühe, die sie darauf verwandte, seine Taufe so prunkvoll wie möglich zu gestalten, eine fast ergreifend große mütterliche Sorge, die auch in späteren Jahren durch ihre rührende Liebe zu allen kleinen Kindern, mit denen sie in Berührung kam, immer wieder bestätigt wurde. Die Vorbereitungen für die erste Kinderstube des kleinen Prinzen in Stirling wurden unter der persönlichen Aufsicht der Königin getroffen: Es wurden Schüsseln aus Gold und Silber bestellt, zahllose Meter blauer Seide für die Wiege, Manchester für seine Matratze, Federn für sein Kissen; die Wände des Zimmers sollten mit Wandteppichen geschmückt, die Fenster mit blauen Vorhängen versehen werden. Auch die Bedürfnisse von Lady Reres in ihrer Eigenschaft als Amme wurden nicht übersehen: Sie sollte ebenfalls blaue Seide für ihr Bett bekommen. Die Aufträge waren unverzüglich auszuführen, denn es war alles *»very needful to be had*[17]«.

Maitland, der lange Zeit bei der Königin in Ungnade gestanden hatte, wurde jetzt wieder in Gnaden aufgenommen und kehrte an den Hof zurück; er versöhnte sich auch mit Bothwell. Ende September schrieb Lennox einen Brief an Maria, in dem er ihr mitteilte, Darnley sehe seine jetzige Lage als so demütigend an, daß er beabsichtige, ins Ausland zu gehen, und er habe bereits ein Schiff zur Abfahrt rüsten lassen[18]. Daraufhin ließ Maria ihren Mann zu sich rufen und hielt ihm in Gegenwart des französischen Gesandten du Croc und ihrer Ratsmitglieder eine *fort belle harangue;* sie wollte wissen, in welcher Hinsicht sie ihn beleidigt habe, und bat ihn mit gefalteten Händen, sie nicht zu schonen, sondern ihr offen die Wahrheit zu sagen. Angesichts seines Schweigens schlossen die Lords sich ihrer Rede an und fragten Darnley ihrerseits, womit sie ihn beleidigt hätten, und selbst du Croc mischte sich ein und erklärte ihm, daß es die Ehre der Königin verletzen würde, wenn er ins Ausland ginge. Darnley machte keinen Gebrauch von der Gelegenheit, seine Beschwerden gegen Maria vorzubringen, sondern sagte lediglich mit ausdrucksloser Stimme, nein, er habe keinen besonderen Grund, sich beleidigt zu fühlen. Doch dann wurde er plötzlich von Zorn ergriffen, brach das Gespräch schroff ab und verließ, ohne seine Frau zu umarmen, das Zimmer, nachdem er ihr vorher geheimnisvoll angekündigt hatte, sie werde ihn so bald nicht wiedersehen.

Zwei Wochen später schrieb du Croc an Katharina von Medici über das gute Einvernehmen, das dank der Bemühungen Königin Marias jetzt wieder zwischen ihr und ihren Untertanen herrschte – sie seien »auf Grund des klugen Verhaltens der Königin so ausgesöhnt mit ihr, daß keinerlei Uneinigkeit zwischen ihnen zu bemerken ist«. Darnley hingegen sei allerseits außerordentlich unbeliebt; offenbar habe er nichts aus seinen jüngsten Erfahrungen gelernt, und er wolle immer noch überall mitreden. Es gebe jedoch nicht einen einzigen Adeligen, der sich nicht in seinem Verhalten Darnley gegenüber nach dem der Königin richte. Du Croc fuhr fort, daß bereits große Vorbereitungen für die Taufe des kleinen Prinzen im Gange seien und daß Protestanten und Katholiken der Feier mit gleicher Begeisterung entgegensähen.

Die guten Beziehungen, die in dieser Zeitspanne zwischen der Königin und dem Adel herrschten, sind zweifellos nicht nur der Geburt des Thronerben, sondern auch ihrer Haltung gegenüber der offiziellen Religion ihres

Landes zuzuschreiben. Ihre zaghaften Ansätze einer pro-katholischen Politik im Frühjahr 1566 waren durch die Ermordung Riccios zunichte gemacht worden, die unter anderem ein Beweis für die Macht der protestantischen Lords gewesen war. Während der letzten fünfzehn Monate ihrer persönlichen Regierung machte Maria nicht den Versuch, den schottischen Katholiken zu helfen, sondern zeigte im Gegenteil wieder deutlich ihre Sympathie für die reformierte Kirche. Am 3. Oktober wurde durch einen Beschluß des Kronrats verfügt, daß Pfründen, die weniger als 300 *merks* jährlich einbrachten, an die protestantischen Geistlichen gehen sollten, und in einigen Fällen wurden Geistliche in Pfründen eingesetzt. Am 13. Dezember wurde ein weiteres Gesetz zur Unterstützung der protestantischen Verwaltungsbehörde erlassen, und am 20. Dezember erhielt die »Kirk« von der Königin persönlich ein Geschenk von zehntausend Pfund[19]. Solch eine Haltung gegenüber der Religion, der die Mehrheit ihrer Untertanen angehörte, ist nach unseren heutigen Begriffen pragmatisch vom Standpunkt der Regierung aus und bewundernswert im Sinn von Toleranz und Ordnung. Schließlich bestand kein Zweifel an Marias persönlicher Treue zum Katholizismus, denn abgesehen von ihren früheren Äußerungen Throckmorton gegenüber, ging sie selbst in politisch schwierigen Zeiten nie davon ab, ihre private Messe zu hören, und die Messe selbst war, wie wir gesehen haben, den fanatischen Protestanten am meisten verhaßt. So war ihre weitsichtige Politik und Toleranz wirklich bewundernswert, besonders wenn man bedenkt, daß Maria Stuart in dem Jahr geboren war, in dem die spanische Inquisition ins Leben gerufen wurde. Aber natürlich konnte man von Papst Pius V. im fernen Rom nicht erwarten, daß er die Situation mit der gleichen Objektivität betrachte: Er war besorgt über das Verhalten seiner geistlichen Tochter und beschloß, ihren Glaubenseifer mittels einer päpstlichen Gesandtschaft und päpstlicher Subsidien anzuspornen. Ein päpstlicher Nuntius, der Bischof von Mondovi, wurde nach Schottland entsandt, mit dem Auftrag, der Königin 150 000 Kronen in Gold zu überbringen, die ihr helfen sollten, die Ketzer zu bekämpfen; aber Königin Maria zeigte sich nach wie vor nicht geneigt, den Nuntius auf schottischem Boden zu empfangen, denn seine Ankunft würde, so erklärte sie, »einen großen Aufruhr« verursachen[20]. Mondovi hielt sich noch in Frankreich auf und wartete auf die Genehmigung, in Schottland zu landen, als ihn die Nachricht von Marias schwerer Erkrankung in Jedburgh erreichte.

Jedburgh war eine der bedeutendsten Städte im schottischen Grenzgebiet, am Rande der ausgedehnten Wildnis gelegen, die sich über die Grenze hinweg bis England erstreckte. Die Königin war Anfang Oktober dort eingetroffen, um einen Landgerichtstag abzuhalten. Sie wohnte in einem *bastel-house,* einem befestigten Wohnhaus in der Hauptstraße der Stadt, das heute noch in seiner ursprünglichen Struktur zu sehen ist. Eines Tages erreichte sie die Nachricht, daß Bothwell, ihr Statthalter in den Grenzdistrikten, von einer Räuberbande angefallen worden war und lebensgefährlich verwundet in Hermitage Castle lag. Die Königin unternahm zunächst nichts, aber fünf oder sechs Tage später, nachdem ihre Arbeit beendet war, beschloß sie, Bothwell einen Besuch abzustatten – nicht so sehr, um ihm ihre Anteilnahme zu beweisen, sondern einfach, weil er ihr Statthalter und einer ihrer wichtigsten Berater, besonders in den ewig umstrittenen Grenzfragen, war und sie einige Probleme mit ihm erörtern wollte. Bedford, der über den Zwischenfall und die Genesung des Earls nach England berichtete, bemerkte, daß der Tod Bothwells zweifellos einen großen Verlust für die Königin der Schotten bedeutet hätte; aber die absolut nüchterne und beiläufige Art, in der er dies erwähnte, läßt darauf schließen, daß er sich dabei lediglich auf den Verlust eines klugen und verläßlichen Ratgebers bezog.

Am 16. Oktober machte sich die Königin, von Moray, zahlreichen Angehörigen ihres Hofstaats sowie einer Anzahl Soldaten begleitet, auf den Weg nach Hermitage Castle, um Bothwell zu besuchen. Da diese Grenzfestung, die aus dem 13. Jahrhundert stammte, keine ausreichenden Bequemlichkeiten für einen längeren Aufenthalt des Königshofes bot, hatte man beschlossen, noch am selben Tag nach Jedburgh zurückzukehren. Der Ritt betrug insgesamt nur etwas über fünfzig Meilen – keine übermäßige Anstrengung für eine Königin, die seit frühester Jugend daran gewöhnt war, täglich zu jagen und zu reiten, und die im sechsten Monat ihrer Schwangerschaft fünfundzwanzig Meilen nach Dunbar auf dem Sattelkissen zurückgelegt hatte. So äußerte niemand irgendwelche Bedenken gegen diesen Plan.

Aber unmittelbar nach ihrer Rückkehr von Hermitage Castle wurde Maria schwer krank. Zweifellos gab der anstrengende Ritt den letzten Anstoß zu diesem Zusammenbruch, der sich jedoch schon seit längerer Zeit vorbereitet hatte und offenbar in erster Linie nervöser Natur war: In einem vertraulichen Brief an den Erzbischof Beaton, Marias Gesandten in Paris, schrieb Maitland die Krankheit der Königin ausschließlich ihren Schwierigkeiten mit Darnley zu – »er benimmt sich ihr gegenüber so niederträchtig, daß es herzzerreißend für sie sein muß, zu denken, daß er ihr Ehemann ist ...[21]«. So lösten jetzt anscheinend körperliche und seelische Beanspruchung gemeinsam eine so schwere Nervenkrise aus, daß man am Hofe kaum mehr auf Marias Genesung zu hoffen wagte. Zuerst erlitt sie einen anhaltenden Brechanfall – »über sechzigmal« –, der so stark und langwierig war, daß sie mehrmals das Bewußtsein verlor; zwei Tage später konnte sie weder sprechen noch sehen und wurde wiederholt von Krämpfen befallen. Dann trat eine vorübergehende Besserung ein, aber bis zum 25. Oktober hatte sich der Zustand der Königin wieder derart verschlechtert – »ihr Gesicht war verzerrt, ihre Augen waren geschlossen, ihre Lippen verkrampft und ihre Arme und Beine steif und kalt« –, daß man abermals glaubte, sie sei dem Tode nah. In den Kirchen von Edinburgh wurden, wie Knox in seiner *History* berichtet[22], öffentliche Bittgottesdienste für ihre Genesung abgehalten. Maria selbst erzählte Nau, ihre Dienstboten hätten sie bereits für tot gehalten und die Fenster des kleinen Gemachs geöffnet, in dem sie lag; man habe Trauerkleidung bestellt und über die Vorkehrungen für ihre Bestattung gesprochen. Maitland drückte sich in seinem Bericht an Cecil etwas lakonischer aus, gab jedoch zu, daß man tatsächlich eine halbe Stunde lang alle Hoffnung aufgegeben hatte. Aber schließlich gelang es dem Arzt der Königin, sie wieder zu beleben, indem er ihren Körper von den Füßen aufwärts fest bandagierte, ihr Wein einflößte und ein Klistier gab. Die Königin erbrach eine ganze Menge »verdorbenes Blut« und begann danach, sich langsam zu erholen[23].

Aus diesen Tatsachen, die ja schon an sich dramatisch genug sind, spann Buchanan ein wollüstiges Märchen, nach dem die Königin sich in den Sattel schwang und wie eine Besessene zu Bothwell stürmte, sobald sie die Nachricht von seiner Verwundung erhielt (was, wie wir gesehen haben, nicht der Wahrheit entsprach); während ihres kurzen Aufenthalts in Hermitage Castle habe sie sich hemmungslos ihren ehebrecherischen Ausschweifungen hingeben (Morays Anwesenheit bei dieser Begegnung wird großzügig ignoriert) und sei als Folge davon erkrankt; später habe sie dann Bothwell nach Jedburgh holen und in dem Zimmer unter ihrem eigenen unterbringen lassen, damit sie während ihrer beider Rekonvaleszenz bequem ihr Liebesverhältnis fortführen könnten[24] – was wiederum eine absurde Erfindung ist. In Wirklichkeit war die Königin in Jedburgh – weit entfernt von Bothwell – abermals damit beschäftigt, Verfügungen für den Fall ihres Todes zu treffen. Als sie glaubte, *in extremis* zu sein, ließ sie die Adeligen, einschließlich Morays, zu sich kommen und versuchte, eine Art Vermächtnis zu diktieren, um ihrem Sohn ein friedliches Erbe zu sichern – denn es ist der Sohn, nicht der Vater, der ihr auf dem Thron folgen soll, und Maria betonte ausdrücklich, daß man Darnley daran hindern müsse, sich der Krone zu bemächtigen. Darnley wird abermals der Undankbarkeit bezichtigt: »Sie wissen, meine Herren, wie gütig ich mich gegen eine gewisse Person gezeigt, sie zu großen Ehren erhoben und ihr Vorrang vor allen anderen gegeben habe; nichtsdestoweniger wurde meine Güte ... mit Undank belohnt, und das hat den Verdruß hervorgerufen, der mich augenblicklich am meisten quält und auch der Grund meiner Krankheit ist.« Aber am interessantesten waren wohl die Worte, die sich auf die Frage der Religion bezogen; Maria bat inständig, daß man die gleiche Toleranz, die sie zu Lebzeiten den Protestanten entgegengebracht habe, nach ihrem Tode den Katholiken entgegenbringen möge: »Ich habe keinen von Ihnen bedrängt, der anderen Glaubens ist ... Ich bitte Sie, mein Bruder Earl of Moray, sich langsam zu erholen[23].

Man kann schwerlich behaupten, daß Darnley sich während dieser Zeit der Krankheit Marias als liebevoller Ehemann zeigte. Er war im Westen

Schottlands, als sie erkrankte, und eilte keineswegs, wie Buchanan und Knox hinterher behaupteten, sofort zu seiner Frau. Erst elf Tage später stattete er ihr einen kurzen Besuch ab und kehrte dann nach Glasgow zurück. Die Verteidiger der Königin haben dies oft als einen Beweis von Herzlosigkeit bezeichnet; im *Diurnal of Occurrents,* einer unparteiischen Chronik der Ereignisse, wird jedoch die Vermutung geäußert, Darnley habe, da er sich auf der Jagd befand, erst am 27. Oktober die Nachricht erhalten, woraufhin er nach Edinburgh und am nächsten Tag nach Jedburgh ritt[25]. In Jedburgh fühlte er sich über irgend etwas gekränkt – wie er es so häufig tat –, und so ging er wieder nach Edinburgh und von dort aus nach Stirling. Möglicherweise hatte man keinen Sonderboten entsandt, ihn von der Erkrankung der Königin zu benachrichtigen: Auf jeden Fall schien der Bruch zwischen ihnen jetzt endgültig.

Die nächste Episode in der sich langsam zuspitzenden Tragödie Darnleys fand Ende November auf Schloß Craigmillar, einem großen, freiherrlichen Palast in der Umgebung von Edinburgh, statt. Maria befand sich immer noch unter strenger Aufsicht ihrer Ärzte und war offenbar in einem Zustand tiefer Depression. Der französische Gesandte du Croc schrieb an Beaton in Paris, daß sie immer wieder sage: »Ich wünschte, ich wäre tot.« Du Croc bemerkte, daß angesichts von Marias Mißtrauen und Darnleys Arroganz nicht mehr mit einer Verständigung zwischen dem Königspaar zu rechnen sei. »Der König wird sich niemals so bescheiden zeigen, wie er sollte; und die Königin kann keinen der Lords im Gespräch mit dem König sehen, ohne sofort zu argwöhnen, daß sie wieder irgendeinen Plan aushecken[26].« Seit der Ermordung Riccios fühlte sich Maria offenbar ständig von einer möglichen Verschwörung von seiten Darnleys bedroht. Marias adelige Ratgeber, die mit ihr auf Schloß Craigmillar wohnten, waren sich jedoch alle einig in ihrem Haß gegen Darnley, der sie anläßlich der Riccio-Affäre so schmählich verraten hatte, aber trotzdem, zumindest dem Namen nach, immer noch König von Schottland war und sich ihnen gegenüber als Gebieter aufspielen konnte. Die Ereignisse hatten Darnleys Anmaßung nicht gemindert: Und Adelige vom Schlage Morays, Argylls, Bothwells und Maitlands waren nicht dazu geschaffen, zu vergeben und zu vergessen.

Gemäß der *Protestation* – der feierlichen Erklärung – von Huntly und Argyll (die im Januar 1569 geschrieben wurde, als diese beiden sich der marianischen Partei angeschlossen hatten) sprachen Moray und Maitland jetzt mit Argyll über eine mögliche Scheidung des Königspaars; dann wurden Huntly und Bothwell zugezogen, und schließlich traten sie alle mit ihrem Vorschlag an die Königin heran. Maitland eröffnete die Besprechung, indem er sagte, man werde Mittel und Wege für Marias Scheidung von Darnley finden, vorausgesetzt, daß sie bereit sei, Morton und die übrigen Mörder Riccios (die sich immer noch im Exil befanden) zu begnadigen. Die Königin erklärte sich einverstanden, machte jedoch zur Bedingung, daß die Scheidung gesetzmäßig und ohne Schaden für ihren Sohn durchgeführt werden müsse. Darauf erwähnte Maitland »andere Mittel« und gab der Königin zu verstehen, daß Moray »durch die Finger sehen« werde. Offenbar ein wenig beunruhigt von dieser rätselhaften Andeutung, bat die Königin abermals, man möge nichts unternehmen, was ihrer Ehre zur Last fallen könne, und Maitland erwiderte: »Lassen Sie uns die Sache unter uns besorgen, und Eure Gnaden werden sehen, daß nichts als Gutes geschieht und nichts, was nicht vom Parlament gebilligt worden ist[27].« Dies waren die Tatsachen, auf die Marias Anhänger sich in späteren Jahren stützten, um ihre Unschuld am Tode Darnleys zu beweisen. Die Königin, erklärten sie, sosehr sie auch gewünscht haben mochte, sich von Darnley zu befreien, könne nicht gewußt haben, daß die Adeligen tatsächlich vorhatten, ihn zu töten, da Maitland ihr ja versichert habe, es werde nichts ohne Billigung des Parlaments geschehen. Natürlich war die Königin nicht aktiv an der Verschwörung beteiligt, und das war auch nie beabsichtigt gewesen; die Einzelheiten der Tat waren nicht ihre Sorge. Sie gab den Adeligen in Craigmillar klar zu verstehen, daß sie Darnley los sein wollte, ähnlich wie Heinrich II. hinsichtlich Thomas Beckets ausrief: »Wer wird mich von diesem Priester befreien?« Und sie stellte zwei Bedingungen, die für sie von entscheidender Bedeutung waren: erstens, daß ihr Kind nicht in Gefahr geraten durfte, zum Bastard gestempelt zu werden, und zweitens, daß »ihre Ehre« nicht befleckt werden durfte. Maitland beruhigte sie in diesen beiden Punkten: Aber es ist schwer, sich vorzustellen, an welche »anderen Mittel« er dachte, es sei denn, er hatte die Absicht, Darnley vor dem Parlament des Verrats anzuklagen und ihn aufgrund dessen zum Tode verurteilen zu lassen. Maria selbst setzte sich jedoch gar nicht so offen mit der Situation auseinander. Sie war Königin und Frau; als Frau wünschte sie, sich aus einer unerträglichen Ehe zu befreien; als Königin erwartete sie von ihren Adeligen, daß sie ihr bei der Lösung eines schwierigen Problems, das nicht nur sie selbst, sondern auch die Regierung anging, mit Rat und Tat zur Seite stünden; es würde niemandem etwas nützen, wenn sie sich allzu eingehend mit der Frage beschäftigte, wie die Adeligen den Wünschen ihrer Königin nachzukommen planten. Wenn Moray, wie man sagte, die Absicht hatte, »durch die Finger zu sehen«, so hatte Königin Maria ihrerseits die Absicht, beide Hände vor die Augen zu halten.

Es scheint fast sicher, daß daraufhin von all denjenigen Adeligen, die Darnley aus dem Wege räumen wollten, einschließlich Maitland, Bothwell, Argyll, Huntly und James Balfour, auf Schloß Craigmillar ein »Bond« aufgesetzt und unterzeichnet wurde, den Morton später bei seiner Rückkehr nach Schottland ebenfalls unterschrieb. Ebenso wie bei dem Bond anläßlich der Verschwörung gegen Riccio war auch diesmal nicht von einem beabsichtigten Mord die Rede. Das feindliche *Book of Articles* beschreibt den Bond folgendermaßen: »Es wurde von allen unterzeichneten Lords im Interesse des Allgemeinwohls für ratsam erachtet, daß solch ein junger Narr und stolzer Tyrann nicht regieren oder über sie herrschen solle und daß sie daher aus diversen Gründen einstimmig beschlossen hatten, sich seiner auf die eine oder andere Art zu entledigen[28].« Der Bond selbst ist nicht erhalten geblieben, aber Bothwells Gefolgsmann, John Hepburn of Bolton, erwähnte ihn in seinem Geständnis und sagte, Bothwell habe ihn ihm gezeigt, und ein anderer Gefolgsmann Bothwells namens Ormiston, der 1573 hingerichtet wurde, beschrieb ihn dem Priester in seiner letzten Beichte. Die Königin erzählte Nau später, Bothwell habe ihr bei ihrem Abschied vor der Schlacht von Carberry Hill ein Stück Papier in die Hand gedrückt und ihr gesagt, sie solle es sorgfältig aufbewahren, denn es sei der Beweis für die Mitschuld der anderen Lords an der Ermordung Darnleys — jener selben Lords, die jetzt in Schlachtordnung gegen sie aufgestellt waren und Bothwell allein des Verbrechens beschuldigten. Wenn man diesem Bericht Glauben schenken will, so muß das belastende Dokument Maria nach ihrer Gefangennahme fortgenommen und vernichtet worden sein. Es ist nicht ganz klar, welche Rolle Moray bei der ganzen Sache spielte: Er hat den Craigmillar-Bond nicht unterschrieben, obwohl er zweifellos seinen Inhalt kannte. Hinterher beteuerte er, daß er sich an nichts Ungesetzlichem beteiligt oder es gutgeheißen habe. Im Hinblick auf Maitlands Versicherung Maria gegenüber, daß Moray »durch die Finger sehen« werde, ist anzunehmen, daß Moray beabsichtigte, die Ausführung der Tat anderen zu überlassen, während er die Konsequenzen billigte und davon zu profitieren hoffte. Wenn er glaubte, daß die übrigen Lords vorhatten, sich Darnleys Person zu bemächtigen, um ihn bei dieser Gelegenheit zu töten, so konnte er vielleicht noch mit einigermaßen gutem Gewissen behaupten, daß er nichts Ungesetzliches gebilligt habe*. Demnach wußte Moray vermutlich ein wenig besser über die Pläne der Verschwörer Bescheid als Maria, obwohl im großen und ganzen die Haltung von Bruder und Schwester in dieser Angelegenheit ziemlich die gleiche war.

Im Dezember vergaß die Königin vorübergehend ihre quälenden Probleme mit Darnley und wandte ihre Gedanken der Taufe ihres Sohnes zu. Kurz nach der Geburt hatte man den König von Frankreich, den Herzog von Savoyen und die Königin von England benachrichtigt und sie gebeten, die Patenschaft des Kindes zu übernehmen. Darnley machte Einwendungen gegen Elisabeth wegen ihrer Feindseligkeit ihm gegenüber, aber Maria, die sich von Elisabeths Wohlwollen eine goldene Zukunft für ihren Sohn

* So erklärte Morays Biograph Maurice Lee das Verhalten und die späteren Beteuerungen Morays. Aber Professor Donaldson weist darauf hin, daß es ungesetzlich gewesen wäre, Darnley wegen Verrats zu verhaften, solange er noch König war[29].

versprach, hörte nicht auf ihn. Am 17. Dezember wurde die Taufe nach katholischem Ritus in der Hauskapelle von Stirling Castle vorgenommen. Der Comte de Brienne, Stellvertreter des Königs von Frankreich, trug den kleinen Prinzen zwischen einem Spalier von Höflingen hindurch von den königlichen Gemächern in die Kapelle. Monsieur du Croc vertrat den Herzog von Savoyen. Ihnen folgte eine Anzahl katholischer Edelleute mit dem diversen offiziellen Zubehör der katholischen Taufe – einer trug die Wachskerze, einer das Salz, einer das Becken und Taufwasser und einer das Kruzifix. Am Eingang zur Kapelle wurde der Zug vom Erzbischof von St. Andrews und anderen katholischen Würdenträgern empfangen.

Königin Elisabeth hatte als Geschenk für ihr Patenkind ein prachtvolles goldenes Taufbecken gesandt, das nach dem *Diurnal of Occurrents* dreißig Pfund wog[30]. Aber da Bedford, ihr Gesandter, einer der führenden englischen Puritaner war, konnte er sie nicht bei der Taufe vertreten. Jean, Countess of Argyll, die Tante des Kindes, fungierte als stellvertretende Patin für Elisabeth und hielt das Kind in den Armen. Prinz Jakob wurde nach dem vollen katholischen Ritus getauft, abgesehen davon, daß die Königin dem Priester untersagte, ihm in den Mund zu spucken, wie es damals Sitte war. Während der ganzen Zeremonie standen Bedford und die übrigen protestantischen Lords draußen vor der Kapelle.

Die Taufe wurde mit all dem Prunk gefeiert, den Königin Maria aufbieten konnte. Es gab ein Festmahl, Feuerwerke und Maskenspiele mit Versen, die Buchanan, offenbar zu dieser Zeit noch ein Verehrer der Königin, eigens für diese Gelegenheit geschrieben hatte. Nur einer fehlte bei all diesen Feierlichkeiten – der Vater des Kindes, »König Heinrich« selbst, der sich zwar in Stirling Castle aufhielt, sich aber nicht blicken ließ. Es wurde damals gemunkelt, seine Abwesenheit sei auf seine gespannten Beziehungen zu Königin Elisabeth zurückzuführen (die niemals offiziell seine Ehe gutgeheißen hatte) und darauf, daß Bedford Anweisungen erhalten hatte, ihm den Titel »Majestät« zu verweigern. Hierfür gibt es jedoch keinerlei Beweis. Viel wahrscheinlicher ist, daß Darnley, wie du Croc vermutete, die englischen Adeligen, aus deren Reihen er stammte, nicht sehen lassen wollte, wie sehr er am schottischen Hof an Prestige verloren hatte[31]. Erst am Morgen dieses selben Tages hatte er wieder einen niederschmetternden Beweis dafür erhalten, als du Croc sich dreimal weigerte, ihn zu empfangen: Da Darnley sich jetzt nicht »in gutem Einvernehmen« mit Königin Maria befinde, erklärte er, habe der französische König ihn angewiesen, sich nicht mehr mit ihm abzugeben. Ende Dezember verließ Darnley Schloß Stirling und begab sich nach Glasgow, dem traditionellen Zentrum des Einflußbereiches der Lennox Stewarts, wo er hoffte, mehr seinem königlichen Rang entsprechend behandelt zu werden.

XVI

DIE ERMORDUNG DARNLEYS

»Erbarmen tust du mich, so sagte er,
Und Gnade werd' ich dir so viel erweisen
Wie du dem Kammerherrn der Königin
Am Tage, als du ihm den Tod zudachtest.«

Bothwell zu Darnley, aus der Ballade Earl Bothwell

Im Oktober hatte Maria, die Königin der Schotten, in Jedburgh an der Schwelle des Todes gestanden. Anfang des neuen Jahres wurde Darnley seinerseits in Glasgow schwer krank. Es wurde damals bekanntgegeben, er habe die Pocken, aber viel wahrscheinlicher ist, daß er in Wirklichkeit an Syphilis litt. In *Les Affaires du Comte de Boduel,* dem Bericht, den Bothwell selbst während seiner Gefangenschaft in Dänemark über die Ereignisse schrieb, strich er die Bezeichnung *petite vérole* (Pocken) aus und setzte mit seiner eigenen Handschrift *roniole* (Syphilis) dafür ein. Das *Diurnal of Occurrents* spricht nicht von *small pox* (Pocken), sondern nennt Darnleys Krankheit *pox* – ein Wort, das zu dieser Zeit häufig für Syphilis gebraucht wurde[1]. Darnleys Schädel, der sich jetzt im Royal College of Surgeons in London befindet, wurde auf Verlangen von Dr. Karl Pearson untersucht, und man stellte an ihm Spuren »einer virulenten syphilitischen Erkrankung« fest[2]. Die Königin machte zunächst keine Anstalten, ihren Mann zu besuchen, sandte aber sofort nach Erhalt der Nachricht ihren Leibarzt zu ihm nach Glasgow.

Doch trotz dieser humanen Geste – die so typisch für ihren Charakter war – suchte Maria offensichtlich auch weiterhin nach Mitteln und Wegen, von Darnley loszukommen. Am Weihnachtsabend begnadigte sie, wie versprochen, Morton und seine Spießgesellen – ein Beweis, daß sie, wie in der *Protestation* versichert wird, fest glaubte, ein Abkommen mit Maitland und den übrigen Adeligen getroffen zu haben: Jetzt, da sie Morton gestattet hatte, nach Schottland zurückzukehren, war es an ihnen, sie auf »gesetzmäßige« Art von Darnley zu befreien. Und sie wußte, daß sie keine Zeit verlieren durfte, denn Darnley war, obwohl jeden Einflusses beraubt und von Feinden bedroht, in gewisser Hinsicht immer noch ein gefährlicher

Gegenspieler. Er hörte nicht auf, Intrigen zu spinnen und sich wichtig zu machen. Er war klug genug zu erkennen, daß Maria ihm mit ihrer entschlossenen Politik des *laissez-faire*, was die schottischen Katholiken betraf, eine mögliche Angriffsfläche bot: Und er war gewissenlos genug, ihren Ruf bei den katholischen Mächten im Ausland zu untergraben, um sich selbst zum Schirmherrn des Katholizismus in Schottland zu machen. Am 22. Oktober 1566 schrieb Robert Melville an Beaton in Paris, daß Darnley versuche, die Entlassung der Protestanten Maitland, Mac Gill und Bellenden zu erzwingen, indem er drohte, andernfalls das Land zu verlassen[3]. Am 13. November berichtete de Silva, der spanische Gesandte in London, König Philipp II., Königin Maria habe in Schottland erfahren, daß Darnley an Philipp, den Papst, den König von Frankreich und den Kardinal von Lothringen geschrieben und die Königin als »unverläßlich im Glauben« bezeichnet habe[4]. Knapp ein Jahr zuvor hatte Darnley sich im Geiste im Besitz der ersehnten *crown matrimonial* gesehen. Jetzt war er immer noch vermessen genug, sich in Gedanken durch das Eingreifen einer katholischen Großmacht als König von Schottland zu sehen, der als Vormund seines jungen Sohnes regierte, nachdem man seine Frau abgesetzt hatte.

Wir werden nie genau erfahren, wieweit dieses »katholische« Komplott lediglich in der Vorstellung Darnleys – oder seiner Feinde – existierte und wieviel Wahrheit hinter all den Gerüchten und Beschuldigungen steckte. Jedenfalls wurde gegen Ende des Jahres erneut gemunkelt, daß Darnley wieder gegen seine Frau intrigiere, und dieses Gerücht kam nicht nur Maria, sondern auch Beaton in Paris zu Ohren. Wie der Historiker F. W. Maitland es ausdrückt, ist es sehr schwer, sich zu vergegenwärtigen, daß Geschehnisse, die heute weit in der Vergangenheit liegen, einmal in der Zukunft lagen. Im Januar 1567 war von dem Königspaar Darnley derjenige, der sich als der Verschwörer erwiesen und durch ein Komplott nach der Mitkönigskrone – und vielleicht noch mehr – gestrebt hatte. Bis dahin war nur Maria der Gegenstand von Verschwörungen gewesen, und seit der Riccio-Affäre hatte sie, wie du Croc bemerkte, ein äußerst wachsames Auge auf Darnley gehabt, um »weiteren böswilligen Plänen« vorzubeugen. Jetzt glaubte sie, ihn wieder bei solch einem Plan ertappt zu haben: Sie schrieb im Januar an Beaton, es gehe das Gerücht, daß Darnley beabsichtige, sich der Person Prinz Jakobs zu bemächtigen und damit die Zügel der Regierung an sich zu reißen[5]. Dann fuhr sie fort: » . . . Gott weiß, wie wir uns immer gegen ihn verhalten haben, und nicht minder sind Gott und der Welt seine Treibereien und Ungerechtigkeiten gegen uns bekannt; alle unsere Untertanen haben sie mit angesehen, und ich zweifle nicht, daß sie ihn dafür in ihrem Herzen verurteilen.« Darnley erkundigte sich ständig nach dem, was sie tat, und Maria äußerte die Überzeugung, daß sowohl er als auch sein Vater Lennox ihr, wenn sie könnten, nur allzu gern Schaden zufügen würden. Zum Glück, schrieb Maria, habe Gott dafür gesorgt, daß sie keinen großen Einfluß und daher wenig Möglichkeiten hätten, ihre böswilligen Absichten auszuführen. Und außerdem bezweifle sie, daß irgend jemand in Schottland – abgesehen von den unmittelbaren Anhängern der Lennox' – eine feindselige Handlung gegen seine Königin gutheißen würde.

Aber trotz dieses offensichtlichen Selbstvertrauens traf Maria Vorsichtsmaßregeln gegen die mögliche Böswilligkeit Darnleys: Da Stirling Castle, wie man fand, bedrohlich nahe bei Glasgow lag, ließ sie den kleinen Prinzen Jakob dort fortholen und nahm ihn zu sich nach Holyrood. Bereits vor der Ankunft ihres Briefes hatte Beaton in Paris Gerüchte gehört, daß der Königin Gefahr drohe: Der spanische Gesandte hatte angedeutet, »that there be some surprise to be trafficked to the Queen's contrary«. Und der spanische Gesandte in London hatte aus der gleichen Quelle erfahren, daß in Schottland eine Verschwörung gegen sie im Gange sei[6]. Auf diese Andeutungen hin sandte Beaton Königin Maria einen warnenden Brief, in dem er sie bat, sich mit ihrem Mann auszusöhnen, um zu verhindern, daß er etwas unternehme, was ihr gefährlich werden könnte. Leider erreichte dieser so kluge und einsichtige Brief Maria erst, als Darnley bereits tot war.

Am 20. Januar machte die Königin sich auf den Weg nach Glasgow, um ihren kranken Mann nach Edinburgh zurückzubringen und selbst gesund zu pflegen. Angesichts ihrer kalten Verachtung für Darnley, die sie in ihrem Brief an Beaton ganz unverhohlen zum Ausdruck brachte (der Brief wurde am Tag vor ihrer Abreise geschrieben), fragt man sich unwillkürlich, was sie veranlaßt haben mochte, diese Reise zu unternehmen. Gewiß, Maria hatte von Anfang an Darnleys Krankheit gegenüber eine höfliche Anteilnahme gezeigt; aber es bedarf eines überzeugenderen Arguments als bloßer Nächstenliebe, ihr Vorgehen zu erklären – und auch zu erklären, was ebenso rätselhaft ist, weshalb Darnley so widerspruchslos einwilligte, ihr nach Edinburgh zu folgen.

Um die Antwort auf diese Fragen zu finden, muß man zunächst einmal feststellen, was in den Wochen vor dieser Reise geschah. Anfang Januar fand in Whittingham, einem der Schlösser der Familie Douglas, eine Besprechung zwischen Bothwell, dem kürzlich nach Schottland zurückgekehrten Morton, seinem Vetter Archibald Douglas und Maitland statt. Die volle Wahrheit über das, was sich bei dieser Zusammenkunft abspielte, werden wir nie erfahren, denn hinterher, als die beteiligten Adeligen sich in zwei Lager gespalten hatten, beschuldigte einer den anderen, das Thema über Darnleys Ermordung angeschnitten zu haben.

Morton erklärte fünfzehn Jahre später auf dem Totenbett, Bothwell habe ihm vorgeschlagen, Darnley zu töten, was er, Morton, jedoch abgelehnt habe mit der Begründung, daß er nicht so kurz nach seiner Verbannung wieder in Ungnade fallen wolle. Laut Morton wurde daraufhin Archibald Douglas nach Edinburgh gesandt mit dem Auftrag, die Königin um eine schriftliche Einwilligung zur Beseitigung ihres Mannes zu ersuchen, aber Douglas kehrte mit der eindeutigen Antwort Marias zurück: »Sagen Sie dem Earl of Morton, daß die Königin nicht über diese Frage zu sprechen wünscht.« Bothwell seinerseits behauptete, er habe sich »nach all den Jahren der Gefangenschaft und Verbannung nur Ruhe und ein friedliches Leben« gewünscht, wogegen Morton derjenige gewesen sei, der ihn angespornt habe, Darnley aus Rache für seinen Verrat zu töten[8]. Es ist kaum ein Unterschied zwischen diesen zwei Versionen der gleichen Geschichte, und es ist nicht nötig, zu entscheiden, wem von diesen beiden ehrgeizigen und kühnen Männern die Ehre gebührt, das Thema als erster zur Sprache gebracht zu haben. Aber eines ist wichtig: Keiner der beiden erwähnte, daß die Königin vorher etwas von ihren Plänen gewußt habe; laut Morton war sie sogar noch weiter gegangen und hatte ausdrücklich betont, daß sie nichts von solch einem blutdürstigen Vorhaben hören wolle. Die Ablehnung der Königin, verbunden mit ihrer allgemein bekannten Güte und Barmherzigkeit, die sie nur allzuoft veranlaßten, Menschen zu verzeihen, denen sie manchmal lieber nicht hätte verzeihen sollen, gab den Verschwörern guten Grund, sie künftig nicht in ihre Pläne einzuweihen. Sie verabscheute jede Gewalttätigkeit: Wie sie selbst Jahre später von sich sagte, sie wollte lieber mit Esther beten als mit Judith das Schwert ergreifen. Dennoch konnten die Adeligen nach der Unterredung auf Schloß Craigmillar wohl mit gutem Recht annehmen, daß sie das Endergebnis gutheißen würde. Aber zweifellos hielten sie es für ratsam, ihre Pläne zu verfolgen, ohne die Königin weiterhin davon zu unterrichten.

Es gab jedoch etwas, worin die Königin ihnen helfen konnte: zur Durchführung ihres Planes war es notwendig, daß Darnley sich in Edinburgh oder zumindest dort in der Nähe befand, statt in Glasgow, wo er von den Anhängern und Lehnsleuten der Lennox Stewarts umgeben war. Vermutlich gab Maitland der Königin zu verstehen, daß es unklug sei, Darnley in Glasgow zu lassen, wo er nur allzu leicht eine Verschwörung gegen sie anzetteln könne. In den Wochen vor dem Mord kam, laut Nau, ein Mann namens John Shaw zur Königin und sagte ihr, daß Ker of Fawdonside, den sie wegen seiner Rolle bei der Ermordung Riccios besonders haßte – er war es, der die Pistole auf sie angelegt hatte –, daß Fawdonside wieder in Schottland sei: »Er prahlte vor gewissen Personen ... binnen vierzehn Tagen, versicherte er ihnen, werde es eine Veränderung am Hofe geben, und er werde höher denn je im Ansehen stehen; und dann erkundigte er sich dreist, wie es ihrer Königin gehe[9].« Oder vielleicht war es Bothwell, der die Andeutung machte – Bothwell, der sich während der letzten zwei Jahre als treuer und verläßlicher Ratgeber erwiesen hatte. Ebenso mag die Königin auch von sich aus erkannt haben, daß es sicherer war, Darnley in ihrer Nähe zu haben, wo sie sein Tun und Treiben beobachten konnte. Während des vergangenen Jahres hatte sie sich jedesmal sehr beunruhigt gezeigt, sobald Darnley sich vom Hof entfernte und allein loszog – vermutlich traute sie ihm, wenn er sich außerhalb ihrer Einflußsphäre befand, noch weniger als sonst. Ihre Reise nach Glasgow, ob von ihren Adeligen veranlaßt oder nicht, war, was ihre persönliche Sicherheit betraf, durchaus plausibel. Aber da Maria ehrlich und sehr weiblich – nach ihren eigenen Worten »aufrichtig« – war, machte sie in ihrem Brief an Beaton nicht den Versuch, eine leidenschaftliche Liebe zu Darnley vorzutäuschen, die sie mittlerweile schon längst nicht mehr empfand.

Wenn Maria selbst auch mehr als genügend Gründe für ihre Reise hatte, bleibt trotzdem noch die Frage, wie sie ihren Mann dazu bewog, sie nach Edinburgh zu begleiten: denn es steht eindeutig fest, daß Maria nach ihrer Ankunft in Glasgow keinerlei Schwierigkeiten hatte, ihn zur Rückkehr zu überreden. Darnley erklärte sich aus freiem Willen einverstanden, obwohl, wie sein Diener Crawford später bezeugte, ihm Gerüchte über die Verschwörung von Craigmillar zu Ohren gekommen waren. Offenbar hatte er erfahren, daß im Herbst irgend etwas gegen ihn geplant worden war, daß Maria aber nichts damit zu tun haben wollte: Wie Crawford es ausdrückte[10], wußte er, daß »ihr auf Schloß Craigmillar ein Schriftstück vorgelegt wurde, nach ihrem eigenen Entwurf abgefaßt und von anderen unterzeichnet, die wünschten, daß auch sie es unterzeichne, was sie jedoch ablehnte. Und er [Darnley] sagte, er würde nie auf den Gedanken kommen, daß sie, seine eigene Ehefrau, ihm Schaden zufügen könnte ... « Darnleys Vertrauen auf die sanftmütige Natur seiner Frau ist bezeichnend. Aber dieses Vertrauen allein hätte nicht genügt, ihn aus dem von den Lennox beherrschten Glasgow nach Edinburgh zurückzulocken, wo außer der Königin zahlreiche Adelige lebten, deren Natur alles andere als sanftmütig war. Aller Wahrscheinlichkeit nach war es das Versprechen Marias, die ehelichen Beziehungen wiederaufzunehmen, das ihn zur Rückkehr bewog. Marias Kälte als Ehefrau hatte ihn mehr als alles andere gereizt und seinen Stolz verletzt. Angesichts dieses Versprechens fühlte er sich bereits wieder als ihr Herr und Gebieter und folgte ihr bereitwillig nach Edinburgh.

Marias Einstellung zu dieser Reise war eine völlig andere: Überzeugt, daß Darnley abermals gegen sie intrigierte, überzeugt, daß er schon einmal einen Mordanschlag auf sie unternommen hatte und es jederzeit wieder tun könnte, hegte sie, wie ihr Brief an Beaton zeigt, weder Liebe noch irgendein anderes Gefühl für ihren Mann. Nichtsdestoweniger schien es ihr ratsam für ihre eigene Sicherheit und die ihres Kindes, ihn in Edinburgh zu haben, wo sie ihn im Auge behalten konnte, statt ihn allein und unbeaufsichtigt im Westen Schottlands zu lassen. Maria lockte Darnley mit schmeichelnden Worten und zärtlichen Versprechungen nach Edinburgh, so wie sie ihn schon einmal nach Riccios Ermordung aus denselben zwingenden Gründen der Selbsterhaltung für sich gewonnen hatte.

Das einzige, worin der König und die Königin jetzt nicht übereinstimmten, war die Frage des Ortes, an dem Darnley die restliche Zeit seiner Genesung verbringen sollte: Er brauchte ständig Bäder, um wieder zu Kräften zu kommen, und sein Gesicht war noch mit einem Seidentuch bedeckt. Maria hatte beabsichtigt, ihn nach Schloß Craigmillar zu bringen, jenem selben Schloß, in dem der Bond unterzeichnet worden war. Doch Darnley weigerte sich, wie seine eigenen Diener bezeugten, diese Hochburg seiner Feinde zu betreten. Vielleicht hatte er irgendeine böse Vorahnung. Statt dessen wählte er – und abermals stimmen alle Aussagen darin überein, daß es seine eigene Wahl und nicht die der Königin war – ein bescheidenes Haus am Stadtrand von Edinburgh, knapp eine Meile von Holyrood entfernt. Es lag auf dem Gelände, das der alten Kollegialkirche St. Mary-in-the-Field, damals bereits allgemein die *Kirk o'Field* genannt, angeschlossen war, und hatte ursprünglich dem Propst der Kirche gehört. Es ist wichtig, sich vor Augen zu halten, daß Darnley diesen Entschluß völlig unerwartet faßte, nachdem der königliche Zug Glasgow verlassen hatte, und daß daher alles, was seinen Aufenthaltsort betraf, binnen weniger Tage geplant und ausgeführt werden mußte. Diese durch die Eile bedingte Improvisation erklärt vielleicht zum Teil die Verworrenheit der späteren Ereignisse von Kirk o'Field.

Aber natürlich ist das nicht der einzige Grund für die vielen scheinbar unvereinbaren Widersprüche in diesem umstrittensten Mord der Geschichte. Diese Widersprüche sind in erster Linie auf den außerordentlich unzuverlässigen Charakter des Beweismaterials zurückzuführen. Die grundlegende Schwierigkeit, die Wahrheit über Kirk o'Field zu rekonstruieren, liegt in der Tatsache, daß die kleineren Gefolgsmänner, die das Verbrechen auf Befehl ihrer Herren ausgeführt hatten, kurz danach hingerichtet wurden. So liegt, ebenso wie bei Prozessen ähnlicher Art in einem totalitären Staat des 20. Jahrhunderts, ein Schleier von Unwirklichkeit über den Aussagen dieser Nebenfiguren, denn das, was davon an die Öffentlichkeit gelangte, durfte natürlich keinen der Männer belasten, die damals in Schottland an der Macht waren. Und gleichzeitig versuchte man, alle nur mögliche Schuld auf den einen Adeligen abzuwälzen, der vom Schauplatz verschwunden war, nachdem er sich mit seinen früheren Mitverschworenen entzweit hatte: Lord Bothwell. Später wurde das Beweismaterial auch noch von Marias eigenem Prozeß in England Ende 1668 beeinflußt: Ebenso wie im Falle ihres angeblichen Ehebruchs mit Bothwell, stellte das *Book of Articles* auch hier eine Reihe von nachweisbar unwahren Behauptungen auf, deren Zweck es war, Maria weiterhin in Gefangenschaft in England zu halten, während Moray unangefochten die Regentschaft in Schottland ausübte. Mit einem Wort, angesichts der Unzuverlässigkeit der Aussagen, von denen viele auf der Folter gemacht wurden, sowie des zweckdienlichen »Umschreibens« der Geschichte zur Zeit von Marias Prozeß, kann man an den

Geschehnissen von Kirk o'Field nur herumraten oder sie zusammenstückeln, nicht aber die volle Wahrheit ergründen.

Obgleich Buchanan das Haus, in dem Darnley die letzten Tage seines Lebens verbrachte, als ärmlich und baufällig bezeichnete – um Königin Maria anzuschwärzen, von der fälschlicherweise behauptete wurde, sie habe es gewählt –, war es in Wirklichkeit nach den Maßstäben der damaligen Zeit ein recht komfortables Haus von mittlerer Größe. Es enthielt im Erdgeschoß und ersten Stock je einen Schlafraum für Darnley und die Königin, einen Empfangsraum, zwei »garde robes«, eine Küche und darunter ein großes Kellergewölbe. Die Falltiefe von der Galerie, die sich von Darnleys Schlafgemach bis zur angrenzenden Stadtmauer erstreckte, betrug nur vier bis fünf Meter, da der Boden jenseits der Mauer höher lag als der des viereckigen Hofes auf der Innenseite. Das Haus war nicht nur frei und gesund gelegen, auf einer kleinen Anhöhe und mit angrenzenden Gärten, sondern man hatte auch in aller Eile Möbel und Wandteppiche für Darnley aus Holyrood herübergebracht, darunter auch das Bett, das einstmals Marie von Guise gehörte und das Maria im vergangenen Jahr ihrem Mann geschenkt hatte. Neben dem Bett stand eine Badewanne – die Ärzte hatten Darnley täglich Bäder verordnet –, und die Tatsache, daß eine der Türen des Hauses aus den Angeln gehoben worden war, um als Deckel für die Wanne zu dienen, wenn sie nicht benutzt wurde, war ein Beweis für die Eile, mit der man das Haus für die Unterbringung des Königs hergerichtet hatte. In dem unteren Schlafraum, dessen Fenster den Hof und die umliegenden Gebäude überblickte, stand ein schmales Bett aus gelbem und grünem Damast, in dem die Königin schlafen konnte, wenn sie es wünschte.

Darnley bezog am Sonnabend, dem 1. Februar, seinen neuen Wohnsitz. Die letzte Woche seines Lebens verlief ruhig und ereignislos in einer fast familiären Atmosphäre. Königin Maria war sicher, daß ihr Mann für den Augenblick keine Gelegenheit hatte, irgendwelche Ränke gegen sie zu schmieden, besonders da sein Vater, der so oft sein böser Geist war, weil er seine kindische Eitelkeit mit Lobsprüchen nährte, sich noch in Glasgow befand. Die Mitglieder des Staatsrates und die übrigen Angehörigen des Hofes, die Maria dem Zeremoniell gemäß begleiteten, wenn sie durch Edinburgh zog, machten es sich zur Gewohnheit, Darnley in Kirk o'Field zu besuchen und dann in den Palast von Holyrood zurückzukehren, wo das Leben wie immer seinen Fortgang nahm. Die Beziehungen zwischen Darnley und seiner Frau waren in diesen Tagen ausgesprochen freundschaftlich. Am Mittwoch verbrachte die Königin die Nacht in dem für sie vorbereiteten Zimmer in Kirk o'Field. Nach ihrem eigenen Bericht führte die ständige Nähe wieder zu einem fast herzlichen Einvernehmen zwischen ihnen. Darnley war offensichtlich so angetan von dieser Entwicklung der Dinge, daß er am Freitag tatsächlich mit seiner Frau über die Verschwörungen sprach, die, wie er gehört habe, gegen sie im Gange seien. Er bat sie mit rührenden Worten, sich vor denjenigen in acht zu nehmen, die Unfrieden zwischen ihnen stiften wollten; und setzte mit heuchlerischem Abscheu hinzu, man habe ihm sogar vorgeschlagen, daß er selber seine Frau töten solle. Diese Art Gesinnungswandel war typisch für Darnley: Maria, die der stärkere Charakter von beiden war, konnte, wie der Ausgang der Riccio-Affäre bewiesen hatte, stets durch die Kraft ihrer Persönlichkeit vorübergehend Darnleys Loyalität gewinnen, vorausgesetzt, daß sie ihm von Angesicht zu Angesicht gegenüberstand. Es war auch an diesem selben Freitag, daß Darnley an seinen Vater schrieb, wie rasch seine Gesundheit sich gebessert habe, dank der liebevollen Pflege, »of such as hath this good while concealed their good will, I mean my love the Queen, which I assure you hath all this while and yet doth use herself like a natural and loving wife[11]«. So war dieser Freitag, wie Maria und Darnley ihn sahen, lediglich ein weiterer ereignisloser Tag der Genesung. Die Nacht von Freitag zu Sonnabend verbrachte die Königin abermals im Haus des alten Propstes unter demselben Dach mit ihrem Mann.

Lassen Darnleys reumütige Bemerkungen seiner Frau gegenüber, Marias Argwohn und die Warnungen, die sie aus dem Ausland erhalten hatte, tatsächlich auf ein Komplott Darnleys gegen Maria schließen, das auf seinem Aufenthalt in Kirk o'Field basierte? Es ist des öfteren angedeutet worden, daß Kirk o'Field in Wirklichkeit eine ungeheuerliche Verschwörung gegen Maria gewesen sei, die sich letztlich gegen ihren Urheber – Darnley – auswirkte. Darnley war zweifellos von Natur aus ein ehrgeiziger Intrigant. Aber die Tatsache, daß er im allgemeinen Ränke schmiedete, ist kein Beweis, daß er in Kirk o'Field im besonderen etwas im Schilde führte. Er war eben erst von einer schweren Krankheit genesen, war praktisch noch ans Bett gefesselt, hatte wenige seiner eigenen Leute um sich und war von Anhängern der Königin umgeben. Maria, weit davon entfernt, die unbeholfene schwangere Frau von vor einem Jahr zu sein, war im Gegenteil jetzt lebhaft und energisch und eilte zwischen Holyrood und Kirk o'Field hin und her, während Darnley sich nur schwer fortbewegen konnte. Das 16. Jahrhundert war kein Zeitalter, das sich sehr raffinierter Methoden für seine Morde bediente. Könige und Adelige starben gewaltsam, aber sie starben ohne viel Umstände. Der Regent Moray wurde von einem Mann getötet, der aus dem Fenster auf die Straße schoß; bei der Verschwörung gegen Riccio hatte man der Königin auf die denkbar primitivste Weise nach dem Leben getrachtet. Königin Maria, die fortwährend und völlig ungezwungen unter ihrem Volk umherritt, wäre jederzeit eine ausgezeichnete Zielscheibe für einen Mörder gewesen: Wenn Darnley an Schießpulver gedacht hätte, so hätte er sich dafür einen Ort ausgesucht, wo nicht der leiseste Zweifel bestand, daß Maria anwesend sein würde, und hätte auch einen Zeitpunkt gewählt, zu dem er selbst im Vollbesitz seiner Kräfte war.

Kirk o'Field war alles andere als ideal für einen Anschlag Darnleys auf das Leben Marias, und mangels jeglichen konkreten Beweises, daß er tatsächlich so etwas vorhatte, ist es logischer anzunehmen, daß das Verbrechen direkt gegen den Menschen gerichtet war, den es tatsächlich das Leben kostete – nämlich gegen Darnley.

Während Darnley und Maria die letzte Woche ihrer Ehe in relativem Frieden miteinander verbrachten, hatten die Verschwörer sich eifrig damit befaßt, den Tod des einen und die Befreiung des anderen zu planen. Freitag scheint der kritische Tag gewesen zu sein. Man konnte nicht erwarten, daß Darnley ewig in dem kleinen Haus bleiben würde, und Holyrood mit seinen Wachtposten und der zahlreichen Dienerschaft bot für die Ausführung der Tat offensichtlich größere Schwierigkeiten als Kirk o'Field. Sir James Balfour sagte den Lords im folgenden Sommer, nachdem er sich mit ihnen ausgesöhnt hatte, daß er an diesem Freitag zum erstenmal etwas von der Verschwörung erfahren habe. Morton erklärte Jahre später in seiner Beichte auf dem Sterbebett, daß er kurz vor dem Ereignis, wahrscheinlich ebenfalls am Freitag, von Archibald Douglas über das Vorhaben unterrichtet worden sei. Das *Book of Articles* ging noch weiter und berichtete, daß der Mord eigentlich an diesem Tag hätte stattfinden sollen, daß jedoch die Vorbereitungen noch nicht beendet gewesen seien. John Hepburn, der Verwandte und Gefolgsmann Bothwells, erklärte in seiner Aussage, es sei ursprünglich geplant gewesen, daß gewisse Adelige den König töten sollten, indem jeder von ihnen zwei Diener aussandte, »to the doing thereof in the fields[12]«. Dieses gemeinsame Los, das so typisch für Bandenrache ist, ganz gleich, ob in Schottland oder in Sizilien, hätte nicht nur den Verrat Darnleys gesühnt, sondern damit wären auch alle diese Adeligen gleichermaßen an der Tat beteiligt gewesen, ähnlich wie Riccios Körper von über fünfzig Dolchstichen durchbohrt worden war, einschließlich Darnleys eigenen Dolches, den George Douglas ihm in den Rücken stieß. So hätte später keiner der Verschwörer seine Mitschuld bestreiten können.

Da der Dolch die selbstverständliche Mordwaffe der damaligen Zeit war, fragt man sich unwillkürlich, was Bothwell veranlaßt haben mochte, seinen Plan zu ändern und zu der viel weniger handlichen Waffe des Pulvers zu greifen. Der wahre Grund war vermutlich der, den er John Hepburn nannte – weil er der einleuchtendste war: Wenn die Diener in aller Öffentlichkeit die Tat verübt hätten, wäre der Tod Darnleys eindeutig den Adeligen zugeschrieben worden, die ihn geplant hatten. Bothwell, der in seinem grenzenlosen Ehrgeiz bereits nach der Krone Schottlands strebte, wußte, daß Maria ausdrücklich betont hatte, sie wünsche keinerlei Gewalttätigkeit gegen Darnley. Dieses Verbrechens beschuldigt zu werden gehörte nicht zu seinem Plan: Er wollte ganz gewiß nicht dafür bezahlen, sondern lediglich die Folgen genießen. Die Verwendung von Pulver und das In-die-Luftsprengen des Hauses, das dem Verbrechen einen so abscheulichen

Charakter verlieh – und Marias unbekümmerte Nachsicht mit den Tätern zu solch einem erschreckenden Skandal in ganz Europa machte –, scheint ironischerweise in dem schlichten Glauben geplant worden zu sein, daß eine starke Explosion die Spuren der Mörder verwischen und es hinterher unmöglich machen würde, zu beweisen, wer es getan hatte, selbst wenn dies nur allzu leicht zu erraten war. Solch eine kühne, aber einfache Schlußfolgerung war nicht nur typisch für Bothwell, sondern auch für das Zeitalter, in dem er lebte.

Die Zeugenaussage des Pagen Paris (obwohl außerordentlich fragwürdig, weil sie ihm unter Folterqualen abgerungen wurde) bestätigt zumindest, daß Kirk o'Field kein sorgfältig geplantes Verbrechen war[13]. Paris, ursprünglich Bothwells Diener, stand jetzt im Dienst der Königin. Am Mittwoch oder Donnerstag kam Bothwell nach Kirk o'Field und erzählte ihm von seinem Plan, den König zu töten. Paris zauderte, woraufhin Bothwell ihm gereizt erklärte, er sei ein Dummkopf, wenn er glaube, daß er, Bothwell, sich allein auf ein Vorhaben dieser Art einlassen würde. Dann nannte er Maitland, Argyll, Huntly, Morton, Ruthven und Lindsay als seine Mitverschwörer. Paris fragte nach Moray, und Bothwell erwiderte, daß er sich neutral verhalte. Als Paris sich Bothwells Forderungen widersetzte, rief Bothwell ungeduldig aus: »Wozu, glaubst du, habe ich dich in den Dienst der Königin gestellt? Doch nur, damit du mir hilfst.« Wie Paris bei seiner Vernehmung beharrlich erklärte, wollte Bothwell von ihm die Schlüssel des Hauses von Kirk o'Field – nebenbei bemerkt, ein weiterer Beweis für die Unschuld der Königin, denn sie hätte sie ja Bothwell leicht selbst aushändigen können, wenn sie über die Einzelheiten der Verschwörung unterrichtet gewesen wäre. Am Sonnabend, dem 8. Februar, nahm Paris offenbar in einem unbeobachteten Augenblick die Schlüssel an sich und brachte sie zu Bothwell nach Holyrood.

Sonntag, der 9. Februar, war der letzte Tag von Darnleys Rekonvaleszenz. Er wollte, wie verkündet worden war, Montag früh nach Holyrood zurückkehren. Es war auch der letzte Sonntag vor Beginn der Fastenzeit, ein Tag des Frohsinns und Vergnügens, und so waren zwei Ereignisse geplant, die typisch für das Leben am Hofe Königin Marias waren. Am Morgen heiratete Marias Lieblingsdiener Bastian Pages eine ihrer Dienerinnen namens Christiana Hogg. Beim Hochzeitsmahl, das mittags stattfand, war die Königin persönlich zugegen. Bastian war ein amüsanter, geistreicher Franzose, der ebenso wie Maria jede Art von Maskenspielen liebte und zur Taufe von Prinz Jakob selbst eins in Szene gesetzt hatte, dessen Spott die englischen Besucher so erzürnte, daß einer von ihnen erklärte, nur die Gegenwart der Königin habe ihn daran gehindert, »diesem französischen Spitzbuben Bastian« den Dolch ins Herz zu stoßen. Das zweite Ereignis war ein offizielles Mahl, das der Bischof of the Isles um vier Uhr für den kürzlich nach Schottland zurückgekehrten Gesandten von Savoyen gab. Die

Königin nahm in Begleitung ihrer höchsten Adeligen – Argyll, Huntly, Bothwell und Cassilis – an diesem Essen teil. Moray war nicht dabei: Er hatte sich an diesem selben Morgen mit der Entschuldigung, seine Frau habe eine Fehlgeburt erlitten, aus Edinburgh entfernt. Auch Maitland war abwesend, und Morton stand noch nicht wieder soweit in der persönlichen Gunst der Königin, um bei Veranstaltungen des Hofes zugelassen zu werden. Nach Beendigung des Mahls ritt die Königin mit ihrem Hofstaat wieder zum Haus des Propstes, um den Abend mit Darnley zu verbringen. Sie hatte vor, in dieser Nacht abermals in Kirk o'Field zu schlafen.

Ebenso wie an den meisten anderen Abenden der vergangenen Woche herrschte auch heute wieder reger Betrieb in dem kleinen Haus. Das Gefolge der Königin – »der größte Teil der Adeligen, die sich zu dieser Zeit in der Stadt befanden«, sagte Maria[14] – drängte sich ins Schlafgemach des Königs. Die Adeligen, einschließlich Huntlys, die beim Mahl des Bischofs gewesen waren, würfelten an dem kleinen Tisch mit einer grünen Samtdecke, der früher einmal Huntlys Vater gehört hatte. Die Königin unterhielt sich gut gelaunt mit dem König. Wahrscheinlich gab es Musik, ein Lied im Hintergrund zur Begleitung einer Gitarre oder Flöte. Es war ein Abend von der Art, wie die Königin sie liebte, ganz gleich, ob in Holyrood oder in irgendeinem ihrer anderen schottischen Schlösser: Vielleicht machte es ihr, die ihr Leben lang an Luxus gewöhnt war, sogar Spaß, in dem schlichten kleinen Haus in Kirk o'Field zu schlafen. Aber daraus sollte diesmal nichts werden: Gegen elf Uhr erinnerte irgend etwas – oder irgend jemand – Königin Maria daran, daß sie versprochen hatte, dem Maskenspiel von Bastians Hochzeit beizuwohnen, das um Mitternacht stattfinden sollte. Es entsprach nicht Marias Natur, sich einer Verpflichtung dieser Art zu entziehen, und wie gesagt, sie liebte Maskenspiele. Da Darnley ohnedies am nächsten Morgen nach Holyrood kommen wollte, schien es nicht der Mühe wert, noch einmal den Weg zu machen, und so beschloß Maria, in dieser Nacht nicht mehr nach Kirk o'Field zurückzukehren. Darnley war nicht einverstanden mit dieser Änderung der Pläne und machte die mürrischen Einwendungen eines Kranken, der plötzlich nicht mehr im Mittelpunkt des allgemeinen Interesses steht. Wie der savoyische Gesandte Moretta berichtete, zog die Königin einen Ring vom Finger und gab ihn Darnley als Beweis ihres Wohlwollens[15], dann verabschiedete sie sich von ihm und ging hinunter in den Hof, wo die Pferde bereitstanden, sie in den Palast zurückbringen.

Als die Königin sich in Begleitung ihres Hofstaats auf den Heimweg machte, ahnte sie nicht, daß der Keller des Hauses, in dem sie soeben einen zwanglosen Abend verbracht hatte, im Laufe dieses Tages von den Gefolgsleuten der Verschwörer bis oben hin mit Sprengstoff angefüllt worden war, der es wenige Stunden später in einen Haufen von Schutt und Asche verwandeln sollte – denn wenn sie es gewußt hätte, wäre sie wohl kaum so unbekümmert den ganzen Abend über dort geblieben. In Holyrood mischte sie sich abermals unter die Hochzeitsgäste, um dem Maskenspiel zu Ehren des Brautpaars beizuwohnen, dann zog sie sich in ihre Gemächer zurück, wo sie sich bis Mitternacht eingehend und ernst mit Bothwell und John Stewart of Traquair, dem Hauptmann der Wache, besprach. Was war das Thema dieser Unterredung? Es gibt keinerlei Aufzeichnungen oder zeitgenössische Kommentare darüber. Aber eines ist sicher: Bothwell nahm diese Gelegenheit nicht wahr, der Königin mitzuteilen, daß man Darnley zu töten beabsichtigte. Er hatte keinen Grund dazu. Die Verschwörer brauchten der Königin gegenüber nicht die leiseste Andeutung zu machen, solange sie sich unbewußt in ihre Pläne fügte. Was hatte es für einen Sinn, sie zu dieser späten Stunde noch von der Verschwörung zu unterrichten? Falls Maria den Wunsch äußern sollte, in Kirk o'Field zu bleiben, brauchte nur einer der Höflinge sie an ihr Versprechen zu erinnern, dem Maskenspiel Bastians beizuwohnen, und sie würde ihre Pläne ändern. Vermutlich hatten die Verschwörer sich gedacht, daß das Maskenspiel sie Sonntag abend überhaupt von Kirk o'Field fernhalten würde. Jetzt, da in dem kleinen Haus alles sorgfältig vorbereitet war und die Königin selbst sich wieder sicher in Holyrood befand, konnte es kein Hindernis mehr geben – es sei denn, sie beschlossen, noch in letzter Minute der Königin von ihrem Vorhaben zu berichten. Maria mit ihrem weichen Herzen, ihrem Widerwillen gegen Blutvergießen, ihrer Neigung zur Barmherzigkeit, ganz zu schweigen von ihrer einstigen Liebe zu Darnley, würde vielleicht im letzten Augenblick plötzlich einen weiblichen Abscheu gegen einen Anschlag dieser Art empfinden. Und sie hatte immer noch die Möglichkeit, eine eilige Warnung nach Kirk o'Field zu senden und damit alles zu verderben. So gab es, ebenso wie bei der Unterredung in Whittingham, auch jetzt mehr als genügend Gründe, sie nicht in die Angelegenheit hineinzuziehen. Königin Maria zog sich friedlich in ihr Schlafgemach zurück. Es war ein kalter Winterabend; eine leichte Schneedecke lag auf den Straßen und Feldern zwischen Holyrood und dem kleinen Haus in Kirk o'Field.

Nachdem Bothwell sich von Maria verabschiedet hatte, war es Zeit für ihn, sich an den Tatort zu begeben, um die letzten Vorbereitungen zu überwachen. Er ging in sein Zimmer und zog sich um, dann holte er den unwilligen Paris aus dem Bett, der nach seinem eigenen Bericht nicht viel für das gefährliche Projekt übrig hatte. Jetzt war das Problem, unbeobachtet oder möglichst unbeobachtet nach Kirk o'Field zu gelangen: Bothwell, der auf den Dolch zugunsten des Pulvers verzichtet hatte, wollte offensichtlich vermeiden, daß man ihm das Verbrechen zuschob. So schlich er sich vermutlich durch kleine Hintergassen und den noch unfertigen Teil der Stadtmauer und näherte sich dem Haus von Osten her durch die Gartentür, zu der er von Paris den Schlüssel erhalten hatte.

Bothwell war nicht der einzige Adelige, der sich jetzt dort aufhielt. Es ist nicht genau festzustellen, wo Sir James Balfour, der damalige Besitzer des Hauses von Kirk o'Field, sich befand; aber aus dem nahe gelegenen Haus der Douglas kam Archibald Douglas mit einigen seiner Leute; obgleich die Douglas' Verwandte Darnleys waren (seine Mutter war eine geborene Douglas), unterstanden sie der Führung Mortons und hatten geschworen, den Mann zu töten, der sie in der Riccio-Affäre verraten hatte. Es wurde später behauptet, Archibald Douglas habe einen seiner Samtpantoffeln am Tatort zurückgelassen: Aber bei der Gerichtsverhandlung gegen Douglas im Jahre 1586 sagte sein Diener John Binning, Douglas, der unter seinem Umhang eine Rüstung und außerdem einen Helm trug, habe ihn und einen anderen Diener nach dem Abendessen durch die Hintertür des Hauses zum Tatort geführt, und Douglas konnte mit Recht über die Vorstellung spotten, daß er Samtpantoffeln zu seiner Rüstung getragen habe[16]. Viel wahrscheinlicher ist, daß Douglas und seine Leute schwer bewaffnet waren, als sie sich, teils in dem östlich gelegenen Garten, teils auf der kleinen Gasse jenseits der Stadtmauer, um das Haus scharten.

Unterdessen bereitete sich Darnley drinnen verdrießlich auf seine Übersiedlung nach Holyrood vor, die am nächsten Morgen in aller Frühe stattfinden sollte. Er befahl, die Pferde um 5 Uhr bereitzuhalten. Der einzige Bericht über die letzten Stunden seines Lebens stammt von seinem Vater[17]. Lennox entwirft ein rührendes Bild von dem einsamen jungen Mann (seinem »unschuldigen Lamm«), der mit seinem Diener den 5. Psalm aufsagt: »Herr, frühe wollest du meine Stimme hören; frühe will ich mich zu dir schicken und aufmerken.« Es ist jedoch ein Bild, das schlecht zu den Neigungen paßt, die Darnley bisher gezeigt hatte. Mehr in Einklang mit seinem Charakter stand die Tatsache, daß er sich Wein aus der Küche kommen ließ. Wiederholte er wirklich seinem Diener gegenüber die unheilverkündenden Worte – »Vor einem Jahr um die gleiche Zeit wurde David Riccio getötet ...« –, die Maria laut Lennox an diesem Abend geäußert haben sollte? Es ist anzunehmen, daß diese dramatische Einzelheit, ebenso wie die des Psalms, der Phantasie Lennox' entsprang. Schließlich befanden sie sich ja nicht in Holyrood, wo Riccio ermordet worden war, und es fehlte noch ein voller Monat bis zum Jahrestag seines Todes. Welches Interesse sollte die Königin daran gehabt haben, ihrem Mann wegen dieser Sache Vorwürfe zu machen? Und außerdem stimmen alle Berichte darin überein, daß ihr letztes Zusammensein ruhig und freundschaftlich verlief. Einer der Diener schlug Darnley vor, die Laute zu spielen, aber Darnley erwiderte, ihm sei an diesem Abend nicht nach Lautenspiel zumute, und so einigten sie sich auf »ein fröhliches Lied«. Dann ging Darnley zu Bett; Taylor, sein Kammerdiener, schlief im selben Zimmer, während Nelson, Symonds und Taylors Sohn in der angrenzenden Galerie schliefen, die bis über die Stadtmauer hinausragte. Im Fenster des Hauses der Hamiltons, das ebenfalls an den viereckigen Hof grenzte, brannte ein Licht. Sonst war alles dunkel und ruhig in Kirk o'Field.

Um zwei Uhr zerriß eine furchtbare Explosion die Stille der Nacht. Paris sagte hinterher, es habe geklungen wie der »Donner des Jüngsten Gerichts«, und ihm hätten die Haare zu Berge gestanden. Die »Memoiren« von Herries beschrieben es folgendermaßen: »Die Explosion war erschreckend für alle im Umkreis, und viele fuhren bei dem Getöse aus ihren Betten auf[18].« Im fernen Holyrood wurde die Königin von einem Lärm wie von dreißig oder vierzig Kanonen geweckt und sandte Boten aus, um zu erfahren, was geschehen war. Die Leute im nahe gelegenen Blackfriars Wynd kamen verstört aus ihren Häusern und liefen durch die engen Straßen zur Kirk o'Field. Die Zeichnung, die später an Cecil gesandt wurde, gibt uns eine Idee von dem Anblick, der sich ihren Augen bot – das Haus, in dem ihr König gewohnt hatte, war nur noch ein Trümmerhaufen. Natürlich war der erste Gedanke aller, daß der König getötet worden sei. Der erste Mann, der aus dem Hof auf die Straße stürzte – ein Gefolgsmann Bothwells –, wurde sofort verhaftet, obwohl er schwor, er sei lediglich bei einem Freund in einem der benachbarten Häuser gewesen. Aber dann sah man oben auf der Stadtmauer Darnleys Diener Nelson, der die Explosion überlebt hatte und um Hilfe rief. Nun, wenn Nelson sich hatte retten können, war vielleicht auch der König verschont geblieben. Aber die nächste Entdeckung machte diese Hoffnung zunichte: Im Garten außerhalb der Stadtmauer lagen die Leichen Darnleys und seines Dieners Taylor. Der König hatte nur ein Nachthemd an. Neben ihm lagen ein pelzverbrämter Umhang, ein Stuhl, ein Dolch und ein Stück Seil. Keine der beiden Leichen wies irgendwelche Zeichen von Verletzungen auf – »keine Brüche, Wunden oder Quetschungen«, wie Buchanan es ausdrückte[19] – und auch keine Spuren von der Wirkung der Explosion: Der König und sein Diener waren erwürgt worden.

Die berühmte Pulververschwörung Bothwells hatte sich letztlich als vergebens erwiesen – obgleich Bothwell selbst das nicht gewußt haben mag, als er wieder nach Holyrood zurückkehrte. Tatsächlich sah es einen Augenblick lang fast so aus, als ob er zusammen mit Darnley in den Ruinen von Kirk o'Field umkommen würde. Nachdem er die Lunten angezündet hatte, zog er sich zurück, um die Explosion zu beobachten; da jedoch, wie John Hepburn sagte, die Zündschnur »nicht so schnell Feuer fing, wie der Earl erwartet hatte«, ging Bothwell ungeduldig wieder auf das Haus zu. »Da schossen plötzlich Flammen aus der Feuerleitung empor«, und Hepburn, der es bemerkte, konnte seinen Herrn gerade noch rechtzeitig zurückzerren, ehe das ganze Haus zusammenstürzte. Nach der Explosion kehrte Bothwell auf dem gleichen Weg, den er gekommen war, nach Holyrood zurück. Wie Paris berichtete, wurden die Schlüssel des Hauses am Tag nach dem Mord in einen tiefen Brunnen geworfen. Aber Bothwell brauchte wohl kaum solch eine symbolische Handlung zu vollziehen, um Schuldgefühle hinsichtlich des Todes von Darnley zu tilgen. Vom Standpunkt eines kühnen Kriegers und Abenteurers aus altem Adelsgeschlecht hatte er gute Arbeit geleistet und lediglich den Verrat Darnleys gerächt. Auch ihm persönlich konnte dieses Unternehmen nur zum Vorteil gereichen. Von dem widersinnigen, fast absurden Umstand, daß er in Wirklichkeit mit seiner ungeheuerlichen Explosion Darnley gar nicht getötet hatte, wußte Bothwell wahrscheinlich überhaupt nichts, als er in dieser Nacht zufrieden in sein Bett in Holyrood sank.

Denn Darnley starb von anderer Hand als der des Earls of Bothwell. Irgend etwas erschreckte Darnley, als er in dem scheinbar so stillen Haus lag, und es erschreckte ihn so sehr, daß er sich, nur mit dem Nachthemd bekleidet, quer durch die Gärten jenseits der Stadtmauer in Sicherheit zu bringen suchte. Er hatte keine Zeit gehabt, sich anzuziehen, und obgleich sein Diener offensichtlich einen Umhang mitgenommen hatte, trug Darnley ihn nicht, als er starb. Sie hatten nur einen einzigen Dolch. Der Stuhl und das Seil lassen die improvisierte Methode ihrer Flucht erkennen: ein Stuhl, der an einem Seil aus dem Fenster der Galerie auf die schmale Gasse jenseits der Stadtmauer hinuntergelassen wurde – eine Falltiefe von knapp fünf Metern – und dann durch das nächste Tor in den Garten. Sie hatten keine Zeit gehabt, die Pferdeknechte und die anderen Diener zu warnen (die mit Ausnahme von Nelson in der Explosion umkamen). Darnley handelte offensichtlich in panischer Hast.

Was veranlaßte Darnley zu dieser überstürzten Flucht? Die einleuchtendste Erklärung ist sicherlich, daß er ursprünglich von irgendeinem Geräusch geweckt wurde; daraufhin blickte er aus dem Fenster und sah die Männer von Bothwell und Douglas im Garten. Wahrscheinlich kam ihm nicht gleich der Gedanke an Pulver, wohl aber an Feuer. Einem Feind das Haus über dem Kopf anzuzünden, war im 16. Jahrhundert in Schottland ein verhältnismäßig weitverbreiteter Brauch. Der Anblick von Bothwell, Douglas und ihren Gefolgsleuten ließ Darnley zweifellos auf irgendeinen Anschlag schließen, sei es Feuer oder Mord. Auf jeden Fall durfte er keine Zeit verlieren. Aber für Darnley gab es auch außerhalb des Hauses kein Entkommen: Einige von Douglas' Männern sahen die flüchtenden Gestalten in ihren weißen Nachthemden und folgten ihnen in den Garten. Dort wurden sie von geübter Hand lautlos erwürgt, gerade als das Haus selbst in einem Sturm von Flammen und Staub in die Luft flog. Einige Frauen, die in den benachbarten Häusern wohnten, sagten hinterher, sie hätten gehört, wie Darnley die Clanleute der Douglas', die ja schließlich seine Verwandten waren, verzweifelt um Gnade bat: »Habt Erbarmen mit mir, um Jesu Christi willen, der Erbarmen mit allen Menschen hatte . . .[20]« Sein Flehen war vergebens. Darnley starb, noch nicht einundzwanzigjährig, ebenso kläglich und unheroisch, wie er gelebt hatte.

XVII

DIE NYMPHE UND DER HASE

»Daß Sterne wild aus ihren Kreisen fuhren,
Der Nymphe Lied zu hören.«

Shakespeare: Ein Sommernachtstraum (vermutlich eine Anspielung auf Bothwell und Maria)

Im Palast von Holyrood wurde Maria, die Königin der Schotten, von einem Getöse wie von dreißig oder vierzig Kanonen aus dem Schlaf gerissen. Kurz darauf brachten Boten ihr die Nachricht, daß das Haus in Kirk o'Field vollkommen zerstört sei und man die Leiche ihres Mannes sechzig oder achtzig Schritt entfernt gefunden habe. Ihre erste Reaktion war Entsetzen und Erschrecken – Entsetzen über das grauenvolle Geschehnis und Erschrecken bei dem Gedanken, daß sie selbst nur mit knapper Not davongekommen war. Bothwell beschreibt sie in seinem Bericht als »fort épleurée et contristée[1]«. Sie schrieb noch an diesem selben Tag – Montag, dem 10. Februar – an ihren Gesandten Beaton in Paris und ließ ihrer Bestürzung und ihrem Kummer freien Lauf —, wobei jedoch ihre konventionelle Trauer um Darnley merkbar überschattet wurde von der Überzeugung, daß der Anschlag gegen ihre Person gerichtet gewesen sei; kurz nach dem Ereignis berichtete auch der venezianische Gesandte in Paris, das Verbrechen sei das Werk von Häretikern (Protestanten), die Königin Maria ebenfalls hätten töten wollen[2]. Die Königin schrieb, das Geschehnis sei so grauenvoll und ungewöhnlich, »as we believe the like was never heard of in any country[3]«. Sie erzählte von Darnleys Geschick (offenbar wußte sie zu dieser Zeit noch nicht, daß er nicht von der Explosion getötet, sondern erwürgt worden war) und von der völligen Zerstörung des Hauses »mit solch einer Gewalt, daß von dem ganzen Gebäude, Mauern und allem, nichts übriggeblieben ist, nein, kein Stein auf dem anderen ...« Man weiß noch nicht, wer die Urheber des Verbrechens sind, aber Maria verläßt sich auf »die Mühe und den Eifer Unseres Rats ... diese auszuforschen ... und Wir hoffen, ihnen dann eine Bestrafung zu erteilen, die als Beispiel für alle Zeiten dienen soll«. Sie fuhr fort: »Wer auch immer diesen niederträchtigen Anschlag unternommen hat, Wir sind sicher, daß er ebenso gegen uns wie gegen den König gerichtet war; denn Wir haben den größten Teil der letzten Woche in diesem selben Haus geschlafen und waren an eben jenem Abend dort in Begleitung der meisten Lords, die sich zur Zeit in dieser Stadt aufhalten, und nur durch Zufall sind Wir wegen eines Maskenspiels im Schloß nicht die ganze Nacht geblieben; aber«, schloß die Königin fromm, »Wir glauben, daß es nicht der Zufall, sondern Gott war, der Uns das eingegeben hat.«

Zu der Zeit, als die Königin diesen Brief schrieb – wenige Stunden nach der Explosion –, war ihr offensichtlich noch nicht der Gedanke gekommen, daß irgendwelche ihrer Adeligen an der Tat beteiligt gewesen sein könnten. Die bloße Schändlichkeit des Verbrechens hatte sie von der wohlbekannten Feindschaft zwischen Darnley und einem großen Teil der Adeligen abgelenkt – was vermutlich Bothwells Absicht gewesen war; überzeugt, daß sie selbst nur durch ein Wunder dem Tod entronnen war, suchte Maria die Verschwörer zunächst mehr unter ihren eigenen Feinden als unter denen Darnleys. Auch in dem offiziellen Schreiben, das der Kronrat noch am selben Tag nach Frankreich sandte, wurde vor allem die Gefahr unterstrichen, in der die Königin sich befunden habe. So hatte Bothwells Taktik bis jetzt Erfolg gehabt. Er selbst erfuhr, wie man annahm, erst von dem Unglück, als George Hackett in sein Schlafzimmer in Holyrood gestürzt kam und ihn mit der Nachricht weckte, daß der König ermordet worden sei. »Verrat!« rief Bothwell aus, sprang aus dem Bett und zog die Kleider an, die er erst eine Stunde zuvor abgelegt hatte*. In seiner Eigenschaft als Sheriff von Edinburgh begab er sich daraufhin mit einer Schar Bewaffneter an den Ort des Verbrechens; die Leiche des Königs, die laut Knox »keinerlei Zeichen von Feuer« aufwies, wurde in das benachbarte Haus des neuen Propstes gebracht und zuerst von Ärzten, dann von den Mitgliedern des Kronrats besichtigt. Später wurden auch die Bürger hereingelassen, um ihre Neugier zu befriedigen, und erst da verbreitete sich die Nachricht, daß Darnley in Wirklichkeit erwürgt worden war. Die alten Frauen aus Blackfriars Wynd – die später vom Rat vernommen, aber wieder fortgeschickt wurden, weil sie zu eindeutig die Namen der Großen erwähnten – begannen von den Männern zu erzählen, die sie im Umkreis des Hauses gesehen hatten, und auch von dem letzten flehentlichen Ausruf Darnleys. Dann wurde der Leichnam nach Holyrood gebracht, von einem Apotheker und einem Arzt einbalsamiert und einige Tage feierlich aufgebahrt, ehe man ihn in der Gruft der königlichen Kapelle beisetzte, wie es ihm als König von Schottland gebührte.

Bisher hatte die Königswitwe sich vollkommen korrekt verhalten. Sie befahl Hoftrauer und zog sich für die herkömmliche Trauerzeit von vierzig

* In *Les Affaires du Comte de Boduel* erklärte Bothwell, er habe die ganze Nacht mit seiner Frau im Bett verbracht — das klassische Alibi des Verbrechers[4].

Tagen in ihre Gemächer zurück. Obwohl sie, wie Knox in seiner *History* berichtet, weder Freude noch Leid erkennen ließ, als man ihr den Leichnam ihres Mannes zeigte[5], mag ihre seltsame Gelassenheit – die um so erstaunlicher war, als sie sonst sehr leicht zu Tränen neigte – einfach auf eine Art Nervenschock zurückzuführen sein, der sie die wahre Bedeutung dessen, was geschehen war, zunächst gar nicht erfassen ließ. Maria hatte sich seelisch nie völlig von ihrer Krankheit in Jedburgh erholt; zur Zeit der Taufe ihres Sohnes, Ende Dezember, hatte du Croc düster prophezeit, daß ihre Nerven ihnen noch zu schaffen machen würden – »und nichts kann mich von dieser Meinung abbringen, solange sie so grüblerisch und schwermütig ist ... Sie ließ mich gestern kommen, und ich fand sie bitterlich weinend auf ihrem Bett vor. Sie klagte über einen quälenden Schmerz in der Seite[6].« Jetzt geriet sie durch den Schock der jüngsten Ereignisse in einen derartigen Zustand der Depression, daß laut Leslie die Ärzte dem Staatsrat dringend empfahlen, sie eine Weile aus der düsteren Atmosphäre Edinburghs zu entfernen, da andernfalls zu befürchten sei, daß das zurückgezogene Leben in der abgeschlossenen Witwenkammer einen völligen Zusammenbruch herbeiführen werde. So begab sich die Königin eine Woche nach dem Mord für drei Tage auf das nicht weit von Edinburgh gelegene Schloß des Lord Seton, das sie schon von jeher besonders liebte. Obwohl ihre Feinde hinterher behaupteten, sie habe sich in Seton mit Bothwell amüsiert, dürfte das wohl kaum der Wahrheit entsprechen, da Bothwell und Huntly als die höchsten Adeligen des Königreichs in Holyrood bleiben mußten, um über die Person von Prinz Jakob zu wachen[7].

Nachdem Maria sich von dem ersten Schrecken erholt hatte, muß ihr zweifellos der Gedanke gekommen sein, daß die Explosion von Kirk o'Field nicht die Greueltat von unbekannten Mördern war, sondern ein sorgfältig geplanter Anschlag von seiten derjenigen Adeligen, die Darnley gehaßt und in Craigmillar ganz offen mit ihr über seine Beseitigung gesprochen hatten. Sicherlich war ihr inzwischen klargeworden, daß sie selbst sich nicht in Gefahr befunden hatte, sondern daß Darnley auf die gewaltsame und blutdürstige Manier, in der die Schotten sich zu rächen pflegten, für seinen Verrat bestraft worden war. Vielleicht sagte sie sich selbst, daß Bothwell mitschuldig war, oder vielleicht wurde es ihr von anderer Seite zugetragen; auf jeden Fall konnte sie bei einigem Nachdenken jetzt schwerlich im unklaren darüber sein, wer die Urheber des Verbrechens waren. Unterdessen drangen die Gerüchte über den wahren Sachverhalt und die Tatsache, daß die bedeutendsten Adeligen des Landes in die Angelegenheit verwickelt gewesen waren, auch nach England und Frankreich. Bis März hatte der venezianische Gesandte in Paris von dem savoyischen Gesandten Moretta eine verhältnismäßig exakte Beschreibung der Ereignisse erhalten, und er bemerkte weiter: »Es wird allgemein angenommen, daß die höchsten Persönlichkeiten des Königreichs an dieser Tat beteiligt waren, denn sie hatten guten Grund, unzufrieden mit dem König zu sein.« Insbesondere erwähnte er Moray, der, so sagte er, einen Streit mit Darnley gehabt habe[8]. Katharina von Medici und Königin Elisabeth reagierten auf diese Gerüchte, wie zu erwarten war: Ein König war ermordet worden; Marias führende Untertanen waren, wie behauptet wurde, in das Verbrechen verwickelt; jetzt war es an Maria, die Tat energisch und rücksichtslos zu sühnen; ob dabei die wahren Verbrecher bestraft wurden oder nicht, war weniger wichtig als die Tatsache, daß vor den Augen der Welt der Gerechtigkeit Genüge getan werden mußte. Die beiden Königinnen, die englische und die französische, schrieben lange, mahnende Briefe an Maria und baten sie, nichts zu unterlassen, was zur Aufklärung des Verbrechens beitragen könnte.

Nicht nur in England und auf dem Kontinent kursierten Gerüchte: Auch in Edinburgh selbst standen die Zungen nicht still. Eine Anzahl von Menschen war in den Mord verwickelt gewesen; so war nicht anzunehmen, daß eine Schandtat von diesem Ausmaß lange Zeit in völliges Dunkel gehüllt bleiben würde. Es gab geheimnisvolle Anspielungen und auch andere, die weniger geheimnisvoll waren. Man erzählte sich, Sir James Balfour habe einen seiner Handlanger töten lassen, weil er in einem Anfall von Reue gedroht habe, die Wahrheit zu enthüllen[9]. Auf den Straßen tauchten Affichen auf. Die erste wurde am 16. Februar, eine Woche nach dem Mord, am Marktplatz angeschlagen: Es nannte die Namen von Bothwell und Balfour und behauptete, daß die Königin in das Verbrechen eingewilligt habe. Die zweite Affiche am 18. Februar nahm eine mehr fremdenfeindliche Haltung ein und nannte drei Ausländer, die Marias Hofstaat angehörten: Bastian, Francisco und Joseph Riccio. In einem Brief an Cecil vom 28. Februar sprach Drury von weiteren Plakaten an den Kirchenportalen und sogar am Tor des Palastes von Holyrood. Des Nachts riefen Stimmen in den Straßen von Edinburgh aus, daß Bothwell der Mörder des Königs sei. Am 1. März erschien der berühmteste und bösartigste Anschlag von allen: Er zeigte Königin Maria als Nymphe, mit entblößtem Oberkörper und einer Krone auf dem Kopf, und Bothwell als Hasen – dem Helmschmuck der Hepburns –, der in einem Kreis von Schwertern hockte. Der tiefere Sinn, der hinter der Wahl der Nymphe steckte, war keineswegs so romantisch, wie es uns heute erscheinen mag, sondern vielmehr bewußt beleidigend: Das Wort *mermaid* war in 16. und 17. Jahrhundert eine allgemein übliche Bezeichnung für eine Sirene und damit im übertragenen Sinn für eine Prostituierte*.

* Man fand damals, daß der Vergleich mit einer Nymphe sehr passend für Maria sei: Shakespeare gebrauchte ihn in *Ein Sommernachtstraum*, als er schrieb:

> »... Und 'ne Sirene, die ein Delphin trug,
> So süße Harmonien hauchen hörte ...
> Daß Sterne wild aus ihren Kreisen fuhren,
> Der Nymphe Lied zu hören.«

Die Sterne sollten Bothwell darstellen.

Dies war der beste Augenblick für Maria, sich als kluge und entschlossene Herrscherin zu zeigen und Nutzen aus dem Tun anderer zu ziehen, um ihre eigene Stellung gründlich zu festigen. Ihre Achillesferse in Schottland – ihr Ehemann Darnley – war von ihrem eigenen Adel aus dem Weg geräumt worden. Sie hatte vorher nichts von dem Verbrechen gewußt und war nicht in seine Einzelheiten verwickelt. Jetzt mußte sie die sogenannten Mörder erbarmungslos verfolgen und bestrafen, um sich ein für allemal von dem Verdacht einer Mitschuld zu befreien. Wie wir sehen werden, waren die Adeligen, sobald sie an die Macht kamen, sorgsam darauf bedacht, einige Schuldige beizubringen, um sich selbst zu entlasten; Maria hätte das gleiche tun müssen, solange sie noch Gelegenheit dazu hatte. Selbst wenn sie nicht soweit gehen konnte, Bothwell selbst anzuklagen, gab es genügend Handlanger, die man hätte opfern können. Aber statt dessen legte sie eine Gleichgültigkeit an den Tag, die wahrhaftig an Torheit grenzte. Der Kronrat hatte sofort nach der Tat eine Belohnung von zweitausend Pfund für die Ergreifung der Verbrecher ausgesetzt; Nelson und die alten Frauen waren einem vagen Verhör unterzogen worden; aber darüber hinaus wurde nichts unternommen, das Verbrechen aufzuklären. Weder die Anschläge und Gerüchte noch die Briefe aus dem Ausland, noch Lennox' wütende Anklagen gegen die Mörder seines Sohnes – über deren Identität er persönlich keinen Zweifel hegte – schienen imstande, Maria aus ihrer Lethargie zu reißen. Da ihr schlechter Gesundheitszustand und der Schrecken der jüngsten Ereignisse ihr offenbar jede Spur von politischer Urteilskraft geraubt hatten, war sie mehr denn je auf ihre Ratgeber angewiesen. Aber die Männer, die sie umgaben, waren alle aus dem einen oder anderen Grund außerstande, den wahren Sachverhalt aufzudecken; nie war Maria Stuarts erschütternder Mangel an treuen, selbstlosen Beratern verhängnisvoller für sie als in den Wochen nach Kirk o'Field.

Morays erste Sorge war, sich in den Augen seiner englischen Freunde von jeder möglichen Mitschuld zu reinigen: Schließlich hatte Moretta ihn wegen seines allgemein bekannten Hasses gegen Darnley für den Hauptanstifter der Verschwörung gehalten. In einem Brief vom 13. März an Cecil beteuerte Moray seine Unschuld und bat gleichzeitig um einen Paß, damit er nach London kommen könne[10]. Angesichts der kritischen Lage der Dinge wollte er soviel Abstand wie möglich zwischen sich und den schottischen Hof legen, einerseits, um nicht in den Machtkampf verwickelt zu werden, den er kommen sah und bei dem der ständig wachsende Einfluß des verhaßten Bothwell zweifellos den Ausschlag geben würde, und andererseits, um sich das Wohlwollen Elisabeths zu sichern. So machte er sich Anfang April auf den Weg nach London. Maria schien zu ahnen, was der Verlust Morays für sie bedeutete, denn sie hatte beim Abschied Tränen in den Augen. Von den anderen Adeligen, die ihr mit Rat und Tat hätten zur Seite stehen sollen, war Maitland an dem Komplott beteiligt gewesen und konnte ihr daher schwerlich raten, das Verbrechen energisch zu sühnen, und auch von Bothwell war kaum zu erwarten, daß er ihr ein Vorgehen empfehlen würde, das so völlig seinen eigenen Interessen widersprach. So gab es niemanden, der bereit gewesen wäre, der Königin den Ansporn zu geben, den sie so dringend brauchte. Sie schrieb nicht mehr an ihre Freunde im Ausland, nicht einmal an ihre Verwandten, die Guisen, an deren Leben sie seit ihrer Abreise aus Frankreich solch rührenden Anteil genommen hatte: Es gibt wohl kaum einen eindeutigeren Beweis, daß Maria Stuart sich in einem Zustand tiefster Depression befand. Das Schottland ihrer Träume, ihr Königreich, in dem sie während der ersten Jahre ihrer Regierung so glücklich gewesen war, erschien ihr jetzt wie ein grausames und barbarisches Land, in dem eine Gewalttat unbarmherzig auf die andere folgte; innerhalb eines Jahres waren ihr Sekretär und jetzt ihr Mann umgebracht worden – und zwar nicht von gemeinen Meuchelmördern, sondern von den höchsten Edelleuten des Königreichs. Dieses erneute Blutvergießen knapp elf Monate nach dem Tode Riccios flößte ihr Entsetzen ein. In ihrer trostlosen Passivität stützte sie sich immer mehr auf den einzigen Mann in ihrer Umgebung, der noch Entschlußkraft, Energie und Zielstrebigkeit zeigte – und nur allzusehr darauf erpicht war, die Zügel der Regierung zu ergreifen. Zum Unglück Marias war dieser Mann kein anderer als Bothwell, der jetzt in aller Öffentlichkeit als Mörder ihres Gatten bezeichnet wurde.

Bothwells Ehrgeiz, der tatsächliche Herrscher von Schottland zu werden – ein Ehrgeiz, den er vermutlich seit dem Sommer 1566 hegte –, hatte Ende Februar durch die schwere Krankheit seiner Frau einen weiteren Ansporn erhalten: Lady Jean schwebte in akuter Lebensgefahr, und ein Gesandter ging sogar soweit, zu verkünden, daß sie tatsächlich gestorben sei. Es besteht kein Grund zu der Annahme, daß Bothwell sie hatte vergiften wollen, denn die Scheidung von ihr bereitete ihm, wie sich später zeigte, keinerlei Schwierigkeiten; aber zweifellos veranlaßte ihn ihre Krankheit, sich in Gedanken eingehender mit seinen Zukunftsplänen zu befassen. Seine finanzielle Lage hatte sich immer noch nicht gebessert, und auch das war ein triftiger Grund für ihn, eine Stellung anzustreben, die ihn dieser Sorge enthob. Ende März erhielt der englische Gesandte in Paris die Nachricht, daß möglicherweise mit einer Ehe zwischen Maria und Bothwell zu rechnen sei, und etwa um die gleiche Zeit schrieb Drury an Cecil in London, nach »Ansicht der Leute« werde Maria den Earl of Bothwell heiraten[11]. Denn die Königin war jetzt, ebenso wie bei ihrer Geburt und nach dem Tode Franz II., abermals zu einer begehrenswerten Beute für einen Mann geworden, dessen Wunsch es war, sich zum König zu machen. Und solch ein Mann war Bothwell – skrupellos, ehrgeizig und ohne eine Spur von Gefühl oder Sensibilität.

Am 23. März, vierzig Tage nach Darnleys Tod, wurde die Trauerzeit der Königin offiziell mit einem feierlichen Requiem und einer Seelenmesse für Darnley beendet. Doch in Wirklichkeit fing ihr Leid gerade erst an. Die Forderungen des Earl of Lennox nach Sühnung des Verbrechens waren mittlerweile so energisch und lautstark geworden, daß selbst Maria, von Bothwell beraten, sie nicht mehr überhören konnte. So forderte sie Lennox schließlich Ende März auf, in einem Privatprozeß vor dem Parlament seine Anklage gegen Bothwell vorzubringen. Der Termin wurde durch einen Beschluß des Kronrats für den 12. April anberaumt. Aber Lennox schreckte verständlicherweise davor zurück, mit den sechs Begleitpersonen, die das Gesetz ihm zubilligte, nach Edinburgh zu kommen, denn er wußte, daß Bothwell mittlerweile viertausend seiner Anhänger in der Stadt versammelt hatte.

Am 12. April ritt Bothwell, Morton und Maitland zur Seite und von seinen Hepburns gefolgt, stolz und erhaben den Canongate entlang zum Tolbooth. Obgleich das Gerichtsverfahren in aller Ordnung vor sich ging, bedeutete die Abwesenheit des Klägers – Lennox –, daß Bothwell, wie erwartet, freigesprochen wurde; Morton hatte sich aufgrund seiner Verwandtschaft mit dem Ermordeten von seinem Amt als Beisitzer befreien lassen und nahm daher vorsichtshalber mit Rücksicht auf die Zukunft nicht an Bothwells Freisprechung teil. Das *Diurnal of Occurrents,* von einem verhältnismäßig unparteiischen Beobachter geschrieben, bemerkte ein wenig säuerlich, daß Bothwell »des besagten Mordes nicht für schuldig befunden wurde, obgleich viele der Meinung sind, daß er schuldig sei[12]«. Noch in letzter Stunde, an diesem selben Tag um sechs Uhr früh, war ein Bote mit einem Brief von Elisabeth eingetroffen, in dem die englische Königin eindringlich bat, man möge den Prozeß verschieben, bis Lennox selbst nach Edinburgh kommen könne. Der Bote wurde jedoch nicht zur schottischen Königin vorgelassen und konnte ihr den Brief daher nicht rechtzeitig aushändigen.

Bothwells nächster Schritt stand in vollem Einklang mit seinem Charakter und den damaligen Verhältnissen: Wenn er die Königskrone Schottlands erringen wollte, so brauchte er dazu die Einwilligung der Adeligen oder zumindest einiger von ihnen. So lud er am 19. April – wenige Tage nachdem das Parlament seinen Freispruch offiziell bestätigt hatte – achtundzwanzig Edelleute und Prälaten zu einem Abendessen in Ainslies Taverne ein und legte ihnen einen Bond vor, der sie verpflichtete, ihn als würdigen Gatten für die Königin zu empfehlen. Nachdem Bothwell von der Mitschuld an der Ermordung Darnleys freigesprochen und »andererseits die Königin zur Zeit ohne Gatten sei«, hieß es in diesem Schriftstück, »und das Allgemeinwohl es erfordere, daß sie nicht in diesem Zustand verharre, möge es ihr gefallen, den besagten Earl angesichts seiner treuen Dienste und seiner anderen guten Eigenschaften zu ihrem neuen Ehemann zu wählen[13]«. In diesem Fall würden die Unterzeichneten sich verpflichten, »so wahr sie sich vor Gott zu verantworten hätten«, ihn, Bothwell, zu unterstützen und zu verteidigen gegen jeden, der diese Heirat stören oder aufhalten wolle. Diese bemerkenswerte Übereinkunft, dem Namen der Taverne nach als »Ainslie-Bond« bekannt, wurde von Morton, Maitland, Argyll, Huntly, Cassilis, Sutherland, Glencairn, Rothes, Seton, Sinclair, Boyd und Herries sowie acht Bischöfen und zahlreichen anderen Lords unterschrieben. Obwohl die Beweggründe und die Redlichkeit der Absichten einiger dieser Männer äußerst fragwürdig erscheinen – denn sicherlich würde für Morton und Maitland ein König James Hepburn kaum annehmbarer sein als ein König Henry Stuart –, hatte Bothwell nichtsdestoweniger jetzt das Dokument in der Tasche, das er für seinen nächsten kühnen Vorstoß zu benötigen glaubte.

Die Königin befand sich wieder in ihrem geliebten Seton, und am 20. April besuchte Bothwell sie dort in Begleitung von Maitland und Bellenden. Laut Marias eigener Aussage warb er bei dieser Gelegenheit das erste Mal um sie, indem er durchblicken ließ, daß sie einen Ehemann brauche und daß er der geeignete Mann für diese Rolle sei, da ihre eigenen Adeligen ihn dafür ausersehen hätten. Dieser direkte Antrag brachte die Königin in Verwirrung. »Die arme junge Fürstin, unerfahren in Manövern dieser Art«, schrieb Nau[14], »wurde von allen Seiten mit Ratschlägen, Forderungen und beharrlichen Bitten bedrängt; sowohl durch private Briefe als auch durch allgemeine Memoranda, die ihr von ihrem Rat in pleno vorgelegt wurden.« Sicherlich können wir Maria glauben, daß sie nicht wußte, wie sie sich verhalten sollte, besonders als Maitland ihr versicherte – was sie selbst nur allzu klar erkannte –, daß es unbedingt notwendig sei, dem Chaos abzuhelfen, in das die öffentlichen Angelegenheiten mangels einer festen Hand geraten waren. Jetzt baten ihre adeligen Ratgeber sie anscheinend, daß sie Bothwell zum Ehemann nehmen solle. Königin Maria versicherte jedoch später immer wieder, sie habe damals Bothwells Antrag abgelehnt, mit der Begründung, es gebe, ungeachtet der Tatsache, daß Bothwell offiziell von der Mitschuld an dem Verbrechen von Kirk o'Field freigesprochen worden sei, noch zu viele Gerüchte um den Tod ihres Mannes.

Am Tag nach dem Besuch Bothwells begab sich die Königin nach Stirling. Sie traf am Montag, dem 21. April, dort ein und verbrachte den ganzen Dienstag in Gesellschaft des kleinen Prinzen. Jakob war jetzt zehn Monate alt. Die Königin spielte friedlich mit ihm, ohne zu ahnen, daß dies die letzte Begegnung mit ihrem Sohn sein sollte. Am Mittwoch machte sie sich wieder auf den Weg nach Edinburgh. Der Besuch in Stirling war offenbar geheim gewesen, und sie hatte nur Maitland, Huntly, James Melville und etwa dreißig Reiter bei sich. Als sie die Bridges of Almond, etwa sechs Meilen vor Edinburgh, erreichten, tauchte plötzlich Bothwell mit einem Trupp von achthundert Mann vor ihnen auf. Er näherte sich der Königin, faßte die Zügel ihres Pferdes und erklärte, da ihr in Edinburgh

Gefahr drohe, habe er die Absicht, sie nach Schloß Dunbar zu bringen. Einige von Marias Getreuen wurden mißtrauisch und wollten Bothwell an seinem Vorhaben hindern, aber die Königin sagte sanft, sie werde mit dem Earl of Bothwell gehen, »um Blutvergießen zu vermeiden«. Fügsam, ohne weiteren Widerspruch, ließ sie sich etwa vierzig Meilen durch das Innere Schottlands führen. Sie schien Bothwells Erklärung so blind zu glauben, daß sie nicht den Versuch machte, die Bauern, denen sie begegnete, um Hilfe zu bitten. Sie sandte lediglich einen gewissen James Borthwick nach Edinburgh, um die Stadtbehörden vor einer möglichen Gefahr zu warnen. Als Borthwick dem Provost erzählte, was geschehen war, geriet man allerseits in große Aufregung über das Verschwinden der Königin. Die Alarmglocke wurde geläutet, und die Bürger der Stadt wurden gebeten, ihr zu Hilfe zu eilen. Aber es war bereits zu spät: Um Mitternacht traf die Königin, von den Gefolgsleuten Bothwells umringt, in Dunbar Castle ein, und die Tore schlossen sich hinter ihr.

Diese Entführung – wenn man das Wort überhaupt auf ein so ruhiges und friedliches Verfahren wie das bei den Bridges anwenden kann – war ein typisches Beispiel für Bothwells Einstellung. Es entsprach absolut seiner Mentalität, zu glauben, daß eine Gewalttat, die genügend Aufsehen erregte, auf irgendeine seltsame Art und Weise eine Vielzahl von Vergehen verschleierte. Das waren auch seine Überlegungen bezüglich Kirk o'Field gewesen. Jetzt glaubte er zuversichtlich, daß eine Entführung der Königin nicht nur allen weiteren Beratungen und Diskusionen über die Heirat ein Ende setzen würde – womit er recht hatte –, sondern daß damit die Aufmerksamkeit der Öffentlichkeit von seiner Verknüpfung mit Darnleys Tod abgelenkt werden würde; diese Schlußfolgerung war natürlich ein verhängnisvoller Irrtum. Wußte Königin Maria, was sie erwartete? Obwohl wir keinen sicheren Beweis dafür haben, lassen die zeitgenössischen Kommentare darauf schließen, daß sie vorher von dem Plan unterrichtet worden war und sich zögernd damit einverstanden erklärt hatte, weil er ihr einen möglichen Ausweg aus der schwierigen Lage bot, in die ihre anhaltende Depression sie gebracht hatte. Auf jeden Fall wußten viele ihrer Adeligen sicherlich im voraus von der geplanten Entführung. Lennox erfuhr am Dienstag davon, und Kirkcaldy of Grange, Bothwells erbitterter Feind, erwähnte sie am Mittwoch, dem Tag, an dem sie tatsächlich stattfand, in einem Brief an Bedford. Erzürnt über Bothwells zunehmenden Einfluß schrieb Kirkcaldy in diesem selben Brief, man habe die Königin sagen hören, daß sie mit Bothwell barfuß bis ans Ende der Welt gehen würde. Aber da Kirkcaldy sich nicht darüber ausließ, von wem oder unter welchen Umständen diese ungewöhnliche Erklärung gehört worden war, und da er später einer von Marias treuesten Anhängern wurde, ist anzunehmen, daß er aus Haß und Eifersucht auf Bothwell seiner Phantasie die Zügel schießen ließ. Maitland wußte zweifellos Bescheid. Paris erklärte bei seiner

Vernehmung, daß am Abend vor der Entführung Bothwells Gefolgsmann Black Ormiston nach Stirling Castle gekommen sei und eine lange, ernste Unterredung mit Maitland gehabt habe[13]. Es scheint unvorstellbar, daß man nicht auch die Königin im voraus von dem Plan unterrichtet haben sollte, und sei es auch nur, um ihrer Mitwirkung sicher zu sein. Maria, die in Bothwell immer noch den klugen und verläßlichen Berater sah und nicht den skrupellosen Abenteurer, zu dem ihn seine Feinde später in ihren Schriften stempelten, war außerstande, sich diesem Vorschlag zu widersetzen; er wurde ihr von Bothwell mit den gleichen Argumenten, die er sich selbst gegenüber angeführt hatte, als eine zweckdienliche Lösung für ihre Schwierigkeiten unterbreitet.

Sobald sie auf Schloß Dunbar waren, unternahm Bothwell den zweiten geplanten Schritt – der ebenso typisch für ihn war; allerdings hatte er in diesem Fall die Königin nicht vorher zu Rate gezogen: Er beschloß, die formelle Entführung ihrer Person mit der physischen Besitznahme ihres Körpers zu vollenden. Seine Absichten waren auch hierbei wieder sehr einfach und direkt: Er hatte vor, die Königin in eine Lage zu versetzen, die sie zwingen würde, ihn zu heiraten. Bestimmt hat er Maria nicht geliebt, obwohl er vielleicht seine Taten mit irgendwelchen zärtlichen Beteuerungen begleitete, die ihm für diese Gelegenheit angemessen erschienen. Aber wenn es galt, seinen Ehrgeiz zu befriedigen, war ihm jedes Mittel recht. Melville, der sich ebenfalls im Schloß befand und es erst am nächsten Morgen verlassen durfte, hegte keinen Zweifel bezüglich der Vergewaltigung. »Die Königin konnte nicht umhin, ihn zu heiraten, nachdem er sie entführt und gegen ihren Willen besessen hatte[17].« Von Melville wissen wir auch, daß Bothwell schon vorher stolz angekündigt hatte, er werde die Königin heiraten. Dem Bischof von Dunblane, der wenige Wochen später beauftragt wurde, dem französischen Hof ihre hastige Eheschließung mit Bothwell zu erklären, gab Maria eine anschauliche Beschreibung ihrer Erlebnisse: Bothwell »erwartet Uns, von einer großen Reiterschar begleitet, am Rande der Straße und führte Uns in aller Eile nach Dunbar«, und dort, wie Maria es rührend ausdrückt, »obgleich Wir sein Vorgehen unhöflich fanden, waren seine Worte sanft«. Bothwell, dem ihr Versprechen, ihn zu heiraten, offenbar nicht genügte, weigerte sich, die Vollziehung der Ehe hinauszuschieben, und bedrängte sie unablässig »mit beharrlichen Bitten, die nichtsdestoweniger von Gewalt begleitet waren«, bis »er Uns schließlich dazu trieb, das Werk zu vollenden, das zu der Zeit und in der Form begonnen wurde, die am besten seinen Absichten diente[18]«. Es ist interessant, daß Bothwells und Marias Zeitgenossen sofort die Überzeugung äußerten, die Entführung sei ein abgekartetes Spiel gewesen, das dazu dienen sollte, das Gesicht der Königin zu wahren. Aber es wurde auch allgemein vermutet, daß Bothwell seinen eigenen Plänen gemäß die Königin vergewaltigt habe. Das waren die Schlüsse, zu denen diejenigen gelangten, die Gelegenheit hatten, den verwegenen und ränkevollen Charakter Bothwells und die ausgesprochen puritanische Haltung Königin Marias in Fragen der Sexualmoral aus nächster Nähe zu beobachten.

Es ist oft die Vermutung geäußert worden, daß Maria bei Bothwell eine körperliche Befriedigung fand, die sie bei keinem ihrer beiden früheren Ehemänner erfahren hatte. Das mag stimmen oder nicht: Jedenfalls kann es nicht bewiesen werden, denn die Königin selbst äußerte sich bestimmt niemals zu diesem Thema und schrieb bis zu ihrem Lebensende die Ehe mit Bothwell mehr der Staatsräson als den Geboten des Herzens zu. Tatsächlich lassen die Ereignisse, die zu ihrer Ehe mit Darnley führten, viel eher auf eine sinnliche Leidenschaft schließen als diejenigen, die der Bothwell-Heirat vorausgingen. Im Frühjahr 1565 war Maria Stuart eine junge, gesunde und lebensfrohe Frau, die seit langem verwitwet war und sich sehnlich wünschte, wieder zu heiraten; im Frühjahr 1567 war sie kränklich, von Depressionen gequält und tief besorgt um die Zukunft ihrer Regierung in Schottland. Und abgesehen davon scheint es außerordentlich zweifelhaft, ob zwei Menschen wie Maria und Bothwell sich überhaupt zueinander hingezogen gefühlt hätten, wenn nicht politische Erwägungen dabei im Spiel gewesen wären. Materieller Ehrgeiz hatte Bothwell dazu getrieben, um die Königin zu werben: Diese stolze, elegante, ein wenig kalte Frau mit ihrer anmutigen, schlanken Figur, ihrem rotgoldenen Haar, ihrer unbefangenen Koketterie, ihrer Liebe zur Poesie und ihrem Verlangen nach Huldigungen, an die sie seit frühester Jugend gewöhnt gewesen war – diese Frau war nicht der Typ, Bothwell, den Liebhaber der derben Bessie Crawford, der herrschsüchtigen Kurtisane Janet Beaton oder der traurigen, willfährigen Anna Throndsen, zu reizen. Von allen Eigenschaften Maria Stuarts wären ihr Mut und ihr Frohsinn, ihre Fähigkeit, rasche Entscheidungen zu treffen und sich schnell aus einer unhaltbaren Situation zu befreien, diejenigen gewesen, die Bothwell wahrscheinlich am ehesten gefallen hätten: Aber gerade von diesen Eigenschaften war seit ihrem Nervenzusammenbruch in Jedburgh nicht mehr viel zu bemerken. Für Bothwell lag die Anziehungskraft Maria Stuarts einzig und allein in der Tatsache, daß sie regierende Königin von Schottland war, imstande, ihren Gatten zum Prinzgemahl und tatsächlichen Herrscher des Landes zu machen.

Natürlich brauchte Bothwell Maria nicht unbedingt zu lieben, damit sie ihrerseits ihn liebte: Vielleicht fand sie sogar eine gewisse perverse Befriedigung darin, von diesem harten und brutalen Mann beherrscht zu werden, der so anders war als ihre anderen Ehemänner und ihre potentiellen Liebhaber unter den Angehörigen des Hofstaats. Um die Gefühle Maria Stuarts für Bothwell zu beurteilen, muß man sich vor allem einmal überlegen, welche Bedeutung sie als Frau der ganzen Frage der Erotik beimaß. In ihrer frühen Jugend hatte sie diesen Dingen natürlich wenig Beachtung geschenkt, und auch während der Zeit ihrer ersten Witwenschaft hatte sie sich bemerkenswert zurückhaltend gezeigt. Ihre unglückselige Ehe mit Darnley, die einer rein physischen Attraktion entsprang, gab ihr allen Grund, der Leidenschaft und ihren Folgen zu mißtrauen. Wenn sie, all diesen Überlegungen zum Trotz, tatsächlich irgendeine echte Befriedigung in den Armen Bothwells fand, so ist es erstaunlich, wie wenig Anstrengungen sie machte, später mit ihrem Mann in Kontakt zu bleiben: Von dem Augenblick ihrer Abdankung an verlor sie offensichtlich alles Interesse an Bothwell, als ob er einer erfolglosen politischen Etappe ihres früheren Lebens angehörte, mit der sie jetzt abgeschlossen hatte. Recht aufschlußreich ist auch die Tatsache, daß sie während der ganzen neunzehn Jahre ihrer Gefangenschaft nicht den geringsten Versuch machte, irgendein körperliches Verlangen zu befriedigen – falls sie es überhaupt empfand: Es gibt keinerlei glaubwürdige Gerüchte über irgendwelche Liebesverhältnisse von der Art, wie Maria Stuart sie zweifellos gehabt hätte, wäre sie tatsächlich unter Bothwells Einfluß zu der *grande amoureuse* geworden, als die sie später so oft beschrieben wurde. Im Gegenteil, die Königin führte von ihrem fünfundzwanzigsten Jahr an ein Leben völliger Enthaltsamkeit.

Was immer Marias wahre Gefühle für Bothwell während der kurzen Zeit ihres Zusammenlebens – drei Wochen zwischen Dunbar und der Trauung und vier Wochen hinterher – gewesen sein mögen, ihre Verbindung beruhte ursprünglich bestimmt nicht auf der schwachen Grundlage der Leidenschaft. Marias Beichtvater Mameret schwor später dem spanischen Gesandten in London feierlich, er habe, bis die Frage ihrer Ehe mit Bothwell zur Sprache kam, nie eine so tugendsame, tapfere und rechtschaffene Frau wie sie gesehen, und aufgrund der genauen Kenntnis ihres Charakters, die er im Beichtstuhl gewonnen habe, sei er daher fest überzeugt, daß sie sich nur mit Bothwell eingelassen habe, um die Frage der Religion in Schottland zu regeln[19]. Tatsächlich hatte die Königin nicht einen, sondern drei dringende und – wie ihr schien – gute Gründe, in die Ehe mit Bothwell einzuwilligen. Erstens war es ihm gelungen, sie zu überzeugen, daß sie in ihm endlich den fähigen und energischen Gefährten finden würde, den sie so lange entbehrt hatte, damit er mit ihr die Last der Regierung in Schottland teile. Er hatte sie durch die Kraft seiner Persönlichkeit bezwungen, als sie sich aufgrund ihrer zerrütteten Gesundheit in einem Zustand der verhängnisvollen Unschlüssigkeit und Lethargie befand, so daß sie angesichts der Realität Bothwells und seiner Entschlossenheit außerstande war, klar zu erkennen, wo ihr eigener Vorteil lag. Zweitens konnte ihr Bothwell den Ainslie-Bond zeigen, der ihr bewies, daß die meisten ihrer Adeligen – nicht nur Seton und Huntly, sondern auch der aufsässigere Morton und Argyll – bereit waren, ihn als ihren Oberherrn anzuerkennen. Maria hatte Darnley trotzig gegen den Rat ihrer Lords geheiratet, und sie wollte nicht noch einmal den gleichen Fehler begehen. Drittens hatte Bothwell durch die Vergewaltigung in Dunbar dafür gesorgt, daß die Königin nicht imstande sein würde, später ihr Wort zurückzunehmen. Die Verbindung war bereits vollzogen worden: blieb nur noch, sie in eine rechtsgültige Ehe umzuwandeln.

Nachdem Bothwell sich die Einwilligung der Königin gesichert hatte, galt es vor allem, die Scheidung von seiner gegenwärtigen Frau zu erlangen, die er zwei Jahre zuvor geheiratet hatte. Aber das war, wie sich herausstellte, nicht weiter schwer, denn Jean Bothwell scheint keine Einwände gemacht zu haben: Ihre Ehe war aus politischen Überlegungen geschlossen worden, und sie hatte nichts dagegen, sie aus den gleichen Gründen aufzulösen. Bereits Ende März ging das Gerücht, ihr Bruder Huntly habe sich im Prinzip mit der Regelung einverstanden erklärt. Am 3. Mai erhielt Lady Bothwell vom protestantischen Gerichtshof das Scheidungsurteil gegen ihren Mann: Als Grund wurde sein Ehebruch mit Bessie Crawford angegeben. Dann wurde ihre Ehe sicherheitshalber am 7. Mai auch noch von dem katholischen Erzbischof Hamilton für ungültig erklärt, mit der Begründung, sie hätten keinen Dispens erhalten, obgleich sie im vierten Grade verwandt seien, da Bothwells Ururgroßvater eine Gordon geheiratet hatte. Mit welch unerhörtem Zynismus diese Angelegenheit betrieben wurde, ist daran zu erkennen, daß der Dispens nicht nur gewährt, sondern vom Erzbischof Hamilton selbst erteilt worden war[20]. Am 6. Mai brachte Bothwell die Königin nach Edinburgh zurück. Sowohl Huntly als auch Maitland befanden sich unter ihrem Gefolge. Das *Diurnal of Occurrents* vermerkte, der Earl of Bothwell habe Ihre Majestät die Königin am Zügel ihres Pferdes geführt, als ob sie eine Gefangene wäre[21].

Während Maria, die Königin der Schotten, wie in einer Trance ihrer offiziellen Vereinigung mit Bothwell entgegenging, verbündeten sich bereits die Adeligen gegen seinen meteorhaften Aufstieg zur Macht. Zutiefst erbittert darüber, daß Bothwell – einer aus ihren Reihen – sich praktisch zum Diktator gemacht hatte, versammelte sich am 1. Mai eine Gruppe von Sezessionisten in Stirling. Sie unterschrieben abermals einen Bond, in dem sie gelobten, alles zu tun, was in ihrer Macht stand, um die Königin zu befreien und ihren Sohn, Prinz Jakob, zu verteidigen. Es ist bezeichnend, daß bei dieser Zusammenkunft in Stirling die Schlüsselpersonen Morton, Argyll und Atholl waren, die alle drei erst eine Woche zuvor – aus Arglist oder Schwäche – den Ainslie-Bond unterzeichnet hatten, in dem sie versprachen, Bothwell als Gatten für die Königin zu empfehlen. Bedford wurde jetzt ersucht, an Moray zu schreiben, er möge zurückkehren, und Robert Melville erbat die Unterstützung der Engländer gegen Bothwell. Die schottische Politik nahm wieder ihre altgewohnte Form von Familienbündnissen und -fehden an, die es keinem Adeligen gestatteten, sich ungestraft über die anderen zu erheben, und bei der die englische Unterstützung wie der

Joker im Kartenspiel war. Die Verschwörer von Stirling unterhielten sich mit einem Theaterstück, das sie »Die Ermordung Darnleys und das Geschick Bothwells« nannten; und bei der Aufführung wurde der Junge, der die Rolle Bothwells spielte, so realistisch gehängt, daß es eine ganze Weile dauerte, ehe es gelang, ihn ins Leben zurückzurufen. Diese selben Adeligen sandten eine Nachricht an Maria und boten ihr Hilfe gegen Lord Bothwell an. Aber da Bothwell die Zügel fest in der Hand zu halten schien, konnte die Königin kaum glauben, daß er bereits die Unterstützung der wankelmütigen schottischen Lords verloren hatte: Schließlich waren erst wenige Wochen seit der Unterzeichnung des Ainslie-Bonds vergangen, der sie zu der Überzeugung gebracht hatte, daß die Mehrzahl ihrer Adeligen diese Ehe mit Bothwell wünschte.

Mit rasender Geschwindigkeit näherte sich der Hochzeitstag. Als John Craig, der Nachfolger Knoxens in der Pfarrkirche von Edinburgh, sich weigerte, ohne den Befehl der Königin das Aufgebot zu verkünden, erhielt er ein von ihr selbst unterzeichnetes offizielles Schreiben, in dem sie erklärte, daß sie weder vergewaltigt noch gefangengehalten worden sei. Aber als Craig am 9. Mai die Ankündigung verlas, war er trotzdem tapfer genug, dem allgemeinen Unwillen über die unziemliche Hast dieser Eheschließung Ausdruck zu verleihen und die Heirat als *»odious and slanderous before the world«* zu bezeichnen. Bothwell drohte wütend, Craig an den Galgen zu bringen: Aber Craigs Worte waren lediglich ein Widerhall dessen, was die Leute von Edinburgh selbst empfanden, als sie mit ansehen mußten, wie Maria, ihre Traumfigur, ihre schöne junge Königin, sich sorglos und leichtfertig von Bothwells Ehrgeiz in den Abgrund zerren ließ.

Am 12. Mai erhob Maria den Earl of Bothwell zum Herzog von Orkney und Lord of Shetland (ein Titel, den einst sein Vorfahr, der 1. Earl, getragen hatte) und setzte ihm eigenhändig die Herzogskrone aufs Haupt. Vier seiner Gefolgsleute, unter ihnen der von Kirk o'Field her berüchtigte Black Ormiston, wurden zum Ritter geschlagen. Auf viele machte die Königin den Eindruck eines willenlosen Geschöpfes, das völlig unter dem Einfluß Bothwells stand: Beaton, Marias Gesandter in Paris, geriet in Verzweiflung über den Wahnsinn oder die Torheit seiner jungen Herrin, aber Clernault berichtete ihm am 14. Mai, daß Maria sich keine Botschaft anhöre und keine Briefe lese, die er ihr von Beaton oder anderen Freunden und Beratern im Ausland überbringe[22].

Am Donnerstag, dem 15. Mai, zwölf Tage nach Bothwells Scheidung und etwa drei Monate nach dem Tode Darnleys, wurden Maria und Bothwell im großen Saal von Holyrood getraut. Am Morgen dieses Tages entdeckte man am Tor des Palastes einen Anschlag mit einem Vers von Ovid: *»Mense malas maio nubere vulgus ait«* – oder, wie die Leute bedeutungsvoll murmelten: »Wüstlinge heiraten im Monat Mai«. Man hätte sich kaum einen größeren Kontrast zu den beiden vorhergegangenen Hochzeiten der

Königin vorstellen können. Schon allein die Tatsache, daß die Trauung nach protestantischem Ritus vorgenommen wurde, ist ein Beweis, wie weit die Königin die Herrschaft über ihr Schicksal verloren hatte, obwohl sie selbst möglicherweise vorher eine Messe hörte (worauf ihre Anhänger später die Behauptung stützten, daß sie nach beiden Riten getraut worden sei). Nach der Trauung gab es keine Maskenspiele wie bei der Hochzeit mit Darnley und auch keine »Feste und Vergnügungen«, wie es seit jeher üblich war, wenn Fürsten heirateten[23]. Es gab lediglich ein Hochzeitsmahl, zu dem nur wenige Gäste erschienen. Von all den traurigen Ereignissen in Maria Stuarts Leben in Schottland war diese armselige, überstürzte Hochzeit, nach einem Ritus, zu dem sie sich nicht bekannte, und ohne all die Vorbereitungen, die sie so liebte, zweifellos das erschütterndste.

Nach den Kommentaren der zeitgenössischen Beobachter zu schließen, brachte Marias kurze Ehe mit Bothwell ihr keinerlei persönliches Glück. Bereits am Tag der Hochzeit bemerkte du Croc ein »sonderbares Benehmen« zwischen der Königin und ihrem Gatten. Maria versuchte, es zu entschuldigen, indem sie erklärte, wenn er sie traurig sehe, so sei das, weil sie nie mehr froh sein wolle. Leslie gegenüber war sie ehrlicher: Sie ließ ihn zu sich kommen und sagte ihm unter einer Flut von Tränen, wie sehr sie bereits ihren Entschluß bereue[24]. Am Tag darauf hörte Melville, wie sie nach einem Dolch verlangte, um sich zu töten, und als er ihr Vorwürfe machte, drohte sie, sich zu ertränken[25]. Es wurde damals angedeutet, Maria sei so unglücklich, weil Bothwell ihr jetzt einige Enthüllungen über seine Vergangenheit gemacht habe – seine Mitschuld an Kirk o'Field zum Beispiel oder sogar über das angebliche Liebesverhältnis seines Vaters mit Marie von Guise. Aber Maria Stuart war jetzt innerlich viel zu aufgewühlt, als daß irgendwelche Skandale aus längst vergangenen Zeiten sie hätten berühren können, und Bothwells Mitschuld am Tod ihres Mannes war gewiß zu diesem Zeitpunkt keine Überraschung mehr für sie. Ihre grenzenlose Verzweiflung rührte vermutlich eher von der Erkenntnis her, daß sie ihren Ruf und vielleicht sogar noch mehr aufs Spiel gesetzt hatte, um einen Mann zu heiraten, der auf seine Art nicht besser dazu geeignet war, ihr mit Rat und Tat zur Seite zu stehen, die Adeligen in Schach zu halten oder Schottland zu regieren, als Darnley es gewesen war.

Melville berichtete, es gebe so viele Unstimmigkeiten zwischen den Ehegatten, daß »nicht ein Tag verging«, ohne daß die Königin bittere Tränen vergoß. Etwas später meldete du Croc nach Paris: »Vom Tage der Hochzeit an waren der Tränen und Klagen der Königin kein Ende.« In London ging das Gerücht, Maria litte Qualen der Eifersucht, weil Bothwells frühere Frau, Lady Jean, immer noch auf seinem eigenen Schloß Crichton wohnte. Maitland half das Feuer schüren, indem er Maria sagte, Bothwell habe mehrere Briefe an Jean geschrieben und ihr versichert, daß er Maria lediglich als seine Konkubine betrachte und sie, Jean, immer noch als seine rechtmäßige

Frau. Du Croc beeilte sich, die Geschichte an den französischen Hof weiterzugeben, und setzte boshaft hinzu: »Niemand in diesem Königreich hegt irgendwelche Zweifel, daß der Herzog [Bothwell] seiner früheren Frau sehr viel mehr Liebe entgegenbringt als der Königin[26].«

Aber Bothwell kümmerte sich in seinem Verhalten Maria gegenüber weniger um die Feinheiten ihrer rechtmäßigen Beziehung als vielmehr um die Macht, die diese Beziehung ihm brachte. Die Lords erklärten in ihrem Bond vom 16. Juni, Bothwell habe die Königin faktisch zur Gefangenen seines Ehrgeizes gemacht. Keiner von ihnen hatte jemals mit ihr reden können, ohne daß Bothwell zugegen war; sein Mißtrauen war so groß, daß er die Tür zum Gemach der Königin ständig von einem seiner Gefolgsmänner bewachen ließ. Drury berichtete am 20. Mai, der ganze Hofe spreche über das Unglück der Königin. Noch nie, so schien es, hatte eine Frau in so kurzer Zeit sich so sehr in ihrem Aussehen verändert. Es wurde sogar gemunkelt, sie litte an der Fallsucht (Epilepsie), denn nur so sei ihre nervliche Zerrüttung zu erklären. Die Nymphe und der Hase waren offenbar so wenig dazu geeignet, zusammen zu leben, wie man es von einem Märchenwesen der Wasserwelt und einem ungezähmten Tier der Erde erwarten kann.

Als erstes sahen die Königin und Bothwell sich jetzt der schwierigen Aufgabe gegenüber, ihre überstürzte Heirat vor dem englischen und französischen Hof zu rechtfertigen. Der Bischof von Dunblane wurde mit genauen Anweisungen nach Frankreich gesandt[27], und Maria schrieb im gleichen Sinn einen langen Brief an Beaton. Abgesehen von dem bereits erwähnten Bericht über die Ereignisse, die zu dieser Heirat führten, unterstrich sie ihre unwandelbare Treue zum Katholizismus – sie würde »ihre Religion weder für ihn noch für irgendeinen anderen Mann der Welt aufgeben« –, denn sie war sich bewußt, daß ihre Handlungsweise abermals Anlaß zu ernsten Zweifeln in dieser Hinsicht gegeben hatte. Sie hob Bothwells treue Dienste hervor und schrieb ihre früheren Meinungsverschiedenheiten der Eifersucht der anderen Adeligen zu. »Da Tugend von Neid verfolgt wird und Unser Land von sich aus ein wenig zur Zwietracht neigt, begannen andere, seine Handlungsweise zu mißbilligen, und versuchten, ihn durch Gerüchte und falsche Auslegungen seiner Taten bei Uns in Mißkredit zu bringen ...« Dann unterstrich Maria die Tatsache, daß Bothwell die übrigen Adeligen für den Heiratsplan gewonnen habe. – »Er erhielt ein Schriftstück, von ihnen allen eigenhändig unterzeichnet, worin sie nicht nur ihre Einwilligung zu Unserer Ehe mit ihm gaben, sondern sich auch verpflichteten, ihn zu unterstützen und dafür ihr Gut und Blut einzusetzen.« Schließlich beschrieb sie ihre eigene Schwäche und Hilflosigkeit, die es ihr unmöglich machten, die Lage in Schottland noch weiterhin allein zu meistern. Trotz dieser Bitte um Verständnis, die ehrlich klingt, hielt Maria es für notwendig, ihrem Beauftragten die Antworten auf zwei mögliche

Einwände mit auf den Weg zu geben – sie betont die Rechtsgültigkeit ihrer Ehe, indem sie sagt, daß Bothwells frühere Ehe gelöst worden sei, und sie rechtfertigt ihr Versäumnis, den Nuntius nach Schottland kommen zu lassen, mit der etwas naiven Erklärung, sie habe in dieser Hinsicht alles getan, was sie konnte, und wenn der Nuntius gekommen wäre, so hätte er vielleicht die schrecklichen Geschehnisse verhindern können.

Robert Melville wurde nach England gesandt, um Königin Elisabeth die Nachricht zu überbringen; seine Anweisungen waren ziemlich die gleichen[28]. Dem Haupteinwand Elisabeths – daß sie den Mann geheiratet habe, der im Verdacht stand, ihren Gatten ermordet zu haben – begegnete Maria mit dem Argument, daß Bothwell vom schottischen Parlament offiziell von diesem Verbrechen freigesprochen worden sei. Obgleich Maria ihren Instruktionen einen persönlichen und sehr liebenswürdigen Brief an Cecil beifügte, in dem sie ihn bat, ihre Sache bei Elisabeth zu vertreten, ließen weder die englische noch die französische Königin sich durch Marias Rechtfertigungen von den offenkundigen Tatsachen ablenken. Vom Gesichtspunkt Frankreichs und Englands aus hatte die schottische Königin vollkommen den Kopf verloren, sonst hätte sie sich nie dazu bereit erklärt, den übel beleumdeten Bothwell zu heiraten. Die einzige mögliche Rechtfertigung war im Grunde diejenige, die Maria in ihrem Brief an Beaton vorbrachte: »Dies ist alles in der Tat sehr seltsam und befremdend, und Wir wissen auch, daß Sie es nicht erwartet hätten. Doch da es nun einmal geschehen ist, müssen Wir das Beste daraus machen.«

Aber Maria war keine Ruhe vergönnt. Trotz aller Bemühungen, das Volk und die Adeligen zu versöhnen, war die Lage bis Ende Mai für Bothwell so bedrohlich geworden, daß die Königin und der Herzog sich am 30. Mai gezwungen sahen, ihre Leute für den 15. Juni »in vollen Waffen und für sechs Tage mit Proviant versorgt« nach Melrose zu berufen. Maria schilderte Nau die Entstehung der neuen Verschwörung in Schottland folgendermaßen: »Sie mag ihren Ursprung in irgendwelchen geheimen Fehden neueren Datums zwischen den Lords gehabt haben oder möglicherweise auch in einem Groll aus früheren Zeiten, der, obwohl lange verborgen, schließlich hervorbrach und sein Gift verstreute[29].« Was diesen neuen Aufruhr von der Huntly-Affäre, dem Chaseabout Raid, dem Komplott gegen Riccio und auch der Ermordung Darnleys unterschied, war die Tatsache, daß es sich jetzt als zweckdienlich erwies, ihm einen bisher ungewohnten Anstrich von Moral zu geben, um eine bessere Waffe gegen Bothwell zu haben und Maitland und Morton von der vorher eingegangenen Verpflichtung zu befreien. Zweifellos trug der gegenseitige Haß von Maitland und Bothwell wesentlich dazu bei, die Adeligen gegen die Königin zu vereinigen. Diese Feindseligkeit war so allgemein bekannt, daß tatsächlich behauptet worden war, Bothwell habe Maitland in Dunbar getötet. Schließlich gewannen Maitlands Gefühle die Oberhand über seine Treue zu Maria, und am 6. Juni verließ er in aller Stille den Königshof und ging in den Westen Schottlands. Cecil gegenüber äußerte er, daß er um sein Leben gebangt habe, seit Bothwell ihn in einem Anfall von blinder Wut in Gegenwart der Königin habe töten wollen, und es sicherlich auch getan hätte, wenn die Königin ihm, Maitland, nicht zu Hilfe gekommen wäre. Maitland weigerte sich einzugestehen, daß sein Verschwinden in diesem kritischen Augenblick eine Treulosigkeit bedeutete. Er erklärte Cecil gelassen, daß er nur aus alter Anhänglichkeit trotz der Gefahr für sein Leben und seinen Ruf so lange an der Seite der Königin geblieben sei. Jetzt könne er es jedoch nicht mehr ertragen[30].

Angesichts der drohenden Haltung der Verschwörer, deren Zahl sich ständig vermehrte, beschloß Bothwell, Holyrood zu verlassen, und brachte Maria am 6. Juni nach Borthwick, einer starken Festung aus dem 15. Jahrhundert, deren Besitzer ein Nachbar und Bundesgenosse Bothwells war: Von ihren Zinnen aus konnte man den Turm von Bothwells eigenem Schloß Crichton sehen, das nur zwei Meilen entfernt lag. Aber wenn Maria gehofft hatte, hier Ruhe und Sicherheit zu finden, sollte sie sehr bald enttäuscht werden. Bereits am Tag nach ihrer Ankunft wurde Borthwick von den Aufständischen umzingelt. Mit dem geübten Auge des alten Soldaten erkannte Bothwell, daß die Festung ihrer ungünstigen Lage wegen einer Belagerung nicht standhalten konnte, und so schlich er sich, nur von dem Sohn des Gutsherrn von Crookston begleitet, durch eine der Ausfallpforten. Der Junge wurde gefangengenommen, aber Bothwell galoppierte davon und überließ es Maria, das Kastell zu halten. Die Belagerer forderten die Königin auf, ihren Mann zu verlassen und mit ihnen nach Edinburgh zurückzukehren. Als sie das stolz ablehnte, schrien sie Schimpfworte zu ihr empor, »zu gemein und anstößig, um wiederholt zu werden«, wie Drury es in einem Brief nach London ausdrückte, als er von der erneuten Bedrängnis »dieser armen Fürstin« berichtete. Die »arme Fürstin« hatte jedoch ihre alte Energie noch nicht ganz verloren: Sie sandte zwei Boten zu Huntly, ihn um Hilfe zu bitten, aber leider fielen sie beide Morton in die Hände. Maria, die jetzt erkannte, daß sie von außen keine Unterstützung zu erwarten hatte, zog Männerkleidung an, verließ im Schutz der Dunkelheit die Festung und ritt in gestrecktem Galopp allein zu dem nahe gelegenen Black Castle, das ebenfalls einem Anhänger Bothwells gehörte. Dort traf sie mit Bothwell zusammen, und am nächsten Morgen machten sie sich gemeinsam auf den Weg nach Dunbar.

In Dunbar erreichte sie eine Botschaft von Balfour, der inzwischen, ungeachtet der Tatsache, daß er von Bothwell als »Belohnung« für seine Mitwirkung in Kirk o'Field die Verwaltung des Kastells von Edinburgh übertragen bekommen hatte, zu den Aufständischen übergegangen war. Um die Königin und ihren Gemahl aus ihrem verhältnismäßig sicheren Refugium zu locken, noch ehe es Bothwell gelingen würde, seine Gefolgsleute um sich zu sammeln, ließ er Maria sagen, es sei besser, wenn sie nach Edinburgh zurückkehrte, wo die Besatzung und die Geschütze des Kastells sie unterstützen würden. Auf diese beruhigende Versicherung hin verließen Maria und Bothwell, die nichts von Balfours Verrat ahnten, Schloß Dunbar und machten sich mit zweihundert Arkebusieren, sechzig Reitern und nur drei Feldgeschützen, die aus dem Schloß selbst stammten, auf den Weg nach Edinburgh. Die Königin hatte bei ihrer nächtlichen Flucht aus Borthwick ihre ganze Garderobe zurücklassen müssen, und so trug sie jetzt die schlichte Kleidung, die sie sich hastig in Dunbar geborgt hatte: einen kurzen Kilt, einen roten Kittel und einen Samthut – die landesübliche Tracht, wie die Frauen des Volkes sie trugen. Ihr Charme und ihre Würde wurden von diesem Aufzug nicht gemindert: Es war allein ihr Ruf, der in den Augen ihrer Untertanen nicht mehr seine frühere makellose Reinheit hatte, und, wie eine bedeutungsschwere Redewendung es ausdrückte, »die Leute schlossen sich dem königlichen Zug nicht wie erwartet an«. Als die Königin in Haddington eintraf, hatte sie etwa sechshundert Reiter – der getreue Seton hatte sich ihr angeschlossen, aber die übrigen königstreuen Lords waren, entmutigt oder unschlüssig, im Kastell von Edinburgh geblieben. So sah sich Bothwell auf die zahlenmäßig geringeren Truppenkontingente der kleineren Grenzadeligen, wie Ormiston, Langton, Waughton, Wedderburn und Bass, angewiesen. In Gladsmuir wurde den Anhängern Marias mit einer feierlichen Verkündigung aufgewartet, in der man ihnen mitteilte, daß die Verschwörer unter dem Vorwand, das Leben von Prinz Jakob retten zu wollen, die Königin abzusetzen suchten, um nach eigenem Belieben zu regieren. Königin Maria sei daher gezwungen, zu den Waffen zu greifen, und sie werde diejenigen der ihr getreuen Untertanen, die ihr zu Hilfe gekommen seien, mit den Ländereien und Besitztümern der Aufständischen belohnen. Dann marschierte die kleine Armee in Richtung Leith. Maria und Bothwell verbrachten diese Nacht – die letzte gemeinsame – in Seton, dem Schloß, in dem Maria während der vergangenen sechs Jahre so viele glückliche Stunden verlebt hatte.

Am 15. Juni 1567 um zwei Uhr nachts verließen die verbündeten Lords Edinburgh und zogen in Richtung Musselburgh. An der Spitze ihres Zugs wurde ein weißes Banner getragen, auf das ein grüner Baum gemalt war. Am Fuße des Baumes kniete neben dem Leichnam Darnleys sein kleiner Sohn Jakob, der die Hände zum Himmel erhob, und darunter standen die Worte: »Richte und räche meine Sache, o Gott!« Im übrigen wurde jeder der aufständischen Adeligen durch sein Familienbanner gekennzeichnet. Wenige Stunden später rückten auch die königlichen Truppen unter dem Befehl Bothwells aus und bezogen eine beherrschende Stellung bei Carberry Hill, etwa acht Meilen östlich von Edinburgh; über ihren Köpfen wehten keine Familienbanner, sondern eine Reihe von Fahnen mit dem Andreas-Kreuz; nur der Standort der Königin selbst wurde von dem roten Löwen Schottlands markiert. Die Adeligen bezogen jetzt Stellung auf einem gegenüberliegenden Hügel – Morton und Home mit den Reitern und hinter ihnen Atholl, Mar, Glencairn, Lindsay und Ruthven mit dem Gros des Heeres. Es war ein sonniger, heißer Tag. Während die beiden Heere sich abwartend und ein wenig unschlüssig gegenüberstanden – der Königin mangelte es an Truppen, und die Adeligen zögerten, mit gezogenen Waffen gegen ihre rechtmäßige Herrscherin anzureiten —, erschien zwischen ihnen du Croc, der französische Gesandte, der den Aufständischen aus Edinburgh nachgeeilt war[32].

Als du Croc den mangelnden Kampfgeist der beiden Parteien bemerkte, bot er sich als Vermittler an und wurde von den Aufständischen bevollmächtigt, der Königin zu erklären, falls sie bereit sei, von Bothwell zu lassen, werde man sie wieder in ihre frühere Stellung einsetzen, und die Lords selbst würden auch weiterhin ihre treuen Untertanen sein. Maria lehnte dies energisch ab. In leidenschaftlichem Zorn wies sie du Croc darauf hin, daß diese selben Lords ihr den Mann zur Ehe vorgeschlagen hätten, dem sie jetzt solch heftigen Widerstand leisteten. »Sie waren es, die Bothwell unterstützten«, wiederholte sie ein ums andre Mal. Wie Maria später selbst erklärte, ahnte sie zu dieser Zeit nicht, daß die Lords beabsichtigten, Bothwell wegen des Mordes an Darnley anzuklagen: Aber ganz gewiß spürte sie nicht das geringste Verlangen, Bothwell zu verlassen. Erstens hatte Bothwell, ungeachtet all seiner Fehler, in guten und schlechten Zeiten treu zu ihr gestanden, und er hatte gelobt, sie zu unterstützen; sie wußte, daß sie sich auf die Treue von Männern wie Morton, Lindsay und Ruthven weit weniger verlassen konnte. Zweitens muß die Königin, die Mitte Juli in Lochleven eine Fehlgeburt hatte, zu dieser Zeit bereits gewußt haben, daß sie von Bothwell schwanger war, und das bedeutete für eine so kinderliebe Frau wie sie zweifellos die endgültige Besiegelung ihrer Ehe. Wie die Geschichte nur allzu oft bewiesen hatte, war ein einziges Kind nicht genug, die Thronfolge von Schottland – oder England – zu sichern: nicht zufällig hatte Marias Ehekontrakt mit Bothwell ausdrücklich erklärt, der Zweck dieser Verbindung sei unter anderem »that of her royal person succession might be produced[33]«.

Nachdem die Königin sich geweigert hatte, Bothwell aufzugeben, begann zwischen den Parteien eine Reihe von ritterlichen Verhandlungen, die an die mittelalterliche Kriegführung erinnern und in deren Verlauf die Gegner einander wiederholt zu Zweikämpfen herausforderten, ohne daß jedoch letztlich irgend etwas geschah. Die erste Herausforderung kam von den Lords, die vermutlich hofften, damit den eigentlichen Kampf hinausschieben zu können, bis ihre Verstärkungen eintrafen. Bothwell, den du Croc als sehr zuversichtlich beschrieb, ritt allein hinaus und sandte einen Herold ins feindliche Lager. James Murray of Purdovis war der erste, der Bothwell entgegentrat, aber die Königin weigerte sich, ihre Einwilligung zu diesem Treffen zu geben, mit der Begründung, daß er dem Herzog nicht ebenbürtig sei. Daraufhin schlug Bothwell vor, daß Morton seine Herausforderung annehmen solle, aber Morton schien kein Verlangen danach zu haben, sich mit Bothwell zu messen, und übertrug die Aufgabe dem tapferen Lindsay, der seine Rüstung anlegte und sich auf den Kampf vorbereitete. Während dieser langwierigen Verhandlungen begannen die königlichen Truppen langsam dahinzuschmelzen, und das war offenbar die Absicht der Rebellen, denn trotz all dieser großartigen Vorbereitungen trat letztlich niemand vor, um Bothwells Herausforderung anzunehmen. Wie ein Held aus alten Zeiten stand er allein auf seinem Posten, während seine Truppen verschwanden. Es war jetzt zu spät, den Feind auf seinem Hügel anzugreifen, er hatte nicht mehr genügend Leute, und die Hamiltons, von denen man gehofft hatte, daß sie der Königin zu Hilfe kommen würden, ließen sich nirgends blicken.

Gegen Abend beschlossen die Aufständischen, ihren Vorteil für eine neue Verhandlung auszunützen. Atholl und Maitland hatten nicht den Mut, der Königin gegenüberzutreten, die sie verraten hatten, aber Kirkcaldy ritt hinüber. Bothwells Kampfgeist war keineswegs gebrochen: Als guter Feldherr erkannte er jedoch, daß es der königlichen Partei bedrohlich an Truppen mangelte. Er wußte, daß es außerordentlich unklug wäre, sich in diesem Augenblick auf einen offenen Kampf mit den Lords einzulassen. So schlug er Maria vor, daß sie sich nach Dunbar zurückziehen sollten: Einerseits war dieses Schloß durch seine günstige Lage am Meer praktisch uneinnehmbar, und andererseits konnten sie von dort aus neue Truppen aus anderen Teilen des Landes sammeln. Aber Maria mochte nicht glauben, daß die Lage so ernst sei. Im Interesse des Friedens und um Blutvergießen zu vermeiden, hielt sie es für das beste, Kirkcaldys Angebot anzunehmen, der ihr freies Geleit für Bothwell zugesagt hatte unter der Bedingung, daß sie selbst mit den verbündeten Lords nach Edinburgh zurückkehrte. Offenbar glaubte sie, daß man eine neue Untersuchung durch das Parlament einleiten werde. Kirkcaldy versicherte ihr, daß der Angriff nicht der Krone als solcher galt; Maria erzählte Nau später, Maitland und Atholl hätten ihr im Vertrauen gestanden, daß sie im Grunde ihres Herzens nicht auf der Seite der Rebellen stünden[34]. Sie vereinbarte mit Bothwell, daß er nach Dunbar reiten sollte, um entweder neue Truppen auszuheben oder auf die Entscheidung des Parlaments zu warten. Mit erneutem Vertrauen auf ihre Adeligen verabschiedete sich Maria von dem Mann, dem sie so viel geopfert hatte, was ihren Ruf und ihre Ehre betraf. Sie umarmten sich vor den Augen beider Armeen. Und dies war der Augenblick, wo Bothwell der Königin den in Craigmillar unterzeichneten Bond anvertraute, der ihr den Beweis für die Mitschuld Mortons und Maitlands an der Ermordung Darnleys gab; da er selber unter den Adeligen aufgewachsen war und sie daher nur allzu gut kannte, war er vielleicht weniger optimistisch als seine Frau hinsichtlich dessen, was sie von den Aufständischen zu erwarten hatte. Bei Sonnenaufgang bestieg Bothwell sein Chargenpferd und galoppierte in Richtung Dunbar davon. Es sollte ein Abschied fürs Leben sein.

Jetzt war Maria, die Königin der Schotten, vollkommen allein. Und als sie ins Lager der Rebellen kam, wurde ihr Vertrauen auf die Liebe, die ihre Untertanen ihr, wie sie glaubte, entgegenbrachten, sofort schwer erschüttert. Es gab keinen begeisterten Empfang, keine Ovationen, keine Beteuerungen der Ergebenheit. Im Gegenteil, die Soldaten riefen ihr grobe Schimpfworte zu. Die Königin verlor nicht den Mut. Mit lauter Stimme, so daß alle sie hören konnten, sagte sie zu Morton: »Was hat das zu bedeuten, Lord Morton? Man hat mir gesagt, daß all dies geschieht, um die Mörder des Königs den Händen der Gerechtigkeit zu übergeben. Und man hat mir auch gesagt, daß Sie einer ihrer Hauptanstifter seien[35].« Morton schlich davon. Aber Maria brauchte ihren ganzen Mut, um die Prüfung zu ertragen, die sie jetzt erwartete und auf die sie sicherlich nicht vorbereitet war: Sie, die ihr ganzes Leben lang in der Öffentlichkeit mit Schmeicheleien und Jubel empfangen worden war, hörte jetzt die Rufe der Soldaten: »Verbrennt die Hure, verbrennt die Gattenmörderin! Sie verdient es nicht zu leben«, während sie, von den Adeligen umringt, nach Edinburgh ritt. »Tötet sie, ertränkt sie!« ertönte es von allen Seiten. Zum erstenmal wurde ihr jetzt klar, welche Wirkung ihre hastige und unbesonnene Eheschließung auf das schottische Volk gehabt hatte. Für diese Leute, die sie einstmals geliebt, war sie nicht mehr ihre junge und schöne Königin, sondern eine Ehebrecherin – und zwar eine, die es hinterher kaum hatte erwarten können, den Mörder ihres Mannes zu heiraten.

In Edinburgh wurde Maria nicht in eines ihrer Schlösser – nach Holyrood oder ins Kastell – geleitet, sondern in das Haus des Provosten, der Maitlands Schwager war. Die Adeligen ließen sich zu einem herzhaften Abendessen nieder, während die Königin, betäubt vor Entsetzen über das, was sie an diesem Tag erlebt hatte, sich in ihr Schlafzimmer zurückzog; aber auch dort sollte sie keine Ruhe finden, denn die Wachen weigerten sich, das Zimmer zu verlassen, so daß sie sich nicht einmal entkleiden konnte. Sie legte sich aufs Bett und überließ sich ihrer Verzweiflung. Es schien für sie in Schottland keine Hoffnung mehr zu geben, wenn selbst die Adeligen, denen sie sich freiwillig ausgeliefert hatte, es wagten, sie wie eine gemeine Verbrecherin gefangenzuhalten. Als sie aus dem Fenster sah, erblickte sie Maitland – Maitland of Lethington, der so hoch in ihrer Gunst gestanden, Maitland, ihren ersten Ratgeber, Maitland, ihren Staatssekretär, »ihren Lethington«, dem sie früher so viele Beweise ihrer Freundschaft gegeben hatte, und sie rief mit tränenerstickter Stimme seinen Namen: »Lethington, Lethington[36].« Aber Maitland zog den Hut über die Ohren und gab vor, sie nicht zu hören. Unterdessen wurde vor ihrem Fenster das bösartige weiße Banner mit dem Leichnam und der Legende aufgepflanzt, das man ihr auf dem ganzen Weg nach Edinburgh vorangetragen hatte.

Bis zum nächsten Morgen hatte Maria völlig die Beherrschung verloren. Sie ging ans Fenster und rief den Leuten zu, man möge sie befreien, sie werde von ihren eigenen Untertanen, die sie verraten hätten, gefangengehalten. Bei ihrem Anblick brach draußen ein Tumult aus, und sie wurde abermals mit Schimpfworten und Hohn überschüttet. Die Lords zogen sie zurück, weil sie, wie sie sagten, nicht für ihre Sicherheit bürgen könnten; aber der kurze Augenblick hatte genügt, daß viele ihrer Untertanen die verzweifelte Frau sahen, wie sie sich am Fenster zeigte – mit herabhängendem Haar, das Kleid zerrissen, so daß die obere Hälfte ihres Körpers beinahe nackt war, ihre Schönheit verwüstet, ihr Mut dahin[37]. Wo war sie geblieben, die reizende Prinzessin, die den französischen Hof und halb Europa bezaubert hatte, »la belle et plus que belle« aus Ronsards Gedichten? Es war vier Wochen seit ihrer Hochzeit mit Bothwell und nicht ganz zwei Jahre, seit sie glückstrahlend und triumphierend Darnley geheiratet hatte. Maria Stuart war am tiefsten Punkt ihres Lebens angelangt.

XVIII
LOCHLEVEN

»Wie die Maus, weil der Löwe ihr einmal einen Gefallen getan hatte, danach, als der Löwe in ein Fangnetz geraten war, die Schnüre zernagte und den Löwen befreite ...«

Äsops Fabel von der Maus und dem Löwen, zitiert in der Niederschrift der Aussage eines Dieners nach der Flucht Königin Marias aus Lochleven

Die verbündeten Lords wußten, daß sie sich auf äußerst heiklem Boden befanden, was Marias Gefangenschaft betraf, die völlig willkürlich und unbarmherzig ihrer freiwilligen Kapitulation gefolgt war. Maria hatte ehrlich, wenn auch ein wenig naiv geglaubt, daß man nach ihrer Kapitulation eine parlamentarische Untersuchung der Ermordung Darnleys einleiten werde. Angesichts dieser Lage der Dinge kamen die Lords zu dem Schluß, daß es zu riskant wäre, die Königin in Edinburgh selbst gefangenzuhalten. Die Bürger der Stadt waren sichtlich betroffen über die Verzweiflung ihrer jungen Herrscherin: Sicherlich würde es leichter sein, die moralische Entrüstung der Öffentlichkeit zu schüren, wenn sie sich nicht in Edinburgh befand und man Gerüchte über ihre sittliche Verworfenheit verbreiten konnte, ohne Widerspruch fürchten zu müssen. Aber Maria besaß selbst in dieser verzweifelten Lage noch genügend Entschlußkraft, um eine Botschaft an den Hauptmann des Kastells von Edinburgh zu senden und ihn zu bitten, er möge ihr »ein gutes Herz« bewahren und die Festung gegen die aufständischen Lords verteidigen. Es gibt keinen Beweis dafür, daß Maria in der Nacht ihrer Ankunft an Bothwell schrieb und ihm Treue schwor: Melville äußerte die Ansicht, die Lords selbst hätten diese Geschichte erfunden, um der Behauptung Nachdruck zu verleihen, daß die Königin Bothwell völlig hörig sei[1]; jedenfalls hat sich nie ein derartiger Brief gefunden. Schließlich erreichte Maria Montag abend eine Unterredung mit Maitland (sie erzählte Nau, daß er ihr während ihres Gesprächs nicht habe in die Augen sehen können), und sie forderte dabei abermals eine eingehende Untersuchung der Umstände, die zum Tode ihres Mannes geführt hatten[2]. Aber solch eine Untersuchung wollten vor allem Morton, Maitland und Balfour natürlich auf jeden Fall vermeiden, und gerade deshalb bemühten sie sich ja so beharrlich, den Ruf ihres früheren Mitverschworenen Bothwell zu untergraben. Alles in allem war es eindeutig in ihrem Interesse, die Königin so rasch wie möglich an einen sicheren Ort zu schaffen, wo sie nicht mehr diese unbequemen Forderungen stellen konnte oder wo diese zumindest nicht unbedingt wortgetreu über die Mauern hinauszudringen brauchten, die Maria umschließen würden.

So wurde die Königin Montag abend zunächst in ihr eigenes Schloß Holyrood gebracht, wo sie im Kreise ihrer Hofdamen, einschließlich Mary Setons und Mary Livingstones (Sempill), zu Abend aß. Es war seit dem Morgen vor Carberry Hill die erste Mahlzeit, die sie zu sich nahm; zuerst war sie zu erregt gewesen, um etwas zu essen, und später, im Hause des Provosten, hatte der Gedanke, daß man sie vergiften könnte, sie abgeschreckt. Morton stand hinter ihrem Stuhl, während sie aß. Noch ehe die Mahlzeit beendet war, brachte ihm ein Boote die Meldung, daß die Pferde gesattelt seien, und er befahl der Königin in barschem Ton, ihr Essen im Stich zu lassen und sich für einen Ritt vorzubereiten. Maria hatte zu diesem Zeitpunkt noch die vage Idee, daß man sie zu ihrem Sohn nach Stirling bringen werde. Sie durfte keine ihrer Hofdamen, sondern nur zwei *femmes-de-chambre* mitnehmen; und auch keinerlei Kleidung, nicht einmal ein Nachthemd oder Bettwäsche. Nachdem sie sich von den weinenden Frauen verabschiedet hatte, wurde sie im Schutz der Dunkelheit wieder aus dem Palast geführt.

Man brachte Maria, die noch kaum glauben mochte, was ihr geschah, jedoch nicht nach Stirling, sondern nach Kinross-shire, etwa fünfzig Meilen nördlich von Edinburgh. Ruthven und Lindsay, die beiden Lords, die sie wegen ihres früheren groben Benehmens ihr gegenüber am meisten fürchtete, begleiteten sie. In Leith, wo zahlreiche Truppen stationiert waren, erreichte sie die Nachricht, daß die Hamiltons ihr zu Hilfe kommen wollten. Maria versuchte, ihr Pferd langsamer gehen zu lassen, aber es gelang ihr nicht, denn ihre Begleiter trieben es mit Peitschenhieben an. Spät in der Nacht erreichten sie die weite Wasserfläche von Lochleven. Hier lag auf einer der vier Inseln inmitten des Lochs das einsame, unzugängliche Schloß von Sir William Douglas. Douglas war vom Standpunkt der Lords aus ein überaus vertrauenswürdiger Gefangenenwärter: Als Sohn von Morays Mutter, Lady Margaret Erskine, und deren rechtmäßigem Ehemann Robert Douglas, war er der Stiefbruder Morays; er war ein Neffe des Earl of Mar, eines Bruders von Margaret Erskine; und er war außerdem ein Vetter und der mutmaßliche Erbe von Morton. So konnten die Lords sich zweifellos darauf verlassen, daß seine Interessen eng mit den ihren verbunden waren. Jetzt wurde die Königin über die düsteren Gewässer des Sees gerudert. Bei ihrer Ankunft führte man sie schnell und ohne jede Förmlichkeit in das Zimmer Sir Williams; es war nicht für ihren Besuch vorbereitet worden und wies nicht einmal ein Bett auf, das ihrem Rang und ihrer Stellung entsprach.

Maria, körperlich und seelisch erschöpft und zutiefst verzweifelt, verfiel jetzt wieder in einen Zustand völliger Apathie. Zwei Wochen lag sie halb bewußtlos da, sprach mit niemandem und nahm, wie sie sich später erinnerte, kaum einen Bissen zu sich, so daß man tatsächlich abermals glaubte, sie werde sterben.

Zu den Bewohnern von Lochleven zählte, abgesehen vom Schloßherrn und seiner Familie, Sir Williams Mutter Lady Margaret – »die alte Lady«, wie man sie nannte –, von der behauptet wurde, daß sie als Mutter des Bastards Moray (von Marias eigenem Vater, Jakob V.) einen naturbedingten, wenn auch unlogischen Groll gegen Königin Maria hege, die den Thron innehatte, der Lady Margarets Sohn vom Schicksal verwehrt geblieben war. Außerdem lebte auf dem Schloß einer der jüngeren Söhne der alten Lady, George Douglas, »der hübsche Geordie« genannt, ein gut aussehender und schneidiger junger Mann – sowohl in seiner Erscheinung als auch in seinem romantischen Charakter das krasse Gegenteil zu seinem Stiefbruder Moray. Maria war in glücklicheren Zeiten schon mehrmals auf Lochleven zu Gast gewesen, wenn sie in Kinross-shire jagte. Hier, in der großen Halle des Schlosses, hatte sie im Frühjahr 1563 ihre zweite Unterredung mit Knox gehabt. Aber in Wirklichkeit eignete sich Lochleven seinem ganzen Charakter nach mehr zu einem Gefängnis als zu einem Vergnügungsaufenthalt. Im 16. Jahrhundert war die Insel, auf der es stand, so klein, daß sie sich kaum über die Mauern und Gärten des Kastells hinaus erstreckte – die größere Insel, die wir heute kennen, hat sich erst im vergangenen Jahrhundert durch das erhebliche Sinken des Wasserspiegels gebildet. Der viereckige Hauptturm der Festung, der einen ausgezeichneten Ausblick auf das Ufer bot, ragte wie ein warnender Zeigefinger aus dem See empor – ein Sinnbild für ihre Unverletzlichkeit. Dieser Turm war Ende des 14. Jahrhunderts gebaut worden und enthielt vier Stockwerke, zu denen man durch einen Eingang im ersten Stock gelangte; hier wohnten Sir William und seine Familie. Das Schloß hatte außerdem einen zweiten, runden Turm in der Ecke des Hofes, und in diesem Turm wurde später Königin Maria untergebracht, mit der Begründung, daß sie sich von dort aus nicht heimlich mit irgendwelchen Personen auf dem Festland durch Zeichen verständigen könne. Der See, damals zwölf Meilen im Durchmesser, war düster und unfreundlich, selbst im August; während des Winters fegte ein eisiger Wind über das Wasser, und man sah nichts als eine trostlose, graue Öde. Zweifellos war es ein Gefängnis, aus dem ein Entkommen ohne Hilfe von innen praktisch unmöglich sein würde.

Am 16. Juni wurde der Befehl für die Gefangensetzung der Königin von neun Lords unterzeichnet; unter ihnen befanden sich auch Morton, Glencairn und Home, die erst acht Wochen zuvor ihre Unterschrift unter den Ainslie-Bond gesetzt und versprochen hatten, die Ehe der Königin mit Bothwell zu befürworten. Die Adeligen, die jetzt in Edinburgh an der

Macht waren – Lindsay und Ruthven blieben in Lochleven, um die Königin zu bewachen –, machten sich wie Raubritter über das Tafelsilber und die Juwelen der Königin her. Calderwood schrieb, die Lords hätten ihre Gemächer durchstöbert und das Meßgerät in ihrer Hauptkapelle zertrümmert, sobald sie Edinburgh verlassen hatte. Am 10. Juli erhielt ihr Kammerherr, Servais de Condé, den Befehl, das Tafelgeschirr der Königin auszuhändigen, das für Silbermünzen eingeschmolzen werden sollte[3]. Angesichts der Tatsache, daß die aufständischen Lords in ihrem letzten Bond ausdrücklich erklärt hatten, sie wollten die Königin aus dem Joch Bothwells befreien, damit sie wieder ungehindert regieren könne, ist es nicht zu verwundern, daß Maria sich schmählich hintergangen fühlte – sie war jetzt mehr unterjocht denn je, man hatte ihren Besitz beschlagnahmt, und ihre persönliche Freiheit war sehr viel schmerzlicher beschränkt als jemals in der Zeit ihrer Ehe mit Bothwell.

Unterdessen befand sich Bothwell selbst noch auf freiem Fuß. Er hatte sich von Carberry Hill aus nach Dunbar begeben, aber als er von der Gefangennahme der Königin hörte, machte er sich auf und setzte während der letzten zwei Monate, die er noch in Schottland war, seine ganze Kraft und Energie dafür ein, Unterstützung für sie zu sammeln. Zuerst hatte er einen gewissen Erfolg bei den Hamiltons in Linlithgow und dann in Dumbarton, das Lord Fleming noch für die Königin hielt; Argyll und Boyd schlossen sich tatsächlich abermals der Sache Marias an – womit sie wieder einmal bewiesen, wie schwankend die Treue der Schotten war.

Obwohl man tausend schottische Kronen für Bothwells Gefangennahme ausgesetzt hatte, gelang es den Lords nicht, ihn zu fassen. Schließlich wurde er offiziell aufgefordert, im Tolbooth zu erscheinen, um sich für die Ermordung Darnleys, die Entführung der Königin und das ihr abgezwungene Eheversprechen zu verantworten: Nachdem er die gesetzliche Frist von drei Wochen hatte verstreichen lassen, ohne zu erscheinen, wurde er formell geächtet, und seine Titel, Ämter und Würden wurden als verwirkt erklärt. Die Ächtung erschütterte ein wenig die schwachen Nerven der Royalisten, die um ihre eigenen Besitztümer bangten: Seton und Fleming zogen sich zurück; Huntly, den Bothwell in Strathbogie aufsuchte, erkannte, wie wenig Unterstützung Bothwell jetzt im Tiefland hatte, und zeigte sich wenig geneigt, das Hochland zu mobilisieren; Bothwells ehemalige Frau, Jean Gordon, verließ kurz darauf Schloß Crichton und kehrte nach Strathbogie zu ihrer Mutter zurück, nachdem sie zuvor unterwegs haltgemacht hatte, um der Countess of Moray mitzuteilen, daß sie künftig nichts mehr mit ihrem geächteten Exgemahl zu tun haben wolle. Angesichts der Tatsache, daß die Königin in Lochleven eingesperrt war und selbst nichts unternehmen konnte, wurde die Zahl der Königstreuen, die bereit waren, für sie zu kämpfen, trotz aller Bemühungen Bothwells jetzt immer geringer. Bothwell selbst sah sich schließlich gezwungen, sich auf das Schloß seines

Onkels, des Bischofs von Moray, im hohen Norden Schottlands zurückzuziehen. Als er dort an seine Feinde verraten wurde, flüchtete er auf die Orkney-Inseln, um entweder von dort aus Truppen für den Kampf gegen die Lords zu sammeln oder zumindest der Gefangennahme zu entgehen.

Im Gegensatz zu Maria machten die verbündeten Lords sich jetzt vorsorglich daran, mit erbarmungsloser Grausamkeit all die Handlanger Bothwells zu verfolgen, die an der Ermordung Darnleys beteiligt gewesen waren. Der Prozeß, der sich bis Ende des Jahres hinzog, war dazu bestimmt, die Aufmerksamkeit der Öffentlichkeit von der Mitschuld Mortons, Balfours und Maitlands abzulenken, die jetzt die Herren Schottlands waren. Als erster wurde William Blackadder gefangengenommen – der Mann, der behauptet hatte, er sei lediglich bei einem Freund in einem der Nachbarhäuser gewesen und sei, als er die Explosion von Kirk o'Field hörte, auf die Straße geeilt. Blackadder wurde gehenkt, durch die Straßen der Stadt geschleift, gevierteilt, und seine Gliedmaßen wurden an den Stadttoren der wichtigsten Burgflecken Schottlands zur Schau gestellt. Bastian und Francisco Busso endeten im Kerker des Tolbooth. Ein anderer von Bothwells Männern, der die mit dem Geld seines Herrn gefüllten Truhen auslieferte, wurde als Belohnung dafür begnadigt. John Hepburn und John Hay of Tallo wurden gefaßt und noch vor Jahresende hingerichtet; beide legten vor ihrem Tod ein Geständnis ab. Es dauerte ein weiteres Jahr, ehe die Lords »French« Paris zu fassen bekamen – den Diener Marias, der beschrieb, wie Bothwell ihn unter Drohungen zur Mitwirkung am Mord gezwungen hatte; zu dieser Zeit befand sich Maria in englischer Gefangenschaft, und Moray saß fest und sicher in seinem Amt als Regent; so erwies die Aussage von Paris sich als die ergiebigste von allen, weil man damit Bothwell die ganze Schuld zuschieben konnte. Als jedoch Cecil verlangte, man solle Paris zum Kreuzverhör nach London schicken, wurde der Diener prompt in Schottland gehängt.

Die bedeutsamste Verhaftung war, was die Zukunft betraf, die von Bothwells Schneider und Vertrautem, George Dalgeish, denn damit tauchten, wie später behauptet wurde, zum erstenmal jene fragwürdigsten aller umstrittenen Dokumente – die Kassettenbriefe – auf. Die angeblichen Umstände ihrer Entdeckung wurden bei der Konferenz von Westminster im Dezember 1568 – also erst achtzehn Monate später – in einer Erklärung Mortons bekanntgegeben. Aber es lohnt sich, den Inhalt der Erklärung ausführlich an dieser Stelle wiederzugeben, das heißt in Übereinstimmung mit der Zeit, zu der diese Dinge, wie hinterher behauptet wurde, sich zugetragen hatten, um zu sehen, wieweit diese spätere Erklärung Mortons den damaligen Ereignissen entspricht. Dalgeishs Verhaftung wurde von Morton folgendermaßen beschrieben[4]: Am 17. Juni saß Morton mit Maitland im Kastell von Edinburgh beim Abendessen, als ein Späher ihnen berichtete, er habe erfahren, daß Dalgeish aus Dunbar nach Edinburgh gekommen und an diesem Morgen im Kastell gewesen sei. Archibald Douglas wurde beauftragt, Dalgeish zu suchen, und man erwischte ihn gerade noch, als er im Begriff war, die Stadt wieder zu verlassen. Dalgeish beteuerte, er sei nur gekommen, die Kleider seines Herrn zu holen, aber als man ihm mit der Folter drohte, bekam er es offenbar mit der Angst zu tun und führte, wie Morton berichtete, ihn und einige andere in ein Haus in der Potterow, wo er unter seinem Bett eine silberne Kassette hervorzog. Dies war die berühmte silberne Kassette, in der man angeblich die »Kassettenbriefe« fand, und wir werden noch sehen, wie fragwürdig die Umstände ihrer Entdeckung von Anfang an waren. Morton erklärte weiter, er habe die Kassette am 20. Juni in Gegenwart der übrigen Regierungsmitglieder öffnen lassen; vermutlich wurden die Schriftstücke, die sich darin befanden, sorgfältig gelesen, aber es wurde nichts über ihren Inhalt vermerkt, abgesehen von der Tatsache, daß sie Bothwell gehörten. Es gab keinerlei Hinweis auf die Königin oder auf Briefe in ihrer Handschrift. Die Kassette wurde wieder versiegelt, und Morton nahm sie an sich.

Das Sonderbare an dieser Erklärung und überhaupt an der ganzen Frage von George Dalgeishs Verhaftung ist, daß damals kein Wort darüber erwähnt wurde. Laut Mortons Behauptung vom Dezember 1568 besaßen die Lords vom 20. Juni 1567 an dieses so wichtige Beweismaterial der Kassettenbriefe; aber obgleich diese Briefe Maria schwer belasteten, was den Tod Darnleys betrifft, erwähnten die Lords seltsamerweise nichts von ihrer Schuld, als sie drei Wochen später im Tolbooth eine Reihe von Anklagen gegen Bothwell vorbrachten. Wie wir gesehen haben, gaben die Lords während des ganzen Sommers 1567 Bothwell die Schuld am Sturz Marias; das »Verbrechen« der Königin bestand darin, daß sie sich weigerte, ihn zu verlassen; von ihrer persönlichen Mitwirkung an der Ermordung Darnleys war nicht die Rede. Da die Lords jedoch das größte Interesse daran hatten, Maria auch weiterhin in Lochleven gefangenzuhalten, ist es unvorstellbar, daß sie dieses vernichtende Beweismaterial gegen sie nicht verwendet haben sollten, wenn sie es tatsächlich besaßen. Noch seltsamer ist, wenn man Mortons Erklärung Glauben schenken kann, die Frage von Dalgeishs Aussage[5]. Obgleich der unglückliche Schneider den Lords angeblich zu der Entdeckung verholfen hatte, stellte man ihm damals keinerlei Fragen über die Silberkassette oder ihren Inhalt, sondern beschränkte sich bei seinem Verhör ausschließlich auf Darnleys Tod. Bis in England das Thema der Kassettenbriefe zur Sprache kam, war George Dalgeish schon längst hingerichtet worden.

Selbstverständlich riefen diese so ungewöhnlichen Ereignisse in Schottland ein starkes Echo von seiten Englands und Frankreichs hervor. Elisabeth zeigte sich empört über die unziemliche Behandlung der Königin, überlegte sich aber typischerweise gleich darauf, welchen Vorteil man aus dieser Situation für England ziehen könnte. Throckmorton wurde nach Schottland entsandt, um mit den Lords zu verhandeln und zu sehen, ob es eine Möglichkeit gab, die Vormundschaft über den kleinen Prinzen Jakob zu bekommen, der, wie Elisabeth andeutete, zweckmäßigerweise in England von seiner Großmutter Lennox aufgezogen werden sollte, wobei sie allerdings vergaß, daß sie die besagte Großmutter vor noch gar nicht allzu langer Zeit aus Zorn über die Ehe von Jakobs Eltern in den Tower hatte sperren lassen. Die Franzosen waren von der gleichen glücklichen Idee beseelt, den jungen Prinzen in Frankreich erziehen zu lassen; die Erörterungen über sein Wohl erinnerten lebhaft an die Debatten um die Person Königin Marias in ihrer eigenen Kindheit. Throckmorton traf Anfang Juli in Edinburgh ein; die Berichte, die er nach London sandte, geben uns ein interessantes Bild von der Situation in der schottischen Hauptstadt, um so mehr, als er die Dinge mit den objektiven Augen eines Außenseiters sah.

Die ersten zwei Wochen von Marias Gefangenschaft müssen in jeder Hinsicht eine Qual für sie gewesen sein. Throckmorton hörte, daß die Königin »sehr streng« gehalten werde; die Lords wollten offensichtlich keine dramatische mitternächtliche Flucht aus Lochleven riskieren. Nach vierzehn Tagen hatte sie anscheinend ihren Nervenzusammenbruch überwunden; Drury hörte aus Berwick, daß sie ihre Gefangenschaft jetzt »besser ertrage« und sogar schon kleine Spaziergänge im Garten machen könne. Bedford erfuhr etwa drei Wochen später, daß ihr Gesundheitszustand sich gebessert habe[6]. Und mit ihrer Genesung scheint sie auch etwas von ihrer früheren Anziehungskraft wiedergewonnen zu haben, denn der junge Lord Ruthven, Sohn jenes Lords, der wie ein rächender Geist bei der Ermordung Riccios erschienen war, verfiel schon nach kurzer Zeit so völlig ihrem Zauber, daß man ihn entfernen mußte.

Die Königin lehnte es immer noch energisch ab, sich von Bothwell scheiden zu lassen: ebenso wie zur Zeit von Carberry Hill hatte sie zwei Gründe dafür: Erstens wußte sie jetzt mit Sicherheit, daß sie von Bothwell schwanger war, und wollte auf keinen Fall die Legitimität ihres ungeborenen Kindes aufs Spiel setzen; und zweitens hatte das Verhalten der Lords nach Carberry Hill ihr nur allzu deutlich bewiesen, daß sie ihnen nicht vertrauen konnte. Obgleich Maitland ihr versicherte, daß man ihr die Freiheit wiedergeben werde, sobald sie in die Scheidung einwillige, mag Königin Maria mit Recht gezweifelt haben, ob die Lords tatsächlich ihr Versprechen halten würden. Weshalb hätten dieselben Männer, die achtzehn Monate zuvor geplant hatten, sie in Stirling einzusperren, jetzt bereit sein sollen, sie freizulassen, selbst wenn sie, wie gewünscht, sich von Bothwell lossagte? Ihre Rückkehr würde unvermeidlicherweise die erst kürzlich errungene Machtstellung dieser Lords bedrohen und auch die Ereignisse, die zur Ermordung Darnleys geführt hatten, abermals an die Öffentlichkeit ziehen. Hätten die Lords wirklich gewünscht, sie wiedereinzusetzen, so hatten sie nach Carberry Hill eine ausgezeichnete Gelegenheit dazu; aber statt dessen sperrten sie die Königin in Lochleven ein. Die Existenz des kleinen Prinzen Jakob, die ursprünglich so vielversprechend für Marias Zukunft schien, sprach jetzt ebenso stark gegen sie. Eine lange königliche Minorennität mit einer Reihe von adeligen Regenten war schon von jeher für die schottische Aristokratie eine willkommene Gelegenheit, ihren Reichtum und Einfluß zu fördern. Wir dürfen nicht vergessen, daß Maria selbst am 8. Dezember 1567 ihr fünfundzwanzigstes Lebensjahr vollendete und danach, dem Brauch gemäß, die Möglichkeit hatte, Vormundschaften und Besitztümer zurückzuverlangen, die während ihrer eigenen Minderjährigkeit vergeben worden waren. Für den schottischen Adel war daher die Herrschaft des dreizehn Monate alten Jakob derjenigen seiner fünfundzwanzigjährigen Mutter bei weitem vorzuziehen, ob Maria sich von Bothwell scheiden ließ oder nicht.

Throckmorton erhielt trotz seiner beharrlichen Bemühungen nicht die Erlaubnis, Maria zu besuchen. So konnte er sich nicht selbst von ihrer Geistesverfassung überzeugen, sondern war auf die diesbezüglichen Berichte der Lords angewiesen. Sie versicherten ihm, daß die Königin Bothwell immer noch vollkommen verfallen sei, und setzten hinzu, daß sie sogar bereit wäre, um seinetwillen ihr Königreich im Stich zu lassen und wie eine einfache Edelfrau zu leben (eine Behauptung, für die es keine andere Bestätigung gibt und der auch Marias Verhalten während der nächsten Monate vollkommen widersprach). Am 18. Juli berichtete Throckmorton, daß er eine persönliche Nachricht von Maria erhalten habe, in der sie ihm mitteile, daß sie auf keinen Fall in eine Scheidung von Bothwell einwilligen werde, »denn da sie seit sieben Wochen schwanger sei, würde sie damit zugeben, mit einem Bastard schwanger zu sein, und ihre Ehre verwirken[7]«. Die Königin war jetzt seit annähernd acht Wochen mit Bothwell verheiratet: So deutet sie mit diesem Brief an, daß das Kind nach ihrer Eheschließung empfangen worden war. Aber irgendwann vor dem 24. Juli hatte sie, zweifellos infolge der Aufregungen, eine Fehlgeburt und entdeckte laut Nau (der die Worte sorgsam als nachträgliche Erklärung einfügte), daß sie *deux enfants* getragen hatte[8]. Wenn die Zwillinge Ende April in Dunbar empfangen worden waren, so waren sie zur Zeit der Fehlgeburt etwa drei Monate alt und eindeutig als *deux enfants* zu erkennen. Demnach ist anzunehmen, daß die Königin die Zwillinge bereits im April in Dunbar empfangen hatte und daß sie, wenn nicht schon früher, so doch zumindest zur Zeit von Carberry Hill die Gewißheit hatte, von Bothwell schwanger zu sein; falls sie es schon vorher wußte oder vermutete, war das möglicherweise der Grund für ihre überstürzte Eheschließung im Mai.

Während der vergangenen Jahrhunderte wurde oft die Behauptung aufgestellt, die Königin sei bereits im Januar, das heißt vor Darnleys Tod, von Bothwell schwanger gewesen. Es ist jedoch völlig undenkbar, daß sie während der entscheidenden Monate nach der Tragödie von Kirk o'Field Zwillinge getragen haben könnte, ohne daß irgendein zeitgenössischer Bericht ihre Schwangerschaft erwähnte. Erst Mitte Juni hörte Bedford, daß die Königin ein Kind erwarte. Obwohl Guzman, der spanische Gesandte in London, Philipp II. am 21. Juni meldete, daß die Königin seit fünf Monaten schwanger sei[9], hat er wahrscheinlich fünf Monate mit fünf Wochen verwechselt, denn im März, April und Mai gibt es keinerlei Anspielung auf die Schwangerschaft der Königin, die aufgrund der natürlichen Veränderung ihrer Figur kaum zu verheimlichen gewesen wäre. In der damaligen Zeit sorgte, besonders am Königshof, die Dienerschaft gewissenhaft dafür, daß derlei Tatsachen nicht lange verborgen blieben: In Frankreich waren Marias Aussichten, Mutter zu werden, das Tagesgespräch des Hofes gewesen. Wir wissen von den außerordentlich frühen Berichten Randolphs über Marias Schwangerschaft mit Jakob im Herbst 1565 – er hörte die ersten Gerüchte über ihren Zustand etwa fünf Wochen nach der Empfängnis und berief sich auf »Anzeichen von der Art, wie sie in solchen Fällen zu bemerken sind[10]«. Die Monate nach der Tragödie von Kirk o'Field zählten zu den kritischsten in Marias Leben; jedes Wort und jede Tat wurde aufmerksam beobachtet, überprüft und weitererzählt: Wie unvorstellbar ist es daher, daß ein so bedeutungsvolles Ereignis wie eine Schwangerschaft außerhalb der Ehe bis zum sechsten Monat nicht bemerkt worden wäre, besonders wenn man bedenkt, daß viele der Menschen um die Königin mit Freuden nach solch einer zweckdienlichen Waffe gegriffen hätten, um, wenn nicht Maria selbst, so doch zumindest Bothwell zu vernichten.

Die Fehlgeburt Marias erwies sich als ein Wendepunkt in ihrer Einstellung Bothwell gegenüber, denn sie beseitigte eines der wichtigsten Hindernisse, die ihrer Scheidung im Wege gestanden hatten. Am 5. August äußerte Throckmorton die Hoffnung, daß es letztlich vielleicht doch noch gelingen werde, sie zu diesem Schritt zu überreden[11]. Es ist hin und wieder angedeutet worden, die Königin habe in Wirklichkeit gar keine Fehlgeburt gehabt, sondern habe lediglich ihre Schwangerschaft verborgen; gemäß dieser Legende gebar sie das Kind – ein Mädchen – im folgenden Februar; das kleine Mädchen sei heimlich nach Frankreich gebracht worden und dort als Nonne im Kloster von Notre-Dame de Soissons aufgewachsen. Aber nichts wäre der Königin unmöglicher gewesen, als auf dem engen Raum von Lochleven ihren Zustand zu verbergen, ganz abgesehen davon, daß es keinerlei Beweis für diese Version gibt. Außerdem ist es höchst unwahrscheinlich, daß die Königin die Existenz einer solchen Tochter — der nächsten Anwärterin nach Jakob auf den schottischen und englischen Thron – auf die Dauer ignoriert hätte, vor allem in den späteren Jahren ihrer Gefangenschaft, als sie sich mit ihrem Sohn überworfen hatte. Zumindest hätte sie diese Tochter sicherlich in ihrem letzten Testament erwähnt.

Wenige Tage nach der Fehlgeburt, als Maria noch, wie sie selbst es ausdrückte, »in einem Zustand großer Schwäche« an das Bett gefesselt war und sich kaum rühren konnte, kam Lindsay zu ihr und sagte, er habe Anweisungen erhalten, ihr gewisse Schriftstücke zur Unterschrift vorzulegen, mit denen sie zugunsten ihres Sohnes auf die Krone verzichten sollte. Die Königin war außer sich vor Zorn über die Ungeheuerlichkeit dieser Forderung und verlangte abermals, für die parlamentarische Untersuchung, die man ihr zugesichert hatte, vor ihre Stände geführt zu werden; worauf Lindsay grob erwiderte, er würde ihr raten zu unterschreiben, denn wenn sie sich weigere, werde man sich gezwungen sehen, andere Maßnahmen zu ergreifen. Maria wußte, was diese Drohung zu bedeuten hatte.

Robert Melville, der sie nach dieser Unterredung in einem Zustand völliger Verzweiflung vorfand, versuchte, sie zu beruhigen, indem er ihr andeutete, daß keineswegs alle Mitglieder der Familie Douglas ihr so feindlich gesinnt seien wie der Hausherr von Lochleven selbst: Dessen Bruder zum Beispiel, der junge, liebenswürdige George Douglas, sei bereits sichtlich dem Zauber seiner schönen, wenn auch unglücklichen Gefangenen verfallen und habe erklärt, er werde nicht zulassen, daß ihr etwas geschehe. Aber es half alles nichts. Maria mußte die Abdankung unterschreiben. Sie erzählte Nau später, Throckmorton habe ihr heimlich eine Nachricht zukommen lassen, in der er ihr sagte, sie müsse unterschreiben, um ihr Leben zu retten, aber das hätte nichts zu bedeuten, denn eine Unterschrift, die so offensichtlich unter Zwang geleistet worden sei, könne nicht als bindend betrachtet werden[12]. Wenn Zwang jemals als Beeinträchtigung der Gesetzmäßigkeit gegolten hat, so konnte dieses Schriftstück, mit dem Maria, auf einer einsamen Insel, ohne Berater und wehrlos ihren Feinden ausgeliefert, zugunsten ihres eigenen Sohnes und einer Regentschaft Morays auf die Krone verzichtete, ganz gewiß nicht als gesetzmäßig angesehen werden.

Nachdem Maria Stuart auf diese Art und Weise zur Abdankung gezwungen worden war, wurde am 29. Juli ihr Sohn Jakob im Alter von dreizehn Monaten in der protestantischen Kirche, dicht vor den Toren von Stirling Castle, zum König von Schottland gekrönt. Morton und Home legten in seinem Namen den Eid ab. Die Umstände waren fast die gleichen wie bei Königin Marias eigener Krönung vor vierundzwanzig Jahren: Abermals lag die Krone in den Händen eines schwachen Kindes, das von einem habgierigen Adel umringt war, dessen Macht sich in der Zwischenzeit wenig vermindert zu haben schien. Drei von der Exkönigin unterzeichnete Urkunden wurden verlesen: Mit der ersten verzichtete sie für ihre Person auf Krone und Königreich und gab ihre Zustimmung zur Krönung ihres Sohnes; mit der zweiten setzte sie während der Minderjährigkeit des Königs ihren Stiefbruder Moray und nach ihm Morton zum Regenten ein, und mit der dritten ernannte sie einen Rat, der zusammen mit Moray regieren sollte. Am Tag der Krönung wurde der düstere

Frieden von Lochleven vom Donner der Kanonen des Schlosses durchbrochen; als die Königin hinausging, um zu erfahren, was das zu bedeuten habe, sah sie, daß man im Garten Freudenfeuer angezündet hatte und daß der Hausherr zu Ehren des Tages ein lärmendes Fest veranstaltete. Er fragte sie spöttisch, warum nicht auch sie die Krönung ihres eigenen Sohnes feiere, worauf Maria zu weinen anfing[13].

Danach unterbrach nichts mehr die bedrückende Stille ihrer Gefangenschaft, bis ihr Stiefbruder nach Schottland zurückkehrte, um die Regentschaft zu übernehmen. Die Anhänger der Königin hatten gehofft, daß Morays Ankunft ihre Lage ein wenig verbessern würde, denn sie wußten, wie viel er ihr zu verdanken hatte. George Douglas, der immer mehr Marias Zauber verfiel, erinnerte ihn daran, daß er selbst sich in früheren Zeiten als »Kreatur« der Königin zu bezeichnen pflegte. Aber Moray, der sich für mindestens zwölf oder vierzehn Jahre als praktisch unumschränkter Herrscher Schottlands sah, hatte jetzt keine Veranlassung, sich als Kreatur irgendeines Menschen zu betrachten. Eiskalt und streng kam er nach Lochleven. Zu Marias Überraschung wurde er jetzt als »Gnaden« angeredet, ein Titel, der im allgemeinen Königen und ihren Kindern vorbehalten war. Bei ihrer ersten Begegnung sprach er in einem zornigen, anklagenden Ton mit ihr, der Throckmortons Bemerkung rechtfertigte, daß Moray in seiner Strenge den alten Propheten Israels gleiche. Dennoch war vieles von dem, was er Maria vorwarf, durchaus berechtigt: Er sagte ihr, daß das schottische Volk unzufrieden mit ihrem Verhalten sei, und wenn sie sich auch vor Gott unschuldig fühle, so hätte sie trotzdem auf ihren Ruf in den Augen der Welt Rücksicht nehmen müssen, »denn die Welt urteilt nach dem äußeren Schein und nicht nach der inneren Gesinnung«. Als er auf die Frage ihrer Ehe mit Bothwell und die dadurch hervorgerufenen Gerüchte bezüglich der Ermordung Darnleys zu sprechen kam, bemerkte er sehr richtig, es genüge nicht, eine Tat nicht begangen zu haben, sondern man dürfe auch niemandem Anlaß geben, einen dieser Tat zu verdächtigen. Diese beachtenswerten Ratschläge wären allerdings sehr viel eindrucksvoller gewesen, wenn die Lords, die mit Moray zusammen jetzt das Königreich regierten, nicht sehr viel aktiver am Tode Darnleys beteiligt gewesen wären als die unglückliche Königin.

Bei seiner Rückkehr nach Edinburgh berichtete Moray Throckmorton in allen Einzelheiten über seine Unterredung mit Maria[14]. Manchmal, sagte er, habe sie bitterlich geweint, manchmal habe sie ihre Fehler eingesehen, manche Dinge habe sie offen zugegeben, manche beschönigt. Es ist beinahe sicher, daß Moray sich nicht scheute, Maria mit der Hinrichtung zu drohen: Ihre Unterredung fand an zwei aufeinanderfolgenden Tagen statt, und in der ersten Nacht ließ er ihr, wie er Throckmorton sagte, »nichts als die Hoffnung auf Gott«. Throckmorton war beeindruckt von Morays Ernst und Ehrenhaftigkeit – wie übrigens die Engländer allgemein – und lobte

Elisabeth gegenüber seine Aufrichtigkeit. Aber in Wirklichkeit gab es wenig zu bewundern an dieser grausamen Einschüchterung seiner Schwester, die auf Lochleven völlig in seiner Gewalt war. Trotzdem hatte Morays Taktik den gewünschten Erfolg: Maria verbrachte die Nacht in Angst und Schrecken; sogar ihr eigener Bruder schien sich jetzt gegen sie gewandt zu haben; am nächsten Tag flehte sie ihn an, die Regentschaft zu übernehmen – und genau das war es, was er bezweckt hatte; jetzt konnte niemand mehr behaupten, er habe die Macht gewaltsam an sich gerissen. Moray schrieb am 30. August an Cecil, daß sein neuer Status ihm weder willkommen noch angenehm sei[15], und auch Maria versicherte er wiederholt, es sei keineswegs sein persönlicher Wunsch, dieses Amt auszuüben; wie sie wisse, liege ihm nicht viel an Macht und Ansehen. Er könne ihr jedoch vielleicht als Regent von Nutzen sein, während ein anderer in der gleichen Stellung sie möglicherweise ins Verderben stürzen würde. Marias spätere Beschreibung dieser Unterredung ließ sie weniger verzweifelt und sehr viel mutiger erscheinen als Morays Äußerungen gegenüber Throckmorton. Obwohl man sich wahrscheinlich mehr auf Morays Bericht verlassen sollte, weil Moray, als er mit Throckmorton sprach, noch unter dem unmittelbaren Eindruck der Begegnung stand, gab Maria einen bedeutungsvollen Aphorismus hinsichtlich der Herrschaft über Schottland von sich: Sie wies Moray warnend darauf hin, daß, wenn ihr Volk sich gegen sie, eine geborene Königin, auflehnte, wieviel mehr würde es sich dann gegen ihn, einen Bastard durch Geburt und Herkunft, auflehnen. Sie zitierte den wohlbekannten Ausspruch: »He who does not keep faith were it is due, will hardly keep it where it is not due[16]« – wer nicht dem die Treue hält, dem sie gebührt, wird sie schwerlich demjenigen halten, dem sie nicht gebührt.

Am 22. August wurde James Stewart, Earl of Moray, zum Regenten Schottlands ausgerufen. Er nützte die Autorität, die seine neue Stellung ihm verlieh, unverzüglich dazu aus, sich Marias reichen Schatzes an Juwelen zu bemächtigen. Dies war eines von den Dingen, über die Maria ihr Leben lang nicht hinwegkam: Der Raub ihrer Juwelen von seiten Morays erzürnte sie mehr als jedes andere Unrecht, das er ihr zufügte. Moray erklärte Throckmorton vorsichtshalber, Maria selbst habe ihn auf Lochleven gebeten, ihren Schmuck an sich zu nehmen, um ihn für sie selbst und ihren Sohn zu bewahren: Aber Maria beschuldigte Moray hinterher, ihn schlechtweg gestohlen zu haben. Wie Nau berichtet, betonte Maria ihrem Bruder gegenüber nicht nur, daß es ihr Wunsch sei, viele der kostbarsten Stücke für alle Zeiten dem schottischen Kronschatz einzuverleiben (wie sie es in ihrem Testament aus dem Jahre 1566 bestimmt hatte), sondern auch, daß sie den größten Teil dieser Juwelen von König Heinrich von Frankreich oder ihrem Gatten Franz bekommen habe und sie daher ihr persönlicher Besitz seien. Aber Moray dachte gar nicht daran, die Juwelen der schottischen Krone zu überlassen. Einige gab er seiner Frau, und andere verkaufte er im April des folgenden Jahres an Königin Elisabeth, um seine zerrütteten Finanzen zu sanieren.

Die Ausrufung Morays zum Regenten, gepaart mit dem Verschwinden Bothwells vom schottischen Schauplatz, führte zu einer Zeitspanne des relativen Friedens im Schloß von Lochleven. Die Königin erholte sich nach und nach von den Aufregungen der vergangenen Monate und ihrer Fehlgeburt, denn die erzwungene Isolierung, so bedrückend sie auch sein mochte, gab ihr zumindest die Ruhe, die sie so dringend brauchte. Mit der körperlichen Gesundheit und dem allmählichen Nachlassen der Hysterie kehrten auch ihre Entschlußkraft und ihr objektives Urteilsvermögen zurück. Aus dem Brief, den sie Anfang September an Robert Melville schrieb, spricht wieder ihre alte, nüchterne Gelassenheit – als ob sie in dem Jahr seit der Geburt ihres Sohnes unter irgendeinem düsteren und verhängnisvollen Schatten gelebt hätte, der jetzt glücklicherweise gewichen war. Sie bat um Stoffe, Seidengarn zum Sticken und Kleider für ihre Hofdamen, unter denen sich seit kurzem auch wieder ihre alte Freundin Mary Seton befand – »denn sie sind nackt[17]«. Am 23. September konnte Moray dem englischen Gesandten Bedford berichten, die Königin sei bei guter Gesundheit und »heiter gestimmt[18]«. Dazu trug unter anderem zweifellos die Tatsache bei, daß ihre Gefangenschaft, im Vergleich zu dem, was man sonst unter diesem Begriff versteht, jetzt wirklich nicht besonders streng zu nennen war. Nachdem Maria ihre Gesundheit wiedergewonnen hatte, begann sie, all jene harmlosen, angenehmen, aber unbedeutenden Tätigkeiten zu entfalten, mit denen fürstliche Gefangene sich die Zeit vertreiben – eine unfreiwillige Generalprobe für die Jahre der Gefangenschaft, die vor ihr lagen. Sie fing wieder an zu tanzen und spielte Karten. Sie stickte. Sie ging im Garten spazieren. Und sie blickte auch aus dem Fenster auf das dunkle Schilf am fernen Ufer und dachte, von der Hoffnung eines jeden Gefangenen beseelt, an den Augenblick, wo sie wieder in Freiheit an jenem windgepeitschten Gestade stehen würde.

Obwohl die Königin nach Art aller Gefangenen von Freiheit träumte, ist nicht anzunehmen, daß sie auch von Bothwell träumte. Melvilles Andeutung bezüglich George Douglas hatte ihre Wirkung nicht verfehlt. Der junge Mann war gut aussehend, galant und nur allzu glücklich, in seiner Landesherrin eine schwache und hilflose Frau, das Opfer eines grausamen Schicksals, zu sehen. Ihre zarte, von Leiden gezeichnete Schönheit, gepaart mit ihrer romantischen Vergangenheit, zog ihn immer mehr in ihren Bann. Und im Laufe der Zeit gelang es Maria mit Hilfe ihres berühmten persönlichen Charmes, auch die anderen Bewohner von Lochleven für sich zu gewinnen. Ende Oktober schrieb Drury aus Berwick an Cecil in London, man verdächtige die Königin einer »übergroßen

Vertraulichkeit« mit Mr. Douglas[19]. Während jedoch George Douglas offenbar wirklich eine aufrichtige Liebe für seine romantische Heldin empfand, verfolgte Maria, so empfänglich sie für seine Bewunderung war, mit dieser Beziehung eindeutig den Zweck, aus Lochleven zu entkommen; sie hoffte, in dem jungen George das schwache Glied in der Kette der Douglas gefunden zu haben. Aber außer der Verheißung ihrer Liebe gab es auch noch etwas anderes, womit sie ihn locken konnte: Da Bothwell verschwunden war, bestand theoretisch kein Grund, weshalb George Douglas nicht nach ihrer Hand streben sollte. Dies wiederum war zweifellos ein großer Anreiz für seine ehrgeizige Mutter Margaret, die vielleicht im stillen bereits davon träumte, ihren jüngeren Sohn als Ehemann der Königin von Schottland zu sehen, deren Stiefbruder – ihr anderer Sohn – sie jederzeit wieder auf den Thron setzen konnte. Angesichts dieser Wünsche und Pläne, die im Herbst die Bewohner von Lochleven beschäftigten, war die einsame Insel im See jetzt für die gefangene Königin der Schotten nicht mehr solch ein abgrundtiefer Sumpf der Verzweiflung.

Der Schlüssel zu dieser neuen Hoffnung und auch zu der vorübergehenden inneren Ruhe in Schottland war das Verschwinden Bothwells. Sein unversöhnlicher Feind, Kirkcaldy of Grange, hatte ihn über die Grenzen des schottischen Festlands hinaus bis zu den Orkney-Inseln verfolgt und gelobt, ihn tot nach Edinburgh zurückzubringen oder selber zu sterben. Letztlich starb keiner von beiden, denn obwohl Bothwells Gefangennahme vor Ende August stattfinden sollte, sah sich Moray Anfang September immer noch gezwungen, hinsichtlich Bothwells bedächtig zu bemerken: »Wir können nicht über das Fell des Bären verhandeln, ehe wir ihn haben[20].« Kirkcaldy lebte weiter und wurde später einer der treuesten Anhänger der Königin; Bothwell entkam auf die Karmoy-Inseln an der Küste Norwegens, wurde jedoch dort gefangengenommen und am 2. September auf einem Kriegsschiff nach Bergen gebracht. Von dort aus kam er Ende September nach Kopenhagen, wo er unter strenger Bewachung im Schloß in Haft gehalten wurde, denn König Frederick, Herrscher über Dänemark und Norwegen, erkannte sehr bald, daß dieser ungeladene Gast als Ehemann der schottischen Königin und mutmaßlichen Erbin des englischen Throns einen Trumpf in der internationalen Politik darstellte, den man im geeigneten Augenblick gegen die englische Königin ausspielen konnte. Obgleich Moray auf seine Auslieferung drang und Bothwell selbst verzweifelt den französischen König um Hilfe bat, sollte er den Rest seines Lebens in dänischen Kerkern verbringen, von denen einer elender war als der andere, bis er schließlich elf Jahre später im Wahnsinn starb.

Throckmorton kehrte Anfang September nach England zurück, ohne daß es ihm gelungen war, Königin Maria selbst zu sprechen. Das silberne Tafelgeschirr, das ihm im Namen König Jakobs überreicht worden war, wies er auf Befehl der englischen Königin mit der Begründung zurück, daß

Königin Elisabeth die Abdankung Königin Marias nicht anerkenne; und trotz Morays wiederholter Bemühungen um die Freundschaft Englands erkannte sie auch seine Regentschaft nicht an. Aber ungeachtet dieser Mißbilligung von seiten des Nachbarlandes schien die marianische Partei in Schottland für den Augenblick von der Bildfläche verschwunden zu sein: Huntly und Herries hatten sich wieder auf Morays Seite geschlagen; Dunbar wurde dem Regenten übergeben; Dumbarton, im Westen Schottlands, war die einzige Festung, die der Königin verblieb, aber sie nützte ihr nicht viel, da sie mitten im Gebiet der Lennox' lag. Mitte Oktober konnte Moray an Cecil schreiben, daß in Schottland Ruhe herrsche[21].

Sicherlich herrschte Ruhe in Schottland, und nirgends mehr als auf der kleinen Insel inmitten des Lochleven, auf der die gefangene Königin weilte. Aber trotzdem nahm das Schicksal Marias seinen Lauf, und im Winter 1567 trat eine entscheidende Wendung ein. Die regierenden Lords waren sich klar, daß sie die Königin nach ihrer Abdankung nicht einfach gefangenhalten konnten, ohne dieses Vorgehen vor der Öffentlichkeit zu rechtfertigen. Ursprünglich hatten sie behauptet, daß sie Maria bei Carberry Hill von Bothwells Bevormundung befreien wollten, und es war nie die Rede davon, sie persönlich in den Mord an Darnley hineinzuziehen. Aber jetzt, da Bothwell vom schottischen Schauplatz verschwunden und Maria auf Lochleven eingesperrt war, konnten sie ihr schwerlich weiterhin vorwerfen, daß sie sich zu sehr von Bothwell beeinflussen lasse. Man mußte eine andere Begründung für ihre fortdauernde Gefangenschaft finden. Außerdem war es höchste Zeit, die Beteiligung zahlreicher führender Adeliger am Mord von Kirk o'Field ein für allemal auszulöschen. Der Bond von Craigmillar vom November 1566, in dem die Beseitigung des Königs vereinbart wurde, war unter anderem von Maitland, Morton und James Balfour unterzeichnet worden; jetzt beschloß man, dies zweckdienlicherweise zu vergessen: Im Dezember 1567, fast ein Jahr nach dem Ereignis, wurde Maria selbst öffentlich für den Tod Darnleys verantwortlich gemacht.

Am 4. Dezember wurden zum erstenmal vor dem Staatsrat gewisse Schriftstücke erwähnt, die Maria in das Verbrechen verwickelten[22]. Ihr Text wurde nicht zitiert, und auch die Schriftstücke selbst wurden nicht vorgelegt; aber ihr Vorhandensein diente als Rechtfertigung für einen neuen Ratsbeschluß, in dem erklärt wurde, daß der offizielle Anlaß für Marias Gefangennahme ihre Mitschuld am Tode ihres Gemahls sei. »Durch die Briefe, die sie mit eigener Hand geschrieben und unterzeichnet und an James Earl Bothwell, den Haupttäter dieses schrecklichen Mordes, gesandt«, sei eindeutig erwiesen, daß sie diese Untat gefördert habe. Bei der Parlamentssitzung, die Moray am 15. Dezember einberief, wurde Marias Abdankung als »lawful and perfect« erklärt; Jakobs Amtseinsetzung und Krönung wurde als »gültig wie die seiner Vorfahren« bezeichnet, da seine Mutter als tot zu betrachten sei. Morays Ernennung zum Regenten wurde bestätigt und das Vorgehen der Lords, die in Carberry Hill zu den Waffen gegriffen hatten, als rechtlich gutgeheißen, da Königin Maria »wissend und tätig an der vorerwähnten Ermordung des Königs, ihres rechtmäßigen Gemahls, teilgenommen« habe[23]. Dies war ein völlig anderer Standpunkt als derjenige, den die Lords am Vorabend von Carberry Hill vertreten hatten. Damals war ausschließlich von Bothwells Schuld gesprochen worden; jetzt wurde zum erstenmal das Thema von Marias Schuld zur Sprache gebracht. Es war eine neue Taktik, die für Marias Zukunft nichts Gutes verhieß.

Obgleich Maria auf ihrer Insel nichts von dieser Wendung der Dinge wußte, versetzte sie schon allein die Nachricht, daß Moray das Parlament einberufen hatte, in leidenschaftliche Erregung. Sie schrieb einen langen Brief an ihren Bruder und bat, daß man ihr, wie vereinbart, gestatten möge, sich vor dem Parlament zu rechtfertigen; sie erwähnte ihre Beziehung zu Moray, die Gunst, die sie ihm bezeigt hatte, seine Versprechungen dem französischen Hof gegenüber, daß er sie unterstützen werde, und sie erklärte ernsthaft, daß sie sich jeglichem Gesetz unterwerfen und dabei sogar vorübergehend ihren königlichen Rang ablegen würde, wenn man sie nur anhören wolle[24]. Auf diesen flehentlichen Schrei antwortete Moray lediglich mit einer kurzen Empfangsbestätigung. Bei seinem nächsten Besuch auf Lochleven, bei dem er Morton und James Balfour mitbrachte, waren die Beziehungen zwischen Bruder und Schwester betont kühl. Dennoch wandten sich die Sympathien zahlreicher Schotten im Laufe des Winters wieder Maria zu. Die Hamiltons waren verärgert, daß Moray die Regentschaft übernommen hatte, die, wie sie meinten, von Rechts wegen ihrer Familie zustand, und nahmen daher nicht an der Parlamentssitzung vom 15. Dezember teil. Kirkcaldy und Maitland fürchteten insgeheim, daß Marias Abdankung unter Zwang eines Tages als ungesetzlich betrachtet werden könnte. Es dauerte nicht lange, bis Maitland wieder sein übliches politisches Doppelspiel zu treiben begann: Die Königin erhielt in ihrem Gefängnis heimlich einen ziselierten Ring, der Äsops Fabel von der Maus und dem Löwen darstellte[25]. Das Geschenk stammte offiziell von Mary Fleming, der Frau Maitlands, aber es wurde damals allgemein vermutet, daß es in Wirklichkeit eine Zusage künftiger Unterstützung von seiten ihres Mannes bedeute: die dankbare Maus – Maitland –, die das Fangnetz des Löwen – Marias – zernagen würde.

Das schottische Volk, dem man gesagt hatte, daß seine Königin wegen ihrer Mitschuld an Darnleys Ermordung abgesetzt worden sei, war scharfsichtig genug zu erkennen, daß viele Adelige, die viel unmittelbarer in die Verschwörung verwickelt gewesen waren als Maria, sich nicht nur auf freiem Fuß befanden, sondern sogar der Regierung angehörten. Morays beharrliche Verfolgung der kleineren Verbrecher sollte die Aufmerksamkeit von dieser offenkundigen Tatsache ablenken: Als jedoch John Hay of Tallo Anfang Januar öffentlich hingerichtet wurde, wandte er sich vom Schafott aus der versammelten Menge zu und erklärte mit lauter Stimme, daß Huntly, Argyll, Maitland und Balfour den Bond für Darnleys Ermordung unterschrieben hätten. Dies war nicht sehr dazu angetan, das Ablenkungsmanöver zu fördern. Die abgehackten Glieder von Hay, Powrie und Hepburn wurden an den Toren der wichtigsten schottischen Städte öffentlich zur Schau gestellt, aber auch dieser erbauliche Anblick hinderte Königin Marias frühere Untertanen nicht daran, sich gegen die regierenden Lords zu empören und lautstark zu fordern, man solle auch sie »für ihr Vergehen bestrafen«.

Bis zum Frühling hatte Maria Mittel und Wege gefunden, einige Briefe hinauszuschmuggeln, in denen sie ihren Freunden und Verwandten im Ausland ihre verzweifelte Lage beschrieb und um Hilfe bat. Sie ersuchte Königin Katharina von Medici mit flehenden Worten, sie möge ihr einige französische Soldaten schicken, sie zu befreien – »allein mit Gewalt kann ich meine Freiheit wiedergewinnen. Und wenn Sie noch so wenig Truppen senden, der Sache Nachdruck zu verleihen, ich bin sicher, daß eine große Zahl meiner Untertanen sich ihnen anschließen wird; aber ohne das sind sie zu sehr beeindruckt von der Macht der Rebellen, als daß sie es wagen würden, von sich aus etwas zu unternehmen[26].« Sie schrieb an Erzbischof Beaton, ihren Gesandten in Paris, und erzählte ihm von ihren Leiden, bat ihn jedoch, ihre Briefe zu verbrennen, um zu vermeiden, daß sie entdeckt würden und diejenigen, die ihr geholfen hatten, sie hinauszuschmuggeln, in Schwierigkeiten brächten[27]. Am 1. Mai sandte sie einen Brief an Elisabeth; er ist in einer völlig veränderten, großen und kritzeligen Handschrift geschrieben, die deutlich zeigt, was zehn Monate der Gefangenschaft ihr angetan hatten. Sie beschreibt mit ergreifenden Worten »la langueur du temps de mon ennuieuse prison« und die grausamen Kränkungen von seiten derjenigen, denen sie nichts als Gutes erwiesen habe; daß ihr Bruder Moray ihr alles genommen habe, was sie besaß (der Brief wurde an demselben Tag geschrieben, an dem Königin Elisabeth die »unvergleichlichen Perlen« Marias in Augenschein nahm, die ihr im Auftrag Morays zum Kauf angeboten wurden – eine Tatsache, von der Königin Maria glücklicherweise nichts ahnte). Sie erwähnte den Ring, den Elisabeth ihr einmal gesandt und den sie als einen Talisman betrachte, der den Beziehungen zwischen ihr und ihrer lieben Schwester Glück bringen werde. Zu ihrem großen Kummer habe Robert Melville aus Angst vor Morays Rache sich nicht überreden lassen, ihr den Ring auszuhändigen, so daß sie ihn nicht, wie es ihr Wunsch gewesen wäre, nach England senden könne, um Elisabeths Herz zu rühren. Der Brief endete mit der Bitte: »Ayez pitié de votre bonne sœur et cousine[28].«

Aber vierundzwanzig Stunden nachdem die Königin diesen kummervollen Brief geschrieben hatte, gelang es ihr mit Unterstützung von George Douglas und einem anderen jungen Familienmitglied der Douglas, aus ihrem Gefängnis zu entkommen. Mit der ihr eigenen Energie und Tatkraft hatte sie ständig nach einer Möglichkeit gesucht, ihrer Gefangenschaft ein Ende zu machen, während sie gleichzeitig so viele Bitten um Hilfe von draußen ausgesandt hatte, wie es ihr bei ihrer strengen Bewachung möglich war. Letztlich war es jedoch mehr die Unterstützung von drinnen, die sich als wirksam erwies. Solange George Douglas auf der Insel selbst blieb, konnte er nicht viel tun, um seiner Heldin zu helfen, abgesehen davon, daß er durch Bestechung des Bootsmanns ihre Korrespondenz befördern ließ. Aber im Frühjahr hatte George Douglas einen Streit mit seinem Bruder William und wurde von der Insel verbannt. Dies gab ihm Gelegenheit, sich im Namen der Königin mit gewissen Lords, wie dem getreuen Seton, in Verbindung zu setzen. George Douglas zog sich nicht nur den Zorn von Sir William zu, sondern die Gerüchte über seinen Plan, die Königin zu heiraten, brachten auch seinen Stiefbruder Moray gegen ihn auf, so daß er bis zum Frühling nicht sehr gut auf seine Familie und die schottische Regierung zu sprechen war. Königin Maria verstand es, diese rebellische Stimmung des jungen Mannes voll zu ihrem Vorteil auszunutzen. Die Haltung seiner Mutter, Lady Margaret, war weniger eindeutig: Melville ließ durchblicken, daß sie von dem Fluchtplan unterrichtet gewesen sei, wogegen sie, wenn man Nau glauben will, keine Ahnung davon hatte[29]. Falls sie davon wußte, sah sie sich in ihrer Eigenschaft als Mutter vermutlich hin und her gerissen zwischen dem Ehrgeiz für einen Sohn, George Douglas, und der Angst um das Schicksal eines anderen, Sir William Douglas, falls Maria aus seinem Gewahrsam entkam – denn dies würde zweifellos den Zorn eines dritten Sohnes, des Regenten Moray, heraufbeschwören.

Königin Marias weibliche Gesellschaft während der Zeit ihrer Haft bestand aus der Frau des Hausherren, der jungen Lady Douglas, die oft in ihrem Zimmer schlief und im allgemeinen auch den ganzen Tag über mit ihr zusammen war, der alten Lady Margaret Douglas und zwei jungen Mädchen von vierzehn und fünfzehn, Tochter und Nichte von Sir William, die ihre Gefangene nach Art junger Mädchen schwärmerisch liebten. Aber in diesem Frühling bekam die junge Lady Douglas ein Kind; während der Zeit ihres Wochenbetts hatte Maria etwas mehr Freiheit als sonst, und sie beschloß, diese Gelegenheit für ihre Flucht auszunutzen. Bei ihrem ersten Versuch, der Ende März stattfand, verkleidete Maria sich als Wäscherin und entkam mit einem Boot, während Mary Seton ihren Platz im Schloß einnahm[30]. Als sie sich schon fast in Sicherheit glaubte, fiel es unglücklicherweise einem der Bootsleute ein, ihr Gesicht sehen zu wollen, und er versuchte, ihren dichten Schleier zu lüften. Instinktiv hob Maria die Hand, um ihn zurückzuhalten. Die Zartheit der Hand – jener Hand mit ihren langen Fingern, die Ronsard einmal mit fünf ungleichen Zweigen verglichen hatte – verriet sie. Sie wurde ins Schloß zurückgebracht, obwohl der Bootsmann schwieg und Sir William nicht von dem Vorfall unterrichtete.

Das größte Problem bei jeder Flucht war natürlich das Überqueren des Sees. George Douglas erwog den Plan, die Königin in einer Kiste hinüberzubringen; aber der Bootsmann, den er bestochen hatte, redete es ihm aus, und sie entschieden gemeinsam, daß es viel leichter sein würde, die Königin verkleidet wegzuführen. Unterdessen hatten Maria und George in dem jungen Willy Douglas, einem verwaisten Vetter des Hauses, einen weiteren Helfer gewonnen, der, von dem Charme und der Güte der Königin bezaubert, bereit war, sich mit der gleichen Hingabe wie George selbst für ihre Sache einzusetzen.

George Douglas bat jetzt um Erlaubnis, noch einmal auf die Insel zu kommen, um sich, wie er sagte, von seiner Mutter zu verabschieden, da er die Absicht habe, Schottland zu verlassen und nach Frankreich zu gehen. Sowohl seine Mutter als auch sein Bruder waren sehr erregt über diesen Entschluß und versuchten, ihn zu überreden, daß er statt dessen bei seinem Stiefbruder, dem Regenten, leben solle; sie ersuchten sogar die Königin, ihm in diesem Sinn zu schreiben, und in diesem Brief, den Maria auf ihre Bitte hin schrieb, konnte sie George Douglas eine heimliche Nachricht zukommen lassen und ihn bitten, rasch zu handeln, ehe die junge Lady Douglas sich von ihrer Niederkunft erholt habe. Daraufhin wurde der 2. Mai als Tag für die Flucht festgesetzt, aber die Tatsache, daß Maria sich noch am 1. Mai die Mühe nahm, wie bereits erwähnt an Königin Elisabeth zu schreiben, ist ein Beweis, daß sie keine großen Hoffnungen auf das Gelingen des Unternehmens setzte.

Während George Douglas auf dem Festland blieb, um Lord Seton zu benachrichtigen und die Königin am Ufer mit einer Reiterschar zu erwarten, übernahm Willy Douglas die Vorbereitungen auf der Insel. Seine erste Idee war, daß die Königin von einer zweieinhalb Meter hohen Gartenmauer springen sollte, aber als eine der Hofdamen sich mutig erbot, es auszuprobieren, und sich dabei schmerzhaft den Fuß verletzte, wurde dieser Plan aufgegeben, und Willy Douglas erklärte, es sei das beste, wenn die Königin einfach beherzt durch das Haupttor des Schlosses ginge. Am Nachmittag brachte eine Hofdame Maria einen von den Perlohrringen, die sie für gewöhnlich trug, und sagte ihr, George Douglas habe ihn am Tag zuvor nach seinem Abschiedsbesuch auf der Insel von dem Bootsmann bekommen, der ihn zurückgerudert hatte. Der Bootsmann habe ihn gefunden und ihm verkaufen wollen, aber George habe ihm gesagt, daß er der Königin gehöre. Dieses kleine Nebenspiel war das vereinbarte Signal, daß alles für die Flucht vorbereitet sei.

Ein Stunde vor dem Abendbrot begab sich die Königin in ihr Zimmer, zog einen roten Kittel an, der einer ihrer Kammerfrauen gehörte, und darüber einen langen Umhang. Dann ging sie, wie jeden Abend, mit Lady Margaret im Garten spazieren. Das Abendessen wurde Maria der Sitte gemäß vom Hausherren selbst serviert. Danach ging Sir William über den Hof in den Hauptturm, um sein eigenes Abendessen im Kreise seiner Familie einzunehmen. Drysdale, der Befehlshaber der Wachmannschaft, der meistens im Zimmer der Königin blieb, entfernte sich an diesem Abend ebenfalls, um Handball zu spielen (was hinterher Anlaß zu der Vermutung gab, daß er an dem Komplott beteiligt gewesen sei). Jetzt mußte die Königin sich nur noch von den beiden schwärmerischen jungen Mädchen befreien, die ihre ständige Eskorte bildeten. Sie erklärte, daß sie ihr Abendgebet verrichten wolle, und ging in das obere Zimmer ihres Turms; aber es war nicht nur eine Ausrede, um sich zu entfernen, denn sie betete wirklich inbrünstig für den Erfolg ihres gewagten Unternehmens. Oben legte sie ihren Umhang ab und setzte eine Kapuze auf, wie die Bauersfrauen sie trugen; eine ihrer *femmes-de-chambre* zog sich ähnlich an; die andere blieb unten und versuchte, den Verdacht der Mädchen zu zerstreuen, die immer wieder fragten, weshalb die Königin so lange oben bliebe.

Unterdessen hatte Willy Douglas dem Hausherrn geschickt die Schlüssel entwendet, als er ihm beim Abendessen den Wein servierte. Dann gab er der Kammerfrau durch das Fenster ein Zeichen, daß alles bereit sei. Die Königin überquerte in ihrer Verkleidung mutig den Hof, auf dem es von Dienstboten wimmelte, und ging zum Haupttor hinaus; nachdem Willy das Tor wieder verschlossen hatte, warf er den Schlüssel in ein Kanonenrohr. Die Königin und ihre Begleiterin blieben einen Augenblick im Schatten der Schloßmauer stehen, bis Willy sich vergewissert hatte, daß niemand sie vom Fenster aus beobachtete, ehe sie ins Boot stiegen. Die Königin legte sich unter den Sitz des Bootsmannes, teils um sich zu verstecken, teils um vor Kanonenschüssen sicher zu sein. Eine der Wäscherinnen neben dem Boot gab Willy durch ein Zeichen zu verstehen, daß sie Maria erkannt hatten; aber der Junge rief der Frau zu, sie solle niemandem etwas sagen. Selbst jetzt gab es noch einen letzten Schreck: Als sie sich dem gegenüberliegenden Ufer näherten, glaubte Willy, einen lauernden Feind zu sehen. Doch dieser Feind entpuppte sich als einer von George Douglas' Dienern, den Willy nicht kannte. Schließlich gingen sie an Land.

Maria wurde von dem treuen George Douglas und John Beaton begrüßt. Wie zum Hohn hatte Beaton die besten Pferde des Schloßherren von Lochleven bei sich; er und seine Leute hatten sie aus Sir Williams eigenem Stall gestohlen, der auf dem Festland stand. Die Königin saß auf und galoppierte, nur von Willy Douglas begleitet, davon, um Lord Seton, den Gutsherrn von Riccarton, und ihre Gefolgsleute zu treffen, die in etwa zwei Meilen Entfernung auf sie warteten. Dann überquerten sie bei Queens-

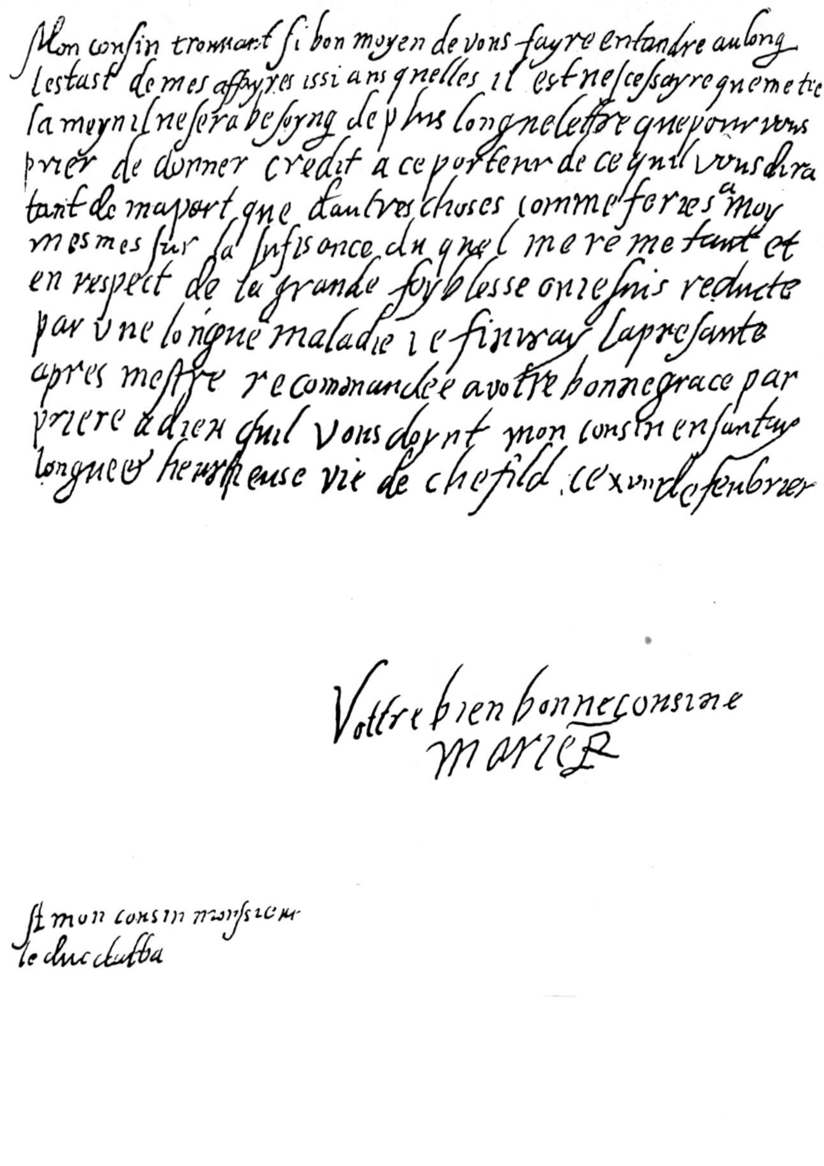
Mon cousin trouuant si bon moyen de vous fayre entandre au long
lestast de mes affayres issi ausquelles il est nescessayre que me tire
la meyn il ne sera besoyng de plus longue lettre que pour vous
prier de donner credit a ce porteur de ce quil vous dira
tant de ma part que dautres choses comme feres a moy
mesmes sur la sufisance duquel me remetant et
en respect de la grande foyblesse ou ie suis reducte
par une longue maladie ie finiray la presante
apres mestre recomandee a votre bonne grace par
priere a dieu quil vous doint mon cousin en sante
longue et heureuse vie de chefild ce xviii de feuvrier

Vostre bien bonne cousine
Marie R

A mon cousin monsieur
le duc dalba

Schreiben der Maria, Königin der Schotten, an den Herzog von Alba.

Vorhergehende Seite: Robert Devereux Graf von Essex.

Gegenüberliegende Seite: Maria, Königin der Schotten. Gemälde aus der Schule von Jean Clouet.

Sir Francis Walsingham, Staatssekretär der Königin Elisabeth I.

ferry das Meer und trafen gegen Mitternacht auf Schloß Niddry ein, das den Setons gehörte. Die Bauern, die Maria erkannten, jubelten ihr zu, und selbst der Onkel von Sir William, der sie unterwegs sah, versuchte nicht, sie aufzuhalten. Nach der langen Gefangenschaft waren die freudigen Zurufe der Bevölkerung süße Musik in den Ohren Marias: Es wird erzählt, daß ihr langes goldblondes Haar noch um ihre Schulter wallte, als sie am nächsten Morgen die Leute begrüßte, die sich vor dem Schloß versammelt hatten, denn in ihrer freudigen Eile, sich ihnen zu zeigen, hatte sie sich nicht einmal vorher frisieren lassen.

Nach zehneinhalb Monaten der Gefangenschaft auf einer winzigen Insel war Königin Maria wieder frei. Inzwischen war ein weniger königstreuer Bauer nach Lochleven gerudert, um ihre Flucht zu melden. Auch die beiden jungen Mädchen, die den Umhang der Königin im oberen Zimmer gefunden und geglaubt hatten, sie habe sich versteckt, hatten von ihrem Verschwinden berichtet. Der Schloßherr von Lochleven war so verzweifelt, daß er versuchte, sich mit seinem eigenen Dolch zu töten. Aber es ist erfreulich zu wissen, daß die beiden anderen Douglas', George und Willy, die ihre Verehrung für die Königin über die Interessen der Familie gestellt hatten, im späteren Leben durch Marias anhaltende Dankbarkeit belohnt wurden, denn, wie sie selbst an Beaton schrieb, als sie ihn bat, die Sache George Douglas' in Frankreich zu fördern, »tels services ne se font pas tous les jours[31]«. Der schneidige George diente Maria auch weiterhin während ihrer englischen Gefangenschaft; obwohl es ihm nicht gelang, die Hand der Königin, die er liebte, zu gewinnen, ist anzunehmen, daß er seine romantischen Bestrebungen nicht so rasch aufgegeben hätte, wenn sie noch länger in Schottland geblieben wäre. Als Morays Bruder, Protestant und Angehöriger des mächtigen Clans der Douglas', wäre er ein durchaus denkbarer Ehekandidat gewesen. Willy Douglas, der Junge, den Maria aus Lochleven mitgenommen hatte und den sie »ihr Waisenkind« nannte, blieb bis zu ihrem Tode in ihrem persönlichen Dienst und wurde in ihrer letztwilligen Verfügung in Fotheringhay erwähnt.

Dritter Teil

Gefangenschaft

XIX

IN FREMDEN BANDEN

And I'm the sovereign of Scotland
And mony a traitor there
Yet here I lay in foreign bands
And never-ending care

Robert Burns, Queen Mary's Lament

Maitland hatte Maria auf Lochleven mit einem gefesselten Löwen verglichen; ebenso könnte man die Gefühle des Regenten Moray bei der Nachricht von der Flucht seiner Schwester aus der Gefangenschaft mit denen von Prinz Johann, dem Regenten von England, vergleichen, als er hörte, daß sein Bruder, König Richard I., sich auf dem Weg in die Heimat befand und »der Löwe losgelassen war«. Der Regent Moray sei »arg bestürzt«, schrieb das *Diurnal of Occurrents*[1] – und das wohl um so mehr, als er sich zu dieser Zeit gerade in Glasgow aufhielt und Maria selbst unterdessen das nahe gelegene Hamilton erreicht hatte. Im ersten Augenblick fühlte Moray sich versucht, den gefährlichen Westen Schottlands zu verlassen, wo im Süden die marianischen Lords Herries und Maxwell herrschten und Argyll, jetzt ebenfalls ein Anhänger Marias, im Norden – gar nicht zu reden von Dumbarton, der starken Festung westlich von Glasgow, die sich immer noch fest in den Händen der Königstreuen befand. Aber schließlich siegte die Vernunft: Der Regent beschloß zu bleiben, wo er war, um zu verhindern, daß der ganze Westen sich zugunsten der Königin vereinte; und diese Standhaftigkeit sollte sich als sehr lohnend für ihn erweisen.

Maria erließ jetzt eine Reihe von Aufrufen, mit denen sie die Unterstützung ihrer Untertanen wiederzugewinnen suchte, und tatsächlich mehrte sich die Zahl ihrer Anhänger von Tag zu Tag. Am 8. Mai stellten sich neun Earls, neun Bischöfe, achtzehn Lords und über hundert kleinere Adelige in einer gemeinsamen Erklärung auf die Seite der Königin. Aber trotz dieser eindrucksvollen Demonstration von Treue und Stärke hatte Maria mancherlei Probleme. Die Hamiltons nützten die Gelegenheit, ihren eigenen Erbanspruch im Falle des Todes von Maria und Jakob zu betonen – und ihr Recht auf die Regentschaft, falls nur Maria sterben sollte. Eine besonders gehässige marianische Erklärung, die allgemein dem Erzbischof Hamilton zugeschrieben wurde, bezeichnete Moray als einen »in schändlichem Ehebruch gezeugten Bastard« und Châtelherault als den »geliebten geistigen Vater der Königin ... Familienoberhaupt des guten Hauses der Hamiltons«. Obgleich nicht anzunehmen ist, daß diese Erklärung jemals veröffentlicht wurde[2], läßt ihr Ton klar erkennen, weshalb Maria Bedenken hatte, allzu lange in Hamilton zu bleiben. Nachdem sie der Gefangenschaft von Lochleven entkommen war, wollte sie jetzt nicht das Werkzeug eines anderen schottischen Hauses werden. Daher beschloß sie, nach Dumbarton zu gehen und dort auf neutralem Boden zu versuchen, ihre Untertanen wieder für sich zu gewinnen. Sicherlich lag ihr wenig daran, sich auf einen Kampf mit Moray einzulassen, ehe sie Dumbarton erreichte, denn sie sah keinen Vorteil darin, ihm an der Spitze eines Heeres der Hamiltons gegenüberzutreten, wenn sie vielleicht später imstande sein würde, sich ihm mit einer mehr auf nationaler Ebene gebildeten Armee entgegenzustellen. In ihrem Wunsch, um jeden Preis den Thron zurückzugewinnen, war Maria sogar bereit, mit Moray zu verhandeln; aber der Regent lehnte es ab, sich auf irgendwelche Gespräche mit ihr einzulassen.

Die marianische Partei hatte unterdessen eine beachtliche Zahl von Anhängern gewonnen – doppelt so viele wie die des Regenten, sagte die Königin[3]. Das Heer der Königstreuen zählte sechstausend Mann, die Truppen Morays wurden unterschiedlich auf drei- bis fünftausend geschätzt; aber auf jeden Fall waren alle Beobachter sich einig, daß Marias Partei derjenigen ihres Bruders zahlenmäßig weit überlegen war. Angesichts dieses Übergewichts ließen die Truppen der Königin sich verhängnisvollerweise dazu verleiten, auf ihrem Weg nach Dumbarton dicht an Glasgow vorbeizumarschieren – vermutlich hofften sie, den Regenten in einen Kampf zu ziehen und entscheidend zu schlagen. Schließlich hatten die Hamiltons allen Grund, Moray zu hassen, denn seine Übernahme der Regentschaft bedeutete eine schmähliche Verletzung ihres eigenen althergebrachten Privilegs; und jetzt sahen sie eine ausgezeichnete Gelegenheit, ihren Feind unter scheinbar idealen Bedingungen ein für allemal zu vernichten. Als das marianische Heer nach Langside kam, stürmte die Vorhut unter Lord Claud Hamilton voraus. Moray hatte eine Stellung auf einem Hügel jenseits von Langside bezogen. Trotz der zahlenmäßigen Überlegenheit der Königstreuen schien er ihre Herausforderung anzunehmen. Und er hatte das Glück, zwei erfahrene und geschickte Soldaten – Kirkcaldy of Grange und Morton – zur Seite zu haben. Morton blieb mit dem Gros des Heeres bei Moray, während Kirkcaldy mit seinen Arkebusieren vorrückte, um die Truppen der Königin zu bedrängen, die jetzt in die schmale Hauptstraße von Langside einzogen.

Die berittenen Grenzsoldaten unter Lord Herries hielten tapfer dem Angriff des Regenten stand, und Hamiltons Truppen kämpften sich mutig voran. Aber durch einen unglücklichen Zufall hatte man den Oberbefehl über die königlichen Truppen dem Earl of Argyll übertragen, der, da er bei weitem die größte Zahl von Truppen gestellt hatte, zum *Lieutenant of the Kingdom* ernannt worden war. Und jetzt versäumte es das Gros der königlichen Armee unter Argylls persönlichem Befehl, der Vorhut zu folgen. Um Argylls Versagen zu erklären, wurde hinterher die Vermutung geäußert, daß er entweder ohnmächtig geworden sei oder ausgerechnet in diesem kritischen Augenblick einen epileptischen Anfall erlitten habe; seine Feinde hingegen glaubten, eine andere Erklärung zu haben: Da Argyll Morays Schwager und ehemaliger Freund sei, meinten sie, beruhe seine mangelnde Feldherrnkunst vielleicht weniger auf einer Erkrankung als vielmehr auf einem im voraus abgesprochenen Verrat. Was auch immer der Anlaß gewesen sein mag, Argylls Versäumnis in Langside erwies sich als verhängnisvoll für die Sache der Königin der Schotten. Als Kirkcaldys Pikeniere über die Hamiltons herfielen, sahen sich diese von ihren eigenen Leuten vollkommen im Stich gelassen, denn Argylls Truppen, die ohne ihren Befehlshaber unfähig oder nicht gewillt waren, einem Sturmangriff standzuhalten, setzten sich ab und flohen in ihr heimatliches Hochland zurück. Das Kreuzfeuer der Arkebusiere, die Überfälle der Pikeniere und das Versagen Argylls führten zu einer verheerenden Niederlage für die Königin, bei der auf Morays Seite nur ein Mann durch den mutigen Angriff Herries' fiel, während von den marianischen Truppen über hundert getötet und über dreihundert gefangengenommen wurden, unter ihnen der treue Lord Seton, Sir James Hamilton und viele andere Angehörige seines Clans[4].

Die Königin beobachtete den Kampf von einer Anhöhe aus. Ausnahmsweise hatte sich diesmal Macht mit Recht vereint; aber leider half auch das nichts. Marias Diener, John Beaton, erzählte Katharina von Medici später, die Königin habe sich auf ihr Pferd geschwungen und sei wie Zenobia in die Schlacht geritten, um ihre Truppen zum Vorgehen anzuspornen; sie hätte sie persönlich zum Angriff geführt, aber die Männer waren so davon in Anspruch genommen, sich untereinander zu streiten, daß sie nicht auf ihre Worte hörten und mehr geneigt schienen, sich gegenseitig zu verprügeln, als das Heer der Aufständischen anzugreifen[5]. Nachdem die Schlacht eindeutig zugunsten Morays entschieden war, hatte sich die Königin jedoch mit anderen Problemen als den Streitigkeiten ihrer Anhänger zu befassen. Sie mußte sich jetzt so rasch wie möglich vom Schauplatz ihrer Niederlage entfernen und sich der Verfolgung Morays entziehen. Das naheliegendste wäre gewesen, nach Dumbarton zu gehen – von dort aus konnte sie französische Hilfstruppen ins Land bringen und von dort aus konnte sie selbst auch nach Frankreich gelangen, falls die Lage so kritisch wurde, daß sie fliehen mußte. Aber die Königin war durch das feindliche Gebiet der Lennox' und die Truppen Morays von Dumbarton abgeschnitten. So floh sie statt dessen, von Herries geleitet, nach Süden, in die südwestlichen Regionen Schottlands, die unter der Feudalherrschaft zweier katholischer Magnaten – Herries und Maxwell – standen und deren Bewohner nicht nur noch großenteils katholisch, sondern auch Maria treu ergeben waren.

Maria beschrieb diese alptraumähnliche Flucht kurz darauf in einem Brief an ihren Onkel, den Kardinal von Lothringen: »Ich habe Beschimpfungen, Verleumdungen, Gefangenschaft, Hunger, Kälte und Hitze erlitten; ich bin geflohen, ohne zu wissen, wohin, zweiundneunzig Meilen durch das Land, ohne haltzumachen oder abzusitzen, und dann mußte ich auf der nackten Erde schlafen, saure Milch trinken und Hafergrütze ohne Brot essen. Drei Nächte habe ich wie eine Eule gelebt . . .[6]«

Nach einem kurzen Aufenthalt in Schloß Corrah, das Herries selbst gehörte, erreichten sie schließlich Terregles, eines der Schlösser von Lord Maxwell. Und hier in Terregles faßte Maria den schicksalsschweren Entschluß, ihr Land zu verlassen und nach England zu fliehen. Es war ihre eigene Entscheidung, und sie selber schrieb später an den Erzbischof Beaton in Paris, daß ihre Anhänger sie dringend davor gewarnt hätten, Königin Elisabeth zu trauen, denn die Engländer hätten schon einmal einen schottischen Herrscher – Jakob I. – unbarmherzig gefangengenommen, und selbst ihr eigener Vater habe es nicht gewagt, Heinrich VIII. in York zu treffen. Man riet ihr allgemein, entweder in Schottland zu bleiben – Lord Herries versicherte ihr, daß sie mindestens weitere vierzig Tage durchhalten könne – oder nach Frankreich zu gehen und den französischen König um Unterstützung zu bitten. Rückblickend gesehen scheint es, daß jeder dieser beiden Wege klüger gewesen wäre, als in England Zuflucht zu suchen. Wir wissen nicht, welche Überlegungen Maria veranlaßten, diesen Weg einzuschlagen; aber offensichtlich waren der Sirenengesang von Elisabeths Freundschaft und die Fata Morgana der englischen Thronfolge in diesem entscheidenden Augenblick noch stark genug, um das stabile Bild der erwiesenen Freundschaft Frankreichs auszulöschen, obwohl sie dreizehn Jahre in diesem Land gelebt hatte und man es so leicht von einem westlichen Hafen Schottlands aus auf dem Seeweg über Wales und Cornwall erreichen konnte, auf dem Maria schon einmal dorthin gebracht worden war. In Frankreich hatte Maria unveräußerliche Besitztümer und die Einkünfte einer Königinwitwe des Landes; als katholische Königin, die aus einem protestantischen Land geflohen war, hatte sie allen Grund, auf die Unterstützung ihres Schwagers Karl IX. und Königin Katharinas zu hoffen, gar nicht zu reden von ihren Verwandten, den Guisen, deren Nachkomme Herzog Heinrich von Guise, der älteste der Söhne von Herzog Franz, gerade am Beginn einer Laufbahn stand, die ebenso ruhmvoll zu werden versprach wie die seines Vaters. Obgleich Elisabeth in der kurzen Zeitspanne seit Carberry Hill Maria energischer gegen die aufständischen Lords unterstützt hatte als der französische König, würden die Franzosen angesichts der offenkundigen Tatsache, daß Maria Katholikin war, während ihre Widersacher Protestanten waren, auf die Dauer das größere Interesse daran haben, der schottischen Königin als ihrer Glaubensgenossin zu helfen.

Aber statt nach Frankreich zu gehen, das sie kannte und liebte, zog Maria Stuart es vor, sich auf Gnade und Ungnade dem ihr unbekannten England auszuliefern, einem Land, wo sie weder Anhänger noch Geld, noch Besitztümer hatte und auch keine Verwandten außer ihrer ehemaligen Schwiegermutter, Lady Lennox, die sie haßte, und Königin Elisabeth selbst, der sie niemals persönlich begegnet war und von der sie noch nicht einmal die Erlaubnis erhalten hatte, das Land zu betreten. So war dieser Entschluß, den sie nach eigenem Ermessen gefaßt hatte, zwar mutig, vielleicht sogar recht romantisch, aber unter den gegebenen Umständen keinesfalls klug. Maria selbst faßte die Frage ihrer verhängnisvollen Entscheidung gegen Ende ihres Lebens am Schluß eines Briefes an Beaton in einem der traurigsten Sätze zusammen, die sie wohl jemals geschrieben hat: »Aber ich gebot meinen besten Freunden, mich nach meinem eigenen Willen handeln zu lassen ...[7]«

Nachdem die Entscheidung gefallen war, schrieb Lord Herries an Lowther, den stellvertretenden Statthalter von Carlisle, und bat im Namen der schottischen Königin um Asyl in England. Aber Maria wartete nicht einmal auf die Rückkehr des Boten. Sie trug jetzt ein schlichtes Kleid, einen Umhang und eine Kapuze, die der Schloßherr von Lochinvar ihr geliehen hatte. Besonders die Kapuze war notwendig, denn sie hatte, um nicht erkannt zu werden, ihre schönen, rotgoldenen Haare abgeschnitten: Eine der ergreifendsten Überschriften in Naus Memoiren lautete: »Wie sie sich ihren Kopf scheren ließ[8].« In dieser Verkleidung machte sie sich auf den Weg von Terregles zur Abtei von Dundrennan, die, zwischen Bäumen versteckt, in einem abgeschiedenen Tal unweit der Küste lag. Dundrennan, im 12. Jahrhundert von den Zisterziensermönchen gegründet, war eine der schönsten Abteien Schottlands. Aber die Königin hatte wenig Zeit, sie zu bewundern oder auch nur auf das leise Rauschen des nahen Meeres zu horchen. Ihre Gedanken waren auf die Zukunft und auf England gerichtet. Von Dundrennan aus schrieb sie noch einmal an Elisabeth – » ... daß ich nach Gott nur noch auf Euch zu hoffen wage ...[9]« Und da sie so fest auf Elisabeth vertraute, schien es ihr offenbar sinnlos, eine Antwort auf ihren Brief abzuwarten.

Am Sonntag, dem 16. Mai, ging Maria hinunter zu dem kleinen Hafen, der den Mönchen von Dundrennan für ihren Handel mit dem Kontinent diente. Von hier aus konnte sie über den Solway Firth hinweg die Küste Englands sehen. Vielleicht war dieser Anblick ermutigend, denn um drei Uhr nachmittags schiffte die Königin der Schotten sich mit einer winzigen Schar ihrer Getreuen – den Lords Herries, Maxwell, Fleming und Claud Hamilton sowie etwa sechzehn anderen Begleitern – auf einem kleinen Fischerboot ein. So verließ Maria Stuart, die mit solchem Prunk als Prinzessin von Schottland im Palast von Linlithgow geboren und später, von ihrem Volk umjubelt, als Königin in Edinburgh eingezogen war, jetzt in aller Stille ihre Heimat, um niemals zurückzukehren.

Laut einer mündlichen Überlieferung hatte die Königin während ihrer vierstündigen Fahrt plötzlich ein banges Vorgefühl dessen, was sie in England erwartete, und befahl dem Bootsmann, sie doch lieber nach Frankreich zu bringen; aber Wind und Strömung waren gegen sie, und das Boot trieb unbarmherzig weiter auf England zu[10]. Nau erwähnt nichts von diesem Zwischenfall: Als die Königin um sieben Uhr abends in dem kleinen Hafen Workington eintraf, schien sie im Gegenteil von Optimismus erfüllt.

Am nächsten Morgen kam der stellvertretende Statthalter Lowther, der bereits durch Herries' Brief von der voraussichtlichen Ankunft der Königin benachrichtigt worden war, mit einer Reiterschar von vierhundert Mann, um sie nach Carlisle zu begleiten. Maria erklärte Lowther ruhig, daß sie nach England gekommen sei, um die Unterstützung Königin Elisabeths gegen ihre rebellischen Untertanen zu erbitten. Sie hatte bereits nach ihrer Flucht aus Lochleven John Beaton mit dem berühmten Brillanten, dem sie solche Wichtigkeit beimaß, zu Elisabeth nach London gesandt; sie hatte von Dundrennan aus an Elisabeth geschrieben; jetzt schrieb sie von Workington aus einen dritten Brief, in dem sie abermals um Hilfe bat. Am Tag darauf machte sich die Königin in Begleitung von Lowther und seinen Truppen auf den Weg nach Carlisle, wo sie in halber Gefangenschaft im Schloß untergebracht wurde. Unterwegs begegnete sie dem französischen Gesandten in Schottland, Villeroy de Beaumont, der sich auf dem Rückweg nach Frankreich befand. Der Bericht, den er Maria über das Schicksal ihrer Anhänger in Schottland gab, bestätigte Marias düstere Vermutung, daß sie die Unterstützung der Engländer brauchen würde, wenn sie jemals selbst wieder in ihr Königreich zurückkehren wollte.

Lowther wußte offensichtlich nicht recht, wie er diesen seltenen, fremden Vogel behandeln sollte, der so vertrauensvoll in das englische Vogelhaus geflogen war; aber er war entschlossen, sicherheitshalber lieber zu höflich als zu unhöflich zu sein, denn schließlich konnte man ja nicht wissen, ob sein Gast nicht von einem Augenblick zum anderen nach London gerufen und dort mit allen Ehren von Königin Elisabeth selbst empfangen werden würde. Infolgedessen war Maria jetzt mehr denn je überzeugt, daß ihre Entscheidung die richtige gewesen war, und in einem Brief an den Earl of Cassilis, den sie am 20. Mai in Carlisle diktierte, berichtete sie, daß man sie in England »freundlich empfangen, mit allen Ehren begleitet und äußerst zuvorkommend behandelt« habe; sie hoffe, »etwa am 15. August« an der Spitze eines englischen oder französischen Heeres wieder in Schottland zu sein[11].

So ratlos Lowther auch sein mochte, wie er seinen erhabenen Gast behandeln sollte, ob als Königin oder als Gefangene oder eine nette Verbindung von beidem, seine Verwirrung war nichts im Vergleich zu der Bestürzung von Elisabeths Ratgebern in London. Dort hatte Königin Marias Ankunft, wenn sie auch vielleicht nur eine romantische, törichte Geste war, einen Aufruhr verursacht, von dem der englische Hof sich nicht so rasch erholen würde. Wie sollte Königin Elisabeth den königlichen Flüchtling behandeln? Sie hatte Königin Maria nicht gefangengenommen und auch nicht versucht, es zu tun. Maria war, wie ihre eigenen Briefe vor und nach ihrer Ankunft bezeugten, aus freiem Willen nach England gekommen, mit der ausdrücklichen Absicht, die Engländer um ihre Unterstützung zu bitten. Das muß man sich vor Augen halten, denn es ist ein Punkt, den Maria während der Jahre ihrer englischen Gefangenschaft immer wieder betonte, zuletzt mit verständlicher Bitterkeit bei ihrem eigenen Prozeß in England. Aber die Bitte der schottischen Königin, wieder auf ihren eigenen Thron gesetzt zu werden, stellte Elisabeth vor eine ganze Reihe von Problemen, die sie schwerlich außer acht lassen konnte. Tatsächlich war es völlig undenkbar, daß die protestantische englische Königin um ihrer katholischen Kusine willen die Waffen gegen Schottland ergriff; andererseits, wenn Elisabeth es nicht tat, konnte nichts Maria davon abhalten, das gleiche von den Franzosen zu erbitten, die ihrerseits sicherlich mit Freuden die Gelegenheit ergreifen würden, wieder auf dem englischen Festland Fuß zu fassen. Daher hielten die Engländer es wohl kaum für ratsam, Maria ungehindert nach Frankreich ziehen zu lassen.

Sollte man die schottische Königin am englischen Hof empfangen und ihr volle Freiheit in England gewähren? Der venezianische Gesandte in Paris berichtete zuversichtlich, daß man in London mit großem Aufwand eigens einen Palast für Maria vorbereite[12]; aber das war vom Standpunkt der englischen Staatskunst aus eine ebenso unerwünschte Lösung: Eine freie Maria Stuart konnte leicht zum Ziel der Wünsche und Hoffnungen der englischen Katholiken werden. Maria selbst mochte vergessen haben, daß sie zehn Jahre zuvor als Dauphine von Frankreich den Anspruch erhoben hatte, eher die rechtmäßige Königin von England als die mutmaßliche Thronerbin zu sein. Aber Cecil, Elisabeths vertrautester Berater, hatte es nicht vergessen, und wer weiß, ob die englischen Katholiken sich nicht auch noch gut daran erinnerten. Maria wußte zu diesem Zeitpunkt nichts aus erster Hand von dem bemerkenswerten Charakter dieser Menschen: von ihrem Starrsinn, ihrem Heldentum, ihrer Schöngeistigkeit, dank derer sie – widersinnigerweise – trotz ihrer Einstellung der neuen Staatsreligion gegenüber zu den hervorragendsten Persönlichkeiten des Elisabethanischen Zeitalters gehörten. Aber nach Meinung des umsichtigen Cecil mußte man die mögliche Reaktion der englischen Katholiken auf Maria unbedingt in Betracht ziehen.

Angesichts dieser Erwägungen beschlossen die Engländer, sich nicht festzulegen, bis man sich ein ausreichend klares Bild von der inneren Lage Schottlands gemacht hatte. Elisabeth war der Meinung, daß es letztlich wohl das klügste sein würde, Maria zu ihren schwierigen Untertanen zurückzuschicken, statt sie frei in England oder Frankreich leben zu lassen, und abgesehen davon durfte man Untertanen nicht dazu ermutigen, sich gegen Königinnen zu erheben. Aber natürlich konnte nicht davon die Rede sein, Maria mit Hilfe eines englischen Heeres wieder auf den Thron zu setzen; man mußte durch behutsame Ermittlungen herausfinden, zu welchen Bedingungen die Schotten Maria wieder aufnehmen würden – und diese Bedingungen möglichst so aushandeln, daß sie Elisabeth selbst zum Vorteil gereichten. Unterdessen war es sicherlich das beste, Maria im Norden zu halten – nicht ausgesprochen als Gefangene, aber auch nicht ganz frei; ohne sie ausdrücklich ein für allemal aus Elisabeths Gegenwart zu verbannen, aber auch ohne ihr diesbezüglich irgendwelche bindende Versprechungen zu machen. Nur eines mußte ihr nachdrücklich untersagt werden: Sie durfte auf keinen Fall die Franzosen um Unterstützung bitten. Lowther wurde angewiesen, Maria zu erklären, da Elisabeth selbst die Absicht habe, ihr zu helfen, würde man jeglichen Versuch von seiten der schottischen Königin, die Franzosen ebenfalls hineinzuziehen, als eine Wiederaufnahme der alten Streitigkeiten betrachten[13]. Zum Glück war Maria nicht mit einem unbefleckten Leumund nach England gekommen: Noch war die Frage von Darnleys Tod nicht geklärt, und Maria selbst hatte durch ihre Ehe mit Bothwell – dem Hauptverdächtigen – peinliches Aufsehen erregt. Diese Wolke des Skandals um Marias Haupt bot jetzt Elisabeth einen willkommenen Vorwand, sie nicht zu empfangen, solange sie sich nicht von jeglichem Verdacht gereinigt hatte. Und wer war besser dazu geeignet, als unparteiischer Schiedsrichter zwischen der Sache Marias und der ihrer Adeligen zu fungieren, als die englische Königin selbst?

Als nächstes sandte Elisabeth ihren treuen Ratgeber, Sir Francis Knollys, nach Carlisle, ihren gefangenen Gast über den Stand der Dinge zu unterrichten. Knollys war der Mann ihrer Kusine Catherine Grey und gleichzeitig einer ihrer vertrautesten Freunde. Er war jetzt Mitte der Fünfzig, ein Mann von höchstem Ansehen und ein fanatischer Puritaner, der sich während der Regierung Maria Tudors nach Deutschland geflüchtet hatte. Knollys war vom ersten Augenblick an sichtlich beeindruckt von Maria. Er bezeichnete sie als eine außerordentlich intelligente Frau, sehr redegewandt, mit viel gesundem Menschenverstand und »aufrechtem Mut«. Etwas später, als er sie besser zu kennen glaubte, gab er eine noch anschaulichere Charakterzeichnung der schottischen Königin[14]: Vor allem sei sie eine »bemerkenswerte Frau«, denn sie habe kein Interesse an Förmlichkeiten, abgesehen von der Anerkennung ihres königlichen Rangs (möglicherweise eine leichte Spitze gegen Königin Elisabeth); danach spreche sie ungezwungen mit jedem, was auch immer sein Rang sein möge. Außerdem sei sie nicht nur selbst sehr tapfer, sondern zeige sich auch erfreut über den Mut anderer »und lobt namentlich alle erprobten kühnen Männer ihres Landes, auch wenn sie ihre Feinde sind, und verhehlt keine Feigheit, nicht einmal bei ihren Freunden«. Mit einem Wort: »Um des Sieges willen scheut sie keine Mühe und Gefahr, und im Vergleich mit dem Sieg scheinen Reichtum und alle anderen Dinge der Erde ihr verächtlich und gering.« Knollys kratzte sich, bildlich gesprochen, nachdenklich den Kopf, als er sich abschließend fragte, was, um alles in der Welt, man mit solch einem kühnen und energischen Geschöpf anfangen solle: Sollte man »solch eine Dame und Fürstin« am Busen Englands nähren? Er fragte seine Briefpartner in London, ob es wirklich klug sei, »solch einer Lady etwas vorzutäuschen«.

Aus London kam die Antwort, daß dies in der Tat sehr klug sei, denn im Augenblick sei es der politisch vorteilhafteste Kurs, den die Engländer einschlagen könnten. Knollys wurde daher ersucht, Königin Maria mitzuteilen, daß man sie am englischen Hof nicht empfangen könne, solange sie nicht von dem Makel der Ermordung ihres Mannes gereinigt sei, und das könne sie nur erreichen, wenn sie sich Königin Elisabeths Urteil unterwerfe. Als Maria diese Nachricht erhielt, brach sie in Tränen aus; leidenschaftlich erregt über die Ungerechtigkeit, wies sie Knollys darauf hin, daß sowohl Morton als auch Maitland in die Ermordung Darnleys eingewilligt hätten, »was leicht zu beweisen sei, obgleich sie jetzt die Täter zu verfolgen schienen[15]«. Knollys selbst war von ihren Argumenten beeindruckt: Er schrieb an Elisabeth, da Maria die Menschen in ihrer Umgebung von ihrer Unschuld überzeugt habe, sei es im Interesse von Elisabeths Ehre vielleicht ratsam, sie vor die Wahl zu stellen, entweder in England zu bleiben (um sich durch Elisabeth von dem Verdacht der Mitschuld an dem Verbrechen reinigen zu lassen), oder aus freiem Willen nach Schottland zurückzukehren. Und selbst falls Maria sich entschließen sollte, nach Frankreich zu gehen, meinte Knollys, so werde Moray das zweifellos von Schottland aus zu verhindern wissen. Aber Königin Elisabeth hielt es für zweckmäßiger, sich um Marias Ehre zu kümmern statt um ihre eigene – und diese Ehre, betonte sie abermals, sei zu befleckt, als daß man ihre Kusine freilassen könne, ehe ihre Unschuld durch eine offizielle Untersuchung in England einwandfrei erwiesen sei. Maria und Knollys blieben in Carlisle, und Knollys hatte den Befehl, seine Gefangene zur Einwilligung in diesen Prozeß zu bewegen.

Marias Hofhaltung auf Schloß Carlisle war, wie Knollys selbst zugab, alles andere als luxuriös. Vor allem mangelte es ihr an Kammerfrauen: Sie, die ihr Leben lang von Hofdamen des Hochadels bedient worden war, hatte jetzt nur zwei oder drei, und diese waren »nicht von der feinsten Sorte«. Unter ihren Kämmerern befand sich der romantisch gesinnte George Douglas, der seiner Königin ins Exil gefolgt war: Er war einer von den wenigen, denen man gestattete, innerhalb des Schlosses zu schlafen – alle übrigen mußten das Schloß bei Sonnenuntergang verlassen und hatten ihre

Quartiere in der Stadt. Im ganzen zählte der Hofstaat der Königin, von ihren Kämmerern bis hinunter zu den Köchen und Küchenjungen, etwa dreißig bis vierzig Personen. Die Fenster von Marias Gemächern hatten schwere Eisengitter, und die drei Vorräume, die zu ihrem Schlafgemach führten, waren ständig von Soldaten bewacht. Wenn sie spazierenging oder ausritt, wurde sie von einer Wache von einhundert Mann begleitet, für den Fall, daß der verwegene George Douglas abermals auf Flucht sinnen sollte. Ein einziges Mal ging sie auf Hasenjagd – aber es war auch das letztemal: Man hielt es für zu riskant, sie frei über die Felder reiten zu lassen.

Die Ankunft von Mary Seton, der einzigen noch unverheirateten »Marie« aus glücklicheren Zeiten, war eine willkommene Erleichterung, um so mehr, als Mary Seton die Königin sehr geschickt zu frisieren verstand. Marias Haare, die sie auf der Flucht abgeschnitten hatte, wuchsen nie wieder in ihrer früheren Üppigkeit und mußten auch, da Maria in späteren Jahren sehr viel an Kopfschmerzen litt, immer wieder gekürzt werden; es scheint, daß sie den Rest ihres Lebens auf Perücken und künstliche Haarteile angewiesen war. Trotz aller Bemühungen Mary Setons war die Kleidung der Königin ein ständiges Problem. Königin Elisabeth, die gebeten worden war, ihr mit einigen Dingen aus ihrer eigenen überreichlichen Garderobe auszuhelfen, sandte ein paar alte Kleider, die so schäbig waren, daß Knollys verlegen erklärte, sie seien für Marias Kammerfrauen bestimmt. Auch Moray war nicht viel großzügiger: Er schickte drei Truhen mit Kleidern seiner Schwester, aber als Maria sie aufmachte, bemerkte sie ärgerlich, daß sich nur ein Taftkleid darunter befand – alles andere waren Umhänge und Reitröcke – nicht sehr nützlich für eine Gefangene.

Diese weiblichen Sorgen von Frisuren und Kleidern, und selbst die äußeren Bedingungen ihrer Gefangenschaft (die den französischen Gesandten Montmorin entsetzten), waren für Maria jedoch von untergeordneter Bedeutung im Vergleich zu ihrem großen Ziel, von Königin Elisabeth empfangen zu werden. Von ihrer Ankunft in Workington, Mitte Mai, bis zum Ende der Konferenz von York schrieb Maria über zwanzig Briefe an Königin Elisabeth, die, größtenteils sehr lang, gut durchdacht und intelligent, sich alle um das gleiche Thema drehten: Marias Wunsch, ihren schottischen Thron wiederzugewinnen, und ihre zuversichtliche Hoffnung, daß Elisabeth sie darin unterstützen werde. Maria nahm dabei sogar ihr dichterisches Talent zu Hilfe: Sie sandte ein Gedicht an ihre *chère sœur*, von dem eine italienische und eine französische Fassung erhalten geblieben sind und in dem sie sagt, daß die Frage ihrer Begegnung Freude und Schmerz zugleich in ihrem Herzen wecke, denn sie schwanke ständig zwischen Hoffnung und Zweifel. Sie verglich sich mit einem Schiff, das, als es eben im Begriff war, in den Hafen einzulaufen, von einem Gegenwind wieder hinausgetrieben wurde; das Gedicht endet mit der prophetischen Befürchtung, daß Fortuna sich, wie in so vielen Dingen, auch diesmal wieder gegen sie wenden könnte.

»Un seul penser qui me profficte et nuit
Amer et doux change en mon cœur sans cesse
Entre le doubte et l'espoir il m'oppresse
Tant que la paix et le repos me fuit ...

J'ay veu la nef relascher par contraincte
En haulte mer, proche d'entrer au port,
Et le serain se convertir en trouble.
Ainsi je suis en souci et en crainte
Non pas de vous, mais quantes fois a tort
Fortune rompt voille et cordage double.«

Andere Variationen über das Thema waren die unglückliche Lage ihrer Anhänger in Schottland, die grausam von Moray verfolgt wurden, und die Ungeheuerlichkeit der Empörung ihrer Untertanen gegen sie – ein Vergehen, das gewiß kein Herrscher billigen könne. Maria schrieb natürlich nicht nur an Elisabeth, sondern auch nach Frankreich an Katharina von Medici, an Karl IX., dem sie beteuerte, daß sie für die wahre Religion leide, an den Herzog von Anjou und ihren Onkel, den Kardinal. Einige dieser Briefe berührten auch das lästige Thema des Geldes, die ewige Sorge der verbannten Könige: Maria brauchte jetzt dringend die Einkünfte aus ihren französischen Besitztümern, um für sich und ihre Hofhaltung aufzukommen. In den Anweisungen, die sie Lord Fleming gab, als sie ihn Ende Mai nach London sandte, betonte sie ausdrücklich, daß er sich sofort um Hilfe aus Frankreich bemühen solle, falls Elisabeth sich weigere, ihr zu helfen, und daß Maria selbst in diesem Fall die nötigen Maßnahmen treffen werde, um sich so bald wie möglich dorthin zu begeben[17]. Fleming erhielt jedoch nicht die Erlaubnis, von London aus nach Frankreich weiterzureisen, und so konnten die Anweisungen nie ausgeführt werden. Am 8. Juni erhielt Maria den Besuch von Middlemore, der als Abgesandter Elisabeths auf dem Weg nach Schottland war. Middlemore übergab ihr einen Brief, in dem Elisabeth versprach, Maria wiedereinzusetzen, unter der Bedingung, daß sie sich bereit erklärte, durch die von Elisabeth vorgeschlagene Untersuchung ihre Unschuld zu beweisen. Maria weinte und tobte. Vergebens versuchte sie, Middlemore mit der Aussicht auf die vertraulichen Mitteilungen zu erweichen, die sie Elisabeth persönlich machen werde, wenn man ihr nur gestatten wollte, mit ihr zu sprechen: »Es war mein Wunsch und meine Absicht, ihr Dinge zu sagen, die ich keinem anderen gesagt hätte ... Niemand kann mich zwingen, mich selbst anzuklagen, und dennoch, wenn ich irgend etwas über mich sagen würde, so würde ich es ihr sagen und keinem anderen[18].« Aber Elisabeth war taub gegen solche Versprechungen.

Middlemore entdeckte in Schottland, daß Moray und seine Anhänger von sich aus zu dem gleichen Schluß gelangt waren wie Elisabeth, und sie hatten bereits seit dem vergangenen Winter darauf hingearbeitet: Marias Mitschuld an Darnleys Tod und ihre darauffolgende Ehe mit Bothwell – das waren die beiden Punkte, auf die man Gewicht legen mußte, wenn Maria dort bleiben sollte, wo Moray sie am liebsten zu sehen wünschte: in einem englischen Gefängnis. Der Unterschied zwischen Elisabeth und Moray war, daß Elisabeth zu diesem Zeitpunkt tatsächlich noch die Absicht hatte, Maria letztlich in Schottland wiedereinzusetzen, und dies nur hinauszögern wollte; Moray hingegen hatte nicht den Wunsch, Maria, zu welchen Bedingungen auch immer, wieder auf dem Thron zu sehen. Für ihn waren die Vergehen seiner Schwester keine Sache der Moral, sondern eine Frage seines eigenen Überlebens als Regent von Schottland. Deshalb war Moray entschlossen, viel weiter zu gehen als die Engländer, und dafür zu sorgen, daß der Schmutz, mit dem man Maria bereits beworfen hatte, so fest an ihr haftenblieb, daß von ihrer Wiedereinsetzung nie mehr die Rede sein konnte.

Es ist bezeichnend, daß Cecil selbst in einem jener persönlichen Memoranden, in denen er für seine eigene Orientierung die Für und Wider einer bestimmten Situation anführte, Marias angebliche moralische Verworfenheit als die einzige wirkliche Entschuldigung dafür ansah, sie fern vom schottischen Thron und in englischer Gefangenschaft zu halten[19]. Für die Freilassung Marias sprachen die folgenden Argumente: Sie war freiwillig und im Vertrauen auf die wiederholten Versprechungen Elisabeths nach England gekommen; sie war unrechtmäßig von ihren Untertanen verurteilt worden, denn man hatte sie völlig willkürlich eingesperrt und der Ermordung Darnleys bezichtigt, ohne ihr jemals die Möglichkeit zu geben, sich persönlich oder durch einen rechtlichen Vertreter vor dem Parlament zu verteidigen; sie war als Königin nicht verpflichtet, ihren Untertanen Rede und Antwort zu stehen; und schließlich hatte sie sich selbst des öfteren erboten, persönlich vor Elisabeth zu erscheinen, um ihr Rechenschaft über ihr Verhalten abzulegen. Es war in der Tat ein schwer zu rechtfertigender Fall; Marias Feinde fanden damals gewiß keine Rechtfertigung dafür, und auch rückblickend gesehen gibt es keinerlei Entschuldigung für das spätere Verhalten Englands. Die Argumente, die Cecil *gegen* Marias Freilassung anführte, stützten sich ausschließlich auf die Annahme, daß sie mitschuldig an der Ermordung ihres Mannes sei und hinterher den Hauptmörder, Bothwell, geschützt und sogar geheiratet hatte.

Kurz nach Marias Flucht feuerten die Männer, die jetzt in Schottland die Macht ausübten, die man ihr entrissen hatte, die ersten Salven der neuen Kampagne ab, mit der sie den Ruf der Königin ein für allemal zu untergraben planten. Marias »Liebesbriefe«, von denen seit der Parlamentssitzung im vergangenen Dezember nichts mehr verlautet war und anscheinend in der Zwischenzeit unangerührt von Morton verwahrt worden waren, erschienen jetzt abermals auf dem politischen Schauplatz. Es ist interessant zu bemerken, daß diese Briefe mit der zunehmenden Schärfe der Kampagne nicht nur an Bedeutung, sondern tatsächlich auch an Umfang zu gewinnen schienen. Ende Mai legte Lennox in England sein eigenes Bittgesuch an Elisabeth vor, das in vielen Einzelheiten überhaupt nicht der Wahrheit entsprach und eine einzige haßerfüllte Anklage gegen seine ehemalige Schwiegertochter war; es erwähnte nur einen von Maria selbst geschriebenen Brief, mit dem sie angeblich Darnley in den Tod gelockt hatte. Am 27. Mai wurde George Buchanan, Lennox' Lehnsmann, von Moray beauftragt, ein *Book of Articles* zu schreiben, das als Anklage gegen Maria dienen sollte. Diese *Articles,* über deren Fragwürdigkeit wir bereits in Kapitel 15 gesprochen haben, wurden ursprünglich auf lateinisch geschrieben und enthielten eine kurze Anspielung auf Marias »Briefe«. Aber dieser Ausdruck besagt nicht unbedingt, daß es mehr als einen gab, denn das lateinische Wort *litterae* wurde sowohl für einen Brief als auch für mehrere angewandt. Das lateinische *Book of Articles* war bis Juni fertig. Moray, der unter allen Umständen verhindern wollte, daß Königin Elisabeth sich Maria gegenüber zu wohlwollend zeige, sandte am 21. Mai, fünf Tage nach Marias Flucht, seinen Sekretär John Wood nach London; er hatte Anweisungen, »jeden Zweifel zu zerstreuen«, den Elisabeth hegen mochte[20]. Etwas später erhielt Wood aus Schottland die Abschriften einiger Briefe der Königin; da diese Briefe, wie behauptet wurde, ursprünglich auf französisch geschrieben und jetzt ins Schottische übertragen worden waren, hatten sie natürlich als Beweismaterial keinen sehr großen Wert. Aber Wood sollte sie heimlich der englischen Regierung zeigen, um anzudeuten, was für schwere Geschütze Moray gegen seine Schwester auffahren könnte, wenn die Engländer ihn nur dazu ermutigen wollten.

Die Ermutigung, die Moray brauchte, war eine Zusicherung von seiten Elisabeths, daß sie Maria nicht wiedereinsetzen würde, falls man sie des Mordes für schuldig befand. So sandte Moray am 22. Juni als Antwort auf Elisabeths Aufforderung, sich wegen seiner Rebellion zu rechtfertigen, einen sehr ungewöhnlichen Brief an die englische Königin: Er verlangte praktisch, man solle ihm im voraus zusagen, daß der Urteilsspruch von Elisabeths Richtern auf schuldig lauten würde, *falls* Moray in der Lage sei, einige von Marias eigenen Briefen beizubringen, und *falls* er beweisen könne, daß sie authentisch waren. Die Engländer wurden aufgefordert, ihren Entschluß aufgrund der übersetzten Abschriften der Briefe zu fassen, die sich in London befanden, um somit Moray aus seinem Dilemma zu befreien. Sichtlich verärgert über seine Schwierigkeiten, fuhr Moray fort: »Zu welchem Zweck sollen wir anklagen oder danach trachten, etwas zu beweisen, wenn wir nicht die Gewißheit haben, was wir beweisen sollen oder was geschehen wird, wenn wir es bewiesen haben[21]?«

Es war zweifellos ein bemerkenswerter Brief, der sehr viel mehr Interesse für die Prinzipien der Staatskunst als für die der Gerechtigkeit erkennen ließ; und er umriß mit klaren Worten die Probleme, denen Moray und seine

Anhänger sich gegenübersahen. Denn es nützte nichts, Maria des Mordes anzuklagen und es mit redlichen oder unredlichen Mitteln sogar zu beweisen, wenn sie später, ganz gleich, wie der englische Urteilsspruch lauten mochte, doch auf jeden Fall wiedereingesetzt werden sollte. Zweifellos würde sie sich dann unbarmherzig an denjenigen rächen, die sie angeklagt hatten. Es scheint, daß Cecil als Antwort auf Morays besorgte Frage ihm durch John Wood die beruhigende Zusage machte, was auch immer Elisabeth öffentlich erklären möge, um zu erreichen, daß die schottische Königin sich freiwillig ihrem Schiedsspruch unterwerfe, man habe nicht die Absicht, Maria wieder auf den schottischen Thron zu setzen, falls sie schuldig befunden werde[22]. Auf jeden Fall erhielt Moray Ende Juni irgendeine zufriedenstellende Antwort, denn er unterstützte von jetzt ab mit großem Eifer den geplanten englischen »Prozeß«.

Während Marias Abgesandter, Lord Herries, in London mit Cecil und Elisabeth über die Möglichkeit eines solchen »Prozesses« verhandelte, wurde Maria nach Schloß Bolton in Yorkshire gebracht. Carlisle lag gefährlich nah an der schottischen Grenze, und man hatte schon seit ihrer Ankunft andere Orte für ihre Gefangenschaft in Erwägung gezogen. Die Maßnahme wurde ein wenig erschwert durch die Tatsache, daß Maria offiziell noch keine Gefangene war. Als man ihr gegenüber zum erstenmal die geplante Übersiedlung erwähnte, fragte sie Middlemore sofort, ob sie als Gefangene oder freiwillig dorthin gehen werde. Middlemore erklärte taktvoll, Elisabeth wünsche lediglich, Maria in größerer Nähe zu wissen. Worauf Maria ebenso diplomatisch erwiderte, da Elisabeth sie in der Hand habe, möge sie über sie verfügen, wie es ihr beliebe[23]. Aber als der Augenblick gekommen war, Carlisle zu verlassen, zeigte sich Maria weniger beherrscht. Sie weinte und tobte aus Verzweiflung über ihre unerwartete Gefangenschaft. Knollys mußte seine ganz Geduld aufbieten, um zu erreichen, daß Maria sich freiwillig in die Übersiedlung fügte, denn er wollte keine Gewalt anwenden. Schließlich sah sie ein, daß Drohungen und Klagen ihr nichts nützten, während Sanftmut ihr vielleicht einen gewissen Vorteil bringen würde. So gab sie jetzt ihren Widerstand auf und erklärte sich einverstanden, nach Schloß Bolton zu übersiedeln, unter der Bedingung, daß man ihr gestattete, Boten nach Schottland zu senden. Nach ihrer Ankunft berichtete Knollys zufrieden, daß die schottische Königin sehr ruhig und fügsam sei[24].

Die Intrigen, die jetzt zwischen Edinburgh und London gesponnen wurden, waren jedoch wenig dazu angetan, Maria lange Zeit ihre Ruhe bewahren zu lassen. Trotz ihrer Gefangenschaft ahnte sie, was vorging, und sie kannte Schottland genügend, um sich den Rest zu denken. Im Juni fielen ihr einige Berichte von Wood an Moray in die Hände, und jetzt wußte sie, was ihr Bruder im Schilde führte. Die Nachricht, daß einige ihrer Briefe gegen sie verwendet werden sollten, verursachte ihr einen nervösen Zusammenbruch, und sie beendete einen Brief an Elisabeth mit einer Entschuldigung wegen ihrer »schlechten Schrift, denn diese Briefe, so niederträchtig erfunden, haben sie krank gemacht[25]«.

Ende Juli kam Herries aus London nach Bolton und unterbreitete seiner Königin die Vorschläge der Engländer; es ist verständlich, daß Maria, von falschen Hoffnungen auf eine Wiedereinsetzung durch Elisabeth geblendet, sich letztlich mit dem »Prozeß« einverstanden erklärte*. Natürlich war ihr völlig klar, daß die Engländer kein Recht hatten, sie vor Gericht zu stellen, aber das schien ihr jetzt weniger wichtig als die Tatsache, daß Elisabeth versprochen hatte, sie wiedereinzusetzen, wie auch immer die Untersuchung ausgehen möge, obgleich vereinbart worden war, daß die Lords nicht für ihren Aufstand bestraft werden dürften, falls sie Marias Schuld bewiesen. Wenn die Lords hingegen keine Beweise gegen Maria beibrachten oder wenn diese nicht als gültig angesehen wurden, so sollte Maria in jedem dieser Fälle für unschuldig erklärt und natürlich ebenfalls wiedereingesetzt werden, unter der Bedingung, daß sie auf ihren gegenwärtigen Anspruch auf die englische Krone zu Lebzeiten Elisabeths und ihrer legitimen Nachkommen verzichtete. Weitere Bedingungen waren die Aufgabe des Bündnisses mit Frankreich zugunsten eines Bündnisses mit England, die feierliche Verpflichtung Marias, künftig in Schottland nicht mehr die Messe zu zelebrieren und statt dessen einen Gebetsgottesdienst nach anglikanischem Ritus abzuhalten, und schließlich die schon so lange überfällige Ratifizierung des Vertrags von Edinburgh. Maria, die sich bereits kurz vor ihrer Freilassung sah, bat sogar ihre Anhänger in Schottland, den Kampf einzustellen, vorausgesetzt, daß Morays Gefolgsleute das gleiche täten.

Am 20. September schrieb Elisabeth persönlich an Moray und bestätigte ihm ihrerseits, was Cecil bereits Wood gegenüber vertraulich angedeutet hatte: Ganz gleich, welchen Eindruck Elisabeth bei Maria erweckt haben mochte, die schottische Königin würde ihren Thron nicht zurückerhalten, wenn sie in England für schuldig erklärt wurde. Dieser Brief war entscheidend für Morays Verhalten: Jetzt hatte er den nötigen Ansporn, die stärksten Waffen gegen seine Schwester ins Feld zu führen. Und damit wurden die »Liebesbriefe« der Königin zum wichtigsten Punkt seiner Anklage.

Die englische Übersetzung von Buchanans *Book of Articles*, die für den bevorstehenden Prozeß angefertigt worden war, enthielt eine viel ausführlichere Anspielung auf diese Briefe. Statt des kurzen Satzes in der im Juni geschriebenen lateinischen Version, war jetzt diesem Thema ein langes Postskriptum gewidmet. Auch Marias eigene Anhänger begannen zu er-

* Die Engländer hüteten sich wohlweislich, das Wort »Prozeß« zu gebrauchen, denn sie wußten, daß es ihnen nicht zustand, die Königin eines anderen Landes wegen eines Verbrechens, das sie angeblich dort begangen hatte, vor Gericht zu stellen. Aber natürlich war das Verfahren eine Art Prozeß, und das Wort wird von jetzt ab im Text ohne Anführungszeichen gebraucht.

kennen, daß diese Schriftstücke nicht nur der Prüfstein für die Schuld oder Unschuld der Königin, sondern auch für die ganze zukünftige Regierung Schottlands sein würden. Die marianischen Adeligen, die in Dumbarton versammelt waren, benutzten die Gelegenheit, um öffentlich zu erklären: ». . . wenn behauptet wird, daß die Briefe Ihrer Majestät, die im Parlament vorgelegt wurden, die Schuld Ihrer Gnaden beweisen, so kann man darauf erwidern, daß nichts darin erwähnt ist, auf Grund dessen man Ihre Hoheit verurteilen könnte; wenn es ihre eigene Handschrift wäre, was es nicht ist[26].« Nur Maria selbst, die fern vom Treiben der Welt in ihrer Gefangenschaft lebte, glaubte im Vertrauen auf Elisabeth, daß der Prozeß eine bloße Formalität sei und daß sie in jedem Fall bald wieder frei sein werde.

Unter diesen wenig verheißungsvollen Umständen wurde die Konferenz von York ins Leben gerufen. Man beschloß, den Prozeß in Form einer Untersuchung durchzuführen, bei der ein englischer Ausschuß unter dem Vorsitz des Herzogs von Norfolk das von den schottischen Adeligen beigebrachte Belastungsmaterial prüfen sollte. Sowohl Maria als auch Moray erhielten die Genehmigung, Bevollmächtigte zu entsenden. Moray zog es jedoch vor, persönlich in Begleitung Maitlands zu erscheinen. Maria ließ sich durch John Leslie, Bischof von Ross, sowie die Lords Livingstone, Boyd und Herries vertreten. Die Instruktionen, die sie ihren Bevollmächtigten gab, sprechen von ihrer persönlichen Überzeugung, daß die Konferenz nur stattfand, um es Elisabeth zu ermöglichen, sie später wiedereinzusetzen, nachdem sie »Unsere besagten aufsässigen Untertanen zu respektvollem Gehorsam Uns gegenüber« veranlaßt hatte. Angesichts dieser Hoffnungen erschien Maria sogar die Gefangenschaft in Bolton durchaus erträglich. Sie vertrieb sich die Zeit, indem sie unter Knollys' Anleitung auf englisch zu schreiben lernte. Aus Knollys' Briefen geht hervor, daß er sich aufgrund ihres ständigen Beisammenseins ein wenig in seine schöne Gefangene zu verlieben begann. Es war Marias zweite Natur, diejenigen, die sie umgaben, mit charmanten kleinen Liebenswürdigkeiten zu bezaubern: An Knollys schrieb sie ihren ersten englischen Brief, als er seit zwei oder drei Tagen von Bolton fort war. Dieser Brief, der tatsächlich verheerend falsch geschrieben und überhaupt kaum als Englisch zu erkennen ist, kündigt Knollys an, daß sie ihm ein kleines Andenken gesandt hat, erkundigt sich nach seiner Frau und endet rührend: »Excus my ivel vreitn thes furst tym . . .[27]«

Knollys versuchte auch mit großem Eifer, seine Gefangene von den Vorzügen der anglikanischen Religion zu überzeugen, der er selbst angehörte. Er berichtete zufrieden, daß Maria jetzt in Bolton Gefallen an der Liturgie der anglikanischen Kirche zu finden schiene, daß sie einen anglikanischen Kaplan empfangen und seinen Predigten mit »aufmerksamen und zufriedenen Ohren« gelauscht habe. Maria war jetzt von Protestanten umgeben: Ihre Kusine, Lady Livingstone, früher Agnes Fleming, kam im August zu ihr, und die beiden Livingstones gehörten, ebenso wie Herries, der reformierten Kirche an; vielleicht hat ihr Einfluß die Bemühungen Knollys' unterstützt. Es ist auch durchaus möglich, daß Maria eine echte und lobenswerte Neugier hinsichtlich der Religion empfand, zu der die Mehrzahl ihrer Untertanen sich bekannte, und daß ihr die Beschäftigung mit diesen Fragen die Stunden der Gefangenschaft verkürzte. Aber der wahre Beweggrund hinter dieser verdächtigen Fügsamkeit war jetzt wie stets der Wunsch, das Wohlwollen Elisabeths zu gewinnen, die, wie sie wußte, von Knollys eingehend über alles unterrichtet wurde, was in Bolton vor sich ging.

Marias scheinbare Begeisterung für die anglikanische Religion blieb in England nicht lange unbemerkt. Gegen Ende September hörte sie, daß die englischen Katholiken sehr erregt seien, weil sie glaubten, sie habe sich von der alten Religion abgewandt; sofort bekannte sich Maria vor einer großen Versammlung in der Halle von Bolton als ebenso treu katholisch wie eh und je, aber ihre Argumente waren, laut Knollys, »so schwach, daß sie lediglich ihren Eifer erkennen ließen[28]«. Als Maria später mit Knollys allein war, versuchte sie, Kapital aus dem Zwischenfall zu schlagen, indem sie nachdrücklich erklärte, man könne schwerlich von ihr erwarten, daß sie es darauf ankommen lasse, durch einen scheinbaren Wechsel der Religion Frankreich, Spanien und all ihre übrigen ausländischen Verbündeten zu verlieren, solange sie nicht die Gewißheit habe, daß Elisabeth wirklich ihre »wahre Freundin« sei. Aber Marias Brief Ende September an ihre Jugendfreundin Elisabeth de Valois, Königin von Spanien, zeigt, daß sie unter der zweckdienlichen Zurschaustellung von anglikanischen Sympathien im Inneren ihres Herzens nach wie vor eine überzeugte Katholikin war. Um die Hilfe Spaniens zu erbitten, beschwört Maria die Erinnerung an ihre gemeinsame Kindheit, aus der eine unverbrüchliche Freundschaft erwuchs. Sie sagt Elisabeth, man habe ihr *de belles choses* angeboten, wenn sie ihre Religion wechselte, aber was immer Elisabeth Gegenteiliges hören möge, Maria werde nie ihren Glauben aufgeben, sondern lediglich versuchen, sich ihren veränderten Verhältnissen anzupassen. Schließlich äußerte sie die Hoffnung, ihren kleinen Sohn Jakob irgendwie aus Schottland herauszuschmuggeln, damit er eine von Elisabeths Töchtern heiraten könne. Als dieser Brief in Spanien eintraf, war Elisabeth de Valois am 3. Oktober im Kindbett gestorben. Aber im November schrieb Maria im gleichen Ton an König Philipp selbst und berichtete ihm erzürnt, daß man ihr aufgrund ihrer nahen Verwandtschaft mit der Königin von England nicht gestatten wolle, einen katholischen Priester bei sich zu haben, doch dürfe er deshalb nicht annehmen, daß sie ihre Religion oder deren Ausübung aufgegeben habe[29].

Knollys war in ständiger Sorge, daß seine Gefangene entkommen könnte: Er sandte sogar einen Plan des Schlosses nach London, damit man seine Sicherheitsmaßnahmen gutheiße. Zu dem Gefolge der Königin gehörten jetzt Leslie, Herries, die Livingstones, die Flemings, Gavin Hamilton, der Haushofmeister John Beaton, Bastian Pages und seine Frau, Mary Seton und der junge Willy Douglas – eine Schar von treuen Anhängern. Bolton lag in der Luftlinie nur sechzig Meilen südwestlich von der schottischen Grenze. Vielleicht wäre eine Flucht möglich gewesen, vielleicht auch nicht. Knollys' Befürchtungen deuten an, daß Maria mit etwas Glück den Engländern hätte entkommen können. Aber zu diesem Zeitpunkt gab es ganz bestimmt keine Fluchtversuche, keine Verkleidung als Wäscherin, keine gestohlenen Schlüssel, keine bestochenen Wächter; Maria selbst erklärte ausdrücklich, daß dies ihrem eigenen Wunsch entsprach. Sie sah keinen Grund zur Flucht, da sie sich ja so viel von Elisabeth erhoffte. Außerdem gab sie immer noch vor, sich als Gast und nicht als Gefangene zu betrachten. Aber Anfang Oktober wies sie Knollys warnend darauf hin, daß diese Dinge sich in Zukunft ändern könnten: »Wenn ich gezwungenermaßen hier festgehalten werde, können Sie sicher sein, daß ich in meiner Verzweiflung jeden Versuch unternehmen werde, der meinen Zwecken dient, sei es allein oder durch meine Freunde[30].«

In der Zwischenzeit war Maria angesichts der Aussicht auf die erfolgreiche Konferenz von York bereit zu bleiben, wo sie war. Knollys hatte wirklich keinen Grund, die Hasenjagden zu fürchten, die ihn so unruhig machten, weil er sich dauernd ausmalte, daß ein paar Dutzend Schotten übers Moor reiten und ihre Königin entführen könnten. In seiner Vorstellung sah er sie bereits über Berge und Heideland herbeistürmen, diese Diana zu befreien, und er war überzeugt, daß die Landbevölkerung sie sicherlich nicht aufhalten würde: Die Leute würden sich ins Fäustchen lachen, sie fortziehen zu sehen[31]. Maria hingegen hatte kein Verlangen nach romantischen Abenteuern dieser Art. Mitte September schrieb sie stolz an den König von Frankreich, die Tatsache, daß sie von ihm keine Antwort auf ihre Briefe erhalten habe, bereite ihr keinen Kummer mehr, denn Königin Elisabeth, ihre gute Schwester, habe versprochen, alles für ihre Ehre zu tun und sie in ihrem Lande wiedereinzusetzen. Im Oktober galt Marias ganze Hoffnung der Konferenz von York, die ihr, wie sie glaubte – mochte sie verlieren oder gewinnen, für schuldig oder nicht schuldig erklärt werden — ganz bestimmt den Thron von Schottland zurückgeben würde.

XX

DIE KASSETTENBRIEFE

»Anhand verschiedener ihrer privaten Briefe, geschrieben ganz und gar mit eigener Hand ... ist klar erwiesen, daß sie wissend und tätig an der Ermordung des Königs, ihres rechtmäßigen Gemahls, mitgewirkt hat.«

Aus der Akte des schottischen Parlaments, 15. Dezember 1567

Die Konferenz von York, die im Oktober 1568 eröffnet wurde, zeichnete sich von Anfang an durch das unentschiedene Verhalten ihrer Teilnehmer aus. Elisabeth hatte bereits bei Maria und den schottischen Adeligen völlig gegensätzliche Eindrücke hinsichtlich dessen hinterlassen, was sie als das wünschenswerte Ergebnis dieser Konferenz ansah. Und auch innerhalb der beiden gegnerischen Parteien herrschte keine Einstimmigkeit über das, was man erreichen wollte. Von allen Anwesenden war Moray der einzige, der eine wirkliche Zielstrebigkeit zeigte: Er wollte um jeden Preis die Schuld der Königin von Schottland beweisen, um ihre Rückkehr zu verhindern; zu diesem Zweck ließ er sich vor seiner Reise nach England offiziell von Morton die fragwürdigen »Liebesbriefe« in der silbernen Kassette aushändigen. Aber aus dem einen Brief, den Lennox in seiner Bittschrift erwähnte, und den *litterae* der im Juni erschienenen Version des *Book of Articles* war inzwischen eine beachtliche Menge von Schriftstücken geworden. Sie wurden jetzt in der Empfangsbestätigung als »Sendschreiben, Ehekontrakte, Sonette oder Liebesballaden und alle anderen darin enthaltenen Briefe« angeführt[1]. Buchanans englische Übersetzung der *Articles*, die Ende September eigens für den Ausschuß angefertigt wurde, enthielt im Gegensatz zu der kurzen Bemerkung der lateinischen Version von vor drei Monaten ein langes Postskriptum über das Thema der Briefe.

Morays Anhänger waren viel weniger entschlossen in ihren Bemühungen als Moray selbst; besonders Maitland hing immer noch an seinem alten Plan einer anglo-schottischen Vereinigung, bei der eine rehabilitierte Königin Maria eine wesentliche Rolle spielen konnte. Und auch Marias eigene Bevollmächtigte, einschließlich des Bischofs von Ross und Lord Herries', waren keineswegs so unbeirrbar in ihrem Entschluß, die Unschuld der

Königin zu beweisen, wie sie selber; da sie Marias Ehe mit Bothwell und all die damit verbundenen Schwierigkeiten aus nächster Nähe miterlebt hatten, sahen sie jetzt ihre Aufgabe weniger darin, Königin Marias Schuldlosigkeit in die Welt hinauszuposaunen, als vielmehr eine Art Kompromiß zustande zu bringen, der Maria die Rückkehr nach Schottland ermöglichen würde. Was die englischen »Richter« – den Earl of Sussex, Sir Ralph Sadler und den Herzog von Norfolk – betraf, stellte sich sehr bald heraus, daß auch sie nicht frei von persönlichen Erwägungen waren. Norfolk war kürzlich Witwer geworden; er war der höchste Adelige Englands und ein überzeugter Protestant, obgleich er viele katholische Verwandte hatte; ungeachtet der Tatsache, daß Marias Ehe mit Bothwell noch nicht geschieden war, wurde bereits allgemein von ihrer möglichen Wiederheirat gesprochen, und schon vor Beginn der Konferenz war Norfolks Name in diesem Zusammenhang genannt worden. So dürfte der Herzog wohl schwerlich ein unvoreingenommener »Richter« gewesen sein.

Angesichts dieser Lage der Dinge ist es kaum zu verwundern, daß die Verhandlungen in York zunächst wenig Fortschritte zu machen schienen. Schließlich beschloß Moray am 11. Oktober, einen beherzten Vorstoß zu machen, um eine Entscheidung herbeizuführen, und ließ den englischen Kommissaren unter der Hand Abschriften der »Liebesbriefe« zukommen. Aber Maitland hielt es offenbar für ratsam, Marias eigene Bevollmächtigte davon zu verständigen, denn sie begaben sich am nächsten Tag nach Bolton und unterrichteten ihrerseits die Königin von dieser neuen Wendung der Dinge. Moray ging zunächst sehr behutsam vor: Norfolk meldete nach London, daß man ihnen die Briefe nicht offiziell in ihrer Eigenschaft als Kommissare, sondern lediglich »zu unserer besseren Aufklärung« gezeigt habe[2]. Moray bat Norfolk, er möge sich erkundigen, wie Elisabeth sich zu diesen Briefen stellte und ob man sie als einen ausreichenden Beweis für die Schuldigsprechung der schottischen Königin ansehen werde. Ungeachtet der Tatsache, daß Morays Vorgehen ein grober Verstoß gegen jede normale Prozeßordnung war, zeigte sich Norfolk entsetzt über den Inhalt der Briefe; er hatte nur Abschriften gesehen, erklärte aber trotzdem, daß so viele Schriftstücke schwerlich gefälscht sein könnten; und als er Elisabeth um Anweisungen bat, was man als nächstes unternehmen solle, äußerte er die Meinung, daß die Verurteilung der schottischen Königin wohl kaum zu vermeiden sei, falls die Briefe tatsächlich von ihrer eigenen Hand stammten.

Elisabeth reagierte auf diese Nachricht mit dem Befehl, die Konferenz nach Westminster zu verlegen. Man hoffte, daß fern von der erregten Atmosphäre, die sich in York entwickelt zu haben schien, die Vernunft die Oberhand gewinnen und es gelingen werde, die Verhandlungen aus diesem Netz von Intrigen zu befreien, in dem, wie Sussex sehr treffend bemerkte, die schottische Krone zum Spielball von persönlichen Fehden und Interessen geworden war. Elisabeth wußte damals noch nicht, daß Norfolk, wenige Tage nachdem er ihr mit solch entrüsteten Worten über Marias Briefe schrieb, eine private Unterredung mit Maitland hatte, bei der Maitland ihm offenbar, um ihn wohlwollend zu stimmen, die Hand der schottischen Königin anbot. Zweifellos war Maitland der Ansicht, daß die Ehe Marias mit einem protestantischen englischen Adeligen vom Range Norfolks seine Pläne fördern würde, und vielleicht erklärte er dem Herzog bei dieser Gelegenheit sogar, daß die sogenannten Kassettenbriefe in Wirklichkeit nicht ganz das waren, was sie zu sein schienen, und daß man die Beschuldigungen gegen Maria nicht allzu ernst nehmen sollte. In dieser seltsamen, quasigerichtlichen Welt eines Prozesses, der kein Prozeß war, konnte man schließlich Schuld auch als Nichtschuld betrachten. Auf jeden Fall war Norfolk sichtlich angetan von dem Gedanken an eine Ehe mit Königin Maria.

Auch der Earl of Sussex schien die Briefe nicht besonders ernst zu nehmen. Er schrieb an Königin Elisabeth und setzte ihr auseinander, wie der Prozeß voraussichtlich verlaufen werde, falls man Maria gestattete, persönlich vor dem Gericht in Westminster zu erscheinen[3]: Sie werde aus augenfälligen Gründen die Briefe *in toto* als gefälscht erklären und es damit den Richtern unmöglich machen, sie aufgrund dieses Beweismaterials zu überführen; und daraufhin werde Elisabeth sich gezwungen sehen, sie von der Anklage freizusprechen und auf freien Fuß zu setzen. Wenn man hingegen Maria nicht gestattete, persönlich zu erscheinen, so könne man sicherlich irgendeine Kompromißlösung finden, die eine Art Ehrenrettung der Königin darstellte, ohne die schottischen Lords als Fälscher zu entlarven; danach könne man sie auch getrost weiterhin gefangenhalten. Es war eine scharfsinnige Beurteilung der Lage – und eine fast prophetische, was den Rat betraf, Maria von Westminster fernzuhalten. Knollys wies von Bolton aus ebenfalls auf die dringende Notwendigkeit hin, Maria auf die eine oder andere Art zu verurteilen, wenn man sie weiter in Gefangenschaft halten wolle: Er wisse nicht, schreibt er, wie Elisabeth es mit ihrer Ehre vereinen könne, Maria die Freilassung zu verweigern, es sei denn, die schottische Königin werde vor der ganzen Welt ein für allemal bloßgestellt und »die Gegenpartei [Moray] gründlich gerechtfertigt«.

Maria ahnte noch nichts von den kalten, berechnenden Schlüssen, zu denen Sussex hinsichtlich ihres persönlichen Erscheinens in London gekommen war. Am 23. Oktober schrieb sie zuversichtlich an Cassilis in Schottland über das »gerechte Verfahren« in York, wo nichts gegen sie bewiesen worden sei. Sie war zuerst ein wenig bestürzt über die Verlegung der Konferenz, tröstete sich jedoch mit dem Gedanken, daß sie von Anfang an gewünscht hatte, Elisabeth selbst solle die Verhandlungen überwachen, und daß jetzt ihr Wunsch in Erfüllung ging. Ihr Brief vom 22. Oktober an Elisabeth war ein Musterbeispiel von Fügsamkeit: »Da Sie, meine gute Schwester, Unsere Sache am besten kennen, zweifeln Wir nicht, daß alles sich letztlich zum Guten wenden wird; wofür Wir Ihnen ewig zu Dank verpflichtet sein werden[4].«

Die Konferenz von Westminster wurde offiziell am 25. November eröffnet. Die Engländer waren diesmal durch eine weit größere Zahl von Kommissaren vertreten, unter denen sich jetzt auch Leicester und Cecil selbst befanden. Als Maria kurz vor der Eröffnung hörte, daß Moray wiederholt von Elisabeth empfangen worden war, schrieb sie an ihre eigenen Beauftragten und befahl ihnen, sich von der Konferenz fernzuhalten, wenn man ihr, Maria, nicht gestattete, unter den gleichen Voraussetzungen wie Moray an den Verhandlungen teilzunehmen. Nichtsdestoweniger scheint sie immer noch nicht geglaubt zu haben, daß man ihr tatsächlich während des ganzen Verfahrens dieses Recht versagen könnte[5]. Am 29. November legte Moray seinen »Eik« – seine Liste der Anklagen – vor, und dem folgte eine persönliche Klage von seiten des Earls of Lennox. Aber erst am 1. Dezember legten Marias Bevollmächtigte zum erstenmal Verwahrung ein: Da Moray persönlich bei den Verhandlungen anwesend sei, erklärten sie, müsse man der schottischen Königin das gleiche Recht einräumen und ihr gestatten, sich selbst vor dem englischen Rat und den ausländischen Gesandten zu verteidigen. Aber Elisabeth lehnte die Forderung mit der Begründung ab, daß bisher noch keine Beweise gegen Maria vorgelegt worden seien (die Kassettenbriefe waren dem Gericht noch nicht ausgehändigt worden); es bestünde daher vorläufig keinerlei Veranlassung für ihr Erscheinen, um so mehr als dies soviel Elisabeth wisse, möglicherweise überhaupt nicht nötig sein werde und man Maria in Abwesenheit für unschuldig erklären könne. Es war in diesem Jahr früh Winter geworden. Die ganze Gegend zwischen London und Bolton, das 250 Meilen weit mehrere schwere Tagesritte entfernt lag war tief verschneit. Marias erzwungene Isolierung erwies sich wieder einmal als ein verhängnisvolles Hindernis für ihre Sache. Denn obwohl Moray in seinem Eik die Königin öffentlich des Mordes angeklagt hatte, versuchten ihre Bevollmächtigten, ohne sie um Rat zu fragen, auch weiterhin, irgendeinen Kompromiß zu erreichen, der es ihr ermöglichen würde, nach Schottland zurückzukehren. Somit handelten sie in direktem Widerspruch zu Marias ausdrücklichen Anweisungen, die Verhandlungen abzubrechen, wenn man ihr nicht gestattete, unter den gleichen Bedingungen wie Moray zu erscheinen, »da sie Uns ungehindert anklagen können«.

Am 6. Dezember erhoben Marias Abgesandte ihren ersten formellen Protest in dieser Frage; aber die Engländer hielten sie unter fadenscheinigen Vorwänden davon ab, die Konferenz zu verlassen. Moray wurde jetzt ersucht, zusätzliche Beweise zu seinem Eik zu erbringen; er legte den Parlamentsbeschluß vom Dezember 1567 und Buchanans *Book of Articles* vor, und schließlich wurde am 7. Dezember den englischen Kommissaren die Kassette selbst ausgehändigt. Gemäß dem Bericht des Protokolls sah das Tribunal »eine kleine vergoldete Truhe, nicht ganz einen Fuß lang, die an vielen Stellen mit dem lateinischen Buchstaben F und einer Königskrone geschmückt war[6]«. Am Tag darauf wurden die Briefe, angeblich alle auf französisch und in lateinischer Schrift geschrieben, dem Tribunal vorgelegt, das sie abschreiben ließ, die Kopien mit den Originalen verglich und diese Moray auf sein ausdrückliches Verlangen hin zurückgab.

Während Marias Bevollmächtigte am nächsten Tag abermals versuchten, sich von der Konferenz zurückzuziehen, die für sie zu einer reinen Justizkomödie geworden war, da man ihnen nicht einmal gestattete, den Verhandlungen beizuwohnen, wurden die Kopien der Briefe und die Sonette, »auf französisch geschrieben und ordnungsgemäß ins Englische übersetzt«, vor dem Tribunal verlesen. Elisabeth bot jetzt Maria drei Möglichkeiten: Sie könne sich durch ihre eigenen Bevollmächtigten, durch ein eigenes Schreiben oder persönlich vor einigen englischen Adeligen, die man zu diesem Zweck nach Bolton senden werde, gegen die Anklage verteidigen. Maria lehnte es zornig ab: Man könne wohl kaum von ihr erwarten, daß sie sich gegen Anklagen verteidigen werde, deren Unterlagen sie nicht einmal einsehen dürfe, oder daß sie auf das traditionelle Recht des Gefangenen, seinen Anklägern gegenüberzutreten, verzichten werde. Aber Elisabeth erklärte, wenn Maria diese drei Alternativen ablehne, »wird es angesehen, als ob sie schuldig sei[7]«.

Jetzt endlich begann Maria, sich über den verhängnisvollen Fehler klarzuwerden, den sie begangen hatte, als sie sich mit dieser Untersuchung einverstanden erklärte. Wie sehr sie sich in diesen Tagen ihrer eigenen Ohnmacht bewußt war, ist deutlich aus ihrem Brief an den Earl of Mar zu ersehen, in dem sie ihn bat, er möge den kleinen Jakob gut behüten und nicht zulassen, daß man ihn entweder auf Grund einer gegenseitigen Übereinkunft nach England bringe oder ihn überraschend aus Stirling entführe: In einem eigenhändig geschriebenen Postskriptum erinnerte sie Mar daran, daß er, als sie ihm ihren Sohn *comme mon plus cher joiau* anvertraute, ihr versprochen habe, ihn niemals ohne ihre Einwilligung jemand anderem zu übergeben[8]. Am 19. Dezember setzte sie, ein wenig verspätet, ihren eigenen Eik für die Gegenklage auf, der am 25. Dezember dem Tribunal vorgelegt wurde. Was sie begreiflicherweise am meisten erzürnte, war die Beschuldigung, daß sie nach der Ermordung Darnleys auch den Tod ihres Kindes geplant hätte: Die Adeligen »haben sich diesbezüglich in ihr eigenes Netz verstrickt; und diese Verleumdung sollte für den Beweis und die Untersuchung aller übrigen Dinge genügen; denn die natürliche Liebe einer Mutter zu ihrem Kind straft sie Lügen«. Abgesehen davon ging sie auf ihre früheren Schwierigkeiten mit den Lords ein – die Ermordung Riccios, bei der sie vorhatten, »die Mutter und das ungeborene Kind zu töten«, und die offenkundige Gesetzwidrigkeit von Morays Regentschaft[9].

Trotz Marias Anschuldigungen und trotz ihrer beharrlichen Bitten, daß man ihr die Briefe zeigen möge, die angeblich ihre Schuld bewiesen, hob Elisabeth am 11. Januar offiziell die Verhandlungen auf, ohne daß man Maria oder ihren Bevollmächtigten erlaubt hatte, einen Blick auf diese fragwürdigen Schriftstücke zu werfen. Das Urteil des Tribunals war ebenso zweideutig wie das Verfahren selbst: Es wurde entschieden, daß keine der beiden Parteien ausreichende Beweise gegen die andere erbracht habe. Maria habe nicht bewiesen, daß ihre Adeligen sich gegen sie erhoben hatten – »es ist nichts gegen sie angeführt worden, was ihre Ehre oder Treue in Frage stellt«. Aber andererseits hatte die ganze langwierige Prüfung der sogenannten Kassettenbriefe offenbar das Tribunal auch nicht von der Schuld der schottischen Königin überzeugt. Elisabeth erklärte, die Lords hätten ihre Beschuldigungen gegen die Königin, ihre Herrin, nicht hinreichend belegen können, »um der Königin von England eine schlechte Meinung von ihrer guten Schwester beizubringen[10]«. Mit einem Wort, keine der beiden Parteien wurde nach dem »Prozeß« für schuldig erklärt, mit dem einzigen Unterschied, daß Moray jetzt, nach einer letzten Unterredung mit Elisabeth – und mit fünftausend Pfund Hilfsgeldern in der Tasche –, die Genehmigung erhielt, nach Schottland zurückzukehren, während Maria nach wie vor in Bolton war und man Vorbereitungen traf, sie in ein noch zuverlässigeres Gefängnis zu bringen.

Jetzt endlich erbot sich Elisabeth, Maria Abschriften der gegen sie vorgelegten Briefe zukommen zu lassen, vorausgesetzt, daß sie versprach, dazu Stellung zu nehmen. (Die Originale hatte Moray natürlich wieder mit nach Schottland genommen.) Aber Marias Bevollmächtigte, die sich während der Dauer der Verhandlungen den englischen Politikern so wenig gewachsen gezeigt, hatten sich mittlerweile genügend gefaßt, um zu erklären, die Königin halte es für überflüssig, sich jetzt noch gegen Morays Beschuldigungen zu verteidigen, da Moray inzwischen England verlassen habe und der einzige Zweck der Konferenz ja der Schiedsspruch zwischen ihm und der Königin gewesen sei. Marias Kommissare selbst erhielten am 31. Januar die Erlaubnis, nach Schottland zurückzukehren. So endete dieser sogenannte Prozeß, der sicherlich eines der seltsamsten Gerichtsverfahren in der Geschichte Englands war, für beide Seiten mit dem Urteilsspruch »Schuldbeweis nicht erbracht«, wobei man jedoch dem einen Kläger gestattete, unbehindert in sein Land zurückzukehren, um an Stelle des anderen Klägers zu regieren, der unterdessen weiterhin gefangengehalten wurde.

Es ist an der Zeit, sich diese fragwürdigen Schriftstücke, die »Kassettenbriefe«, einmal etwas näher zu betrachten und zu sehen, wie weit sie, wenn überhaupt, ein echter Beweis für die moralische Verworfenheit Maria Stuarts sind – für ihre ehebrecherische Beziehung zu Bothwell vor dem Tode Darnleys und ihr vorheriges Einverständnis mit seiner Ermordung. Es ist interessant, daß Marias Zeitgenossen den Kassettenbriefen offenbar viel weniger Bedeutung beimaßen als die Historiker der späteren Generationen. In den vierhundert Jahren, seit sie aufgetaucht sind, ist über dieses Thema – textliche Schwierigkeiten, sprachliche Schwierigkeiten, Theorien hinsichtlich der Urheberschaft, Theorien hinsichtlich der Einfügungen – vermutlich mehr Tinte verspritzt worden als über irgendein anderes zweifelhaftes Schriftstück. Aber wie wir gesehen haben, nahm zu der Zeit, als sie zum erstenmal vorgelegt wurden, nicht nur Norfolk die ganze Angelegenheit so gelassen hin, daß er sich danach eifrig um Marias Hand bemühte, sondern auch der Engländer Sussex war der Meinung, daß die Briefe allein keinen ausreichenden Beweis für die Verurteilung der schottischen Königin darstellten. Maitland selbst wurde später, ungeachtet der abgrundtiefen Niederträchtigkeit, die Königin Maria angeblich in diesen Briefen offenbarte, einer ihrer glühendsten Verteidiger in Schottland. Trotz dieser zeitgenössischen Reaktion haben seither die Historiker aller Generationen genau das getan, was Elisabeths Tribunal ausdrücklich nicht getan hatte, und haben versucht, aufgrund dieser Briefe ein Urteil über Marias Charakter zu fällen. Aber jede moderne Schlußfolgerung hinsichtlich der Kassettenbriefe – und tatsächlich jede diesbezügliche Schlußfolgerung seit der Konferenz von Westminster im Jahre 1568 – muß notgedrungen die Erwägung unberücksichtigt lassen, die bei jeglicher Debatte über angeblich gefälschte Briefe die wichtigste ist, das heißt, die Frage der Handschrift; denn die Kassettenbriefe sind inzwischen ebenso geheimnisvoll verschwunden, wie sie damals aufgetaucht waren.

Im Januar 1569 brachte Moray sie nach Schottland zurück. Am 22. Januar 1571 wurden sie wieder Morton übergeben: Allerdings waren aus den ursprünglich zweiundzwanzig Schriftstücken (acht Briefe, zwei Ehekontrakte und zwölf Sonette) geheimnisvollerweise einundzwanzig geworden: Anscheinend war ein Schriftstück – absichtlich oder unabsichtlich – in England zurückgeblieben. Es wurden abermals Abschriften gemacht, aber diese Abschriften verschwanden sehr bald, und niemand weiß, wo sie geblieben sind. Nach Mortons Hinrichtung gingen die Briefe an den Earl of Gowrie über, der seinerseits 1584 hingerichtet wurde, und danach sind die Originale trotz aller Bemühungen von seiten Königin Elisabeths, sie in die Hand zu bekommen, bis zum heutigen Tag nie wieder gesehen worden.

Abgesehen davon, daß die Originale fehlen, wird die Frage der Briefe noch dadurch erschwert, daß keiner von ihnen ein Datum trägt und keiner einen richtigen Anfang, ein Ende oder eine Unterschrift hat; schon allein durch diese Tatsache unterscheiden sie sich auffallend von der übrigen Korrespondenz der Königin, denn Maria gab sich stets besondere Mühe mit dem Schluß ihrer Briefe, und der persönliche Satz vor der charakteristischen Unterschrift MARIE war immer sorgfältig dem jeweiligen Empfänger angepaßt. Außerdem gibt es nicht einen einzigen Brief, der nicht, soweit man nach den Abschriften urteilen kann, an sich irgendein Problem darstellt, sei es hinsichtlich des Zeitpunktes, zu dem er angeblich geschrieben wurde, oder wegen irgendeiner völligen Sinnwidrigkeit. So waren diese Briefe als Fälschungen, falls sie das sind, nicht die sorgfältige Arbeit eines Experten, sondern das eilige Flickwerk von Männern, die etwas beweisen wollten, und, da sie es rasch beweisen mußten, es nicht sehr genau mit den Einzelheiten nahmen, solange die wesentlichen Tatsachen ihren Zwecken entsprachen. Die Kassettenbriefe sollten damals als eine Sammlung von belastenden Schriftstücken in einem Prozeß angesehen werden: Daher trägt jede der zeitgenössischen Abschriften oben einen Vermerk – manchmal von Cecil selbst geschrieben –, der genau angab, was dieser Brief laut Aussage der Lords beweisen sollte. Aber als Liebesbriefe gesehen, sind die Kassettenbriefe nicht nur vollkommen unverständlich, sondern an manchen Stellen auch ausgesprochen widersinnig, wenn man sie mit der Beziehung zwischen Königin Maria und Bothwell in Verbindung bringen will.

Brief I[11], von dem es keine zeitgenössische französische Abschrift, sondern nur eine englische Übersetzung gibt, trägt oben den Vermerk: »Zeugt von ihrer Verachtung für ihren Mann.« Es ist jedoch kein Liebesbrief, sondern ein ruhiger, sachlicher Bericht, dem Stil nach offensichtlich irgendwann von Königin Maria selbst geschrieben, wenn auch nicht unbedingt »Aus Glasgow, sonnabends früh«, wie am Kopf des Briefes steht – ein Satz, der leicht hinzugefügt werden konnte. In diesem Brief spricht Königin Maria von »dem Mann« und fährt fort: »Er ist lustiger, als Ihr ihn jemals gesehen habt, und erinnert mich an alles, was er nur kann, um mich glauben zu machen, daß er mich liebt. Mit einem Wort, man könnte sagen, daß er mir den Hof macht, woran ich so viel Vergnügen finde, daß ich niemals dort hineingehe, ohne daß der Schmerz in meiner Seite wiederkehrt.« Diesen »Mann« will Maria am Mittwoch nach Craigmillar bringen. Aus dem Vermerk geht hervor, daß die Lords behaupten, dieser »Mann« sei Darnley, dessen Annäherungsversuche in Glasgow, als Maria ihn gegen Ende Januar dort abholte, ihr einen Schmerz in der Seite verursachten. Aber die Zeitangaben stimmen nicht mit Darnleys Reise überein: Maria kann nicht erwartet haben, daß sie am Mittwoch in Craigmillar eintreffen würden, hingegen brachte sie, ebenfalls im Januar, ihren Sohn Jakob von Stirling nach Edinburgh, wo sie am Mittwoch, dem 15. Januar, eintraf: Nach Marias Ausdrucksweise wäre es zumindest möglich, daß sie von ihrem Sohn sprach, »... lustiger, als Ihr ihn jemals gesehen habt ... man könnte sagen, daß er mir den Hof macht ...«; auch der Ausdruck »der Mann« klingt eher wie die neckische Bezeichnung einer Mutter für ihren kleinen Sohn, um so mehr, als Maria in allen anderen Briefen, selbst an ihre nächsten Verwandten, von Darnley unpersönlich als »der König« spricht. Aber diese kleinen Einzelheiten machten vermutlich dem englischen Tribunal wenig Kopfzerbrechen. Bei oberflächlicher Betrachtung konnte solch ein Brief, besonders angesichts der Erklärung der Lords, leicht als ein Beweis von Marias Mißachtung für Darnley während ihres Aufenthalts in Glasgow angesehen werden. Und es war nicht schwer, die Worte »Aus Glasgow ...« am Kopf des Briefes hinzuzufügen, um die Sache glaubhafter zu machen.

Brief II[12], der berühmte »Lange Kassettenbrief«, ist ein ungewöhnliches Schriftstück, das die englischen Richter, hätten sie es eingehend geprüft, fast ebenso verblüfft haben müßte, wie es seither immer wieder die Historiker verblüfft hat. Die englische Übersetzung trägt den Vermerk: »Der lange Brief, den die Königin der Schotten aus Glasgow an den Earl of Bothwell schrieb.« Dieser Brief läßt fast jegliche Auslegung zu, nur nicht die, daß es ein einziger Brief ist, der bei einer einzigen Gelegenheit von Maria Stuart an Bothwell geschrieben wurde. Er ist ungewöhnlich lang – im ganzen über zweitausend Worte. Auch dieser Brief beginnt wieder ohne Anrede: »Nachdem ich den Ort verlassen hatte, wo mein Herz zurückgeblieben war, ist es leicht zu ermessen, wie mir zumute sein mußte ...«; doch diesem ersten innigen, aber nicht verliebten Satz folgt ein langer Bericht über Marias Reise nach Glasgow, ihre Begegnung mit einem Edelmann des Earl of Lennox und andere Begegnungen unterwegs mit James Hamilton und dem Gutsherrn von Luss. Dann wird Marias Verhältnis zu Darnley während ihres Aufenthalts in Glasgow beschrieben: Darnley bittet Maria, »bei ihm zu wohnen«, schreibt seine Krankheit der Tatsache zu, daß sie »so fremd gegen ihn« sei, nennt sie grausam, weil sie »seine Anerbietungen und seine Reue« nicht annehmen wolle. Diese Sätze stimmen mit dem überein, was wir bereits über Darnleys Charakter und Marias Beziehungen zu ihrem Mann wissen, besonders seine Bitte, Maria möge ihm seiner Jugend und seiner Unerfahrenheit wegen verzeihen: »Kann denn nicht ein Mensch in meinem Alter aus Mangel an Rat zwei- oder dreimal irren und seines Versprechens vergessen und es endlich bereuen und durch Erfahrung lernen?« Die Worte erinnern an das, was Darnley, wie Nau berichtet, Maria nach dem Tode Riccios zu sagen pflegte.

Maria macht ihrem Mann Vorwürfe wegen seines Plans, mit einem englischen Schiff fortzufahren, und fragt ihn nach den Gerüchten, die Hiegate über seine, Darnleys, Intrigen verbreitet habe – Dinge, die, wie wir aus ihrem Brief an Beaton ersehen haben, sie zu dieser Zeit sehr beschäftigten. Schließlich bittet Darnley seine Frau, die Nacht bei ihm zu verbringen, aber sie weigert sich, das zu tun, ehe er von seiner Krankheit »gereinigt« sei; dann erbietet sich Maria, ihn nach Craigmillar zu bringen, wo er bald genesen werde und sie in der Nähe ihres Sohnes sein könne. Sie verspricht ihm auch, wieder wie Mann und Frau mit ihm zu leben, sobald er wieder gesund sei. Hierauf versichert Darnley, er wisse, daß Maria ihm nie etwas zuleide tun werde, und falls andere ihm nach dem Leben trachteten, so werde er es teuer genug verkaufen – Äußerungen, die ebenfalls zu Darnleys

Charakter passen; und daß er Maria nach wie vor vertraute, bewies er damit, daß er ihr nach Edinburgh folgte. Bis hierher besteht kein Zweifel, daß es sich um einen tatsächlichen Bericht Marias über ihre Beziehungen zu Darnley während ihres Aufenthalts in Glasgow handelt. Aber dann ändert sich der Ton des Briefes, und der Sinn wird unklar. Maria schreibt über Darnleys Versuch, ihre Liebe wiederzugewinnen, und fährt fort: »Aber fürchtet nicht, denn der Platz wird fortbestehen bis zum Tod. Zum Lohne dafür aber seid stets eingedenk, das Eurige [Bothwells Herz] nicht einnehmen zu lassen von jenen falschen Menschen, die uns beiden nicht weniger als das antun möchten ...« Etwas später schreibt sie: »Wir sind an zwei falsche Menschen gebunden; möge der Teufel uns von ihnen trennen. Möge Gott mir vergeben, und möge Gott uns auf ewig vereinigen zu dem treuesten Paar, das er je vereinigt hat. Dies ist mein Glaube. In ihm werde ich sterben.«

Diese Sätze, die auf den ersten Blick zu beweisen scheinen, daß Maria kaltblütig mit Bothwell, ihrem Geliebten, die Ermordung Darnleys plante, um Bothwell zu heiraten, ergeben bei näherer Betrachtung keinen Sinn in Verbindung mit der Beziehung Maria–Bothwell. Wer waren die »falschen Menschen«, die versuchen könnten, Bothwells Herz zu gewinnen, und an die er unter Ausschluß Marias gebunden war? Gewiß nicht die Gordons, die jetzt zu Marias treuesten Anhängern gehörten; Huntly, Bothwells Schwager, hatte Maria beim Chaseabout Raid und bei Riccios Ermordung treu zur Seite gestanden und sollte es auch bis zu den Ereignissen von Carberry Hill weiterhin tun; selbst mit der Scheidung seiner Schwester hatte er sich bereitwillig einverstanden erklärt. Was den Rest der Familie betraf, Maria hatte nach Juli 1565 keine ergebeneren Freunde als sie; Huntlys Mutter war eine ihrer vertrautesten Hofdamen; und seine Schwester Jean ließ sich mit unwahrscheinlicher Schnelligkeit von Bothwell scheiden, auf daß er die Königin heiraten könne. Trotzdem zieht sich durch den ganzen Rest des Briefes wie ein roter Faden das Thema einer ständigen, quälenden Eifersucht der Schreiberin auf irgendeine andere Frau in Bothwells Leben – nach den zornigen Anspielungen auf Huntly als »dein falscher Schwager« zu schließen, eindeutig Bothwells Frau, Jean Gordon. Dieser »falsche Schwager« versucht, Zwietracht zwischen der Schreiberin und Bothwell zu säen, und Bothwell soll ihm keinen Glauben schenken »gegen die treueste Geliebte, die Ihr jemals hattet oder haben werdet«. Es ist völlig undenkbar, daß Maria im Januar 1567 – oder auch zu irgendeinem anderen Zeitpunkt – sich mit diesen Worten über Huntly geäußert haben sollte.

Somit ist anzunehmen, daß irgendein von Maria selbst geschriebener Brief auf gut Glück und nicht besonders geschickt mit einem Liebesbrief vermischt wurde, den Bothwell irgendwann von einer anderen Frau erhalten hatte. Er war bekannt für seine zahlreichen Liebesaffären, und möglicherweise weckte seine Eheschließung mit Jean Gordon im Frühjahr 1566 die Eifersucht irgendeiner früheren Geliebten, die sich um der Verbindung mit den reichen und mächtigen Huntlys willen übergangen sah. Während es höchst unwahrscheinlich ist, daß Bothwell einen vor Darnleys Tod geschriebenen, kompromittierenden Brief Marias unter seinen Papieren behalten hätte, könnte er leicht ein Bündel Liebesbriefe ohne politische Bedeutung von einer früheren Geliebten aufbewahrt haben, die nach seinem Verschwinden den Lords in die Hände fielen.

Die Einfügung des Liebesbriefes einer anderen Frau würde auch die übermäßige Länge dieses Schreibens erklären: Maria hielt sich nur zwei Nächte in Glasgow auf und hatte angeblich von dort aus bereits einen anderen Brief an Bothwell geschrieben. Außerdem erwähnt sie zweimal eine Armspange, die sie für ihren Geliebten macht und an der sie bis spät in die Nacht hinein arbeitet: Es ist kaum anzunehmen, daß Königin Maria angesichts ihrer heiklen Mission in Glasgow Zeit für all diese Dinge fand. Aber ganz abgesehen davon ist auch der flehentliche Ton der zweiten Hälfte des Briefes seltsam untypisch für Marias Charakter: »Wehe mir, ich habe niemals jemanden betrogen, aber ich überlasse mich ganz Eurem Willen. Sendet mir Nachricht, was ich tun soll, und was immer mir widerfahren möge, ich will Euch folgen ...« Und noch verwirrender, falls der ganze Brief tatsächlich von Maria stammte, ist der Schlußsatz: »Gedenkt Eurer Freundin, schreibt an sie und das recht oft.« Denn nicht allein, daß keinerlei Liebesbriefe von Bothwell an Maria erhalten geblieben sind (man kann sich schwer vorstellen, daß die angeblich sehr unbekümmerte Königin so viel umsichtiger gewesen sein sollte als der theoretisch so kaltblütige Bothwell), sie war auch im Begriff, nach Edinburgh zurückzukehren, wo sie in Holyrood unter demselben Dach mit Bothwell wohnen würde; und da er dort ständig bei ihr war, brauchte sie gewiß nicht diese häufigen Briefe, um die ihn die Schreiberin so dringend bat.

Darnleys Bereitwilligkeit, Maria von Glasgow nach Edinburgh zu begleiten, ist eines der Rätsel der Tragödie von Kirk o'Field, denn zweifellos wußte er, daß er sich dort in größerer Gefahr befand als im Hause seines Vaters. Wie wir gesehen haben, führte Maria aller Wahrscheinlichkeit nach bereits seit Ende des Sommers kein Eheleben mehr mit ihrem Mann: Vielleicht sollte das Versprechen, die körperlichen Beziehungen wiederaufzunehmen, den kranken Darnley nach Edinburgh locken. Doch auch das ist noch kein Beweis für Marias ehebrecherische Beziehungen zu Bothwell, sondern zeugt lediglich von ihrem eigenen Wunsch, Darnley in ihrer Nähe zu haben, um ihn an weiteren Intrigen gegen sie zu hindern. Als die Lords dem englischen Tribunal in Westwinster ihr Beweismaterial vorlegten, fanden offenbar auch sie diesen ursprünglichen Brief Marias, der wahrscheinlich nicht einmal an Bothwell gerichtet war, nicht belastend genug und fügten ihm deshalb einige klassisch niederträchtige Sätze – wie den Vorschlag, Darnleys »Arznei« in Craigmillar zu vergiften – sowie den Liebesbrief einer anderen Frau an Bothwell hinzu.

Brief III[13], von dem eine Abschrift in der französischen Originalfassung erhalten geblieben ist, trägt den Vermerk »die Liebe zu beweisen«. Die Lords haben keinen Versuch gemacht, sein Datum zu bestimmen, was in der Tat sehr schwer gewesen wäre, und er ist natürlich nicht unterschrieben. Aber es ist völlig unvorstellbar, daß Maria diesen Brief jemals an Bothwell geschrieben haben sollte: Die Schreiberin scheint lange Zeit Bothwells Leben geteilt zu haben und dadurch in »Mißgeschick« und »immerwährendes Unglück« geraten zu sein. Nichts traf weniger auf Maria zu, denn Bothwell hatte ihr fast bis zum letzten Augenblick ihres Zusammenseins nur Glück gebracht, und danach konnte sie ihm keine Liebesbriefe mehr schreiben. Der Brief enthält eine Anspielung auf eine heimliche »Vermählung« der Körper, die die Schreiberin zärtlich in ihrem Herzen bewahrt, »bis die Vermählung unserer Personen öffentlich bekanntgemacht werden kann« – die klassische Selbsttäuschung eines Mädchens, das verführt worden ist. Trotz aller Lieblosigkeit Bothwells will die Schreiberin ihn in keiner Weise anklagen: »... nicht wegen Eures mangelnden Gedenkens noch wegen Eurer geringen Anteilnahme und am wenigsten von allem wegen Eurer gebrochenen Versprechen oder der Kälte in Euren Briefen, denn ich bin dergestalt die Eure geworden, daß alles, was Euch gefällt, auch mir angenehm ist.« Dies entspricht keineswegs dem Charakter von Bothwells Beziehungen zu Maria: Er brach keine Versprechen, die er ihr gegeben hatte, zeigte sich niemals kalt, sondern war viele Jahre lang ihr treuer Diener und Statthalter, ehe er danach strebte, durch die Ehe mit ihr noch mehr Macht zu erlangen.

Dieser Brief stammt zweifellos aus der Feder einer Frau, die über viele Jahre hinweg eine leidenschaftliche und unglückliche Liebesaffäre mit Bothwell gehabt hat – mit einem Wort, von der anderen Frau. Wenn es wahr ist, daß in allen Liebesverhältnissen *il y a un qui baise et l'autre qui tend la joue*, so war bei der anderen Frau und Bothwell immer sie diejenige, die küßte, und er derjenige, der die Wange hinhielt. Maria Stuarts Beziehung zu Bothwell spielte sich auf der weniger phantasievollen Ebene der Politik ab: Und Bothwell, der die Macht erstrebte, die Maria zu vergeben hatte, war von beiden der aggressivere Teil.

Brief IV[14] bezieht sich auf den mysteriösen Zwischenfall, den Buchanan auch in seiner *Detection* erwähnt (von dem Moray jedoch niemals sprach, obgleich er angeblich dabeigewesen war), bei dem die Königin Lord Robert Stewart angespornt haben soll, einen Streit mit Darnley vom Zaun zu brechen, in der Hoffnung, daß ihr Mann bei dieser Gelegenheit getötet werde[15]. Dieses Schreiben trägt den Vermerk »Bezieht sich auf Holyrood House« – eine Verwechslung mit dem Haus in Kirk o'Field. Abgesehen davon, daß der Brief Buchanans zweifelhaften Bericht unterstützt – anscheinend war das der Hauptzweck, den die Lords bei ihrer Anklage damit verfolgten –, ist er außerordentlich wirr und unklar, obwohl zeitgenössische Abschriften auf englisch und französisch erhalten geblieben sind; offenbar hatte der Abschreiber entweder Schwierigkeiten, den Originaltext zu entziffern, oder dieser war sehr ungeschickt gefälscht. Es ist ein langer Brief, und schon allein deshalb ist es unwahrscheinlich, daß Maria ihn am 7. Februar, zwei Tage vor Darnleys Tod, geschrieben haben soll, denn während dieser Woche war Bothwell sowohl in Holyrood als auch im Haus von Kirk o'Field ständig in ihrer Nähe. Und abermals steht vieles in diesem Brief nicht im Einklang mit Marias damaliger Gemütsverfassung, vor allem die wiederholten Anspielungen auf das »Mißgeschick« der Schreiberin und ihre Eifersucht auf irgendeine Rivalin, »welche nicht den dritten Teil des treuen und willigen Gehorsams gegen Euch besitzt, den ich Euch entgegenbringe«. Wer war die Rivalin, die im Februar 1567 Maria in Bothwells Zuneigung den Rang ablief? Die einzige, die es hätte sein können, war seine Frau, Jean Gordon. Aber die Schreiberin vergleicht sich mit Medea, der ersten Frau Iasons, die dieser verläßt, um Glauke zu heiraten – woraus hervorgeht, daß die Schreiberin, im Gegensatz zu Maria, vor dem Erscheinen ihrer Rivalin die Liebe Bothwells besessen hatte.

Das Schreiben endet mit dem rätselhaftesten Satz der ganzen Kassettenbriefe; in der französischen Abschrift lautet er: »Faites bon guet si l'oiseau sortira de sa cage ou sens son per comme la tourtre demeurera seulle a se lamenter de l'absence pour court quelle soit.« Dieser Satz ergibt, so wie er ist, keinen Sinn, aber man könnte ihn wohl annähernd folgendermaßen übersetzen: »Gebt acht, sonst fliegt der Vogel aus seinem Käfig, wo ohne ihn sein Gefährte wie die Turtelaube allein bleiben wird, seine Abwesenheit zu beklagen, so kurz sie auch sein mag.« Die einzig mögliche Auslegung ist, daß die Schreiberin sich mit einem Vogel vergleicht, der seinen Käfig verlassen wird, wenn man ihn schlecht behandelt. Aber welche Veranlassung hätte Maria gehabt, so etwas an Bothwell zu schreiben?

Brief V[16] mit dem Vermerk »Über die Entlassung von Margaret Carwood; was vor ihrer Heirat geschah; zeugt von ihrer Liebe«, ist wiederum eine plumpe Fälschung; da er jedoch als Belastungsmaterial gegen Maria wenig Bedeutung hat, brauchen wir hier nicht weiter darauf einzugehen.

Brief VI[17] wurde offensichtlich in Stirling geschrieben, wo Maria am 22. April ihren kleinen Sohn besuchte. Nach diesem Besuch fand auf dem Rückweg die Entführung statt, und so trägt dieser Brief den Vermerk: »Aus Stirling, vor der Entführung – zeigt ihre Heuchelei.« Dieser Liebesbrief, von dem die zeitgenössische französische Abschrift und die englische Übersetzung existieren, enthält abermals eine Reihe von Anspielungen, aus denen hervorgeht, daß er nicht aus Marias Feder stammen konnte. Wieder steht das ewige Thema der Eifersucht der anderen Frau auf ihre Rivalin im Vordergrund – Bothwell wird beschuldigt, »zwei Sehnen auf seinem Bogen«

zu haben, und Huntly wird abermals als »Euer falscher Schwager« bezeichnet, der die Schreiberin aufgesucht und ihr erklärt hat, daß Bothwell sie niemals heiraten werde, »da Ihr mich, schon verheiratet, entführtet«. Huntly hatte jedoch zu diesem Zeitpunkt gerade eben den Ainslie-Bond unterzeichnet, der die Ehe Bothwells mit der Königin befürwortete, und die Entführung scheint ihm auch keinerlei moralische Bedenken verursacht zu haben. Außerdem wirft die andere Frau Bothwell wiederholt vor, ein gleichgültiger Liebhaber zu sein, der versprochen habe, alles zu regeln, aber in Wirklichkeit: »Vous n'avez rien fait.« Wie jedoch die Existenz des Ainslie-Bonds selbst beweist, war Bothwell im April 1567, was Maria betraf, äußerst zielstrebig und energisch. Die Anspielung auf eine Entführung, die sich in Wirklichkeit zweifellos auf irgendein früheres Abenteuer Bothwells bezog, veranlaßte offenbar die Lords, diesen Brief für ihre eigenen Zwecke zu verwenden.

Brief VII und VIII[18], von denen keine zeitgenössischen Abschriften existieren, wurden wie Brief VI angeblich in Stirling während des einen Tages und der zwei Nächte geschrieben, die Maria vor ihrer Entführung dort verbrachte. Brief VII klingt außerordentlich echt: Im Gegensatz zu der Selbstverleugnung der anderen Briefe ist Marias Ton diesmal sehr würdevoll, und Bothwell wird als ihr treuer Diener angesprochen – die Rolle, die er im April 1567 in den Augen der Außenstehenden spielte. Wenn Brief VII, wie es den Anschein hat, tatsächlich von Maria in Stirling geschrieben wurde, so ist dies ein Beweis, daß sie im voraus von der geplanten Entführung unterrichtet war. Maria schreibt, daß sie »Ort und Zeit« Bothwell überläßt. Was die Frage ihrer späteren Eheschließung betrifft, ist sie der Meinung, angesichts »seiner Dienste und der langen Freundschaft« verdiene es Bothwell, daß man ihm verzeihe, besonders wenn er als Grund angibt, daß es notwendig sei, die Königin vor einer ausländischen Heirat zu bewahren. Maria rechtfertigte ihr Vorgehen später stets mit dem Argument, daß sie überzeugt gewesen sei, die Adeligen selbst hätten Bothwell als Gemahl für sie erwählt, um eine Ehe ihrer Königin mit einem ausländischen Fürsten zu verhindern. Dieser Brief hob auch noch einen Punkt hervor, der Maria, wie man wußte, damals sehr wichtig war: Bothwell wird eindringlich ersucht, sich die Unterstützung der Lords zu sichern und sich vor allem ernsthaft um eine Versöhnung mit Maitland zu bemühen (der Bothwells erklärter Gegner war).

Brief VIII hingegen, obwohl angeblich gleichen Datums, muß in Wirklichkeit später geschrieben worden sein, denn Maria spricht von Huntly als »Euer ehemaliger Schwager«. Bothwell und Jean Gordon wurden erst nach der Entführung geschieden; zur Zeit von Marias Besuch in Stirling war Huntly noch eindeutig Bothwells Schwager, und Maria hätte unmöglich solch einen Irrtum begehen können. Trotzdem stammt Brief VIII zweifellos von Maria: Sie schreibt ruhig und gelassen, ohne Worte der Leidenschaft, weist Bothwell auf verschiedene Probleme hin und äußert die Hoffnung, ihn bald zu sehen: »Möge Gott uns bald ein glückliches Wiedersehen bescheren.« Offenbar wurde dieser Brief einige Zeit nach ihrer Heirat geschrieben, wahrscheinlich am 8. Juni, als Bothwell sich nach Melrose begeben hatte, um Unterstützung gegen die Rebellen zu sammeln, und Maria in Edinburgh war. Er wurde jedoch wegen des folgenden Satzes in den Dossier aufgenommen: »Es gibt viele Leute hier, einschließlich des Earl of Sutherland, die ihr Leben dafür einsetzen würden, zu verhindern, daß man mich fortbringt.« Obwohl die Besorgnis der »Leute« sich auf die Gefahr bezog, die Maria von seiten der Rebellen drohte, legten die Lords diese Worte so aus, als ob sie sich abermals auf die Entführung bezögen, und ließen dabei die irrtümliche Beschreibung Huntlys außer acht.

Die zwölf Liebessonette, wie sie genannt wurden, sind in Wirklichkeit ein langes Liebesgedicht, das sich aus zwölf Versen zusammensetzt. Es gibt keine zeitgenössischen Abschriften des Textes, und so müssen wir uns auf die gedruckten französischen und schottischen Versionen verlassen[19]. Brantôme und Ronsard, die beide sehr genau Marias frühere Verse kannten, leugneten zornig, daß das Gedicht von ihr stammen könne. Tatsächlich haben diese langen, reichlich bombastischen Verse keinerlei Ähnlichkeit mit der Poesie Marias, wie wir sie kennen, ihren frühen, schlichten Versen und den späteren, etwas komplizierteren Gedichten, die so elegant in ihrer Ausdrucksweise sind, wie man es von der Atmosphäre der Hochrenaissance, in der Maria aufgewachsen war, erwarten darf. Aber ganz abgesehen vom Stil zeigt auch der Inhalt deutlich, daß diese Verse das Werk der anderen Frau sind. Die unglückliche Dichterin hat um ihres Liebhabers willen ihre Verwandten und Freunde verlassen, wogegen Maria nie etwas Derartiges tat und auch nicht gebeten wurde, es zu tun. Es gibt Anspielungen auf Bothwells Reichtum, die unmöglich von Maria stammen können: Für sie war Bothwell ein verhältnismäßig armer Mann, der von ihrer ersten Begegnung an finanziell unterstützt werden mußte; Maria selbst förderte seine Ehe mit der reichen Jean Gordon und gab ihm später nach ihrer eigenen Heirat auch noch regelmäßige Zuschüsse. Außerdem zieht sich wieder durch das ganze lange Gedicht das übliche Thema der Eifersucht. Die einzigen von den insgesamt 158 Zeilen, die auf Maria – und nur auf sie – zu passen scheinen, sind diejenigen, in denen sie schreibt, daß sie sich selbst, ihren Sohn und ihr Land Bothwell ausgeliefert habe, und die in der bekannten Übersetzung von Stefan Zweig lauten:

»In seine Hände und in sein Ermessen
Lege ich alles, was ich irdisch besessen,
Mein Kind, mein Land, Leben, Glück und Ehre,
Denn ihm allein und unbedingt sein eigen
Will meine Seele ewig sich erzeigen . . .«

Abgesehen von der Tatsache, daß Maria den kleinen Jakob niemals Bothwell auslieferte und auch nicht die Absicht hatte, es zu tun (dies war eine der liebsten Beschuldigungen ihrer Feinde, aber sie traf nicht zu: Während der ganzen Ehe Marias mit Bothwell blieb das Kind unter der Obhut des Earl of Mar), abgesehen davon hat die dritte Zeile einen seltsamen Klang, als ob die Worte »mes subjects« – meine Untertanen – (so anwendbar auf Maria und so unanwendbar auf jede andere Frau) in dieser Zeile, die bereits mit »mon ame aussujetie« endet, anstelle eines anderen, kürzeren Wortes eingesetzt worden seien: »mon cœur« zum Beispiel paßt sich viel besser dem Rhythmus an. Obgleich man bei einem Text, der nur in gedruckter Form erhalten geblieben ist, nicht mit Sicherheit von Tilgungen oder Einschiebungen sprechen kann, ist anzunehmen, daß hier abermals der Interpolator am Werke war. Um ein melancholisches und ziemlich weitschweifiges Liebesgedicht dem besonderen Fall der Königin der Schotten und Bothwells anzupassen, wurde mit der größten Leichtigkeit ein einziges kleines Wort geändert – nach dem gleichen Prinzip, wie die Worte »Aus Glasgow, sonnabends früh« bei Brief I hinzugefügt wurden, um ihn der verhängnisvollen Reise Marias nach Glasgow anzupassen.

Soviel zu den *Casket Letters,* den berühmten Kassettenbriefen, aufgrund derer Marias Ruf in späteren Jahrhunderten so gründlich vernichtet wurde, obwohl Königin Elisabeth selbst begreiflicherweise nichts darin fand, was die Schuld ihrer »lieben Schwester« bewies. Aus Bothwells früheren Liebesbriefen, einigen Texten aus anderen Briefen und einem gewissen Quantum stümperhafter Fälschung zusammengesetzt und das Ganze übertüncht mit den optimistischen Erklärungen der Lords, die sie vorlegten, waren sie gewiß nicht dazu bestimmt, dem grellen Schein von Kritik und Analyse ausgesetzt zu werden, der seither ständig auf sie gerichtet war. Das große Interesse an diesen Briefen ist sicherlich darauf zurückzuführen, daß sie – so fragwürdig sie auch sein mögen – der einzige direkte Beweis für Marias Liebesverhältnis mit Bothwell vor dem Tode Darnleys sind. Aber wenn man sie einmal genau und objektiv betrachtet – soweit das bei bloßen Kopien möglich ist –, so kommt man zu dem Schluß, daß Maria allenfalls zweier »Verbrechen« beschuldigt werden kann, von denen keines auch nur annähernd so schwerwiegend ist wie die Ermordung ihres Mannes. Erstens scheint sie Darnley tatsächlich mit dem Versprechen nach Edinburgh zurückgelockt zu haben, daß sie wieder wie Mann und Frau mit ihm leben werde, sobald er von den Pocken geheilt sei; aber diese Tatsache an sich ist kein Beweis für ihren Ehebruch mit Bothwell, und Marias Verteidiger könnten sogar anführen, es sei keineswegs erwiesen, daß sie ihr Versprechen nicht gehalten hätte, wenn Darnley am Leben geblieben wäre. Zweitens – und das ist so gut wie sicher – kann man sie beschuldigen, im vorhinein von ihrer eigenen Entführung durch Bothwell gewußt zu haben. Aber auch das ist weniger ein verbrecherisches als vielmehr ein unkluges Verhalten und hat keine eigentliche Beziehung zu Darnleys Tod sechs Wochen zuvor. Es ist eher ein Beweis dafür, daß Maria damals außerstande war, ohne irgendeine Art von Rückhalt mit der Innenpolitik Schottlands fertig zu werden, nur wählte sie leider letztlich die falsche Art von Rückhalt. Aber diese Aspekte des Verhaltens von Maria Stuart während der ersten Hälfte des Jahres 1567 waren ganz gewiß kein ausreichender Grund, sie zur Mörderin zu stempeln oder auch nur zu einer Hure, die es verdiente, von der Gesellschaft geächtet und bestraft zu werden.

Was die Hand des Fälschers betrifft, richtet sich der Verdacht unvermeidlicherweise in erster Linie auf Maitland. Er, der so viele Jahre lang Marias erster Sekretär gewesen war, muß ihre Handschrift sehr genau gekannt haben; sicher wäre es ihm nicht schwergefallen, sie soweit nachzuahmen, daß man Menschen, die selbst keine Schriftsachverständigen waren, von ihrer Echtheit überzeugen konnte. Falls die diversen Schriftstücke bei der Verhandlung überhaupt mit anderen Briefen Marias verglichen wurden, ist nicht anzunehmen, daß Leicester und seine Kollegen genügend Erfahrung in diesen Dingen besaßen, um eine geschickte Fälschung zu erkennen. Außerdem war Königin Marias Handschrift, wie sie selbst erklärte, sehr leicht nachzuahmen. Aber natürlich darf man Maitland, falls er wirklich der Fälscher war, nicht die ganze Schuld an der Schande geben, die durch die Veröffentlichung dieser Briefe über Königin Maria kam. Bestimmt sah er, ebenso wie seine Zeitgenossen, nicht die ungeheure Bedeutung voraus, die man in späteren Jahrhunderten diesen zusammengepfuschten Schriftstücken beimessen sollte; schon allein die Tatsache, daß er Maria später unterstützte, läßt erkennen, was für ein eiliger, provisorischer Notbehelf die Vorlage der berühmten Briefe war. Andererseits kann Maitland, selbst wenn er die Fälschung nicht persönlich vorgenommen – oder geleitet – hat, nicht ganz von der Teilnahme an diesem Betrug freigesprochen werden. Von dem Augenblick an, als er die Briefe zum erstenmal sah, muß er gewußt haben, daß seine Herrin sie nicht geschrieben hatte, denn von allen schottischen Adeligen war Maitland derjenige, der Maria bei weitem am besten kannte und verstand.

Für die Theorie, daß Maitland der Fälscher war, spricht auch die Tatsache, daß er mit einer der vier Maries – Mary Fleming – verheiratet war, die ihm bei dieser Aufgabe hätte helfen können. Maria selbst deutete im September 1568 in ihrer schriftlichen Erklärung zu dieser Frage an, daß ihre Hofdamen leicht ihre Handschrift nachahmen könnten[20]: »Es gibt viele in Schottland, Männer wie Frauen, die meine Handschrift nachahmen und ebenso gut wie ich selbst in der gleichen Art schreiben können, und vor allem diejenigen, die sich ständig in meiner Nähe aufhalten.« Dann setzte sie (wohl mit Recht) hinzu: »Ich bin sicher, wenn ich in meinem eigenen Königreich geblieben wäre, hätte ich beizeiten über die Erfinder und Schreiber solcher Schriftstücke erfahren ...« Maria selbst bekam jedoch die

Briefe niemals zu sehen, und so fand auch sie nicht die Antwort auf das ewige Rätsel der Geschichte: Wer hat die Kassettenbriefe geschrieben? Hätte man sie ihr gezeigt, so hätte dies sicherlich, wie sie selbst es ausdrückte, »zur Erklärung meiner Unschuld und Erkenntnis ihrer Falschheit« geführt.

XXI

MEIN NORFOLK

»Unser Fehler gereicht uns nicht zur Schande: Ihr habt Euch mir versprochen und ich mich Euch; die Königin von England und das Land, so meine ich, werden es zu schätzen wissen.«

Maria, Königin der Schotten, an den Herzog von Norfolk

Während in Westminster der Scheinprozeß seinem Ende zuging, wurden im fernen Yorkshire bereits Vorkehrungen getroffen, Königin Maria nach Schloß Tutbury in Staffordshire zu bringen. Diesmal konnte sich Maria kaum noch einreden, daß sie sich nicht mehr in Gefangenschaft befand, oder daß ihre Wiedereinsetzung nur noch eine Frage der Zeit sei, denn die Nachricht, daß man Moray gestattet hatte, ungehindert nach Schottland zurückzukehren, bedeutete unleugbar die Vernichtung ihrer letzten Hoffnungen. Im Dezember hatte sie Knollys erklärt, man werde sie »an Händen und Füßen fesseln« müssen, ehe sie sich von Bolton fortbringen lasse[1]. Aber die englische Regierung kümmerte sich wenig um die Wünsche der gefangenen Königin, und es wurde beschlossen, sie der Obhut des Earl of Shrewsbury anzuvertrauen, der eine Reihe herrlicher Landsitze in Mittelengland besaß: Dort würde sie in ebenso sicherer Entfernung von London, dem Ort ihrer Sehnsucht, wie von den bedrohlichen katholischen Provinzen des Nordens sein. Unterdessen hatte Knollys, abgesehen von seinem schweren Amt als Hüter der schottischen Königin, auch noch Sorgen anderer Art: Der Zustand seiner Frau, die sich im Süden Englands aufhielt, verschlechterte sich zusehends, und mitten in den Vorbereitungen für die Übersiedlung Marias erreichte ihn die Nachricht von ihrem Tod.

Die Reise im tiefen Winter durch den eisigen Norden Englands war eine unsagbare Strapaze. Lady Livingstone erkrankte unterwegs und mußte zurückbleiben; kurz darauf erlitt die Königin selbst einen Zusammenbruch, und es dauerte einige Tage, ehe sie sich soweit erholt hatte, daß sie die Fahrt fortsetzen konnte. Am 3. Februar traf der königliche Zug endlich in Tutbury ein.

Dieses mittelalterliche Kastell war von allen Gefängnissen Marias dasjenige, das sie am meisten haßte. Sie erklärte später stets, daß ihre wahre Gefangenschaft dort begonnen habe[2], und schon allein das war Grund genug für ihre Abneigung. Tutbury, das angesichts seiner Weitläufigkeit mehr einer befestigten Stadt als einer Festung glich, lag auf einer Anhöhe, die einen weiten Blick über das umliegende Gelände bot. Obgleich Plot hundert Jahre später in seiner *History of Staffordshire* das Schloß mit Akrokorinth verglich, »der alten Burg von Korinth, von deren Zinnen aus Griechenland, der Peloponnes, das Ionische und das Ägäische Meer zugleich zu sehen waren«, scheint es fraglich, ob die erschöpfte Königin und der trauernde Knollys diesen Vergleich zu würdigen gewußt hätten, als sie schließlich in Tutbury ankamen: Seit Beginn des 16. Jahrhunderts war das Schloß, wie ein holländischer Baumeister im Jahre 1559 berichtete, nur hin und wieder »notdürftig repariert[3]« worden, und man hatte Wandbehänge und Einrichtungsgegenstände aus Sheffield, dem Wohnsitz des Earl of Shrewsbury, bringen müssen, um es überhaupt bewohnbar zu machen. Tutbury war nicht nur teilweise geradezu verfallen (eine Tatsache, die der englischen Regierung im fernen London entgangen zu sein schien), sondern es war auch außerordentlich feucht, denn der von Plot so schwärmerisch gepriesene Blick umfaßte unter anderem ein ausgedehntes Sumpfland unmittelbar unterhalb des Schlosses, von dem ein übler Dunst aufstieg, der für jeden Menschen widerlich, für eine Frau von Maria Stuarts zarter Gesundheit jedoch nahezu unerträglich war. Später, nachdem Maria ausreichend Gelegenheit gehabt hatte, die unangenehmen Seiten von Tutbury kennenzulernen, schrieb sie über die Schrecken des Winters dort und vor allem über das alte Mauerwerk, das jeden Luftzug durchließ. Was den Blick betraf, schrieb Maria im Gegensatz zu der Begeisterung Plots, das Kastell hocke vierschrötig auf einer Hügelkuppe inmitten einer kahlen Ebene, was zur Folge habe, daß es allen Winden und »injures« des Himmels ausgesetzt sei[4].

Nichtsdestoweniger mußte Maria sich wohl oder übel mit ihrer neuen Behausung abfinden – und ihre Lage wurde nicht verbessert durch die Tatsache, daß ihre »Gastgeber« nicht einmal das Geld hatten, für ihren Lebensunterhalt zu sorgen, und Knollys verzweifelt nach London schrieb, man möge ihnen umgehend fünfhundert Pfund senden, da sie völlig mittellos seien[5]. Bei ihrer Ankunft in Tutbury lernte die Königin George Talbot, Earl of Shrewsbury, und seine berühmte oder berüchtigte zweite Frau kennen, die unter dem Namen Bess of Hardwicke in die Geschichte eingegangen ist. Shrewsbury, der mit kurzen Unterbrechungen während der nächsten fünfzehn Jahre der Hüter Maria Stuarts sein sollte, war damals ein Mann um die Vierzig. Er selbst war Protestant, obwohl sein Vater ein fanatischer Katholik gewesen war und er immer noch zahlreiche katholische Verwandte hatte. Er war ungeheuer reich und besaß ausgedehnte Ländereien in den mittleren Provinzen Englands; aber wie so viele reiche Männer war er besessen von dem Drang, seinen Besitz zu erhalten oder nach Möglichkeit noch zu vermehren, so daß während der Zeit, da Königin Maria seiner Bewachung unterstand, seine Briefe an den englischen Hof eine einzige lange Klage über steigende Preise, Unterhaltskosten für die Dienerschaft und unzureichende Subsidien waren. Shrewsbury war jedoch seit langen Jahren ein treuer Diener Elisabeths, und sein pedantischer Charakter sowie seine ständige Angst, durch sein Verhalten oder das seiner Schutzbefohlenen das Mißfallen der Regierung zu erregen, machten ihn in vieler Hinsicht zum idealen Hüter einer Staatsgefangenen. Aber obwohl so gut zum Regierungsbeamten geeignet, war Shrewsbury im Grunde ein schwacher Charakter; und zu der Zeit, als Maria seiner Obhut anvertraut wurde, stand er vollkommen unter dem Einfluß der ehrfurchtgebietenden Bess.

Bess war jetzt neunundvierzig, acht Jahre älter als ihr Mann und über zwanzig Jahre älter als Maria. Sie war zuvor bereits dreimal verheiratet gewesen und hatte ihrem zweiten Mann, Sir William Cavendish of Chatsworth, acht Kinder geboren. Es war nicht bloße Phantasie, die ihren dritten Mann, Sir William St. Loe, veranlaßte, sie in seinen Briefen mit dem Namen des Hauses der Cavendish, das sie selbst geerbt hatte, anzureden: Die Überschrift «my honest sweet Chatsworth«, die er häufig gebrauchte, ist ein sprechender Beweis für das große Interesse dieser bemerkenswerten Dame an materiellen Besitztümern, wogegen die ihr zugeschriebenen Eigenschaften — *sweet and honest* — sehr viel weniger der Wirklichkeit entsprachen. Diese materialistische Ader war zweifellos auch der Grund dafür, daß sie zwei der Kinder aus ihrer Cavendish-Ehe – Henry und Mary – mit Shrewsburys ältestem Sohn George Talbot und seiner Tochter Grace verheiratete, um soviel Reichtum wie möglich innerhalb der Familie zu bewahren. Sie war außerdem, in den Worten von Lodge, »eine Käuferin und Verkäuferin von Besitztümern, eine Geldverleiherin, Landwirtin und Händlerin in Blei, Kohlen und Holz[6]«. Abgesehen von diesem finanziellen Scharfsinn war die »honest sweet Chatsworth« im Privatleben jedoch offenbar ein ausgesprochener Zankteufel, denn Lodge beschrieb sie als »eine Frau von männlichem Verstand und Gebaren, stolz, jähzornig, egoistisch und gefühllos«. Mit einem Wort, Bess war in ihrem Charakter das genaue Gegenteil ihrer neuen Schutzbefohlenen, Maria Stuart, die in ihrer ganzen geistigen und gefühlsmäßigen Haltung so durchaus weiblich und, wenn auch stolz, so doch gleichzeitig großzügig und mitfühlend anderen gegenüber war.

Zu Anfang herrschte ein offenbar recht gutes Einvernehmen zwischen der Königin und ihren neuen Hütern. Maria sprach »maßvoll« mit Shrewsbury, und er seinerseits sagte ihr »de belles paroles«, wie jeder von beiden bereitwillig zugab. Man gestattete der Königin, ihren Kronbaldachin aufzustellen, dem sie soviel Wichtigkeit beimaß, und ihr Haushalt wurde um einen gewissen Sir John Morton vergrößert, der in Wirklichkeit ein katholischer Priester war – eine Tatsache, von der Shrewsbury entweder nichts wußte oder die er gutmütig übersah; auf jeden Fall war Maria sicherlich sehr erfreut darüber. Der liebevolle Ehemann Shrewsbury schrieb beglückt über das freundschaftliche Verhältnis zwischen seiner Frau und Königin Maria, die friedlich in Bess' eigenem Zimmer über ihren Stickrahmen saßen und zusammen mit Agnes Livingstone und Mary Seton neue Muster für ihre Arbeit ersannen. »Sie unterhalten sich über nebensächliche Kleinigkeiten«, meldete Shrewsbury zufrieden nach London, »und ich versichere Ihnen, es gibt keinerlei Anzeichen für heimliche Pläne oder Machenschaften[7].« Während dieses ersten Aufenthaltes in Tutbury und der anfänglich noch so herzlichen Beziehungen zwischen Maria und Bess müssen viele von den herrlichen, golddurchwirkten Stickereien entstanden sein, die noch heute in Hardwicke Hall, Oxburgh Hall und anderswo zu sehen sind und ihnen gemeinsam zugeschrieben werden.

Marias Gesundheit war während ihrer Gefangenschaft ein ständiger Anlaß zur Sorge. Im März berichtete Shrewsbury, daß sie abermals schwer erkrankt sei; sein Arzt bezeichnete ihr Leiden als »obstructio splenis cum flatu hypochondriaco«: Es hieß, die Königin litte unter »Blähungen, die ihr zu Kopf stiegen« und so starke Schmerzen verursachten, daß sie ohnmächtig wurde[8]. Selbst die Übersiedlung von dem verhaßten Tutbury nach dem gesünderen und sehr viel komfortableren Wingfield, einem der Besitztümer Shrewsburys, brachte Maria nicht die gewünschte Genesung. Ende April erlitt sie bei der Nachricht von dem schrecklichen Geschick einiger ihrer Freunde in Schottland einen Nervenzusammenbruch, und am 12. Mai erkrankte sie wieder so schwer, daß man um ihr Leben fürchtete; in Chatsworth – »dem Haus meiner Frau«, wie Shrewsbury es nannte –, wo man sie vorübergehend unterbrachte, während Wingfield »gesäubert« wurde, war sie ständig unter der Aufsicht von zwei Ärzten[9]. Maria Stuarts Krankheiten waren, wie wir gesehen haben, schon in früheren Jahren meist von nervösen Spannungen verursacht worden, und jetzt verschlechterte sich ihr Zustand durch die Gefangenschaft derart, daß es während der folgenden Jahre kaum einen Brief von ihr gibt, der nicht die Schmerzen erwähnt, die sie zu ertragen hatte.

Ende Februar 1569 kam Nicholas White, der Abgesandte Cecils, nach Tutbury, um sich von dem Zustand der schottischen Königin zu überzeugen. Aus seinem Brief an Cecil geht hervor, daß er sie ebenso gefährlich faszinierend fand wie Knollys neun Monate zuvor – nur reagierte White, ähnlich wie Knox, sehr viel weniger galant auf ihren verführerischen Charme[10]. Auch er berichtete, daß die Königin einen großen Teil der Zeit mit ihrer Stickerei verbringe und ihm gesagt habe, daß sie »den ganzen Tag mit ihrer Nadel arbeite und daß die Vielfalt der Farben und Muster die Zeit weniger lang erscheinen lasse«. Sie hatten eine lange, angeregte Unterhaltung über diverse Fragen der Kunst, aber als White der Königin danach giftig und sehr ungerechterweise vorwarf, daß sie schuld am Tode von Lady Knollys sei, weil sie Sir Francis von ihr ferngehalten habe (obgleich Maria gewiß nichts sehnlicher gewünscht hätte, als Knollys' Aufgabe durch ihre Freilassung beendet zu sehen), brach sie die Audienz ab und zog sich in ihre Gemächer zurück.

Doch ungeachtet all seiner Grobheit wußte White Marias Reize durchaus zu schätzen: »Sie hat unzweifelhaft eine bezaubernde Anmut, einen reizenden schottischen Akzent und einen von Milde gedämpften, scharfen Verstand«, schrieb er an Cecil. »Ehrgeiz mag einige dazu veranlassen, ihr zu helfen, das Streben nach Ruhm, verbunden mit Gewinn, könnte andere bewegen, viel für sie aufs Spiel zu setzen.«*

Whites Worte hinsichtlich der möglichen Beweggründe für Marias Befreiung sollten sich als prophetisch erweisen. Tatsächlich hatte der Gedanke an »Ruhm, verbunden mit Gewinn«, Norfolk bereits bewogen, den Plan einer Ehe mit der schottischen Königin, von dem man Maria vor Beginn der Konferenz von York zum erstenmal unterrichtet hatte, energisch zu verfolgen. Schließlich hatte Marias Gefangenschaft in England keinerlei gesetzliche Grundlage, und auch ihre Abdankung war unter Zwang geschehen und daher ungültig; ihre Blutsverwandtschaft mit Königin Elisabeth und ihr Erbanspruch auf den englischen Thron – der durch den Tod der unglückseligen Lady Catherine Grey, der wichtigsten protestantischen Kandidatin der Tudors, Anfang 1569, noch eindeutiger geworden war – machten sie zu einer begehrenswerten Partie. Es war nicht unbedingt zu befürchten, daß Elisabeth sich dieser Verbindung widersetzen würde: Vor Marias Ehe mit Darnley hatte sie selber Norfolk als möglichen Ehemann für ihre Kusine vorgeschlagen. So wurden die heimlichen Bemühungen, Maria mit Norfolk zu verheiraten und sie vermutlich danach an der Seite eines protestantischen Ehemanns wieder auf den Thron von Schottland zu setzen, energisch vorangetrieben. Maitland war aktiv daran beteiligt und teilt mit Marias Abgesandtem, dem Bischof von Ross, die Ehre oder Unehre, diesen Plan erdacht zu haben; viele Schotten standen, wie behauptet wurde, dem Vorhaben sehr wohlwollend gegenüber, und sogar Moray selbst schien für den Augenblick mit dieser Ehe einverstanden, obgleich er bald Gelegenheit fand, sich öffentlich mit allem Nachdruck gegen Marias Wiedereinsetzung auszusprechen. Viele der englischen Adeligen, denen Cecils beherrschende Stellung im englischen Kronrat ein Dorn im Auge war und die außerdem glaubten, daß seine spanienfeindliche Außenpolitik gegen die kommerziellen Interessen Englands sei, sahen in der Erhebung Norfolks zum Ehemann Marias eine gute Chance, Cecils steigenden Einfluß zu dämmen. Dieses Problem der englischen Innenpolitik hatte sich im Winter 1568/69 noch weiter zugespitzt, als Elisabeth auf Cecils Veranlassung und sehr zum Mißfallen vieler anderer Ratsmitglieder drei spanische Schatzschiffe beschlagnahmen ließ, die trotz aller Proteste erst 1572 wieder freigegeben wurden.

In dem Gewirr von Intrigen und Gegenintrigen, die jetzt gesponnen wurden, spielte Maria selbst eine relativ unbedeutende Rolle: Erwägungen hinsichtlich des anglo-spanischen Wettstreits um die Vorherrschaft im Handel wurden irgendwie mit rivalisierenden Erwägungen hinsichtlich der schottischen Innenpolitik verstrickt; Englands Politik Frankreich gegenüber und die Einstellung des Papstes zu Königin Elisabeth und den englischen Katholiken gehörten ebenfalls zu den Problemen, die mit der simplen Frage von Marias Ehe mit Norfolk verknüpft wurden. Aber von all diesen geheimen und öffentlichen Verhandlungen wußte Maria kaum etwas, und so war ihre persönliche Rolle geringfügig, abgesehen davon, daß ihre bloße Existenz, wie Elisabeth am Schluß dieser Affäre zornig schrieb, sie zur »daughter of debate that eke discord doth sow« machte. Aber man konnte Maria schwerlich ihre bloße Existenz zum Vorwurf machen, und was ihre Gefangenschaft betraf, die solch einen Zankapfel im Zentrum Englands darstellte, es gab niemanden, der sie lieber beendet hätte als Maria selbst. In allem, was sie plante oder unternahm, um ihre Freilassung zu erreichen, handelte sie stets nach dem gleichen Prinzip: Da ihre Gefangenschaft ungesetzlich war, hielt sie es, wie sie Knollys bereits im Oktober 1568 erklärt hatte, für ihr gutes Recht, mit allen Mitteln, die ihr zur Verfügung standen, um ihre Freiheit zu kämpfen. Als »souveräne Fürstin«, über die Elisabeth keine Gerichtsgewalt hatte, kam sie gar nicht auf den Gedanken, daß irgendwelche Pläne oder schriftliche Instruktionen, so verdammenswert sie auch in den Augen der Engländer sein mochten, von der englischen Justiz gerechterweise als ein Vergehen betrachtet werden könnten.

Dies war ihr persönlicher Standpunkt hinsichtlich der Frage einer möglichen Flucht. Es gab jedoch gewisse feine Unterschiede: Zum Beispiel war Königin Maria sehr empfänglich für jegliches Vorhaben, bei dem man mit der Unterstützung einer Großmacht rechnen konnte, lehnte es jedoch energisch ab, irgendeinen hirnverbrannten Plan in Erwägung zu ziehen, bei dem genau das Gegenteil der Fall war. An erster Stelle unter den Großmächten, die ihr möglicherweise helfen könnten, stand für sie nach wie vor Königin Elisabeth – von der Maria immer noch hoffte, daß sie letztlich ihre Wiedereinsetzung erreichen werde. Darüber hinaus richteten sich ihre Hoffnungen auf Philipp von Spanien und Karl IX. von Frankreich. Aber die englische Königin war zu dieser Zeit und auch noch mindestens während der nächsten drei Jahre diejenige, von der sich Maria die wirksamste Hilfe versprach. Sie glaubte fest, daß ihre Blutsverwandtschaft Elisabeth letztlich veranlassen werde, ihr zu helfen; und Elisabeths voraussichtliche Billigung oder Mißbilligung war für Maria die erste Erwägung bei jeglichem Plan, der ihr unterbreitet wurde. Daher war sie an den beiden Verschwörungen, die jetzt folgten, nur passiv beteiligt.

Marias neuer Ehekandidat, Thomas Howard, der 4. Herzog von Norfolk, zu dieser Zeit dreiunddreißig Jahre alt und Witwer, war offenbar keine sehr glanzvolle Erscheinung: Ein anonymer Bewunderer beschrieb ihn im Jahr 1569 als »kein Salonheld ... kein Tänzer oder Frauenheld«, aber, fuhr er rühmend fort, er stamme aus dem Geschlecht der Howards, die niemals ihr Gesicht vor dem Feinde verbargen[11]. Maria bekam ihn nie zu sehen, und alles, was sie über seine persönlichen Qualitäten wußte, scheint sie von seiner Schwester, Lady Scrope, erfahren zu haben, deren Obhut sie in Carlisle unterstand und mit der sie sich sehr angefreundet hatte. Aber wenn Norfolk auch kein Salonheld war, so gab es doch vieles andere, was für ihn sprach: Er stammte aus einem alten Geschlecht (tatsächlich war er der einzige Herzog Englands), und sein Reichtum wurde nur noch von dem der Krone übertroffen. Außerdem war er ein erfahrener Politiker und war Statthalter der nördlichen Provinzen gewesen, ehe er beauftragter Oberrichter in York wurde. Marias Anteil an den Eheverhandlungen – die vor Königin Elisabeth streng geheimgehalten wurden, da man wußte, wie unberechenbar sie hinsichtlich jeglicher Eheschließung und besonders der königlichen war – beschränkte sich auf eine Reihe von freundschaftlichen und sogar liebevollen Briefen an Norfolk; da sie dem Empfänger jedoch nie persönlich begegnet war, gehörten diese Briefe mehr in die Welt der Brieffreundschaften und Träume als in die der Wirklichkeit. Er war jetzt für Maria »Mein Norfolk«, zu dem sie von ihrem Unglück und ihrem Wunsch nach Freiheit sprach. »Mein Norfolk«, schrieb sie einmal charmant, »Sie sagen mir, ich soll Ihnen befehlen, das ist nicht meine Absicht, aber bitten will ich Sie, daß Sie mir raten, meinen großen Kummer nicht ungeduldig zu ertragen ...[12]« Ein andermal schrieb sie über die Treue, die sie ihm beweisen wollte: »Niemand soll mir sagen, daß ich Sie je verlassen oder irgend etwas tun werde, was Ihnen mißfallen könnte, denn ich habe beschlossen, Sie nie zu verletzen und immer die Ihre zu bleiben. Das ist mein Dank für Ihre Güte, die ich nicht verdiene.« Das berühmte Kissen, das Maria, wie Leslie später berichtete, Norfolk gesandt hatte, trug das eingestickte Motto VIRESCIT IN VULNERE VULTUS und das Wappen Schottlands als Zeichen für Marias Mut. Norfolk selbst sandte Maria einen kostbaren Brillanten, den sie, unter ihrem Kleid verborgen, um den Hals zu tragen gelobte, »bis ich ihn an denjenigen zurückgebe, dem wir beide, er und ich, gehören[13]«.

Aber ungeachtet dieser Beweise ihrer Zuneigung folgte Maria, was die Verhandlungen mit Norfolk betraf, offensichtlich weitgehend den Anweisungen ihrer Ratgeber, ohne irgend etwas von sich aus zu unternehmen; das lag zum Teil an ihrer Gefangenschaft und den Umständen, die es ihr unmöglich machten, sich eine eigene Meinung über die Lage zu bilden; aber zum Teil lag es wohl auch an ihrem verständlichen Mißtrauen gegenüber einer neuen Verbindung, nachdem ihre Ehe mit Bothwell ihr soviel Unglück gebracht hatte. Sie hatte geglaubt, ihre Adeligen hätten Bothwell auserwählt, und diese Überzeugung hatte sich als verhängnisvoll falsch erwiesen; sie hatte geglaubt, Elisabeth hätte Darnley auserwählt, aber die Ehe mit ihm hatte ihr den erbitterten Zorn der englischen Königin eingetragen. So ist es kaum zu verwundern, daß sie den ersten Vorschlägen hinsichtlich einer Verbindung mit Norfolk mit Argwohn begegnete. Als sie schließlich einwilligte, geschah es unter der ausdrücklichen Bedingung, daß man sich zuvor Elisabeths Einverständnis sichern müsse: »Sie wünschte, daß man als erstes und vor allem die Genehmigung der Königin einholen solle, damit die Angelegenheit sich nicht zu ihrem und des Herzogs Schaden wende, was sie zuvor bei ihrer Ehe mit Darnley erfahren hatte, die ohne ihre [Elisabeths] Billigung geschlossen wurde[14].«

Aber Maria in ihrem fernen Gefängnis redete sich ein – oder wurde von John Leslie, dem Bischof von Ross, überzeugt –, daß Elisabeth mit diesen Verhandlungen einverstanden war oder einverstanden sein würde, wenn man sie davon unterrichtete. Noch im Januar 1570 (als sie bereits genügend gegenteilige Beweise hatte) schrieb sie zuversichtlich an Norfolk, daß man ihre Ehe allgemein gutheißen werde: »Unser Fehler gereicht uns nicht zur Schande; Ihr habt Euch mir versprochen und ich mich Euch; die Königin von England und das Land, so meine ich, werden es zu schätzen wissen[15].« Im August sagte Leslie dem spanischen Gesandten, daß Maria der Frage dieser Ehe sehr ablehnend gegenübergestanden, sich jedoch letztlich habe überzeugen lassen, weil sie glaubte, Elisabeth wünsche, daß sie einen Engländer heirate. Das zeigt deutlich, daß Maria, trotz ihrer sentimentalen Haltung Norfolk gegenüber und trotz des Brillanten, den sie um den Hals trug und für den sie ihm ihrerseits als Gegengeschenk eine in Gold gefaßte Miniatur von sich selbst sandte, sich lediglich auf eine ehrenvolle und von Elisabeth gebilligte Art und Weise aus der Gefangenschaft befreien wollte und keineswegs die Absicht hatte, sich in eine Verschwörung auf Leben und Tod einzulassen.

Im Sommer 1569 schienen Marias Hoffnungen auf Elisabeths Hilfe beinahe gerechtfertigt, denn die englische Königin machte den Schotten versuchsweise einige Vorschläge für eine gütliche Regelung der Situation. Hierfür gab es drei Möglichkeiten: daß Maria ihre Abdankung bestätigte und in England blieb; daß Maria gemeinsam mit Jakob das Land regierte; und drittens, daß Maria mit gewissen Garantien hinsichtlich der Religion und einem Versprechen für die Sicherheit Morays wiedereingesetzt wurde. Die englischen Adeligen und auch Leslie glaubten insgeheim, daß die Ehe mit Norfolk sehr gut zu dieser dritten Lösung passen würde – der einzigen, wie Leslie erklärte, die für seine Herrin annehmbar war. Bereits im Oktober 1568 hatte Maria in die Scheidung von Bothwell eingewilligt, und man hatte Boten nach Dänemark geschickt, ihm die notwendigen Papiere zur Unterschrift vorzulegen. Außerdem wurde jetzt eine Abordnung nach Rom gesandt, die den Papst um die Annullierung der Ehe ersuchen sollte, mit der Begründung, daß Bothwell erstens strenggenommen niemals von Jean

Gordon geschieden worden sei und daher Maria nicht rechtmäßig habe heiraten können; und zweitens, daß er Gewalt angewandt habe, um die Ehe mit Maria zu erzwingen, was schon an sich ein Grund für ihre Annullierung sei. Im Juni 1569 wurde Lord Boyd von Maria bevollmächtigt, mit Moray über die Frage zu verhandeln und die Scheidung einzureichen[16]. Dieses Vorgehen beweist nicht nur, daß Marias Leidenschaft für Bothwell – falls sie überhaupt jemals existiert hatte – jetzt endgültig erloschen war, sondern auch, daß Maria bereit war, ihre eheliche Situation jeglicher Bedingung anzupassen, die, wie sie glaubte, zu ihrer Wiedereinsetzung in Schottland führen könnte.

Diese Vorschläge für die Wiedereinsetzung Königin Marias, die Elisabeth ehrlich unterstützt zu haben scheint, wurden von den Schotten selbst Ende Juli auf der Versammlung in Perth mit vierzig gegen neun Stimmen abgelehnt; unter den neun, die für ihre Rückkehr stimmten, befanden sich Atholl, Huntly, Balfour und Maitland. Morays Stellung wurde noch mehr gefestigt, als Königin Elisabeth sechs Wochen später von den Eheverhandlungen mit Norfolk erfuhr. Sie war außer sich vor Zorn. Maria wurde wieder in das verhaßte Tutbury gebracht und erhielt einen weiteren Hüter in der Person Huntingdons, eines Mannes, den sie besonders wenig mochte und sogar fürchtete, weil sie immer glaubte, daß seine eigenen Ansprüche auf den englischen Thron (er war ein Abkomme der Plantagenets) ihn veranlassen könnten, sie aus dem Weg zu räumen. Ihr Gefolge wurde eingeschränkt, und Elisabeth befahl erzürnt, daß man jegliche Korrespondenz Marias mit der Außenwelt unterbinden solle; Maria beklagte sich Elisabeth gegenüber, daß ihre Gemächer von bewaffneten Männern durchsucht worden seien. Norfolk wurde in den Tower gesperrt. Elisabeth machte Moray schwere Vorwürfe, als sie zu ihrem Erstaunen hörte, daß offenbar auch er dem Plan wohlwollend gegenübergestanden habe; aber Moray erklärte Elisabeths Statthalter, Lord Hunsdon, sofort, er habe Norfolk lediglich gesagt, wenn Bothwell tot oder Maria geschieden sei und wenn Elisabeth die Ehe billige, so werde er sich damit einverstanden erklären*.

Die Erhebung des Nordens unter den katholischen Earls of Northumberland und Westmorland im November 1569 war nicht dazu angetan, Marias Lage zu verbessern. Dieser Aufstand, mangelhaft vorbereitet und schlecht organisiert, war mehr eine Art separatistische Bewegung von seiten der Katholiken Nordenglands als eine Revolte für Maria, die Königin der Schotten. Maria selbst mißbilligte ihn – nicht nur, weil sie jede Art von Gewalttätigkeit verabscheute und den Tod unschuldiger Menschen ver-

* Es ist schwer zu glauben, daß Moray tatsächlich diese Verbindung geduldet hätte, die eine Gefahr für seine eigenen Absichten bedeutete. Morays Biograph Lee deutet an, Moray habe sich vermutlich die ganze Zeit über darauf verlassen, daß Elisabeth diese Ehe verhindern werde, sobald sie davon erfuhr — was sie ja auch wirklich tat[17].

hindern wollte, sondern auch, weil sie nicht glaubte, daß er ihrer Sache nützen könnte, da dies schwerlich der richtige Augenblick für solch eine Demonstration war. Leslie bezeugte später, daß sie ihn ersucht habe, er möge Northumberland beschwören, die Erhebung zu verhindern oder aufzuhalten. Aber was immer ihre persönlichen Wünsche gewesen sein mögen, eine katholische Königin war der unvermeidliche Sammelpunkt für ein Unternehmen dieser Art. Maria wurde eilig nach Coventry gebracht, um einen noch größeren räumlichen Abstand zwischen sie und die Rebellen zu legen.

Unterdessen nahmen die Ereignisse im unruhigen Schottland eine dramatische Wendung: Am 11. Januar 1570 wurde der Regent Moray in Linlithgow auf offener Straße von der Kugel eines Mörders getötet; das Gerücht, daß er der Rache eines Mannes aus dem Volk zum Opfer gefallen sei, dessen Frau er grausam in den Tod getrieben habe, ist inzwischen längst widerlegt worden. Morays Mörder war ein Hamilton, und der Erzbischof von St. Andrews, ebenfalls ein Hamilton, hatte zumindest im voraus von dem Anschlag gewußt. Mit dem Tode Morays endete die Laufbahn eines Mannes, der sich ein hohes Ziel gesteckt hatte: Man wird nie genau erfahren, wie hoch dieses Ziel war und ob die Behauptung seiner Feinde, daß er nach dem Thron selbst gestrebt habe, auf Wahrheit beruhte. Maria zumindest schien fest überzeugt, daß er sich ihres Thrones hatte bemächtigen wollen, und zahlte seinem Mörder eine Pension. Auf jeden Fall herrschte unter Morays kurzer Regentschaft in Schottland nicht mehr, sondern im Gegenteil viel weniger Ruhe als während der ersten Jahre von Marias Herrschaft, und seine eigene Staatsverwaltung rechtfertigte in keiner Weise die Absetzung seiner Schwester aus regierungstechnischen Gründen. Es war kein Zufall, daß er von einem Hamilton, dem Angehörigen einer rivalisierenden Familie, getötet wurde: Schottland war jetzt – und auch noch während der ganzen Zeitspanne der Minderjährigkeit Jakobs – eine Brutstätte der Zwietracht zwischen den einzelnen Fraktionen; wer ein gutes Gedächtnis besaß, hätte auf die Minorennität von Jakobs Mutter, Maria, zurückblicken und sehen können, daß sich in all den Jahren kaum etwas geändert hatte.

Nach dem Tod von Moray mußte ein neuer Regent gefunden werden, mit dem die Mehrheit der Parteien einverstanden war. Erst im folgenden Sommer fiel die Wahl schließlich auf Jakobs Großvater Lennox. Er verdankte seine Ernennung wohl in erster Linie der Befürwortung Elisabeths, die in ihm ein geeignetes Werkzeug für die englische Politik sah. Inzwischen bemühte sich Maria verzweifelt, eine Art mütterlichen Kontakt mit ihrem kleinen Sohn aufrechtzuerhalten, der jetzt viereinhalb Jahre alt war. Kurz vor Morays Tod sandte sie ihm ein Pony und einen Sattel mit einem rührenden kleinen Brief: »Mein lieber Sohn, ich schicke drei Boten zu Dir, damit sie mir berichten, wie es Dir geht, und Dich daran erinnern, daß

Du in mir eine liebende Mutter hast, die sich wünscht, daß Du beizeiten lernen mögest, Gott zu kennen, zu lieben und zu fürchten.« Maria schrieb vergebens, denn Elisabeth gestattete nicht, daß ihr Brief und ihre Geschenke nach Schottland an den Sohn gesandt wurden, der sich nicht an Maria erinnern konnte; und Jakob selbst, weit davon entfernt, an seine Pflicht gemahnt zu werden »gegenüber derjenigen, die Dich unter ihrem Herzen getragen hat«, wie seine Mutter es hoffnungsvoll ausdrückte, wurde von George Buchanan und anderen unterrichtet, daß seine Mutter kaltblütig seinen Vater ermordet habe, um ihren Liebhaber zu heiraten. Diese Lehren ließen nichts Gutes für Marias künftiges Verhältnis zu ihrem Sohn erwarten.

Im Sommer 1570 bemühte sich Elisabeth, den kleinen Jakob nach England zu bringen; die Schotten selbst wollten nichts davon hören, aber Maria war begeistert über die Aussicht, ihr Kind in größerer Nähe zu haben. Sie schluckte ihren Stolz und wandte sich sogar an ihre ehemalige Schwiegermutter und erklärte Feindin, Lady Lennox, um ihren großmütterlichen Rat hinsichtlich Jakobs zu erbitten. »Ich habe ihn geboren, und Gott allein weiß, unter welchen Gefahren für ihn und für mich, und von Ihnen stammt er her, daher werde ich nie meine Pflicht Ihnen gegenüber vergessen«, schrieb sie. Aber aus diesem Plan wurde nichts. Im Herbst 1571 bat Maria die englische Königin immer noch, sie möge ihr gestatten, mit ihrem Sohn zu korrespondieren oder zumindest zu erfahren, wie es ihm ging – mit einem Wort, sie möge Mitleid haben mit einer »verzweifelten Mutter, der man ihr einziges Kind aus den Armen gerissen hat[18]«.

Im Mai 1570 kam Maria abermals nach Chatsworth, und dort heckten einige romantisch gesinnte Landedelleute ein fantastisches Komplott für ihre Befreiung aus. Zur Zeit des Aufstandes in Nordengland hatte Leonard Dacres, ein Vetter Northumberlands, sich erboten, Maria zur Flucht zu verhelfen, aber sie hatte es abgelehnt, weil sie sich an Norfolk und ihre diesbezüglichen Pläne gebunden fühlte; Norfolk hatte ihr erklärt, daß eine Flucht alles verderben und ihnen ein für allemal die Möglichkeit nehmen werde, Elisabeths Einwilligung zu erlangen. Bis Mai war die päpstliche Bulle *Regnans in Excelsis,* die Papst Pius V. im Februar in Rom bekanntgegeben hatte, in England eingetroffen und von katholischer Hand an der Tür des Bischofs von London angeschlagen worden. Diese Bulle sollte einen ungeheuren Einfluß auf Marias Zukunft haben, denn durch sie wurde Elisabeth formell exkommuniziert, und ihre katholischen Untertanen wurden von ihrer Treuepflicht freigesprochen. Aber während dieses Sommers in Chatsworth verhielt sich Maria immer noch ablehnend gegenüber dem Eifer ihrer Anhänger, die sie befreien wollten.

Die großen Umrisse des Plans wurden enthüllt, nachdem die Verschwörer verhaftet worden waren: die Hauptbeteiligten schienen Sir Thomas Gerard – ein katholischer Landedelmann und Vater des Jesuitenmissionars John

Gerard –, Francis und George Rolleston, ein gewisser John Hall und zwei reiche Großgrundbesitzer aus Lancashire, Sir Thomas und Sir Edward Stanley, zu sein. Wie sich beim Kreuzverhör herausstellte, hatte Gerard offenbar geplant, die Königin nach ihrer Flucht aus Chatsworth mit Hilfe von Thomas Stanley zur Isle of Man zu bringen; dieses Vorhaben scheiterte jedoch von vornherein an der Frage, die während der ganzen Jahre von Maria Stuarts Gefangenschaft die Hauptschwierigkeit bei jedem derartigen Befreiungsplan war: Wie Gerard es in seiner Erklärung ausdrückte, er hatte »wegen der Gefahr eines Verrates gefürchtet, irgend jemanden ins Vertrauen zu ziehen, und wenn man nicht viele ins Vertrauen zog, konnte der Plan nicht durchgeführt werden[19]«.

Schließlich gelang es Hall und Rolleston, Marias Haushofmeister John Beaton zu einer heimlichen Zusammenkunft beim Morgengrauen im Hochmoor oberhalb von Chatsworth zu überreden. Beaton erklärte ihnen, er müsse die Königin selbst befragen, aber er könne ihnen schon im voraus sagen, was sie in solchen Fällen zu erwidern pflege: »Sie wünsche, daß niemand sich mit dieser Angelegenheit befasse, wenn er nicht die Gewißheit habe, sie in Sicherheit bringen zu können.« Der Plan wurde letztlich von George Rolleston verraten. Thomas Gerard wurde verhaftet und verbrachte zwei Jahre im Tower. Francis Rolleston erklärte bei seiner Vernehmung, man habe Chatsworth für die Flucht gewählt, weil es nicht schwer gewesen wäre, die Königin bei einem Ausritt über das Moor zu entführen, aber es sei nicht beschlossen worden, was dann mit ihr geschehen solle, »denn der Plan nahm niemals feste Formen an, weil jeder dem anderen mißtraute[20]«. Halls Aussage war bezeichnend für Marias Einstellung diesem ganzen Plan gegenüber: Laut Beaton habe die Königin kein großes Interesse gezeigt, »da sie keinen Zweifel hegte, daß Ihre Majestät die Königin [Elisabeth] auf Ersuchen der Könige von Spanien und Frankreich sie bald wieder in den ihr zustehenden Rang einsetzen werde, und sie zöge es vor, dieses abzuwarten, statt sich auf ein so unsicheres Unternehmen einzulassen, das, wenn es fehlschlug, ihr und allen Beteiligten nur Unannehmlichkeiten bringen konnte[21]«.

Eine lobenswert umsichtige Reaktion. Beaton konnte wegen seiner Teilnahme an dem Komplott nicht mehr vor Gericht gestellt werden, denn ehe es aufgedeckt wurde, war er tot und auf dem Friedhof der Pfarrkirche von Edensor, unweit von Chatsworth, begraben – ein unglücklicher, verbannter Schotte, aber ein treuer Diener. Marias Worte zeigten, daß ihre Blicke fest dorthin gerichtet waren, wo die Macht lag – auf die Hilfe von Monarchen, nicht von einer Handvoll kleiner Adeligen, deren Reiterschar zwischen hundert bis zweihundert und »einigen wenigen« schwankte, die einmal versprachen, sie übers Meer zu bringen, und dann wieder vage erklärten, »man werde sie an irgendeinem geheimen Platz versteckt halten, falls sich nicht sofort eine Gelegenheit für ihre Überfahrt bieten sollte«.

Als im Jahr darauf ihre Anhänger den Plan wiederaufgreifen wollten, zeigte sie sich ebenso uninteressiert wie zuvor. Maria war inzwischen eine Frau von beinahe dreißig – nach den Maßstäben der damaligen Zeit bereits an der Grenze zum mittleren Alter; das Ungestüm ihrer Jugend war verschwunden. Sie war chronisch leidend und allein in einem Land, das sie nicht kannte; es war etwas anderes, der Gefangenschaft in ihrem eigenen Palast von Holyrood zu entgehen und durch ihr eigenes schottisches Königreich nach Dunbar zu reiten, als verkleidet durch das unbekannte England zu reisen, eine fremde Königin unter einem fremden Volk. Angesichts dieser Umstände zog es Maria vor, ihre Hoffnungen auf ein reelleres Ziel zu richten.

Im August 1570 wurde Norfolk aus dem Tower entlassen. Seine Entlassung erwies sich als das Signal zu einer neuen Verschwörung von weit größeren Ausmaßen, die von einem in London ansässigen italienischen Bankier namens Roberto Ridolfi angezettelt wurde und in die Norfolk sich bereits nach kurzer Zeit abermals verwickelt sah. Im Gegensatz zu dem früheren Plan, der lediglich die Ehe Norfolks mit Maria bezweckt hatte, verfolgte das Ridolfi-Komplott, soweit man es überhaupt ernst nehmen konnte, ausgesprochen gefährliche Ziele. Ridolfi selbst hatte die den Italienern eigene Vorliebe für Intrigen, besaß jedoch leider sehr wenig von dem berühmten diplomatischen Geschick der italienischen Renaissance; er verstand nicht viel von der Mentalität der Engländer und den grundlegenden Prinzipien der englischen Politik. Sein Ziel war offenbar eine Invasion Englands durch den Herzog von Alba, König Philipps General in den Niederlanden, verbunden mit einer gleichzeitigen Erhebung der Katholiken in England selbst. Diese Kombination von spanischen Truppen und englischen Rebellen sollte Maria befreien und sie nach der Gefangennahme Elisabeths zusammen mit ihrem Ehemann Norfolk auf den englischen Thron setzen. Wahrhaftig ein tollkühner und verräterischer Plan. Aber seiner Ausführung standen zahlreiche Schwierigkeiten im Wege, vor allem die Tatsache – wie Philipp II. sofort bemerkte –, daß man keineswegs fest mit einem abermaligen katholischen Aufstand in England rechnen konnte. Philipp machte jedoch zur Bedingung, daß die spanische Invasion erst stattfinden solle, wenn die Engländer selbst sich erhoben hatten. Unterdessen bildete sich Alba eine sehr schlechte Meinung von Ridolfi, den er *un gran parlaquina* – einen Schwätzer – und einen Dummkopf nannte; noch im September 1571 äußerte er sich mit spöttischer Geringschätzung über Ridolfis Befähigung, überhaupt irgendeinen praktischen Plan auszuführen, indem er an Philipp schrieb, selbst wenn er (Philipp) und Elisabeth sich gemeinsam mit einer Invasion einverstanden erklärten, wäre es immer noch nicht erwiesen, daß Ridolfi imstande sein würde, sie durchzuführen! Alba analysierte auch mit erschreckender Genauigkeit die Gefahr, die ein möglicher Verrat oder Fehlschlag des Plans für Norfolk und die Königin der Schotten bedeutete: Es konnte einen von ihnen oder auch beide das Leben kosten.

Wie Maria sich zu den Machenschaften Ridolfis stellte und wieweit, wenn überhaupt, sie persönlich in die Verschwörung verwickelt war, ist nicht bekannt. Sie nahm auch weiterhin lebhaften Anteil an Elisabeths Plänen für ihre Wiedereinsetzung in Schottland, über die immer noch verhandelt wurde. Im Oktober 1570 statteten Cecil und Mildmay Königin Maria einen persönlichen Besuch in Sheffield Castle ab; der unmittelbare Anlaß dazu war vermutlich der Einspruch, den der König von Frankreich gegen Marias fortdauernde Gefangenschaft erhob. Sie legten ihr eine lange Liste von Artikeln für ein Bündnis zwischen ihr und Elisabeth vor. Viele dieser Punkte waren eine Wiederholung der wesentlichen Klauseln des nie ratifizierten Vertrages von Edinburgh: Maria sollte ihren unrechtmäßigen Anspruch auf den englischen Thron aufgeben. Sie sollte sich verpflichten, künftig keinerlei Eheverhandlungen ohne Elisabeths ausdrückliches Einverständnis zu führen. Und außerdem wurde offiziell gefordert, daß Jakob als Geisel nach England kommen sollte, falls Maria ihren Thron zurückerhielt. Obgleich Cecil sehr angetan von der schottischen Königin zu sein schien und ihr laut Leslie sogar versprach, sich für eine persönliche Begegnung zwischen ihr und Elisabeth einzusetzen, geschah nie etwas Endgültiges hinsichtlich dieser Artikel, und im Frühling 1571 schrieb Maria mutlos an Sussex, sie habe so lange auf eine zufriedenstellende Entscheidung in ihren Angelegenheiten gewartet, »daß Wir kaum noch auf einen guten Erfolg zu hoffen wagen[23]«.

Es ist möglich, daß Maria nach drei Jahren der Gefangenschaft und ohne Aussicht auf eine Verbesserung ihrer Lage sich tatsächlich überreden ließ, die belastenden Instruktionen und Briefe an Ridolfi zu senden, die bei Norfolks Prozeß gegen sie angeführt wurden. Die Originale der Beglaubigungsschreiben, die Maria und Norfolk dem Italiener ausgehändigt haben sollen, sind auf geheimnisvolle Weise verschwunden. Maria schrieb in ihren Instruktionen hemmungslos über die jämmerlichen Zustände in England, die ihr erwiesene Grausamkeit, die Verfolgung der Katholiken und die Tatsache, daß Huntingdon und Hertford (der Sohn Catherine Greys) ihren Anspruch auf den englischen Thron bedrohten. Norfolk wurde als der Anführer des Unternehmens und der Schirmherr der Katholiken bezeichnet. Alle praktischen Einzelheiten sollten ihm überlassen bleiben. Außerdem kritisierte Maria die Franzosen, die, wie sie sagte, keinen Finger gerührt hatten, um ihr zu helfen[24]. Dennoch beweisen die Briefe, die sie zur gleichen Zeit an Mothe de la Fénelon, den französischen Gesandten in London, schrieb, daß sie, gelinde ausgedrückt, versuchte, sich alle Türen offenzuhalten. Weit davon entfernt, die Hoffnung auf Hilfe von seiten der Franzosen aufzugeben, hatte sie im Oktober zweimal an den Gesandten geschrieben und ihn gebeten, er möge ihr auch weiterhin zur Seite stehen und versuchen, den König und die Königin von Frankreich für ihre Sache zu interessieren, »denn sie habe keine Möglichkeit, sich selbst zu helfen[25]«. Und etwa um die gleiche Zeit schrieb sie auch einen Brief an die englische Königin, in dem sie abermals von dem Vertrauen sprach, das sie »ihrer lieben Schwester« entgegenbringe, und sie bat, daß man ihren (Marias) Erbanspruch im englischen Parlament erörtern möge[26]. Später gab Maria zu, Ridolfi in seiner Eigenschaft als Bankier gewisse persönliche Aufträge gegeben zu haben, leugnete jedoch stets, daß sie, wie Cecil behauptete, an einem Komplott gegen England beteiligt gewesen sei.

Einer der Hauptanstifter dieser unrealistischen Verschwörung, abgesehen von Ridolfi und dem unentschlossenen Norfolk, war Marias Bevollmächtigter Leslie. Wie die meisten Menschen neigte auch Maria Stuart dazu, sich jetzt in ihrem Unglück immer mehr auf diejenigen zu verlassen, denen sie seit langer Zeit vertraute. Seit der Bischof von Ross im Frühjahr 1561 nach Frankreich gekommen war – wo er ihr den törichten Vorschlag gemacht hatte, Schottland mit Hilfe der Truppen aus dem Norden im Sturm zu erobern, ein Vorschlag, den Maria damals klugerweise ablehnte –, seit dieser Zeit war Leslie ein eifriger, wenn auch nicht immer besonders taktvoller Diener der Königin gewesen. Als Marias Abgesandter nach ihrer Gefangennahme befand er sich in einer äußerst schwierigen Lage, denn er mußte, wie es später einmal sehr treffend formuliert wurde, »als der Vertreter einer ausländischen Fürstin fungieren, die machtlos war, ihre Diener zu beschützen, aber stark genug, unzufriedene Elemente anzuziehen[27]«. Aber Leslie besaß eine unglückselige Mischung von Energie und Tatendrang – unglückselig insofern, als es ihm an dem nötigen Fingerspitzengefühl mangelte, um nicht nur beurteilen zu können, was er in Marias Interesse zu unternehmen hatte, sondern auch den geeigneten Augenblick dafür zu wählen. Die Veröffentlichung seiner anonymen *Defence of the Honour of Queen Mary*, die im Jahr 1569 in London erschien und in der Marias alter Anspruch auf die englische Erbfolge verfochten wurde, konnte zu diesem Zeitpunkt, da die Gunst Elisabeths so wichtig für Maria Stuart war, schwerlich als diplomatisch bezeichnet werden, denn jeder Mensch wußte, wie empfindlich die englische Königin auf dieses Thema reagierte.

Trotz all seiner Gelehrtheit – die es ihm unter anderem möglich machte, während dieser kritischen Zeit seines Aufenthaltes in England seine lange *History of Scotland* zu schreiben – erfaßte Leslie niemals voll und ganz den entscheidenden Punkt, den Alba sofort erkannte: Ein Komplott zugunsten Marias, das fehlschlug, konnte viel gefährlicher sein als überhaupt kein Komplott. Außerdem war er, ebenso wie seine Herrin in gewissen Augenblicken, ein impulsiver Mensch mit einem aufbrausenden, ungestümen Temperament. Dennoch blieb Maria keine andere Wahl, als auf den Bischof und seine Beurteilung der Lage zu vertrauen.

Falls die belastenden Schriftstücke tatsächlich echt sind, ist anzunehmen, daß Maria ein übertrieben rosiges Bild von der Situation gewann und sich demzufolge auf dieses äußerst gewagte Unternehmen einließ. Das will jedoch nicht unbedingt heißen, daß Leslie bewußt ein falsches Bild entwarf, um Maria zu täuschen: Viel wahrscheinlicher ist, daß er selbst irregeführt und verwirrt war. Schließlich befand er sich fern von Maria und konnte nicht persönlich mit ihr über diese Dinge sprechen; so waren sie auf Briefe angewiesen, und Briefe konnten nur allzu leicht abgefangen werden. Obgleich Maitlands Sohn sich später sehr abfällig über Leslies Charakter äußerte und ihn beschuldigte, lediglich nach seinem eigenen Ruhm und der Bereicherung seiner unehelichen Nachkommen gestrebt zu haben, bot die gegenwärtige Situation Cecil eine ideale Gelegenheit, die Verschwörer zu Fall zu bringen, indem er falsch wiedergab, was einer zum anderen gesagt hatte; von seiner gefangenen Herrin getrennt, erwies sich Leslie zuerst als unbesonnen und später als feige; aber diese Eigenschaften machten ihn nicht unbedingt zu einem Schurken.

Die Nachricht von den Plänen der Verschwörer begann im Spätfrühling zur Regierung durchzusickern. Elisabeth erhielt eine persönliche Warnung vom Großherzog von Toskana, der von den abenteuerlichen Plänen Ridolfis gehört hatte. Etwas später wurde in Dover ein gewisser Charles Bailly verhaftet, bei dem man ein ganzes Paket von Büchern und Briefen fand, die Ridolfi an Leslie gesandt hatte. Die Verbindung zwischen Leslie und Ridolfi war verhängnisvoll für Maria, denn da Leslie der offizielle Bevollmächtigte der schottischen Königin war, führte die Spur über ihn direkt zu ihr. Als nächstes galt es, Norfolk als Mitverschwörer zu entlarven, und das war nicht weiter schwer, als man entdeckte, daß er Geld an Marias Anhänger in Schottland sandte. Am 7. September wurde Norfolk verhaftet und abermals in den Tower gesperrt. Aber schlimmer noch als das war die Verhaftung von Leslie selbst: Aus Angst vor der Folter legte er ein Geständnis ab, das nicht nur die Invasionspläne König Philipps erwähnte, sondern auch die Tatsache, daß der Papst Gelder für die Durchführung des Planes zur Verfügung gestellt hatte, die zum Teil an die marianischen Adeligen in Schottland weitergeleitet worden waren.

Im Januar 1572 wurde der Herzog von Norfolk wegen Hochverrats vor Gericht gestellt. Shrewsbury kam eigens aus Mittelengland, um als Richter am Prozeß teilzunehmen, und Maria blieb vorübergehend unter der Obhut von Sir Ralph Sadler. Norfolk wurde verurteilt und schließlich im Juni hingerichtet. Als Maria vom Tode »ihres Norfolk« erfuhr, weinte sie bitterlich und zog sich in ihre Gemächer zurück. Bess, die ihre Gefangene »in Tränen gebadet und trauernd« vorfand, fragte ziemlich taktlos nach dem Grund ihres Kummers. Maria erwiderte würdevoll, sie sei sicher, daß Bess wisse, was ihr Kummer bereite, und es ihr nachfühlen werde; und außerdem mache sie sich Vorwürfe bei dem Gedanken, daß vielleicht irgend etwas in ihren eigenen Briefen an Norfolk ihn ins Verderben gebracht habe. Auf diese selbstanklägerischen Zweifel erwiderte Bess schroff, daß nichts, was Maria geschrieben habe, irgendeinen Einfluß gehabt haben könne, da Norfolk von den besten Männern Englands – einschließlich Shrewsburys natürlich – vernommen und verurteilt worden sei.

Trotz dieser Zurechtweisung von seiten Lady Shrewsburys hatte Maria durch ihre bloße Existenz Norfolk zu dieser Verschwörung angespornt und in den Tod getrieben; und umgekehrt übten Norfolks Prozeß und Hinrichtung sowie die Aufdeckung des Ridolfi-Komplotts einen unmittelbaren Einfluß auf Marias Lage in England aus. Es war weniger die Tatsache, daß sie einen Bewerber verloren hatte – denn es gab in Europa zahlreiche mehr oder minder erwünschte Ehekandidaten für Maria – als vielmehr der Umstand, daß der englische Adel und das englische Parlament sie jetzt mit völlig anderen Augen ansahen. Die öffentliche Meinung hat eine laute Stimme, aber ein kurzes Gedächtnis. Die Umstände ihrer Ankunft vor vier Jahren gerieten in Vergessenheit angesichts der Welle von Haß, die sich jetzt gegen sie ausbreitete: Maria wurde als eine fremde katholische Spinne betrachtet, die im Mittelpunkt Englands hockte und ihre Netze spann, um die protestantische Königin Elisabeth ihres Thrones zu berauben. Die Tatsache, daß sie eine völlig isolierte und fast mittellose Gefangene war, wurde ignoriert angesichts der gefährlichen Möglichkeiten, die das Ridolfi-Komplott zu enthüllen schien. Sogar Elisabeth selbst griff zur Feder und schrieb die berühmten Verse über Maria, *the daughter of debate*, die folgendermaßen endeten:

»No foreign banished wight shall anchor in this port;
Our realm it brooks no stranger's force, let them elsewhere resort
Our rusty sword, with rest, shall first his edge employ
To poll their tops that seek such change, and gape for joy.«

Aber obgleich Elisabeth schließlich im Juni widerwillig das Todesurteil gegen Norfolk unterschrieb, weigerte sie sich trotz des blutdürstigen Geschreis ihrer treuen Commons, die Hinrichtung Marias in Erwägung zu ziehen. Mitte Juni suchten die englischen Kommissare Shrewsbury, Delawarr und Sadler Königin Maria in Sheffield auf und bezichtigten sie formell der Teilnahme an der Ridolfi-Verschwörung sowie einer Reihe anderer Verbrechen: Sie habe gegen England die Waffen ergriffen, habe die päpstliche Bulle der Exkommunikation Elisabeths *(Regnans in Excelsis)* gutgeheißen und Anspruch auf den Thron von England erhoben. Maria erklärte den Kommissaren gelassen, daß sie als souveräne Fürstin ihre Jurisdiktion über sie nicht anerkennen könne, aber sie sei bereit, sich vor dem englischen Parlament zu rechtfertigen; dann forderte sie abermals, daß man sie zu Elisabeth bringen solle. In ihrer Erwiderung auf die einzelnen Anklagen gab sie offen zu, daß sie an den König von Frankreich, den König von Spanien, den Papst und andere geschrieben und sie um Hilfe gebeten habe, um freigelassen und wieder als Königin ihres eigenen Landes anerkannt zu werden. Was die geplante Ehe mit Norfolk betraf, erklärte sie abermals, in dem ehrlichen Glauben gehandelt zu haben, daß die Engländer allgemein mit dieser Verbindung einverstanden seien. Sie gab zu, Ridolfi einen persönlichen Auftrag erteilt zu haben, stritt jedoch jegliche politische Verbindung mit dem Italiener energisch ab[28].

Trotz der eindrucksvollen Würde Marias war es nicht ihre Haltung, sondern der Wille Königin Elisabeths, der im Sommer 1572 die Commons zurückhielt. Elisabeth persönlich hinderte sie daran, einen parlamentarischen Strafbeschluß gegen die schottische Königin zu erlassen; statt dessen wurde eine Verfügung erlassen, die Maria lediglich das Erbrecht auf den englischen Thron absprach und sie einem Gerichtsverfahren durch Peers für ausgesetzt erklärte, falls sie sich abermals in eine Verschwörung einließ. Die Veröffentlichung der päpstlichen Bulle, *Regnans in Excelsis,* um die Maria nicht ersucht hatte und die nicht einmal von Pius V. dazu bestimmt gewesen war, ihr persönlich zu helfen, da er ihre Ehe mit Bothwell mißbilligte, hatte bedauerlicherweise wesentlich dazu beigetragen, Maria in den Augen der englischen Patrioten zu einer ausländischen Verräterin zu stempeln. Und das Blutbad der Bartholomäusnacht am 24. August 1572, bei dem zahllose Hugenotten von den französischen Katholiken unter der Führung der Guisen niedergemetzelt wurden, steigerte noch Marias Unbeliebtheit in England, obgleich man die arme Gefangene in Sheffield Castle wohl schwerlich dafür verantwortlich machen konnte. »Alle Menschen verdammen jetzt Ihre Gefangene«, schrieb Cecil an Shrewsbury. Aber trotz aller Enthüllungen Ridolfis ließ Elisabeth nicht zu, daß diese Welle des Fremdenhasses ihre »gute Schwester und Kusine« mitriß. Ebenso wie die Gefangensetzung Marias aufgrund von Beweisen, die Elisabeth selbst als unzureichend erklärte, ihrem Namen Schande bereitet, muß man es ihr als Verdienst anrechnen, daß sie im Jahre 1572 durch ihr persönliches Eingreifen Maria Stuart das Leben rettete.

Wir wissen wenig über Elisabeths innerste Gefühle für Maria, denn die englische Königin hatte bereits in ihrer Kindheit gelernt, jegliche Gemütsregung ängstlich zu verbergen. Die schwesterliche Liebe, die zwei Königinnen und nahe Verwandte füreinander empfinden sollten und die Maria so häufig pries, fand vielleicht einen stärkeren Widerhall in Elisabeths Herzen, als sie jemals zugab. Inzwischen blieb diese Neigung zur Barmherzigkeit, diese verstohlene Sympathie, Elisabeths Ratgebern nicht verborgen: Wenn sie jemals die Hinrichtung Maria Stuarts erreichen wollten, entschieden sie, so mußten sie die Königin endgültig und gründlich davon überzeugen, daß ihre liebe Schwester ihre Nachsicht mit schmählichem Undank gelohnt hatte.

XXII

DIE SCHULE DES LEIDS

»Drangsal war für sie wie ein Schmelzofen für feines Gold — ein Mittel, ihre Tugend zu beweisen, ihnen die so lange geblendeten Augen zu öffnen und sie zu lehren, sich selbst und ihre Fehler zu erkennen.«

Maria, Königin der Schotten: Über das Leben von Herrschern. Essay über das Mißgeschick, 1580.

Nach den Ereignissen des Sommers 1572 schien die öffentliche Sache Königin Marias tatsächlich verloren, und es blieb ihr jetzt überlassen, im privaten Leben der Gefangenschaft den Sinn des Mißgeschicks zu ergründen. Diese äußere Verschlechterung ihrer Lage war unter anderem auch auf die Entwicklung der Dinge in Schottland zurückzuführen, wo jetzt offenbar kaum noch jemand an die Rückkehr der Königin glaubte. Argyll zum Beispiel war trotz seines Versagens bei der Schlacht von Langside der Königin zunächst auch weiterhin treu geblieben. Maria bestürmte ihn mit bangen Briefen, die manchmal an »Unseren Ratgeber und Statthalter« gerichtet waren, manchmal an »Unseren lieben Cousin« und schließlich, in flehentlichem Crescendo, an »Unseren einzigen Bruder«, dem sie sich in einem leidenschaftlich erregten Postskriptum als »immer Eure gute Schwester und treueste Freundin« empfahl[1]. Aber diese verzweifelten Hilferufe konnten Argyll nicht davon abhalten, sich im April 1569 auf Morays Seite zu schlagen; nach dem Tod des Regenten im Jahre 1570 verbündete er sich noch einmal kurz mit den marianischen Hamiltons, ehe er zu dem Schluß gelangte, daß Marias Sache hoffnungslos sei, und sie abermals im Stich ließ. Das Verhalten Lord Boyds – jenes Mannes, den Maria im Juni 1569 zu Moray nach Schottland gesandt hatte, ihn von ihrer geplanten Ehe mit Norfolk zu unterrichten – war typisch für die Einstellung von so vielen früheren Anhängern Marias: Im Sommer 1571 begann auch er, den Glauben an ihre Sache zu verlieren. Der Tod des Regenten Lennox während eines Angriffs auf Stirling Castle im August 1571 führte zur Einsetzung Mortons als tatsächliches Regierungsoberhaupt unter dem Earl of Mar als nominellem Regenten: Boyd erklärte sich mit der Ernennung des Earl of Mar einverstanden und wurde wieder in den Staatsrat aufgenommen. Mars Tod im Oktober 1572 machte

Morton auch dem Namen nach zum Regenten, und Morton war nicht nur schon von jeher Maria feindlich gesinnt gewesen, sondern er war auch ein Freund Englands, und Königin Elisabeth hielt es für zweckdienlich, ihn zu unterstützen. Marias Hoffnungen auf eine Wiedereinsetzung durch die Engländer wurden endgültig vernichtet, als im nächsten Frühling das Kastell von Edinburgh, das Kirkcaldy und Maitland so lange Zeit für die Anhänger Marias – und offiziell für Maria selbst – gehalten hatten, von schweren Geschützen belagert wurde, die Elisabeth mit englischen Kanonieren unter dem Befehl Drurys nach Schottland gesandt hatte. Diese bewaffnete Intervention von seiten Englands erwies sich als entscheidend: Im Mai 1573 fiel die Festung.

Der tapfere Kirkcaldy wurde hingerichtet. Maitland starb entweder eines natürlichen Todes, oder, wie Melville andeutete, er richtete sich selbst »nach Art der alten Römer«, ehe das Beil des Scharfrichters ihn treffen konnte. Auf jeden Fall war er schon seit längerer Zeit schwer leidend gewesen: Er hatte eine Art schleichende Paralyse, und bereits im März 1570 schrieb Randolph, seine Beine seien »völlig dahin«, er sei so schwach, daß er sich kaum bewegen könne, und selbst das Niesen verursache ihm unerträgliche Schmerzen. Randolph fuhr gehässig fort: »Das haben die Freuden einer jungen Frau ihm eingebracht[2].« Aber ungeachtet aller Sticheleien Randolphs erwies Mary Fleming sich nach dem Tode ihres Mannes als eine treue und ergebene Ehefrau: Ihr ergreifendes Bittschreiben an Cecil bewahrte den Leichnam Maitlands vor der demütigenden Behandlung, die dem toten Huntly aufgrund des in Schottland üblichen Prozesses gegen Verräter zuteil geworden war. Königin Elisabeth schrieb an Morton und erklärte ihm energisch, daß dieser barbarische Brauch den Engländern abscheulich erscheine: »Es ist nicht Unsere Gewohnheit, dem Leichnam eines nicht überführten Mannes solche Grausamkeit zu bezeigen, sondern Wir gestatten, daß man ihn sofort in die Erde lege.« Da Gott verfügt habe, daß Maitland eines natürlichen Todes sterbe und damit seiner Hinrichtung entgehe, solle man ihn gut und ehrbar begraben und nicht »in Stücke reißen[3]«. So blieb Maitland dank seiner Frau, der höchstgeborenen der vier Maries, von dem Geschick Huntlys verschont.

Maria ließ nicht erkennen, was der Tod Maitlands für sie bedeutete. »Sie zeigt keinen Schmerz«, berichtete Shrewsbury. »Und dennoch geht es ihr sehr nah.« Maitland hatte während der letzten Jahre seines Lebens – seit seinem Streit mit Moray – sich energisch für die Interessen der Königin eingesetzt; und er war als treuer Anhänger Marias gestorben. Aber er hatte nicht immer als ein solcher gelebt, und Königin Maria mag sich gefragt haben, ob er, wenn ihm mehr Jahre vergönnt gewesen wären, nicht vielleicht noch öfters die Farbe gewechselt hätte. Nichtsdestoweniger bedeutete der Tod Maitlands das Ende einer Epoche in Schottland; unter Morton, einem brutalen Mann, der sich jedoch als ein recht fähiger Politiker erwies, kam das geplagte Land sogar vorübergehend zur Ruhe. Und auch für seine ehemalige Königin, Maria Stuart, begann jetzt gezwungenermaßen eine stille Zeit, in der die kleinen Freuden oder Leiden ihres täglichen Lebens für den Augenblick wichtiger schienen als die europäische Politik.

Die Bedingungen ihrer Gefangenschaft waren während der siebziger Jahre für eine Staatsgefangene nicht übermäßig streng. Man gestattete Königin Maria offiziell einen Hofstaat von dreißig Personen, was für ihr persönliches Wohl genügte, wenn es auch nicht sehr viel war für eine Frau, die von frühester Jugend an als Königin gelebt hatte. Zu diesen dreißig gehörten unter anderem Lord und Lady Livingstone, Mary Seton und drei weitere Hofdamen, Marias vertraute Kammerfrau Jane Kennedy, ihr Haushofmeister John Beaton, ihr Mundschenk, ihr Arzt; ferner eine Anzahl von Kammerdienern, unter ihnen der »französische Spitzbube« Bastian Pages, Marias Sekretär Gilbert Curle, Willy Douglas, jetzt zum »Zeremonienmeister« avanciert, sowie zahlreiches Küchenpersonal und die Dienerschaft ihrer Kammerherrn und Hofdamen. Aber zu der offiziell genehmigten Zahl von dreißig kamen mit der Zeit noch andere hinzu, so daß der kleine Hofstaat letztlich über vierzig Personen zählte.

Während Shrewsbury diesen Zuwachs gutmütig duldete, war die Regierung in London sehr viel weniger tolarant. In Zeiten der Gefahr gab es energische Proteste. »Zu zahlreich für den gegenwärtigen Augenblick«, schrieb Elisabeth erbost im September 1569, zu der Zeit, als sie zum erstenmal von den Eheverhandlungen mit Norfolk hörte. Aus London kamen Befehle, den Hofstaat zu reduzieren, woraufhin Maria in zornige Tränen ausbrach und Shrewsbury seinerseits den Herren in London schuldbewußt beteuerte, daß die genehmigte Zahl niemals überschritten worden sei.

Shrewsburys Verhalten Maria gegenüber änderte sich je nach der Haltung der Regierung, und diese ihrerseits hing von den jeweiligen politischen Ereignissen ab. Shrewsbury war im Grunde ein sanftmütiger Mann, und jegliche Härte mußte ihm von oben vorgeschrieben werden. Selbst wenn die Regierung beschloß, daß man die Königin »strenger« halten solle, wurden ihre Wünsche meist nicht sehr schnell befolgt: Derbyshire und Staffordshire waren weit von London entfernt, und Schlösser wie Chatsworth, das mitten im Hügelland von Derbyshire lag, waren besonders im Winter schwer zu erreichen. Aber das hatte natürlich auch seine Nachteile. Shrewsbury schmachtete wie alle ehrgeizigen Elisabethaner ständig nach dem Glanz des Hofes und beklagte die Pflichten, die ihn so lange Zeit fernhielten. Als man ihm im Herbst 1582 in letzter Minute die Genehmigung für den ersehnten Besuch in London verweigerte, schrieb er betrübt an Walsingham, daß weder das Wetter noch die Jahreszeit ihn am Kommen gehindert hätten. So mußte er sich damit begnügen, seine Freunde am Hof mit Briefen und Geschenken zu überhäufen, um sie an seine Existenz zu erinnern. Aber ebenso wie Shrewsbury von dem Gedanken an die Freuden Londons und des Hofes gequält wurde, waren die Mitglieder der Regierung, die in dieser schönen Stadt lebten, oft verzweifelt bei der Vorstellung, daß die schottische Königin im fernen Derbyshire viel zu wenig abgeschlossen war, zahllosen Menschen begegnete, Besucher empfing, auf die Jagd ritt – mit einem Wort, ein Leben führte, das der Freiheit gleichkam; Gerüchte dieser Art, so unwahr sie sein mochten, versetzten Elisabeth in blinde Wut, und sie machte Shrewsbury bittere Vorwürfe, daß er seine Pflicht vernachlässige.

Obgleich Shrewsbury als Antwort darauf Königin Elisabeth stets versicherte, daß er seine Aufgabe als Hüter der schottischen Königin treu erfülle, steht außer Zweifel, daß Maria tatsächlich eine gewisse Freiheit genoß und daß Shrewsbury, was immer er Elisabeth schwören mochte, die diesbezüglichen Anweisungen so großzügig wie möglich auslegte. Im April 1574 erwiderte er auf die Beschuldigung, daß er seiner Gefangenen zuviel Nachsicht entgegenbringe: »Ich weiß, daß sie eine Fremde ist, eine Papistin, meine Feindin. Was kann ich Gutes von ihr erhoffen, sei es für mich oder für mein Land[5]?« Aber natürlich gab es eine sehr einfache Antwort auf Shrewsburys Frage, was er von der Königin der Schotten erhoffen könne – und Cecil und seine Genossen konnten von sich dasselbe sagen –: Wenn Elisabeth plötzlich starb, wer konnte wissen, ob das Geschick Marias sich nicht von einem Augenblick zum anderen völlig ändern würde? Falls die Gefangene sich über Nacht wieder in eine Königin verwandelte und Maria den Thron von England bestieg – wofür zumindest die Möglichkeit bestanden hätte, wäre Elisabeth während der Minderjährigkeit Jakobs gestorben –, so konnte Shrewsbury viel von seiner ehemaligen Schutzbefohlenen erwarten, wenn er sich in der Zeit ihres Unglücks als mitfühlender Gastgeber gezeigt hatte. Der Gedanke, daß Maria Stuart Königin von England werden könnte, war den englischen Staatsmännern bis zur Mündigkeit Jakobs stets gegenwärtig, und nicht nur Shrewsbury, sondern auch Cecil und Leicester ließen diese Überlegung in ihrem Umgang mit der Königin der Schotten nie außer acht.

Marias Wunsch, die Bäder von Buxton zu nehmen, war der Gegenstand einer langwierigen Debatte zwischen Elisabeth, Shrewsbury und ihr selbst. Buxton, das verhältnismäßig nah bei Chatsworth lag, hatte eine Quelle, deren heilsame Wirkung schon den Römern bekannt gewesen war. Zur Zeit der ersten Tudors war die »Quelle von St. Anne«, wie man sie damals nannte, zu einem religiösen Wallfahrtsort geworden, wo die Menschen ebenso durch ihren Glauben wie durch das Wasser selbst geheilt wurden; wie heute in Lourdes hingen damals die Krücken und Stöcke der Geheilten in der kleinen Kapelle, in der die Messe für die Kranken gelesen wurde. Die unerbittliche Herrschaft Thomas Cromwells machte diesem unschuldigen Brauch ein jähes Ende; die Krücken und Stöcke sowie die Opfergaben für die Kapelle wurden von Cromwells Abgesandtem als Symbol des »papistischen Götzendienstes« verbrannt. Die Bäder selbst wurden geschlossen und versiegelt. Aber zu der Zeit, als Maria nach Derbyshire kam, waren sie wieder geöffnet und waren ihrer Heilkraft wegen sogar bei den Höflingen im fernen London außerordentlich beliebt.

Diese Bäder besuchen zu können, war Marias sehnlichster Wunsch; ein ums andere Mal berief sie sich auf ihre zerrüttete Gesundheit, um die erforderliche Genehmigung zu erhalten. Shrewsbury selbst baute eigens ein Haus in Buxton, wo man die Königin der Schotten während ihrer Kur unterbringen konnte, ohne ein Entkommen befürchten zu müssen. Aber jedesmal, wenn es so aussah, als ob Elisabeth endlich einwilligen werde, schien sie von irgendeinem neuen Komplott für die Befreiung der Gefangenen zu hören. Schließlich wurde jedoch, wenn auch zögernd, die Erlaubnis erteilt. Maria besuchte Buxton zum erstenmal im August 1573 und blieb fünf Wochen dort. Danach wurde es zu ihrem liebsten Aufenthalt, vermutlich nicht nur wegen der heilsamen Wirkung des Wassers, sondern auch, weil es ihr Gelegenheit bot, unter Menschen zu kommen. Die Anwesenheit von Angehörigen des Hofes beglückte Maria und Shrewsbury in gleichem Maße. Im Jahr 1574 traf Maria in Buxton mit Cecil zusammen und später, 1578 und 1584, mit ihrem ehemaligen Bewerber Leicester. Ihre größte Hoffnung war natürlich, daß Elisabeth selbst sich entschließen würde, die Bäder aufzusuchen, und daß damit endlich die ersehnte Begegnung zustande kommen würde. Aber obgleich Elisabeth während einer Rundreise im August 1575 Stafford und das nahe gelegene Chartley, den Landsitz des Earl of Essex, besuchte – es war der Augenblick, wo die beiden Königinnen in ihrem ganzen Leben einander geographisch am nächsten waren –, kam sie nicht nach Buxton.

Diese Aufenthalte Marias in Buxton waren jedoch für Elisabeth ein ständiger Grund zur Besorgnis. Erschreckende Gerüchte, daß die schottische Königin sich dort durch kleine Wohltätigkeiten beim gewöhnlichen Volk beliebt zu machen suche, drangen nach London. Im Jahr 1580 mußte Shrewsbury sich abermals gegen den Vorwurf verteidigen, daß er Maria zuviel Kontakt mit der Außenwelt gestatte: Er gab zu, daß sie tatsächlich einmal an der Quelle, »unbemerkt von meinen Dienern, die den Ort bewachten«, mit einem armen Krüppel gesprochen habe, und versprach hoch und heilig, daß es nicht wieder vorkommen werde. 1581 beschwerte Cecil sich bei Shrewsbury, daß Maria, wie er gehört habe, in diesem Sommer zweimal in Buxton gewesen sei, obwohl sie nur die offizielle Erlaubnis für einen Aufenthalt dort habe.

Auch abgesehen von diesen Besuchen in Buxton und den Übersiedlungen aus Sicherheitsgründen in Zeiten der Krise, wechselte Maria aufgrund der sanitären Bräuche jener Zeit in regelmäßigen Abständen den Ort ihrer Gefangenschaft: Wenn ein großes Haus von der Art der Besitztümer Shrewsburys gereinigt werden sollte, übersiedelten sämtliche Bewohner in ein anderes Haus, während das erste gründlich von oben bis unten geputzt wurde. Nicht alle Gefängnisse, in denen Maria im Laufe der Zeit sich aufhielt, waren ihr so verhaßt wie Tutbury, dessen schlechtes Entwässerungssystem und berüchtigte »Kehrichthaufen«, die stinkend unter ihren eigenen Fenstern lagen, ihr in späteren Jahren beständig Grund zur Klage gaben. Wingfield war ein vornehmer Herrensitz, sehr stilvoll und kultiviert, und selbst Maria nannte ihn anerkennend einen Palast. Sheffield Castle und Sheffield Manor lagen dicht beisammen, das Schloß im Tal und das neu erbaute Herrenhaus auf dem Hügel: Einer der Gründe, weshalb Shrewsbury Königin Maria gern nach Sheffield bringen wollte, war vor allem die Tatsache, daß die Nähe der beiden Häuser das Reinigungsproblem erleichtern würde, da Maria bequem von einem Haus ins andre überwechseln konnte. Chatsworth war das Haus, das sie am liebsten mochte, weil es mitten im freien Gelände lag, umgeben von jenem Moor, das Gerard zu seinen romantischen Entführungsplänen angeregt hatte.

Innerhalb des festgelegten Plans dieser Übersiedlungen hatte der Pseudohofstaat der Königin seine eigenen kleinen Vergnügungen und Dramen. Wenn die Regierung nicht gerade Grund zum Mißtrauen zu haben glaubte, durfte die Königin reiten, und sie ging sogar gelegentlich mit Shrewsbury auf die Falkenjagd; zu jenem Zeitpunkt hatte sie zehn Pferde in ihrem Stall, die von drei Reitknechten und einem Hufschmied betreut wurden; aber diesem Luxus machten die zornigen Proteste aus London sehr bald ein Ende. Maria ließ sich einen Windhund, Spaniels und Wachtelhunde sowie einige Vögel aus Frankreich kommen, betreute selbst ihre Blumen und spielte wie in glücklicheren Zeiten in Schottland die Laute. Sie verlor auch nicht ganz das Interesse an der Mode, bat um Schnittmuster von Kleidern, wie sie am Hof in London getragen wurden, und ließ sich die entsprechenden Gold- und Silberstoffe besorgen[5].

Vor diesem gedämpften Hintergrund wirkten die Romanzen der keuschen Mary Seton wie ein regelrechtes Drama. Mary Seton, die einzige der vier Maries, die unverheiratet geblieben und daher ihrer Königin ins Exil gefolgt war, besaß eine angeborene Frömmigkeit und auch einen gewissen verzeihlichen Familienstolz – die Setons gehörten zu den ältesten Adelsgeschlechtern Schottlands, und Marys Vater und Bruder spielten eine führende Rolle als königstreue Magnaten. Aber diese beiden Charaktereigenschaften Mary Setons, so bewundernswert sie auch sein mochten, verliehen ihr einen etwas altjüngferlichen Anstrich, der ihren Heiratschancen nicht sehr förderlich war; und sie war auch weder so schön wie Mary Fleming und Mary Beaton noch lebhaft und energisch wie Mary Livingstone. Doch diese fromme, hochgeborene schottische Lady fand in England trotzdem ihre Verehrer: Christopher Norton, der jüngere Sohn von Sir Richard Norton, soll sich in Wingfield in sie verliebt haben, aber er wurde bedauerlicherweise zur Zeit des Aufstands im Norden hingerichtet. Auch mit ihrem zweiten Bewerber, Andrew Beaton, der nach dem Tode seines Bruders John Beaton im Oktober 1572 Marias Haushofmeister wurde, erging es ihr nicht besser. Aufgrund ihres ständigen Beisammenseins in dem kleinen königlichen Familienkreis faßte Andrew Beaton eine tiefe Zuneigung zu Mary Seton. Aber das glückliche Ende ließ auf sich warten: Es scheint, daß Mary Seton ein Gelübde ewiger Keuschheit abgelegt hatte, und außerdem – offenbar wichtiger noch als das – stand Andrew Beaton, obgleich er aus einer angesehenen schottischen Familie stammte (die Beatons of Creich hatten der Krone zahlreiche treue Diener beschert), nicht ganz auf der gleichen Rangstufe mit der Tochter Lord Setons[6].

Angesichts dieser verzwickten Lage der Dinge beschloß Andrew Beaton, wenigstens eines der Hindernisse aus dem Weg zu räumen, und fuhr im August 1577 nach Frankreich, um Mary Seton von ihrem Keuschheitsgelübde befreien zu lassen. Auf der Rückreise ertrank er. Mit ihm verschwand Mary Setons letzte Aussicht auf eheliches Glück, und da fortan niemand mehr versuchte, sie von der frommen Keuschheit abzubringen, der sie sich verschrieben hatte, konnte sie bis zu ihrem Tod den Namen Seton tragen, den sie so ungeheuer schätzte. Angesichts ihres schlechten Gesundheitszustandes erhielt sie im Jahre 1583 die Genehmigung, sich nach Frankreich zurückzuziehen, wo sie den Rest ihres Lebens im Kloster St-Pierre in Reims verbrachte, das Marias Tante, Renée von Guise, unterstand. Aber sie blieb Königin Maria, der sie fünfunddreißig Jahre lang gedient hatte, weiter treu ergeben. Auch ihre Heimat vergaß sie nie: Im Jahre 1586 schrieb sie traurig an Monsieur de Courcelles, den neuen französischen Gesandten, der sich auf dem Weg nach Edinburgh befand: »Es ist jetzt fast zwanzig Jahre her, seit ich Schottland verlassen habe, und in dieser Zeit hat es Gott gefallen, die meisten meiner Verwandten, Freunde und Bekannten zu sich zu nehmen; nichtsdestoweniger gibt es sicherlich noch einige, die mich kannten, und ich bitte Sie, wenn sich die Gelegenheit bietet, mich ihnen zu empfehlen[7].« (Die Ruhe des klösterlichen Lebens scheint Mary Setons Gesundheit wiederhergestellt zu haben. Sie überlebte ihre Herrin um fast dreißig Jahre: man hörte 1615 zum letztenmal von ihr. Aber ihr Ende war weniger glanzvoll als ihr Anfang: James Maitland berichtete im Jahre 1613, daß diese einst so stolze Tochter eines alten schottischen Geschlechts jetzt »altersschwach und in Not« und auf die Barmherzigkeit der Nonnen angewiesen sei. Maitland bat Jakob VI., ihr um seiner toten Mutter willen zu helfen[8].)

Ein weiteres Ereignis im königlichen Haushalt – weniger dramatisch als die im Keim erstickte Romanze Mary Setons, aber von einer gewissen Bedeutung für die Zukunft – war der Tod von Marias Sekretär, Augustine Raullett, im August 1574. Shrewsbury nützte die Gelegenheit, die Papiere Rauletts zu durchsuchen, fand jedoch, wie er nach London meldete, »nichts von Bedeutung«. Es war nicht leicht, einen Ersatz für Raullett zu finden, denn da Maria ihre Witwenpension aus Frankreich sehr unregelmäßig ausbezahlt bekam und alle ihre Einkünfte in Schottland vom gegenwärtigen Regenten einbehalten wurden, befand sie sich ständig in Geldschwierigkeiten und konnte ihrem Sekretär, ganz abgesehen von den äußerst schwierigen Arbeitsbedingungen, nur ein bescheidenes Gehalt zahlen.

Claude Nau, der Kandidat, den die Guisen ihr jetzt vorschlugen, stammte aus einer guten Lothringer Familie und hatte in Paris Rechtswissenschaften studiert; er war klug, scharfsinnig, sprach ein gutes Italienisch, ein korrektes Latein und beherrschte Englisch fast ebenso gut wie seine französische Muttersprache. Nau war ein egozentrischer Mensch, genauso eitel und selbstgefällig, wie es Riccio gewesen war, und alles in allem sehr viel weniger sympatisch als Marias anderer Sekretär, der leicht melancholische, aber charmante Gilbert Curle. Aber wichtiger als dieser Fehler schien für den Augenblick die Tatsache, daß Nau intelligent und dienstbeflissen war. Wie Mendoza später einmal bemerkte, Curle mochte nett sein, aber er war dumm. Es war Nau, dem Maria jetzt die Erinnerungen an ihre persönliche Herrschaft in Schottland erzählte, auf die wir uns in früheren Kapiteln bezogen haben. Auch bei ihrem unaufhörlichen Briefwechsel mit dem Ausland waren seine vielseitigen Kenntnisse ihr eine große Hilfe. Tatsächlich war Maria so beeindruckt von Naus Fähigkeiten, daß sie ihn 1579 in einer persönlichen Mission nach Edinburgh sandte; er sollte vor allem den jetzt vierzehnjährigen Jakob aufsuchen und ihr von ihm berichten. Um das Herz ihres Sohnes zu gewinnen, sandte sie ihm bei dieser Gelegenheit einige kleine goldene Kanonen von der Art, wie die jungen Prinzen der damaligen Zeit sie liebten[9]. Vielleicht stellte sie sich vor, daß Jakob ein geborener Krieger sei, mehr wie die Guisen und nicht der streberhafte Schwächling, zu dem er sich in Wirklichkeit entwickelt hatte. Aber die kleinen Kanonen erreichten nie ihr Ziel: Nau wurde nicht zu Jakob vorgelassen.

Trotz dieses ruhigen, gemächlichen Lebens machte Marias erschreckend schlechter Gesundheitszustand ihr die Jahre der Gefangenschaft rein körperlich zu einer unerträglichen Last. Es gab kaum einen Frühling, geschweige denn einen Winter ohne irgendeine ernsthafte Erkrankung. Ihrer schweren Krankheit im Sommer 1569 folgte im Herbst ein bohrender Schmerz in der Seite, der sie nicht schlafen ließ; außerdem litt sie unter ständiger Übelkeit. Norfolks Tod verursachte ihr heftige Brechanfälle, und während der ganzen siebziger Jahre fesselten schwere Darmkoliken sie oft tagelang ans Bett. Abgesehen davon litt sie unter quälenden Schmerzen im rechten Arm, die in ihren Briefen häufig als Grund dafür erwähnt werden, daß sie nicht selbst schreibt. Im Jahre 1580 zog sie sich bei einem Sturz vom Pferd eine Verletzung der Wirbelsäule zu. Das Jahr 1581 brachte ihr wieder eine schwere Krankheit, die als Magengrippe begann, und im November 1582 traten die gleichen Symptome abermals auf. Ihre Beine waren oft so geschwollen, daß sie sich kaum bewegen konnte, und zur Zeit ihres Todes war sie fast bewegungsunfähig. Im Laufe der Jahre stellten sich verschiedene andere Krankheitserscheinungen ein, die damals für Anzeichen von Wassersucht oder Nephritis gehalten wurden. Marias körperliche Leiden waren bei weitem die schwerste Bürde, die sie während ihrer Gefangenschaft zu tragen hatte, und es war ein Thema, das sowohl in ihren eigenen Briefen als auch in den Berichten, die Shrewsbury nach London sandte, immer wieder auftaucht. Babington erwähnte in seinem Geständnis, daß die Königin der Schotten zu Beginn der Verschwörung, Anfang der achtziger Jahre, als eine alte, kranke Frau angesehen wurde, die voraussichtlich nicht mehr lange zu leben hätte[10].

Maria selbst schrieb diese Leiden zu einem großen Teil der räumlichen Beschränkung ihrer Gefangenschaft zu. Ihr ganzes Sein verlangte nach unbehinderter körperlicher Bewegung im Freien, nach der Möglichkeit, regelmäßig jeden Tag zu reiten, und sie war fest davon überzeugt, daß allein das sie heilen könnte. Ihr ganzes Leben lang hatte sie eine Vorliebe für jegliche Art von Sport gezeigt, die beinahe an Besessenheit grenzte, und sie war seit frühester Jugend gewöhnt gewesen, täglich zu reiten und zu jagen. Jetzt hatte man ihr all das untersagt, und je länger dieser Zustand anhielt, um so mehr verschlechterte sich ihre Gesundheit. Ihr einst so schlanker, geschmeidiger Körper wurde schlaff und korpulent durch den Mangel an Bewegung. Kein Wunder, daß sie in ihren Briefen immer wieder flehentlich bat, man möge ihr etwas mehr Freiheit in dieser Hinsicht gewähren.

Die moderne Medizin hat sich des öfteren mit der Frage beschäftigt, was die eigentliche Ursache von Marias Kränklichkeit war. Ursprünglich war man der Meinung, daß ihre Krankheitserscheinungen denen eines Magengeschwürs am nächsten kämen. Aber die neuesten Forschungen auf dem Gebiet der Porphyrie haben gezeigt, daß die Königin der Schotten – ebenso wie nach ihr Jakob VI. und I. sowie Georg III. – wahrscheinlich an dieser Krankheit litt. Natürlich ist es schwer, nach vierhundert Jahren eine exakte medizinische Diagnose zu stellen, schon allein, weil die Fachsprache der damaligen Zeit logischerweise ausschließlich auf die Krankheiten ausgerichtet war, von deren Existenz die Ärzte wußten. Die Medizin des 16. Jahrhunderts war besessen von der Vorstellung der vier Hauptsäfte des Körpers – Blut, Schleim, Galle und schwarze Galle; ihr Mengenverhältnis im Körper bestimmte, wie man glaubte, die physischen und charakterlichen Eigenschaften und das gesamte Temperament der jeweiligen Person. Da die verschiedenen »Defluxionen« oder physischen Substanzen, die der Körper der unglücklichen Königin der Schotten ausschied, von ihren Ärzten immer im Zusammenhang mit dieser Theorie beurteilt wurden, ist anzunehmen, daß die zeitgenössischen Berichte gewisse Anhaltspunkte unberücksichtigt gelassen haben, die für den modernen Diagnostiker entscheidend sind.

Die Symptome der Porphyrie sind schwere Anfälle von kolikartigen Leibschmerzen mit Erbrechen und einer gleichzeitigen tiefen Depression, die vorübergehend sogar zu Geistesgestörtheit führen kann und von außenstehenden Beobachtern oft als Hysterie angesehen wird. Die Anfälle können leicht oder schwer sein und können häufig oder in langen Abständen auftreten; typisch für diese Krankheit ist auch, daß der Patient trotz der Schwere des Anfalls sich meist hinterher sehr rasch erholt. Zweifellos passen all diese Symptome besser zum Fall Maria Stuarts als die Krankheitserscheinungen eines Magengeschwürs. Es steht außer Frage, daß Maria, ebenso wie ihr Nachkomme Georg III., nicht an Hysterie, sondern an einer echten Krankheit litt, die manchmal auf einen Nervenzusammenbruch hinauslief, der kaum von Irrsinn zu unterscheiden war.

Die Niedergeschlagenheit und scheinbare Hysterie, die sie in der Zeitspanne zwischen Jakobs Geburt und ihrer Gefangenschaft in Lochleven zeigte, mag sogar der nachteiligen Wirkung ihrer Niederkunft auf diese Krankheit zuzuschreiben sein. Marias gastrischen Symptome, ihre kolikartigen Schmerzen, die Jakob VI., wie er selbst bemerkte, von seiner Mutter geerbt hatte, passen zu den bekannten Krankheitserscheinungen der akuten und intermittierenden Porphyrie. Selbst die Schmerzen in ihren Armen und Beinen, die sie so oft in ihren Briefen erwähnte und die sie für Rheumatismus hielt, entsprechen der schmerzhaften Parese der Gliedmaßen, die häufig bei Porphyriekranken zu finden ist. Marias Anfälle von »hysterischer« Depression traten, wie wir gesehen haben, in unregelmäßigen Abständen auf; gegen Ende ihres Lebens scheinen sie nachgelassen zu haben, aber da Maria Stuart vorzeitig und gewaltsam starb, kann man natürlich nicht beurteilen, wie ihre Krankengeschichte sich in späteren Jahren entwickelt hätte. Was die Erblichkeit der Krankheit betrifft, läßt die rätselhafte, »hysterische« Art des Todes von Jakob V., die den Historikern soviel Kopfzerbrechen bereitet hat, darauf schließen, daß Maria, falls sie tatsächlich an Porphyrie litt, diese Krankheit von ihrem Vater geerbt hatte.

Aber für Maria persönlich waren nur ihre Beschwerden, nicht der Ursprung ihrer Krankheit von Bedeutung; die Tatsache, daß sie wahrscheinlich an ererbter Porphyrie litt, so faszinierend diese Überlegung für Historiker und Ärzte sein mag, war ihr und ihren Zeitgenossen unbekannt. Das Ausschlaggebende für Maria Stuart war, daß die neunzehn Jahre ihrer Gefangenschaft, an sich schon tragisch genug, noch zusätzlich von körperlichen Leiden erschwert wurden, an die ihre Gefangenenwärter nicht einmal glaubten.

So krank Maria auch sein mochte, sie verlor nicht einen Tag die Hoffnung auf ihre Befreiung. Ihre Korrespondenz beschäftigte sich nach wie vor intensiv mit den verschiedensten Plänen für Hilfe aus dem Ausland. Aufgrund der Tatsache, daß sie jetzt wieder allgemein als frei für eine neue Eheschließung angesehen wurde, war sie während der ganzen siebziger Jahre, ungeachtet ihrer Gefangenschaft, eine wichtige Figur auf dem Schachbrett der europäischen Politik, um so mehr, als sie vom Standpunkt der Katholiken aus einen rechtmäßigen Anspruch nicht nur auf die englische Thronfolge, sondern tatsächlich auf den Thron selbst hatte; obgleich sie persönlich in dieser Hinsicht nichts unternehmen konnte, bestand doch immer die Möglichkeit, daß irgendein ausländischer Monarch ihr schon allein aus diesem Grund zu Hilfe kommen würde. Die Exkommunikation Elisabeths durch Papst Pius V. verlieh dem Anspruch Marias neuen Nachdruck; Papst Gregor XIII., der Nachfolger von Pius V., war überzeugt von Marias Anrecht auf den englischen Thron und nahm daher ebenfalls lebhaften Anteil an der Frage ihrer künftigen Ehe. Der Monarch, von dem man am ehesten erwarten konnte, daß er Maria Stuart unterstützen werde, war natürlich Elisabeths alter Feind, König Philipp II. von Spanien, und Maria selbst war so bestrebt, Philipps Wohlwollen zu gewinnen, daß sie ihm 1577 ihre Rechte »auf die Krone Englands und andere Herrschaften und Königreiche, die ich beanspruche und beanspruchen darf«, vermachte, vorausgesetzt, daß ihr eigener Sohn und Erbe, Jakob, nicht zum wahren (katholischen) Glauben zurückkehrte[11]. Dieses Testament, in der Gefangenschaft gemacht, hatte allerdings kaum einen realen Wert und war sicherlich weniger dazu bestimmt, irgendwelche grundlegenden Veränderungen herbeizuführen, als vielmehr Philipp – der von seinem Inhalt unterrichtet wurde – bei guter Laune zu halten.

Ende 1577 wurde auf Anregung des Papstes die Möglichkeit erörtert, Maria mit Philipps unehelichem Halbbruder, dem berühmten Don Juan de Austria – Prinz Johann von Österreich –, zu verheiraten. Das Problem war natürlich weniger, wie man der Katze die Schelle anhängen sollte, als vielmehr, wie man die Katze aus der Gefangenschaft befreien konnte, um diese Ehe zustande zu bringen. Das Vorspiel dazu sollte eine Invasion Englands von den Niederlanden aus sein, von Philipp II. mit päpstlicher Billigung organisiert und unter dem Oberbefehl von Don Juan, der wie im Märchen zum Dank die Hand der gefangenen Prinzessin erhalten sollte; danach würden dann Maria und ihr Gemahl gemeinsam für alle Zeiten als katholisches Königspaar über England und Schottland herrschen. Die Vorstellung einer Ehe zwischen Maria Stuart und Don Juan, dem Helden von Lepanto, ist faszinierend; selbst Walsingham äußerte sich bewundernd über diesen schönen jungen Fürstensohn: »Ich bin gewiß noch nie einem Mann begegnet, der sich in Aussehen, Redefertigkeit, Geist und Witz mit ihm messen könnte. Wenn sein Stolz ihn nicht zu Fall kommen läßt, wird er zweifellos eine große Persönlichkeit werden.« Bedauerlicherweise wurde dieser Plan – wie so viele, deren Ziel die Befreiung der schottischen Königin war – zum Spielball der europäischen Großmächte in ihrem ehrgeizigen Kampf um die Vormachtstellung, und die Ehe zwischen diesen beiden romantischen Gestalten verließ letztlich nie das Reich der Träume, dem sie angehörte.

Das Seltsame war, daß Maria, obgleich der Papst auch weiterhin großen Anteil an der Frage ihres vierten Ehemanns nahm, in Wirklichkeit dem Gesetz nach immer noch mit ihrem dritten Mann, Bothwell, verheiratet war. Ungeachtet der gegenteiligen Meinung des englischen Gesandten in Paris[12] wurde im Spätsommer 1570 ihre Ehe mit Bothwell nicht aufgehoben. In ihren schriftlichen Instruktionen für Ridolfi – ob echt oder gefälscht – klagte sie, daß der Papst die Nichtigkeitserklärung so ungebührlich verzögere, und bat den Italiener, die Angelegenheit zu beschleunigen: Im Juli 1571 scheint Pius V. einen Untersuchungsausschuß mit der Überprüfung des Falls beauftragt zu haben[13]. Aber erst als Leslie im Jahr 1575 aus dem Gefängnis entlassen wurde, scheint etwas Ernsthaftes in dieser Frage unternommen worden zu sein. Leslie wurde, obwohl er seine Herrin bei seinem Verhör im Tower verraten hatte, wieder in Marias Dienste aufgenommen, und sie feierte seine Befreiung sogar mit einem selbstverfaßten Gedicht, das folgendermaßen begann[14]:

»Puisque Dieu a, par sonbonte imence,
Permis qu'ayez oblins tant de bon heur . . .*«

Leslie begab sich im Auftrag Marias nach Rom, und im August 1576 wurde auf sein Ersuchen in Paris vor einem ordentlichen Richter eine Reihe von Zeugenaussagen in Fragen der Bothwell-Ehe zu Protokoll genommen[15]. Leslies Nichtigkeitsantrag stützte sich auf die Tatsache, daß die Ehe zwischen Bothwell und Jean Gordon eine legitime Ehe gewesen sei, daß Bothwell die Königin mit Gewalt genommen habe und daß auf jeden Fall Bothwell und Jean niemals richtiggehend geschieden worden seien.

Doch trotz dieser Beweise und Argumente und ungeachtet der Tatsache, daß sowohl der Papst als auch alle anderen Geistlichen Maria offensichtlich als frei für eine neue Heirat betrachteten, wurde die Annullierung der Ehe nicht offiziell ausgesprochen, denn man wollte das Leben der Königin der Schotten nicht gefährden, indem man die Pläne für ihre Befreiung an die große Glocke hängte: Aus der Erklärung, daß sie nicht mehr mit Bothwell verheiratet sei, ergab sich logischerweise die Folgerung, daß sie eine neue Ehe einzugehen beabsichtigte. Die englische Regierung würde mißtrauisch gegen sie werden, und das konnte nicht nur die diesbezüglichen Pläne vereiteln, sondern sie möglicherweise sogar den Kopf kosten. Ein Brief des Kardinals von Como aus dem Jahre 1576 zeigt deutlich, wie der

* Da Gott in seiner unendlichen Güte
Euch soviel Glück gewährt . . .«

Papst zu dieser Frage stand: »Da die Königin von Schottland sich in Gefangenschaft befindet, wird es nach Ansicht Seiner Heiligkeit kaum möglich sein, mit ihr über ihre Wiederheirat zu verhandeln, ohne daß man dabei riskiert zu verraten, was besser geheim bleiben sollte[16].« Im April 1578 befreite der Tod Bothwells Maria ohnedies von den Fesseln der Ehe; aber knapp sechs Monate später starb Don Juan selbst – anscheinend an Typhus –, und damit waren Marias Hoffnungen in dieser Richtung ein für allemal vernichtet.

Bothwells Lage während der letzten Jahre seines Lebens war unsagbar grauenvoll: Nichts, was er im Leben getan hatte, war eine Rechtfertigung dafür, diesen einst so starken, lebensvollen Mann elf Jahre lang ohne Prozeß in einen fremdländischen Kerker zu sperren. Ursprünglich hatte der dänische König ihn festgehalten, um einen Trumpf gegen Elisabeth in der Hand zu haben; in der Zwischenzeit hatte jedoch ein anglo-dänisches Bündnis ihn in dieser Hinsicht überflüssig gemacht. Vergebens hatten seine schottischen Feinde ein ums andre Mal seine Auslieferung gefordert: Bothwell blieb auch weiterhin in Dänemark, wanderte von einem Kerker in den anderen, und seine Haft wurde immer grausamer und strenger, so daß ihm letztlich die kurze, schnelle Rache seiner adeligen Standesgenossen sicherlich als ein ungleich gnädigeres Schicksal erschienen wäre. Als James Maitland zwölf Jahre nach Bothwells Tod nach Kopenhagen kam, hörte er, daß die unerträglichen Bedingungen von Bothwells Gefangenschaft ihn während der letzten Jahre in den Wahnsinn getrieben hatten. Nach einer mündlichen Überlieferung – für die es keine Beweise gibt – soll er zuletzt wie ein Tier an einen Pfeiler, halb so hoch wie er selbst, gekettet gewesen sein, so daß er nie aufrecht stehen konnte. In den Memoiren von Lord Herries lautet sein Epitaph folgendermaßen: »Der König von Dänemark ließ ihn in einen düsteren Kerker werfen, wo niemand Zutritt zu ihm hatte, außer denjenigen, die ihm durch ein kleines Fenster die armseligen Speisen reichten, die ihm gewährt wurden. Hier hielt man ihn zehn Jahre eingesperrt, bis er, von Haaren überwuchert und starrend vor Schmutz, elend zugrunde ging[17].«

Wenn Maria in dieser geistesgestörten und erbarmungswürdigen Gestalt nur schwer den kraftvollen, energischen Mann erkannt haben würde, von dem sie sich einst vor allem Schutz und Rückhalt erhofft hatte, wäre es vielleicht auch Bothwell seinerseits nicht leichtgefallen, in dieser ernsten, gesetzten Gefangenen von Sheffield Castle die Züge der jungen und schönen Königin zu entdecken, der er in den Jahren ihrer persönlichen Herrschaft in Schottland zuerst als Diener und dann als Ehemann zur Seite gestanden hatte. Das »liebliche Gesicht«, das die guten Leute von Edinburgh gepriesen hatten, als ihre Königin vor beinahe zwanzig Jahren bei ihrer Ankunft in Schottland an ihnen vorbeizog, hatte sich durch Kränklichkeit und Kummer sehr verändert. Die größte und bekannteste Gruppe von Bildern Maria

Stuarts stammt aus diesen letzten Jahren ihres Lebens: Es sind verschiedene Versionen ein und desselben Bildes, oft das »Sheffield-Porträt« genannt, das sie aufrecht stehend in voller Größe oder als Halbfigur zeigt; sie trägt ein schwarzes Samtkleid und den weißen, spitz zulaufenden Kopfputz, den sie unsterblich gemacht hat. Die Vorlage für dieses Bild war eine Miniatur aus dem Jahr 1578 von Nicholas Hilliard[18], dem einzigen bekannten Künstler, dem es offenbar gelungen ist, zu der streng bewachten Königin vorzudringen.

Das Gesicht auf der Miniatur von Hilliard und allen Versionen dieses Porträts zeigt deutlich, wie sehr die jugendfrische Schönheit der Königin vom Ablauf der Zeit getrübt worden war. Nichts ist übriggeblieben von der lachenden, goujonähnlichen *belle* des französischen Hofes: Dies ist eine Frau mit einem abgehärmten Gesicht, einer vorstehenden, spitzen Nase und einem leicht verkniffenen Mund; in krassem Gegensatz zu diesem kleinen Gesicht steht die matronenhafte Fülle ihres Körpers. Es ist bekannt, daß Maria zur Zeit ihres Todes, neun Jahre später, vollkommen die schlanke, geschmeidige Figur verloren hatte, die, verbunden mit ihrem hohen Wuchs, in jungen Jahren einer ihrer größten Reize gewesen war. Aus dem Sheffield-Porträt sowie aus einem Medaillon *en profil*, das vermutlich von einem italienischen Künstler nach einer Miniatur angefertigt wurde, ist deutlich zu ersehen, daß das in jungen Jahren so zarte, klar umrissene Oval ihres Gesichts jetzt, besonders um das Kinn herum, einer etwas plumpen Fülle gewichen war. Mangel an Bewegung und Kränklichkeit mögen schuld daran gewesen sein, daß Maria an Gewicht zunahm; aber abgesehen davon näherte sich die Königin jetzt vermutlich dem Wechselalter, und auch das mag dabei eine gewisse Rolle gespielt haben. Etwas Schönes ist ihr jedoch geblieben, ungeschmälert von der Zeit: Obgleich die schräg gestellten und einst so fröhlichen Augen jetzt traurig und wachsam sind und um den Mund mit den früher so schön geschwungenen, weichen Lippen jetzt ein bitterer Zug liegt, der mehr als alles andere die Wirkung von Kummer und Krankheit erkennen läßt, sind die Hände von Maria Stuart so schön wie immer. Lang und schmal heben die weißen Finger sich von dem schwarzen Samt des Kleides ab, ebenso anmutig in ihrer Bewegung wie zu den Zeiten, da Ronsard ihre Schönheit besang.

Den Veränderungen in der äußeren Erscheinung der Königin der Schotten entsprach der Wandel ihres Charakters. Im Jahre 1580 schrieb Maria aus eigenem Antrieb einen langen *Essay über das Mißgeschick*, in dem sie erklärte, daß sie besser als jeder andere dazu geeignet sei, über dieses melancholische Thema zu schreiben – und auf jeden Fall werde diese geistige Betätigung sie, die einst gewohnt gewesen sei zu herrschen und jetzt nicht mehr die ihr vom Schicksal zugewiesene Aufgabe erfüllen könne, vor Trägheit bewahren. Sie schloß, daß der einzige Trost für die vom Unglück Heimgesuchten bei Gott liege[19]. Tatsächlich waren jetzt jene schmalen weißen Hände häufig zum Gebet gefaltet. Es ist kein Zufall, daß auf den Porträts oft ein großer goldener Rosenkranz zu sehen ist, der von ihrem Gürtel herabhängt. Die Frau, die einst bedingungslos und ohne viel zu überlegen an die Wahrheiten der katholischen Religion geglaubt hatte und deren Leben von Taten, nicht von Gedanken beherrscht gewesen war, sah sich jetzt unfreiwillig dazu veranlaßt, auf das Hilfsmittel der frommen Betrachtung zurückzugreifen. Bis zu dieser Zeit war Marias religiöser Glaube noch nie einer wirklichen Prüfung ausgesetzt gewesen. In Frankreich gab es nichts, ihn auf die Probe zu stellen, und sehr viel, ihn zu fördern. In Schottland hatte sie auf der Ausübung ihrer eigenen Religion bestanden, aber angesichts der Tatsache, daß sie die regierende Königin war, bereit, sich ihrerseits gegenüber der offiziellen Religion des Landes tolerant zu zeigen, war es nicht schwer gewesen, dieses kleine Zugeständnis zu erreichen. Während der ersten Monate in England hatte sie keine Bedenken gehabt, sich von anderen auf deren eigenen Wunsch hin die Wahrheit der protestantischen Religion erklären zu lassen. Aber jetzt erforderte es List und Beharrlichkeit, ihre Religion auszuüben; sie lebte in einem Land, in dem Katholiken nicht nur nicht geduldet, sondern oft sogar verfolgt wurden – und das seit der Exkommunikation Elisabeths mit ständig zunehmender Unnachsichtigkeit.

Wenn Maria jetzt so treu an ihrem Glauben festhielt, war der Grund dafür nicht nur die Tatsache, daß sie sich vom Papst und den katholischen Großmächten am meisten versprach, was ihre Befreiung aus der Gefangenschaft betraf; es war auch, weil ihre eigene Einstellung zu ihrer Religion und zum Leben selbst sich grundlegend geändert hatte. Es ist ein Zeichen von innerer Größe, wenn ein Mensch imstande ist, den Forderungen des Alters gemäß, ohne Schwierigkeiten von einer Entwicklungsstufe zur anderen überzugehen. Maria Stuart brachte es fertig. Ihr ganzer Charakter vertiefte sich. Nachdem sie früher in erster Linie ein Mensch der Tat gewesen war, wurde sie jetzt unter dem Einfluß der Gefangenschaft, die sie so haßte, zu einer viel ruhigeren und nachdenklicheren Persönlichkeit.

Zwei Gedichte aus dem Jahre 1574, die in Leslies *Piae Afflicti Animi Consolationes* abgedruckt sind, sprechen von traurigen Erinnerungen, von der Unbeständigkeit der Welt und der Notwendigkeit des Verzichts. Verse, die sie 1579 in ein Stundenbuch schrieb, spielen erbittert auf falsche Freunde an und auf den persönlichen Mut, dessen es angesichts der Launenhaftigkeit des Schicksals bedarf.

> »Bien plus utile est l'heure et non pas la fortune
> Puisqu'elle change autant qu'elle este opportune[20].«

Aber in einem anderen Gedicht, wahrscheinlich Anfang der achtziger Jahre geschrieben, zeigte sie mehr christliche Resignation:

»Donne seigneur, donne moi patience
Et renforce ma trop debile foi
Que ton esprit me conduise en ta loi
Et me guarde de choir imprudence[21].«

Am Schluß des *Essay über das Mißgeschick* führte Maria das Gleichnis von den Talenten an, um zu erklären, wie viel denjenigen vergeben wird, die das Beste aus ihrem Leben gemacht haben: »Gott verteilt, gleich einem guten Familienvater, Seine Talente unter Seinen Kindern, und wer immer sie erhält und sie zu nutzen weiß, wird vom ewigen Leiden befreit.« Sie setzte ihre eigene Lebensanschauung in die Tat um, und die Talente, die sie im reifen Alter zeigte, waren sehr verschieden von denen ihrer Jugend. Die unbekümmerte Lebensfreude, die Maria damals an den Tag gelegt hatte, und die bei einer jungen Frau so bezaubernd wirkt, wäre bei der gefangenen Königin unerträglich und sogar frivol gewesen. Marias Äußerungen in den Vierzigern lassen einerseits einen unendlich viel edleren und tieferen Geist und andererseits eine gelassene Heiterkeit und innere Ruhe erkennen, die in krassem Gegensatz zu ihrem früheren Verhalten stehen.

Diese Ruhe und Gelassenheit wurden mit viel Kummer, Selbstprüfung und Leiden erkauft. Maria Stuart, die niemals ohne Ratgeber gewesen war und auch niemals gewünscht hatte, es zu sein – sei es ihre Großmutter, ihre Onkel, die Guisen, der bedauernswerte Darnley, ihr Stiefbruder Moray, Riccio oder Bothwell –, sah sich während der letzten Jahre ihres Lebens gezwungen, ohne Rat und Hilfe von draußen auszukommen. Jetzt war sie diejenige, auf die ihre Diener sich stützten und von der ihre Gesandten – viele unter ihnen von fragwürdiger Zuverlässigkeit – Anweisungen erwarteten. Sie konnte sich heimlich an die Außenwelt wenden und um Rat bitten und ihn erhalten, aber wenn es sich darum handelte, irgend etwas innerhalb der Grenzen des Gefängnisses zu unternehmen, war Maria, und nur Maria, diejenige, die Entscheidungen treffen und ihre Ausführung anregen mußte. Die reizende Puppenkönigin von Frankreich, die energische, aber in mancher Hinsicht unbesonnene junge Monarchin von Schottland hätten nie die bemerkenswerte Leistung vollbringen können, die Maria Stuart in den letzten zehn Jahren ihres Lebens vollbrachte. Die Schule des Leids, die sie durchmachte, so bitter sie auch gewesen sein mag, sollte ihr jene Selbstbeherrschung und Charakterstärke verleihen, die es ihr ermöglichte, letztlich durch ihr heroisches Ende den Sieg über Elisabeth zu erringen.

XXIII

MUTTER UND SOHN

»... befleck dein Herz nicht; dein Gemüt ersinne
Nichts gegen deine Mutter; überlaß sie
Dem Himmel und den Dornen, die im Busen
Ihr stechend wohnen ...«

Der Rat des Geistes von Hamlets Vater hinsichtlich seiner Mutter Gertrude. (Es wird vermutet, daß Shakespeare das Verhältnis von Maria, der Königin der Schotten, zu Jakob VI. als Vorwurf für die Beziehung zwischen Hamlet und Gertrude gedient hat.)

Während Maria in England gefangengehalten wurde, war das Kind, das sie zum letztenmal im Jahre 1567 als zehn Monate altes Baby in Stirling Castle gesehen hatte, zu einem frühreifen Jüngling herangewachsen. Maria sehnte sich immer noch nach Jakob, oder besser gesagt, nach dem kleinen Sohn, den sie verloren hatte und dessen Bild in ihrem Herzen lebte. Und da sie glaubte, daß das natürliche Band zwischen Mutter und Kind zeitlebens bestehen bleibt, war sie überzeugt, daß auch Jakob sich nach ihr sehnte. Zweifellos bestärkten die schwärmerischen Berichte mitleidiger Höflinge über Jakobs angebliche Liebe zu ihr sie noch in diesem Glauben. Solche Märchen wurden leicht erfunden und gierig aufgenommen von dem sehnsüchtigen Mutterherzen einer Gefangenen, die keine Möglichkeit hatte, sie nachzuprüfen, und nur allzu gern glaubte, daß sie wahr seien. So erzählte man ihr zum Beispiel, daß Jakob als Junge einmal beim Abendessen besonders guter Laune gewesen sei und glücklich gelächelt habe; hinterher habe sich herausgestellt, daß er sich ein Exemplar von Bothwells fragwürdigem *Testament of Confession* beschafft und daraus ersehen habe, daß seine Mutter in Wirklichkeit vollkommen unschuldig am Tode seines Vaters war. Berichte dieser Art vermittelten Maria natürlich einen völlig falschen Eindruck von Jakobs Einstellung zu ihr. Noch im Jahre 1584 schrieb Lady Margaret Fleming ihr aus Schottland, die Sitten am schottischen Hof hätten sich zwar sehr zu ihrem Nachteil verändert, aber das sei nicht Jakobs Schuld, und er selbst werde sich Maria gegenüber zweifellos immer wie »ein ergebener, gehorsamer und liebender Sohn« verhalten[1].

Die Wirklichkeit sollte jedoch anders aussehen: Jakob zeigte sich seiner Mutter gegenüber nie als liebender und schon gar nicht als gehorsamer Sohn. Es war Marias Unglück, daß sie das erst viel zu spät erkannte und daß sie von Anfang an eine vollkommen falsche Vorstellung von der Beziehung zwischen Mutter und Sohn hatte. Während der ersten entscheidenden Jahre seiner Kindheit hatte Jakob der Obhut der Countess of Mar unterstanden, einer »Jezabel von Frau«, wie Knox sie nannte, die Königin Maria haßte. Vom fünften Lebensjahr an lag seine Erziehung hauptsächlich in den Händen von George Buchanan, einst ein respektvoller Verehrer Marias und später ihr erbitterter Feind. Von diesem Mann, der sich nicht geschämt hatte, die abscheulichen Geschichten der *Detectio* zu erfinden, war schwerlich zu erwarten, daß er Marias Ruf schonen würde, wenn er mit dem Kind über seine Mutter sprach. Später machte sich Jakob die calvinistischen Ideen von Peter Young zu eigen, dem einzigen Erzieher, dem er eine gewisse Zuneigung entgegengebracht zu haben scheint. Jakobs Jugend war eine einzige trostlose Folge von langen Stunden des Lernens – er bemerkte später einmal kläglich, daß man ihn Latein gelehrt habe, noch ehe er überhaupt richtig schottisch sprechen konnte –, nur hin und wieder unterbrochen von dramatischen und blutigen Ereignissen, die einen ebenso nachteiligen Einfluß auf ihn ausübten wie das vorgeburtliche Trauma von Riccios Ermordung. Nicht allein, daß er in seiner Kindheit keinerlei Mutterliebe erfuhr, er wurde auch dazu erzogen, seine Mutter als die Mörderin seines Vaters zu betrachten, eine Ehebrecherin, die ihren Sohn um ihres Liebhabers willen verlassen hatte und zu allem noch die Verfechterin einer verruchten und ketzerischen Religion war.

Gewiß, Jakob wandte sich später von Buchanan ab, weil er Maria verleumdet hatte; er nannte den Regenten Moray »jenen Bastard, der sich verräterisch gegen seine eigene Monarchin und Schwester erhoben und ihren Untergang herbeigeführt« habe; im Jahre 1584 erreichte er im Parlament die Verurteilung von Buchanans Klageschrift; viel später riet er seinem eigenen Sohn eindringlich davon ab, »die niederträchtigen Schmähschriften« von Buchanan und Knox zu lesen[2]. Aber das Entscheidende war, daß man Jakob in seiner Kindheit der Fähigkeit beraubt hatte, überhaupt jemals einen Menschen zu lieben und schon gar nicht seine Mutter. Verstandesgemäß konnte er das falsche Bild Buchanans von Maria durch eines ersetzen, das ihm der Wahrheit entsprechender erschien. Aber er konnte niemals in seinem Herzen die natürliche Liebe eines Sohnes zu seiner Mutter ersetzen, denn diese kleine, flackernde Flamme hatten die Feinde Marias bereits in seiner frühesten Kindheit erstickt.

Jakob war, ebenso wie Maria selbst, von Anfang an dazu erzogen worden, sich als regierender Monarch zu betrachten, ungeachtet der Tatsache, daß seine Mutter noch am Leben war. Nichts an seiner äußeren Erscheinung erinnerte an seine hochgewachsenen und göttergleichen Eltern: Er war klein und dürr, mit traurigen Augen und einem unschönen Gesicht. Fontenay, der Jakob auf Marias Bitte hin im Jahre 1584 besuchte, war beeindruckt von seiner Intelligenz: Er fand, daß er ein gutes Gedächtnis habe, sehr wissensdurstig sei und imstande, eine kluge Unterhaltung zu führen; aber er hatte, wie Fontenay berichtete, drei Fehler: ein übergroßes Selbstvertrauen, das es ihm unmöglich machte, seine Schwächen zu erkennen; eine unkluge Vorliebe für Günstlinge und die Neigung, sich mehr dem Vergnügen als der Politik zu widmen, was es anderen allzu leicht machte, die Zügel der Regierung an sich zu reißen[3]. Pater Robert Abercomby, ein Jesuit, der sich auf einer Mission in Schottland befand, berichtete im Jahr 1581, der König stecke tief im Calvinismus, und zwar einfach deshalb, weil er seit seiner frühen Jugend mit keiner anderen Religion in Berührung gekommen sei[4]. Nichts von alledem sprach für die Möglichkeit einer wirklichen Anteilnahme von seiten Jakobs am Schicksal seiner Mutter; dies war nicht der zärtliche, liebenswerte Junge aus Marias Wunschträumen, der keine Mühe scheuen würde, seine Mutter aus ihrer qualvollen Gefangenschaft zu befreien. Wie so viele Menschen, die eine unglückliche, lieblose Kindheit gehabt und sich aus Angst vor dem Leben in sich selbst zurückgezogen haben, verstand es Jakob von frühester Jugend an, die Menschen hinters Licht zu führen. Elisabeths Bemerkung, als sie 1581 von Mortons Hinrichtung hörte, hätte Maria viel mehr über den Charakter Jakobs sagen können als all die optimistisch gefärbten Urteile, die man ihr gegenüber äußerte: »Dieser hinterhältige schottische Bengel!« rief Elisabeth aus. »Was kann man von solch einem doppelzüngigen Burschen erwarten[5]?«

Maria selbst hatte ein völlig anderes Bild von ihrem Sohn und ihrer Beziehung zueinander: Schließlich hatte sie dieses Kind durch viele Gefahren und Schwierigkeiten hindurch unter ihrem Herzen getragen — und es war ihr einziges Kind. Sie hatte wenig andere Objekte, die sie mit Liebe überhäufen konnte. Die Jahre, in denen Jakob vom ahnungslosen kleinen Jungen zum Jüngling herangewachsen war, hatte Maria, abgeschnitten von der Welt, in Gefangenschaft verbracht; ihre Erinnerungen an den Sohn hatten unverändert in ihrem Herzen fortgelebt. Ihr Testament aus dem Jahre 1577, in dem sie formell den Wunsch äußert, daß Jakob eine spanische Prinzessin heiraten und den katholischen Glauben annehmen möge, ist nur einer von vielen Beweisen, wie wenig sie von der tatsächlichen Entwicklung ihres Sohnes wußte. Als Maria Stuart im Jahre 1561 als Witwe Franz II. nach Schottland zurückkehrte, war eines ihrer Hauptprobleme, daß sie aufgrund der in Frankreich verbrachten Jugend kein ausreichendes Verständnis für die Mentalität der Schotten hatte: Als sie jetzt von 1581 ab den Plan verfolgte, den Thron Schottlands mit Jakob zu teilen, bestand ihr Problem darin, daß sie nach dreizehn Jahren der Gefangenschaft außerstande war, den gewundenen Gedankengängen ihres Sohnes zu folgen.

Ganz abgesehen von diesem Hindernis für eine Verständigung mit ihm, bedrohte Marias Stellung als Königin der Schotten diejenige ihres Sohnes als König. Maria hatte im Mai 1568, während der wenigen Tage ihrer Freiheit vor der Schlacht von Langside, die Abdankung widerrufen, zu der man sie in Lochleven gezwungen hatte. Nach ihrer eigenen Ansicht und der ihrer Anhänger, vor allem der katholischen Mächte im Ausland, war sie daher immer noch die rechtmäßige Königin des Landes: Und Jakob war, trotz seiner Krönung im Alter von dreizehn Monaten und der seither in seinem Namen bestehenden Regierung, ein Usurpator. Dies war es, was Maria im Jahre 1580 die Oberhand über ihren Sohn gab. Für Jakob bedeutete es einen großen Vorteil, seine *de-facto*-Herrschaft als *de jure* anerkannt zu sehen: Es würde nicht nur seine Stellung Frankreich und Spanien gegenüber stärken, sondern ihn auch in eine bessere Lage hinsichtlich der englischen Erbfolge versetzen. Als Jakob heranwuchs, griff er in den Briefen an seine Mutter zu einem Kompromiß: Er redete sie als die Königin der Schotten an, unterschrieb aber »James R.« Schließlich unterbreitete Maria ihm Anfang 1581 durch einen Gesandten der Guisen ihren eigenen Plan für eine »Vereinigung« – oder die gemeinsame Herrschaft von Mutter und Sohn –, einen Plan, der natürlich die Wiedereinsetzung Marias in Schottland einschloß.

Jakob, der erkannte, daß diese Vereinigung ihm die gewünschte Anerkennung von seiten der katholischen Großmächte bringen würde, zeigte sich bereit, den Vorschlag seiner Mutter in Erwägung zu ziehen, und Maria sandte den jungen Patrick, Master of Gray, nach Schottland, mit ihrem Sohn zu verhandeln. Gray hatte in Frankreich im Dienst von James Beaton, dem Gesandten Marias, gestanden und war in seiner Eigenschaft als Mittelsmann zwischen Maria und ihrem Kreis von Anhängern in Paris zu einem vertrauten Freund der Guisen geworden. Aber als dieser ehrgeizige junge Mann im November 1583 nach Schottland kam, um als Vertreter Marias über die geplante Vereinigung zu verhandeln, erkannte er sehr rasch, daß es weit nutzbringender sein würde, sich mit dem Sohn, einem regierenden König, statt mit der Mutter, einer Gefangenen ohne Königreich, zu verbünden. Er wurde der Freund und Vertraute des neuen Earl of Arran – früher James Stewart – und verschaffte sich durch ihn Gehör bei Jakob selbst. Gray war genügend in die Geheimnisse Marias und die ihrer kleinen Clique von Anhängern in Frankreich eingeweiht, um Jakob durch mancherlei vertrauliche Mitteilungen überzeugen zu können, daß er im Falle einer Auseinandersetzung zwischen Mutter und Sohn stets dem Sohn dienen werde. Aber Maria, die nichts von dem Verrat ihres Abgesandten ahnte, vertraute weiterhin auf seine guten Dienste, ebenso wie sie auch weiterhin an die Zuneigung ihres Sohnes glaubte.

Das Gedeihen oder Scheitern dieses Plans der Vereinigung hing jetzt ausschließlich von der Haltung Elisabeths ab. Bei näherer Überlegung hatte Jakob nur allzu klar erkannt, daß die Rückkehr Marias nach Schottland sich zumindest störend auf seine eigene Stellung auswirken würde; sie gehörten verschiedenen Religionen und vor allem auch verschiedenen Generationen an; wieviel besser wäre es, wenn man sich die Vorteile dieser Vereinigung – Elisabeths Gunst und die Anerkennung durch das Ausland – sichern könnte, ohne daß Maria freigelassen wurde. Im äußersten Notfall würden englische Subsidien und ein Bündnis mit Elisabeth König Jakob immer noch nützlicher sein als die offizielle Anerkennung durch Frankreich. Aber man mußte bei diesen Verhandlungen mit größter Diplomatie vorgehen: Nur durch behutsames Sondieren konnte man herausfinden, wie Elisabeth zu dieser Frage stand, und außerdem durfte Maria vorläufig keinesfalls etwas davon erfahren, denn wer weiß, ob die Vereinigung mit ihr sich letztlich nicht doch noch als nützlicher für Jakob erweisen würde. Im Sommer 1584 war es Gray, der nach London gesandt wurde, um im Auftrag des Königs die Verhandlungen zu führen. Unterdessen schrieb Jakob im Juli persönlich an Maria, um ihr zu versichern, daß er von ihrem Plan sehr angetan sei; und gleichzeitig teilte er ihr mit, daß Grays Mission lediglich darin bestünde, mit Elisabeth über die aufständischen Lords zu sprechen, die nach England geflohen waren[6].

Maria mußte wohl oder übel diese Erklärung gelten lassen; sie konnte von ihrem Gefängnis aus kaum etwas anderes tun. Ihr eigener Abgesandter Fontenay war der Meinung, daß der Zeitpunkt nie wieder so günstig für das Zustandekommen einer Vereinigung sein würde, da sowohl Jakob als auch die Schotten der Königin jetzt wohlgesinnt seien[7]. Aber die Briefe, die sie im Oktober an Gray und an Castelnau de Mauvissière, den französischen Gesandten in London, schrieb, zeigen deutlich, daß sie genau wußte, wie bedenklich ihre Lage werden konnte, falls Jakob jemals versuchen sollte, separat zu verhandeln; mit dem scharfen Wahrnehmungsvermögen der Gefangenen erkannte Maria, daß sie nur hoffen konnte, ihrem Gefängnis zu entkommen, wenn Jakob ihre Freilassung zur Vorbedingung für jegliche Verhandlung mit Elisabeth machte. Sie betonte Gray gegenüber, man dürfe Elisabeth keinesfalls Grund zu der Annahme geben, daß zwischen ihr und Jakob irgendwelche Differenzen bestünden; außerdem müsse Marias sofortige Freilassung eine der Voraussetzungen für eine anglo-schottische Wiederannäherung sein. Maria, die immer noch glaubte, daß Gray in ihren Diensten stand, gab ihm eine Reihe von ausführlichen Anweisungen für seine Verhandlungen in London, wobei sie immer wieder die Dringlichkeit ihrer Freilassung unterstrich[8]. Aber die Engländer hatten bei Grays Ankunft sofort erkannt, daß er jetzt weniger den Interessen von Jakob und Maria als vielmehr denen von Jakob und Elisabeth diente: Tatsächlich hatte Elisabeth angesichts der wertvollen Informationen, die Gray als ehemaliger Diener Marias über die Organisation und die Pläne ihrer Rivalin besaß, einen unschätzbaren potentiellen Verbündeten gewonnen, der damit zu einem gefährlichen Verräter an Marias Sache werden konnte[9].

Vergebens betonte Maria in ihren Briefen an Gray, was alle anderen zu übersehen schienen, was sie selbst jedoch niemals vergessen würde: daß ihre Gefangenschaft vom ersten Augenblick an ungesetzlich gewesen sei, da sie nicht einmal mit England im Krieg gelegen habe. Maria bat Gray, er möge Elisabeth zu verstehen geben, daß sie Jakobs Wünschen entgegenkommen würde, wenn sie Maria freiließe. Aber zur selben Zeit, da Maria diesen Brief schrieb, wurde Elisabeth von anderer Seite klargemacht, daß dies tatsächlich das letzte sei, was Jakob wünschte. Während Maria bat, Gray möge ihr einen persönlichen Besuch abstatten, da dies dazu beitragen würde, Mutter und Sohn besser miteinander bekannt zu machen, war Gray seinerseits in London damit beschäftigt, die Sache der Mutter auf Veranlassung des Sohnes zu verraten. Am 28. November setzte Nau im Auftrag Marias ein Schreiben mit achtundzwanzig Vorschlägen für die Vereinigung auf[10]: Maria erklärte sich bereit, nötigenfalls in England zu bleiben, alles Unrecht zu vergeben, das ihr von seiten der Engländer zugefügt worden sei, die päpstliche Bannbulle zu verwerfen und für immer ihrem Anspruch auf die englische Krone zu entsagen. Sie erbot sich, einem Angriffspakt gegen Frankreich beizutreten, falls die Franzosen sich wider Erwarten der Vereinigung widersetzen sollten. Was Schottland betraf, war sie bereit, eine Amnestie zu erlassen, und verpflichtete sich, nichts an dem gegenwärtigen Stand der offiziellen Religion des Landes zu ändern. Ihre einzige Bedingung war, daß Jakob sich in der Frage seiner künftigen Ehe von Elisabeths »gutem Rat« leiten lassen solle, die einzige Forderung, die sofortige Erleichterung ihrer gegenwärtigen Situation. Diese weitgehenden Zugeständnisse von seiten Marias ließen klar erkennen, daß sie nach sechzehn Jahren der Gefangenschaft nur ein Ziel im Auge hatte, ein einziges Ziel, dem sie alle anderen Erwägungen zu opfern bereit war: um jeden Preis ihre Freiheit zu erlangen.

Am 14. Dezember schrieb Maria einen Brief an Gray, in dem sie ihn daran erinnerte, daß Jakob nicht der alleinige Herrscher Schottlands sei, und ihn ersuchte, mit allen Mitteln zu verhindern, daß Mutter und Sohn von »böswilligen Ratgebern« getrennt würden, da es von entscheidender Bedeutung für ihre Sache sei, daß Jakob sich als ein »leiblicher und gehorsamer Sohn« zeige[11]. Selbst im Januar hoffte Maria immer noch, daß diese Zugeständnisse ihr von einem Tag zum anderen die ersehnte Freiheit bringen würden, und sie bat den französischen König und die Königin, getrennt an Jakob zu schreiben und die Vereinigung anzuerkennen, um ihrem Sohn zu zeigen, wie günstig diese Regelung für ihn wäre[12]. Aber in der Zwischenzeit hatte Gray seine Mission im Interesse Jakobs erfolgreich beendet: Er hatte Elisabeth zu verstehen gegeben, daß die Freilassung Marias nicht notwendig sei, um Jakobs Freundschaft zu gewinnen, und er seinerseits hatte von Elisabeth erfahren, daß auch ihre Freundschaft für Jakob auf direktem Weg zu gewinnen sei, ohne daß man die Ansprüche,

Rechte oder gar die Wünsche der gefangenen Königin der Schotten zu berücksichtigen brauche.

Im März 1585 konnte Maria die niederschmetternde Wahrheit nicht mehr verborgen bleiben: Jakob ließ, wie Gray Königin Elisabeth zufrieden meldete, seinen ganzen Rat zusammenrufen, woraufhin formell beschlossen wurde, daß die »von seiner Mutter gewünschte Vereinigung weder gewährt noch jemals wieder erwähnt werden solle[13]«. In ihrem rührenden Bestreben, das Bild, das sie sich von ihrem Sohn gemacht hatte, nicht zu zerstören, versuchte Maria zunächst, sich einzureden, daß Gray an diesem Verrat schuld sei. Als man ihr mitteilte, daß Jakob nicht mit ihr verhandeln könne, solange sie sich in Gefangenschaft befinde, fragte sie mit kindlicher Logik, warum Elisabeth sie dann nicht freilassen könne, damit sie wenigstens imstande sei, mit ihrem Sohn zu verhandeln. Ein Postskriptum zu diesem Brief, von ihr selbst geschrieben, zeugt von ihrer großen Erregung: »Ich bin zutiefst empört«, kritzelte sie, »über die Pietätlosigkeit und Undankbarkeit, die mir mein Sohn mit diesem Brief bezeigt, der zweifellos auf Veranlassung von Gray geschrieben wurde.« Zornig drohte sie, daß sie Jakob enterben und die Krone seinem größten Feind geben werde, ehe sie sich diese Behandlung gefallen lasse. In dem Brief, den sie noch am selben Tag an Elisabeth schrieb, bezeichnet sie Gray als »ce petit broullon« (Unruhestifter) und Jakob als ein schlecht erzogenes Kind (»mal gouverné enfant«). In ihrem nächsten Brief an Elisabeth beklagte sie die Zwietracht, die in letzter Zeit von böswilligen Ratgebern zwischen ihr und Jakob gesät worden sei[14] – ohne sich der grausamen, für ein Mutterherz noch unerträglicheren Wahrheit bewußt zu sein, daß es nicht einige Monate der böswilligen Beeinflussung durch Gray, sondern fast zwanzig Jahre der vollkommenen Trennung waren, die zu dem Bruch zwischen Mutter und Sohn geführt hatten. Jakob hatte im Juli 1584 den Vorschlag der Vereinigung scheinbar vorbehaltlos begrüßt und ihn im März des folgenden Jahres unwiderruflich abgelehnt: Er hatte, ebenso wie Gray, Maria verraten. Aber Jakob war ein kalter Rechner, und er hatte in der Zwischenzeit erkannt, daß in dem heiklen Spiel der anglo-schottischen Beziehungen er selbst einige der Trümpfe in der Hand hielt und Elisabeth einige der anderen, während seine Mutter nicht einen einzigen besaß. Maria, nach wie vor unentrinnbar in den vier Wänden ihres Gefängnisses eingesperrt, war fassungslos vor Zorn und Schmerz über die Treulosigkeit ihres Sohnes, die, wie sie wußte, Elisabeth den endgültigen Sieg über sie eingebracht hatte.

In diesem selben Jahr, in dem der Verrat ihres Sohnes Maria die letzte Hoffnung auf ihre Wiedereinsetzung nahm, trat gleichzeitig eine entscheidende Veränderung in ihren häuslichen Lebensbedingungen ein. Der Anlaß dazu war ihr Zerwürfnis mit Bess of Hardwicke, die Maria vollkommen willkürlich in den Skandal hineinzog, der den Bruch der Shrewsbury-Ehe umgab. Seit dem Tode von Shrewsburys Sohn Gilbert Talbot, im Jahre 1582, hatte es zwischen Shrewsbury und seiner Frau fortwährend Streitigkeiten wegen der Teilung der Besitztümer gegeben, und jetzt versuchte Bess, sich an ihrem Mann zu rächen, indem sie ihn der ehebrecherischen Beziehungen zu seiner Gefangenen bezichtigte. Sie wußte genau, daß sie ihn damit an seiner empfindlichsten Stelle traf, denn Shrewsbury, dessen größter Ehrgeiz es war, als gewissenhafter Diener der Regierung zu gelten, zitterte bei dem Gedanken, daß diese Anklagen zweifellos die alten Gerüchte über seine allzu große Nachsichtigkeit Maria gegenüber bestätigen würden.

Maria selbst war außer sich vor Empörung und Zorn. Sie fühlte sich in ihrer Ehre verletzt und verlangte beharrlich, daß man ihr gestatten möge, an den Hof zu kommen, um sich zu rechtfertigen: Für ihr empfindsames Gemüt war die Situation wieder die gleiche wie seinerzeit bei der Konferenz von Westminster – Bess, die sich unbehelligt in London aufhielt und bösartige Geschichten verbreitete, während man ihr, Maria, nicht einmal Gelegenheit gab, persönlich zu erscheinen und sich zu verteidigen. Im Oktober 1584 schrieb sie an Elisabeth und forderte, daß man Bess und ihren Sohn Charles Cavendish öffentlich verhören und danach wegen böswilliger Verleumdung bestrafen solle; Walsingham gegenüber drohte sie, daß sie alle Fürsten der christlichen Welt von der Niederträchtigkeit der *bonne Comptesse,* wie sie Bess spöttisch nannte, unterrichten werde[15]. Letztlich verlor Maria ihre Selbstbeherrschung: Im November schrieb sie einen langen, leidenschaftlichen Brief an Elisabeth, in dem sie nicht nur Bess' Beschuldigungen widerlegte, sondern auch – was wichtiger war – in allen Einzelheiten den ganzen obszönen Klatsch wiederholte, den Bess über Elisabeth verbreitet hatte. Maria beschrieb, wie Bess in vergangenen Zeiten in Chatsworth und anderswo ihre Umgebung mit grausamen Geschichten über Elisabeths Eitelkeit und anstößigen Geschichten über ihre Unmoral zu unterhalten pflegte. Elisabeth hielte sich für so schön, daß sie glaubte, einer Göttin des Himmels zu gleichen – oh, wie hatten Bess und die anderen sich hinter Elisabeths Rücken über sie lustig gemacht! Maria habe oft gehört, wie man, selbst in Gegenwart ihrer eigenen Kammerfrauen, Elisabeth *une comédie* nannte. Aber das sei noch gar nichts im Vergleich zu den Enthüllungen über Elisabeths Liebesleben: Nicht nur, daß sie laut Lady Shrewsbury *infinies foys* mit Leicester geschlafen habe, sie suche auch sonst lüsterne Befriedigung, wo immer sie könne, und schleiche nachts, nur in Hemd und Überwurf, in die Zimmer ihrer Kammerherren. Es ist nicht schwer zu glauben, daß der größte Teil dieser geschmacklosen Skandalgeschichten tatsächlich von Bess zum besten gegeben wurde, während sie mit Maria und den anderen Frauen in ihrem eigenen Zimmer über dem Stickrahmen saß; vertrauliches Geschwätz dieser Art wirkt nie sehr angenehm, wenn es viel später niedergeschrieben wird, und die Geschichten von

Bess waren keine Ausnahme. Was Marias Wiedergabe dieser billigen und sinnlosen Beleidigungen betrifft, es scheint, daß sie trotz ihres Zorns sich letztlich eines Besseren besann, denn es gibt keinerlei Beweise, daß Elisabeth, an die dieser Brief gerichtet war, ihn tatsächlich jemals zu lesen bekam; er wurde später unter Cecils Papieren gefunden, und obgleich die Möglichkeit besteht, daß Cecil selbst ihn abfing, bevor er in die Hände der Königin gelangte, ist eher anzunehmen, daß Maria, wie es so oft geschieht, ruhiger geworden war, nachdem sie ihr Gift verspritzt hatte, und den Brief unter ihren Papieren aufhob, ohne ihn abzusenden. Und danach wurde er vermutlich zusammen mit ihrer übrigen Korrespondenz 1586 in Chartley beschlagnahmt.

Wie Lady Shrewsbury und ihre Tochter später vor dem englischen Kronrat gestanden, war natürlich kein Körnchen Wahrheit an den Gerüchten über die intimen Beziehungen zwischen Shrewsbury und seiner Gefangenen: Marias Ruf als *femme fatale* machte sie häufig zum Gegenstand von Verleumdungen dieser Art. Sicherlich war Shrewsbury, ebenso wie Knollys, White und sogar Cecil selbst, nicht unempfänglich für Marias Charme; er hatte lange Jahre hindurch in enger Gemeinschaft mit ihr gelebt, und es wäre verständlich, wenn dieses ständige Beisammensein, verbunden mit der Güte, die Shrewsbury seiner Schutzbefohlenen für gewöhnlich bewies, zu Augenblicken der freundschaftlichen Vertrautheit oder sogar Zärtlichkeit geführt hätte, besonders da die sehr weibliche Art Marias zwangsweise in krassem Gegensatz zu der Männlichkeit von Bess gestanden haben muß, die noch dazu zwanzig Jahre älter war. Aber daß Shrewsbury versucht haben sollte, seine Zuneigung anders als durch eine gewisse Erleichterung der Lebensbedingungen Marias zum Ausdruck zu bringen, ist bei einem Mann wie ihm völlig undenkbar. Wahrscheinlich kam Mendoza Shrewsburys wahren Gefühlen am nächsten, als er sagte, der Earl sei Elisabeth aufrichtig dankbar gewesen, daß sie ihn von zwei Dämonen – seiner Frau und der Königin der Schotten – befreite[16].

Aus Gründen, die nichts mit den kleinlichen Streitigkeiten der Shrewsburys zu tun hatten, trieb der Lauf der Ereignisse Maria erbarmungslos einer strengeren Gefangenschaft entgegen. Sie selbst hatte es letztlich vermieden, sich allzu hörbar über den Shrewsbury-Skandal zu beklagen, weil sie fürchtete, daß man sie Shrewsburys Obhut entziehen und einem weniger nachsichtigen Hüter übergeben könnte. Aber auch ohne die böswillige Nachrede von Bess waren Marias Tage mit Shrewsbury gezählt, und zwar aufgrund von äußeren Umständen, die sich wieder einmal völlig ihrer Kontrolle entzogen. Die Auswirkungen der päpstlichen Bannbulle gegen Elisabeth, die 1570 öffentlich verkündet worden war, machten sich erst gegen Ende des Jahrzehnts bemerkbar, als abermals von außen her ein Versuch der Wiederbekehrung Englands gemacht wurde; Jesuitenmissionare – viele von ihnen Engländer, die nach ihrer Schulung im Ausland heimkehrten – kamen allmählich in ständig steigender Zahl ins Land und machten die Sache des englischen Katholizismus zu der ihren. Es gab unter ihnen zutiefst gläubige und fromme Männer wie Edmund Campion, sowie andere, mehr weltlich eingestellte Missionare wie Robert Person, die Verbindungen in allen europäischen Hauptstädten hatten. Diese beiden Männer kamen 1580 nach England, aber Person ging später nach Spanien, wo er aufgrund dessen, was er in London gehört hatte, König Philipp II. erklärte, daß Bekenntniseifer allein offensichtlich nicht genüge, den Katholizismus in England wiederherzustellen, sondern daß man ihn mit Waffengewalt unterstützen müsse.

Das Erscheinen dieser frommen Männer, die das englische Volk in den Schoß der katholischen Kirche zurückführen wollten, hatte eine zweifache Wirkung: Erstens wurden die englischen Katholiken selbst wieder zuversichtlicher, und damit wuchs auch ihr Glaubenseifer; und zweitens verschärfte die englische Regierung die Gesetze gegen die Rekusanten (alle diejenigen, die sich weigerten, einmal in der Woche dem offiziellen protestantischen Gottesdienst beizuwohnen), erhöhte die Geldstrafen und begann mit Hilfe der doppelschneidigen Waffe des päpstlichen Bannes, Rekusanten auf die gleiche Stufe mit Rebellen zu stellen. Es gab zahlreiche englische Katholiken, die, obwohl sie sich weigerten, auf Befehl des Parlaments den Glauben ihrer Väter aufzugeben, es ebenso ablehnten, auf Veranlassung des Papstes ihrer Königin die Treue zu brechen. Und gerade diese Katholiken konnte die englische Regierung jetzt aufgrund der päpstlichen Bulle zu Rebellen stempeln. Wie einer von ihnen – der berühmte Jesuitenmissionar Pater William Weston selbst – einmal schrieb, waren es bittere Zeiten, die der katholischen Gemeinde Englands unermeßliches Leid brachten: »Die Katholiken mußten jetzt mit ansehen, wie ihr eigenes Land, das Land ihrer Geburt, sich in ein unbarmherziges und liebloses Land verwandelte[17].«

Angesichts der heiklen Lage Englands, das sich beständig der Gefahr einer spanischen Invasion gegenübersah, ging die Regierung mit Rücksicht auf die öffentliche Meinung von 1580 an dazu über, die Katholiken als gefährliche Ausländer innerhalb des Königreichs hinzustellen. Im Jahre 1581 wurde ein Gesetz erlassen, das den Übertritt zum katholischen Glauben als Hochverrat erklärte. 1585 wurde den Jesuiten unter Androhung der Todesstrafe verboten, das Land zu betreten. Ebenso wie man fortwährend von der Bedrohung Englands durch die Katholiken sprach, wurde auch die Gefahr betont, in der die Königin selbst sich befand, um zu erreichen, daß das Volk sich geschlossen hinter sie stellte. Diese beiden Maßnahmen – frühe Übungen in der schwierigen Kunst der politischen Propaganda – ließen nichts Gutes für die Zukunft der Königin der Schotten erwarten, die sowohl Katholikin als auch eine Rivalin Elisabeths war. An der Spitze dieser sorgfältig geplanten Kampagne stand der erste Staatssekretär, Sir Francis Walsingham. Walsingham war einer der führenden Puritaner, aber er machte, wie er selbst sagte, einen scharfen Unterschied zwischen privater und öffentlicher Moral und hatte nicht die Absicht, dem Volk die strengen Dogmen des puritanischen Glaubens aufzuzwingen. Er war ein erfahrener Diplomat, der als Abgesandter Elisabeths die europäischen Höfe bereist hatte; und im Jahre 1583 wurde er in geheimer Mission zu Jakob nach Schottland entsandt. Außerdem verstand er es sehr gut, die politische Geschicklichkeit eines Staatsmannes der italienischen Renaissance mit einer sehr modernen Auffassung von der Nützlichkeit eines Spitzelsystems innerhalb des Staates zu verbinden.

Abgesehen von diesen unschätzbaren Fähigkeiten beherrschte Walsingham in geradezu bewundernswerter Weise die Kunst, nicht nur jegliche Art von Dokumenten zu fälschen, sondern auch die Organisationen seiner Feinde mit seinen eigenen Leuten zu durchsetzen – eine Kunst, die oft zu derart verworrenen Intrigen führte, daß es heute, nach vierhundert Jahren, fast unmöglich ist, die Wahrheit herauszufinden. Jetzt gelang es Walsingham, mindestens einen Spitzel – und wahrscheinlich sogar mehrere – im engsten Kreis von Marias Ratgebern in Paris unterzubringen. Angesichts dieser Tatsache ist es nicht zu verwundern, daß man Marias Namen mit drei Verschwörungen in Verbindung brachte, die in den achtziger Jahren vor der entscheidenden Krise des Babington-Komplotts aufgedeckt wurden. Die erste dieser Verschwörungen, das Throckmorton-Komplott, war offenbar von den Guisen angestiftet worden, obwohl in seinem Mittelpunkt einer von Walsinghams geschicktesten Agenten, ein gewisser Charles Paget, stand. Paget stammte aus einer alten Adelsfamilie, und sein ältester Bruder, Lord Thomas Paget, war ein frommer Katholik, der sich weigerte, das Gelübde der Zugehörigkeit zur englischen Staatskirche abzulegen, und schließlich 1583 nach Frankreich fliehen mußte. Charles Paget hingegen war ein Verräter und Spion, der in Frankreich im Jahr 1581, fast im gleichen Augenblick, wo er sich der kleinen marianischen Gesandtschaft des Erzbischofs Beaton anschloß, heimlich in Walsinghams Dienste trat.

Das Throckmorton-Komplott, das von Walsinghams Agenten aufgedeckt wurde, führte im November 1583 zur Verhaftung von Francis Throckmorton, einem katholischen Vetter von Sir Nicholas, der unter dem Verdacht stand, Maria bei der Übermittlung ihrer Briefe behilflich gewesen zu sein. Auch der Earl of Northumberland wurde als Mitverschwörer in den Tower geworfen. Dieses Komplott hatte abermals die Invasion Englands durch Spanien und die Befreiung Marias zum Ziel; Throckmorton, der von Anfang an als Mittelsmann fungiert hatte, legte vor seiner Hinrichtung ein umfassendes Geständnis ab, das die schottische Königin schwer belastete. Es hieß, sie habe jede Einzelheit des Invasionsplans gekannt. Zweifellos hatte Maria in ständiger Verbindung mit dem spanischen Gesandten gestanden, der jetzt wegen seiner Mitwisserschaft des Landes verwiesen wurde; aber offenbar ist dieses ganze Projekt nie sehr weit gediehen, denn es scheint, daß Charles Paget anläßlich eines kurzen Besuchs in England Northumberland von dem Plan abriet, nachdem er zunächst vergebens versucht hatte, den Herzog von Guise zu überreden, daß er Spanien nicht um Hilfe bitten solle[18]. Angesichts dieser Intrigen Pagets ist es fraglich, ob aus solch einem Plan, bei dem ein Doppelagent seine Finger im Spiel hatte, überhaupt jemals etwas geworden wäre; nichtsdestoweniger bot die Aufdeckung der Verschwörung Walsingham eine ausgezeichnete Gelegenheit, einen neuen Sturm der Empörung gegen die Katholiken und vor allem gegen ihre Repräsentationsfigur – Maria – zu entfachen.

Trotz Throckmortons Enthüllungen und ungeachtet der Tatsache, daß Maria offensichtlich die Einzelheiten der geplanten Verschwörung gekannt hatte, war ihre Beziehung zu den Guisen und auch zu ihrem langjährigen Gesandten, dem Erzbischof Beaton, nicht mehr so eng wie zuvor. Dies war für sie einer der traurigsten Aspekte ihrer letzten Lebensjahre, denn während Walsingham eifrig damit beschäftigt war, sie in den Augen der Öffentlichkeit zu einer gefährlichen Intrigantin zu stempeln – einer Spinne im Mittelpunkt eines riesigen Netzes von Plänen, mit Agenten an jedem ausländischen katholischen Hof –, verlor sie in Wirklichkeit immer mehr den Kontakt mit ihren eigenen Organisationen im Ausland. Sie wurde von der öffentlichen Meinung in ständig zunehmendem Maße der Mitschuld an Verbrechen bezichtigt, in die sie tatsächlich immer seltener verwickelt war. Von 1583 an war ihr Verhältnis zu ihrem Gesandten Beaton auffallend kühl, und im Herbst 1584 beschuldigte sie ihn sogar ganz offen, daß er ihre Finanzen schlecht verwalte, und beklagte es, daß ein so alter Diener gerade diesen Zeitpunkt wähle, sie so niederträchtig zu behandeln[19].

Anfang der siebziger Jahre hatte Beaton einen gewissen Thomas Morgan in seine Dienste genommen, der während der ersten Zeit von Marias Gefangenschaft Shrewsburys Sekretär gewesen war: Morgan, ein Freund von Walshinghams Hauptagenten Phelippes, war zwar Katholik, aber seine Glaubenstreue scheint ziemlich fragwürdig gewesen zu sein: Die meisten der im Exil lebenden englischen Katholiken hielten ihn für einen Verräter, und die Tatsache, daß er derjenige war, der Maria den Erzspitzel Gilbert Gifford als treuen Diener empfahl, spricht zweifellos gegen ihn[20]. Nichtsdestoweniger gelang es ihm, Marias Sympathie zu gewinnen – offenbar redete er ihr ein, daß er aus Shrewsburys Diensten entlassen worden sei, weil er ihr geholfen habe –, und sie betrachtete ihn als den »armen Morgan«. Obgleich sie ihn Beaton nicht persönlich empfahl, befürwortete sie seine Bewerbung und ließ ihm bei verschiedenen Gelegenheiten eine Unterstützung zukommen. Morgan wurde Beatons Hauptdechiffrierer, ein Beweis für das große Vertrauen, das man ihm entgegenbrachte, denn damit hatte er praktisch Zugang zu Marias gesamter französischer Korrespondenz.

Aber obwohl Morgan Marias Vertrauen genoß, wurde man in Frankreich sehr bald mißtrauisch gegen ihn. Gemäß der späteren Aussage des Jesuitenpaters Robert Person, vertraute man weder Morgan noch Paget die Einzelheiten des Invasionsplans von 1583 an, »da man fürchtete, daß sie eine geheime Korrespondenz mit der englischen Regierung führen könnten, obgleich die besagte Königin entgegen dem Wunsch und Rat des besagten Herzogs (Guise) und ihres Gesandten, des Erzbischofs, ihnen voll vertraute[21]«.

Es war tragisch, daß Marias Stab von Helfern in dieser kritischen Etappe ihres Lebens derart mit Spitzeln und Unruhestiftern durchsetzt war. Nach dem Ton ihrer eigenen Briefe zu schließen, scheint ihr Verhältnis zu Beaton gerade zu dem Zeitpunkt getrübt gewesen zu sein, wo sie am dringendsten seinen Rat und seine Hilfe brauchte. Morgan, der Entschlüßler, konnte, wenn er wollte, diesen Zwist sehr leicht verschärfen: Maria beklagte sich zum Beispiel, daß Beaton ihr sechs Monate lang nicht geschrieben habe; es wäre durchaus denkbar, daß der Grund dafür nicht Nachlässigkeit von seiten Beatons war – was ihm gar nicht ähnlich sah –, sondern vielmehr die Tatsache, daß sein Sekretär seine Briefe unterschlug. Samerie, ein Jesuitenkaplan, der Maria dreimal heimlich besuchte und ihrer Sache sehr ergeben war, schrieb ihr im Oktober 1584, daß es gefährlich sei, Männern wie Morgan und Paget zu vertrauen, und riet ihr, auf jede persönliche Korrespondenz zu verzichten und alle Verhandlungen über ihre Gesandten zu führen[22]. Es war ein ausgezeichneter Ratschlag, der deutlich zeigte, daß Samerie Königin Marias Vorliebe für Intrigen kannte. Aber leider wurde er nicht beherzigt. Im März 1585 sagte der päpstliche Nuntius Ragazzini dem Kardinal von Como: »Viele Menschen, und vor allem die Jesuiten, halten diesen Morgan für einen Schurken; dennoch verläßt die Königin der Schotten sich mehr auf ihn als auf ihren eigenen Gesandten [Beaton], wie dieser selbst mir oft gesagt hat[23].«

Aufgrund dieser Unstimmigkeiten und Intrigen innerhalb ihrer eigenen Organisation begann Maria jetzt, den Guisen und Spanien zu mißtrauen: Sie glaubte, daß die Guisen England nur erobern wollten, um es Spanien zu übergeben, und kein Interesse an ihrer Freilassung hatten. Menschen, die lange Zeit in Gefangenschaft leben, neigen häufig dazu, im Laufe der Jahre den Kontakt mit der Wirklichkeit zu verlieren. Und Maria Stuart erging es nicht anders: Genau in dem Augenblick, wo ihre Hoffnung auf die Vereinigung mit Jakob sich zerschlug und es für sie wichtiger denn je gewesen wäre, sich auf die Hilfe von seiten Spaniens und der Guisen zu konzentrieren, wurde sie das Opfer falscher Vorstellungen und begann, sich mehr auf ihre persönlichen Pläne als auf Beaton zu verlassen.

Als Anfang 1585 der Mordanschlag eines gewissen Dr. Parry gegen Elisabeth aufgedeckt wurde, zeigte Maria sich ehrlich entrüstet. Sie scheint tatsächlich nichts von diesem Plan gewußt zu haben, denn sie schrieb an ihren Verbündeten, den französischen Gesandten in London: »... Ich danke Gott für die Gnade, die er meiner guten Schwester, der Königin, erwies, indem er sie glücklich ein so grauenhaftes und verabscheuungswürdiges Verbrechen entdecken ließ. Ich schreibe ihr ein Wort, um sie und mich zu beglückwünschen, wie ich es aufrichtig tue[24].« Als sich herausstellte, daß Thomas Morgan, ihr eigener Agent in Paris, in das Komplott Parrys verwickelt war, konnte es Maria kaum glauben. Sie war mit gutem Recht entsetzt über die Nachricht, denn sie wußte genau, welche Gefahr diese Entdeckung für sie bedeutete: Jeder Mordanschlag gegen Elisabeth bot indirekt Anlaß zu einem Verdacht gegen sie, aber eine Verschwörung, an der einer ihrer eigenen Agenten beteiligt war, ermöglichte es ihren Feinden, sie selber der Mitschuld anzuklagen und ihre Verurteilung zu fordern.

Maria war sich dieser Gefahr um so deutlicher bewußt, als bereits im Sommer 1584, kurz nach der Ermordung Wilhelms von Oranien, zahlreiche protestantische Lords und Angehörige der Regierung einen Bund geschlossen hatten, dessen einziger Zweck es war, das Leben ihrer Königin zu schützen: Sie gelobten nicht nur, »in der Gegenwart des ewigen Gottes mit Ehre und Eid, jede Person dem Tode zuzuführen«, die sich an einer Verschwörung gegen Elisabeth beteiligte, sondern auch – und diese Anregung ging von Walsingham aus – alle diejenigen zu richten, zu deren Gunsten solch eine Verschwörung angestiftet wurde, ganz gleich, ob sie ihr Vorschub geleistet hatten oder nicht. Mit einem Wort, wenn man beweisen konnte, daß es das Ziel einer Verschwörung gewesen war, Königin Elisabeth zu beseitigen, um Maria auf den Thron zu setzen, konnte Maria selbst ebenso zum Tode verurteilt werden wie die Verschwörer, selbst wenn sie überhaupt nichts von dem Plan gewußt hatte. Das Parlament faßte diese Beschlüsse in einem Gesetz zusammen, das im Frühjahr 1585 verabschiedet wurde. Unterdessen trafen aus allen Teilen des Landes weitere Unterschriften ein, die Elisabeth vom Herbst 1584 an in einer endlosen Reihe von Urkunden vorgelegt wurden. Maria, die sich ihrer prekären Lage voll bewußt war, erbot sich sogar, selbst diesem Bund beizutreten[25]. Aber auch dieses Anerbieten konnte nicht über die Tatsache hinwegtäuschen, daß die Erhebung der Beschlüsse zum Gesetz praktisch ihrem eigenen Todesurteil gleichkam: Früher oder später würde es Walsingham gelingen, irgendeiner Verschwörung zugunsten Marias auf die Spur zu kommen, und damit konnte man nach dem neuen Gesetz die schottische Königin vor Gericht stellen und zum Tode verurteilen.

Königin Elisabeth selbst wußte besser als jeder andere, welche Gefahr diese Beschlüsse für Maria bedeuteten, und die Möglichkeit eines öffentlichen Prozesses gegen eine gesalbte Königin war etwas, worüber sie vorläufig lieber nicht allzu eingehend nachdenken wollte: Daher zog sie es vor, die Beschlüsse des Bundes in erster Linie als einen spontanen Beweis der

Anhänglichkeit ihrer Untertanen zu betrachten, von dem sie vorher nichts geahnt hatte. Bei den darauffolgenden parlamentarischen Verhandlungen erklärte sie sich nur zögernd einverstanden, den *Act for the security of the Queen's Royal Person* zum Gesetz erheben zu lassen, und sorgte dafür, daß man Jakob VI. von der Klausel ausnahm, die selbst die Nachkommen der Person, zu deren Gunsten ihre Ermordung geplant wurde, von der Thronfolge ausschloß. Die Berater Elisabeths, die sich verständlicherweise weniger Gedanken über das Problem eines Königsmordes machten, hatten keine derartigen Bedenken. Für sie waren diese Beschlüsse eine Selbstverständlichkeit und überdies dringend notwendig. Als im Jahre 1572 Marias Leben bedroht war, schienen das Warum und Weshalb ihrer Gefangenschaft, ihre ursprüngliche unrechtmäßige Verhaftung, bereits in weiter Ferne zu liegen: Aber dreizehn Jahre später schienen sie absolut prähistorisch. Der »gräßliche Drache« – wie ein Parlamentsmitglied Maria damals genannt hatte – wurde jetzt als ein Teil der englischen Politik angesehen, und zwar als ein außerordentlich lästiger Teil[26].

Bis zum Frühling 1585 schien es für die Königin der Schotten kaum mehr einen Ausweg aus ihrer verzweifelten Lage zu geben. Ihr Sohn hatte sie zurückgewiesen und verraten; ihre französische Organisation befand sich in einem Chaos und war mit Walsinghams Spitzeln durchsetzt; die englischen Katholiken im Ausland stritten sich untereinander, die im Inland wurden immer erbarmungsloser verfolgt; Maria selbst hatte kein volles Vertrauen mehr zu ihren früheren Verbündeten im Ausland und zweifelte an den ehrlichen Absichten der Guisen und Spaniens; unterdessen war ihre eigene Lage in England mit der eines Menschen vergleichbar, den man auf ein Pulverfaß gebunden hat, das jeden Augenblick durch das Streichholz eines übereifrigen Freundes in die Luft gesprengt werden kann. Und hinzu kam, daß die Bedingungen ihrer Gefangenschaft sich spürbar verschlechtert hatten. Im September war Shrewsbury von seinem Amt befreit worden, und man hatte Maria der Obhut des alten Sir Ralph Sadler anvertraut, weil man es, wie Shrewsbury erklärt wurde, angesichts der katholischen Verschwörungen für notwendig hielt, sie unter Aufsicht der Puritaner zu stellen. Sadler war ein gerechter und rücksichtsvoller Hüter. Aber im Herbst 1584 wurde der Befehl erlassen, Maria aus Gründen der Sicherheit wieder in das ihr so verhaßte Tutbury zu bringen. So kam sie Anfang Januar 1585 abermals in diese abscheuliche, aber uneinnehmbare Festung. Und nicht nur das, sondern man stellte sie gleichzeitig unter die Obhut des sehr viel strengeren Sir Amyas Paulet, der Maria mit der Zeit ebenso verhaßt wurde wie das baufällige Gemäuer von Tutbury selbst. Unter diesen trostlosen Umständen begann für Maria Stuart, die jetzt kaum noch etwas von der Zukunft zu erwarten hatte, die letzte und schwerste Etappe ihrer Gefangenschaft[27].

XXIV

DIE BABINGTON-VERSCHWÖRUNG

»Hin ist der Lenz und ist noch längst nicht her,
Faul ist die Frucht, die Blätter sind noch grün,
Noch bin ich jung und bin kein Junge mehr,
Ich sah die Welt und sie sieht mich nicht ziehn,
Mein Lebensfaden reißt, bleibt ungesponnen,
So sterb ich schon, das Leben kaum begonnen.«

Chidiock Tichborne, einer der Babington-Verschwörer; im Tower von London vor seiner Hinrichtung geschrieben

Sir Amyas Paulet, Marias neuer Kerkermeister, zeigte von Anfang an, wes Geistes Kind er war: Bereits am ersten Tag ließ er den Thronbaldachin herunternehmen, dem Maria als Symbol ihrer Königswürde solch große Wichtigkeit beimaß. Da der Baldachin ihr niemals offiziell gestattet worden sei, erklärte Paulet, müsse er entfernt werden, ganz gleich, wie lange er dort gehangen habe. Maria protestierte unter Tränen, aber es half alles nichts, und schließlich zog sie sich gekränkt in ihr Schlafgemach zurück. Dieser Zwischenfall war typisch für Paulet, der sich blind an den Buchstaben des Gesetzes hielt: »Es ist das beste, sich diesen Menschen gegenüber gar nicht erst nachgiebig zu zeigen ... jedes Vorrecht, das man ihnen einmal gewährt, kann nicht ohne heftigen Protest widerrufen werden«, schrieb er nach London[1]. Paulet stammte aus einer Familie von kleinen Landedelleuten, und sein Vater war Statthalter von Jersey gewesen; er selbst hatte drei Jahre lang als englischer Gesandter am französischen Hof gedient – der einzige Höhepunkt einer sonst recht mittelmäßigen Beamtenkarriere; ganz gewiß war er kein Grandseigneur wie Shrewsbury und auch kein alter und erfahrener Diplomat wie Sir Ralph Sadler, dessen Platz er jetzt einnahm. Aber Walsingham hatte ihn bewußt für dieses Amt gewählt, denn er war, wie alle seine Zeitgenossen einstimmig erklärten, nicht nur ein fanatischer Puritaner, sondern auch ein Erzfeind der Königin der Schotten und all dessen, wofür sie stand. Walsingham kannte seine Leute: Paulet war völlig immun gegen den Charme Marias und fand – im Gegensatz zu Knollys, Shrewsbury und sogar Cecil – ihre Art eher aufreizend und lästig. Da Ehre und Treue seine Götter waren und Maria diese mit allem, was sie tat, zu beleidigen schien, gestattete sein puritanisches Gewissen ihm, sie bereits im voraus zu hassen. Als sie sich dann kennenlernten, verwandelte sich in seiner Vorstellung ihr Charme in List und Tücke; ebenso wie seinerzeit Knox, waren auch für ihn die Reize Königin Marias nur ein Grund mehr, sie zu verabscheuen.

Paulet hatte eindeutige Anweisungen aus London erhalten: Maria war in strengster Haft zu halten und durfte nicht einmal mehr spazierengehen, was für sie das schlimmste war[2]. Aber vor allem war jeder geheime schriftliche Verkehr mit der Außenwelt ein für allemal zu unterbinden; die einzigen Briefe, die sie künftig empfangen durfte, waren die des französischen Gesandten in London – und auch diese wurden von Paulet geöffnet und nach Gutdünken zurückgehalten. Noch nie während all der Jahre ihrer Gefangenschaft war Maria so völlig isoliert gewesen. Bisher hatte sie stets Mittel und Wege gefunden, mit ihrem Gesandten in Paris und ihren anderen ausländischen Agenten in Verbindung zu bleiben, um Pläne für ihre Befreiung zu schmieden. Aber während des ganzen Jahres 1585 waren diese geheimen Verbindungswege auf Befehl der Regierung vollkommen gesperrt, und Maria konnte keinerlei Nachrichten mehr erhalten.

Paulet erreichte diese Isolierung – die ein wesentlicher Faktor in Walsinghams Plan für die Vernichtung Marias war – durch eine fanatisch strenge Überwachung jeder Einzelheit im täglichen Leben der schottischen Königin. Von den alljährlichen Aufenthalten in Buxton war natürlich nicht mehr die Rede; Maria scheint das bei ihrem letzten Besuch im Sommer 1584 – noch unter der Obhut Shrewsburys – bereits geahnt zu haben, denn sie schrieb mit einem Diamanten auf eine Fensterscheibe am Brunnen:

> »Buxtona, quae calida celebriris nomine Lymphae
> Forte mihi post hac non adeunda, Vale*.«

Maria beklagte sich bei Elisabeth zornig über Paulets Verhalten: Sie schrieb, daß er sich besser zum Kerkermeister eines gemeinen Verbrechers als zu dem einer gesalbten Königin eigne. Aber Elisabeth erwiderte gelassen, Maria habe doch wiederholt versichert, daß sie bereit sei, sich mit allem abzufinden, was Elisabeth für angemessen halte; daher werde sie sich gewiß auch mit Paulet abfinden[3]. Unterdessen hatte Maria reichlich Gelegenheit, sich nach den unbekümmerten Zeiten unter der Aufsicht Shrewsburys zu sehnen: Nicht allein, daß sie selbst nicht mehr ausreiten durfte, auch ihrem Kutscher Sharp war es nicht gestattet, das Schloß ohne vorherige Erlaubnis zu verlassen, und selbst dann wurde er noch von Soldaten begleitet. Besonderes Kopfzerbrechen bereiteten dem wachsamen Paulet die Wäscherinnen der Königin, die bisher unter dem Vorwand, ihrer Arbeit nachzugehen, einen munteren Botendienst verrichtet hatten. Paulet runzelte seine puri-

* »Buxton, dessen warme Wasser deinen Namen berühmt gemacht haben, vielleicht werde ich dich nicht wiedersehen — Lebewohl.«

tanische Stirn über das Problem dieser schwer faßbaren Mädchen, und als es ihm nicht gelang, sie zur Mitarbeit zu bewegen, beschloß er, sie durch gefügigere Geschöpfe aus Somerset zu ersetzen. Viel leichter war es dagegen, Marias Dienern die Spaziergänge auf den breiten Mauern von Tutbury zu untersagen, um zu verhindern, daß sie sich womöglich durch irgendwelche Zeichen mit den Leuten draußen verständigten. Mit einem Wort, Paulet erfüllte seine Kerkermeisterpflicht mit der ganzen Strenge, die man von ihm erwartete, und er schrieb selbstzufrieden an Königin Elisabeth: »Ich werde niemals um Nachsicht bitten, wenn sie [Maria] durch irgendeine verräterische oder schlaue Maßnahmen meinen Händen entkommen sollte, denn dies könnte nur dank einer groben Nachlässigkeit meinerseits gelingen.«

Der erneute Aufenthalt in dem feuchten und zugigen Tutbury verursachte Königin Maria unerträgliche Beschwerden, und ihre Briefe an Elisabeth, in denen sie beschreibt, wie der Wind durch die dünnen hölzernen Wände in jede Ecke ihres Zimmers pfeift, und flehentlich um eine Übersiedlung bittet, sind mitleiderregend. Aber aus Paulets Aufzeichnungen geht hervor, daß Marias Leiden ihn nicht rührten, sondern daß er sie im Gegenteil als eine gerechte Strafe für ihre Sünden ansah. In seiner Haltung ihrem Glauben gegenüber zeigte er, milde ausgedrückt, die völlige Verständnislosigkeit des religiösen Fanatikers, der nichts gelten läßt, was nicht seinen eigenen Überzeugungen entspricht; und sein Verhalten in dieser Frage grenzt wahrhaftig an Sadismus: So versuchte er zum Beispiel einmal, ein Päckchen zu verbrennen, das Maria von Chérelles aus London erhalten hatte, weil es, wie er sagte, »abscheulichen Plunder« enthielt – unter anderem Rosenkränze, seidene Bilder mit den Worten *Agnus Dei* und andere relativ harmlose Nebenprodukte der katholischen Religion. Alles in allem kann man wohl sagen, daß Paulet die Beschreibung rechtfertigte, die Maria selbst von ihm gab: » ... einer der seltsamsten und unzugänglichsten Menschen, denen sie je begegnet sei[4].«

So war es weniger Paulets Mitgefühl als vielmehr der energische Protest des französischen Hofes, der im Herbst 1585 die Regierung veranlaßte, sich nach einem anderen Gefängnis für die Königin der Schotten umzusehen. Abgesehen davon, daß Marias Gesundheit ernstlich gefährdet war, stanken die berüchtigten Müllhaufen von Tutbury buchstäblich gen Himmel. Es wurden verschiedene Besitztümer in Staffordshire in Erwägung gezogen, unter anderem Tixall, der Landsitz von Sir Walter Aston. Aber Sir Walter war ein hoher Justizbeamter, und da es für eine Familie keineswegs als Ehre galt, wenn ihr Haus zum Gefängnis für einen König oder eine Königin gewählt wurde – eher im Gegenteil –, riet Paulet davon ab, mit der Begründung, daß Aston einer der wenigen königstreuen Männer in »dieser verderbten Grafschaft« sei und man ihn nicht verärgern sollte[5]. Chillington, das Haus der Familie Gifford, war zwar gut eingerichtet, hatte jedoch keine Brauerei (was im Elisabethanischen Zeitalter für einen großen Haushalt unerläßlich war). Beaudesert, das Heim der Pagets, hingegen hatte zwar eine Brauerei, aber dafür keine Möbel. Burton lag zu nah an einem Fluß, und das Haus von Sir Thomas Gerard (das Maria das liebste gewesen wäre) war zu klein. Schließlich fiel die Wahl auf Chartley Hall, ein Elisabethanisches Herrenhaus, das dem jungen Earl of Essex gehörte; es war von einem großen Burggraben umgeben, und schon allein das machte es aus Sicherheitsgründen besonders geeignet. Der junge Essex protestierte heftig gegen diese Schändung seines Besitztums, und seine Einwände verzögerten Marias Übersiedlung bis in den Winter hinein; aber Paulet selbst billigte die Wahl, um so mehr, als die unternehmungslustigen Wäscherinnen angesichts der großen Menge Wasser um das Haus herum künftig keinen plausiblen Grund mehr haben würden, bei ihrer Arbeit fortwährend durch das Tor ein und aus zu gehen. Am 24. Dezember fand endlich der Umzug statt. Marias Gesundheitszustand hatte sich unterdessen derart verschlechtert, daß sie kurz nach ihrer Ankunft schwer erkrankte und vier Wochen das Bett hüten mußte; danach war sie noch monatelang so schwach, daß ihre Dienerschaft tatsächlich fürchtete, die Übersiedlung aus Tutbury sei zu spät gekommen, ihre Herrin zu retten[6].

Während die Sorge um die Gesundheit der Königin den kleinen Hofstaat in Chartley in Atem hielt, begann Walsingham in London mit der nächsten Etappe seines sorgfältig ausgeheckten Plans zur Vernichtung der Königin der Schotten. Sein Ziel war natürlich, England – und Königin Elisabeth – genügend Beweise zu liefern, um sie ein für allemal zu überzeugen, daß es zu gefährlich wäre, Maria Stuart am Leben zu lassen. Gemäß den Beschlüssen des Bundes, die im vergangenen Jahr zum Gesetz erhoben worden waren, brauchte nur ein Komplott zugunsten der schottischen Königin – auch ohne ihre Mitwirkung – angestiftet zu werden, damit man sie nach dem englischen Gesetz zum Tode verurteilen konnte. So machte Walsingham sich jetzt daran, Maria mit Hilfe seiner *agents provocateurs* in zwei getrennte Verschwörungen gegen Elisabeth zu verwickeln, die zusammen jene verworrenen und zum Teil von Walsingham selbst angezettelten Intrigen bildeten, die als das »Babington-Komplott« in die Geschichte eingegangen sind.

Diese Intrigen bestanden aus zwei voneinander unabhängigen Elementen: Das erste war ein Anschlag – ob echt oder nicht – auf das Leben der englischen Königin; das zweite ein Komplott zur Befreiung der schottischen Königin aus der Gefangenschaft. In beiden Fällen war die Unterstützung von seiten einer ausländischen Großmacht in Form einer Invasion Englands ausschlaggebend für den Erfolg: Die englischen Katholiken konnten einen Umsturz dieser Art keinesfalls allein durchführen. Darüber waren sich nicht nur die Verschwörer im klaren, sondern vor allem auch Königin Maria selbst; sie betonte – ebenso wie seinerzeit, als Gerard und die Stanleys sie befreien wollten – ein ums andere Mal, welche Gefahr ein stümperhafter Plan für sie persönlich bedeutete. Es war einer der geschicktesten Schachzüge Walsinghams, daß er seine Agenten anwies, diese Hilfe aus dem Ausland, vermutlich von seiten Spaniens, als eine Tatsache hinzustellen, mit der man fest rechnen konnte. Den ausländischen Katholiken ihrerseits wurden die Pläne der katholischen Rebellen in England als viel fundierter, ihre Zahl als weit größer geschildert, als sie in Wirklichkeit waren. Obgleich Maria von ihrem Gefängnis aus in jedem Brief hervorhob, daß eine spanische Invasion eine *conditio sine qua non* für eine erfolgreiche Befreiungsaktion sei, waren ihre Ermahnungen wirkungslos im Vergleich zu der Verwirrung, die unter den katholischen Verschwörern dadurch gestiftet wurde, daß so viele aus ihren Reihen in Wirklichkeit Renegaten waren, die heimlich im Sold der englischen Regierung standen.

Ein einziger verräterischer Agent in einer Verbindungskette kann der ganzen Angelegenheit ein völlig anderes Aussehen verleihen: An den Vorbereitungen für die Babington-Verschwörung waren nicht nur Charles Paget und Thomas Morgan beteiligt, sondern auch – im Brennpunkt des Geschehens – Walsinghams neuer Doppelagent, Gilbert Gifford. Das Komplott gegen Elisabeth, auf den ersten Blick ein niederträchtiger Anschlag auf das Leben der englischen Königin, bekommt ein anderes Gesicht, wenn man sich klarmacht, daß ein großer Teil der Verschwörung aus bloßer Provokation bestand, mit der Walsingham Königin Maria in die Sache zu verstricken hoffte. Die Hauptpersonen dieses Mordkomplotts – der ersten Etappe der Verschwörung Walsinghams, die mit Marias Untergang endete – waren Gilbert Gifford, sein Vetter George Gifford, ein ehemaliger Seminarist namens John Savage und ein geweihter Priester, Ballard, der in enger Verbindung mit Thomas Morgan stand und zu der Überzeugung gelangt war, daß es seine politische Mission sei, Elisabeth zu stürzen; Babington und seine Freunde hatten mit dieser frühen Etappe der Verschwörung überhaupt nichts zu tun. Die Schlüsselfigur war zu dieser Zeit Gilbert Gifford. Er stammte aus einer alten, immer noch katholischen Familie, deren Hauptsitz Chillington in Staffordshire war; sein Vetter George gehörte einem Zweig derselben Familie an, der große Besitztümer in Hampshire hatte, aber bei keinem von beiden war die Tatsache, daß sie einen angesehenen Namen trugen, gleichbedeutend mit Integrität. Gilbert Gifford, ungeachtet seiner vielen Fehler ein hochintelligenter Mann, war 1577 als Katholik ins Ausland gegangen und hatte dort ein recht bewegtes Leben geführt, ehe er 1585 nach England zurückkehrte. Während seines Aufenthaltes in Paris hatte er in enger Verbindung mit den Freunden Marias gestanden, war mit den Einzelheiten ihrer Korrespondenz vertraut und kannte die jüngsten Pläne für ihre Befreiung. Als er in England landete, wurde er festgenommen und zu Walsingham geführt, dem es offenbar sehr rasch gelang, ihn in den Dienst seiner Sache zu stellen. Es ist nicht unbedingt anzunehmen, daß Walsingham diese Begegnung im voraus geplant hatte; wie ein Historiker es ausdrückte; viel wahrscheinlicher ist, daß er geschickt die Gelegenheit wahrnahm, die sich ihm so unvermutet bot.

Bereits wenige Tage darauf stellte dieser selbe Gifford sich in der französischen Gesandtschaft ein, wo ein neuer Gesandter, Guillaume de l'Aubespine, Baron de Châteauneuf, an die Stelle von Castelnau de Mauvissière getreten war. Die geheimen Briefe von Morgan, die der schottischen Königin nicht mehr zugeleitet werden konnten, hatten sich während des ganzen Jahres in der Gesandtschaft angesammelt. Jetzt erbot sich Gifford, die Korrespondenz zu Maria zu bringen; da er so lange im Ausland gewesen sei, erklärte er, werde niemand in Staffordshire ihn wiedererkennen, und er werde Mittel und Wege finden, Königin Maria die Briefe zukommen zu lassen. Wie Châteauneuf später erklärte[7], hatte niemand in der Gesandtschaft rechtes Vertrauen zu Gifford, besonders als sich herausstellte, daß er in London bei Thomas Phelippes, einem der Hauptagenten Walsinghams, wohnte. Nichtsdestoweniger wurden Morgans Briefe Gifford anvertraut. Am 16. Januar 1586 erhielt Maria Stuart zu ihrer unvorstellbaren Freude die erste geheime Nachricht seit über einem Jahr. Und nicht nur das, sondern man unterrichtete sie auch, daß der seltsame Weg, auf dem dieses Bündel zu ihr gelangt war – über den Brauer, der das Bier für die Dienerschaft der Königin lieferte –, auch dazu benutzt werden konnte, ihre eigenen Briefe hinauszuschmuggeln.

Jetzt galt es, das belastende Beweismaterial gegen die schottische Königin zu sammeln, das ihren Untergang besiegeln würde. Maria wußte, daß Phelippes, Walsinghams Hauptagent, Paulet bereits einmal in Chartley besucht hatte; doch leider wußte sie nicht, daß er gekommen war, um über die Abwicklung des Plans zu sprechen, mit dem man sie zu Fall bringen wollte. Maria war außer sich vor Freude über die wieder angeknüpften Verbindungen. Als sie die ersten Briefe nach draußen schrieb, die laut Anweisung dem gefälligen Brauer ausgehändigt werden sollten, ahnte sie nicht, daß der Verräter Gifford sich noch im benachbarten Burton versteckt hielt. Die Methode, durch die Maria Kontakt mit der Außenwelt aufzunehmen glaubte, in Wirklichkeit jedoch lediglich ihrem Kerkermeister Paulet in Chartley und ihrem Feind Walsingham in London ihre persönlichen Gedanken und Pläne übermittelte, war folgende[8]: Marias Sekretär Nau schrieb zuerst nach Angaben der Königin ihre Briefe nieder, ergänzte sie mit den Notizen, die er sich im Laufe der Zeit gemacht hatte, und chiffrierte sie. Als nächstes wickelte er die Briefe behutsam in eine Lederhülle, die er heimlich dem Brauer übergab. Dann wurde das Päckchen durch das Spundloch ins leere Faß geschoben, und der biedere Brauer fuhr nach Burton zurück. Dort händigte er Gifford die Briefe aus, und noch am selben Abend brachte Gifford sie wieder zu Paulet. Falls Phelippes in Chartley war, wurde die Korrespondenz an Ort und Stelle geöffnet und entschlüsselt und der Klartext an Walsingham gesandt; andernfalls wurde das Päckchen, wie es war, durch Eilboten nach London geschickt, und Phelippes dechiffrierte es dort. Der Kode, den die Verschwörer sich zurechtgelegt hatten, war nicht besonders schwierig – eine Mischung von griechischen Buchstaben, Zahlen und anderen Zeichen für die Buchstaben des Alphabets und übliche Wörter. Aber selbst wenn er komplizierter gewesen wäre, hätte das Entschlüsseln keinerlei Schwierigkeiten bereitet: Es war ein neuer Kode, den Maria ihren Freunden schriftlich in einem der abgefangenen Briefe erklärt hatte; so brauchte Walsingham ihn nur zu notieren, und man konnte jede Nachricht im Handumdrehen dechiffrieren.

Sowie die Briefe entschlüsselt und abgeschrieben waren, wurde das Päckchen wieder versiegelt und, wie von Maria geplant, der französischen Gesandtschaft ausgehändigt, um von dort aus nach Paris weitergeleitet zu werden. Umgekehrt war es das gleiche: Maria erhielt durch den Brauer das Päckchen mit Briefen, das Gifford aus London gebracht hatte; aber ehe die Korrespondenz aus Frankreich in ihre Hände gelangte, war sie im Büro Walsinghams entschlüsselt und sorgfältig abgeschrieben worden.

Im Frühling 1586 war jeder der an diesem Komplott Beteiligten auf seine Art zufrieden über den Lauf der Dinge: Maria, ahnungslos, daß man sie betrog, lebte auf bei dem Gedanken, daß es ihr gelungen war, den strengen Paulet zu überlisten, und sie jetzt wieder Pläne für ihre Befreiung schmieden konnte. Gifford genoß die göttergleiche Überlegenheit des Spions, der von seiner erhabenen Höhe aus den Kampf beobachten kann. Paulet hatte die grimmige Genugtuung zu sehen, daß diese Frau, der er keinen Augenblick getraut, sich jetzt als so ränkevoll erwies, wie er von Anfang an vermutet hatte. Und was den Brauer betraf, auch er konnte sich nicht beklagen, denn er bekam nicht nur von Paulet einen guten Preis für sein Bier, sondern auch Maria entlohnte ihn großzügig für seine unschätzbaren Dienste.

Etwa um diese Zeit kam zu dem ursprünglichen und im wesentlichen nur zum Schein bestehenden Mordkomplott von Gilbert und George Gifford, Ballard und Savage noch die ganz unabhängig geplante Verschwörung einer Gruppe von jungen katholischen Edelleuten unter der Führung von Anthony Babington hinzu. Diese jungen Männer zeigten der gefangenen Königin der Schotten gegenüber eine vollkommen andere Einstellung als die vorhergehende Generation: Tatsächlich kann man die Babington-Verschwörung vielleicht als den ersten Ausdruck jener romantischen Haltung gegenüber der geplagten Dynastie der Stuarts betrachten, die in späteren Zeiten eine so wichtige Rolle in der englischen Geschichte spielen sollte. Schließlich war Maria Stuart, obgleich stets eine verführerische Figur für diejenigen, die sie persönlich kannten, oft außerordentlich kritisch von denjenigen beurteilt worden, die sie nicht kannten. Ihre schottische Politik während der sechziger Jahre konnte schwerlich als prokatholisch bezeich-

Melville nimmt Abschied von Maria, Königin der Schotten.

Vorhergehende Seite: Maria, Königin der Schotten. Gemälde von Jean Clouet.

Maria, Königin der Schotten vor der Hinrichtung. Kupferstich von Daniel Chodowiecki (1791).

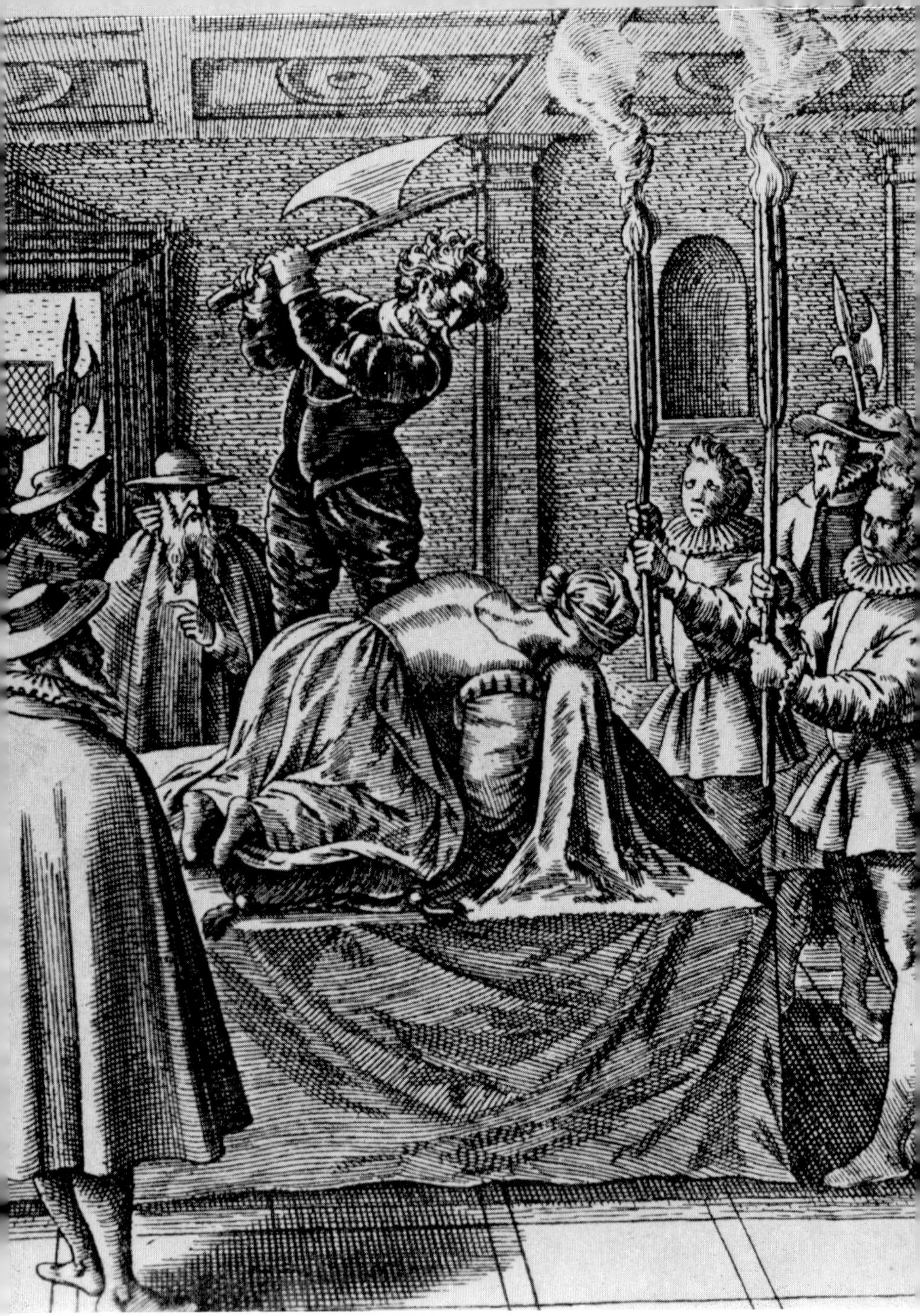

Hinrichtung Marias in Fotheringhay.

net werden. Papst Pius V. hatte kein Hehl daraus gemacht, daß er ihre Ehe mit Bothwell mißbilligte – die, ganz abgesehen von dem Skandal, der ihr vorausgegangen war, mit einer protestantischen Zeremonie geschlossen wurde –, und hatte eindeutig erklärt, daß er mit der Verkündung der Bulle *Regnans in Excelsis* weniger die Sache der schottischen Königin fördern als vielmehr das geistige Wohl der englischen Katholiken sichern wollte.

Bis zum Jahre 1577 hatte sich jedoch die päpstliche Haltung grundlegend geändert: Papst Gregor XIII. bemerkte im August dieses Jahres sehr zufrieden, daß das Unglück Königin Maria Geduld gelehrt habe, beglückwünschte sie zu dieser neu erworbenen Tugend und äußerte die Überzeugung, daß Gott sie bald mit ewiger Seligkeit belohnen werde[9]. Als Papst Gregor seine schwergeprüfte Tochter bat, sie möge auf Glauben, Hoffnung und Barmherzigkeit bauen, schlug er einen ganz anderen Ton an als Papst Pius V. Und in der Haltung Europas vollzog sich der gleiche Wandel; in der katholischen Literatur des Kontinents wurde Maria immer mehr zum Sinnbild für das Märtyrertum des katholischen Glaubens in England. Vergessen waren die Zeiten, da sie in Schottland den Geist des religiösen Kompromisses verkörpert hatte. Marias katholische Ehrenretter waren schon lange vor ihrem Tod an der Arbeit. Adam Blackwood, dessen dramatischer Bericht über ihre Hinrichtung, *Martyre de la Royne d'Ecosse*, später ein klassisches Zeugnis für Marias Glaubenstreue werden sollte, veröffentlichte im Jahre 1581 *De Regibus Apologia;* in diesem Werk verteidigte er Maria gegen die Angriffe von Häretikern, die, wie er erklärte, überhaupt nicht das Recht hätten, Könige anzugreifen. In zahlreichen Schriften über das Leben katholischer Märtyrer wurde Maria Stuart jetzt als Märtyrerin bezeichnet, die sich ihres Glaubens wegen in englischer (protestantischer) Gefangenschaft befand. Als im Jahre 1584 die Beschlüsse des Bundes zum Schutz Königin Elisabeths veröffentlicht wurden, nahm die Flut dieser Schriften noch weiterhin zu. Maria, die ihr Leben als die schöne junge Göttin der französischen Phantasie begonnen hatte und dann zur umstrittenen Königin von Schottland geworden war, wurde jetzt mit dem Geist der Gegenreformation identifiziert[10].

Die englischen Katholiken waren nicht unempfänglich für diesen Wandel. Seit den Ereignissen von Kirk o'Field und der schmachvollen, hastigen Ehe mit Bothwell war eine neue Generation herangewachsen: Für diese jungen Männer war Maria eine katholische Fürstin, die in einem englischen Kerker gefangengehalten wurde[11]. Für sie war Königin Elisabeth der »ungeheuerliche Drache«, der Maria in Knechtschaft hielt. An der Spitze dieser romantisch gesinnten jungen Leute stand Sir Anthony Babington, ein überzeugter Katholik und ein opferbereiter Anhänger Maria Stuarts, in der er die rechtmäßige Königin Englands sah. Babington war jetzt fünfundzwanzig Jahre alt, war also etwa zu der Zeit geboren, als Maria nach

Schottland zurückkehrte; er stammte aus einer der katholischen Familien Mittelenglands, zu denen unter anderem auch die Pagets gehörten[12]. In seiner frühen Jugend war er Page im Hause Shrewsburys gewesen und hatte daher reichlich Gelegenheit gehabt, die unglückliche Königin aus nächster Nähe kennenzulernen. Im Jahre 1580 ging er nach Frankreich, wo er sich mit Thomas Morgan anfreundete und in dessen Pläne eingeweiht wurde. Babington war reich, und vielleicht war das der Grund für den Einfluß, den er auf die jungen Leute seiner Umgebung ausübte; oder er gehörte zu jenen unglückseligen Menschen, die durch ihre Persönlichkeit andere in ihren Bannkreis ziehen, ohne jedoch die anderen, wichtigeren Eigenschaften eines wahren Führers zu besitzen. Auf jeden Fall war Babington, obwohl von seinen Freunden Chidiock Tichborne, Tilney und anderen bewundert und geachtet, im Grunde ein wirklichkeitsfremder Träumer, und das machte ihn zu einem Verschwörer, der sowohl sich selbst als auch diejenigen, die sich auf ihn verließen, sehr leicht in Gefahr bringen konnte; und als sein Charakter bei der Feuerprobe eines elisabethanischen Verhörs sich hätte beweisen sollen, fehlte ihm die nötige innere Stärke, den Qualen standzuhalten.

Aber Anfang 1586 war Babington vor allem ein charmanter und lebensfroher junger Mann: Pater William Weston beschrieb ihn als vielseitig gebildet, weitgereist, gut aussehend, intelligent, »mit bezaubernden Manieren und einem scharfen Geist«, ganz abgesehen von seinem beträchtlichen Vermögen. Ferner schrieb Weston über die Anziehungskraft, die Babington auf seine Zeitgenossen ausübte: »Wenn er in London weilte, war er aufgrund seines außergewöhnlichen Charmes und seiner liebenswerten Persönlichkeit ständig von zahlreichen jungen Katholiken seines eigenen Ranges umgeben, von jungen Männern, die gleich ihm ritterlich, abenteuerlustig und wagemutig waren, bereit zu jedem Unternehmen, das der gemeinsamen katholischen Sache förderlich sein konnte[13].« Es war Babington, der zusammen mit diesen jungen Männern seines Kreises den zweiten Plan für die Befreiung der schottischen Königin entwarf, der ursprünglich nichts mit dem im Ausland geschmiedeten Komplott von Ballard, Savage und den Giffords zu tun hatte. Mendoza, der frühere spanische Gesandte in London, der sich jetzt in Paris befand, versprach großzügige Hilfe von seiten des Auslands; Ballard kehrte nach London zurück, trat mit Babington in Verbindung und erzählte ihm wilde Geschichten von ausländischen Heeren, die sich angeblich auf dem Weg nach England befanden. Daraufhin beschlossen Babington und seine Gefährten, Maria aus ihrem Gefängnis zu befreien, Elisabeth zu stürzen und Maria auf den Thron von England zu setzen.

Unterdessen erhielt Maria dank der Dienste des biederen Brauers während der Monate März, April und Mai eine ganze Reihe von alten Briefen, die sich in der französischen Gesandtschaft angesammelt hatten. Die Verbindung mit Babington wurde jedoch erst hergestellt, als Marias ehemaliger

Abgesandter Fontenay ihr schrieb, daß im Hause eines gewissen Sir Anthony Babington in London eine Nachricht aus Schottland für sie liege. Gleichzeitig erhielt Maria einen Brief aus Paris, in dem Morgan ihr Babington als Mittelsmann empfahl[14]. Angesichts der Tatsache, daß zwei Gewährsleute ihr unabhängig voneinander Babington empfohlen hatten, schrieb Maria am 25. Juni ihren ersten Brief an ihn. Er war kurz und sachlich: »Ich habe erfahren, daß beim Abbruch meiner Verbindungen einige Sendungen aus Frankreich und Schottland an Sie adressiert wurden. Falls irgendwelche Briefe in Ihre Hände gelangt und noch bei Ihnen sind, so bitte ich Sie, dieselben dem Überbringer auszuhändigen, der sie mir zustellen lassen wird.«

Dieser knappe und nüchterne Brief wurde, ebenso wie alle anderen, Walsingham vorgelegt. Am 6. Juli erreichte er Babington, der, von Ballard und Gifford angespornt, daraufhin ein langes Schreiben aufsetzte, das weder knapp noch nüchtern war und auch keineswegs als sehr besonnen angesehen werden konnte; mit einem Wort, wie Babington selbst erklärte: »Ich schrieb ihr über jede Einzelheit dieses Plans[15].« Die wesentlichen Punkte der Verschwörung, wie Babington sie beschrieb, waren folgende: erstens eine Invasion von außen in ausreichender Stärke, um den Erfolg zu garantieren; zweitens, die Invasoren sollten sogleich nach ihrer Landung von englischen Katholiken unterstützt werden; drittens die Befreiung Marias; viertens »die Beseitigung der Usurpatorin«, wie Babington es ausdrückte, »wobei Eure Hoheit [Maria] sich für die Ausführung all dieser Punkte auf meine Dienste verlassen möge«. Er gab Maria die genauen Details für jeden Punkt des Programms; die »Beseitigung der Usurpatorin« (Königin Elisabeth) zum Beispiel, sollte von sechs Edelleuten, guten und verläßlichen Freunden Babingtons, durchgeführt werden; er selbst wollte mit zehn weiteren Freunden an der Spitze von hundert Gefolgsleuten Maria aus dem Gefängnis holen. Babington schloß seinen Brief mit der Hoffnung, seinen Mitverschworenen versichern zu dürfen, daß sie, falls das Komplott Erfolg haben sollte, durch Marias Großzügigkeit hinlänglich belohnt werden würden.

Maria erhielt dieses Schreiben am 14. Juli; bis dahin hatte Walsingham es natürlich bereits sorgfältig geprüft, und die Regierung Elisabeths kannte jede Einzelheit des Plans ebenso genau wie Maria selbst. Das Entscheidende war jetzt Marias Reaktion: denn obwohl sie nach dem *Act for the Security of the Queen's Royal Person* bereits verloren war, wäre es Walsingham viel schwerer gefallen, Elisabeths Haß gegen sie zu wecken, wenn Maria dem Plan Babingtons mit der gleichen kühlen Ablehnung begegnet wäre, die sie früher ähnlichen Vorschlägen gegenüber an den Tag gelegt hatte. Während Maria noch überlegte, was sie tun sollte, bestätigte sie Babington lediglich den Empfang des Schreibens. Sie fragte Nau um Rat: Er riet ihr dringend, den Brief unbeantwortet zu lassen. Die Engländer warteten ungeduldig auf ihre Antwort. Schließlich beantwortete sie am 17. Juli ausführlich, Punkt für Punkt, den Brief Babingtons und erklärte sich im Prinzip mit seinen Vorschlägen einverstanden[16]. Nau und Curle übertrugen den Brief ins Englische, chiffrierten ihn und sandten ihn auf dem gewohnten Weg über den Brauer ab.

Babington hatte in seinem Brief von der Ermordung Königin Elisabeths gesprochen. Zweifellos überlegte sich Maria bei ihrer Antwort diesen Punkt, wog ihn gegen die Aussicht auf ihre eigene Freiheit ab und erhob keinen Einwand. Sie betrachtete in diesem Schreiben verständlicherweise die Angelegenheit ausschließlich von ihrem eigenen Gesichtspunkt aus, aber als sie schrieb: »... dann muß man Auftrag geben, daß nach Erledigung des Unternehmens Ihrer Freunde ich *quant et quant* hier weggeschafft werde«, war den Empfängern ihres Briefes – ebenso wie Walsingham – vollkommen klar, daß das Unternehmen, von dem sie sprach und das sie damit stillschweigend billigte, das gleiche war, von dem auch sie gesprochen hatten, das heißt, die Ermordung der englischen Königin. In ihrem ganzen Brief legte Maria großes Gewicht auf die praktischen Einzelheiten des Plans: Die Verschwörer sollten ständig berittene Boten bei sich haben, um sie, Maria, sofort wissen zu lassen, daß die Tat vollbracht war; andernfalls, da noch kein endgültiges Datum festgesetzt sei, bestünde die Gefahr, daß Paulet zuerst die Nachricht erhielt und sie entweder in ein anderes Gefängnis schaffen oder das Haus mit Wachen umstellen werde, um ihre Befreiung zu verhindern. Sie betonte auch immer wieder die schrecklichen Folgen, die ein vorzeitiger Verrat oder ein Fehlschlagen des Plans für sie haben würde: Günstigstenfalls werde man sie für alle Zeiten in einen dunklen Kerker sperren. In diesem Zusammenhang bezeichnete sie die Unterstützung von außen nicht nur als wünschenswert, sondern als absolut unerläßlich.

Kein Wunder, daß Phelippes ein Galgenzeichen auf die Außenseite dieses Briefes malte, ehe er ihn an Walsingham weitergab: Maria war nichtsahnend in die Falle gegangen, die man ihr gestellt hatte. Als Walsingham am 9. Juli – eine volle Woche vor dem verhängnisvollen Schreiben Marias – Leicester, der sich zu dieser Zeit in den Niederlanden befand, streng vertraulich mitteilte, daß man die Königin der Schotten voraussichtlich sehr bald bei Intrigen ertappen werde, die ihr Verderben bedeuteten, dachte er genau an ein Schreiben dieser Art[17]. Dennoch war Walsingham nicht restlos zufrieden mit Marias Antwort: Er setzte dem Brief ein gefälschtes Postskriptum hinzu, in dem er sie Babington nach den Namen der sechs Edelleute fragen ließ, die den Anschlag auf Königin Elisabeth begehen sollten. Dies würde, so meinte er, nicht nur eindeutig ihre Mitschuld beweisen, sondern auch gleichzeitig der englischen Regierung noch zusätzliche Informationen liefern. Dieses gefälschte Postskriptum war der letzte ironische Pinselstrich, mit dem Walsingham sein Werk vollendete[18]: »Ich wüßte gern den Namen und Rang eines jeden der sechs Männer, die den Plan ausführen sollen, denn nur so wird es mir möglich sein, Ihnen weitere Ratschläge in dieser Frage zukommen zu lassen ... Ferner bitte ich Sie, mir von Zeit zu Zeit zu berichten, wie es um Ihre Pläne steht, und mir so bald wie möglich mitzuteilen, welche Personen von dem Vorhaben unterrichtet sind.«

Um Maria Stuarts Verhalten in der Frage der Babington-Verschwörung zu verstehen, muß man sich über ihre seelische Verfassung zu dieser Zeit im klaren sein: Wenige Tage zuvor hatte sie erfahren, daß Jakob und Elisabeth ein Bündnis geschlossen hatten, und so trat zu dem mütterlichen Herzenskummer, den sie im Frühling 1585 erlitten hatte, jetzt noch eine tiefe Verbitterung hinzu. Es war allenfalls noch zu verstehen, daß ihr Sohn es abgelehnt hatte, mit ihr gemeinsam Schottland zu regieren; aber jetzt, am 6. Juli, elf Tage vor Marias entscheidender Antwort an Babington, war in Berwick ein Vertrag zwischen dem schottischen König und der englischen Königin unterzeichnet worden – ein Vertrag, der mit keinem Wort Maria und ihre Interessen erwähnte. Jakob stand von jetzt ab praktisch im Sold der Königin, die seine eigene Mutter seit nahezu zwanzig Jahren ohne jeden Grund gefangenhielt. Marias Brief vom 12. Juli an Beaton zeugt von ihrer grenzenlosen Verzweiflung über den Verrat ihres Sohnes[19]. Es besteht kein Zweifel, daß die Bekanntmachung des Vertrags von Berwick Maria vorübergehend aus dem Gleichgewicht brachte und sie der Vernunft beraubte, die sie andernfalls sicherlich dazu veranlaßt hätte, hinsichtlich der Babington-Verschwörung sehr viel umsichtiger zu handeln.

Wenn alles zu verstehen alles zu verzeihen heißt, so sollte man angesichts dieser Tatsache Maria gewiß verzeihen, daß sie stillschweigend in eine Verschwörung einwilligte – denn mehr als das hat sie in ihrem Brief nicht getan –, die unter anderem die Ermordung Elisabeths vorsah. Ihr Einverständnis entsprang ausschließlich dem verständlichen Wunsch einer Gefangenen, ihren Kerkermeistern zu entkommen, und ist vergleichbar mit dem Vorgehen eines Häftlings, der bereit ist, einen bestimmten Fluchtweg einzuschlagen, selbst wenn dies möglicherweise die Ermordung eines Wärters durch eine dritte Person einschließt. Wenn man von der Annahme ausgeht, daß ihr eigenes Leben in der Gefangenschaft bedroht war, so erhebt sich vom theologischen Standpunkt aus sogar die Frage, ob ihre Einwilligung in die Ermordung Elisabeths überhaupt als eine Sünde anzusehen ist. Die ungeheuren theoretischen Probleme, vor die ein politischer Mord die Menschen des 16. Jahrhunderts stellte, verursachten Babington und seinen Freunden Unruhe und Gewissensbisse, aber für Maria, die unrechtmäßig gegen ihren Willen festgehalten wurde und weder die Tat angeregt noch etwas mit ihrer Ausführung zu tun hatte, war die Frage sehr viel einfacher: Nach so vielen Jahren der Gefangenschaft kümmerte sie lediglich ihre Befreiung und nicht die Sicherheit ihrer Kerkermeisterin Elisabeth*.

* Man hat Maria Stuart einen schweren Vorwurf daraus gemacht, daß sie sich im Prinzip mit der Ermordung Elisabeths einverstanden erklärte, und angesichts dieser Tatsache wurde Elisabeths eigene Einwilligung zur Hinrichtung Marias

Am Dienstag, dem 19. Juli, wurde Walsingham der Galgenbrief ausgehändigt. Am 20. Juli floh Gilbert Gifford nach Frankreich; jetzt, da seine Arbeit als *agent provocateur* beendet war, verspürte er kein Verlangen, in das Chaos von Verhaftungen und Kreuzverhören verwickelt zu werden, das nun, wie er wußte, in England ausbrechen würde. Am 29. Juli erhielt Babington selbst den Galgenbrief und entschlüsselte ihn am Tag darauf mit Hilfe von Tichborne. Am 3. August bestätigte er der Königin der Schotten den Empfang des verhängnisvollen Schreibens[20]. Aber während Maria in freudiger Erregung auf ihre Befreiung wartete, war inzwischen William Wade, einer der Agenten Walsinghams, bereits heimlich nach Chartley gekommen, um mit Paulet über ihre Verhaftung zu sprechen. Das fein gesponnene Netz der Intrige begann sich aufzulösen. Am 4. August wurde Ballard verhaftet, und als Babington die Nachricht erhielt, floh er in den dicht bei London gelegenen St. Johns Wood, wo er sich einige Tage versteckt hielt, bis am 14. August auch er gefaßt und im Triumph in den Tower geschleppt wurde. Der Jesuitenpater William Weston hörte in seiner düsteren Kerkerzelle um Mitternacht das unheilverkündende Läuten zahlloser Glocken: Sein Wärter berichtete ihm, daß die Stadt die Gefangennahme gewisser Papisten feiere – »niederträchtiger Verräter, die geplant hatten, die Landesherrin zu ermorden und die Königin der Schotten zu ihrer rechtmäßigen Erbin zu erklären[21]«. Schließlich legte Babington am 18. August sein erstes Geständnis ab, durch das Walsingham jede Einzelheit der Verschwörung erfuhr: Sowohl die Königin der Schotten als auch sämtliche Mitverschwörer Babingtons wurden verhängnisvoll belastet. Obwohl Babington Marias Briefe vernichtet hatte, wiederholte er jetzt vor Walsingham während seines Verhörs wortgetreu ihren Text; und falls sein Gedächtnis versagen sollte, konnte Walsingham seinen Sekretär Phelippes jederzeit ersuchen, ihm weiterzuhelfen – denn schließlich hatten Phelippes und Walsingham durch ihren geheimen Verbindungsweg diese Briefe ja bereits gelesen, noch ehe sie Babington selbst erreichten[22].

Unterdessen hatte Königin Maria im fernen Chartley nicht die leiseste Ahnung von dieser Entwicklung der Dinge. Ihre Mitwirkung an dem Komplott hatte sich auf Briefe beschränkt, und da die Nachrichten meist sehr lange brauchten, bis sie auf dem geheimen Verbindungsweg zu ihr gelangten, wußte sie nicht, wie weit die Vorbereitungen der Verschwörer inzwischen gediehen waren. Sie war Anfang August in strahlender Laune,

als gerechtfertigt angesehen. Aber damit wird Walsinghams Propaganda erfolgreich über den Tod hinaus fortgesetzt, denn schließlich drohte Elisabeth wenig Gefahr von einem Komplott, das von Anfang an Walsinghams Kontrolle unterstand und sogar von ihm selbst scheinbar gefördert wurde. Moralisch viel verwerflicher war Elisabeths eigener Vorschlag, daß Maria, die sich unter ihrer Obhut befand, heimlich von Paulet ermordet werden solle.

denn zum erstenmal seit Jahren glaubte sie, wieder hoffen zu dürfen. Als daher am 11. August der mürrische Paulet ihr vorschlug, einen Jagdausflug nach Tixall zu unternehmen, erschien ihr dies als ein weiteres günstiges Omen, denn derartige Beweise guten Willens von seiten ihres Kerkermeisters waren außerordentlich selten. Maria verwandte besondere Sorgfalt auf ihre Kleidung, denn sie nahm an, daß sie auf der Jagd sicherlich mit einigen der benachbarten Landedelleute zusammentreffen würde. Dann schwang sie sich aufs Pferd. Unter der kleinen Schar, die sie begleitete, befanden sich ihre beiden Sekretäre Nau und Curle sowie ihr persönlicher Arzt Bourgoing (dessen Tagebuch wir so viele Einzelheiten über die letzten Monate ihres Lebens verdanken). Es war ein schöner, warmer Tag. Die Königin war so froh und versöhnlich gestimmt, daß sie ab und zu ihr Pferd anhielt, um auf Paulet zu warten, der, da er kürzlich krank gewesen war, ihnen nicht so rasch folgen konnte[23].

Als der kleine Zug sich seinen Weg übers Moor bahnte, entdeckte Königin Maria plötzlich einige Reiter, die rasch auf sie zukamen. Es waren Fremde. Einen Augenblick pochte ihr Herz in freudiger Erregung, denn sie glaubte tatsächlich, daß diese apokalyptischen Reiter die Babington-Verschwörer seien, die früher als erwartet ihre Pläne ausgeführt hatten und jetzt gekommen waren, sie zu befreien. Doch dann löste sich einer der Männer von der Gruppe, und als er näher kam, erkannte sie ihren Irrtum: Es war kein anderer als Sir Thomas Georges, ein Abgesandter Königin Elisabeths. Während Paulet ihn vorstellte, stieg er von seinem Pferd, lüftete den Hut und verbeugte sich vor Maria. »Madame«, sagte er mit lauter Stimme, »meine Herrin, die Königin, findet es sehr befremdend, daß Sie entgegen der Vereinbarungen, die zwischen Ihnen getroffen wurden, sich gegen sie und ihr Land verschworen haben, und sie hätte es wohl kaum zu glauben vermocht, hätte sie nicht mit eigenen Augen die Beweise gesehen und sich persönlich davon überzeugt.« Während Maria nach Fassung rang und erregt beteuerte, daß sie sich Königin Elisabeth gegenüber stets als eine gute Schwester und Freundin gezeigt habe, erklärte Georges ihr, daß man ihre Diener verhaften werde, da man wisse, daß auch sie schuldig seien.

Georges' schroffer Ton ließ Maria das Schlimmste befürchten; sie wandte sich verzweifelt an Nau und Curle und flehte sie an, sie sollten nicht kampflos zulassen, daß man sie fortbringe. Aber die beiden unglücklichen Sekretäre konnten ihr nicht helfen: Sie wurden jetzt gewaltsam fortgeschleppt – tatsächlich sollte Maria keinen von beiden je wiedersehen – und nach London ins Gefängnis gebracht. Maria selbst wurde in Begleitung von Bourgoing nach Tixall geführt. So wenig war sie auf diese Entwicklung der Dinge vorbereitet gewesen, daß sie nicht einmal das Kruzifix bei sich hatte, das sie für gewöhnlich trug – die Bestandsaufnahme ihrer Habseligkeiten, die in Chartley während ihrer Abwesenheit gemacht wurde, erwähnte unter anderem »das goldene Kreuz, das Ihre Majestät zu tragen pflegte[24]«.

Während der zwei Wochen, die Maria in Tixall verbrachte, verließ sie nicht ein einziges Mal ihre Gemächer. Sie bat, daß man ihr gestatten möge, an Königin Elisabeth zu schreiben, aber Paulet weigerte sich, ihr Papier und Tinte zu bringen. Bourgoing erhielt am nächsten Tag den Befehl, nach Chartley zurückzukehren. Schließlich durften jedoch zwei von Marias Kammerfrauen und Martin, ein Oberstallmeister, nach Tixall kommen, und vermutlich brachten sie ihr zumindest einen Teil ihrer Sachen, denn die Königin hatte außer ihrem Reitkostüm natürlich keinerlei Kleidung bei sich.

In der Zwischenzeit wurden Marias Gemächer in Chartley systematisch durchsucht: Ihre gesamte Korrespondenz und die Schlüssel zu ihren Geheimschriften wurden nach London gesandt. Paulet nahm die Gelegenheit wahr, eine komplette Liste ihres Personals aufzustellen, mit Vorschlägen, wie man die Zahl herabsetzen könnte, »wenn dieser Lady die Freiheit entzogen wird[25]«. Der Hofstaat von achtunddreißig Personen, einschließlich der Dienerschaft, der Kammerherren und Hofdamen, konnte nach Paulets Meinun leicht auf neunzehn herabgesetzt werden, wenn man künftig überflüssige Personen wie den Kutscher und die Stallmeister entließ. Man konnte auf Barbara Curle verzichten und ebenso auf Christina Pages – was, wie Paulet hoffte, auch deren Mann bewegen würde, Chartley zu verlassen, denn Bastian Pages hatte sich seit seinem ersten Maskenspiel in Holyrood für alle Zeiten die Sympathien der Engländer verscherzt. Das Bestandsverzeichnis der Habseligkeiten der Königin zeigt, daß ihr persönlicher Besitz, einst kostbare Juwelen wie der *Great Harry,* jetzt fast nur noch aus Miniaturen oder Bildern bestand: Es gab eine lange Liste von diesen kleinen Porträts – eines von ihrem Sohn Jakob, eines von Elisabeth, eines von ihrem ersten Mann, sogar eines von der toten Countess of Lennox und der katholischen Königin Mary Tudor, sowie Bilder von Heinrich II., zahlreichen anderen Angehörigen der französischen Königsfamilie und von Marias Vorfahren, den früheren Königen von Schottland. Es war, als ob sie in der Vergangenheit lebte und der Gedanke an die große, weitverzweigte Familie, aus der sie stammte, ihr Kraft verliehe, ihr Schicksal zu ertragen.

Nach zwei Wochen in Tixall, in denen Kummer über die Vergangenheit sich mit Besorgnis um die Zukunft mischten, wurde Maria von Paulet nach Chartley zurückgebracht. Vor dem Pförtnerhaus von Tixall bot sich ihr ein ergreifender Anblick: Sie sah, daß die Bettler von Staffordshire, die von der berühmten Barmherzigkeit der schottischen Königin gehört hatten, gekommen waren, sie zu begrüßen. Als sie nach Almosen riefen, erwiderte ihnen Maria kummervoll: »Liebe Leute, ich habe nichts mehr, was ich euch geben könnte. Denn ich bin jetzt ebenso bettelarm wie ihr selbst.« Paulet meldete diesen Zwischenfall mit Worten tiefster Entrüstung nach London[26]. Bei ihrer Rückkehr nach Chartley entdeckte Maria, daß das, was sie den Bettlern gesagt hatte, nur allzu genau stimmte: Alle ihre, Habseligkeiten waren durchwühlt, ihre Schränke und Koffer aufgebrochen, und man hatte ihr alles genommen, was irgendeinen Wert besaß. Wortlos umarmte sie ihre weinenden Diener. Unterdessen hatte Barbara Curle in Abwesenheit ihres Mannes, der sich jetzt im Gefängnis in London befand, ein Kind zur Welt gebracht. Paulet hatte sich geweigert, es zu taufen, und da es nun unter den Personen des kleinen Hofstaats keinen katholischen Geistlichen mehr gab, die Zeremonie zu vollziehen, tat Maria es selbst. Sie taufte das Kind »Maria, im Namen des Vaters und des Sohnes und des Heiligen Geistes«.

Das einzige, was man Maria nicht genommen hatte, war das Geld, das sie benötigte, um ihre Diener zu bezahlen; sie fand es in dem Schrank, in dem sie es zurückgelassen hatte. Etwas später kam jedoch der Befehl aus London, daß auch diese Summe zu beschlagnahmen sei; Paulet und ein Justizbeamter der Grafschaft Staffordshire drangen in die Gemächer der Königin, die krank im Bett lag, und befahlen den Dienern, das Zimmer zu verlassen. Maria weigerte sich anfangs energisch, herauszugeben, was unleugbar ihr gehörte. Aber als sie erkannte, daß es keinen Sinn hatte, Paulet zu widersprechen, bat sie Elisabeth Curle, die Schatulle zu öffnen; selbst jetzt machte sie noch einen letzten Versuch, stand auf und hinkte barfuß auf ihren halb gelähmten Beinen durch das Zimmer, um Paulet noch einmal zu bitten, ihr das Geld zu lassen. Sie habe diese Summe für ihre Beerdigung beiseite gelegt, sagte sie ihm, und um es ihren Dienern zu ermöglichen, nach ihrem, Marias, Tod in ihre Heimat zurückzukehren. Aber Paulet ließ sich nicht erweichen, und das Geld wurde fortgenommen. Jetzt blieben Maria nur noch zwei Dinge, die ihr, wie sie Paulet stolz erklärte, niemand nehmen konnte: ihr königliches Blut und ihre katholische Religion[27].

Inzwischen konnte Walsingham zu seiner großen Befriedigung Königin Elisabeth einen ausführlichen Bericht über den niederträchtigen Treubruch ihrer guten Schwester und Freundin Maria geben. Elisabeth, die nicht ahnte, daß ein großer Teil dieses Mordkomplotts von Walsinghams eigenen Agenten ausgeheckt worden war, wurde von panischer Angst befallen. Ihr Brief an Paulet hinsichtlich der Aufdeckung der Babington-Verschwörung war überschwenglich vor Erleichterung: »Amyas, mein treuer und umsichtiger Diener«, schrieb sie, »möge Gott Sie dreifach für Ihre kluge und gewissenhafte Erfüllung dieser so schwierigen und gefährlichen Aufgabe belohnen.« Maria war jetzt »Ihre verruchte Mörderin«, jedes künftige Schicksal, so grausam es auch sein mochte, nicht mehr als »der wohlverdiente Lohn für diese niedrige Tat[28]«. Elisabeths Sorge um ihre persönliche Sicherheit und ihr gerechter Zorn über Marias Undankbarkeit waren von ihrem Standpunkt aus verständlich; und auch die Geständnisse der Babington-Verschwörer, die jetzt der Reihe nach verhaftet und verhört wurden, waren schwerlich dazu angetan, sie zu beruhigen. Mitte September wurden Babington und neun seiner Gefährten vor Gericht gestellt und zum Tode verurteilt, nachdem sie sich des Anschlags auf das Leben der Königin schuldig bekannt hatten; Maria Stuarts Name wurde bei den Verhandlungen jedoch nicht genannt, da man befürchtete, daß ihre Mitwirkung an dem Komplott andere zur Ermordung Elisabeths anspornen könnte. Wenige Tage darauf wurden die Verschwörer hingerichtet.

Gemäß dem allgemeinen Prinzip der Elisabethanischen Regierung, daß eine barbarische öffentliche Bestrafung das Volk zu der selbstverständlichen Folgerung veranlaßte, daß im Verborgenen ein barbarisches Verbrechen begangen worden war, wurde ihnen ein unsagbar grausames Ende zuteil. Camden beschrieb es folgendermaßen: »Sie wurden gehenkt und noch lebend wieder heruntergeholt, dann schnitt man ihnen die Geschlechtsteile ab und zerstückelte sie langsam bei lebendigem Leibe.« Babington murmelte »Parce mihi, domini Jesu«; Chidiock Tichborne, dessen Gedicht aus dem Tower eine der ergreifendsten Elisabethanischen Apologien ist, hielt eine Abschiedsrede, die das Mitleid der Zuschauer weckte. Das Volk wurde bei diesem entsetzlichen Schauspiel von einem derartigen Grauen erfaßt, daß die anwesenden Mitglieder des Staatsrats sich veranlaßt sahen, die Königin darauf hinzuweisen, daß eine derart blutdürstige Rache mehr schaden als nützen werde. Am nächsten Tag wurden die übrigen Verschwörer ebenfalls in Ketten zum Schafott geschleift und gehenkt, aber man schnitt sie erst ab, als sie bereits tot waren. Dieser Akt der Barmherzigkeit wurde offiziell Königin Elisabeth zugeschrieben — obgleich sie zu diesem Zeitpunkt in keiner sehr barmherzigen Stimmung war.

Das nächste, was Walsingham und Cecil sich jetzt sichern mußten, um die Königin der Schotten endgültig zu Fall zu bringen, waren die Enthüllungen ihrer Sekretäre Nau und Curle: Sie sollten vor allem die Echtheit von Marias »Galgen«-Brief an Babington bestätigen. Zunächst stritten die unglücklichen Sekretäre alles ab: Nau berichtete hinterher, Walsingham habe ihm mit der Faust gedroht, und Cecil habe ihn mit Gewalt zurückhalten müssen. Aber es war eine heikle Situation, und weder Nau noch Curle zeichneten sich durch besondere Charakterstärke aus. Sie waren allein, hilflos und außer sich vor Angst und Schrecken; sie hatten keinerlei Möglichkeit, sich mit ihrer Herrin zu beraten, und für Nau war England ein gefährliches und fremdes Land. Und nicht nur das, sondern ihre Widersacher legten ihnen all die geheimen Briefe Königin Marias vor, in deren Besitz sie gewiß nur durch Hexenkunst gelangt sein konnten. Wie Curle selbst in seiner späteren Apologie erklärte: »Sie zeigten mir die Briefe Ihrer Majestät an meinen Lord Paget, an Mr. Charles Paget, Sir Frances Englefield und den spanischen Gesandten, alle von mir selbst geschrieben, was ich nicht leugnen konnte ... Außerdem legten sie mir ebendieselben beiden von mir in Geheimschrift abgefaßten Briefe an Babington vor ... Auf welche eindeutigen und unwiderlegbaren Beweise hin ich nichts abstreiten konnte[29].« In Wirklichkeit waren die Schriftstücke, die Nau und Curle gezeigt wurden und zu deren Urheberschaft sie sich letztlich bekannten, nicht, wie Curle glaubte, »ebendieselben beiden Briefe«, denn diese hatte Babington vernichtet. Es waren Kopien, wahrscheinlich von dem Meisterfälscher Phelippes angefertigt, aber angesichts des wortgetreuen Textes und der Tatsache, daß Babington selbst mittlerweile die Briefe als authentisch anerkannt hatte, ist es nicht zu verwundern, daß die beiden Sekretäre sich täuschen ließen. Was Marias Brief vom 17. Juli an Babington betrifft, in dem sie ausführlich auf seine Pläne einging, wurden Curle und Nau nur ersucht, den Brief selbst zu bestätigen; das von Walsingham hinzugefügte Postskriptum, das nach den Namen der sechs Edelleute fragte, die den Mord ausführen sollten, wurde auf den Abschriften der Briefe fortgelassen; und auch später bei der Gerichtsverhandlung wurde der Absatz von Babingtons Geständnis, in dem er diesen Zusatz erwähnte, aus verständlichen Gründen nicht verlesen[30].

Maria selbst war hinterher überzeugt und erklärte auch in aller Öffentlichkeit, daß Nau sie verraten hatte. Auch Cecil scheint keine sehr hohe Meinung von der moralischen Widerstandskraft der Sekretäre gehabt zu haben, denn er schrieb am 4. September an Hatton: »Nau und Curle werden vermutlich ein wenig davor zurückschrecken, die Verbrechen ihrer Herrin zu bestätigen. Doch wenn man ihnen klarmacht, daß sie selbst mit heiler Haut davonkommen können und daß der Schlag lediglich ihre Herrin zwischen Kopf und Schultern treffen wird, dürfte es nicht schwer sein, ihnen alles zu entlocken, was wir hören wollen[31]«. Aber rückblickend betrachtet, kann man es den Sekretären kaum zum Vorwurf machen, daß sie einen Text bestätigten, an dessen Echtheit ihrer Meinung nach nicht zu zweifeln war. Sie müssen erkannt haben, daß sie angesichts dieses belastenden Beweismaterials ihre Herrin nicht retten konnten, und so versuchten sie, wenigstens sich selbst zu retten. Naus Verrat an seiner Herrin in diesem letzten Augenblick bedeutet nicht unbedingt, daß er, wie oft behauptet wird, schon seit langem in Intrigen gegen sie verwickelt war. Nach Aussage seiner Feinde wurde er mit 7000 Pfund bestochen, Maria zu verraten; gewiß, er wurde bei Walsingham in London untergebracht und kehrte bereits wenige Monate später mit einem Schiff, das die Regierung ihm zur Verfügung stellte, nach Frankreich zurück, während der unglückliche Curle ein Jahr lang in strenger Gefangenschaft blieb[32]. Aber obwohl diese Zeichen der Gunst von seiten der Engländer vielleicht darauf schließen lassen, daß Nau die Wahrheit über Marias Intrigen enthüllte, um selbst mit heiler Haut davonzukommen, sind sie trotzdem noch kein Beweis für irgendeinen weiteren Verrat. Paulet, dem Nau von Anfang an verhaßt gewesen war, hatte in vergangenen Zeiten oft den Wunsch geäußert, ihn loszuwerden, und Paulets Abneigung war ein sicheres Zeichen für Naus Treue Maria gegenüber. Man sollte seine Kapitulation bei dem Verhör durch Walsingham auf die gleiche Stufe mit den Erklärungen Leslies anläßlich des Norfolk-Komplotts stellen: Bei dem einen wie bei dem anderen handelte es sich um das unglückselige, aber erklärliche Versagen von sonst treuen Dienern, die sich in ein Netz von Intrigen verstrickt sahen, dem Männer ihres Schlages nicht gewachsen waren. Auf jeden Fall war der Verrat von Nau und Curle wohl kaum von großer geschichtlicher Bedeutung: Selbst wenn sie auch weiterhin alles geleugnet hätten, wäre dies für Walsingham bestimmt kein Hindernis gewesen. Er hätte andere Mittel und Wege gefunden, zu seinem Ziel zu gelangen.

Jetzt, da die Babington-Verschwörer tot waren, Nau und Curle hinter Schloß und Riegel saßen und Marias Schuld gemäß dem Gesetz des Bundes eindeutig feststand, gab es nichts mehr, worauf sie hoffen konnte. Aber es gab noch eine schreckliche Möglichkeit, die sie mehr fürchtete als alles andere: den Tod aus dem Hinterhalt, das langsam wirkende Gift, den Dolch eines Meuchelmörders – ein Schicksal, das es ihr versagen würde, sich durch ihren Märtyrertod öffentlich zu ihrem katholischen Glauben zu bekennen. Während der zwei Wochen in Tixall scheint sie sich innerlich mit ruhiger, mutiger Entschlossenheit auf dieses Ende vorbereitet zu haben: Von nun an war jede ihrer Handlungen bewußt auf diesen Höhepunkt abgestimmt. Sie hoffte, im Augenblick ihres Todes zu siegen, und sie fürchtete, sinnlos ausgelöscht zu werden, ohne die Gelegenheit, Zeugnis abzulegen von den Wahrheiten, an die sie glaubte. Im September schrieb sie in diesem Sinn an ihren Vetter, den Herzog von Guise: »Was mich betrifft, ich bin entschlossen, für meine Religion in den Tod zu gehen ... Mit Gottes Hilfe werde ich im katholischen Glauben sterben ...[33]« Maria war so überzeugt von ihrem nahe bevorstehenden Ende, daß sie ihren Vetter bat, für ihre unglücklichen Diener zu sorgen, und genaue Anweisungen für die Überführung ihres Leichnams nach Frankreich gab, wo er in Reims neben dem ihrer Mutter bestattet werden sollte. Ihre Hand war jetzt so verkrampft vor Schmerzen, daß sie kaum die Feder halten konnte, die Angst vor dem unbekannten Tod verfolgte sie, und trotzdem schrieb sie stolz: »Mein Mut verläßt mich nicht ... *Adieu, mon bon cousin.*«

Wenige Tage später, am 21. September, ließ sich Königin Maria widerspruchslos aus Chartley fortführen und machte sich auf den Weg nach Fotheringhay, dem letzten Ziel ihrer langen, beschwerlichen Wanderschaft. Es war Marias Triumph, daß es ihr durch entschiedenes Verhalten während der letzten Monate ihres Daseins gelang, ein Leben, das bisher alle Elemente einer griechischen Tragödie aufgewiesen hatte – Unglück, das unabwendbar Unglück gebiert –, in die klassische christliche Form eines siegbringenden Märtyrertodes umzuwandeln. Dieser Wandel, der ihrer ganzen Lebensgeschichte ein völlig anderes Gesicht verleiht, war kein glücklicher Zufall: Er wurde bewußt von ihr herbeigeführt.

XXV

DER PROZESS

»Als Sünderin weiß ich sehr wohl, wie oft ich mich gegen meinen Schöpfer vergangen habe, und ich bitte ihn um Vergebung, aber als Königin und Herrscherin bin ich mir keines Fehlers bewußt und keiner Verfehlung, deretwegen ich irgend jemand hier auf Erden Rechenschaft schuldig wäre.«

Maria, Königin der Schotten, an Sir Amyas Paulet, Oktober 1586

Am 21. September wurde Maria, die Königin der Schotten, aus Chartley Hall fortgebracht. Es war eine finstere, unheilverkündende Szene: Die Männer, die kamen, sie abzuholen, trugen Pistolen im Gürtel. Marias Diener wurden unter strenger Bewachung in ihre Zimmer gesperrt und durften sich nicht einmal von ihrer Herrin verabschieden. Paulet hatte der Königin kurz zuvor offiziell mitgeteilt, daß die Regierung ihre Überführung in ein anderes Gefängnis angeordnet habe, ohne ihr jedoch zu sagen, in welches, und Maria glaubte zunächst aufgrund von Gerüchten, die man ihren Dienern zugetragen hatte, daß man sie in ein Königsschloß dreißig Meilen von London bringen werde*[1]. So wurde Königin Maria in aller Stille von einer Gruppe protestantischer Landedelherren aus Chartley und Staffordshire fortgeführt und traf vier Tage später, am 25. September, in Fotheringhay, etwa zwanzig Meilen südwestlich von Peterborough, ein. Diese riesige, alte Burg, das letzte der zahlreichen Gefängnisse der schottischen Königin, hatte eine düstere Geschichte. Widersinnigerweise hätte Maria Stuart tatsächlich Fotheringhay als ihr Eigentum beanspruchen können, da es früher einmal die Morgengabe von Prinzessin Maud, der englischen Gemahlin König Davids von Schottland, gewesen war. Es stammte aus der Zeit von Wilhelm dem Eroberer und war während der Regierung Eduards III. wieder aufgebaut worden. Später wurde es zu einer Festung der Anhänger des Hauses York, und im Jahr 1452 war jener klägliche und unselige König, Richard III., dort geboren worden. Jetzt diente die Festung ausschließlich als Staatsgefängnis, hatte jedoch einen derart fin-

* Der Staatsrat hatte vorgeschlagen, die schottische Königin in den Tower von London zu bringen; aber Elisabeth wollte nichts davon hören.

steren Ruf, daß die unglückliche Katharina von Aragon erklärt hatte, wenn man sie nach Fotheringhay bringen wolle, so werde man sie an Händen und Füßen fesseln und mit Gewalt dorthin schleppen müssen, denn freiwillig ginge sie nicht. Die Vorderseite des Kastells und das riesige Tor blickten nach Norden, der mächtige Bergfried lag im Nordwesten; auf drei Seiten war die Burg von einem doppelten Wallgraben umgeben, die vierte Seite der Verteidigungsanlage bildeten die Gewässer des Nene, der sich unmittelbar unter der Burgmauer dahinschlängelte. Düster und drohend stand diese riesige Festung inmitten des flachen Geländes von Northamptonshire.

Trotz der Größe von Fotheringhay waren die Räumlichkeiten, die Maria als Gefängnis dienten, relativ beschränkt, und damit erwachte abermals ihre Angst, daß man sie heimlich beseitigen, sie zum Opfer einer jener grausamen Meuchelmorde machen werde, für die es so zahlreiche Beispiele in der Geschichte der mittelalterlichen Schlösser Englands gab. Aber als Marias Diener ihr berichteten, daß viele der Staatsgemächer für Besucher bereitstünden, schloß sie daraus, daß man beabsichtigte, sie vor Gericht zu stellen, und daß die Räume für die Magistratspersonen aus London vorbereitet worden waren. Die Gewißheit, daß sie im Begriff war, das öffentliche Martyrium durchzumachen, das sie ersehnte, übte eine erstaunliche Wirkung auf Maria aus: »Ihr Herz schlug schneller, und sie war heiterer und bei besserer Gesundheit denn je zuvor«, vermerkte Bourgoing in seinem Tagebuch[2]. Als Paulet ihr am 1. Oktober offiziell mitteilte, daß man sie dem Verhör durch einen Adelsgerichtshof unterziehen werde und ihr in ihrem eigenen Interesse riet, um Gnade zu bitten und ihre Vergehen zu bekennen, ehe man sie offiziell durch das Gesetz für schuldig erkläre, zeigte sich Maria außerordentlich ruhig und gelassen; sie erwiderte Paulet scherzhaft, er rede mit ihr wie mit einem kleinen Kind, von dem man verlange, daß es sich zu dem bekenne, was es getan hatte. Dann fuhr sie in ernsterem Ton fort: »Als Sünderin weiß ich sehr wohl, wie oft ich mich gegen meinen Schöpfer vergangen habe, und ich bitte ihn um Vergebung, aber als Königin und Herrscherin bin ich mir keines Fehlers bewußt und keiner Verfehlung, deretwegen ich irgend jemand hier auf Erden Rechenschaft schuldig wäre ...« Und sie schloß stolz: »Da ich mich also nicht vergangen haben kann, wünsche ich keine Vergebung; ich bitte niemanden darum und würde sie auch von keinem Sterblichen annehmen.« Paulet, der großen Wert darauf legte, daß diese Sünderin persönlich ihre Vergehen bekenne, berichtete der Regierung in London sichtlich verstimmt über dieses Gespräch[3]. Wenige Tage darauf trafen zu Marias großer Freude ihr Haushofmeister Melville und seine Tochter sowie Bastian Pages in Fotheringhay ein. Als sie jedoch erfuhr, daß ihr Kutscher entlassen worden war – Paulet hatte es zu guter Letzt erreicht, seine Sparmaßnahmen durchzuführen –, wußte sie, daß die Zeit der Ausfahrten endgültig vorüber war.

Am 8. Oktober versammelten sich in Westminster die Kommissare, die ernannt worden waren, das Urteil über die schottische Königin zu fällen. Man las ihnen die Abschriften der Korrespondenz zwischen Babington und Maria sowie die Zeugenaussagen von Nau und Curle vor. Daraufhin wurde beschlossen, Maria gemäß dem *Act for the Security of the Queen's Royal Person* vor Gericht zu stellen, der im Jahre 1585 zum Gesetz erhoben worden war und bestimmte, daß »jedwede Person, die einer Verschwörung gegen die Königin beschuldigt« sei, durch eine aus vierundzwanzig Peers und Mitgliedern des Staatsrates bestehende Kommission verurteilt werden solle[4]. Dieses Gesetz war seinerzeit eindeutig dazu entworfen worden, die Königin der Schotten zum gegebenen Zeitpunkt vor Gericht zu stellen und zum Tode zu verurteilen. Jetzt war dieser Augenblick gekommen: Die Kommissare und Peers – einschließlich Marias früherem Hüter Shrewsbury – wurden aufgefordert, sich binnen weniger Tage in Fortheringhay einzufinden. Shrewsbury versuchte, sich dieser peinlichen Aufgabe unter Hinweis auf seinen schlechten Gesundheitszustand zu entziehen, aber Cecil erklärte ihm, sein Nichterscheinen würde von böswilligen Menschen als eine Bestätigung der damaligen Gerüchte angesehen werden, daß er seiner Gefangenen gegenüber zu nachsichtig gewesen sei; und auch der Lordkanzler Bromley schrieb Shrewsbury bedeutungsvoll: »Ich würde Ihnen raten, nicht abwesend zu sein.«

Die Bestimmungen des Gesetzes von 1585 wogen so schwer gegen Maria, daß sie keinerlei Aussicht auf einen Freispruch gehabt hätte, selbst wenn es nicht so eindeutig klar gewesen wäre, daß ihr Fall schon im voraus entschieden war. Tatsächlich äußerte Cecil Shrewsbury gegenüber mit aller Ruhe, wenn sein Gesundheitszustand ihn wirklich daran hindere, der Verhandlung beizuwohnen, so solle er ihn ermächtigen, Maria auch in seinem, Shrewburys Namen schuldig zu sprechen[5]. Vergebens bat der französische Gesandte Königin Elisabeth, man möge Maria zumindest einen Verteidiger gewähren: Elisabeth erwiderte scharf, sie wisse, was sie zu tun habe, und brauche nicht den Rat von Fremden. So bewilligte man Maria für ihren Prozeß weder einen Anwalt noch Zeugen zu ihrer Verteidigung und auch nicht einmal einen Sekretär, der ihr hätte helfen können, ihren Fall vorzubereiten. Vollkommen allein mußte sie, eine kranke Frau und Ausländerin, die nichts von England, seinen Gesetzen oder Sitten wußte und nicht einmal vollkommen die englische Sprache beherrschte, gegen die besten juristischen Köpfe des Landes ihre Verteidigung führen, während man diesen berühmten Rechtsgelehrten nicht einmal die einfache Aufgabe stellte, Zeugen für die Anklage beizubringen, denn man hatte nicht die Absicht, irgend jemanden anzuhören.

Aber seltsamerweise lag nach den Maßstäben des 16. Jahrhunderts die Ungerechtigkeit des Prozesses gegen Maria, die Königin der Schotten, weniger in den Einzelheiten des Verfahrens – bei einer Anklage wegen

Verrats wurde dem Angeklagten damals in England prinzipiell kein Rechtsbeistand gewährt –, sondern vielmehr in der Tatsache, daß der Prozeß überhaupt stattfand. Wie konnte man Maria, eine souveräne Herrscherin, die Königin eines fremden Landes, die in keiner Beziehung ein Untertan Elisabeths war, rechtmäßig wegen Verrats vor Gericht stellen? Im Jahre 1586 wurde die Oberherrschaft eines Monarchen schon hinsichtlich seiner eigenen Untertanen außerordentlich ernst genommen – wieviel schwerer war es also, eine Frau zu verurteilen und hinzurichten, die tatsächlich die Herrscherin eines anderen Landes war oder gewesen war. Elisabeth selbst wußte am besten, wie gefährlich es im Hinblick auf die Zukunft war, irgendeinen Monarchen soweit herabzusetzen, daß er oder sie wie ein gewöhnlicher Untertan gerichtet werden konnte – gar nicht zu reden von dem souveränen Oberhaupt eines fremden Landes. Wenn Maria sich an verräterischen Machenschaften in England beteiligt hatte – wo sie schon an sich unrechtmäßig gefangengehalten worden war –, so wäre das einzige korrekte Rechtsmittel gewesen, sie des Landes zu verweisen (was natürlich keinen Augenblick in Erwägung gezogen wurde). Nach dem englischen Gewohnheitsrecht stellte schon allein das gerichtliche Verfahren gegen einen Monarchen ein schweres Problem dar: Es war in England eines der Grundprinzipien des Gesetzes, daß jeder Mensch das Recht hatte, von seinesgleichen verhört und abgeurteilt zu werden; für Maria als Königin gab es in England außer Elisabeth niemanden, der ihr ebenbürtig war. Ganz gleich, in welch großer Zahl die Geheimen Staatssekretäre, die Earls oder Lords sich versammeln mochten, sie konnten weder getrennt noch vereint jemals als gleichrangig mit einer gesalbten Königin angesehen werden.

Die einzig mögliche Rechtfertigung für das, was im Grunde nicht zu rechtfertigen war, bot der *Act for the Security of the Queen's Royal Person,* der damit, daß er die Kommission bestimmte, die »jedwede Person« verurteilen sollte, die unter diese Verfügung fiel, sämtliche Probleme von Souveränität und Ebenbürtigkeit sowie alle nationalen und internationalen Gesetze der damaligen Zeit einfach außer acht ließ. Im Falle des Prozesses gegen Maria, Königin der Schotten, war den englischen Kommissaren jedes Mittel recht, das ihnen zu dem gewünschten Urteilsspruch verhalf. Um diesen schwachen Fall zu stärken, nahm Cecil sich die Mühe, das Parlament, das bis November vertagt worden war, schon für den 14. September wieder einzuberufen, damit die Commons zur Zeit des Prozesses bereits versammelt seien. Dies würde ihm helfen, Frankreich und den anderen Ländern gegenüber die Ungesetzlichkeit des Verfahrens zu bemänteln. Der Haß der Commons gegen die Königin der Schotten hatte sich im Lauf der Jahre keineswegs gemindert, sondern sogar eher noch zugenommen: Maria war jetzt, wie ihr ehemaliger Hüter, Sir Ralph Sadler, es ausdrückte, »this most wicked and filthy woman«; Cecil wußte, er konnte sich darauf verlassen, daß die getreuen Commons nach dem Prozeß diesen Standpunkt Königin Elisabeth gegenüber deutlich zum Ausdruck bringen würden, wenn sie, was anzunehmen war, davor zurückschreckte, eine gesalbte Königin dem Beil des Henkers auszuliefern.

Am Sonnabend, dem 11. Oktober, trafen die Kommissare in Fotheringhay ein, und am nächsten Tag erhielt Maria den Besuch einer Abordnung von Lords, die erreichen sollten, daß sie einwilligte, persönlich beim Prozeß zu erscheinen, womit sie seine Gesetzmäßigkeit anerkannte. Sie händigten Maria ein Schreiben aus, in dem Königin Elisabeth ihr mitteilte, daß sie einige Peers und Rechtsgelehrte entsandt habe, Maria zu vernehmen und über ihren Fall zu urteilen, da Maria trotz aller eindeutigen Gegenbeweise standhaft leugne, an einer Verschwörung gegen Elisabeth teilgenommen zu haben. Was die Rechtmäßigkeit eines solchen Verfahrens betreffe, erklärte Elisabeth kurz und bündig, da Maria sich in England befinde, unterstehe sie den Gesetzen des Landes.

Aber Maria ließ sich nicht einschüchtern. »Ich bin selber als Königin geboren, bin die Tochter eines Königs und eine leibliche Verwandte der Königin von England«, erklärte sie den Abgesandten. »Ich bin in dieses Land gekommen im Vertrauen auf die Versprechungen meiner Kusine, mich gegen meine Feinde und aufständischen Untertanen zu unterstützen, und ich wurde sofort gefangengenommen.« Sie unterstrich ihren so oft geäußerten und nie erfüllten Wunsch, mit Elisabeth zu sprechen, und sagte abschließend: »Als absolute Herrscherin kann ich mich keinen Befehlen fügen und auch nicht den Gesetzen des Landes unterwerfen, ohne mich selber, meinen Sohn, den König, und allen anderen souveränen Fürsten herabzuwürdigen ... Was mich selbst betrifft, ich erkenne die Gesetze Englands nicht an, sie sind mir fremd, und ich verstehe sie nicht. Ich bin allein, habe weder einen Rechtsbeistand noch irgend jemanden, der für mich spricht. Man hat mir meine Papiere und Aufzeichnungen fortgenommen, so daß ich völlig hilflos bin[6].« Hinsichtlich der Frage ihrer tatsächlichen Schuld gab Maria zu, daß sie sich unter den Schutz katholischer Könige und Prinzen gestellt habe, leugnete jedoch energisch, jemals etwas von einem Anschlag auf Elisabeth gewußt zu haben. Ihre Erklärungen wurden gewissenhaft niedergeschrieben und der englischen Königin übermittelt.

Am nächsten Morgen stellte sich eine weitere, weniger zuvorkommende Delegation bei Maria ein. Der Lordkanzler, Sir Thomas Bromley, sagte ihr kurz und bündig, was immer sie auch einwenden möge, sie unterliege – ob als Herrscherin oder als Gefangene – den englischen Gesetzen, und wenn sie sich weigere, persönlich bei ihrem Prozeß zu erscheinen, so werde man sie einfach *in absentia* verurteilen. Maria brach in Tränen aus und erklärte, sie sei keine Untertanin, und sie würde lieber tausend Tode sterben, ehe sie ihrer Unantastbarkeit als Königin entsage. Sie erbot sich abermals, vor einem freien Parlament zu erscheinen und ihm Rede und Antwort zu stehen, statt sich einem Verhör durch die Kommissare zu unterwerfen, die sie mit Recht verdächtigte, sie ungehört bereits verurteilt zu haben. Aber selbst in diesem Augenblick der Verzweiflung gelang es Maria, eine dramatische Parole für ihre Anhänger vorzubringen, für den Fall, daß der Wortlaut dieser Unterredung jemals über die Mauern von Fotheringhay hinausdringen sollte: »Prüfen Sie Ihr Gewissen«, rief sie, »und vergessen Sie nicht, daß die Bühne der Welt größer ist als das Königreich England[7].«

Die Frage von Marias persönlichem Erscheinen bei der Verhandlung – womit sie in den Augen der Öffentlichkeit zumindest bis zu einem gewissen Grad den Kommissaren das Recht einräumen würde, über sie zu Gericht zu sitzen – war jetzt der Gegenstand langwieriger Erörterungen zwischen ihr und den von Königin Elisabeth ernannten Richtern. Maria beharrte auf ihrem Standpunkt, daß sie als gesalbte Königin keinem Sterblichen Rechenschaft schuldig sei. Erst am 14. Oktober gab sie schließlich nach und erklärte sich einverstanden, vor dem Gericht zu erscheinen, um sich einzig und allein gegen die Anklage zu verteidigen, daß sie die Ermordung der englischen Königin geplant habe. In der Zwischenzeit erhielt Maria einen Brief Elisabeths, die ihr zornige Vorwürfe machte: »Ihr habt auf die verschiedenste Art und Weise geplant, mir das Leben zu nehmen und mein Königreich durch Blutvergießen zu zerstören«, schrieb sie. »Ich bin nie streng mit Euch verfahren; im Gegenteil, ich habe Euch unterstützt und Euer Leben mit der gleichen Sorgfalt bewahrt wie mein eigenes.« Dann befahl sie Maria, den Peers ihres Königreichs zu antworten, wie sie ihr selbst antworten würde, wenn sie zugegen wäre. Nur der letzte Satz des Briefes klang ein wenig versöhnlicher: »Aber antwortet ohne Rückhalt, dann mögt Ihr mehr Gnade von Uns erhalten[8].«

Glaubte Maria, hinter diesen zweideutigen Worten das Versprechen zu entdecken, daß sie letztlich, was auch immer ihre Vergehen sein mochten, mit einer Begnadigung rechnen konnte, wenn sie vor den Richtern erschien? Und war das der Grund, der sie veranlaßte, den dringenden Forderungen der Abgesandten nachzugeben und somit das Prinzip ihrer Souveränität aufs Spiel zu setzen? Aber angesichts der Geistesverfassung, in der sich Maria Stuart seit August und seit jenen bitteren, grüblerischen Tagen in Tixall befand, ist nicht anzunehmen, daß sie zu diesem Zeitpunkt noch auf Gnade hoffte. Die seltsame, gelassene Heiterkeit, die sie jetzt erfüllte, war die Seelenruhe einer Frau, die genau wußte, daß sie bald sterben würde, und schon nahezu mit dem Leben abgeschlossen hatte. Fortan war jede ihrer Handlungen und Gesten sorgsam und erhaben auf den Märtyrertod ausgerichtet, der Zeugnis ablegen sollte von der gerechten Sache der katholischen Kirche. Wie Maria selbst gesagt hatte: Sie spielte ihre letzte Rolle für die Bühne der Welt, nicht für das Königreich England.

Am nächsten Tag, Mittwoch, dem 15. Oktober, begann in einem Saal unmittelbar über der großen Halle des Schlosses von Fotheringhay der Prozeß gegen Maria, die Königin der Schotten. Man hatte die Verhandlung bis ins kleinste Detail geplant, und auf der Skizze Cecils war der Platz eines jeden Teilnehmers sorgfältig vermerkt. Am Ende des Saales stand ein Thron mit einem Baldachin, über dem das Wappen Englands hing; dem Thron gegenüber hatte man einen karmesinroten Samtsessel für die Gefangene aufgestellt. Dazwischen standen auf jeder Seite des Raumes zwei Bänke: Rechts saßen der Lordkanzler Bromley, Cecil und die Earls, einschließlich Shrewsbury, und vor ihnen die beiden ersten Richter und der Oberste Schatzmeister. Auf der linken Seite saßen die Barone und Mitglieder des Geheimen Staatsrates – unter ihnen Walsingham, Christopher Hatton und Sir Ralph Sadler – mit vier weiteren Richtern und zwei Rechtsgelehrten. In der Mitte stand ein langer Tisch für die Kronanwälte, den Notar und andere Vertreter der Krone. Der Saal wurde durch eine hölzerne Schranke in zwei Hälften geteilt, und der Raum jenseits der Schranke war für die Zuschauer – die Bewohner des Dorfes und die Diener der Kommissare – bestimmt.

Königin Maria betrat, von ihrem Hofstaat gefolgt, um neun Uhr den Saal. Sie war, wie in all den Jahren ihrer Gefangenschaft, ganz in Schwarz gekleidet, abgesehen von ihrem üblichen weißen Kopfputz und einem langen weißen Schleier. Ihre Kammerfrau, Renée de Beauregard, trug ihre Schleppe. Maria war so gelähmt von Gliederschmerzen, daß sie kaum gehen konnte und von Melville und Bourgoing gestützt werden mußte. Die Kommissare erhoben sich und nahmen respektvoll die Hüte ab, als die Königin an ihnen vorüberschritt. Burghley führte sie zu ihrem Platz, und als sie erkannte, daß sie nicht, wie erwartet, auf dem Thron sitzen sollte, verlor sie einen Augenblick die Ruhe. »Ich bin von Geburt an Königin«, erklärte sie laut, »bin eines Königs Tochter und die Mutter eines Königs, und mein Platz sollte dort oben unter dem Thronhimmel sein!« Aber nach dieser ersten instinktiven Empörung zeigte sie sich wieder vollkommen beherrscht, als ob sie im voraus beschlossen hätte, sich nicht aus der Fassung bringen zu lassen, ganz gleich, wie sehr man sie demütigen würde, und dieser Ausruf ihr nur wider Willen entfahren sei. Sie setzte sich ruhig auf den Sessel, den man ihr anwies, und bemerkte lediglich zu Melville, während sie die Gesichter der englischen Peers musterte: »Oh, wie viele Rechtskundige hier sind, und doch nicht einer für mich[9].«

Der Lordkanzler eröffnete die Verhandlung mit einer Rede, in der er die Gründe nannte, die Königin Elisabeth veranlaßt hatten, dieses Verfahren anzuordnen – daß sie von der Verschwörung der Königin der Schotten unterrichtet worden sei und sich daher gezwungen gesehen habe, eine öffentliche Versammlung einzuberufen, diese Anklage zu prüfen. Er schloß mit der Erklärung, daß man Königin Maria reichlich Gelegenheit geben werde, ihre Unschuld zu beweisen. Maria antwortete darauf mit den gleichen Argumenten wie zuvor, indem sie wiederum den Kommissaren das Recht absprach, über eine Königin zu Gericht zu sitzen, und auf die Bedingungen hinwies, unter denen sie nach England gekommen war, »nicht als Untertanin, sondern im Vertrauen auf die Versprechungen der Königin, mich gegen meine Feinde zu unterstützen, was ich Ihnen beweisen könnte, hätte man mir nicht meine Papiere fortgenommen; aber statt dessen hat man mich seit dem Tage meiner Ankunft in Gefangenschaft gehalten.« Dann betonte sie, daß sie sich aus einem einzigen Grund bereit erklärt habe, vor der Kommission zu erscheinen, und zwar, um zu beweisen, daß sie niemals an einem Mordkomplott gegen Elisabeth beteiligt gewesen sei. Nachdem die Bevollmächtigung für den Prozeß gegen die schottische Königin auf lateinisch verlesen worden war, protestierte Maria gegen das Gesetz, das dieser Bevollmächtigung zugrunde lag, denn es sei, so erklärte sie, ausdrücklich dazu entworfen worden, sie zu vernichten.

Jetzt erhob sich der königliche Generalankläger in seiner blauen Amtsrobe mit einer roten Kapuze, die flach auf den Schultern lag. Er zählte die Ereignisse auf, die zur Verhaftung der schottischen Königin geführt hatten. Als er auf Babington und die von ihm erwähnten sechs Edelleute zu sprechen kam, die Königin Elisabeth ermorden sollten, entgegnete Maria, daß sie Babington niemals gekannt, nie mit ihm »gehandelt« habe und nichts von den sechs Männern wisse. Dann wurden Abschriften des Briefwechsels zwischen Maria und Babington, die unterschriebenen Aussagen von Curle und Nau und die Geständnisse anderer Verschwörer verlesen und herumgereicht. Maria erhob Einspruch gegen dieses Belastungsmaterial aus zweiter Hand und verlangte mit gutem Recht, daß man ihr die Originale ihrer sogenannten Korrespondenz mit Babington zeigen solle. Sie weigerte sich, aufgrund dieser indirekten Beweise irgend etwas zuzugeben, da man ja, so erklärte sie, ihre eigene Geheimschrift nur allzu leicht gefälscht haben könnte. Obwohl sie allein, ohne einen Rechtsberater, ihren Richtern gegenüberstand, verlor sie keinen Augenblick die Fassung: Sie bekannte sich offen zu all dem, was sie in ihrer Eigenschaft als Gefangene unternommen hatte, um ihre Befreiung zu erreichen (»Ich leugne nicht, daß ich mich ernsthaft nach meiner Freiheit gesehnt und mein Äußerstes getan habe, sie mir zu verschaffen. Hierbei handelte ich aus einem sehr natürlichen Wunsch.«), bestritt jedoch auch weiterhin energisch, jemals etwas von einer Verschwörung gegen Elisabeth gewußt, geschweige denn, ihr Vorschub geleistet zu haben. Die Briefe wies sie abermals zurück. »Bin ich verantwortlich«, fragte sie leidenschaftlich, »für das verbrecherische Vorhaben einiger verwegener Männer, das ohne mein Wissen oder meine Teilnahme geplant wurde?«

Cecil, der entweder sein Mißfallen über die Königin der Schotten eindrucksvoll zur Schau stellen wollte, oder den immer noch die Erinnerung an den verfehlten Vertrag von Edinburgh von vor fast dreißig Jahren quälte, der ihm so sehr am Herzen gelegen hatte, warf Königin Maria jetzt vor, daß sie zur Zeit ihrer französischen Ehe das englische Königswappen geführt und damit versucht habe, sich widerrechtlich Elisabeths Thron anzueignen. Auf diese Beschuldigung erwiderte Maria wie immer, daß sie damals noch sehr jung gewesen sei und lediglich die Befehle ihres Schwiegervaters, Heinrich II., befolgt habe. Aber Cecil gab sich nicht damit zufrieden: Nichtsdestoweniger habe sie sich später beharrlich geweigert, den Vertrag von Edinburgh zu ratifizieren, in dem sie formell ihren Anspruch auf den englischen Thron aufgab – ein klarer Beweis, daß sie insgeheim nach Elisabeths Krone verlangt habe. Maria antwortete ihm mit einer langen und gut durchdachten Rede über die englische Thronfolge, die sie sich offensichtlich im voraus zurechtgelegt hatte und in der sie ihre Einstellung zu dieser Frage im wesentlichen in zwei Punkte zusammenfaßte: Erstens habe sie niemals den Wunsch gehabt, sich zu Elisabeths Lebzeiten des englischen Throns zu bemächtigen; zweitens habe sie »als die rechtmäßige und nächste Erbin es als ihr gutes Recht angesehen, den zweiten Platz zu beanspruchen«. Es war weniger das Recht, sofort zu regieren, als vielmehr das Recht, die Krone Englands zum gegebenen Zeitpunkt zu erben, auf das Maria nicht hatte verzichten wollen.

Obgleich sie wisse, fuhr die Königin fort, daß ihre Feinde ihr Ende durch ungesetzliche Mittel herbeizuführen wünschten, werde es ihr mit Gottes Hilfe doch noch gelingen, sich mit einem glorreichen Tod vor den Augen der Öffentlichkeit zu ihrem Glauben zu bekennen. Mit ergreifenden Worten, die bewiesen, daß sie weit toleranter war als das Zeitalter, in dem sie lebte, und die in starkem Gegensatz zu der hinterhältigen Bosheit Cecils und der kalten Rachsucht Paulets standen, umriß Maria ihre eigene Lebensanschauung, in der kein Platz für Rache war. Sie erinnerte die Richter noch einmal daran, daß sie nach England gekommen sei, Elisabeths Schutz zu erbitten. Dann versuchte sie tapfer, die Anklagen zu entkräften, die sich auf ihre chiffrierten Briefe stützten, und beschuldigte Walsingham, daß er die Geheimschrift erfunden und das ganze Komplott selbst erdacht habe, um das Todesurteil gegen sie zu bewirken. Sie leugnete, den Brief an Babington geschrieben zu haben. Sie begann ein Wortgefecht mit Cecil, bei dem Cecil erklärte, daß in England kein Katholik jemals allein seiner religiösen Überzeugung wegen hingerichtet worden sei, sondern lediglich wegen Verrats gegen die Königin. Walsingham, den Marias Beschuldigungen offenbar getroffen hatten, rechtfertigte sich mit einer Rede, die ebenso eindrucksvoll war wie Marias eigene über das Thema der Rache und in der er einen scharfen Unterschied zwischen öffentlicher und persönlicher Moral machte. »Gott ist mein Zeuge«, sagte er, »daß ich als Privatperson niemals etwas getan habe, was eines ehrbaren Mannes unwürdig wäre, und als Staatssekretär nichts, was nicht meinen Pflichten angemessen ist.«

Dann wurden die Aussagen von Nau und Curle eingehend erörtert. Die

Königin fragte zornig, weshalb man es ihren Sekretären nicht gestatte, persönlich als Zeugen zu erscheinen, da ihre Gegenwart zweifellos sehr viel aufschlußreicher wäre als ihre schriftlichen Erklärungen. Sie betonte, daß es für Nau, der alle von ihr diktierten Briefe zu chiffrieren hatte, ein leichtes gewesen wäre, den Text ohne ihr Wissen zu ändern oder ihm etwas hinzuzufügen, um so mehr, als er es sich während des letzten Jahres zur Gewohnheit gemacht habe, die Arbeit in seinem eigenen kleinen Kabinett zu erledigen, mit der Begründung, daß er sich dort besser konzentrieren könne. »Nau hatte viele Eigenarten, Neigungen und Beweggründe, über die ich mich hier nicht äußern kann«, setzte Maria geheimnisvoll hinzu[10]. Aber trotz dieser Äußerung kannte sie im Grunde ihres Herzens die Wahrheit, was ihre Sekretäre betraf, und war selbst in dieser schwierigen Lage bereit, das menschliche Verständnis zu zeigen, für das sie mit Recht bekannt war; denn sie fuhr fort: »Ich für meinen Teil will meine Sekretäre nicht beschuldigen, aber ich weiß, daß sie diese Aussagen aus Angst vor der Folter und dem Tod gemacht haben. In der Hoffnung, daß man ihnen das Leben schenken werde, haben sie sich auf meine Kosten gerechtfertigt; zweifellos nahmen sie an, daß auch ich mich dadurch leichter würde retten können, denn sie wußten ja nicht, wo ich mich befand, und ahnten nichts von dem, was man mir antun würde.« Nachdem Maria dies klargestellt hatte, betonte sie abermals, daß man die Sekretäre selbst ihr hätte gegenüberstellen sollen, statt lediglich ihre Aussage zu verlesen: »Wenn sie jetzt hier vor mir stünden, würden sie mich sofort von jeder Schuld reinwaschen ...« Maria maß den Aussagen ihrer Sekretäre mit Recht große Wichtigkeit bei: Walsingham berichtete Leicester am nächsten Tag mit offensichtlicher Genugtuung, selbst diejenigen unter den Kommissaren, die Maria wohlgesinnt seien, sähen die Tatsache, daß ihre eigenen Sekretäre gegen sie ausgesagt hätten, als einen Beweis ihrer Schuld an[11].

Wie Marias Leibarzt Bourgoing später berichtete, gerieten die Richter jetzt völlig außer Rand und Band: Diese *chicaneurs* – die Winkeladvokaten, wie er sie beharrlich nannte – griffen die Königin wütend an und schrien, daß sie schuldig sei. Als Maria schließlich in ihre Gemächer zurückkehrte, war sie so erschöpft, daß sie ihren Dienern sagte: Ohne den Vergleich zu weit treiben zu wollen –, die ganze Szene habe sie an die Passion Christi erinnert: denn die Richter hätten sie behandelt, wie die Juden Jesus behandelten, als sie ihm zuriefen: »Tolle, tolle, crucifige.« Und so endete der erste Tag der Verhandlung. Königin Maria verbrachte eine unruhige und schlaflose Nacht und begann den nächsten Tag in aller Frühe mit einem stillen Gebet in ihrem privaten Andachtsraum.

Als sie am zweiten Morgen ihrer schweren Prüfung den Saal betrat, bemerkten die Anwesenden, daß sie ungewöhnlich blaß war. Trotzdem ließ sie sofort bekanntgeben, daß sie eine persönliche Ansprache an die Versammlung zu halten wünsche. Man war sehr gespannt, sie reden zu hören, denn im Laufe der Jahre hatten sich so viele Legenden um die schottische Königin gebildet, daß niemand jetzt ihrem Schicksal unbeteiligt gegenüberstand. Als erstes protestierte Maria energisch gegen die Behandlung, die ihr am Tag zuvor zuteil geworden war: Obwohl sie sich lediglich bereit erklärt habe, sich gegen die Anklagen zu verteidigen, die sich unmittelbar auf das Mordkomplott gegen Elisabeth bezogen, sagte sie, habe man sie in allen Punkten angegriffen. Schwach und krank, wie sie sei, stünde sie, ohne Rechtsberater und der englischen Gesetze unkundig, völlig allein und unvorbereitet vor einer Kommission, die seit langem diesen Prozeß gegen sie geplant und ihre Anklagen sorgfältig ausgearbeitet habe. Unter diesen Umständen, schloß sie, »gibt es wohl nicht einen unter Ihnen, und möge er noch so klug sein, der, wenn er sich in meiner Lage befände, nicht außerstande wäre, sich gegen diese Beschuldigungen zu verteidigen[12].«

Seltsamerweise reagierte Cecil, im Gegensatz zu seiner Grobheit am Tag zuvor, sehr milde auf diese Rede. Überhaupt war das ganze Verhalten der Richter laut Bourgoing jetzt mit einmal sehr viel höflicher geworden. Und nicht nur das, sondern Marias Diener bemerkten auch mit der scharfen Beobachtungsgabe von Menschen, die lange in Gefangenschaft gelebt haben, daß viele der Adeligen in Reithosen und hohen Stiefeln zur Versammlung gekommen waren, was darauf schließen ließ, daß das Verfahren an diesem Tag auf jeden Fall beendet werden sollte.

Während des Vormittags wurden abermals die wichtigsten Punkte der Anklage erörtert – der geplante Sturz Elisabeths, Marias Korrespondenz mit den ausländischen Fürsten und ihre Bemühungen um eine Befreiung aus der Gefangenschaft. Cecil war sichtlich bestrebt, Maria zu überzeugen, daß man sie sehr korrekt behandelte; aber obwohl sie nur in der Frage des Mordanschlags verhört werde, erklärte er ihr, müsse man trotzdem das gesamte Beweismaterial berücksichtigen. Abschließend warf er Maria vor, daß sie genau in dem Augenblick, als man im Begriff gewesen sei, ein Abkommen für ihre Freiheit zu treffen (er bezog sich auf die gemeinsame Regierung mit Jakob), selbst die Initiative ergriffen und Parry entsandt habe, Elisabeth zu töten. Bei dieser Verfälschung der Tatsachen rief Maria empört: »Oh, Sie sind wahrhaftig mein Feind! « – »Ich bin ein Feind der Feinde Königin Elisabeths«, erwiderte Cecil gelassen[13].

Der zweite Teil des Prozesses drehte sich um die Übertragung der schottischen Thronfolge an Philipp II. In einem Ton, nicht unähnlich demjenigen, den ihre Kusine Elisabeth anschlug, wenn die Commons zu anmaßend wurden, sprach Maria dem Gericht energisch das Recht ab, diese Frage auch nur in Erwägung zu ziehen. »Es ist nicht Ihre Sache, über Dinge zu reden, die Fürsten betreffen, und auszukundschaften, ob sie geheime Abkommen untereinander haben.« Als Cecil sie fragte, was sie getan hätte, wenn die Truppen Philipps II. tatsächlich in England gelandet wären, hielt Maria an ihrer üblichen Antwort fest, daß sie nicht für das Vorgehen der

Spanier verantwortlich sei, und erklärte immer wieder: »Mir lag einzig und allein daran, meine Freiheit wiederzugewinnen.«

Kurzum, Maria leugnete während der ganzen Verhandlung, daß sie jemals an einer Verschwörung teilgenommen oder auch nur davon gewußt habe, gab jedoch offen zu, beharrlich zwei Ziele verfolgt zu haben: ihre eigene Befreiung und die Unterstützung der katholischen Sache in England. Abgesehen davon, sagte sie, wünsche sie sich nichts mehr auf dieser Welt, weder Ehren noch Königreiche; und sie sei bereit, für ihren Glauben zu sterben. Zum Schluß bat die Königin abermals, statt sich auf diesen ungerechten Prozeß zu beschränken, möge man ihr gestatten, sich vor dem versammelten Parlament zu rechtfertigen, und ihr eine persönliche Unterredung mit Königin Elisabeth gewähren. Ehe sie den Saal verließ, wandte sie sich an die Kommissare und erklärte ihnen hoheitsvoll, daß sie ihnen verzeihe, was sie ihr angetan hätten. Dann hob sie stolz den Kopf und sagte mit lauter Stimme, so daß alle Anwesenden sie hören konnten: »Meine Herren, ich lege meine Sache in Gottes Hand.«

In der Zwischenzeit war ein Eilbote aus London eingetroffen, der den Kommissaren den ausdrücklichen Wunsch Elisabeths übermittelte, daß kein Urteil gefällt werden solle, ehe sie selbst über die Verhandlungen unterrichtet worden sei; so wurde die Sitzung jetzt vertagt, und das Gericht beschloß, in zehn Tagen in der Starchamber von Westminster wieder zusammenzutreten. Die Richter verließen noch am selben Abend Fotheringhay, und für Maria begann jetzt abermals der ruhige Alltag ihrer Gefangenschaft.

Paulet war natürlich empört über Marias Verhalten während des Prozesses: Nie war die Königin der Schotten ihm verhaßter, als wenn sie den ganzen »erheuchelten« Charme ihrer Persönlichkeit zur Schau stellte. Er schrieb nach London, sie habe versucht, durch »lange und gleisnerische Reden« das Mitleid der Richter zu wecken und alle Schuld auf Elisabeth oder vielmehr auf ihren Rat zu schieben. Während Maria ihren Dienern sagte, sie habe einen Ausdruck des Mitleids auf den Gesichtern der Anwesenden wahrgenommen, äußerte Paulet zufrieden, sie seien alle »of one consent and mind« gewesen, sich ihrer Sache gegenüber völlig gleichgültig zu zeigen[14]. Aber bei denjenigen, die weniger voreingenommen waren als Marias Kerkermeister, und auch bei denjenigen, die nach ihm kommen und versuchen sollten, das Urteil der Geschichte über die schottische Königin zu fällen, erweckte Maria weniger Mitleid als vielmehr eine tiefe Bewunderung für die kühle Überlegenheit, mit der sie sich allein gegen die Übermacht ihrer Widersacher behauptet hatte. In ihrem *Essay on Adversity* hatte sie über den »abscheulichen Sumpf der Kleinmut« gesprochen, die einzige Gefahr, der diejenigen, die von Gott ausersehen waren, das Zepter zu führen, nicht erliegen dürften[15]. Maria war dieser Gefahr nicht erlegen. Während der ganzen Gerichtsverhandlung hatte sie eine unerschütterliche Würde an den Tag gelegt, und all die kleinliche Gehässigkeit von Paulet konnte ihr diesen Triumph nicht nehmen.

Die nächsten Wochen stellten ein seltsam friedliches Zwischenspiel im Leben Maria Stuarts dar, eine Zeit, wo die Selbstdisziplin der langjährigen Gefangenschaft von dem Seelenfrieden eines Menschen ergänzt wurde, der weiß, daß seine Leiden bald ein Ende finden werden. Maria las jetzt viel über englische Geschichte, eine Gewohnheit, mit der sie offenbar bereits in Chartley begonnen hatte, denn das im Juni 1586 angefertigte Bestandsverzeichnis ihrer Habseligkeiten erwähnt eine Anzahl von Büchern über dieses Thema. Sie bereitete sich in Gedanken auf die letzte Reise vor, die, wie sie jetzt annahm, unmittelbar bevorstand. Bourgoing schrieb über ihr Verhalten zu dieser Zeit: »Ich hatte sie während der letzten sieben Jahre nie so heiter und gelassen gesehen. Sie sprach nur von angenehmen Dingen, äußerte oft ihre Ansichten über gewisse Fragen der englischen Geschichte, mit deren Studium sie einen großen Teil des Tages verbrachte, unterhielt sich ruhig und ungezwungen mit den Angehörigen ihres Hofstaats und ließ keinerlei Anzeichen von Traurigkeit erkennen, sondern schien im Gegenteil froher und zufriedener als vor Beginn ihrer Schwierigkeiten[16].« Offensichtlich waren Marias Worte bei der Gerichtsverhandlung keine Heuchelei — sie fürchtete sich nicht, für eine gute Sache zu sterben: Wie viele andere edle Gefangenen vor und nach ihr fand Maria Trost in Berichten über die Vergangenheit, aus denen man stets eines lernen kann: daß die Handlungsweise eines einzelnen Menschen, sei es ein glorreiches Leben oder ein heldenhafter Tod, eine unermeßliche Wirkung auf den Lauf der Geschichte ausüben kann.

Am 25. Oktober setzten die Kommissare in der Starchamber in London ihre Beratungen fort. Diesmal wurden Nau und Curle persönlich vorgeführt, womit abermals die Frage auftaucht, warum sie nicht gerechterweise auch in Fotheringhay hätten erscheinen können. Beide bestätigten unter Eid ihre frühere Aussage und erklärten, daß sie »offen und freiwillig« gemacht worden sei. Dementsprechend befand die Kommission Maria für schuldig, »seit dem 1. Juni verschiedene Pläne zur Vernichtung der Königin von England gebilligt und ausgedacht« zu haben. Nur ein einziger der Richter, der junge Lord Zouch, hatte den Mut zu erklären, daß er nicht völlig überzeugt von der Schuld Maria Stuarts sei.

Die Kommission betonte ausdrücklich, daß König Jakob nichts mit den Vergehen seiner Mutter zu tun habe, denn gemäß den Bestimmungen des *Act for the Security of the Queen's Royal Person* hätte ihre Ausschließung von der Erbfolge sich auch auf ihren Sohn erstreckt. Die beiden Häuser des Parlaments setzten jetzt eine Petition auf, in der sie Königin Elisabeth eindringlich um die Hinrichtung der schottischen Königin ersuchten, da, wie sie sagten, Elisabeths eigenes Leben bedroht sei, »solange die besagte schottische Königin unter den Lebenden weilt und nicht die Strafe erhält, die sie gerechterweise und nach den Gesetzen dieses Eures Königreichs für ihre so vielfältigen, niederträchtigen Verbrechen verdient hat«. Elisabeth antwortete mit einer langen, zweideutigen Rede, in der sie durchblicken ließ, wie sehr sie selbst – wahrscheinlich im Gegensatz zu ihren Commons – sich bewußt war, daß »wir Fürsten gleichsam wie auf einer Bühne vor dem Blick der ganzen Welt stehen«, und daß es den Commons wohl leichtfallen möge, die Hinrichtung Marias zu fordern, es für sie als Königin jedoch sehr schwer sei, eine andere Königin dem Beil des Henkers auszuliefern[17]. Auf jeden Fall sei es wünschenswert, erklärte sie, zunächst ein volles Geständnis der schottischen Königin zu erhalten. Nach zwölf Tagen richtete Elisabeth, immer noch außerstande, einen Entschluß zu fassen, die Anfrage an das Parlament, ob es nicht möglich sei, eine Lösung zu finden, mit der man die schottische Königin vor dem Tode bewahren und ihr eigenes Leben sichern könne.

Maria selbst wurde nicht sofort benachrichtigt, daß in Westminister das Todesurteil gegen sie ausgesprochen worden war. In der Zwischenzeit bemühte sich Paulet, dem Befehl nachzukommen, den er aus London erhalten hatte, und der schottischen Königin das volle Geständnis – die demütigende Bitte um Begnadigung – zu entlocken, an der Elisabeth so viel gelegen war. Am 1. November, dem Allerheiligenfest, das Maria mit Gebeten und der Lektüre über das Leben der Heiligen verbrachte, kam nach dem Essen Paulet zu ihr. Mit ungewohnter Höflichkeit wartete er, bis sie ihr Gebet beendet hatte, dann unterhielten sie sich zunächst eine Weile über allgemeine Fragen der Geschichte. Maria bemerkte, wieviel Blut im Lauf der Jahrhunderte in England vergossen worden sei, worauf Paulet erwiderte, es sei überall das gleiche, besonders in Zeiten der inneren Krise. Maria erkundigte sich nach den Namen einiger Personen, bei denen sie während ihres Prozesses den Eindruck gewonnen hatte, daß sie ihr wohlwollten. »Nicht einer von ihnen war Ihrer Sache günstig gesinnt«, entgegnete Paulet verdrießlich. »Und alle sind erstaunt, Sie in der Lage, in der Sie sich befinden, so ruhig zu sehen. Kein Sterblicher ist jemals so schrecklicher und abscheulicher Verbrechen angeklagt worden wie Sie.« Aber Maria war nicht gewillt, sich zu diesen schrecklichen und abscheulichen Verbrechen zu bekennen. Statt dessen wiederholte sie, daß sie bereit sei, mit ihrem Tod für die Wahrheiten der katholischen Religion zu zeugen. Schließlich sah sich Paulet gezwungen, seinen Mißerfolg einzugestehen: »Ich kann nicht umhin zu bemerken, daß sie immer noch die gleiche Ruhe und Gelassenheit zeigt, die ich bereits in früheren Briefen erwähnte«, schrieb er an Walsingham. »Und ich bitte Sie, mich wissen zu lassen, ob von mir erwartet wird, daß ich die Gefangene oft aufsuche, was mir nicht angenehm ist und wovon ich mir daher auch nicht viel Gutes verspreche[18].«

Am 19. November traf Lord Buckhurst in Fotheringhay ein und überbrachte Maria den Urteilsspruch des Gerichts. Er erklärte ihr, angesichts all dessen, was geschehen sei, werde es als unmöglich erachtet, daß sowohl sie als auch Königin Elisabeth am Leben blieben. Obgleich Elisabeth noch nicht ihre Einwilligung zur Hinrichtung gegeben hatte, forderte Buckhurst Maria mit ernsten Worten auf, Buße zu tun; er erbot sich, ihr hierfür einen protestantischen Geistlichen, den Bischof oder Dekan von Peterborough, zu senden. Maria beschrieb die ganze Unterredung Ende November in einem Brief an Beaton in Paris: »Ich dankte Gott und ihnen«, schrieb sie stolz, »für die Ehre, die sie mir damit erwiesen, daß sie mich als ein so wichtiges Instrument für die Wiedereinsetzung der Religion auf dieser Insel ansahen ... In Bestätigung all dessen erbot ich mich mit Freuden, mein Leben für den Kampf der katholischen Kirche zu opfern.« Das war natürlich die letzte Antwort, die Paulet und Buckhurst entgegenzunehmen bereit waren: Sie erklärten Maria schroff, da sie wegen der geplanten Ermordung Elisabeths zum Tode verurteilt worden sei, werde man sie gewiß weder als Märtyrerin noch als Heilige ansehen. Aber Maria war klug genug zu erkennen, daß trotz Paulets Einwänden die Dinge sich so gestalteten, wie sie es gehofft hatte. Kein Wunder, daß Camden hörte, sie sei wie verklärt bei dem Gedanken, daß Gott sie damit zur Märtyrerin ausersehen hatte.

Paulet rächte sich in kleinlicher und gehässiger Weise für den beharrlichen Widerstand Marias gegen seine Versuche, ihren Stolz zu brechen, indem er jetzt zum erstenmal in ihrer Gegenwart den Hut aufbehielt und außerdem ihren Dienern befahl, den Thronbaldachin mit dem Wappen Schottlands zu entfernen. Sie gehöre nicht mehr dem Leben an und besitze keine Titel und Würden mehr, erklärte er. Marias Diener weigerten sich, Paulets Befehl zu befolgen, so daß seine eigenen Leute den Baldachin niederreißen mußten. Anscheinend erkannte Paulet jedoch, daß er damit ein wenig zu weit gegangen war, denn am nächsten Tag erbot er sich, nach London zu schreiben und um die offizielle Genehmigung zu ersuchen, den Baldachin wieder aufzustellen, der, wie er sagte, auf Befehl des Rats entfernt worden sei. Dies gab Maria eine sehr willkommene Gelegenheit, stolz auf das Kruzifix zu deuten, das sie anstelle des Baldachins aufgehängt hatte. Wie sie selbst an Heinrich von Guise schrieb: »Ich zeigte ihnen das Kreuz meines Erlösers an der Stelle, wo zuvor das Symbol meiner Königswürde gehangen hatte[19].«

Es war mittlerweile Ende November. Maria hegte keinen Zweifel, daß ihre Tage gezählt waren. Sie verbrachte jetzt den größten Teil der Zeit damit, ihre Abschiedsbriefe zu schreiben: Sie schrieb an den Papst und versicherte ihn ihrer Treue zum katholischen Glauben, für den sie jetzt zu sterben bereit sei. Dann bat sie ihn, nach ihrem Tod dafür zu sorgen, daß ihr Erbanspruch auf den englischen Thron dem katholischen König von Spanien übertragen werde und nicht ihrem Sohn, falls Jakob sich auch weiterhin weigern sollte, den Glauben seiner Väter anzunehmen.

Ein anderer Brief ging an Mendoza, den treuen Freund und Gefährten ihrer Intrigen, der sich jetzt in Paris befand. Maria versicherte ihm, daß sie die Kraft habe, für Gott und ihren Glauben in den Tod zu gehen[20]. Sie wiederholte Mendoza gegenüber, was sie dem Papst hinsichtlich ihres Erbanspruchs auf den englischen Thron geschrieben hatte, bat ihn inständig, sich nach ihrem Tod ihrer armen, verlassenen Diener anzunehmen, einschließlich Leslies, der, wie sie gehört habe, sich in großer Not befinde, und vermachte Mendoza, der sich die ganzen Jahre hindurch so leidenschaftlich für ihre Befreiung eingesetzt, den Diamanten, den Norfolk ihr vor so langer Zeit geschenkt hatte. Als letztes schrieb Maria an Heinrich von Guise, den sie seit dem Verrat Jakobs als ihren nächsten Blutsverwandten ansah. Sie unterstrich ihm gegenüber abermals die Erhabenheit des Endes, das sie erwartete: »Obgleich kein Scharfrichter je zuvor seine Hände in unser [der Guisen] Blut getaucht hat, schämt Euch dessen nicht, mein lieber Freund, denn die Verurteilung durch Häretiker und Feinde der Kirche (die überdies keine Gerichtshoheit über mich, eine freie Königin, haben) ist in den Augen Gottes ein Gewinn für die Kinder Seiner Kirche.« Was den Glauben betraf: »Ich sehe mich von väterlicher und mütterlicher Seite dazu geboren, mein Blut für ihn zu opfern . . .[21]« Für den Fall, daß die vollen Einzelheiten ihres Martyriums von den Engländern verheimlicht werden sollten, und da man nicht alles Briefen anvertrauen könne, bat Maria Heinrich von Guise und Mendoza, sich nach ihrem Tode die Augenzeugenberichte ihrer eigenen Diener anzuhören.

Während Königin Maria diese Briefe schrieb, vernahm sie das Klopfen und Hämmern der Arbeiter in der großen Halle des Schlosses. Sie war überzeugt, daß diese Geräusche von der Errichtung ihres eigenen Schafotts herrührten, und schrieb an Mendoza: »Ich glaube, man arbeitet bereits an dem Schafott, auf dem ich die letzte Szene der Tragödie spielen soll . . .« In Wirklichkeit sollte es jedoch noch über zwei Monate dauern, ehe diese letzte Szene tatsächlich gespielt wurde. Der Grund dafür war, daß Elisabeth sich immer noch hartnäckig weigerte, das Urteil zu bestätigen. Das einzige, was das Parlament von ihr erreichen konnte, war die öffentliche Verkündung des Todesurteils am 4. Dezember; daraufhin wurde das Parlament bis zum Frühling vertagt. Das englische Volk mochte über die Nachricht jubeln und die Glocken läuten lassen, aber seine Königin war noch weit entfernt davon, einen Ausweg aus ihrem eigenen Dilemma zu finden. Ganz abgesehen von der Tatsache, daß Maria eine gesalbte Königin und ihre leibliche Kusine war, mußte auch die Frage der auswärtigen Beziehungen in Erwägung gezogen werden. Wie würde Frankreich, wo Maria einmal Königin gewesen, auf die Nachricht von ihrem Tode reagieren – und was würde vor allem Schottland dazu sagen, wo Maria jahrelang persönlich regiert hatte und wo jetzt ihr eigener Sohn herrschte? Jetzt, da die Aussicht auf einen Krieg mit Spanien immer näher rückte, wurden das Wohlwollen Frankreichs und die

Fortsetzung des Bündnisses mit Schottland zu entscheidenden Faktoren in der Außenpolitik Englands. Lohnte es sich wirklich, diese lebenswichtigen Freundschaften für den Tod einer alten und kranken Frau zu opfern, die seit fast zwanzig Jahren in Gefangenschaft lebte? Es war Maria, die Gefangene in Fotheringhay, die ruhig und gelassen war, die ihre Briefe schrieb, sich überlegte, wie sie am besten für das Wohl ihrer Diener nach ihrem Tode sorgen könne, die ihr Kruzifix betrachtete und sich sorgloser zeigte, als sie es seit Jahren gewesen war. Und es war Elisabeth, ihre Kerkermeisterin in London, die im stillen murmelte: »Aut fer aut feri, ne feriare, feri« – leide oder schlage; damit du nicht geschlagen wirst, schlag selbst – und Qualen der Unschlüssigkeit litt.

XXVI

DER SCHMERZLICHE STREICH

»Beklage nicht meinen Tod, freu dich meiner
Stille,
Der Tod galt mir nicht, nur der Qual in mir,
Die Knospe brach, daß die Rose sich erfülle,
Und auch die Kette, frei geh' ich fort von hier.«

Aus »Decease, Release«, Ode von Robert Southwell S J zum Tode von Maria, Königin der Schotten

Als König Jakob von der Verhaftung seiner Mutter in Chartley erfuhr, begnügte er sich mit der Bemerkung, sie solle nur »die Suppe auslöffeln, die sie sich eingebrockt hat« und sich in Zukunft mit nichts anderem mehr befassen, als zu Gott zu beten[1]. Er übersah nicht nur ostentativ die Möglichkeit, daß seine Mutter sich jetzt in Lebensgefahr befinden könnte, sondern er wählte auch genau diesen Augenblick, sich durch Archibald Douglas zu erkundigen, wie Elisabeth sich zu der Frage einer Ehe mit ihm stellen würde. Elisabeth war jetzt über fünfzig, dreißig Jahre älter als Jakob, und obgleich Jakob offensichtlich bereit war, diesen Altersunterschied großzügig in Kauf zu nehmen, wenn er damit seinen Anspruch auf den englischen Thron stärken konnte, zeigte Elisabeth selbst keinerlei Neigung zu dieser absurden Verbindung[2]. Trotzdem erklärte Jakob auch weiterhin in aller Öffentlichkeit, daß er nichts dagegen habe, seine Mutter in strengster Gefangenschaft zu sehen, vorausgesetzt, daß ihr Leben nicht bedroht sei. Erst nach dem Prozeß und der Verkündung des Todesurteils machte Archibald Douglas den schottischen König darauf aufmerksam, daß er möglicherweise in Kürze zwischen dem Leben seiner Mutter und der Aufrechterhaltung des kürzlich geschlossenen anglo-schottischen Bündnisses werde wählen müssen.

Aber dieses Dilemma, vor das Jakob sich gestellt sah, war geringfügig im Vergleich zu den Seelenqualen, die Elisabeth selbst in ihrem Widerstreben, das Todesurteil zu bestätigen, durchmachte. Sie sagte Anfang Dezember dem französischen Gesandten, daß sie nicht einmal über den Tod ihres Vaters, ihres Bruders Eduard oder ihrer Schwester Mary so viele Tränen vergossen habe wie über das, was sie »diese unglückselige Affäre« nannte; und ganz gleich, ob ihre eigene Unschlüssigkeit sie schmerzte oder die Aussicht, Marias Blut zu vergießen, es besteht kein Grund, an der Aufrichtigheit ihres Kummers zu zweifeln[3]. Hingegen spielten bei Jakobs Ratlosigkeit, welchen Weg er einschlagen sollte, rein persönliche Gefühle kaum eine Rolle; die Gesandtschaft, die er im November zu Elisabeth schickte, hatte den Auftrag, dafür zu sorgen, daß man nichts gegen Maria unternehmen würde, was »irgendeinem Anspruch des Königs zum Schaden gereichen« könnte. Unterdessen ging in Schottland das Gerücht, Jakob wolle Elisabeth um keinerlei Zugeständnis hinsichtlich Marias bitten, weil er fürchte, sich das Wohlwollen der englischen Königin zu verscherzen, obgleich die Schotten empört waren bei dem Gedanken, daß ihre frühere Herrscherin von der Regierung eines fremden Landes hingerichtet werden sollte. Wie Gray am 23. November an Douglas schrieb, es würde Jakob nicht leichtfallen, den inneren Frieden zu wahren, wenn das Todesurteil tatsächlich vollstreckt wurde. »Ich habe die Leute noch nie so einmütig gesehen wie in dieser Frage. Sie, denen das Glück ihrer Königin der größte Dorn im Auge war, beklagen jetzt ihr Unglück.« Jakob selbst wies Elisabeth auf seine schwierige Lage hin, ließ jedoch durchblicken, daß es weniger die Liebe zu seiner Mutter als vielmehr die Angst vor der nationalen Erbitterung war, die ihn zum Eingreifen bewog.

Trotz dieser Befürchtungen wurde die einzige Vergeltungsmaßnahme, die Jakob der englischen Königin hätte ankündigen können, um das Leben seiner Mutter zu retten – und die sie nach Meinung einiger Historiker tatsächlich vor der Hinrichtung von seiten der Engländer bewahrt hätte[4] –, niemals erwähnt. Jakob äußerte sich zu der Frage des Todesurteils mit einer Reihe von furchteinflößenden, aber bedeutungslosen Drohungen. Nicht ein einziges Mal sagte er, daß er im Falle der Vollstreckung des Urteils das anglo-schottische Bündnis lösen werde, obwohl Elisabeth sich besorgt bei seinen Gesandten erkundigte, ob er tatsächlich diesen Gedanken erwäge. Seine Drohungen sowie die Gesandtschaft, die er nach London schickte, sollten lediglich dazu dienen, seine Ehre in Schottland zu retten: Sie waren nicht dazu bestimmt, das Leben seiner Mutter in England zu retten. Auch zeigten sich nicht alle seine Abgesandten so entrüstet wie Gray über die Möglichkeit der Hinrichtung: Sir Alexander Stewart äußerte die verhängnisvolle Ansicht, daß Jakob notfalls bereit sein würde, sich mit dem Tod seiner Mutter abzufinden*. Sobald die Engländer merkten, daß ungeachtet aller Proteste Jakobs die Allianz nicht gefährdet war, was auch immer sie gegen die schottische Königin unternehmen würden, rückte der Tag der Hinrichtung Marias beträchtlich näher.

Die Proteste der Franzosen waren ehrlicher und energischer, erwiesen sich jedoch letztlich als ebenso wirkungslos: König Heinrich III. sandte einen

* Dr. D. H. Wilson erwähnt in seiner Biographie Jakobs I. die Möglichkeit, daß Stewart über Grays Kopf hinweg heimliche Anweisungen in dieser Frage erhalten hatte; obwohl Jakob sich in der Öffentlichkeit sehr erzürnt über Stewarts Äußerungen zeigte, durfte Stewart ungestraft nach Schottland zurückkehren[5].

Sonderbeauftragten nach London, Elisabeth um Gnade für Königin Maria zu bitten; er erhielt die Antwort: »Wenn der französische König die Gefahr kennt, in der Ihre Majestät sich befindet, wenn er sie liebt, wie er es vorgibt, so wird er Ihre Majestät nicht bedrängen, ihr Leben aufs Spiel zu setzen.« Der französische Gesandte in London, Châteauneuf, versuchte auch weiterhin tapfer, Maria zu retten, aber im Januar bereitete die unglückliche Entdeckung eines weiteren Anschlags auf Elisabeths Leben seinen Bemühungen ein jähes Ende: Er wurde unter Hausarrest gestellt und konnte daher während der kritischen Wochen des neuen Jahres nichts mehr für Maria tun; es hieß, daß der Anschlag von französischer Seite ausgegangen sei, aber in Wirklichkeit ist eher anzunehmen, daß Walsingham selbst ihn inszeniert hatte, um die Einwände der Franzosen zu entkräften und Elisabeth zur Unterschrift des Urteils zu zwingen[6]. Im Dezember hatte Cecil eigenhändig eine Liste aufgestellt, in der er die Gründe anführte, die gegen die Hinrichtung der schottischen Königin sprachen. Er erwähnte darin unter anderem das triftige Argument, *Sanguis sanguinem procreat* – Blut zeugt Blut –, ferner die Tatsache, daß Marias Gesundheit ohnedies völlig zerrüttet sei und sie jeden Augenblick eines natürlichen Todes sterben könne, sowie das Versprechen des Königs von Frankreich, sich künftig für die Beendigung der Anschläge auf Elisabeths Leben zu verbürgen[7]. Nachdem jedoch bis Januar Marias ausländische Beschützer sich teils zurückgezogen hatten und teils außer Gefecht gesetzt worden waren, schien der Umstand, daß Blut weiteres Blut hervorbringen könnte, nicht mehr so wichtig zu sein.

Mitte Dezember schrieb Maria einen langen Brief an Elisabeth. Der erste Punkt, den sie darin erwähnte, betraf ihre sterblichen Überreste: Sie bat die englische Königin, daß man ihren Dienern gestatten möge, sie nach Frankreich zu überführen statt nach Schottland, wo das protestantische Leichenbegängnis für sie eine Entweihung bedeute, zweitens äußerte sie die Befürchtung, daß die »heimliche Tyrannei« derjenigen, deren Gewalt Elisabeth sie ausgeliefert habe, zu ihrer geheimen Ermordung führen könnte; drittens bat Maria um Erlaubnis, ein Schmuckstück und ein letztes Lebewohl an ihren Sohn Jakob zu senden. Sie beendete den Brief mit einer ernsten Warnung an Elisabeth: »Zeihet mich nicht der Überheblichkeit, wenn ich, kurz vor dem Verlassen dieser Welt und mich auf eine bessere vorbereitend, Euch daran erinnere, daß Ihr eines Tages Rechenschaft werdet ablegen müssen über das Euch anvertraute Amt und jene, die Euch vorangehen mußten ... Eure widerrechtlich gefangene Schwester und Kusine – Maria, Königin[8].«

Kurz vor Weihnachten erkrankte Paulet – oder vielleicht täuschte er auch nur eine Krankheit vor, um den Streitgesprächen mit Maria zu entgehen, die er so sehr verabscheute. Seine Abwesenheit übte eine deprimierende Wirkung auf die Königin aus: Er selbst mochte die Unterhaltungen mit ihr fürchten, aber für sie bedeuteten sie immerhin einen gewissen Kontakt mit der Außenwelt und die einzige Gelegenheit, ihre Argumente geltend zu machen und sich damit wenigstens zum Teil ihren Kampfgeist zu erhalten. Jetzt schlichen die Tage träge dahin: Ohne die Wortgefechte mit Paulet begann Maria zum erstenmal, die Ungewißheit ihrer Lage zu empfinden. Am 8. Januar ließ sie Paulet bitten, ihr wieder einmal einen Besuch abzustatten, denn obgleich er sich in Fotheringhay aufhielt, hatte sie ihn seit vor Weihnachten nicht mehr gesehen, und sie wußte, daß er am Tag zuvor ausgegangen war. Zum Teil rührte Marias Unruhe wohl daher, daß sie von Elisabeth keine Antwort auf ihre Abschiedszeilen und ihre letzten Bitten erhalten hatte. Am 12. Januar schrieb sie abermals einen langen Brief, in dem sie Elisabeth flehentlich bat, der qualvollen Ungewißheit ein Ende zu machen, und zwar weniger um ihrer selbst willen als wegen ihrer armen Diener, die am Rande der Verzweiflung seien. Im letzten Absatz versuchte sie sogar, Elisabeths Neugier zu wecken, indem sie fragte, wem sie ihre letzten Geheimnisse anvertrauen solle; es war, als ob der Gedanke an die nicht stattgefundene Begegnung sie nach all diesen Jahren immer noch verfolgte und sie die unsinnige Hoffnung hegte, daß Elisabeth ihr vielleicht letztlich doch noch einen persönlichen Besuch abstatten werde. Aber Elisabeth sollte nie etwas von diesem heimlichen Ansinnen ihrer Kusine erfahren: Paulet weigerte sich, den zweiten Brief abzusenden, mit der Begründung, daß er noch bettlägrig sei und daß Maria sich vorläufig damit begnügen müsse, die Antwort auf ihr erstes Schreiben abzuwarten. Später erklärte er, daß er den Brief überhaupt nicht weiterleiten werde, da er keine Anweisungen dafür erhalten habe[9].

Langsam schlichen die Wochen dahin. Mehr als drei Monate waren vergangen, seit die Richter Fotheringhay verlassen hatten, und aus London kam immer noch nicht die Nachricht, daß das Ende nahe sei. Obgleich Maria selbst keinen Augenblick daran zweifelte, daß das Urteil früher oder später vollstreckt werden würde, begannen ihre Getreuen angesichts der Verzögerung wieder Hoffnung zu schöpfen. Als Paulet am 20. Januar eine Bemerkung über die Gehälter der Dienerschaft fallenließ, erklärte Melville zuversichtlich, er habe damit zweifellos andeuten wollen, daß sie auf unbegrenzte Dauer im Dienste Marias bleiben würden. Um so schmerzlicher war der Schlag, der sie am nächsten Tag traf: Paulet unterrichtete Melville und den Hofgeistlichen de Préau – der sich seit einiger Zeit in Fotheringhay befand –, daß sie zwar weiterhin im Schloß wohnen sollten, ihre Herrin jedoch nicht mehr sehen dürften. Nur Marias Arzt, Bourgoing, war es gestattet, bei ihr zu bleiben. Angesichts der Trennung von ihren Dienern gelangte Maria jetzt abermals zu der Überzeugung, daß man beabsichtigte, sie heimlich zu ermorden. Als Paulet durch Bourgoing von diesen Befürchtungen erfuhr, war er zutiefst gekränkt: Zornig erklärte er dem Arzt, »er sei ein Ehrenmann und ein Kavalier, und es würde ihm nie in den Sinn kommen, mit solch einem abscheulichen Verbrechen seinen guten

Namen zu beflecken[10]«. Aber obgleich Paulet sich als Ehrenmann bezeichnete, hatte er trotzdem nichts dagegen, seiner Gefangenen eine Reihe von weiteren kleinlichen Demütigungen aufzuerlegen. Wenige Tage später wurde es Marias Butler untersagt, das Zepter beim Essen vor den Fleischgerichten herzutragen – ein Dienst, den er in Abwesenheit des Haushofmeisters Melville ausübte. Auf Marias Protest entgegnete Paulet kühl, daß man ihr aus ein und demselben Grund ihren Priester, ihren Haushofmeister, ihren Thronbaldachin und ihr Zepter fortgenommen habe: weil sie keine Königin mehr sei, sondern »eine angeklagte, für schuldig erklärte und verurteilte Frau«. Es blieb Maria überlassen, sich, so gut sie konnte, mit dem Gedanken zu trösten, daß König Richard II. nicht minder schmählich behandelt worden war.

Aber Maria mochte angeklagt, für schuldig befunden und verurteilt worden sein, es gab trotz alledem bisher noch keine offizielle Mitteilung bezüglich ihrer Hinrichtung. Hinterher wurde behauptet, am Sonntag, dem 29. Januar, kurz nach Mitternacht, habe der Himmel ein Zeichen gegeben, daß das Ende nicht mehr fern sei: Eine riesige Flamme habe dreimal die Fenster des Schlafgemachs der Köngin beleuchtet. Das Licht, das nirgendwo sonst im Schloß zu sehen war, sei so hell gewesen, daß es die Wächter, die unter dem Fenster standen, geblendet habe[11]. Dieses übernatürliche Warnsignal – falls es eines war – wurde tatsächlich von den Ereignissen bestätigt. Drei Tage später befahl Königin Elisabeth, die sich auf ihrem Schloß in Greenwich befand, dem Staatsschreiber Davison, ihr das Todesurteil zu bringen, das so lange auf ihre Unterschrift gewartet hatte. Davison schob das Dokument diskret zwischen eine Reihe von anderen Schriftstücken, die er der Königin zum Unterzeichnen vorlegte. Die List – denn Elisabeth hatte ihren besorgten Ministern deutlich zu verstehen gegeben, daß man sie überlisten müsse – brachte den gewünschten Erfolg: Während Elisabeth scheinbar völlig unbekümmert mit Davison über das Wetter plauderte, unterschrieb sie, eines nach dem anderen, die Papiere, unter denen sich auch das Todesurteil befand, und schob sie mit einer lässigen Bewegung von sich. Aber die Königin brachte es nicht über sich, diese leidige und doch so folgenschwere Angelegenheit, die ihr soviel Kummer bereitet hatte, einfach zu übergehen, als ob nichts geschehen wäre. Sie fragte Davison in neckischem Ton, ob es ihn betrübe, sie nach so langer Zeit dieses berühmte Schriftstück unterzeichnen zu sehen. Davison erwiderte diplomatisch, er ziehe den Tod einer schuldigen Person dem einer unschuldigen vor. Elisabeth befahl Davison, das Todesurteil vom Lordkanzler mit dem großen Staatssiegel versehen zu lassen und es dann Walsingham zu überbringen. Ihre gute Laune war noch nicht verflogen: »Ich fürchte, der Kummer darüber wird ihn fast umbringen«, bemerkte sie zufrieden. Dann beendete sie die Angelegenheit mit einigen praktischen Anweisungen – die Hinrichtung dürfe auf keinen Fall öffentlich vollzogen werden, sondern solle in der großen Halle des Schlosses erfolgen. Und sie, Elisabeth, wolle nichts mehr von der ganzen Sache hören, bis das Urteil vollstreckt sei[12].

Trotz dieser pilatusähnlichen Bemerkung konnte Elisabeth sich immer noch nicht mit der Lage der Dinge abfinden. Marias Angst vor einem heimlichen Tod war nicht ganz unbegründet: Schon vor der Unterzeichnung des Todesurteils hatte Elisabeth den Ministern gegenüber durchblicken lassen, daß die Bestimmungen des *Act for the Security of the Queen's Royal Person* es doch eigentlich einem treuen Untertanen zur Pflicht machten, die Königin der Schotten zu töten ... und damit die englische Königin von der Verantwortung zu befreien. Die Minister, die nur allzu klar ihre Absichten erkannten, gaben vor, nicht zu verstehen, was sie meinte. Aber am 1. Februar wurde Elisabeth deutlicher. Nachdem sie das Dokument unterzeichnet hatte, murmelte sie nachdenklich, wenn ein treuer Untertan ihr aus der Verlegenheit helfen würde, indem er selbst den Streich führte, könnte man damit zweifellos den Zorn Frankreichs und Schottlands besänftigen. Die »treuen Untertanen«, denen es nach Ansicht Elisabeths oblag, diese Rolle zu übernehmen, waren natürlich Paulet und Drury in Fotheringhay. Davison fürchtete zunächst, daß dies lediglich ein weiterer Vorwand sei, die Hinrichtung hinauszuschieben. Aber die Königin bestand gegen seinen Rat darauf, daß man in diesem Sinne an Paulet schreiben solle. So begab sich Davison zu Walsingham, der sofort den gewünschten Brief verfaßte. Es sei bedauerlich, schrieb er, daß Paulet im Hinblick auf die große Gefahr, in der Ihre Majestät sich stündlich befinde, solange Maria Stuart am Leben sei, nicht »von selbst und ohne weiteren Auftrag« einen Weg gefunden habe, die besagte Königin Maria zu beseitigen[13].

Jetzt hatte man das, was Maria schon seit langem befürchtete, klar und deutlich ihrem Kerkermeister vorgeschlagen: und es ist eine der Ironien der Geschichte, daß Paulet, der Mann, dem Königin Maria vom ersten Tag an mit Mißtrauen und Abneigung begegnet war, nach kurzem Zögern zur Feder griff und sich mit energischen Worten weigerte, den niederträchtigen Auftrag auszuführen: »Es erfüllt mich mit Bitterkeit«, schrieb er, »daß ich so unglücklich bin, den Tag gesehen zu haben, an dem ich auf den Wunsch meiner gütigen Herrin aufgefordert werde, eine Tat zu tun, die Gott und das Gesetz verbieten ... Gott verhüte, daß mein Gewissen einen so kläglichen Schiffbruch erleide und ich einen so großen Schandfleck meinen Nachkommen hinterlasse, indem ich Blut ohne die Zustimmung des Gesetzes oder einen öffentlichen Befehl vergieße[14].« Widersinnigerweise blieb Maria durch die Standhaftigkeit des Puritaners, der soviel dazu beigetragen hatte, ihr die letzten Monate qualvoll und demütigend zu gestalten, von dem Schicksal verschont, das sie am meisten fürchtete. Elisabeth hingegen gab durch eine Handlungsweise, die weder ihrem Mut noch ihrem Charakter oder ihrem Namen zur Ehre gereichte, Paulet die Chance, sich vor der Schranke der Geschichte reinzuwaschen: Er mochte ein phantasieloser, voreingenommener, engstirniger Tyrann sein, aber er war trotzdem kein Mörder. Als man Elisabeth seine Antwort übermittelte, äußerte sie sich zornig über »diese feinfühligen und übergenauen Burschen« wie Paulet, die solch große Besorgnis um ihre Sicherheit an den Tag legten, aber nicht bereit waren, etwas zu unternehmen[15].

Elisabeths Ratgeber, die den Wankelmut ihrer Herrin kannten, warteten nicht Paulets Antwort ab, ehe sie handelten. Jetzt, da sie das unterschriebene Todesurteil in Händen hielten, wurde einstimmig beschlossen, die Vollstreckung unverzüglich anzuordnen. Beale, der Schriftführer des Rats, erhielt den Befehl, sich sofort in Begleitung Shrewsburys und des Earl of Kent nach Fotheringhay zu begeben. Sämtliche Einzelheiten der Hinrichtung, einschließlich der Ansprachen der beiden Earls, wurden sorgsam in dem von Walsingham aufgesetzten Memorandum festgelegt. Cecil setzte am Rande des Memorandums seinen eigenen Kommentar hinzu: Die Reden sollten dazu dienen, »auf ihre zahlreichen Komplotts hinzuweisen, deren Ziel die Vernichtung der Person der Königin sowie die Invasion dieses Königreichs war[16]«.

Auch die praktischen Seiten der Angelegenheit wurden nicht vernachlässigt. Walsingham selbst übernahm es, sich mit dem Scharfrichter in Verbindung zu setzen. Sein Diener Anthony Hall sicherte sich in aller Heimlichkeit die Dienste eines gewissen Bull, dem man 10 Pfund für »seine Arbeit« bewilligte. Ein anderer Diener Walsinghams brachte Bull, als Arbeiter verkleidet, nach Fotheringhay; sein »Instrument« – das Beil – hatte er, den Anweisungen gemäß, in einem Koffer versteckt. Um kein Aufsehen zu erregen, wurde Bull in einem Gasthaus in Fotheringhay einquartiert.

Der kleine königliche Hofstaat in Fotheringhay hatte zu dieser Zeit noch keine Ahnung von dem, was im Gange war. Am Sonnabend, dem 4. Februar, ging Bourgoing zu Paulet und fragte ihn, ob er ausreiten könne, um in den benachbarten Dörfern nach gewissen Kräutern zu suchen, von denen er hoffte, daß sie den Rheumatismus der Königin ein wenig lindern würden. Paulet antwortete ihm ausweichend und erklärte schließlich, er könne bis Montag keinen Entschluß fassen. Aber am Sonntag erfuhr Maria, daß Beale in Fotheringhay eingetroffen war, und da sie wußte, was seine Ankunft zu bedeuten hatte, sagte sie Bourgoing, er solle sich nicht weiter um ein Heilmittel für sie bemühen, denn sie werde es jetzt nicht mehr brauchen. Man machte jedoch der Königin keine offizielle Mitteilung hinsichtlich ihres Geschicks, und während der nächsten zwei Tage hofften ihre Diener immer noch auf eine Wendung zum Guten. Erst am Dienstag, dem 7. Februar, versetzte die Ankunft einiger weiterer Regierungsmitglieder aus London – einschließlich der Earls of Shrewsbury und Kent, die sich in einem Nachbarort aufgehalten hatten – den Haushalt in panische Erregung. »Nachdem man während der letzten drei Monate um das Leben Ihrer Majestät gebangt hatte«, wie Bourgoing es ausdrückte[17], konnte jetzt niemand mehr daran zweifeln, daß das seit langem erwartete Unheil über sie hereinbrechen würde.

Man ließ Maria wenig Zeit, sich auf den Tod vorzubereiten. Erst nach dem Essen verlangten Paulet und die beiden Earls, die Königin zu sprechen. Sie war bereits zu Bett gegangen, aber als man ihr sagte, daß die Angelegenheit dringend sei, zog sie sich wieder an, ließ ihre Diener zu sich kommen und empfing die Herren in ihrem Zimmer. Es war Shrewsbury, dem die schwere Aufgabe zufiel, Maria zu unterrichten, daß man sie für schuldig befunden und zum Tode verurteilt habe. Dann verlas Beale mit lauter Stimme das Urteil, von dem das gelbe Wachs des großen Staatssiegels herabhing, um abermals zu betonen, daß Marias Richter rechtmäßig in Übereinstimmung mit dem *Act for the Security of the Queen's Royal Person* handelten. Maria nahm die Mitteilung mit völliger Ruhe auf. Als Beale geendet hatte, antwortete sie würdevoll und ohne das geringste Zeichen von Gemütsbewegung: »Ich danke Ihnen für diese willkommene Nachricht. Sie werden mir nur Gutes antun, wenn Sie mich aus dieser Welt entfernen, die ich mit Freuden verlasse.« Sie erwähnte ihre Stellung als Königin und ihr königliches Blut, setzte hinzu, »desungeachtet habe ich mein ganzes Leben lang nur Kummer gehabt«, und erklärte, es mache sie sehr glücklich, daß sie jetzt Gelegenheit haben werde, ihr Blut für die katholische Kirche zu vergießen. Dann legte Maria die Hand auf das Neue Testament und beteuerte feierlich, keines der Verbrechen begangen zu haben, die man ihr vorwerfe. Als Kent einwendete, daß es eine katholische Übertragung der Bibel sei, antwortete sie: »Wenn ich auf dem Buch schwöre, das ich für die wahre Auslegung der Worte des Herrn halte, wird eure Lordschaft meinem Schwur nicht mehr Glauben schenken, als wenn ich auf einer Übersetzung schwören würde, an die ich nicht glaube?«

Aber Marias Widersacher weigerten sich, die Aufrichtigkeit ihrer religiösen Überzeugung anzuerkennen, und sie hielten es auch nicht für nötig, sich gegenüber einer Frau *in extremis* ein wenig tolerant zu zeigen. So boten sie ihr jetzt die Dienste des reformierten Pfarrers von Peterborough an, damit er ihr helfe, sich auf ihr Ende vorzubereiten und ihre Seele von »den Torheiten und Greueln der Papisterei« zu befreien. Die Königin bekreuzigte sich und lehnte es energisch ab, den Vorschlag auch nur in Erwägung zu ziehen; während der ersten Zeit ihres Aufenthalts in England, sagte sie, habe sie sich beide Seiten der Frage angehört, aber das sei jetzt vorüber, und die Stunde ihres Todes sei der Augenblick, sich standhaft zu zeigen. Als sie bat, man möge ihrem eigenen Beichtiger gestatten, ihr mit geistlichem Trost in diesen letzten Stunden beizustehen, wurde es ihr verweigert. Das war ein schwerer Schlag für Maria, die auf diese letzte Grausamkeit nicht gefaßt gewesen war. Als Kent jedoch ausrief: »Euer Leben wäre der Tod unserer Religion, euer Tod bedeutet ihr Leben«, erstrahlte ihr Gesicht[18]. Seine Worte ließen zumindest erkennen, daß ihr Tod bereits in den Augen der Welt mit dem Fortbestehen der katholischen Kirche in England verbunden war.

Als die Königin fragte, wann die Hinrichtung stattfinden werde, erwiderte Shrewsbury mit zitternder Stimme: »Morgen früh um acht.« Maria bemerkte, daß ihr wenig Zeit bleibe, da es bereits spät sei. Dann äußerte sie einige Bitten, die ihr ausnahmslos abgeschlagen wurden: Sie ersuchte um ihre Papiere und Kontobücher, die ihr mit der Begründung verweigert wurden, daß sie sich noch in London in den Händen von Wade befänden; noch einmal bat sie vergebens um ihren Beichtiger; schließlich äußerte sie den Wunsch, daß man ihre sterblichen Überreste in Frankreich, entweder in Saint-Denis oder in Reims, beisetzen lassen möge, nur um zu hören, daß Elisabeth sich dagegen entschieden habe. Ihre letzten Fragen bezogen sich auf Nau und Curle und ob sie bereits tot seien; als sie hörte, daß Curle sich noch im Gefängnis befand und Nau nach Frankreich zurückgekehrt war, bemerkte sie traurig, daß sie im Begriff sei, für ihn zu sterben, der falsches Zeugnis gegen sie abgelegt habe. Marias Diener, die völlig fassungslos waren, versuchten verzweifelt, irgendeine Art Gnadenfrist oder zumindest einen Aufschub der Urteilsvollstreckung zu erreichen, denn die Zeit sei viel zu knapp, erklärten sie weinend und jammernd. Bourgoing flehte Shrewsbury an, er möge ihnen diese Bitte gewähren, und erinnerte ihn an die vielen Jahre, die Maria unter seiner Obhut verbracht hatte. Aber Shrewsbury war entweder nicht gewillt oder wagte nicht, sich erweichen zu lassen. Auf jeden Fall erwiderte er, daß man Maria keinen Aufschub gewähren könne[19].

Maria ersuchte die Herren, sie allein zu lassen, um den letzten Abend ihres Lebens mit ihren treuen Dienern zu verbringen, von denen einige, wie zum Beispiel Jane Kennedy, eine ganze Generation in ihrem Dienst gewesen waren. Sie versuchte, sie aufzumuntern. »Nun, Jane Kennedy«, sagte die Königin, »habe ich dir nicht gesagt, daß es so kommen würde? ... Ich wußte, sie würden mich nicht am Leben lassen; ich war ein zu großes Hindernis für ihre Religion.« Dann bat Maria, daß man ihr so rasch wie möglich das Abendessen servieren möge, damit ihr genügend Zeit bleibe, ihre Angelegenheiten zu ordnen. Es war ein herzzerreißendes Mahl; die Diener übertrafen sich selbst in ihrem Diensteifer, als ob es ihnen einen gewissen Trost gewährte, jede kleine Geste so vollkommen wie möglich zu gestalten: Bourgoing, der angesichts von Melvilles Abwesenheit als Haushofmeister fungierte, servierte seiner Herrin die Speisen; trotz aller Bemühungen, sich zu fassen, liefen ihm die Tränen über die Wangen. Die Königin selbst aß sehr wenig. Sie saß wie träumend da und sprach hin und wieder über Kents Äußerungen zum Thema ihres Todes und ihrer Religion: »Oh, wie glücklich machen mich seine Worte«, murmelte sie. »Dies ist endlich die Wahrheit.« Nach dem Essen bat Maria ihre Diener, auf ihr Wohl zu trinken; sie knieten dabei vor ihr nieder, und ihre Tränen vermischten sich mit dem Wein.

Dann ging Maria Stück um Stück den Inhalt ihres Schrankes durch. Sie teilte ihr restliches Geld persönlich in kleine Haufen, wickelte sie in Papier und schrieb eigenhändig den jeweiligen Namen des Dieners darauf, für den das Päckchen bestimmt war. Aus ihren Habseligkeiten wählte sie einige Erinnerungsstücke für ihre Freunde und Verwandten im Ausland – vor allem den König und die Königin von Frankreich, Königin Katharina und die Guisen –, dann verteilte sie den Rest unter ihren Getreuen. Nachdem sie somit über all die kleinen Kostbarkeiten verfügt hatte, die ihr verblieben waren, ging sie in ihr Zimmer und setzte ein sorgfältig durchdachtes Testament auf[20], zu dessen Vollstreckern sie Herzog Heinrich von Guise, Leslie Beaton, Bischof von Ross, und du Ruisseau, ihren Kanzler in Frankreich, ernannte. Sie bat, daß man in Frankreich Seelenmessen lesen lassen möge »für eine allerchristlichste Königin, die als Katholikin und aller Habe entblößt« in den Tod gegangen sei, traf präzise finanzielle Verfügungen zugunsten ihrer Diener, sowohl für diejenigen ihres Haushalts als auch für die von höherem Rang wie Beaton in Frankreich; Curle sollte zum Beispiel die Mitgift erhalten, die ihm versprochen, aber bisher nicht ausbezahlt worden war, und selbst dem schamlosen Nau sollte seine Pension gewährt werden, falls es ihm gelang, seine Unschuld zu beweisen. Abgesehen davon setzte Maria eine bestimmte Summe für wohltätige Zwecke aus und gab Anweisungen, daß ihr Wagen dazu benutzt werden solle, ihre Kammerfrauen nach London zu bringen, und daß man dort Kutsche und Pferd verkaufen solle, um ihnen die Rückkehr in ihr Heimatland zu ermöglichen.

Nachdem Maria diese eingehenden Verfügungen für das Wohl derjenigen getroffen hatte, die sie zurücklassen würde, widmete sie sich ihrem eigenen geistlichen Wohl in Form eines Abschiedsbriefes, der ihrem Beichtiger de Préau ausgehändigt werden sollte. Da man ihm nicht gestattete, zu ihr zu kommen, legte sie in diesem Brief ihre Beichte ab und bat de Préau, die Nacht über zu wachen und für sie zu beten[21]. Marias letzter Brief war an ihren Schwager, König Heinrich III. von Frankreich, gerichtet; sie erzählte ihm, wie man sie erst im letzten Augenblick von ihrer bevorstehenden Hinrichtung unterrichtet hatte, und äußerte die Überzeugung, daß ihre Religion, verbunden mit ihrem Erbanspruch auf die englische Krone, der wahre Grund für ihren Tod sei; sie bat den König, sich den Augenzeugenbericht über ihre Hinrichtung anzuhören, den ihr Arzt ihm geben werde, sobald er nach Frankreich kommen könne, und nicht auf ihren Brief allein zu vertrauen; ihre letzten Gedanken galten den Dienern, die all diese Jahre hindurch so treu zu ihr gehalten hatten – sie bat, daß man ihnen lebenslänglich ihre Pensionen und Gehälter zahlen und vor allem ihrem Beichtiger de Préau eine kleine Pfründe in Frankreich gewähren möge, damit er den Rest seiner Tage mit Gebeten für seine tote Herrin verbringen könne[22]. Bis all diese Verfügungen getroffen und alle Abschiedsbriefe geschrieben waren, war es zwei Uhr nachts. So war Marias Schreiben an den

König von Frankreich vom 8. Februar 1587, dem Tag ihrer Hinrichtung, datiert.

Jetzt war Maria, die Königin der Schotten, bereit für ihren letzten Weg auf Erden. Sie legte sich, ohne sich auszuziehen, auf ihr Bett, aber sie versuchte nicht zu schlafen. Ihre Kammerfrauen, die bereits ihre schwarze Trauerkleidung angelegt hatten, versammelten sich um sie, und Maria bat Jane Kennedey, ihr die Lebensgeschichte irgendeines großen Sünders vorzulesen. Man wählte die Geschichte des guten Diebes, und als die Erzählung ihren Höhepunkt – den Tod am Kreuz – erreichte, bemerkte Maria: »Ja, er war wirklich ein großer Sünder, aber nicht so groß, wie ich es gewesen bin.« Dann schloß sie die Augen und sagte nichts mehr. Während der ganzen Nacht drang das Klopfen und Hämmern aus der großen Halle herüber, wo das Schafott errichtet wurde. Vor der Tür zum Zimmer der Königin waren die Tritte der Soldaten zu hören, die dort unaufhörlich auf und ab gingen, denn Paulet hatte ihnen befohlen, während dieser Nacht besonders wachsam zu sein, damit das Opfer nicht noch im letzten Augenblick seinen Henkern entkomme. Die Königin lag still auf ihrem Bett; ihre Augen waren geschlossen, und ein leises Lächeln spielte um ihre Lippen.

So verging die kurze Nacht. Um sechs Uhr, lange ehe der Tag graute, stand Maria auf, händigte einem ihrer Diener das Testament aus, verteilte die Geldgeschenke und umarmte ihre Kammerfrauen. Den Dienern reichte sie die Hand zum Kuß. Dann ging sie in den kleinen Andachtsraum, um zu beten. Sie war sehr blaß, aber ruhig und beherrscht. Bourgoing brachte ihr ein wenig Brot und Wein, um sie zu stärken. Klar und sonnig zog der Tag herauf: Es war einer jener Februartage, die einen unvermutet den Frühling ahnen lassen. Zwischen acht und neun ertönte ein lautes Klopfen an der Tür, und ein Bote rief, daß die Lords auf die Königin warteten. Maria bat sie, sich einen Augenblick zu gedulden, da sie ihre Gebete beenden wolle. Außerstande, an den Mut ihrer Gefangenen zu glauben, fürchteten die Lords mit einem Anflug von Panik, daß sie ihnen noch in letzter Minute Widerstand leisten könnte. Man hatte ihnen berichtet, die Königin der Schotten habe erklärt, sie werde nicht freiwillig zum Richtblock gehen, sondern man werde sie mit Gewalt dorthin schleppen müssen. Aber als der Sheriff von Northampton eintrat, sah er Maria im Gebet vor dem Kruzifix knien, das über ihrem Altar hing.

Und dieses selbe Kruzifix trug ihr Diener Hannibal Stuart jetzt vor ihr her, als man sie zur großen Halle führte. Die Königin war vollkommen gefaßt und ließ keinerlei Anzeichen von Angst oder Kummer erkennen. Ihre Haltung war würdevoll, und einige der zeitgenössischen Beobachter erklärten hinterher, sie habe einen fast heiteren Eindruck gemacht[23]. Der letzte qualvolle Augenblick kam, als ihren Dienern im Vorraum der großen Halle untersagt wurde, ihr zu folgen, und man der Königin erklärte, daß sie auf Befehl Elisabeths ganz allein sterben solle. Melville, verzweifelt über diese unerwartete Grausamkeit, fiel tränenüberströmt auf die Knie und sagte: »O Madam, es wird für mich die schwerste Aufgabe meines Lebens sein, zu berichten, daß meine verehrte Königin und Herrin tot ist.« Die Königin erwiderte sanft: »Du solltest dich freuen und nicht weinen, daß Maria Stuart am Ende ihrer Mühsal angelangt ist. Du weißt, Melville, daß diese Welt nur aus Eitelkeit besteht und voll von Kummer und Sorgen ist. Überbringe diese Nachricht von mir und sage meinen Freunden, daß ich getreu meiner Religion gestorben bin, eine wahre Schottin und eine wahre Französin ...« Und sie bat Melville, zu ihrem Sohn zu gehen und ihm zu sagen, daß es stets ihr größter Wunsch gewesen sei, England und Schottland vereint zu sehen, und daß sie niemals etwas getan habe, was dem Königreich Schottland hätte Schaden bringen können; nach diesen Worten umarmte sie Melville und sagte ihm Lebewohl.

Dann wandte Maria sich an Paulet und die Lords und ersuchte sie, zumindest ihren eigenen Dienern zu gestatten, bei ihrem Tod zugegen zu sein, damit sie später in anderen Ländern berichten könnten, wie sie gestorben sei. Kent machte Einwendungen: Ihre Diener würden zweifellos vor der Hinrichtung mit ihrem Jammern und Klagen Unruhe verursachen und hinterher womöglich versuchen, sich Reliquien zu beschaffen, indem sie ihre Taschentücher in das Blut der Königin tauchten, was, wie Kent grimmig erklärte, »nicht wünschenswert sei«. Aber Maria gab nicht nach: »Mylord«, sagte sie, »ich gebe Ihnen mein Wort und verbürge mich für sie, daß sie nichts dergleichen tun werden. Arme Seelen, es würde sie trösten, sich von mir verabschieden zu können. Und ich kann mir auch nicht denken, daß Ihre Herrin es einer anderen Königin verweigern würde, im letzten Augenblick ihre Frauen zu ihrer Beihilfe um sich zu haben. Es ist ausgeschlossen, daß sie selbst solch einen grausamen Befehl erteilt hat. Abgesehen davon bin ich, wie Sie wissen, eine Kusine Ihrer Königin, bin vom Blute Heinrichs VII., Königinwitwe von Frankreich und gesalbte Königin von Schottland.« Nach einer hastigen, leisen Beratung beschlossen die Lords, daß Maria sechs ihrer Diener zu ihrer Begleitung auswählen dürfe. So wurde es Melville, Bourgoing, Gervais und Marias altem Pförtner Didier sowie ihren liebsten Kammerfrauen, Jane Kennedy und Elizabeth Curle, gestattet, sie zu begleiten.

Von dieser kleinen Schar ihrer Getreuen gefolgt, betrat Maria jetzt hinter dem Sheriff, Shrewsbury und Kent die große Halle von Fotheringhay. Die Zuschauer, die sich dort versammelt hatten – nach einem zeitgenössischen Bericht etwa 300 –, blickten neugierig und erwartungsvoll auf diese legendäre Gestalt, deren dramatischer Lebensweg jetzt vor ihren Augen enden sollte. Sie sahen eine hochgewachsene, elegante Frau, die auf den ersten Blick ganz in Schwarz gekleidet zu sein schien, abgesehen von dem weißen, spitzengesäumten Schleier, der gleich dem einer Braut über ihren Rücken bis zum Boden herabhing, und dem weißen, gestärkten Kopfputz, unter dem ihr goldblondes Haar schimmerte. Ihr Kleid war aus schwarzem Satin, mit schwarzem Samt bestickt; aber durch die Schlitzärmel waren purpurfarbene Innenärmel zu sehen, und obgleich sie schwarze Schuhe aus spanischem Leder trug, waren ihre Strümpfe seitlich mit Silberfäden durchwirkt, ihre Strumpfbänder waren aus grüner Seide, und ihr Petticoat war aus karmesinrotem Samt. Sie hielt ein Kruzifix und ein Gebetbuch in der Hand, und zwei Rosenkränze hingen an ihrem Gürtel; um den Hals trug sie eine goldene Kette mit einem *Agnus Dei.* Ungeachtet der Tatsache, daß Marias Schultern jetzt von Krankheit gebeugt waren und ihre Figur mit zunehmendem Alter ein wenig füllig geworden war, war ihr Gang anmutig und würdevoll. Jahre und Kummer hatten ihrem Gesicht schon längst seinen zarten, jugendlichen Charme genommen, aber für viele der Zuschauer verliehen ihre außerordentliche Ruhe und Gelassenheit ihr eine Schönheit eigener Art. Vor allem ihr Mut war ohnegleichen, und schon das allein gab ihr, was auch immer Paulet ihr an Ehren und Würden genommen haben mochte, nach Ansicht vieler das Recht, sich Königin zu nennen.

In der Mitte der großen Halle, die im Erdgeschoß, unmittelbar unter dem Saal lag, wo Marias Gerichtsverhandlung stattgefunden hatte, war eine schwarz verhangene Plattform errichtet worden, etwa zwei Fuß hoch und zwölf Fuß im Quadrat. Vor dem ebenfalls schwarz ausgeschlagenen Block in der Mitte stand ein kleiner Schemel mit einem schwarzen Kissen, auf dem die Königin sitzen sollte, während man sie entkleidete, und rechts davon hatte man zwei Sessel für Shrewsbury und Kent aufgestellt. Neben dem Block lag bereits das große Beil. Vor der Plattform standen zwei Stühle für Paulet und Drury, und hinter der dichten Reihe von Soldaten, die das Schafott vom Rest des Saales trennte, drängten sich die Zuschauer – größtenteils Edelleute aus der Umgebung –, denen man das Privileg eingeräumt hatte, der Hinrichtung beizuwohnen. In dem großen Kamin an der Seitenwand der Halle brannte ein loderndes Feuer.

Nachdem die Königin die drei Stufen zum Schafott emporgestiegen war, hörte sie geduldig zu, wie das Todesurteil verlesen wurde. Sie verzog keine Miene, und Cecils offizieller Beobachter, Robert Wise, bemerkte später, ihr Ausdruck sei so ruhig und gelassen gewesen, daß man hätte annehmen können, sie lausche einer Begnadigung und nicht ihrem eigenen Todesurteil. Ihre unerschütterliche Ruhe verließ sie erst, als Dr. Fletcher, der protestantische Pfarrer von Peterborough – derselbe Mann, der hinterher erklärte, das schöne Wetter sei ein Zeichen gewesen, daß der Himmel die Hinrichtung mit Wohlwollen betrachtete –, plötzlich auf dem Schafott erschien und sich anschickte, eine Predigt zu halten. »Herr Dekan«, sagte die Königin energisch, »ich beharre im römisch-katholischen Glauben, für dessen Verteidigung ich jetzt mein Blut vergießen werde.« Shrewsbury und Kent ermahnten sie, ihn anzuhören, und erboten sich sogar, mit ihr zu beten, aber Maria wies all diese Vorschläge entschieden zurück. »Wenn Ihr für mich beten wollt, Mylords«, sagte sie zu den beiden Earls, »so bin ich Euch sehr dankbar, aber gemeinsam mit Euch beten, das will ich nicht, denn wir gehören nicht derselben Religion an.« Und als der Pfarrer schließlich auf Anweisung der Earls auf den Stufen des Schafotts niederkniete und mit dramatisch erhobener Stimme zu beten begann, als ob er entschlossen sei, sich Eingang in die Annalen der Geschichte zu erzwingen, schenkte Maria ihm keine weitere Beachtung, sondern wandte sich ab, glitt von ihrem Schemel auf die Knie und fing an, aus ihrem Gebetbuch laut und vernehmlich auf lateinisch zu beten. Als der Pfarrer geendet hatte, ließ die Königin das Gebetbuch sinken und sprach auf englisch eine laute Fürbitte für die getroffene katholische Kirche Englands. Kent ermahnte sie, Christus ihr Herz zu öffnen und die *popish trumperies* – das papistische Gewäsch – bleiben zu lassen. Aber die Königin betete weiter. Dann küßte sie das Kruzifix, das sie umklammert hielt, und sagte: »So wie Deine Arme, Jesus Christ, hier auf diesem Kreuz ausgebreitet sind, so empfange mich in Deinen gnadenvollen Armen und vergib mir alle Sünden.«

Als die Königin ihre Gebete beendet hatte, baten die Henker sie, wie die Sitte es verlangte, um Verzeihung für den Tod, den sie ihr bereiten mußten. Maria erwiderte sofort: »Ich vergebe euch von ganzem Herzen, denn ich hoffe, daß ihr all meinen Leiden ein Ende bereiten werdet.« Dann begannen die Henker, von Jane Kennedy und Elisabeth Curle unterstützt, sie zu entkleiden. Sie half ihnen dabei und tat es, wie Cecils Beobachter bemerkte, »mit solcher Eile, als sei sie ungeduldig gewesen, diese Welt zu verlassen«. Als das schwarze Gewand von ihren Schultern fiel, stand sie da in ihrem roten Petticoat, über dem sie ein rotes, mit Spitzen gesäumtes Satinleibchen trug, das im Rücken tief ausgeschnitten war; eine ihrer Kammerfrauen reichte ihr ein Paar rote Ärmel, und so, ganz in Rot, der Farbe des Blutes und der liturgischen Farbe des Märtyrertums in der katholischen Kirche, ging Maria, die Königin der Schotten, in den Tod. Jetzt war der Augenblick des Abschieds gekommen. Maria umarmte ihre Dienerinnen und mahnte sie sanft, nicht laut zu schluchzen und zu klagen. Sie sollten nicht um sie trauern, sondern sich freuen, sagte sie ihnen, denn sie würden bald das Ende all ihrer Leiden sehen; dann wandte sie sich an ihre Diener, die tränenüberströmt auf einer Bank unweit des Schafotts standen, mit bebender Stimme auf französisch, schottisch und lateinisch beteten und sich ein ums andere Mal bekreuzigten; mit einem beruhigenden Lächeln auf den Lippen sagte sie auch ihnen, sie sollten nicht trauern, und bat sie, bis zur letzten Stunde für sie zu beten.

Jane Kennedy trat auf die Königin zu und verband ihr die Augen mit dem weißen, goldbestickten Tuch, das Maria selbst am Abend zuvor für diesen Zweck gewählt hatte. Die Kammerfrau küßte zuerst das Tuch, dann legte sie es ihrer Herrin sanft über die Augen und schlang es um den Kopf, so daß Marias Haare wie von einem weißen Turban bedeckt waren und nur der Hals vollkommen nackt war. Dann zogen die beiden Frauen sich von der Plattform zurück. Ohne das geringste Zeichen von Furcht kniete Maria auf das Kissen vor dem Richtblock nieder und sprach mit lauter Stimme den lateinischen Psalm: *In te Domine confido, non confundat in aeternum* – Herr, ich vertraue auf dich, laß mich nimmermehr zu Schanden werden. Dann tastete sie nach dem Block, legte ihren Kopf darauf und rief drei- oder viermal: *In manus tuas, Domine, commendo spiritum meum* – Vater, ich befehle meinen Geist in deine Hände. Als die Königin regungslos dalag, legte Bulls Gehilfe die Hand auf ihren Körper, um ihn für den Schlag festzuhalten. Trotzdem verfehlte der erste Hieb sein Ziel und fuhr nicht durch den Nacken, sondern auf das Hinterhaupt. Ein ersticktes Stöhnen brach aus dem Mund der Königin. Der zweite Schlag fuhr tief in den Nacken, aber erst der dritte löste das Haupt vom Rumpf. Es war Mittwoch, der 8. Februar, gegen zehn Uhr morgens, die Königin war vierundvierzig Jahre alt und im neunzehnten Jahr ihrer englischen Gefangenschaft.

In der großen Halle des Schlosses von Fotheringhay hielt der Henker vor den neugierigen Blicken der Menge das Haupt der toten Frau in die Höhe und rief dabei: »Gott schütze die Königin.« Die Lippen bewegten sich noch, und die Zähne schlugen gegeneinander. Aber in diesem Augenblick bot sich den Zuschauern ein gespenstisches und grauenvolles Schauspiel: Die goldblonden Haare in der Hand des Henkers lösten sich vom Schädel, und der Kopf selbst fiel mit einem dumpfen Schlag zu Boden. Maria Stuarts Haare waren – wie man jetzt sehen konnte – zur Zeit ihres Todes kurz geschoren und völlig ergraut gewesen, und sie hatte zu ihrer Hinrichtung eine Perücke getragen. Die Menschen im Saal waren wie gelähmt vor Entsetzen über diesen unerwarteten Anblick. Um den Bann zu lösen, rief der Pfarrer von Peterborough mit lauter Stimme: »Mögen so alle Feinde der Königin zugrunde gehen«, und Kent, der neben der Leiche stand, wiederholte: »Dies sei das Ende aller Feinde der Königin und des Evangeliums.« Aber Shrewsbury brachte kein Wort hervor, und sein Gesicht war feucht von Tränen.

Als die Henker jetzt den blutüberströmten Rumpf aufheben wollten, um ihn in ein Nebengelaß zu tragen, wo er einbalsamiert werden sollte, ertönte plötzlich das Winseln eines Tieres: Der kleine Schoßhund der Königin, ein Skyeterrier, der sie, unter den langen Röcken verborgen, in die Halle begleitet hatte, kam jetzt hervorgekrochen und legte sich leise klagend zwischen den Kopf und den entseelten Leib. Die Henker versuchten, ihn fortzuzerren, aber er ließ sich nicht fassen und nicht locken, sondern klammerte sich hartnäckig und verständnislos an das einzige in der ganzen Halle, was ihn noch an seine tote Herrin erinnerte. Für alle anderen außer diesem armen kleinen Tier hatte die blutrote Gestalt, die jetzt so still mit dem fahlen, eingesunkenen Gesicht einer alten Frau auf dem Boden der Plattform lag, wenig Ähnlichkeit mit derjenigen, die sie noch vor kurzem als Maria, Königin der Schotten, gekannt hatten. Die Seele war aus dem Körper gewichen. Die Fesseln waren gesprengt, und die Gefangene war frei.

In Fotheringhay war es jetzt, als ob ein Mord stattgefunden hätte. Die weinenden Frauen in der Halle wurden hinausgedrängt und in ihre Zimmer gesperrt. Die Tore der Festung wurden geschlossen, damit niemand hinausgelangen und die Nachricht der Außenwelt überbringen könne. Die Leiche wurde unfeierlich in den Empfangsraum des Schlosses gebracht und sogar – wie Brantôme von Marias Kammerfrauen hörte, die durch die halb geöffnete Tür gespäht hatten – in das Tuch ihres eigenen Billardtisches gehüllt. Der blutbefleckte Richtblock wurde verbrannt. Jeder Gegenstand, der irgendwie mit der Königin der Schotten in Verbindung gebracht werden konnte, wurde gescheuert, gewaschen oder vernichtet, auf daß nicht eine Spur von Blut übrigbliebe, die in späteren Jahren zu einer geheiligten Reliquie werden könnte. Selbst der kleine Hund wurde mehrmals gebadet – eine Vorsichtsmaßnahme, die sich jedoch leider als überflüssig erwies, denn er verweigerte fortan jede Nahrung und starb nach kurzer Zeit. Der Schmuck, den die schottische Königin bei ihrer Hinrichtung getragen hatte und der nach altem Brauch den Henkern zustand, wurde beschlagnahmt und durch Geld ersetzt*.

Noch am selben Nachmittag wurde der Leichnam vollends entkleidet, und die Organe, einschließlich des Herzens, wurden entfernt und dem Sheriff übergeben, der sie heimlich an einem unbekannten Platz innerhalb der Festung von Fotheringhay vergraben ließ. Der Amtsarzt aus Stamford untersuchte die Leiche, ehe er sie einbalsamierte: Nach seinem Bericht war das Herz gesund, und der gesamte Organismus war, abgesehen von einer leichten Wassersucht, keineswegs so geschädigt, wie Cecil offenbar angenommen hatte, als er die Vermutung äußerte, daß die Königin von einem Tag zum anderen eines natürlichen Todes sterben könne. Dann wurde der Leichnam in ein Leichentuch aus Wachsleinwand gewickelt und auf Walsinghams ausdrücklichen Befehl in einem schweren Bleisarg eingeschlossen.

Nur Lord Talbot, der älteste Sohn Shrewsburys, durfte um ein Uhr das Schloß verlassen, um in gestrecktem Galopp nach London zu reiten und Elisabeth zu berichten, was an diesem Morgen in Fotheringhay geschehen war. Er traf am nächsten Morgen um neun Uhr in der Hauptstadt ein. Die Königin befand sich in Greenwich. Als man ihr die Nachricht überbrachte, zeigte sie sich, laut Camden, zuerst sehr erzürnt und dann zu-

* Diese unbarmherzig strengen Vorsichtsmaßnahmen von seiten der englischen Regierung lassen die vielen sogenannten Reliquien Maria Stuarts, die angeblich von ihrer Hinrichtung stammen, recht fragwürdig erscheinen.

tiefst bekümmert: »... ihre Miene veränderte sich, sie war sprachlos vor Schreck und Überraschung, begann hemmungslos zu weinen und legte sofort Trauerkleidung an[24].« Aber in der Zwischenzeit, ehe der Schmerz sie völlig überwältigen konnte, wandte sie sich wie eine zornige Schlange gegen den armen Staatsschreiber Davison und ließ ihn ins Gefängnis werfen, weil er es gewagt hatte, das von ihr selbst unterschriebene Todesurteil der Regierung auszuhändigen. Elisabeth behauptete jetzt, sie habe das Urteil nur »sicherheitshalber« unterzeichnet und es Davison lediglich zur Aufbewahrung überlassen, aber nicht, damit er es weitergebe. Ihre Staatsräte wurden wie Verbrecher einem Kreuzverhör unterzogen, und Davison wurde vor der Starkammer wegen Amtsmißbrauchs unter Anklage gestellt. Wahrscheinlich wären dem noch weitere demonstrative Kundgebungen ihres Unwillens gefolgt, hätte Cecil selbst sich nicht bewogen gesehen, Elisabeth ins Gewissen zu reden. Er wies sie darauf hin, daß dieses ganze Drama, selbst wenn es ihr eigenes Gewissen beruhigte, wenig Eindruck auf die Außenwelt machen werde, sobald bekannt wurde, daß Davison sowohl über ihre Vollmacht als auch über ihr Siegel verfügt hatte. Andererseits sei es ausgesprochen unklug, den Papisten und den Feinden der Königin gegenüber den Eindruck zu erwecken, daß die Königin der Schotten unrechtmäßig getötet worden sei. Letztlich wurde der Sündenbock Davison nach einiger Zeit aus dem Gefängnis entlassen und zu einer Geldstrafe von zehntausend Pfund verurteilt; die Ratsmitglieder gingen straffrei aus.

London wurde im Gegensatz zu seiner Königin nicht von derlei Skrupeln geplagt: Die Glocken läuteten, überall in der Stadt wurden Freudenfeuer angezündet, die Leute zogen jubelnd durch die Straßen und feierten den Tod derjenigen, die man ihnen als Staatsfeindin hingestellt hatte. Einige beherzte Geister baten sogar den französischen Gesandten, ihnen Brennholz für ihr Freudenfeuer zu geben, und als er sich entrüstet weigerte, zündeten sie ein riesiges Feuer auf der Straße vor seinem Haus an.

Aber in Fotheringhay selbst änderte sich nichts. Es war, als ob das Schloß, abgeschnitten vom Rest der Welt, infolge des schmerzlichen Streiches, der dort Maria, die Königin der Schotten, gefällt hatte, in einen tausendjährigen Zauberschlaf gesunken wäre. Den Dienern Marias wurde gestattet, am Morgen nach ihrem Tod von de Préau eine Seelenmesse lesen zu lassen; aber abgesehen davon blieb alles wie zuvor. Die Angehörigen des kleinen Hofstaats wurden auch weiterhin innerhalb der Festung gefangengehalten und strenger denn je bewacht. Sir Amyas Paulet, der im April als Belohnung für seine treuen Dienste zum Ritter des Hosenbandordens geschlagen wurde, übte weiter sein Amt in Fotheringhay aus und stöhnte nach wie vor über die enormen Ausgaben für die Ernährung seiner Gefangenen[25]. Die Abschiedsbriefe Marias an den Papst und ihre Verwandten in Frankreich konnten nicht abgesandt und ausgehändigt werden, da sie sich in den Händen ihrer gefangenen Diener befanden. Die Schneeglöckchen, die am Tage ihres Todes auf den grünen Wiesen am Ufer des Nene geblüht hatten, machten jetzt purpurfarbenen Disteln Platz, die manchmal romantisch »Königin Marias Tränen« genannt werden. Der Leichnam Marias, einbalsamiert und in seinem schweren Bleisarg eingeschlossen, wurde immer noch nicht bestattet, sondern blieb weiter innerhalb der Mauern des Schlosses, in dem die Königin der Schotten gestorben war.

XXVII

NACHSPIEL: DIE BÜHNE DER WELT

»Vergessen Sie nicht, daß die Bühne der Welt größer ist als das Königreich England.«

Maria, Königin der Schotten, vor ihren Richtern, Oktober 1586

Ebenso wie die Tore von Fotheringhay wurden unmittelbar nach dem Tode der schottischen Königin auch die englischen Häfen geschlossen. Es dauerte drei Wochen, ehe der französische Gesandte Châteauneuf seinem Herrn in Paris melden konnte, was geschehen war. Die Franzosen reagierten mit aufrichtiger Bestürzung und Trauer auf die Nachricht vom Tode Maria Stuarts, die einst ihre eigene Königin gewesen war. Am 12. März wurde in der schwarz verhangenen Kathedrale von Notre-Dame eine Seelenmesse gelesen, bei der sämtliche Angehörige des Hofes, einschließlich König Heinrich III. und der Königinmutter Katharina, sowie Marias Onkel, René de Elbœf, und die ganze jüngere Generation der Guisen anwesend waren. Der Prediger war Renaud de Beaune, Erzbischof von Bourges, ein Mann, der alt genug war, sich mit ergreifenden Worten jenes Tages vor nahezu vierzig Jahren zu erinnern, da in dieser selben Kathedrale die Trauung zwischen Maria und dem Dauphin von Frankreich vollzogen wurde: »Viele von uns haben an dem Ort, an dem wir jetzt versammelt sind, die Königin zu betrauern, sie am Tage ihrer Hochzeit gesehen, prunkvoll gekleidet, so reich mit Juwelen geschmückt, daß die Sonne selbst zu verblassen schien, und obendrein so anmutig und bezaubernd wie keine andere Frau zuvor. Diese Wände waren damals mit Goldbrokat und kostbaren Wandteppichen behängt; überall standen Thronsessel und Fauteuils für die zahllosen Fürsten und Fürstinnen, die aus allen Ländern Europas herbeigeströmt waren, um an dem Jubel teilzunehmen. Im Palast gab es rauschende Feste und Maskenspiele; auf den Straßen Tjoste und Turniere. Kurzum, es schien, als ob es unserem Zeitalter an diesem Tag gelungen sei, die Prachtentfaltung aller vergangenen Jahrhunderte zu überbieten. Ein wenig Zeit ist verstrichen, und es ist alles verschwunden wie eine Wolke. Wer hätte damals geglaubt, daß das Schicksal dieser Frau, die so vom Glück gesegnet schien, sich derart wandeln könnte, und daß wir sie, die Gefangenen die Freiheit wiedergegeben hat, selbst als Gefangene sehen sollten; sie, die gewöhnt war, anderen so großzügig zu helfen, in bitterer Armut; schmählich behandelt von denen, die sie mit Ehren überschüttet hat; und letztlich, daß das Beil eines gemeinen Henkers den Leib derjenigen zerfleischen sollte, die zwiefach Königin war; daß dieser Leib, der einst das Ehebett eines Herrschers von Frankreich geziert, entehrt auf einem Schafott enden, daß diese Schönheit, die eines der Wunder der Welt gewesen war, in einem düsteren Gefängnis verblassen und letztlich von einem erbärmlichen Tod ausgelöscht werden sollte. Dieser Ort, an dem sie von Pracht und Glanz umgeben war, ist jetzt für sie mit Schwarz behängt. Statt Hochzeitsfackeln haben wir Trauerkerzen; anstelle von Freudengesängen Seufzer und Klagen; statt Clarinos und Oboen das düstere Geläute der Totenglocke. O Gott, welch ein Wandel! Wie eitel und trügerisch ist aller irdische Ruhm ...[1]«

Trotz des lebhaften Kummers der französischen Nation und trotz Marias eigener Bitte, in Frankreich – in Saint-Denis oder in Reims – begraben zu werden, wurde ihr dieser Wunsch nicht erfüllt. Elisabeth konnte schwerlich behaupten, nichts davon gewußt zu haben, denn Maria hatte sie in ihrem Brief vom 15. Dezember flehentlich darum gebeten. In anderer Hinsicht wurde Marias letztwillige Verfügung jedoch gewissenhaft befolgt: Am 7. März konnte Mendoza, der sich in Paris aufhielt, dem spanischen Hof über ihren heldenhaften Tod berichten, denn trotz aller Vorsichtsmaßnahmen von seiten der Engländer hatte die Außenwelt von ihrer Tapferkeit während der letzten Stunden ihres Lebens erfahren. Und man sprach nicht nur von ihrem Mut, sondern auch von ihrer unerschütterlichen Glaubensstärke. Wie Pierre l'Estoile in seinem *Journal* vermerkte, wurde Maria in Paris in zahlreichen Massenkundgebungen und Predigten faktisch als eine Heilige gepriesen, die für ihren Glauben gestorben war[2]. Einer von denen, die ihren Tod als ein Martyrium für die Sache des Katholizismus rühmten, war der jugendliche Maffeo Barbarini, der künftige Papst Urban VIII., der eine lyrische Elegie zu diesem Thema schrieb, in der er von Marias »düsterem Kummer« sprach, der sich in »glorreiche Glückseligkeit« gewandelt hatte. Die Frau, die sich am Vorabend ihres Todes die Geschichte vom guten Dieb vorlesen ließ, weil sie selbst sich demütig als eine große Sünderin betrachtete, wäre von dieser Heiligsprechung durch das französische Volk wahrscheinlich nicht sonderlich beeindruckt gewesen; hingegen hätte es Maria Stuart sicherlich glücklich gemacht zu sehen, wie ihr Tod Philipp II. und die Liga aufrüttelte: Selbst der französische König, der dieser von den Guisen ins Leben gerufenen Heiligen Liga im allgemeinen recht mißtrauisch gegenüberstand, geriet bei der Nachricht von Marias Tod wieder in Harnisch gegen die Protestanten.

Während in Frankreich aufrichtige Trauer herrschte, waren die Gefühle am schottischen Hof offenbar recht widersprüchlich. Die zeitgenössischen Berichte über die Reaktion Jakobs, als er von der Hinrichtung seiner Mutter erfuhr, gehen weit auseinander. Gemäß einer Version täuschte er in der Öffentlichkeit tiefen Kummer vor, äußerte jedoch insgeheim seinen Höflingen gegenüber mit großer Genugtuung: »Jetzt bin ich der alleinige König[3].« Archibald Douglas hörte, der König habe, als man ihm die Botschaft überbrachte, »keine Miene verzogen und geht ebenso wie zuvor unbekümmert seinen Vergnügungen nach[4]«. Andere Beobachter hingegen berichteten, daß er sichtlich bekümmert über die Nachricht gewesen sei und sich wortlos in seine Gemächer zurückgezogen habe. Was auch immer Jakobs äußere Zeichen der Trauer gewesen sein mögen, es ist kaum anzunehmen, daß die Botschaft vom Tode seiner Mutter zu dieser späten Stunde noch die Sohnesliebe in ihm weckte, die er ihr zu Lebzeiten niemals entgegengebracht hatte. Sein späteres Verhalten zeigte deutlich, daß er durchaus bereit war, diese Entwürdigung seiner Familie und seines Landes schweigend hinzunehmen, solange nur die englische Krone in seiner Reichweite blieb. Das schottische Volk als Ganzes zeigte mehr Charakter als sein König und war sichtlich empört, daß die Engländer es gewagt hatten, eine Frau zu richten, die einst regierende Königin von Schottland gewesen war. Als Jakob um des äußeren Scheines willen dem Hof befahl, Trauerkleidung anzulegen, erschien, wie eine Überlieferung berichtet[5], der Earl of Sinclair in seiner eisernen Rüstung statt in Schwarz vor ihm. Auf Jakobs Frage, ob der Earl nicht wisse, daß er, Jakob, Hoftrauer befohlen habe, erwiderte Sinclair streng: »Dies *ist* die angemessene Trauerkleidung für die Königin von Schottland.« In den Kirchen wurden auf Anordnung des Rates Gebete für die Verstorbene gesprochen. Einige von Marias früheren Untertanen drohten mit Vergeltungsmaßnahmen. Walsingham hörte, daß in den Straßen von Edinburgh täglich neue Affichen gegen die Engländer und auch gegen Jakob auftauchten und daß das Volk verlangte, man solle England den Krieg erklären. Um Walsingham ein Bild von der Stimmung zu geben, sandte sein Agent in Schottland ihm ein Stück Hanf, das zu einer Schlinge geknotet war, und den dazugehörigen Reim, der sich gegen Elisabeth richtete.

»To Jezabel that English whore
Receive this Scottish chain
A presage of her great malheur
For murdering our Queen.«

Jakob brach der Form halber die offiziellen Beziehungen zu England ab. Daraufhin wurde Sir Robert Carey nach Schottland entsandt, mit dem nicht sehr beneidenswerten Auftrag, dem schottischen König zu erklären, daß

Elisabeth die Hinrichtung nicht persönlich angeordnet habe und außer sich gewesen sei vor Schmerz und Zorn, als sie davon erfuhr. Jakob weigerte sich zunächst, den Gesandten zu empfangen. Aber bereits Ende Februar äußerte Gray in einem Brief an Douglas die Vermutung, daß Jakob jetzt wohl bereit sein dürfte, mit sich reden zu lassen[6]. Schließlich willigte Jakob ein, sich Careys Argumente anzuhören, und gab sich mit Elisabeths Erklärung zufrieden, daß sie »in dieser Sache unschuldig sei«. Mitte März hatten die Engländer die beruhigende Gewißheit, daß Jakob nicht zu den Waffen greifen würde, um den Tod seiner Mutter zu rächen. Das Beil von Fotheringhay hatte das anglo-schottische Bündnis nicht zerschnitten.

Aus Rücksicht auf Jakobs Gefühle – oder die Gefühle, von denen man hätte annehmen sollen, daß er sie für seine Mutter hegte – wurde im Sommer nach ihrem Tode abermals die Frage ihrer Bestattung angeschnitten. Walsingham hatte in seinen Anweisungen bestimmt, daß der Sarg bei Nacht auf einem oberen Sims der Kirche von Fotheringhay untergebracht werden solle – und Cecil unterstrich hinterher eigenhändig das Wort »oberen[7]«. Aber in Wirklichkeit hatte man dem Sarg nicht einmal diese versteckte Ruhestätte eingeräumt, sondern er war, unbestattet wie der Leichnam des Achilles, innerhalb des Kastells selbst geblieben. Jetzt wurde beschlossen, ihn mit allen Ehren in der Kathedrale von Peterborough beizusetzen, und dabei hielt man es offenbar für zweckdienlich, so zu tun, als sei Maria eine hochgeehrte Königinwitwe von Schottland gewesen, die während ihres Aufenthalts in England eines natürlichen Todes gestorben war. Unter der Führung des ersten Wappenherolds des Königreichs wurden Herolde, Edelleute und Trauergäste aus London nach Peterborough gebracht, um die Zeremonie so würdevoll zu gestalten, wie es der Mutter des Königs von Schottland geziemte[8]. Aber es waren keine Schotten anwesend: Obwohl man offensichtlich große Sorgfalt auf die heraldischen Einzelheiten verwendet hatte und die Kathedrale sowohl mit dem Wappen des schottischen Königshauses als auch mit denjenigen von Marias ersten beiden Ehemännern – Franz II. und Darnley (Jakobs Vater) – geschmückt war, gab es weder unter den Wappen noch im Gottesdienst irgendeinen Hinweis auf Marias dritten Ehemann Bothwell oder auf die Umstände, die zu ihrer Gefangenschaft in England geführt hatten, ganz zu schweigen von der Art ihres Todes.

Trotz des feierlich schwarz verhangenen Kircheninneren, trotz des roten Löwen Schottlands, der leuchtend im Hauptschiff hing, und trotz der vornehmen Trauergäste aus London wurde der Widersinn dieser seltsamen, apologetischen Zeremonie durch die Tatsache offenbart, daß man den Sarg aus Angst vor Demonstrationen im Dunkel der Nacht von Fotheringhay nach Peterborough brachte. Am Sonntag, dem 30. Juli, verließ der Leichnam Königin Marias in einem mit schwarzem Samt ausgeschlagenen Wagen, an dem kleine Wimpel flatterten, zum letztenmal die Festung[9]. Die Herolde, die ihn begleiteten, ritten mit entblößtem Haupt. Um zwei Uhr nachts erreichten sie Peterborough, wo sie von einer Schar kirchlicher Würdenträger, einschließlich des Bischofs und des bemerkenswerten Dr. Fletcher, empfangen wurden. Dann wurde der Sarg vorübergehend im Bischofspalast untergebracht.

Die Zeremonie, die am nächsten Tag stattfand, war natürlich protestantisch und daher in englischer Sprache. Aber die Diener der verstorbenen Königin, die trotz ihrer strengen Gefangenschaft die Genehmigung erhalten hatten, dem Gottesdienst beizuwohnen, waren mit Ausnahme von Melville und Barbara Mowbray fromme Katholiken. So zogen sie sich, nachdem die Prozession vorüber war, aus der Kirche zurück. Trotzdem löste die Tatsache, daß der Kaplan de Préau mit einem schweren goldenen Kreuz auf der Brust an der Prozession teilnahm, lautstarke Empörung bei den Protestanten aus. An der Spitze des Zuges, unmittelbar hinter dem Sheriff von Peterborough, wurde die königliche Standarte Schottlands mit dem Motto *In my defence God me defend* getragen. Unter den vornehmen englischen Trauergästen befanden sich Cecils ältester Sohn sowie die Tochter und Schwiegertochter Shrewsburys, Lady Mary Savill und Lady Talbot. Die ehemaligen Hofdamen und Kammerfrauen Marias trugen einen Kopfputz aus schwarzem Taft mit langen weißen Schleiern; ihre Namen erinnerten an die letzten, traurigen Monate in Fotheringhay, denn es waren jene treuen Gefährtinnen Marias, Barbara Mowbray und ihre Schwester Gillis, Elisabeth Curle, Jane Kennedy, Christina Pages und ihre Tochter Mary.

Nachdem der Sarg in einer Gruft im südlichen Seitenschiff der Kathedrale beigesetzt worden war, hielt der Bischof von Lincoln eine Predigt, bei der er sich verzweifelt bemühte, die so andersgearteten Umstände zu bemänteln, unter denen die Frau, die jetzt mit soviel Ehren beigesetzt wurde, in Wirklichkeit gestorben war. Er bat Gott um Seinen Segen für die verstorbene schottische Königin, »über deren Leben und Tod, was auch immer man erwarten mag, ich nichts zu sagen habe, da ich das eine nicht gekannt und beim anderen nicht zugegen war«.

Nach Beendigung der Feierlichkeiten kehrten die früheren Diener Marias nach Fotheringhay zurück, und es dauerte noch volle zwei Monate, ehe man sie aus ihrer trostlosen Gefangenschaft entließ. Anfang Oktober war dann endlich der Augenblick gekommen, wo man ihnen gestattete, ihres Weges zu gehen. Bourgoing begab sich, Marias letzter Bitte gemäß, sofort zu Heinrich III. und berichtete ihm über die erhebenden letzten Monate und Stunden der verstorbenen Königin der Schotten. Gorion ging zu Mendoza, händigte ihm den Diamantring aus, den Mendoza hinterher an Philipp II. weitergab, und erzählte ebenfalls von dem Martyrium seiner Herrin. Die Abschiedsbriefe, die fast ein Jahr zuvor geschrieben worden waren, wurden jetzt endlich denjenigen zugeleitet, an die sie gerichtet waren, und König Philipp, ergriffen über diesen Gruß aus dem Jenseits von der Frau, die einst seine Schwägerin und lange Zeit seine katholische Verbündete gewesen war, respektierte ihre letzte Bitte um Bezahlung der Gehälter ihrer Diener und ihrer Schulden in Frankreich. In seiner Korrespondenz mit Mendoza beschäftigte er sich außerdem angelegentlich mit der Frage der Anwartschaft auf die englische Krone, die, wie er annahm, Maria ihm vermacht hatte: Im Interesse seiner eigenen Außenpolitik glaubte er zweckdienlicherweise dem Gerücht, daß Maria letztlich am Vorabend ihrer Hinrichtung Jakob endgültig enterbt und folglich ihren Anspruch auf den englischen Thron direkt an Philipp übertragen habe*. Es war jetzt Ende 1587. Im Jahr darauf – 1588 – faßte Philipp den folgenschweren Entschluß, sich sein angebliches englisches Erbrecht mit der »unbesiegbaren Armada« zu sichern. So rüstete sich die mächtige spanische Flotte, auf die Maria so lange und so zuversichtlich gewartet hatte, ironischerweise erst nach ihrem Tod und als unmittelbare Folge davon für die Fahrt nach England.

Mendoza blieb vorerst in Frankreich, um in Philipps Auftrag für Marias ehemalige Diener zu sorgen: Der spanische König hatte jedem von ihnen eine Jahrespension ausgesetzt. Jane Kennedy händigte Thomas Morgan den Diamantring aus, den Maria ihm für seine »treuen Dienste« vermacht hatte – viele ihrer Anhänger hätten ihm angesichts seines vermutlichen Verrats dieses kostbare Andenken nur allzugern vorenthalten –, dann kehrte sie nach Schottland zurück, wo sie das traurige Privileg hatte, König Jakob persönlich den Tod seiner Mutter zu beschreiben. Sie heiratete später Marias Haushofmeister Andrew Melville; trotz der Verschiedenheit ihrer Religion verbanden sie die Erinnerungen an die Vergangenheit und die langen Jahre, die sie gemeinsam im Dienst der Königin verbracht hatten. Aber ihr Glück war von kurzer Dauer: Als Belohnung dafür, daß Jane seiner Mutter treu gedient hatte, beauftragte Jakob sie im Jahre 1589, nach Dänemark zu fahren, um seine Braut, Prinzessin Anne, nach Schottland zu bringen, und sie ertrank in einem Sturm zu Beginn ihrer Reise. Gillis Mowbray kehrte ebenfalls nach Schottland zurück, wo sie Sir John Smith of Barnton heiratete: Die Andenken an ihre Herrin, die sie ihrer Enkelin vermachte, befinden sich jetzt im *National Museum of Antiquities* in Edinburgh.

Elisabeth Curle und ihre Schwägerin Barbara Curle, geborene Mowbray, verbrachten den Rest ihres Lebens zusammen in Antwerpen. Gilbert Curle,

* Aber Philipp täuschte sich: Obwohl Maria zweimal – in ihrem Testament von 1577 und in ihrem Brief an Mendoza vom Mai 1586 – Philipp ihren Erbanspruch bedingt vermacht hatte, falls Jakob sich nicht zum katholischen Glauben bekehrte, gab es keine derartige Klausel in dem Testament, das sie am Vorabend ihres Todes in Fotheringhay machte, und es hat sich niemals ein anderes Testament gefunden, das Philipps Anspruch begründete[10].

der unglückselige, aber gutherzige Sekretär, starb 1609; doch Barbara lebte bis 1616 und Elisabeth bis 1620 – sie überlebte ihre Herrin um mehr als dreißig Jahre. Kurz vor ihrem Tod ließ Elisabeth Curle ein lebensgroßes Porträt Marias zur Zeit ihrer Hinrichtung anfertigen; als Modell für die Figur der Königin diente vermutlich die Miniatur, die Maria am Vorabend ihres Todes Jane Kennedy anvertraute. Elisabeth vermachte das Porträt ihrem Neffen Hippolytus Curle, einem Jesuiten, der es seinerseits dem Scots College in Douai hinterließ. Heute befindet es sich im Blairs College in Aberdeen. Neben der Figur der Königin sind zwei Vignetten von der Hinrichtung in Fotheringhay zu sehen: Auf der linken kniet Königin Maria vor dem Block, die rechte zeigt Elisabeth Curle und Jane Kennedy in der schwarzen Ordenskleidung, die diese treuen Frauen für den Rest ihres Lebens in ständiger und hingebungsvoller Trauer um ihre Herrin getragen zu haben scheinen.

Nachdem die unglücklichen Diener endlich Fotheringhay verlassen hatten, wurde das Schloß aus seinem Zauberbann erlöst; bald begann sein Mauerwerk zu verfallen. Obgleich Camden loyal, aber nicht wahrheitsgetreu berichtete, es sei König Jakob gewesen, der die Mauern habe niederreißen lassen, um die Schandtat zu sühnen, die dort stattgefunden hatte[11], war die Zerstörung in Wirklichkeit ein allmählicher Prozeß, der nur dadurch beschleunigt wurde, daß die ortsansässigen Baumeister und Grundbesitzer sich Teile des Materials aneigneten. Heute sind nicht einmal die Ruinen von Fotheringhay erhalten geblieben. Der neugierige Wanderer findet den Platz, auf dem das Schloß gestanden hat, am Ende eines Feldwegs. Von dem mächtigen Kastell von Fotheringhay ist nichts mehr zu sehen, außer einer grasbedeckten kleinen Erhebung dort, wo einst der Bergfried war, und einem riesigen eingezäunten Haufen von Mauerwerk, der an die Worte Shelleys erinnert: »Look on my works ye mighty and despair.« Der Fluß zieht gemächlich daran vorbei. Schafe grasen friedlich auf den jenseitigen Wiesen. Es gibt kein Denkmal, keine offizielle Erinnerung an das erschütternde Drama, das sich in Fotheringhay abgespielt hat und so untrennbar zur englischen Geschichte gehört.

Selbst jetzt, nach der Beisetzung in Peterborough, war die irdische Wanderschaft der Königin der Schotten noch nicht beendet. Als Jakob im Frühling 1603 den Thron von England bestieg, hielt er es für angebracht, sich des Grabes seiner Mutter zu erinnern, und sandte im folgenden August ein reich besticktes samtenes Sargtuch nach Peterborough mit Anweisungen an den Bischof, es über ihre Gruft zu hängen. Nachdem König Jakob jedoch in der Westminster Abbey ein großes Denkmal für Elisabeth errichtet hatte, war man allgemein der Ansicht, daß noch mehr für das Andenken seiner Mutter getan werden sollte. Den größten Einfluß in dieser Hinsicht übte der Bruder von Marias Norfolk, Henry Howard, Earl of Northampton, aus, der sein Leben lang große Sympathien für den Katholizismus hegte und sich vor seinem Tode offen zum katholischen Glauben bekannte. Im Jahre 1606 wurde der Steinmetz Cornelius Cure beauftragt, eine imposante Skulptur zu meißeln, die später von seinem Sohn William fertiggestellt wurde. Bis zum September 1612 war die Arbeit soweit beendet, daß man der Geistlichkeit von Peterborough den Befehl für die Exhumierung geben konnte: der Leichnam der »geliebten Mutter« Jakobs solle »so behutsam und respektvoll, wie es sich geziemt«, aus der Gruft gehoben werden.

In der Westminster Abbey fanden die sterblichen Überreste der Königin der Schotten ihre letzte Ruhestätte. Das Grabmal ist großartig – ein Monument für Jakobs guten Geschmack, wenn auch nicht für seine Sohnesliebe. Durch den weißen Marmor, aus dem es gemeißelt ist, wird Maria Stuart abermals »la reine blanche« ihrer ersten Witwenschaft. Es zeigt sie liegend, in voller Lebensgröße, unter einem großen, reich verzierten Baldachin; ihre Züge sind rein und edel, ihre Augen sind geschlossen, die langen, schmalen Hände im Gebet gen Himmel gerichtet; sie trägt den schlichten Kopfputz, mit dem sie starb, aber ein mit Hermelin gesäumter Königsmantel umschließt ihren Körper; zu ihren Füßen ruht der Löwe von Schottland. Das Gesicht ist außerordentlich naturgetreu und wurde offensichtlich der Totenmaske nachgebildet, denn es zeigt all die typischen Merkmale, die Beobachter zur Zeit von Marias Tod erwähnten, und hat auch eine starke Ähnlichkeit mit ihren letzten Bildern. Das Kinn ist voll und weich, das Oval des Gesichts ist charakteristisch, ebenso wie die Stellung der Augen. Die Nase ist lang und leicht gebogen, der Mund zeigt die weiche, fast sinnliche Fülle, die auch auf den Sheffield-Porträts zu sehen ist, aber im ganzen hat das Antlitz einen ruhigeren Ausdruck als das der traurigen Märtyrerin auf den Bildern der späteren Jahre. Alles in allem vermittelt dieses Ehrfurcht einflößende Grabmal den Eindruck von Schönheit – einer Schönheit, die sich aus Erhabenheit und innerem Frieden zusammensetzt.

Der Earl of Northampton hat ein langes lateinisches Epitaph geschrieben, das jetzt auf dem Grab zu sehen ist: es preist Königin Marias Tugenden und beklagt ihr Unglück und ihre unrechtmäßige englische Gefangenschaft, ohne auf die umstrittenen Ereignisse einzugehen, die zu dieser Gefangenschaft geführt haben[12].

So fand die Königin der Schotten endlich Frieden. Es besteht wohl kaum ein Zweifel, daß Maria, die sich so eifrig und so lange um die englische Erbfolge bemüht hat, mit ihrer Grabstätte in der Westminster Abbey, zwischen den Königen und Königinnen von England, zufrieden gewesen wäre. Ihre Rechte als Königin, denen sie bis zum letzten Augenblick solch große Wichtigkeit beigemessen hatte, waren damit respektiert worden. Angesichts dieses prachtvollen Marmordenkmals – dem letzten der königlichen Monumente und dem imposantesten von allen –, das weiß in der Dunkelheit der Kapelle Heinrichs VII. leuchtet, hätte sie zweifellos das Gefühl gehabt, daß die Grausamkeit Elisabeths, die ihr die Beisetzung in Frankreich verweigerte, nach der sie sich so gesehnt hatte, auf unerwartete und glorreiche Art wiedergutgemacht worden war.

In dem Gewölbe unter diesem Grabmal mit der majestätischen Figur, deren Gesicht tiefen Frieden ausstrahlt und deren Hände in ewigem Gebet erhoben sind, ruht heute Maria Stuart inmitten ihrer zahlreichen Nachkommenschaft. Sie, die niemals in England regiert hat, die als Königin von Schottland geboren wurde und auf Befehl einer englischen Königin starb, liegt jetzt in der Westminster Abbey, in der seit ihrem Tod jeder Herrscher Großbritanniens gekrönt worden ist; und seit ihrem Tod stammt jeder Herrscher Englands, bis hinunter zur jetzigen Königin, die zur dreizehnten Generation gehört, in direkter Linie auch von ihr ab – wie Maria selbst vor so langer Zeit in Sheffield auf den Kronbaldachin gestickt hatte, dem es bestimmt war, über dem Haupt einer gefangenen Königin zu hängen: *In my end is my beginning.*

Anhang

LITERATURHINWEISE

Da die Literatur zu Maria, Königin der Schotten, sehr umfangreich ist, führt die vorliegende Bibliographie nur diejenigen Beiträge auf, die für die Darstellung benutzt wurden. Bei periodischen Veröffentlichungen und mehrbändigen Werken wird nur der erste Jahrgang angegeben.

Accounts of the Lord High Treasurer of Scotland. Ed. T. Dickson and J. Balfour Paul. Edinburgh 1877.

Accounts of the Masters of Works. Bd. I (1529–1615). Ed. H. M. Paton. H.M.S.O. Edinburgh 1957.

Acts of the Parliament of Scotland. Ed. T. Thomson. London 1814.

Acts and Proceedings of the General Assemblies of the Kirk of Scotland. Ed. T. Thomson. London 1839.

C. Ainsworth Mitchell: *The Evidence of the Casket Letters.* London 1927. = Historical Association Pamphlets.

Inventory of Ailsa Muniments. Historical Manuscripts Commission. Bd. III Supplement (1431–1599).

Allen, J. W.: *History of Political Thought in the 16th century.* London 1941.

Anderson, James: *Collections relating to the history of Mary Queen of Scotland.* 4 Bde. London 1777.

Arbuthnot, P. Stewart-Mackenzie: *Queen Mary's Book.* London 1907.

Argyll Papers, Inverary Castle.

Chronicles of the families of Atholl and Tullibardine. Ed. 7th Duke of Atholl. Edinburgh 1908.

Aubespine, Claude de L': *Histoire particulière de la Court de Henry II.* Archives curieuses de l'histoire de France. 1ère Serie. Bd. III. Paris 1834.

Bagot Papers. Folger Shakespeare Library. Washington, D. C. Microfilm in Staffordshire County Record Office.

Baillie-Hamilton, Lady: *A Historical Relic.* In: Macmillan's Magazine. Bd. LXXX.

Balcarres Paper: *Foreign correspondence with Marie de Lorraine Queen of Scotland.* In: *Balcarres Papers.* Bd. I (1537–1548), Bd. II (1548–1557). Ed. Marguerite Wood. Scot. Hist. Soc. 3rd Series. Edinburgh 1923 und 1925.

Baldwin Smith, Lacey: *The Elizabethan Epic.* London 1966.

Bannatyne, R.: *Memorials of Transactions in Scotland.* Ed. R. Pitcairn. Bannatyne Club. Edinburgh 1836.

Bannatyne Manuscript. Ed. and introduced by W. Tod Ritchie. Bde. I bis IV. Scottish Text Society. London 1934.

Bapst, E.: *Les mariages de Jacques V.* Paris 1889.

Baschet, A.: *La Diplomatie Venitiènne.* Paris 1862.

Batten, E. Chisholm: *Charters of the Priory of Beauly.* Grampian Club. London 1877.

Beaugué, Jean de: *Histoire de la Guerre en Ecosse.* Foreword by Comte de Montalembert. Maitland Club. London 1862.

Belleval, R. de: *Les Fils de Henri II.* Paris 1898.

Birrel, Robert: *Diary (1532–1605).* In: Fragments of Scottish History. Ed. J. G. Dalyell.

Black, J. B.: *Andrew Lang and the Casket Letter Controversy.* Edinburgh 1951.

Black, J. B.: *The Reign of Elizabeth.* London 1959.

The Works of Ronsard. Ed. Prosper Blanchemain. Paris 1857.

Blis, Collection: *Manuscrits, Livres, Estampes et Objets d'Arts relatys a Marie Stuart.* Bibliothèque Nationale. Paris.
Blunt, Anthony: *Art and Architecture in France (1500—1700).* London 1953.
Bothwell, Earl of, James Hepburn: *Les Affaires du Conte de Boduel.* Ed. H. Cockburn and T. Maitland. Bannatyne Club. Edinburgh 1829.
The Border Papers. Ed. J. Bain. London 1894.
Bouillé, René de: *Histoire des Ducs de Guise.* Bde. I und III. Paris 1850.
Brantôme, Pierre: *Œuvres complètes.* Paris 1823.
Brantôme, Pierre: *The Lives of Gallant Ladies.* 2 Bde. London 1924.
Bruce, J.: *Letters of Queen Elizabeth and James VI of Scotland.* Camden Society. London 1849.
Bryce, W. M.: *The voyage of Mary Queen of Scots in 1548.* In: English Historical Review. Bd. XXII. 1907.
Burke's Peerage. London 1963.
Burns, E.: *Scottish Coins.* London 1887.
Burns, J. H.: *Catholicism in Defeat.* In: History Today (1966), November.

Calderwood, D.: *History of the Kirk of Scotland.* Ed. T. Thomson. Edinburgh 1842.
Calendar of State Papers. Domestic. Edward VI, Mary and Elizabeth. Ed. R. Lemor. London 1856.
Calendar of State Papers, Domestic. James I. Bd. I. Ed. Mary Anne Everett Green. London 1857.
Calendar of State Papers, Foreign. Edward VI. Ed. W. Turnbull. London 1861.
Calendar of State Papers, Foreign. Mary. Ed. W. Turnbull. London 1861.
Calendar of State Papers, Foreign. Elizabeth. Ed. J. Stevenson. London 1863.
Calendar of State Papers relating to English affairs (Rome). Ed. J. M. Rigg. London 1916.
Calendar of State Papers relating to Scottish affairs. Ed. J. Bain. London 1898.
Calendar of State Papers, Spanish. Elizabeth. Ed. M.A.S. Hume. London 1892.
Calendar of State Papers, Venetian. Ed. R. Brown und G. C. Bentinck. London 1890.
Camden, William: *Annales Rerum Anglicarum et Hibernicarum Regnante Elizabetha.* Übersetzung von R. Norton. London 1635. — Übersetzung von T. Hearne. London 1717.
Camden, William: *Britannia.* Übersetzung von Gough. London 1789.
Cameron, Annie (ed.): *Scottish Correspondence of Mary of Lorraine.* Scot. Hist. Soc. London 1927.
Cameron, Annie, und Rait, R. S. (ed.): *Warrender Papers.* Scot. Hist. Soc. 3rd Series. Bd. XVII. Edinburgh 1931.
Caraman, Philip: *William Weston, the Autobiography of an Elizabethan.* London 1955.
Caraman, Philip: *John Gerard, the Autobiography of an Elizabethan.* London 1951.
Castelnau, Michel de, Seigneur de Mauvissière: *Memoirs.* Ed. Le Laboureur. Paris 1731.
Lettres de Catherine de Médicis. Ed. H. de la Ferrière-Percy. Paris 1880.
Cecil Papers. Hatfield House.
Chalmers, G.: *Life of Mary Queen of Scots.* London 1818.
Chambers, R.: *Biographical dictionary of eminent Scotsmen.* London 1868.
Chambers, R.: *Life of James I.* Edinburgh 1830.
Chappell, W.: *Popular Music of the Olden Time.* London 1855.

Chantelauze, M. R.: *Marie Stuart, son procès et son exécution.* London 1874.
Chauviré, R.: *Le Secret de Marie Stuart.* Paris 1937.
Chauviré, R.: *Etat present de la controverse sur les Lettres de la Cassette.* In: Revue Historique. 1934 und 1935.
Chéruel, A.: *Marie Stuart et Catherine de Médicis.* Paris 1858.
Child, F. J.: *English and Scottish Ballads.* London 1882.
Cobbett's Complete Collection of State trials. Bd. I. London 1809.
Cooper (ed.): *Correspondence of M. de la Mothe Fénelon.* London 1838.
Crossby und Bruce (ed.): *Accounts and papers relating to Mary Queen of Scots.* Camden Society. London 1867.
Cust, Lionel: *Authentic portraits of Mary Queen of Scots.* London 1903.

Dalyell, Sir John (ed.): *Fragments of Scottish History.* London 1798.
Demster: *Historia.* Bannatyne Club. Edinburgh 1829.
Dépenses de la Maison Royale. Register House. Edinburgh.
D'Ewes, Sir Simonds: *Journals of the Parliaments during Elizabeth's Reign.* London 1963.
Dickinson, G.: *Two missions of Jacques de la Brosse.* Scot. Hist. Soc. 3rd Series. Bd. XXXVI. Edinburgh 1942.
Dickinson, W. Croft: *Scottish Parliament and the Trial of Treason.* Seton Memorial Lecture. University College. London 1956 (März).
Dickinson, W. Croft: *History of Scotland.* Bd. I. London 1961.
Dictionary of National Biography. London 1909.
Discours du Grand et Magnifique Triomphe Faict du Mariage de François et Marie Stuart. Ed. William Bentham. Roxburghe Club. London 1818.
Diurnal of Occurrents. Ed. T. Thomson. Bannatyne Club. Edinburgh 1833.
Donaldson, Gordon (ed.): *Accounts of the Collectors of the Thirds of Benefices.* Scot. Hist. Soc. 3rd Series. Bd. XIII. Edinburgh 1949.
Donaldson, Gordon: *The Scottish Reformation.* London 1960.
Donaldson, Gordon: *Scotland: James V — James VI.* Edinburgh 1965.
Duncan, T.: *Mary Stuart and the House of Huntly.* In: Scot. Hist. Review. IV. 1906.
Duncan, T.: *Relations of the Earl of Murray with Mary Stuart:* In: Scot. Hist. Review. VI. 1909.
Duncan, T.: *The Queen's Maries.* In: Scot. Hist. Review. Nr. II. 1905.

Edwards, Francis: *The Dangerous Queen.* London 1964.
Edwards, Francis: *The Marvellous Chance.* London 1968.
Egerton Papers. Camden Society. London 1840.
Exchequer Rolls, Bd. XIX. Ed. G. P. McNeill. Edinburgh 1898.

Fergusson, Sir James: *The White Hind.* London 1963.
Fergusson, Sir James: *Lowland Lairds.* London 1949.
Fonds français: Bibliothèque Nationale. Paris.
Forbes-Leith, W. (ed.): *Narratives of Scottish Catholics under Mary Stuart and James VI.* Edinburgh 1885.
Forneron, H.: *Les Ducs de Guise et leur Epoque.* Paris 1877.
Fraser of Wardlaw, James: *True Genealogie of the Frasers.* London 1666.
Fraser, Sir William: *The Red Book of Menteith.* 2 Bde. London 1880.
Fraser, Sir William: *The Lennox.* 2 Bde. London 1874.
Fraser, Sir William: *The Book of Douglas.* 4 Bde. London 1885.
Froude, J. A.: *History of England from the Fall of Wolsey to the Defeat of the Spanish Armada.* London 1862.

Gatherer, W. A. (übers. u. hrsg.): *The Tyrannous Reign of Mary Stewart by George Buchanan.* Edinburgh 1958.
Gauthier, Jules: *Histoire de Maria Stuart.* Paris 1875.
Gent, Frank: *The Edinburgh Castle Mystery.* In: Chambers Journal. September und Oktober 1944.
Girouard, Mark: *Robert Smythson and the Architecture of the Elizabethan Era.* London 1966.
Gleig, G. R.: *Family History of England.* London 1836.
Glen, John: *Early Scottish Melodies.* Edinburgh 1900.
Goodall, W.: *Examination of the (Casket) Letters said to be written by Mary Queen of Scots to James, Earl of Bothwell.* London 1754.
Goodall, W.: *Introduction to the History of the Antiquities of Scotland.* London 1860.
Gordon, Sir R.: *Genealogical History of the Earldom of Sutherland.* Edinburgh 1813.
Gore-Browne, R.: *Lord Bothwell.* London 1935.
Grand, Albert le: *Les Saints de la Bretagne Armorique.* Quimper 1901.
Grant, I. F.: *Social and economic development of Scotland before 1603.* London 1930.
Letters and papers of Patrick Master of Gray. Bannatyne Club. Edinburgh 1835.
Guiffrey, G.: *Lettres inédites de Dianne de Poytiers.* Paris 1866.
Guillaume, P.: *La Mort de François II.* In: Bulletin du Société Archéologique d'Orléans. Bd. I, Nr. 7, 1960.

Hamer, Douglas (ed.): *Marriage of the Queen of Scots to the Dauphin.* Scottish Printed Fragments. London 1932.
Hamer, Douglas (ed.): *Works of Sir David Lyndsay of the Mount.* Scot. Text Society. 3rd Series. London 1931.
Hamilton Papers. Ed. J. Bain. Edinburgh 1890.
Handover, P. M.: *Arbella Stuart.* London 1957.
Hannay, R. K.: *The Earl of Arran and Queen Mary.* In: Scottish Historical Review. XVIII. London 1920.
Hardwicke State Papers. Bd. I. London 1778.
Harris, M. Dormer: *Unpublished documents relating to Town Life in Coventry.* Übersetzung Roy. Hist. Soc. 4th Series. Bd. III. London 1920.
Calendar of the Manuscripts of the Marquess of Salisbury at Hatfield House. Historical Manuscripts Commission. London 1883.
Hay Fleming, D.: *Mary Queen of Scots from her birth till her flight into England.* London 1897.
Haynes, S. (ed.): *Burghley Papers.* London 1740.
Heape, R. G.: *Buxton under the Dukes of Devonshire.* London 1948.
Henderson, T. F.: *Mary Queen of Scots.* 2 Bde. London 1905.
Henderson, T. F.: *The Casket Letters.* London 1890.
Herries, John Maxwell Baron: *Historical Memoirs of the reign of Mary Queen of Scots.* Abbotsford Club. Ed. R. Pitcairn. Edinburgh 1836.
Hesketh, Christian: *Tartan.* London 1963.
Hicks, Leo: *An Elizabethan Problem.* London 1964.
Hosack, J.: *Mary Queen of Scots and her Accusers.* Edinburgh 1969.
Hume Brown, P.: *Early Travellers in Scotland.* London 1891.
Hume Brown, P.: *George Buchanan.* Edinburgh 1890.
Hume Brown, P.: *John Knox.* Edinburgh 1895.

Letters of James V. Ed. Denys Hay und zusammengestellt von R. K. Hannay. Edinburgh 1954.

Jamieson: *Etymological Dictionary of the Scottish Language.*

Jebb, S.: *De Vita et Rebus Gestis Serenissima Principis Marie Scotorum Reginae, Franciae Dotariae.* 2 Bde. London 1725.

Johnston, Nathaniel: *Life of George Earl of Shrewsbury and Appendix to Life of Francis Earl of Shrewsbury — Matters omitted from Life of George Earl of Shrewsbury pertaining to the Execution of Mary Queen of Scots.* London 1710.

Keith, R.: *History of the Affairs of Church and State in Scotland down to 1567.* Ed. J. P. Lawson. 3 Bde. mit Anhang. Spottiswoode Society. London 1844.

Kervyn de Letterhoven: *Relations Politiques des Pays-Bas et de l'Angleterre* (1555—1579). Brüssel 1882.

Knox, John: *History of the Reformation in Scotland.* Übers. u. ed. von W. Croft Dickinson. London 1949.

Works of John Knox. Ed. D. Laing: Edinburgh 1895.

Knox, T. F. (ed.): *Letters and memorials of William Allen.* London 1882.

Labanoff, Prince (A. I. Lobanov-Rostovsky): *Lettres et Mémoires de Marie, Reine d'Ecosse.* 7 Bde. London 1844.

Labanoff, Prince: *Lettres inédites de Marie Stuart.* London 1830.

La Ferriere-Percy, H. de: *Les deux cours de François II et Henri II.*

Lang, Andrew: *The Mystery of Mary Stuart.* London 1901.

Lang, Andrew: *Portraits and Jewels of Mary Queen of Scots.* London 1906.

La Planche, Regnier de: *Estat de France sous François II.* Ed. Henneschet. London 1836.

Leader, J. D.: *Mary Queen of Scots in Captivity.* London 1880.

Lee, Maurice: *James Stewart, Earl of Moray.* Columbia University Press. 1953.

Lennox Narrative. Printed in Mahon: *Mary Queen of Scots.*

Le Plessis: *Les Triomphes a Chenonceau.* Paris 1557.

Leslie, John, Bishop of Ross: *The History of Scotland.* Übers. ins Schottische von Fr. James Dalrymple. Scottish Text Society. London 1895. — Ed. Fr. E. G. Gody und William Murison. Bde. I und II. — Auch als Bannatyne-Club-Ausgabe. Bd. XXXIX. Ed. T. Thomson. Edinburgh 1830.

Levassieur, E.: *La Population Française. Histoire de la population française avant 1789.* Paris 1889.

Levine, Mortimer: *Early Elizabethan Succession Question (1558—1568).* Stanford University Press. California 1966.

Lewis, C. S.: *English Literature in the 16th century.* London 1954.

Lockie, D. M.: *The Political Career of the Bishop of Ross (1568—1590). University of Birmingham Historical Journal. London 1953.*

Lodge, E.: *Illustrations of British History.* Bd. I. London 1791.

Lythe, S. G. E.: *Economy of Scotland (1550—1625).* Edinburgh 1960.

Macalpine, I., und Hunter, R.: *Porphyria: A Royal Malady.* B. M. A. Publication. London 1968.

Macdonald, A.: *Letters to the Argyll family.* Maitland Club. Edinburgh 1839.

Macgeorge, A. (ed.): *Miscellaneous papers principally illustrative of events in the Reigns of Queen Mary and James VI.* Maitland Club. Glasgow 1834.

Macgibbon, D., und Ross, T.: *The castellated and domestic architecture of Scotland.* 5 Bde. Edinburgh 1887.

McKenzie, Dan: *The Obstetrical History of Mary Queen of Scots.* In: Caledonian Medical Journal. Bd. XV (1921).
Mackie, J. D.: *The Earlier Tudors.* London 1966.
Mackie, J. D.: *The Will of Mary Stuart.* In: Scot. Hist. Review. Nr. 11.
MacNalty, Sir Arthur Salisbury: *Mary Queen of Scots: The daughter of debate.* London 1960.
MacQueen, John: *Alexander Scott and the Scottish Court Poetry of the Middle Sixteenth Century.* Proceedings of the British Academy. Bd. LIV. 1968.
MacQueen, John, und Scott, Tom (ed.) *Oxford Book of Scottish Verse.* London 1967.
Macrae: *Scottish Border History.*
Mahon, R. H.: *Indictment of Mary Queen of Scots.* London 1923.
Mahon, R. H.: *Mary Queen of Scots: A Study of the Lennox Narrative.* London 1924.
Mahon, R. H.: *The Tragedy of Kirk o'Field.* London 1930.
Maidment, J. (ed.): *Miscellany of the Abbotsford Club.* Bd. I. London 1837.
Marlowe Society Collections. Bd. I (1900).
Inventaires of the jewels of Mary Queen of Scots (1556—1569). Bannatyne Club. London 1863.
Libraries of Mary Queen of Scots and James VI. Maitland Club Miscellany. London 1834.
Catalogue of the Tercentenary Exhibition of Mary Queen of Scots, at Peterborough. London 1887.
Matthew, David: *The Celtic Peoples of Europe in the age of the Renaissance.* London 1932.
Matthew, David: *Scotland under Charles I.* London 1955.
Maxwell-Scott, Hon. Mrs.:*The Tragedy of Fotheringhay, founded on the Journal of Bourgoing and unpublished manuscripts documents.* London 1905.
Melville of Halhill, Sir James: *Memoirs.* Ed. Francis Stewart. London 1929. — Auch Ed. T. Thomson. Bannatyne Club. Edinburgh 1827.
Morris, J.: *Letter-books of Sir Amias Paulet.* London 1874.
Mulvey, Kieran: *The Martyrdom of Mary Queen of Scots.* Blackfriars Publications. London 1954.

Nau, Claude: *Memorials of Mary Stewart.* Ed. J. Stevenson. Edinburgh 1883.
Neale, J. E.: *Queen Elizabeth I.* London 1934. — Auch als Paperback-Ausgabe.
Neale, J. E.: *Queen Elizabeth I and her Parliaments.* London 1953.
Nicolas, Sir Henry: *Life of Davison.* London 1823.

Oman, Sir Charles: *History of the Art of War in the 16th century.* London 1937.

Painted Ceilings of Scotland. M. R. Apted. H. M. S. O. Edinburgh 1966.
Paget Papers. Staffordshire County Record Office.
Pearson, Karl: *Skull and Portraits of Lord Darnley.* Biometriks XX.
Percy, Lord Eustace: *John Knox.* London 1937.
Phillips, J. E.: *Images of a Queen: Mary Stuart in 16th century literature.* California 1964.
Philippson, M.: *Histoire du Règne de Marie Stuart.* Paris 1891.
Pimodan, Le Marquis de: *La Mère des Guises.* Paris 1900.
Pitcairn, R. (ed.): *Collections relative to the Funereals of Mary Queen of Scots.* Edinburgh 1822.
Pitcairn, R. (ed.): *Ancient Criminal Trials in Scotland.* Bd. I. Bannatyne Club. Edinburgh 1833.

Pitscottie, Robert Lindsay of: *History and Chronicles of Scotland.* 2 Bde. Scottish Text Society. Ed. A. J. G. Mackay. London 1899 und 1911.
Plot, William: *History of Staffordshire.* London 1686.
Pollen, J. H.: *Papal negotiations with Mary Queen of Scots.* Scottish History Society. 1st Series. Edinburgh 1901.
Pollen, J. H.: *Letters from Mary Queen of Scots to the Duke of Guise.* Scottish History Society. 1st Series (1904).
Pollen, J. H.: *Mary Stuart's Jesuit Chaplain.* In: The Month. Januar und Februar 1911.
Pollen, J. H.: *Mary Queen of Scots and the Babington Plot.* Scottish History Society. 3rd Series (1922).
Pope Hennessy, John: *A lecture on Nicholas Hilliard.* London 1949.
Potiquet: *La Maladie et la Mort de François II.* Paris 1893.

Rait, R. S.: *The Parliaments of Scotland.* London 1924.
Rait, R. S., und Cameron, Annie: *King James' Secret: Negotiations between Elizabeth and James VI relating to the execution of Mary Queen of Scots.* London 1927.
Read, Conyers: *Mr. Secretary Walsingham and the policy of Queen Elizabeth.* London 1925.
Read, Conyers: *Mr. Secretary Cecil and Queen Elizabeth.* London 1955.
Read, Conyers: *Bibliography of British History. Tudor period (1485—1603).*
Register of the Privy Council of Scotland. Ed. J. Hill Burton. Bde. I und II. Edinburgh 1877.
Registrum Magni Sigilli Regum Scotorum. Ed. J. Balfour Paul and J. M. Thompson. Edinburgh 1883.
Reynolds, G.: *Nicholas Hilliard and Isaac Oliver.* Victoria and Albert Museum Exhibition Catalogue. London 1947.
Robertson, J. (ed.): *Inventaires de la Royne d'Escosse, Douairière de France.* Bannatyne Club. Edinburgh 1883.
Ronsard, *Poésies choisies.* Ed. Pierre de Nolhac. Paris 1954.
Rowse, A. L.: *The England of Elizabeth.* London 1950.
Ruble, Alphonse de: *La première jeunesse de Marie Stuart.* London 1891.

State Papers and Letters of Sir Ralph Sadler. Ed. A. Clifford. Edinburgh 1809.
Scots Peerage. Ed. J. Balfour Paul. 9 Bde. London 1904.
Scott, J. D.: *Bibliography of works relating to Mary Queen of Scots.* Edinburgh 1890.
Seton, G.: *History of the family of Seton.* London 1896.
Shrewsbury and Talbot Papers. Bd. I: *Shrewsbury Papers.* Zusammengestellt von C. Jamison. Ed. E. G. W. Bill. Lambeth Palace Library. H.M.S.O. London 1966.
Skelton, Sir John: *Maitland of Lethington and the Scotland of Mary Queen of Scots.* Edinburgh 1894.
Small, J.: *Queen Mary at Jedburgh in 1566.* Proceedings of the Society of Antiquaries of Scotland. London 1881.
Somerville, Sir Robert: *Guide to Tutbury Castle.* (Verlegt von dem Chancellor of the Duchy of Lancaster.)
Spottiswoode, J.: *History of the Church of Scotland.* London 1668.
Staffordshire Historical Collections. Quarter Session I. 1929.
Stanley, Dean: *Memorials of Westminster Abbey.* London 1867.
Stevenson, T. (ed.): *Letters to Mary of Guise.* London 1834.

Stevenson, J.: *Selections from unpublished manuscripts in the college of Arms and the British Museum illustrating the Reign of Mary Queen of Scotland.* Maitland Club. Glasgow 1837.
Stewart, I. M.: *Scottish coinage.* London 1955.
Stoddart, Jane T.: *The Girlhood of Mary Queen of Scots.* London 1908.
Strickland, Agnes: *Lives of the Queens of Scotland.* London 1854.
Strong, Roy: *Portraits of Queen Elizabeth I.* London 1964.
Strong, Roy: *Eworth.* Catalogue of the National Portrait Gallery Exhibition. London 1966.
Stuart, John: *A lost chapter in the history of Mary Queen of Scots recovered.* Edinburgh 1874.
Despatches of Suriano and Barbaro. Huguenot Society Publication. Bd. IV.

Tait, G. H.: *Tudor Historiated Jewellery.* In: Antiquaries Journal. Bd. XLII (1962).
Tannenbaum, S. und M.: *Marie Stuart.* Bibliography. 3 Bde. New York 1944.
Teulet: *Papiers d'Etat relatifs à l'Histoire de l'Ecosse au 16e siècle.* Bannatyne Club. Edinburgh 1852.
Teulet: *Relations politiques de la France et de l'Espagne avec l'Ecosse au 16e siècle.* Paris 1862.
Teulet: *Correspondance diplomatique de la Mothe Fénelon.* Paris 1838.
Teulet: *Lettres inédites de Marie Stuart.* Paris 1859.
Thomas, Marcel: *Le procès de Marie Stuart. Documents originaux présentes par Marcel Thomas.* Paris 1956.
Thomson, T. (ed.): *History and Life of King James the Sext.* Bannatyne Club. Edinburgh 1825.
Tudor & Jacobean Portraits. National Portrait Gallery Catalogue, Roy Strong. 1969.
Tytler, P. F.: *History of Scotland.* Edinburgh 1841. Bde. V, VI und VII. – Auch als neue und erweiterte Ausgabe 1870.

Williams, Neville: *Elizabeth Queen of England.* London 1967.
Willson, D. H.: *King James VI and I.* Bedford Historical Series. London 1959.
Woodgate, W.: *Reminiscences of an Old Sportsman.* London 1909.
Wright, T.: *Queen Elizabeth and her Times.* London 1838.

Zulueta, Francis de: *Embroideries by Mary Stuart and Elizabeth Talbot at Oxburgh Hall.* 1923.

ANMERKUNGEN

Die folgenden Abkürzungen werden durchgehend in den Anmerkungen benutzt:

C. S. P. Foreign: Calendar of State Papers, Foreign Series, Elizabeth.
C. S. P. Roman: Calendar of State Papers relating to English affairs (Rome).
C. S. P. Scot.: Calendar of State Papers relating to Scotland.
C. S. P. Spanish: Calendar of State Papers relating to Spain, Elizabeth.
C. S. P. Venetian: Calendar of State Papers, Venetian.
D. N. B.: Dictionary of National Biography.
Hamilton: Hamilton Papers.
Hat. Cal.: Calendar of manuscripts at Hatfield House.
Keith: R. Keith: *History of the Affairs of Church and State in Scotland.*
Knox: John Knox: *History of the Reformation.*
Labanoff: *Lettres de Marie Stuart.*
R. P. C.: Register of the Privy Council of Scotland.

ERSTER TEIL: DIE JUNGE KÖNIGIN

I Alle Menschen trauerten

1 Leslie: *History,* Bd. 2, S. 260.
2 Knox, Bd. 1, S. 28.
3 *Letters of James V,* S. 172.
4 Michel: *Les Français en Ecosse,* S. 420.
5 Pitscottie: *Cronicles,* Bd. 1, S. 377 ff.
6 Diurnal of Occurrents, S. 22.
7 Hamilton, Bd. 1, S. 329.
8 *Balcarres Papers,* Bd. 1.
9 Ebenda, Bd. 1, S. 81.
10 Ebenda, Bd. 1, S. 83.
11 Ebenda, Bd. 1, S. 149.
12 Pitscottie: *Chronicles,* Bd. 1, S. 394.
13 *Balcarres Papers,* Bd. 1, S. 61.
14 Hamilton, Bd. 1, S. 328.
15 Knox, Bd. I, S. 37.
16 Hamilton, Bd. 1, S. 307.
17 Knox, Bd. 1, S. 38.
18 Pitscottie: *Chronicles,* Bd. 1, S. 406.
19 *Letters of James V,* S. 417.
20 Hamilton, Bd. 1, S. 348.
21 Knox, Bd. 1, S. 39; Leslie, a. a. O., S. 259.
22 Labanoff, Bd. 6, S. 68.
23 Hamilton, Bd. I, S. 328, 340; C. S. P. Spanish, Bd. 6, S. 189.
24 Knox, Bd. 1, S. 40.
25 Leslie, a. a. O., Bd. I, S. 24; Hume Brown: *Early Travellers,* S. 236.
26 Leslie, a. a. O., Bd. 2, S. 260; Hamilton, Bd. 1, S. 342.
27 *Sadler State Papers,* Bd. 1, S. 115.
28 Matthew: *Scotland under Charles I,* S. 152.

[29] Hay Fleming: *Mary Queen of Scots,* S. 180.
[30] Hamilton, Bd. 1, S. 342.
[31] *Sadler State Papers,* Bd. 1, S. 88.
[32] Knox, Bd. 1, S. 45.
[33] Pitscottie, a. a. O., Bd. 2, S. 8.
[33] Pitscottie, a. a. O., Bd. 2, S. 8.
[34] Hamilton, Bd. 1, S. 633.
[35] Knox, Bd. 1, S. 50.
[36] Hamilton, Bd. 2, S. 33.

II Englands unsanfte Brautwerbung

[1] Leslie: *History,* Bd. 2, S. 310.
[2] Hamilton, Bd. 2, S. 326.
[3] Dalyell: *Scottish Fragments: The Late Expedition in Scotland,* sent to Lord Russell, Lord Privy Seal, by a friend of his, 1544.
[4] Pollen: *Papal Negotiations,* S. 528; Donaldson: *Accounts of the Collector of the Thirds of Benefices,* Introduction, S. XV.
[5] Knox, Bd. I, S. 19; Bd. II, Appendix V, S. 255; Donaldson: *Scottish Reformation,* S. 12, 33.
[6] R.P.C., Bd. 1, S. 77 ff.
[7] Fergusson: *The White Hind,* S. 19; Dalyell: *Scottish Fragments;* William Patten: *Diary of Somerset's* Campaign, 1547.
[8] Brantôme: *Œuvres Complètes,* Bd. 2, S. 460.
[9] De Beaugué: *Histoire de la Guerre en Ecosse,* S. 12.
[10] Teulet: *Papiers d'Etat,* Bd. 1, S. 662; C.S.P. Scot., Bd. 1, S. 99.
[11] C.S.P. Scot., Bd. 1, S. 157.
[12] Hamilton, Bd. 2, S. 618.
[13] Vollständig abgedruckt, in: Stoddart: *Girlhood of Mary Queen of Scots,* Anhang.
[14] W. M. Bryce: *Mary Queen of Scots Voyage to France in 1548.*
[15] Knox, Bd. 1, S. 103.

III Das vollkommenste Kind

[1] De Ruble: *La première jeunesse de Marie Stuart,* S. 19.
[2] Albert le Grand: *Les Saints de la Bretagne Armorique,* Teil 2, S. 279.
[3] Stoddart: *Girlhood of Mary Queen of Scots,* Anhang, S. 416.
[4] Bouillé: *Ducs de Guise,* Bd. I, S. 225.
[5] *Balcarres Papers,* Bd. 2, S. 6, 32.
[6] De Ruble, a. a. O., S. 17.
[7] *Lettres de Catherine de Medicis,* Bd. 1, S. 6.
[8] Guiffrey, *Lettres inédites de Dianne de Poytiers,* S. 35, 42.
[9] De Ruble, a. a. O., S. 30.
[10] Brantôme: *Œuvres Complètes,* Bd. 5, S. 85.
[11] De Ruble, a. a. O., S. 31; Labanoff, Bd. 1, S. 10.
[12] *Balcarres Papers,* Bd. 2, S. 135.
[13] De Ruble, a. a. O., S. 63.
[14] *Tresorier des Enfants de France. Fonds français,* Bd. 2, S. 207 ff. Abgedruckt bei De Ruble, a. a. O., S. 281 ff.

[15] De Ruble, a. a. O., S. 51.
[16] Brantôme, a. a. O., Bd. 5, S. 83; Montaiglon: *Latin Themes of Mary Queen of Scots.*
[17] Brantôme, a. a. O., Bd. 5, S. 86.
[18] Labanoff, Bd. 1, S. 4.
[19] De Ruble, a. a. O., S. 300.
[20] Register House, Edinburgh: GD/97/3/Nr. 7.
[21] Labanoff, Bd. 7, S. 277.
[22] Cameron: *Scottish Correspondence of Mary of Lorraine,* S. 149.
[23] C. S. P. Foreign (Edward VI), S. 103.
[24] Ebenda, S. 97.
[25] Ebenda, S. 109.
[26] Brantôme, a. a. O., Bd. 9, S. 490.
[27] Pimodan: *La Mère des Guises,* S. 380.

IV Verlobung

[1] Labanoff, Bd. 1, S. 10.
[2] Bouillé: *Ducs de Guise,* Bd. 2, S. 27.
[3] Claude de l'Aubespine: *Histoire Particulière de la Court de Henry II.*
[4] Labanoff, Bd. 1, S. 14.
[5] Bouillé, a. a. O., Bd. 1, S. 229.
[6] Stoddart: *Girlhood of Mary Queen of Scots,* Anhang B, S. 450; Labanoff, Bd. I, S. 29.
[7] *Balcarres Papers,* Bd. 2, S. 253, 271.
[8] Ebenda, Bd. 2, S. 237.
[9] Labanoff, Bd. 1, S. 29.
[10] Ebenda, Bd. 1, S. 41.
[11] Ebenda, Bd. 1, S. 34.
[12] Ebenda, Bd. 1, S. 21.
[13] C. S. P. Venetian, Bd. 6, S. 1365.
[14] Ebenda, Bd. 6, S. 532.
[15] Stoddart, a. a. O., S. 143.
[16] Baschet: *La diplomatic Vénitienne,* S. 486.
[17] De Ruble: *La première jeunesse de Mary Stuart,* S. 35.
[18] Phillips: *Images of a Queen,* S. 14.

V Reine Dauphine

[1] *Discours du Grand et Magnifique Triomphe Faict du Mariage de François et Marie Stuart;* Hamer: *Marriage of the Queen of Scots to the Dauphin.*
[2] Hay Fleming: *Mary Queen of Scots,* S. 491.
[3] Knox, Bd. 2, S. 78; Ronsard: *Poésies chosies,* S. 353.
[4] Brantôme, a. a. O., Bd. 5, S. 83; Knox, Bd. 2, S. 78. Hat Cal., Bd. 1, S. 400.
[5] Brandtôme, a. a. O., Bd. 5, S. 94.
[6] C.S.P. Venetian, Bd. 7, S. 383.
[7] Abgedruckt bei Maxwell-Scott: *Tragedy of Fotheringhay,* Anhang; Melville: *Memoirs,* S. 96.
[8] C.S.P. Venetian, Bd. 6, S. 1058.
[9] Siehe Arbuthnot: *Queen Mary's Book.*

[10] Blanchemin: *Ronsard,* Bd. 8, S. 28.
[11] Arbuthnot, a. a. O., S. 131; Castelnau: *Memoirs,* Bd. 1, S. 528.
[12] Labanoff, Bd. 1, S. 57.
[13] Leslie: *History,* Bd. 2, S. 385.
[14] Phillips: *Images of a Queen,* S. 12 ff.; S. 237.
[15] C. S. P. Foreign, Bd. 2, S. 145; C. S. P Venetian, Bd. 7, S. 29.
[16] Melville, a. a. O., S. 49.
[17] C. S. P. Foreign, Bd. 2, S. 382, 406, 434, 466.
[18] C. S. P. Venetian, Bd. 7, S. 167.
[19] Ebenda, S. 75.
[20] C. S. P. Foreign, Bd. 1, S. 256.
[21] Bouillé: *Ducs de Guise,* Bd. 1, S. 526.
[22] Re Ruble, a. a. O., S. 173.
[23] Bouillé, a. a. O., Bd. 1, S. 529.

VI Die weiße Lilie von Frankreich

[1] C. S. P. Foreign, Bd. 1, S. 561.
[2] De Ruble: *La première jeunesse de Maria Stuart, S. 181.*
[3] C. S. P. Venetian, Bd. 7, S. 138, 178.
[4] Baldwin Smith: *Elizabethan Epic,* S. 120; Belleval: *Les fils de Henry II.,* S. 42.
[5] Bouillé: *Ducs de Guise,* Bd. 2, S. 29.
[6] Stoddart: *Girlhood of Mary Queen of Scots,* S. 258.
[7] C. S. P. Venetian, Bd. 6, S. 1486; De Ruble, a. a. O., S. 188.
[8] C. S. P. Foreign, Bd. 2, S. 111.
[9] Labanoff, Bd. 1, S. 70.
[10] Knox, Bd. 1, S. 116, 319.
[11] Teulet: *Papiers d'Etat,* Bd. 1, S. 721; Regnier de La Planche: *Estat de France sous François,* Bd. 2, S. 279.
[12] Melville: *Memoirs,* S. 51; C. S. P. Foreign, Bd. 2, S. 511, Bd. 3, S. 73.
[13] C. S. P. Foreign, Bd. 3, S. 394.
[14] Ebenda, S. 394; C. S. P. Foreign, Bd. 2, S. 410.
[15] Forneron: *Ducs de Guise,* S. 290.
[16] Regnier de La Planche, a. a. O., S. 203.
[17] De Ruble, a. a. O., S. 202.
[18] Siehe Potiquet: *La Maladie et La Mort de François II.;* Armstrong-Davison: *The Casket Letters,* Anhang A.
[19] C. S. P. Venetian, Bd. 7, S. 269; *Hardwicke State Papers,* Bd. 1, S. 156.
[20] Ebenda, S. 275.
[21] Stoddart, a. a. O., S. 316; C. S. P. Venetian, Bd. 7, S. 278.

VII Maria als Witwe

[1] Froude: *History,* Bd. 6, S. 443.
[2] C. S. P. Foreign, Bd. 3, S. 472.
[3] Ebenda, Bd. 4, S. 201.
[4] Ebenda, Bd. 3, S. 472.
[5] Labanoff, Bd. 1, S. 80.
[6] *Lettres de Catherine de Médicis,* Bd. 1, S. 158, 576; Chéruel: *Maria Stuart et Catherine de Médicis,* S. 17—28.

[7] Hat. Cal., Bd. 1, S. 258.
[8] C. S. P. Foreign, Bd. 3, S. 565.
[9] Knox, Bd. 1, S. 354.
[10] C. S. P. Foreign, Bd. 4, S. 154.
[11] Keith: *History,* Bd. 2, S. 268.
[12] C. S. P. Foreign, Bd. 4, S. 154.
[13] Hay Fleming, a. a. O., S. 246.
[14] Brantôme: *Œuvres complètes,* Bd. 5, S. 93.

ZWEITER TEIL: DIE PERSÖNLICHE HERRSCHAFT

VIII Das Königreich

[1] *Lettres de Catherine de Médici,* Bd. 1, S. 605.
[2] Brantôme: *Œuvres complètes,* Bd. 5, S. 92.
[3] Knox, Bd. 2, S. 7.
[4] Herries: *Memoirs,* S. 56; Knox, Bd. 2, S. 8.
[5] Robertson: *Inventaires,* S. CXVIII; Hume Brown: *Early Travellers,* S. 73; Cameron: *Scottish Correspondence of Mary of Lorraine,* Einführung, S. XIX.
[6] C.S.P. Foreign, Bd. 3, S. 224; Pollen: Papal Negotiations, S. 132.
[7] Hume Brown, a. a. O., S. 83.
[8] *Painted Ceilings of Scotland,* S. 9.
[9] Knox, Bd. 2, S. 8.
[10] John MacQueen: *Alexander Scott and the Scottish Court Poetry.*
[11] Leslie, a. a. O., Bd. 1, S. 116.
[12] C.S.P. Scot., Bd. 1, S. 205.
[13] Michel: *Les Français en Ecosse,* S. 9f.
[14] Castelnau: *Memoirs,* Bd. 1, S. 186.
[15] Leslie, a. a. O., Bd. 1, S. 5.
[16] Hume Brown: *Scotland in the Time of Queen Mary,* S. 77.
[17] Ebenda, S. 52; Levassieur: *La Population Française.*
[18] Cameron: *Scottish Correspondence of Mary of Lorraine,* Einführung, S. XX; Hume Brown: *Early Travellers,* S. 47.
[19] C.S.P. Spanish, Bd. 1, S. 381.

IX Befriedung und Versöhnung

[1] Knox, Bd. 2, S. 8; C.S.P. Foreign, Bd. 4, S. 278.
[2] Laing: *Knox,* Bd. 4, S. 439.
[3] Ebenda, S. 373.
[4] Knox, Bd. 2, S. 13 ff.
[5] C.S.P. Scot., Bd. 1, S. 555.
[6] Diurnal of Occurrents, S. 69.
[7] Donaldson: *Scottish Reformation,* S. 45.
[8] C.S.P. Scot., Bd. 1, S. 566.
[9] R. P. C., Bd. 1, Einführung. S. XL.
[10] Melville: *Memoirs,* S. 102; Castelnau: *Memoirs,* Bd. 1, S. 179.
[11] Pollen: *Papal Negotiations,* S. 75.

[12] J. Skelton: *Maitland*, Bd. 1, S. 305.
[13] Levine: *Early Elizabethan Succession Questions*, S. 7.
[14] Neale: *Queen Elizabeth*, S. 114.
[15] C. S. P. Foreign, Bd. 3, S. 573.
[16] Ebenda, Bd. 4, S. 523; Hay Fleming: *Mary Queen of Scots*, S. 295.
[17] Conyers Read: *Cecil*, S. 235.
[18] Ebenda, S. 237.

X Die junge Herrscherin

[1] C. S. P. Scot., Bd. 1, S. 582.
[2] Donaldson: *Scotland — James V — James VI*, S. 133.
[3] Neale: *Queen Elizabeth*, S. 215.
[4] Donaldson, a. a. O., S. 169.
[5] C. S. P. Scot., Bd. 1, S. 206; Hume Brown: *Early Travellers*, S. 43.
[6] Lythe: *Economy of Scotland*, S. 57.
[7] Robertson, a. a. O., passim.
[8] *Liberaries of Mary Queen of Scots;* Robertson: *Inventaires*, S. CXLIII.
[9] Melville: *Memoirs*, S. 96.
[10] Knox, Bd. 2, S. 43.
[11] Robertson, a. a. O., S. 60.
[12] Brantôme: *Gallant Ladies*, Bd. 2, S. 215.
[13] C. S. P. Scot., Bd. 2, S. 148.
[14] Knox, Bd. 2, S. 32.
[15] Ebenda, Bd. 2, S. 102.
[16] Robertson, a. a. O., S. XLIX, Anmerkung 3.
[17] Hay Fleming: *Mary Queen of Scots*, S. 490.
[18] Neale, a. a. O., S. 65.
[19] Gatherer: *Buchanan*, S. 53.

XI Der Sturz Huntlys

[1] Gatherer: *Buchanan*, S. 79.
[2] C. S. P. Scot., Bd. 1, S. 513.
[3] Robertson: *Inventaires*, S. 49.
[4] Knox, Bd. 2, S. 63; C. S. P. Scot., Bd. 1, S. 665.
[5] R. P. C., Bd. 1, S. 219.
[6] C. S. P. Scot., Bd. 1, S. 651.
[7] Ebenda, Bd. 1, S. 651.
[8] Ebenda, Bd. 1, S. 665; Knox, Bd. 2, S. 54.
[9] Knox, Bd. 2, S. 59.
[10] Pollen: *Papal Negotiations*, S. 162; Labanoff, Bd. 1, S. 175.
[11] C. S. P. Scot., Bd. 1, S. 684.
[12] Knox, Bd. 2, S. 69.
[13] Hay Fleming: *Mary Queen of Scots*, S. 315; Pollen, a. a. O., S. 251.

XII Ein Ehemann für eine Königin

[1] Gatherer: *Buchanan*, S. 85.
[2] C. S. P. Spanish, Bd. 1, S. 312.
[3] C. S. P. Scot., Bd. 2, S. 19.

[4] Keith, Bd. 2, S. 213.
[5] Pollen: *Papal Negotiations,* S. 130.
[6] Knox, Bd. 2, S. 73.
[7] Ebenda, S. 82 ff.
[8] Melville: *Memoirs,* S. 92.
[9] C. S. P. Foreign, Bd. 7, S. 264.
[10] Ebenda, Bd. 7, S. 268.
[11] Melville: *Memoirs,* S. 82.
[12] C. S. P. Foreign, Bd. 7, S. 299.
[13] Melville, a. a. O., S. 101; Conyers Read: *Cecil,* S. 315.
[14] Melville, a. a. O., S. 92.
[15] C. S. P. Scot., Bd. 2, S. 126.
[16] Teulet, a. a. O., Bd. 2, S. 42.
[17] Melville, a. a. O., S. 107.
[18] C. S. P. Scot., Bd. 2, S. 126.
[19] Ebenda, Bd. 2, S. 75.
[20] Teulet, a. a. O., Bd. 2, S. 32.

XIII Maria und Darnley

[1] Bannatyne: *Oxford Book of Scottish Verse,* S. 176.
[2] C. S. P. Scot., Bd. 2, S. 166.
[3] *Papiers de Granville,* Bd. 14, S. 33.
[4] C. S. P. Scot., Bd. 2, S. 168.
[5] Pollen: *Papal Negotiations,* S. LXXV, XCV.
[6] Knox, Bd. 2, S. 158.
[7] Hat. Col., Bd. 1, S. 33.
[8] C. S. P. Scot., Bd. 2, S. 139.
[9] Ebenda, Bd. 2, S. 213.
[10] Gatherer: *Buchanan,* S. 93.
[11] Melville: *Memoirs,* S. 104.
[12] Labanoff, Bd. 1, S. 300.
[13] Ebenda, Bd. 1, S. 296.
[14] C. S. P. Scot., Bd. 2, S. 234, 236.
[15] Knox, Bd. 2, S. 174.
[16] Gatherer: *Buchanan,* S. 92.
[17] Leslie: *Defence,* veröffentlicht bei Anderson: *Collections,* Bd. 1, S. 11.
[18] C. S. P. Foreign, Bd. 7, S. 539, 541; Stewart: *Scottish Coinage,* S. 89.
[19] Herries: *Memoirs,* S. 73.

XIV Unser treuester Diener

[1] C. S. P. Foreign, Bd. 8, S. 13.
[2] C. S. P. Scot., Bd. 2, S. 255.
[3] Tytler: *History,* Bd. 5, S. 334.
[4] Keith, Bd. 3, S. 265.
[5] C. S. P. Scot., Bd. 2, S. 258.
[6] Gordon: *Genealogical History of the Earldom of Sutherland.*
[7] Froude: *History,* Bd. 7, S. 44.
[8] Melville: *Memoirs,* S. 113.
[9] Wright: *Queen Elizabeth,* Bd. 1, S. 234.

10 Labanoff, a. a. O., Bd. 1, S. 342; Keith, Bd. 3, S. 260.
11 Chambers: *Life of James I,* Bd. 1, S. 21.
12 Herries: *Memoirs,* S. 79.
13 Nau: *Memorials,* S. 4.
14 Ebenda, S. 16.
15 Labanoff, Bd. 1, S. 351.

XV Zusammenbruch

1 Diurnal of Occurrents, S. 7; Hay Fleming: *Mary Queen of Scots,* S. 400.
2 Nau: *Memorials,* S. 7; C. S. P. Scot., Bd. 2, S. 282.
3 Nau, a. a. O., S. 28.
4 Gore-Browne: *Lord Bothwell,* S. 351; Herries, *Memoirs,* S. 80.
5 Nau, a. a. O., S. 41.
6 Hat. Cal., Bd. 13, S. 82.
7 Robertson: *Inventaires,* S. XXVI.
8 Ebenda, S. 93.
9 Register House, Edinburgh: Clerk of Penicuik, MSS GD 18/1305.
10 *Accounts of the Lord High Treasurer,* Bd. 2, S. 512, 499, 501.
11 R. Bannatyne's Memorials, S. 238; C. S. P. Scot., Bd. 2, S. 289.
12 Melville: *Memoirs,* S. 131.
13 Herries: *Memoirs,* S. 79.
14 C. S. P. Domestic (James I), Bd. 1, Nr. 102.
15 C. S. P. Foreign, Bd. 8, S. 114; Keith, Bd. 3, S. 349.
16 C. S. P. Foreign, Bd. 8, S. 118; Hay Fleming, a. a. O., S. 411.
17 Hay Fleming, a. a. O., Anhang, S. 500.
18 Keith, Bd. 2, S. 447, 450.
19 R. P. C., Bd. 1, S. 494.
20 Pollen: *Papal Negotiations,* S. 282 ff.
21 Tytler: *History* (neue erweiterte Ausgabe), Bd. 2, S. 400.
22 Nau, a. a. O., S. 31; Knox, Bd. 2, S. 191.
23 Nau, a. a. O., S. 32.
24 Gatherer: *Buchanan,* S. 169.
25 Diurnal of Occurrents, S. 103.
26 Keith, Bd. 1, S. XCVI.
27 Ebenda, Bd. 3, S. 290.
28 Hosack: *Mary Queen of Scots,* Bd. 1, S. 532.
29 Lee: *Moray,* S. 184; Donaldson, a. a. O., S. 124.
30 Diurnal of Occurrents, S. 103.
31 Keith, Bd. 1, S. XCVII.

XVI Die Ermordung Darnleys

1 *Les Affairs du Conte de Boduel,* S. 12; Diurnal of Occurrents, S. 105; Pitscottie: *Chronicles,* Bd. 2, S. 91.
2 Karl Pearson: *Skull and Portraits of Lord Darnley.*
3 Keith, Bd. 2, S. 460.
4 C. S. P. Spanish, Bd. 1, S. 597.
5 Labanoff, Bd. 1, S. 395.
6 Keith, Bd. 1, S. CIII.
7 Gore-Browne: *Lord Bothwell,* S. 293.

[8] *Les Affaires du Conte de Boduel*, S. 12.
[9] Nau: *Memorials*, S. 31.
[10] Henderson: *Mary Queen of Scots*, Bd. 2, Anhang C, S. 664.
[11] Vgl. Nau, a. a. O., S. 34; Mahon, a. a. O., S. 115.
[12] Pitcairn: *Criminal Trials*, Bd. 1, S. 498.
[13] Ebenda, Bd. 1, S. 502.
[14] Labanoff, Bd. 2, S. 3.
[15] Mahon: *Mary Queen of Scots*, Anhang A, S. 127; C. S. P. Venetian, Bd. 7, S. 389.
[16] Pitcairn, a. a. O., Bd. 2, S. 149.
[17] Mahon: *Mary Queen of Scot*, Anhang A, S. 128.
[18] Pitcairn, a. a. O., Bd. 1, S. 502; Herries: *Memoirs*, S. 84.
[19] Gatherer, a. a. O., S. 116.
[20] Labanoff, Bd. 7, S. 108.

XVII Die Nymphe und der Hase

[1] *Les Affaires du Conte de Boduel*, S. 13.
[2] C. S. P. Venetian, Bd. 7, S. 388.
[3] Labanoff, Bd. 2, S. 3.
[4] *Les Affaires du Conte de Boduel*. S. 13.
[5] Knox, Bd. 2, S. 202.
[6] Keith, Bd. 1, S. XCVIII.
[7] Anderson: *Collections*, Bd. 1, S. 24.
[8] C. S. P. Venetian, Bd. 7, S. 389.
[9] C. S. P. Foreign, Bd. 8, S. 211.
[10] C. S. P. Scot., Bd. 2, S. 318.
[11] Robertson: *Inventairs*, S. 53; C. S. P. Foreign, Bd. 8, S. 198; Gore-Brown: *Lord Bothwell*, S. 374.
[12] Diurnal of Occurrents, S. 108.
[13] Keith, Bd. 2, S. 562.
[14] Nau: *Memorials*, S. 37.
[15] C. S. P. Scot., Bd. 2, S. 322
[16] Pitcairn: *Criminal Trials*, Bd. 1, S. 502.
[17] Melville: *Memoirs*, S. 149.
[18] Labanoff, Bd. 2, S. 31.
[19] Lang: *Mystery of Mary Stuart*, S. 210.
[20] Stuart: *A Lost Chapter in the History of Mary Queen of Scots*, passim.
[21] Diurnal of Occurrents, S. 110.
[22] Mahon: *Tragedy of Kirk o'Field*, S. 182
[23] Diurnal of Occurrents, S. 111.
[24] Anderson: *Collections*, Bd. 1, S. 27; Keith, Bd. 2, S. 588.
[25] Melville, a. a. O., S. 154.
[26] C. S. P. Foreign, Bd. 8, S. 229; Teulet: *Papiers d'Etat*, Bd. 2, S. 170.
[27] Labanoff, Bd. 2, S. 31.
[28] Ebenda, Bd. 2, S. 55.
[29] Nau, a. a. O., S. 40.
[30] C. S. P. Scot., Bd. 2, S. 336.
[31] C. S. P. Foreign, Bd. 8, S. 246.
[32] Teulet, a. a. O., Bd. 2, S. 171 ff.; Keith, Bd. 2, S. 628; Herries: *Memoirs*, S. 93.
[33] Labanoff, Bd. 2, S. 23.
[34] Nau, a. a. O., S. 47.

[35] Ebenda, S. 48.
[36] Ebenda, S. 51.
[37] Melville, a. a. O., S. 156.

XVIII Lochleven

[1] Melville: *Memoirs,* S. 156.
[2] Nau: *Memorials,* S. 52.
[3] Macgeorge: *Miscellaneous Papers,* S. 12 ff.
[4] C. S. P. Scot., Bd. 2, S. 730.
[5] Pitcairn: *Criminal Trials,* Bd. 1, S. 495.
[6] C. S. P. Foreign, Bd. 8, S. 269, 287.
[7] C. S. P. Scot., Bd. 2, S. 355.
[8] Nau, a. a. O., S. 62.
[9] C. S. P. Foreign, Bd. 8, S. 252; C. S. P. Spanish, Bd. 1, S. 649.
[10] C. S. P. Scot., Bd., 2, S. 231.
[11] Ebenda, Bd. 2, S. 376.
[12] Nau, a. a. O., S. 62.
[13] Ebenda S. 64.
[14] Keith, Bd. 2, S. 736.
[15] C. S. P. Scot., Bd. 2, S. 390.
[16] Nau, a. a. O., S. 69.
[17] Labanoff, Bd. 2, S. 61.
[18] C. S. P. Foreign, Bd. 8, S. 345.
[19] C. S. P. Foreign, Bd. 8, S. 363.
[20] Ebenda, Bd. 8, S. 333.
[21] Ebenda, Bd. 8, S. 356.
[22] Henderson: *The Casket Letters,* Anhang D, S. 177.
[23] *Acts of the Parliament of Scotland,* Bd. 3, S. 27.
[24] Nau, a. a. O., S. 71.
[25] Ebenda, S. 59.
[26] Labanoff, Bd. 2, S. 69.
[27] Ebenda, Bd. 2, S. 65.
[28] Hat. Cal., Bd. 1, Nr. 1172; Cecil Papers folio Nr. 147/26; Labanoff, Bd. 2, S. 67.
[29] Melville: *Memoirs,* S. 168.
[30] Keith, Bd. 2, S. 790.
[31] Hay Fleming: *Mary Queen of Scots,* S. 511.

DRITTER TEIL: GEFANGENSCHAFT

XIX In fremden Banden

[1] Diurnal of Occurrents, S. 129.
[2] Henderson: *Mary Queen of Scots,* Bd. 2, S. 494.
[3] Labanoff, Bd. 2, S. 76.
[4] Argyll Papers
[5] Brantôme: *Œuvres complètes,* Bd. 5, S. 99.
[6] Labanoff, Bd. 2, S. 117.
[7] Ebenda, Bd. 6, S. 472.

[8] Nau: *Memorials*, S. 95.
[9] Labanoff, Bd. 2, S. 71.
[10] Strickland: *Queens of Scotland*, Bd. 6, S. 103.
[11] H. M. C., Bd. 5, Anhang, S. 615; Ailsa Muniments, folio 17.
[12] C. S. P. Venetian, Bd. 7, S. 416.
[13] C. S. P. Scot., Bd. 2, S. 409.
[14] Ebenda, Bd. 2, S. 428.
[15] Ebenda, Bd. 2, S. 416.
[16] Arbuthnot: *Queen Mary's Book*, S. 100.
[17] Labanoff, Bd. 2, S. 91.
[18] C. S. P. Scot., Bd. 2, S. 433.
[19] Conyers Read: *Cecil*, S. 402.
[20] Mahon: *Indictment*, S. 3.
[21] C. S. P. Scot., Bd. 2, S. 442.
[22] Conyers Read: *Cecil*, S. 401.
[23] C. S. P. Scot., Bd. 2, S. 435.
[24] Ebenda, Bd. 2, S. 457.
[25] Ebenda, Bd. 2, S. 443.
[26] Goodall: *Casket Letters*, Bd. 2, S. 360.
[27] C. S. P. Scot., Bd. 2, S. 494.
[28] Labanoff, Bd. 2, S. 182.
[29] Ebenda, Bd. 2, S. 237.
[30] C. S. P. Scot., Bd. 2, S. 516.
[31] Ebenda, Bd. 2, S. 541.

XX Die Kassettenbriefe

[1] R. P. C., Bd. 1, S. 641.
[2] C. S. P. Scot., Bd. 2, S. 526.
[3] Hat. Cal., Bd. 1, S. 369
[4] Labanoff, Bd. 2, S. 225; Ailsa Muniments, a. a. O., folio 31.
[5] Labanoff, Bd. 2, S. 420.
[6] Hosack: *Mary Queen of Scots*, Bd. 1, S. 549.
[7] Goodall: *Casket Letters*, Bd. 2, S. 261.
[8] Labanoff, Bd. 2, S. 254.
[9] Ebenda, Bd. 2, S. 257.
[10] Goodall: *Casket Letters*, S. 305.
[11] C. S. P. Scot., Bd. 2, Anhang II, S. 722. Mahon: *Mary Queen of Scots*, S. 111.
[12] Ebenda, Bd. 2, Anhang II, S. 722.
[13] Ebenda, Bd. 2, Anhang II, S. 728.
[14] Hat. Cal., Bd. 1, S. 376.
[15] Gatherer: *Buchanan*, S. 173.
[16] C. S. P. Scot., Bd. 2, Anhang II, S. 722.
[17] Hat. Cal., Bd. 1, S. 379.
[18] Henderson: *Casket Letters*, S. 171 f.
[19] Hosack, a. a. O., Bd. 1, Anhang F, S. 562.
[20] Labanoff, Bd. 2, S. 203.

XXI Mein Norfolk

[1] C. S. P. Scot., Bd. 2, S. 907.
[2] Morris: *Letter Books of Sir Amias Paulet*, S. 108.

[3] Plot: *History of Staffordshire;* Somerville: *Guide to Tutbury Castle.*
[4] Labanoff, Bd. 6, S. 176.
[5] C. S. P. Scot., Bd. 2, S. 616.
[6] Lodge: *Illustrations of British History,* S. XVII.
[7] C. S. P. Scot., Bd. 2, S. 632.
[8] Ebenda, Bd. 2, S. 632.
[9] Ebenda, Bd. 2, S. 649.
[10] Hat. Cal., Bd. 1, S. 400.
[11] Edwards: *Dangerous Queen,* S. 30.
[12] Labanoff, Bd. 2, S. 369.
[13] Ebenda, Bd. 3, S. 5.
[14] Camden: *Annales,* S. 129.
[15] Labanoff, Bd. 3, S. 19.
[16] Maidment: *Miscellany of Abbotsford Club,* Bd. 1, S. 23.
[17] Lee: *Moray,* S. 261.
[18] Labanoff, Bd. 3, S. 387.
[19] Hat. Cal., Bd. 1, S. 505.
[20] Ebenda, Bd. 1, S. 510.
[21] Ebenda, Bd. 1, S. 512.
[22] Black: *Reign of Elizabeth,* S. 150.
[23] Labanoff, Bd. 3, S. 188.
[24] Ebenda, Bd. 3, S. 221; C. S. P. Roman, Bd. 1, S. 401.
[25] Labanoff, Bd. 3, S. 110, 117.
[26] Ebenda, Bd. 3, S. 115.
[27] Lockie: *Political Career of the Bishop of Ross.*
[28] Labanoff, Bd. 4, S. 48.

XXII Die Schule des Leidens

[1] Argyll Papers.
[2] Melville: *Memoirs,* S. 224; C. S. P. Scot., Bd. 3, S. 92.
[3] C. S. P. Scot., Bd. 4, S. 590 f.
[4] Johnston: *Shrewsbury,* 15. April 1574; Lodge: *Illustrations,* a. a. O., S. 117.
[5] Labanoff, Bd. 4, S. 10, 183; Bd. 6, S. 187.
[6] G. Seton: *History of the Family of Seton.*
[7] C. S. P. Scot., Bd. 2, S. 1014.
[8] C. S. P. Domestic (James I), 17 Juli 1613.
[9] Lang: *Portraits and Jewels of Mary Queen of Scots,* S. 58; Labanoff, Bd. 5, S. 89.
[10] Pollen: *Babington Plot,* S. 56.
[11] Labanoff, Bd. 4, S. 251.
[12] C. S. P. Foreign, Bd. 9, S. 346, 372.
[13] Vatican Archives, Fondo Borghese I. 824, folio 49 V; Labanoff, Bd. 3, S. 231.
[14] Arbuthnot: *Queen Mary's Book,* S. 112.
[15] C. S. P. Roman, Bd. 2, S. 215 ff.
[16] Ebenda, S. 250.
[17] Gore-Browne: *Lord Bothwell,* S. 456; Herries: *Memoirs,* S. 96.
[18] Cust: *Authentic Portraits of Mary Queen of Scots,* S. 78.
[19] Arbuthnot, a. a. O., S. 116.
[20] Ebenda, S. 106.
[21] Ebenda, S. 129.

XXIII Mutter und Sohn

[1] Calderwood: *History*, Bd. 3, S. 207; Hat. Cal., Bd. 3, S. 26.
[2] D. H. Willson: *King James VI und I*, S. 39.
[3] Hat. Cal., Bd. 3, S. 47.
[4] Register House, Edinburgh: Blairs College Correspondence, R. H. 2/7/9.
[5] C. S. P. Scot., Bd. 3, S. 35.
[6] Hat. Cal., Bd. 3, S. 46.
[7] Ebenda, Bd. 3, S. 47.
[8] Labanoff, Bd. 6, S. 14.
[9] Ebenda, Bd. 6, S. 30.
[10] Ebenda, Bd. 6, S. 58.
[11] Ebenda, Bd. 6, S. 65, 70.
[12] Ebenda, Bd. 6, S. 77.
[13] Hat. Cal., Bd. 3, S. 95.
[14] Labanoff, Bd. 6, S. 125, 129.
[15] Ebenda, Bd. 6, S. 33, 42.
[16] D. N. B., Bd. 19, S. 315.
[17] Caraman: *William Weston*, S. 31.
[18] Hicks: *Elizabethan Problem*, S. 21.
[19] Ebenda, S. 119; Labanoff, Bd. 6, S. 14.
[20] Hicks, a. a. O., S. 80 ff.
[21] Persons: *Notes concerning the English mission, erwähnt* bei Hicks, a. a. O., S. 7.
[22] Hicks, a. a. O., S. 123.
[23] Knox: Allen, S. 434.
[24] Labanoff, Bd. 6, S. 130, 132.
[25] Ebenda, Bd. 6, S. 76.
[26] Williams: Elizabeth, S. 277.
[27] Camden's Annals, S. 41.

XXIV Die Babington-Verschwörung

[1] Morris: *Letter-books of Sir Amias Paulet*, S. 15.
[2] Ebenda, S. 6.
[3] Ebenda, S. 6.
[4] Labanoff, Bd. 6, S. 368.
[5] Morris, a. a. O., S. 98.
[6] Pollen: *Babington Plot*, S. LI; Conyers Read: *Walsingham*, Bd. 3, S. 9.
[7] Labanoff, Bd. 6, S. 281.
[8] Pollen, a. a. O., S. LVI.
[9] C. S. P. Roman 1572-8, S. 330.
[10] Phillips: *Images of a Queen*, S. 108.
[11] Mathew: *Celtic peoples of Europe*, S. 49.
[12] Paget Papers, Staffordshire County Record Office D 173/3/3/280.
[13] Caraman: *William Weston*, S. 99.
[14] Hat. Cal., Bd. 3, S. 140.
[15] Pollen, a. a. O., S. 18.
[16] Ebenda, S. 38.
[17] Black: *Reign of Elizabeth*, S. 381.
[18] Pollen, a. a. O., S. 32, 45; Conyers Read, a. a. O., Bd. 3, S. 43.
[19] Labanoff, Bd. 6, S. 362.
[20] Pollen, a. a. O., S. 46.

[21] Caraman: *William Weston,* S. 81.
[22] Pollen, a. a. O., S. 49 ff.
[23] Chantelauze: *Bourgoing's Journal,* S. 467 ff.
[24] Labanoff, Bd. 7, S. 242.
[25] Ebenda, Bd. 7, S. 250.
[26] Morris, a. a. O., S. 275.
[27] Ebenda, S. 276.
[28] Ebenda, S. 267.
[29] Pollen, a. a. O., S. CXC.
[30] Ebenda, S. CLXXXII.
[31] Ebenda, S. CLXXXIX.
[32] Stevenson's Einführung zu Nau: *Memorials,* S. XXIV.
[33] Labanoff, Bd. 6, S. 438.

XXV Der Prozeß

[1] Chantelauze: *Bourgoing's Journal,* S. 490.
[2] Ebenda, S. 490.
[3] Morris: *Letter books of Sir Amias Paulet,* S. 297.
[4] 27 Elizabeth C. I.
[5] Johnston: *Shrewsbury,* 22. Oktober 1586.
[6] Labanoff, Bd. 7, S. 36; Maxwell-Scott: *Tragedy of Fotheringhay,* S. 31.
[7] Maxwell-Stuart, a. a. O., S. 35.
[8] Egerton, S. 86.
[9] Chantelauze, a. a. O., S. 513; Maxwell-Stuart, a. a. O., S. 51.
[10] Chantelauze, a. a. O., S. 522.
[11] Pollen: *Babington Plot,* S. CXCII.
[12] Chantelauze, a. a. O., S. 527.
[13] Stuart, a. a. O., S. 41.
[14] Morris, a. a. O., S. 301.
[15] Arbuthnot: *Queen Mary's Book,* S. 127.
[16] Chantelauze, a. a. O., S. 539.
[17] D'Ewes Journals, S. 375.
[18] Morris, a. a. O., S. 300; Chantelauze, a. a. O., S. 544.
[19] Labanoff, Bd. 6, S. 461.
[20] Ebenda, Bd. 6, S. 456.
[21] Ebenda, Bd. 6, S. 461.

XXVI Der schmerzliche Streich

[1] Willson: *King James,* S. 73.
[2] Hat. Cal., Bd. 13, S. 300.
[3] C. S. P. Scot., Bd. 9, S. 417.
[4] Rait und Cameron: *King James' Secret,* Vorwort, S. VIII, S. 158—172, 176—182.
[5] Willson, a. a. O., S. 78.
[6] Conyers Read: *Walsingham,* Bd. 3, S. 60.
[7] Hat. Cal., Bd. 3, S. 206.
[8] Labanoff, Bd. 6, S. 474.
[9] Chantelauze, a. a. O., S. 560, 579.
[10] Ebenda, S. 566.
[11] Jebb, Bd. 2, S. 620.

12 Nocolas: *Life of Davison*, S. 83.
13 Ebenda, S. 86.
14 Morris, a. a. O., S. 361.
15 Nicholas, a. a. O., S. 103.
16 Hat. Cal., Bd. 3, S. 216.
17 Chantelauze, a. a. O., S. 571.
18 Camden: *Annals*, S. 108.
19 Chantelauze, a. a. O., S. 575.
20 Labanoff, Bd. 6, S. 491.
21 Ebenda, Bd. 6, S. 484.
22 Ebenda, Bd. 6, S. 483.
23 Siehe Maxwell-Scott, a. a. O., Anhang.
24 Camden: *Annals*, S. 115.
25 Morris, a. a. O., S. 364.

XXVII Nachspiel: Die Bühne der Welt

1 Jebb: *De Vita et Rebus Gestis*, Bd. 2, S. 671. Ins Englische übersetzt von Strickland: *Mary Queens of Scotland*, Bd. 2, S. 461.
2 Phillips: *Images of a Queen*, S. 163; Teulet: *Lettres de Maria Stuart*, S. 375.
3 Calderwood: *History*, Bd. 4, S. 611.
4 Hat. Cal., Bd. 13, S. 334.
5 Strickland, a. a. O., Bd. 2, S. 461.
6 Hat. Cal., Bd. 13, S. 230.
7 Ebenda, Bd. 3, S. 216.
8 Pitcairn: *Collections relative to the Funerals of Mary Queen of Scots.*
9 Public Record Office A. O. 1/2119/3.
10 Teulet, a. a. O., S. 391; J. D. Mackie: *The Will of Mary Stuart.*
11 Camden: *Britannia*, Bd. 2, S. 181.
12 Cotton MSS, Titus C., Bd. 6, S. 207—209.

PERSONENREGISTER

Die schottische Thron

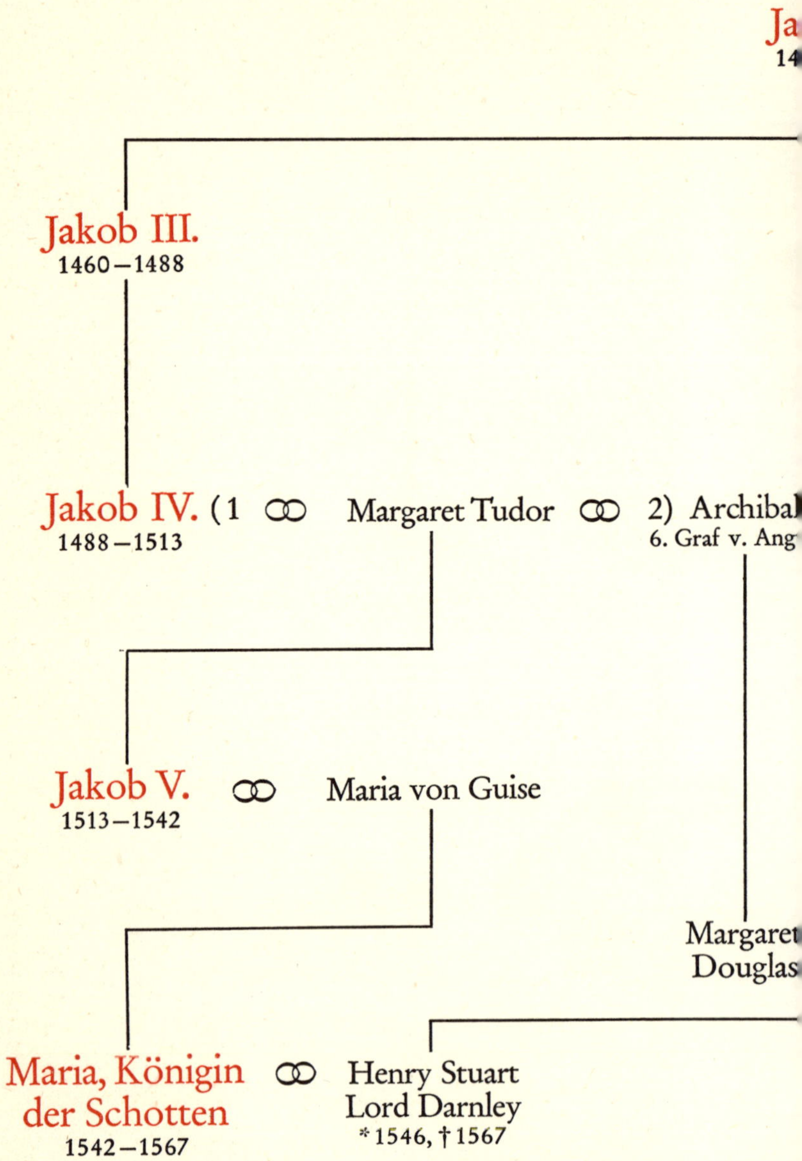